"一带一路"公共外交报告（2017）

"Belt and Road" Public Diplomacy Report (2017)

孙治国　主编

海洋出版社

2017年·北京

图书在版编目（CIP）数据

“一带一路”公共外交报告. 2017/孙治国主编. —北京：海洋出版社，2017. 11
ISBN 978-7-5027-9970-0

Ⅰ. ①一… Ⅱ. ①孙… Ⅲ. ①“一带一路”-外交-研究报告-中国-2017
Ⅳ. ①D82

中国版本图书馆 CIP 数据核字（2017）第 269485 号

责任编辑：张　荣
责任印制：赵麟苏
海洋出版社　出版发行
http：//www. oceanpress. com. cn
北京市海淀区大慧寺路 8 号　邮编：100081
北京朝阳印刷厂有限责任公司印刷　新华书店发行所经销
2017 年 12 月第 1 版　2017 年 12 月北京第 1 次印刷
开本：787mm×1092mm　1/16　印张：32. 5
字数：900 千字　定价：128. 00 元
发行部：62132549　邮购部：68038093　总编室：62114335

一带一路公共外交

范曾题

编辑委员会

前　言

全面推进中国特色大国外交是习近平新时代中国特色社会主义思想的重要组成部分。在十九大报告中，习近平总书记对新时代的中国特色大国外交做出了顶层设计。他指出，中国特色大国外交要推动构建新型国际关系，推动构建人类命运共同体。这高度凝练了新时代中国外交追求的总目标，也向世界亮明了我们希望与各国共同努力的大方向。

从2013年习近平主席提出以“共商、共建、共享”原则建设“一带一路”，到2017年5月“一带一路”国际合作高峰论坛提出“和平合作、开放包容、互学互鉴、互利共赢”的丝路精神，从坚持G20在全球经济治理中的“首要平台”作用和2016年成功举办G20杭州峰会，就改革全球治理凝聚共识；从提出和平合作、互利共赢为基础推动国际关系民主化，建设“全球伙伴关系网络”；从“你中有我、我中有你”利益共同体，到2017年初在达沃斯提出建设人类命运共同体，习近平主席就创新全球治理已经形成了系列重要战略思想。这既为中国深入参与全球治理提出了指导思想、核心理念和具体路径，也为创新全球治理思想和模式提供了“全球公共产品”。这些思想和理念源于积淀深厚的中华文明，又紧密结合中国改革开放的实践和全球化巨变的现实，充分体现了中国的大国担当，得到国际社会的高度重视。

新时代中国特色大国外交将在习近平新时代中国特色社会主义思想的指引下，高举和平、发展、合作、共赢的旗帜，恪守维护世界和平、促进共同发展的外交政策宗旨，坚定不移在和平共处五项原则基础上发展同各国的友好合作，推动建设相互尊重、公平正义、合作共赢的新型国际关系，同各国同心协力构建人类命运共同体，建设持久和平、普遍安全、共同繁荣、开放包容、清洁美丽的世界。

孙治国

2017年11月

目 录

领导论述

国际声音

专家观点

领导论述

习近平主席在“一带一路”国际合作高峰论坛开幕式上的演讲

中华人民共和国主席　习近平

（2017 年 5 月 14 日）

尊敬的各位国家元首，政府首脑，
各位国际组织负责人，
女士们，先生们，朋友们：

“孟夏之日，万物并秀。”在这美好时节，来自 100 多个国家的各界嘉宾齐聚北京，共商“一带一路”建设合作大计，具有十分重要的意义。今天，群贤毕至，少长咸集，我期待着大家集思广益、畅所欲言，为推动“一带一路”建设献计献策，让这一世纪工程造福各国人民。

女士们、先生们、朋友们!

2000 多年前，我们的先辈筚路蓝缕，穿越草原沙漠，开辟出联通亚欧非的陆上丝绸之路；我们的先辈扬帆远航，穿越惊涛骇浪，闯荡出连接东西方的海上丝绸之路。古丝绸之路打开了各国友好交往的新窗口，书写了人类发展进步的新篇章。中国陕西历史博物馆珍藏的千年“鎏金铜蚕”，在印度尼西亚发现的千年沉船“黑石号”等，见证了这段历史。

古丝绸之路绵亘万里，延续千年，积淀了以和平合作、开放包容、互学互鉴、互利共赢为核心的丝路精神。这是人类文明的宝贵遗产。

——和平合作。公元前 140 多年的中国汉代，一支从长安出发的和平使团，开始打通东方通往西方的道路，完成了“凿空之旅”，这就是著名的张骞出使西域。中国唐宋元时期，陆上和海上丝绸之路同步发展，中国、意大利、摩洛哥的旅行家杜环、马可·波罗、伊本·白图泰都在陆上和海上丝绸之路留下了历史印记。15 世纪初的明代，中国著名航海家郑和七次远洋航海，留下千古佳话。这些开拓事业之所以名垂青史，是因为使用的不是战马和长矛，而是驼队和善意；依靠的不是坚船和利炮，而是宝船和友谊。一代又一代“丝路人”架起了东西方合作的纽带、和平的桥梁。

——开放包容。古丝绸之路跨越尼罗河流域、底格里斯河和幼发拉底河流域、印度河和恒河流域、黄河和长江流域，跨越埃及文明、巴比伦文明、印度文明、中华文明的发祥地，跨越佛教、基督教、伊斯兰教信众的汇集地，跨越不同国度和肤色人民的聚居地。不同文明、宗教、种族求同存异、开放包容，并肩书写相互尊重的壮丽诗篇，携手绘就共同发展的美好画卷。酒泉、敦煌、吐鲁番、喀什、撒马尔罕、巴格达、君士坦丁堡等古城，宁波、泉州、广州、北海、科伦坡、吉达、亚历山大等地的古港，就是记载这段历史的“活化石”。历史告诉我们：文明在开放中发展，民族在融合中共存。

——互学互鉴。古丝绸之路不仅是一条通商易货之道，更是一条知识交流之路。沿着古丝绸之路，中国将丝绸、瓷器、漆器、铁器传到西方，也为中国带来了胡椒、亚麻、香料、葡萄、石榴。沿着古丝绸之路，佛教、伊斯兰教及阿拉伯的天文、历法、医药传入中国，中国的四大发明、养蚕技术也由此传向世界。更为重要的是，商品和知识交流带来了观念创新。比如，佛教源自印度，在中国发扬光大，在东南亚得到传承。儒家文化起源中国，受到欧洲莱布尼茨、伏尔泰等思想家的推崇。这是交流的魅力、互鉴的成果。

——互利共赢。古丝绸之路见证了陆上“使者相望于道，商旅不绝于途”的盛况，也见证了海上“舶交海中，不知其数”的繁华。在这条大动脉上，资金、技术、人员等生产要素自由流动，商品、资源、成果等实现共享。阿拉木图、撒马尔罕、长安等重镇和苏尔港、广州等良港兴旺发达，罗马、安息、贵霜等古国欣欣向荣，中国汉唐迎来盛世。古丝绸之路创造了地区大发展大繁荣。

历史是最好的老师。这段历史表明，无论相隔多远，只要我们勇敢迈出第一步，坚持相向而行，就能走出一条相遇相知、共同发展之路，走向幸福安宁和谐美好的远方。

女士们、先生们、朋友们！

从历史维度看，人类社会正处在一个大发展大变革大调整时代。世界多极化、经济全球化、社会信息化、文化多样化深入发展，和平发展的大势日益强劲，变革创新的步伐持续向前。各国之间的联系从来没有像今天这样紧密，世界人民对美好生活的向往从来没有像今天这样强烈，人类战胜困难的手段从来没有像今天这样丰富。

从现实维度看，我们正处在一个挑战频发的世界。世界经济增长需要新动力，发展需要更加普惠平衡，贫富差距鸿沟有待弥合。地区热点持续动荡，恐怖主义蔓延肆虐。和平赤字、发展赤字、治理赤字，是摆在全人类面前的严峻挑战。这是我一直思考的问题。

2013 年秋天，我在哈萨克斯坦和印度尼西亚提出共建丝绸之路经济带和 21 世纪海上丝绸之路，即“一带一路”倡议。“桃李不言，下自成蹊。”4 年来，全球 100 多个国家和国际组织积极支持和参与“一带一路”建设，联合国大会、联合国安理会等重要决议也纳入“一带一路”建设内容。“一带一路”建设逐渐从理念转化为行动，从愿景转变为现实，建设成果丰硕。

——这是政策沟通不断深化的 4 年。我多次说过，“一带一路”建设不是另起炉灶、推倒重来，而是实现战略对接、优势互补。我们同有关国家协调政策，包括俄罗斯提出的欧亚经济联盟、东盟提出的互联互通总体规划、哈萨克斯坦提出的“光明之路”、土耳其提出的“中间走廊”、蒙古提出的“发展之路”、越南提出的“两廊一圈”、英国提出的“英格兰北方经济中心”、波兰提出的“琥珀之路”等。中国同老挝、柬埔寨、缅甸、匈牙利等国的规划对接工作也全面展开。中国同 40 多个国家和国际组织签署了合作协议，同 30 多个国家开展机制化产能合作。本次论坛期间，我们还将签署一批对接合作协议和行动计划，同60多个国家和国际组织共同发出推进“一带一路”贸易畅通合作倡议。各方通过政策对接，实现了“一加一大于二”的效果。

——这是设施联通不断加强的4年。“道路通，百业兴。”我们和相关国家一道共同加速推进雅万高铁、中老铁路、亚吉铁路、匈塞铁路等项目，建设瓜达尔港、比雷埃夫斯港等港口，规划实施一大批互联互通项目。目前，以中巴、中蒙俄、新亚欧大陆桥等经济走廊为引领，以陆海空通道和信息高速路为骨架，以铁路、港口、管网等重大工程为依托，一个复合型的基础设施网络正在形成。

——这是贸易畅通不断提升的4年。中国同“一带一路”参与国大力推动贸易和投资便利化，不断改善营商环境。我了解到，仅哈萨克斯坦等中亚国家农产品到达中国市场的通关时间就缩短了90%。2014年至2016年，中国同“一带一路”沿线国家贸易总额超过3万亿美元。中国对“一带一路”沿线国家投资累计超过500亿美元。中国企业已经在20多个国家建设56个经贸合作区，为有关国家创造近11亿美元税收和18万个就业岗位。

——这是资金融通不断扩大的4年。融资瓶颈是实现互联互通的突出挑战。中国同“一带一路”建设参与国和组织开展了多种形式的金融合作。亚洲基础设施投资银行已经为“一带一路”建设参与国的9个项目提供17亿美元贷款，“丝路基金”投资达40亿美元，中国同中东欧“16+1”金融控股公司正式成立。这些新型金融机制同世界银行等传统多边金融机构各有侧重、互为补充，形成层次清晰、初具规模的“一带一路”金融合作网络。

——这是民心相通不断促进的4年。“国之交在于民相亲，民相亲在于心相通。”“一带一路”建设参与国弘扬丝绸之路精神，开展智力丝绸之路、健康丝绸之路等建设，在科学、教育、文化、卫生、民间交往等各领域广泛开展合作，为“一带一路”建设夯实民意基础，筑牢社会根基。中国政府每年向相关国家提供1万个政府奖学金名额，地方政府也设立了丝绸之路专项奖学金，鼓励国际文教交流。各类丝绸之路文化年、旅游年、艺术节、影视桥、研讨会、智库对话等人文合作项目百花纷呈，人们往来频繁，在交流中拉近了心与心的距离。

丰硕的成果表明，“一带一路”倡议顺应时代潮流，适应发展规律，符合各国人民利益，具有广阔前景。

女士们、先生们、朋友们！

中国人说，“万事开头难”。“一带一路”建设已经迈出坚实步伐。我们要乘势而上、顺势而为，推动“一带一路”建设行稳致远，迈向更加美好的未来。这里，我谈几点意见。

第一，我们要将“一带一路”建成和平之路。古丝绸之路，和时兴，战时衰。“一带一路”建设离不开和平安宁的环境。我们要构建以合作共赢为核心的新型国际关系，打造对话不对抗、结伴不结盟的伙伴关系。各国应该尊重彼此主权、尊严、领土完整，尊重彼此发展道路和社会制度，尊重彼此核心利益和重大关切。

古丝绸之路沿线地区曾经是“流淌着牛奶与蜂蜜的地方”，如今很多地方却成了冲突动荡和危机挑战的代名词。这种状况不能再持续下去。我们要树立共同、综合、合作、可持续的安全观，营造共建共享的安全格局。要着力化解热点，坚持政治解决；要着力斡旋调解，坚持公道正义；要着力推进反恐，标本兼治，消除贫困落后和社会不公。

第二，我们要将“一带一路”建成繁荣之路。发展是解决一切问题的总钥匙。推进“一带一路”建设，要聚焦发展这个根本性问题，释放各国发展潜力，实现经济大融合、发展大联动、成果大共享。

产业是经济之本。我们要深入开展产业合作，推动各国产业发展规划相互兼容、相互促进，抓好大项目建设，加强国际产能和装备制造合作，抓住新工业革命的发展新机遇，培育新业态，保持经济增长活力。

金融是现代经济的血液。血脉通，增长才有力。我们要建立稳定、可持续、风险可控的金融保障体系，创新投资和融资模式，推广政府和社会资本合作，建设多元化融资体系和多层次资本市场，发展普惠金融，完善金融服务网络。

设施联通是合作发展的基础。我们要着力推动陆上、海上、天上、网上四位一体的联通，聚焦关键通道、关键城市、关键项目，联结陆上公路、铁路道路网络和海上港口网络。我们已经确立“一带一路”建设六大经济走廊框架，要扎扎实实向前推进。要抓住新一轮能源结构调整和能源技术变革趋势，建设全球能源互联网，实现绿色低碳发展。要完善跨区域物流网建设。我们也要促进政策、规则、标准三位一体的联通，为互联互通提供机制保障。

第三，我们要将“一带一路”建成开放之路。开放带来进步，封闭导致落后。对一个国家而言，开放如同破茧成蝶，虽会经历一时阵痛，但将换来新生。“一带一路”建设要以开放为导向，解决经济增长和平衡问题。

我们要打造开放型合作平台，维护和发展开放型世界经济，共同创造有利于开放发展的环境，推动构建公正、合理、透明的国际经贸投资规则体系，促进生产要素有序流动、资源高效配置、市场深度融合。我们欢迎各国结合自身国情，积极发展开放型经济，参与全球治理和公共产品供给，携手构建广泛的利益共同体。

贸易是经济增长的重要引擎。我们要有“向外看”的胸怀，维护多边贸易体制，推动自由贸易区建设，促进贸易和投资自由化便利化。当然，我们也要着力解决发展失衡、治理困境、数字鸿沟、分配差距等问题，建设开放、包容、普惠、平衡、共赢的经济全球化。

第四，我们要将“一带一路”建成创新之路。创新是推动发展的重要力量。“一带一路”建设本身就是一个创举，搞好“一带一路”建设也要向创新要动力。

我们要坚持创新驱动发展，加强在数字经济、人工智能、纳米技术、量子计算机等前沿领域合作，推动大数据、云计算、智慧城市建设，连接成 21 世纪的数字丝绸之路。我们要促进科技同产业、科技同金融深度融合，优化创新环境，集聚创新资源。我们要为互联网时代的各国青年打造创业空间、创业工场，成就未来一代的青春梦想。

我们要践行绿色发展的新理念，倡导绿色、低碳、循环、可持续的生产生活方式，加强生态环保合作，建设生态文明，共同实现 2030 年可持续发展目标。

第五，我们要将“一带一路”建成文明之路。“一带一路”建设要以文明交流超越文明隔阂、文明互鉴超越文明冲突、文明共存超越文明优越，推动各国相互理解、相互尊重、相互信任。

我们要建立多层次人文合作机制，搭建更多合作平台，开辟更多合作渠道。要推动教育合作，扩大互派留学生规模，提升合作办学水平。要发挥智库作用，建设好智库联盟和合作网络。在文化、体育、卫生领域，要创新合作模式，推动务实项目。要用好历史文化遗产，联合打造具有丝绸之路特色的旅游产品和遗产保护。我们要加强各国议会、政党、民间组织往来，密切妇女、青年、残疾人等群体交流，促进包容发展。我们也要加强国际反腐合作，让“一带一路”成为廉洁之路。

女士们、先生们、朋友们！

当前，中国发展正站在新的起点上。我们将深入贯彻创新、协调、绿色、开放、共享的发展理念，不断适应、把握、引领经济发展新常态，积极推进供给侧结构性改革，实现持续发展，为“一带一路”注入强大动力，为世界发展带来新的机遇。

——中国愿在和平共处五项原则基础上，发展同所有“一带一路”建设参与国的友好合作。中国愿同世界各国分享发展经验，但不会干涉他国内政，不会输出社会制度和发展模式，更不会强加于人。我们推进“一带一路”建设不会重复地缘博弈的老套路，而将开创合作共赢的新模式；不会形成破坏稳定的小集团，而将建设和谐共存的大家庭。

——中国已经同很多国家达成了“一带一路”务实合作协议，其中既包括交通运输、基础设施、能源等硬件联通项目，也包括通信、海关、检验检疫等软件联通项目，还包括经贸、产业、电子商务、海洋和绿色经济等多领域的合作规划和具体项目。中国同有关国家的铁路部门将签署深化中欧班列合作协议。我们将推动这些合作项目早日启动、早见成效。

——中国将加大对“一带一路”建设资金支持，向丝路基金新增资金 1 000 亿元人民币，鼓励金融机构开展人民币海外基金业务，规模预计约 3 000 亿元人民币。中国国家开发银行、进出口银行将分别提供 2 500 亿元和 1 300 亿元等值人民币专项贷款，用于支持“一带一路”基础设施建设、产能、金融合作。我们还将同亚洲基础设施投资银行、金砖国家新开发银行、世界银行及其他多边开发机构合作支持“一带一路”项目，同有关各方共同制定“一带一路”融资指导原则。

——中国将积极同“一带一路”建设参与国发展互利共赢的经贸伙伴关系，促进同各相关国家贸易和投资便利化，建设“一带一路”自由贸易网络，助力地区和世界经济增长。本届论坛期间，中国将同 30 多个国家签署经贸合作协议，同有关国家协商自由贸易协定。中国将从 2018 年起举办中国国际进口博览会。

——中国愿同各国加强创新合作，启动“一带一路”科技创新行动计划，开展科技人文交流、共建联合实验室、科技园区合作、技术转移 4 项行动。我们将在未来 5 年内安排 2 500 人次青年科学家来华从事短期科研工作，培训 5 000 人次科学技术和管理人员，投入运行 50 家联合实验室。我们将设立生态环保大数据服务平台，倡议建立“一带一路”绿色发展国际联盟，并为相关国家应对气候变化提供援助。

——中国将在未来3年向参与“一带一路”建设的发展中国家和国际组织提供600亿元人民币援助，建设更多民生项目。我们将向“一带一路”沿线发展中国家提供20亿元人民币紧急粮食援助，向南南合作援助基金增资10亿美元，在沿线国家实施100个“幸福家园”、100个“爱心助困”、100个“康复助医”等项目。我们将向有关国际组织提供10亿美元落实一批惠及沿线国家的合作项目。

——中国将设立“一带一路”国际合作高峰论坛后续联络机制，成立“一带一路”财经发展研究中心、“一带一路”建设促进中心，同多边开发银行共同设立多边开发融资合作中心，同国际货币基金组织合作建立能力建设中心。我们将建设丝绸之路沿线民间组织合作网络，打造新闻合作联盟、音乐教育联盟以及其他人文合作新平台。

“一带一路”建设植根于丝绸之路的历史土壤，重点面向亚欧非大陆，同时向所有朋友开放。不论来自亚洲、欧洲，还是非洲、美洲，都是“一带一路”建设国际合作的伙伴。“一带一路”建设将由大家共同商量，“一带一路”建设成果将由大家共同分享。

女士们、先生们、朋友们！

中国古语讲：“不积跬步，无以至千里。”阿拉伯谚语说，“金字塔是一块块石头垒成的”。欧洲也有句话：“伟业非一日之功”。“一带一路”建设是伟大的事业，需要伟大的实践。让我们一步一个脚印推进实施，一点一滴抓出成果，造福世界，造福人民！

祝本次高峰论坛圆满成功！

谢谢大家。

“一带一路”国际合作高峰论坛圆桌峰会联合公报

1. 我们，中华人民共和国主席习近平、阿根廷总统马克里、白俄罗斯总统卢卡申科、智利总统巴切莱特、捷克总统泽曼、印度尼西亚总统佐科、哈萨克斯坦总统纳扎尔巴耶夫、肯尼亚总统肯雅塔、吉尔吉斯斯坦总统阿坦巴耶夫、老挝国家主席本扬、菲律宾总统杜特尔特、俄罗斯总统普京、瑞士联邦主席洛伊特哈德、土耳其总统埃尔多安、乌兹别克斯坦总统米尔济约耶夫、越南国家主席陈大光、柬埔寨首相洪森、埃塞俄比亚总理海尔马里亚姆、斐济总理姆拜尼马拉马、希腊总理齐普拉斯、匈牙利总理欧尔班、意大利总理真蒂洛尼、马来西亚总理纳吉布、蒙古国总理额尔登巴特、缅甸国务资政昂山素季、巴基斯坦总理谢里夫、波兰总理希德沃、塞尔维亚总理、当选总统武契奇、西班牙首相拉霍伊、斯里兰卡总理维克勒马辛哈于 2017 年 5 月 15 日出席在北京举行的“一带一路”国际合作高峰论坛圆桌峰会。我们也欢迎联合国秘书长古特雷斯、世界银行行长金墉、国际货币基金组织总裁拉加德出席。会议由中华人民共和国主席习近平主持。

时代背景

2. 当前，世界经济深度调整，机遇与挑战并存。这是一个充满机遇的时代，各国都在追求和平、发展与合作。联合国 2030 年可持续发展议程为国际发展合作描绘了新蓝图。

3. 在此背景下，我们欢迎各国积极开展双边、三方、区域和多边合作，消除贫困，创造就业，应对国际金融危机影响，促进可持续发展，推进市场化产业转型，实现经济多元化发展。我们高兴地注意到，各国发展战略和互联互通合作倡议层出不穷，为加强国际合作提供了广阔空间。

4. 我们进一步认识到，世界经济面临诸多挑战，虽在缓慢复苏，但下行风险犹存。全球贸易和投资增长依然低迷，以规则为基础的多边贸易体制有待加强。各国特别是发展中国家仍然面临消除贫困、促进包容持续经济增长、实现可持续发展等共同挑战。

5. 我们注意到，“丝绸之路经济带”和“21 世纪海上丝绸之路”（“一带一路”倡议）能够在挑战和变革中创造机遇，我们欢迎并支持“一带一路”倡议。该倡议加强亚欧互联互通，同时对非洲、拉美等其他地区开放。“一带一路”作为一项重要的国际倡议，为各国深化合作提供了重要机遇，取得了积极成果，未来将为各方带来更多福祉。

6. 我们强调，国际、地区和国别合作框架和倡议之间沟通协调能够为推进互联互通和可持续发展带来合作机遇。这些框架和倡议包括：2030 年可持续发展议程、亚的斯亚贝巴行动议程、非洲 2063 年议程、文明古国论坛、亚太经合组织互联互通蓝图、东盟共同体愿景2025、亚欧会议及其互联互通工作组、商旅驿站关税倡议、中国和中东欧国家合作、中欧海陆快线、中间走廊倡议、中国–欧盟互联互通平台、欧盟东部伙伴关系、以平等、开放、透明为原则的欧亚伙伴关系、南美洲区域基础设施一体化倡议、东盟互联互通总体规划2025、欧亚经济联盟2030年经济发展基本方向、气候变化巴黎协定、跨欧洲交通运输网、西巴尔干六国互联互通议程、世界贸易组织贸易便利化协议等。

7. 我们重申，在"一带一路"倡议等框架下，共同致力于建设开放型经济、确保自由包容性贸易、反对一切形式的保护主义。我们将努力促进以世界贸易组织为核心、普遍、以规则为基础、开放、非歧视、公平的多边贸易体制。

合作目标

8. 我们主张加强"一带一路"倡议和各种发展战略的国际合作，建立更紧密合作伙伴关系，推动南北合作、南南合作和三方合作。

9. 我们重申，在公平竞争和尊重市场规律与国际准则基础上，大力促进经济增长、扩大贸易和投资。我们欢迎推进产业合作、科技创新和区域经济一体化，推动中小微企业深入融入全球价值链。同时发挥税收和财政政策作用，将增长和生产性投资作为优先方向。

10. 我们主张加强各国基础设施联通、规制衔接和人员往来。需要特别关注最不发达国家、内陆发展中国家、小岛屿发展中国家和中等收入国家，突破发展瓶颈，实现有效互联互通。

11. 我们致力于扩大人文交流，维护和平正义，加强社会凝聚力和包容性，促进民主、良政、法治、人权，推动性别平等和妇女赋权；共同打击一切形式的腐败和贿赂；更好应对儿童、残疾人、老年人等弱势群体诉求；完善全球经济治理，确保所有人公平享有发展机遇和成果。

12. 我们决心阻止地球的退化，包括在气候变化问题上立即采取行动，鼓励《巴黎协定》所有批约方全面落实协定；以平等、可持续的方式管理自然资源，保护并可持续利用海洋、淡水、森林、山地、旱地；保护生物多样性、生态系统和野生生物，防治荒漠化和土地退化等，实现经济、社会、环境三大领域综合、平衡、可持续发展。

13. 我们鼓励政府、国际和地区组织、私营部门、民间社会和广大民众共同参与，建立巩固友好关系，增进相互理解与信任。

合作原则

14. 我们将秉持和平合作、开放包容、互学互鉴、互利共赢、平等透明、相互尊重的精神，在共商、共建、共享的基础上，本着法治、机会均等原则加强合作。为此，我们根据各自国内法律和政策，强调以下合作原则：

（1）平等协商。恪守《联合国宪章》宗旨和原则，尊重各国主权和领土完整等国际法基本准则；协商制定合作规划，推进合作项目。

（2）互利共赢。寻求利益契合点和合作最大公约数，兼顾各方立场。

（3）和谐包容。尊重自然和文化的多样性，相信所有文化和文明都能够为可持续发展作贡献。

（4）市场运作。充分认识市场作用和企业主体地位，确保政府发挥适当作用，政府采购程序应开放、透明、非歧视。

（5）平衡和可持续。强调项目的经济、社会、财政、金融和环境可持续性，促进环境高标准，同时统筹好经济增长、社会进步和环境保护之间的关系。

合作举措

15. 我们重申需要重点推动政策沟通、设施联通、贸易畅通、资金融通、民心相通，强调根据各国法律法规和相关国际义务，采取以下切实行动：

（1）加强对话协商，促进各国发展战略对接，注意到“一带一路”倡议与第六段所列发展计划和倡议协调发展，促进欧洲、亚洲、南美洲、非洲等地区之间伙伴关系的努力。

（2）就宏观经济问题进行深入磋商，完善现有多双边合作对话机制，为务实合作和大型项目提供有力政策支持。

（3）加强创新合作，支持电子商务、数字经济、智慧城市、科技园区等领域的创新行动计划，鼓励在尊重知识产权的同时，加强互联网时代创新创业模式交流。

（4）推动在公路、铁路、港口、海上和内河运输、航空、能源管道、电力、海底电缆、光纤、电信、信息通信技术等领域务实合作，欢迎新亚欧大陆桥、北方海航道、中间走廊等多模式综合走廊和国际骨干通道建设，逐步构建国际性基础设施网络。

（5）通过借鉴相关国际标准、必要时统一规则体制和技术标准等手段，实现基础设施规划和建设协同效应最大化；为私人资本投资基础设施建设培育有利、可预测的环境；在有利于增加就业、提高效率的领域促进公私伙伴关系；欢迎国际金融机构加强对基础设施建设的支持和投入。

（6）深化经贸合作，维护多边贸易体制的权威和效力；共同推动世界贸易组织第 11 次部长级会议取得积极成果；推动贸易投资自由化和便利化；让普通民众从贸易中获益。

（7）通过培育新的贸易增长点、促进贸易平衡、推动电子商务和数字经济等方式扩大贸易，欢迎有兴趣的国家开展自贸区建设并商签自贸协定。

（8）推动全球价值链发展和供应链联接，同时确保安全生产，加强社会保障体系；增加双向投资，加强新兴产业、贸易、工业园区、跨境经济园区等领域合作。

（9）加强环境、生物多样性、自然资源保护、应对气候变化、抗灾、减灾、提高灾害风险管理能力、促进可再生能源和能效等领域合作。

（10）加强通关手续等方面信息交流，推动监管互认、执法互助、信息共享；加强海关合作，通过统一手续、降低成本等方式促进贸易便利化，同时促进保护知识产权合作。

（11）合作构建长期、稳定、可持续的融资体系；加强金融设施互联互通，创新投融资模式和平台，提高金融服务水平；探寻更好服务本地金融市场的机会；鼓励开发性金融机构发挥积极作用，加强与多边开发机构的合作。

（12）为构建稳定、公平的国际金融体系做贡献；通过推动支付体系合作和普惠金融等途径，促进金融市场相互开放和互联互通；鼓励金融机构在有关国家和地区设立分支机构；推动签署双边本币结算和合作协议，发展本币债券和股票市场；鼓励通过对话加强金融合作，规避金融风险。

（13）加强人文交流和民间纽带，深化教育、科技、体育、卫生、智库、媒体以及包括实习培训在内的能力建设等领域务实合作。

（14）鼓励不同文明间对话和文化交流，促进旅游业发展，保护世界文化和自然遗产。

愿景展望

16. 我们携手推进“一带一路”建设和加强互联互通倡议对接的努力，为国际合作提供了新机遇、注入了新动力，有助于推动实现开放、包容和普惠的全球化。

17. 我们重申，促进和平、推动互利合作、尊重《联合国宪章》宗旨原则和国际法，这是我们的共同责任；实现包容和可持续增长与发展、提高人民生活水平，这是我们的共同目标；构建繁荣、和平的人类命运共同体，这是我们的共同愿望。

18. 我们祝贺中国成功举办“一带一路”国际合作高峰论坛。

在中国首届“三亚公共外交论坛”上的致辞

十一届全国政协副主席、中国生态文明研究与促进会会长　陈宗兴

（2016年6月18日）

女士们，先生们：

大家好！

今天中国首届“三亚公共外交论坛”在海南省三亚市举办，来自各有关国家的贵宾和各界代表相聚一堂，以“一带一路・生态文明”为主题，深入探讨“一带一路”沿线国家的生态环境建设与绿色发展，并就如何发挥公共外交在推进可持续发展中的作用等课题开展研讨交流，很有必要，也很有意义。我代表中国生态文明研究与促进会对三亚公共外交研究院举办的本次论坛表示热烈祝贺！

“一带一路”建设是中国根据全球形势的深刻变化，统筹国际、国内两个大局做出的重大决策，是促进世界和平与经济发展的重要行动，也是与沿线国家实现发展对接、优势互补的重要战略构想。中国政府发布的《推动共建丝绸之路经济带和21世纪海上丝绸之路的愿景与行动》中明确要求，“在投资贸易中突出生态文明理念，共建绿色丝绸之路”。海南是“一带一路”——海上丝绸之路的重要节点，也是全国生态省建设与绿色发展的“先行者”和“试验田”。

党的十八大以来，生态文明建设纳入了中国特色社会主义事业“五位一体”的总体布局，习近平总书记对生态文明建设提出一系列重要思想和重要论断，“绿水青山就是金山银山”“像保护眼睛一样保护生态环境，像对待生命一样对待生态环境”等理念深入人心。党中央、国务院对生态文明建设做出了科学的顶层设计和周密的制度安排，出台了《关于加快推进生态文明建设的意见》《生态文明体制改革总体方案》等一系列重要文件。全国上下、各行各业积极探索，创新实践，社会各界广泛参与，生态文明建设取得了积极成效。联合国环境规划署发布了“绿水青山就是金山银山：中国生态文明战略与行动”报告，一些国外专家学者指出，“生态文明的希望在中国”，这标志着中国生态文明的理论与实践在国际社会得到进一步的认同与支持。

生态文明与生态环境保护需要全球各国共同努力。共建绿色“丝绸之路”是凝聚各有关国家的努力与行动的桥梁和纽带。“一带一路、生态文明”与沿线国家的投资需求、方向和长远利益是一致的。亚洲基础设施投资银行、丝路基金、金砖国家新开发银行等都把绿色基础设施建设作为重点投资领域，绿色基础设施建设以及推进绿色发展潜能的释放，不仅会带来即期的经济效益，而且还能

够消除制约可持续发展的瓶颈和障碍，是实现生态环境与经济双赢的有效途径。

“一带一路、生态文明”为公共外交开辟了新通道、增加了新“资源”、提供了新机遇。公共外交作为政府外交的有力补充，应将“一带一路、生态文明”作为当前开展工作的重要内容。在区域性合作中，要充分尊重沿线各国的历史、文化和现实，坚持“共商、共建、共享”原则，努力将“一带一路、生态文明”真正转化为沿线各国共识和福祉，这对于改革完善全球治理体系、增进中国公共外交事业的发展将产生积极促进作用。

今年是“十三五”规划的开局之年，也是推进绿色发展的重要一年。让我们秉承生态文明与可持续发展理念，承担应尽的国际义务，为建设一个生态良好的地球家园而努力奋斗。中国生态文明研究与促进会作为全国性的专业社会组织，也将继续凝聚各方智慧，创新思想理念，推进工作实践，努力为生态文明建设做出新的更大的贡献。

祝本届论坛圆满成功。

谢谢大家！

致“三亚公共外交论坛”的贺辞

前外交部部长　李肇星

（2016 年 6 月 16 日）

三亚公共外交研究院：

欣闻贵院将举办“三亚公共外交论坛”，我谨表热烈祝贺！

三亚公共外交研究院自 2015 年启动以来，一直在努力打造具有重要影响的公共外交与国际关系智库，为国家发展大局服务。当前，贵院已积极投入“一带一路”的政策规划和项目研究，旨在加深和扩大中国与世界各国的友好交往和互利合作。

公共外交为加强中国和各国人民的交流和友谊，促进人类和平与发展、推动世界的共同繁荣与和谐相处发挥着日益重要的作用。三亚作为国际化城市，拥有优美宜人的自然环境，完备的设施，是 21 世纪海上丝绸之路的战略支点城市。希望三亚公共外交研究院进一步学习和践行习近平主席和党中央关于外交工作的指示精神，充分利用自身资源，广泛汇集各界资源，团结各方力量，积极开展民间交往、文化交流等多种形式的公共外交活动，为三亚的发展出谋划策，当好“一带一路”的拓路先锋。

我本人很遗憾未能参加论坛，谨请中国公共外交协会驻会副会长龚建忠代我出席并祝本次论坛圆满成功！

焕发古老文明新活力
共建人类命运共同体

中华人民共和国外交部长　王毅
（2017 年 4 月 24 日）

各位同事，女士们，先生们，朋友们：

大家上午好！

首先，我要感谢希腊外长科齐阿斯阁下提出创建"文明古国论坛"的重要倡议，使来自世界上悠久文明古国的代表能够相聚在一起，共同探讨人类原创型文明给我们当代社会带来的有益启示，推动古老文化传统焕发出新的时代活力。我也要感谢在座各位同事对成立"文明古国论坛"倡议的积极响应。作为论坛共同发起方，中方毫不怀疑，历史将见证我们共同倡建这一论坛的现实意义和深远影响。

"周虽旧邦，其命维新。"这句两千多年前的中国古语，恰好可以作为今天十个文明古国代表相聚雅典的生动诠释。

我们齐聚一堂，旨在为各自国家振兴注入新的动力。一个国家、一个民族的强盛，总是以文明的积淀为支撑。今天，我们十个国家都面临促进发展、实现振兴的艰巨任务，需要我们萃取优秀传统文化的精髓，汲取传统文化的营养，把跨越时空概念、富有永恒魅力、具有当代价值的人文品质和文化精神发扬起来，为各自治国理政提供动力和助益。

我们齐聚一堂，旨在为世界和平发展探索新的答案。面对世界经济复苏乏力、地区热点此起彼伏、恐怖主义日益突出等多重挑战，越来越多的有识之士意识到，绵延几千年的古老文明当中蕴藏着人类克服各种困难的聪明才智，汇聚着解决当今世界难题的宝贵经验。我们创建论坛，就是要借鉴古老文明中丰富的哲学思想、厚重的人文精神和高尚的道德理念，帮助我们解决好攸关世界未来和人类前途的重大问题。

我们齐聚一堂，旨在为人类文明进步开辟新路径。人类发展史是一部多元文明共生并进的历史。几千年来，古埃及文明、两河文明、古希腊罗马文明、印度河文明、中华文明、玛雅文明、印加文明等各大原创型文明群星璀璨，交相辉映，共同促进了人类的发展进步。今天我们相聚于此，就是为了打破文明冲突的老调子，奏响文明对话的新乐章，合力推动人类文明在新的世纪沿着一个正确的方向不断前进。

各位同事，

中国拥有延续五千多年的悠久文明，为人类社会发展做出了重要贡献。“和合”思想体现了中华文明的基本精神，代表着中华民族不懈追求的理想境界，融入到当代中国内外政策的方方面面：在思想理念上体现为以和为贵、和而不同，在国家治理上体现为以民为本、为政以德，在对外关系上体现为以德服人、亲仁善邻。霸道不符合中国人的传统，扩张更不是中国人的基因。以“和合”为精髓的中华文明伴随着中国发展壮大的来路，也决定着中国未来前进的方向。日前我在路经欧洲时参观了一个博物馆，其中一个展馆展示了大量曾经使用过的兵器，但没有一件来自中国；另一展馆展示了大量文物，大部分来自中国，尤其是瓷器。早在六七百年前，中国在通过丝绸之路开展对外交往，给各国带去的是和平、贸易和文化交流。

历经数千年沧桑演进，国际社会从未像今天这样紧密相连、休戚相关、命运与共。我们既面临再创人类文明新辉煌的重大机遇，也面临侵蚀人类文明既有成果的严峻挑战。今年年初，中国国家主席习近平在日内瓦万国宫发表重要演讲，提出要构建人类命运共同体，实现共赢共享。这是中国基于自身历史文化传统，把握世界发展潮流，针对世界向何处去这一时代命题提出的中国方案，受到各方高度重视和广泛赞誉。

我们主张以创建“文明古国论坛”为契机，推动各大文明交流互鉴，共同致力于构建人类命运共同体这一崇高目标。中方愿同各方一道，为此做出不懈努力。

一是以传承为己任，倡导文明包容共进。文明凝聚着过去，连接着未来。让先辈留下的文化遗产薪火相传，是一个民族屹立于当今世界民族之林的根本。作为古老文明的传承者，我们应树立并保持文化自信，在继承中发扬、在创新中发展本国的传统文化，让古老文明在新的时代条件下焕发出蓬勃生机与活力。同时，作为文明古国，我们比其他国家更加深切地体会到，文明没有高低、优劣之分，各种文明都值得尊重和珍惜。我们既要传承本国文明，也要维护和促进文明多样性，共同保护人类历史文化遗产，构建多元文明相生相长、偕行共进的良性关系。一国选择的社会制度和发展道路是其文明的重要组成部分，理应得到各方理解和尊重。

二是以对话为桥梁，维护国际和平稳定。文明对话是保障世界和平和地区稳定的重要支柱。历史和现实告诉我们，文明对话交流比较顺畅的时期，往往是冲突、战乱得到有效抑制的时期。中国历来倡导通过对话协商化解矛盾、妥处分歧，反对动辄诉诸武力或以武力相威胁，为诸多国际和地区对话协商机制的建立发挥了积极作用。作为全球有代表性的原创型文明古国，我们应更加自觉地倡导文明对话与互动，反对文明冲突与排斥，致力于超越社会制度和意识形态的差异和偏见，增进各国人民的相互理解与信任。要引导各方通过对话谈判解决国际争端和热点问题，在国际地区事务中发挥劝和促谈的建设性作用，为地区和世界的和平稳定提供有力支撑。

三是以合作为动力，助力世界发展进步。正如核聚变释放的能量远远大于核裂变一样，不同文明合作交融是推动人类社会演进的重要动力。当前，面对复杂演变的世界格局和不断增多的全球性挑战，我们应当同舟共济，发扬“和”的精神，发挥“合”的力量，携手破解遇到的难题。下个月，中国将举办“一带一路”国际合作高峰论坛。这次论坛承载着丝绸之路沿线国家实现共同繁荣的历史夙愿，传递出中国愿同世界各国合作共赢的强烈信号。历史上的丝绸之路曾经是东西方文明交流的大动脉。今天，“一带一路”正在成为沿线国家乃至世界范围文明互鉴的大舞台。我们期待并相信，这次盛会将会谱写人类文明交流合作的新篇章。

女士们，先生们，朋友们，

每隔四年，奥运圣火就会在雅典点燃，从这里走向世界各地，传递和平与友谊。今天，我们十个原创型文明古国在此相聚，开启了一场新的文明圣火接力之旅。让我们携手努力，用对话消弭对抗，用交流化解交锋，让古老文明在当今世界绽放新的异彩。

谢谢大家！

（来源：外交部网）

加强政策沟通　做好“四个对接”共同开创“一带一路”建设新局面

中国国家发展和改革委主任　何立峰

（2017 年 5 月 14 日）

尊敬的各位来宾，女士们，先生们，朋友们：

欢迎各位来到北京，出席“一带一路”国际合作高峰论坛“政策沟通”平行主题会议。政策沟通是开展各方面务实合作的基础，也是共建“一带一路”的重要保障。三年多来，在包括中国在内的各方共同努力下，共建“一带一路”取得了一系列实实在在的合作成果。我们相信，通过此次会议能够进一步凝聚共识、形成合力，共同推进“一带一路”建设取得新成效，造福沿线各国人民。

进入 21 世纪，世界政治经济格局发生了一系列变化。特别是 2008 年以来，受国际金融危机影响，全球经济增长乏力，不少国家陷入经济低迷与疲软的困境。与此同时，贸易保护主义、孤立主义、民粹主义等反全球化思潮有所抬头。面对经济全球化带来的机遇和挑战，更需要我们携起手来共同应对。通过加强国与国之间的政策沟通与对接，以合作应对挑战，是解决当前世界和区域经济面临问题的正确选择。

共建“一带一路”倡议正是解决这一系列问题的中国方案，体现了汲取历史经验、面向未来发展的中国智慧。目前，共建“一带一路”倡议已经得到了世界上 100 多个国家和国际组织的响应，我们先后与沿线国家及国际组织签署了 50 余份政府间共建“一带一路”合作协议。中国将继续同国际社会一道，秉持和平合作、开放包容、互学互鉴、互利共赢的“丝路精神”，坚持共商、共建、共享的原则，以政策沟通为基础和保障，进一步促进各国设施联通、贸易畅通、资金融通和民心相通。

经过三年多来与各国共同推进“一带一路”建设的实践，我们体会到，做好国与国之间的政策沟通，需要重点加强四个层面的对接。

第一个层面是发展战略的对接。发展战略是关乎一国未来的重大抉择和顶层设计，具有全局性、长远性和引领性。发展战略对接是国与国之间最高层次的政策沟通与协调，有利于增进政治互信和合作共识，从宏观上寻求合作最大公约数，找准共同行动的方向，实现共同发展。贸易自由化、经济全球化应成为战略对接的共识基础，我们要共同维护以多边为主的自由贸易体系，维护来之不易的开放型世界经济。公平带来效率、体现正义，要坚持公平竞争的基本原则，减少国际经贸和投资活动中的歧视性行为，推动国际经济治理体系朝着更加公平、公正、合理的方向发展。

第二个层面是发展规划的对接。发展规划是对发展战略的细化和量化。中国古代典籍《礼记·中庸》中说道："凡事预则立，不预则废。"现代市场经济高度复杂，政府在实施宏观调控、创造制度环境、提供公共服务等领域发挥着越来越重要的作用。科学、清晰的发展规划，不仅不会干扰市场，反而会减少市场的试错成本、稳定企业预期、提高运行效率。中国正在建设更加完善的社会主义市场经济体制，我们更加重视规划在引领经济社会发展中的重要作用。国与国之间对接发展规划，就是在达成共识的基础上，将发展战略确定的愿景，明确为具体的时间表和路线图，同时发挥各国的比较优势，以更低的成本、更高的效率，分步骤地实现发展目标。

第三个层面是机制与平台的对接。机制与平台是实施规划的重要载体，是共建"一带一路"倡议框架下的双边和多边合作规划能否顺利落实的关键环节。各国国情不同，制度各异，形成和推动实施发展战略与规划的机制也不同。机制与平台对接，旨在将各国有关执行机构有效衔接起来，构建顺畅的交流、沟通、磋商渠道和机制，并更有效地对接有关资源，及时解决规划实施和项目执行中面临的问题和困难。中方愿与各国积极探讨建立适当的平台对接方式，实现战略、规划的有效对接。

第四个层面是具体项目的对接。项目是实施战略与规划的最基本的单元和载体。千里之行，积于跬步。"一带一路"倡议最终需要通过基础设施、经贸、投资、金融、人文等各领域一个个项目的实施来落实。项目对接是最微观层面的对接。共建"一带一路"倡议坚持市场运作，项目对接要遵循市场规律，以企业为主体。同时，各国也要发挥政府的重要作用，为企业进行项目合作营造良好环境、提供必要帮助。

各位来宾，各位朋友！

"一带一路"不是一家的独奏，而是各国的合唱。中方期待有更多国家加入共建"一带一路"倡议之中，共享发展机遇，共同应对风险与挑战。我们欣喜地看到，三年多来，沿线国家不仅是政策沟通的践行者，也是共赢发展的受益者。中方期待同各国一道，以发展战略对接为引领，以发展规划对接为蓝图，以机制与平台对接为支撑，以具体项目对接为抓手，不断夯实政策沟通的政治基础，拓宽政策沟通的领域和渠道，巩固共建"一带一路"已取得的成果，共同开创共建"一带一路"的崭新局面。

我们热忱欢迎并期待各位来宾、各位朋友在接下来的讨论中各抒己见、畅所欲言，为加强共建"一带一路"政策沟通积极贡献智慧和力量。让我们一起努力，做大共建"一带一路"的蛋糕，为增进世界各国人民福祉做出更大贡献。

谢谢大家！

（来源：发改委网）

共建“一带一路”发展开放型世界经济

商务部部长　钟山

习近平主席在“一带一路”国际合作高峰论坛（以下简称高峰论坛）期间发表的重要讲话，深刻阐述了以和平合作、开放包容、互学互鉴、互利共赢为核心的丝路精神，回顾了4年来“一带一路”建设取得的丰硕成果，提出了建设和平之路、繁荣之路、开放之路、创新之路、文明之路的美好愿景，指明了构建人类命运共同体的方向和路径，创新了开放发展的理论和实践，是治国理政新理念新思想新战略的重要组成部分。我们要深入学习贯彻习近平主席在高峰论坛上的重要讲话精神，扎实推进“一带一路”建设，深化经贸合作，为发展开放型世界经济做出应有贡献。

彰显推动各国共同发展的大国担当

习近平主席的重要讲话，展现了中国领导人的战略视野和博大胸怀，展示了中国对发展开放型世界经济的积极态度，彰显了推动各国共同发展的大国担当，得到国际社会高度赞誉，凝聚了广泛共识，激发了各国的参与热情。

诠释丝路精神的深刻内涵，为发展开放型世界经济贡献中国智慧。习近平主席指出，“古丝绸之路绵亘万里，延续千年，积淀了以和平合作、开放包容、互学互鉴、互利共赢为核心的丝路精神。这是人类文明的宝贵遗产。”丝路精神根植于深厚的中华文明，是中华文明与世界文明交流互鉴的思想结晶，是当代中国为国际社会贡献的东方智慧。和平合作需要加强对话沟通、平等交流，开放包容需要在开放中发展、在融合中共存，互学互鉴需要博采众长、共同提高，互利共赢需要互惠互利、共赢发展。“一带一路”倡议是开放包容、面向全球的，坚持共商共建共享原则，顺应时代潮流，具有强大感召力和凝聚力。目前，已有100多个国家和国际组织积极支持和参与，联合国也将“一带一路”倡议纳入有关决议。

总结4年来取得的丰硕成果，为发展开放型世界经济注入中国力量。习近平主席指出，“一带一路”建设逐渐从理念转化为行动，从愿景转变为现实，建设成果丰硕。4年来，在“一带一路”倡议的引领下，各国合作意愿日益增强，合作领域不断扩大，合作层次不断提升，拉动各国经济增长，促进产业合作和技术传播，给各国人民带来了实实在在的好处。2014—2016年，中国同沿线国家的贸易总额超过3万亿美元，对沿线国家投资累计超过500亿美元。中国企业在20

多个国家建设56个境外经贸合作区，为有关国家创造近11亿美元税收和18万个就业岗位。沿线国家的产品、技术、服务、资本源源不断地进入中国，“中国制造”“中国建设”“中国服务”受到越来越多沿线国家的欢迎。“一带一路”倡议已经深入人心，朋友圈越来越大。

描绘“一带一路”建设的美好愿景，为发展开放型世界经济提出中国主张。习近平主席指出，要将“一带一路”建成和平之路、繁荣之路、开放之路、创新之路、文明之路。和平之路着力推动合作共赢，建立彼此尊重的伙伴关系；繁荣之路聚焦发展这个根本，加强产业和金融合作，推动设施联通；开放之路以开放为导向，解决经济增长和平衡问题；创新之路坚持创新驱动发展，集聚创新资源、优化创新环境；文明之路着力深化多层次人文交流，开辟更多合作渠道。“五个之路”与创新、协调、绿色、开放、共享的发展理念一脉相承，为推进开放、包容、普惠、平衡、共赢的经济全球化擘画美好蓝图、指明前进方向。

宣示合作共赢的重大举措，为发展开放型世界经济提供中国担当。习近平主席指出，我们将深入贯彻创新、协调、绿色、开放、共享的发展理念，不断适应、把握、引领经济发展新常态，积极推进供给侧结构性改革，实现持续发展，为“一带一路”注入强大动力，为世界发展带来新的机遇。高峰论坛期间，中国在发展经贸伙伴关系、推动互联互通、加强创新合作、加大建设资金支持、援助民生项目等方面宣布了一系列务实举措，决心之大、力度之强前所未有。这释放出中国进一步开放市场的积极信号，表达了中国愿与各国分享发展机遇的诚意，展示了中国支持经济全球化健康发展的决心。这些举措的逐步落实，必将帮助参与国更好融入经济全球化，为开放型世界经济发展提供有力支撑。

共同维护和发展开放型世界经济

习近平主席指出，要维护和发展开放型世界经济，共同创造有利于开放发展的环境，推动构建公正、合理、透明的国际经贸投资规则体系。目前，全球增长动能不足、发展失衡、经济治理滞后三大矛盾远没有得到解决。“一带一路”倡议契合各国发展需要，为促进各国协调联动发展、实现共同繁荣提供了新方案。

共建“一带一路”，携手推动全球经济增长。当前，世界经济复苏乏力，贸易和投资持续低迷，传统增长引擎对经济的拉动作用减弱，新的经济增长点仍未形成。在这种形势下，最迫切的任务是引领世界经济走出困境。习近平主席指出，推进“一带一路”建设，要聚焦发展这个根本性问题，释放各国发展潜力，实现经济大融合、发展大联动、成果大共享。“一带一路”建设以政策沟通、设施联通、贸易畅通、资金融通、民心相通为主要内容，有利于充分发挥各国比较优势，扩大利益汇合点，培育发展新动能，促进各国经济要素有序自由流动、资源高效配置和市场深度融合，增强全球经济增长活力。未来5年，中国将进口超过8万亿美元的商品，对外直接投资将超过7 500亿美元。其中，将从沿线国家进口2万亿美元的商品，对沿线国家投资1 500亿美元。这将为各国发展带来巨大商机。

共建“一带一路”，携手推动共赢共享发展。当今世界，经济发展不平衡问题十分突出，贫富悬殊和南北差距扩大问题依然严重，贫困及其衍生的饥饿、疾病、社会冲突等一系列难题困扰着许多发展中国家。习近平主席强调，要着力解决发展失衡、治理困境、数字鸿沟、分配差距等问题。中国的发展得益于国际社会，也愿意积极承担国际责任和义务，为发展中国家提供力所能及的帮助。高峰论坛期间，中国承诺未来3年将向“一带一路”沿线发展中国家提供不少于600亿元人民币的援助；向有关国际组织提供10亿美元，落实一批惠及沿线国家的合作项目；未来5年将为参与国提供1万个来华研修和培训名额，帮助参与国加强能力建设。

共建“一带一路”，携手推动全球治理变革。当前，经济全球化出现波折，“逆全球化”思潮和保护主义倾向抬头，国际经贸规则碎片化问题突出，全球经济治理体系滞后，难以适应世界经济新变化。习近平主席指出，欢迎各国结合自身国情，积极发展开放型经济，参与全球治理和公共产品供给，携手构建广泛的利益共同体。“一带一路”建设由大家共同商量，成果由大家共同分享，为全球经济治理体系贡献了新模式。亚洲基础设施投资银行、丝路基金等新型金融机构成为现有国际金融体系的有益补充。高峰论坛期间，我们发起了《推进“一带一路”贸易畅通合作倡议》，83个国家和国际组织积极参与，中国立场、中国主张成为广泛共识。

扎实推进经贸领域务实合作

习近平主席指出，新的起点上，我们要勇于担当，开拓进取，用实实在在的行动，推动“一带一路”建设国际合作不断取得新进展。经贸合作是“一带一路”建设的重要内容。我们要扎实推进经贸领域务实合作，把广泛共识转化为共同行动，把系列举措转化为实际成果，让高峰论坛各项成果落地生根、早见成效。

落实《推进“一带一路”贸易畅通合作倡议》。合作倡议是高峰论坛的重要成果，对促进全球贸易投资增长、增强我国在全球经济治理中的制度性话语权具有重要意义。要加强沟通，全面做好合作倡议后续落实工作。利用经贸联委会、混委会等合作机制，推进经济全球化，支持多边贸易体制，促进贸易投资便利化自由化。抓好促进贸易增长、振兴相互投资和促进包容可持续发展的系列举措落实。

办好中国国际进口博览会。这是推进“一带一路”建设、推进新一轮对外开放的重大举措，有助于中国扩大开放，也有助于各国贸易发展、全球贸易增长，得到国际社会的高度评价、积极响应。要抓紧筹办中国国际进口博览会，做好规划设计，创新办展方式和合作模式，吸引更多国家和地区参与进来，打造高水平、影响力大的开放型国际合作平台。

提升贸易投资便利化水平。推动铁路、公路、港口、航空等基础设施互联互通项目落地，加强贸易便利化基础设施合作，打通国际大通道。加快实施世贸组织《贸易便利化协定》，推动国际贸易“单一窗口”建设，加快通关一体化。推进中欧班列健康有序发展，畅通亚欧贸易走廊。积极与更多参与国商签投资协定。

推进对外开放平台建设。统筹推进11个自由贸易试验区建设，充分发挥其改革开放排头兵、创新发展先行者的示范带动作用。加快推动经济技术开发区创新转型。推进边境经济合作区、跨境经济合作区、境外经贸合作区建设，打造一批规模效益好、辐射作用大、就业带动力强的合作区。

积极参与国际经贸规则制定。维护多边贸易体制主渠道地位，推动世贸组织部长级会议取得积极成果，促进多边贸易体制均衡、共赢、包容发展。落实二十国集团领导人杭州峰会经贸成果，建设和发展好贸易投资机制。落实亚太经合组织北京路线图各项措施，推动未来议程。推进金砖国家经贸合作机制化、具体化。

推进自由贸易区建设。建设“一带一路”自由贸易区网络，与有意愿的国家和地区商讨自贸区建设，加快区域全面经济伙伴关系协定谈判，推进亚太自贸区建设。推动中国—东盟自贸区升级议定书早日全面生效实施，与相关国家开展自贸区升级谈判，增加环境保护、电子商务等新议题，提升自贸区建设水平。

落实好对外援助举措。扎实推进高峰论坛重大援助举措落实，帮助沿线发展中国家发展经济、改善民生。推动“3 个 100”民生援助项目建设，加大文化、体育、卫生等合作领域援助力度，夯实共建“一带一路”的民意基础。扩大互派留学生规模，加强人才培训援助，支持沿线国家能力建设。共同推动落实《联合国 2030 年可持续发展议程》。

（来源：商务部网）

全球化浪潮中，中国发挥的积极作用日益瞩目

波兰前副总理、三亚公共外交研究院名誉院长
G. W. 科沃德科

当下，中国的经济发展正蒸蒸日上，有足够的能力保持国家经济稳定发展，同时还拥有充足的、可供支配的资金进行海外投资。中国为世界展现了一个安定和谐的社会大环境，十分利于开展像“一带一路”这样的大型项目，实施者也有饱满的工作热情。

中国国家主席习近平积极提倡全球化，这为世界经济长期发展所提供的助力正与日俱增。

习主席提出的“一带一路”倡议是切实可行的，中国正由此更加深入地融合到不可逆的全球化浪潮之中，也因此而变得更加包容。

在今年的达沃斯世界经济论坛上，习主席就高举自由贸易旗帜，并警示贸易战没有赢家。我认为，倘若中国商品被征收了过高的关税，那么其结果不仅是两败俱伤，更会使征税一方的损失远超中国。

指责中国借资本扩张势力实属无稽之谈

当下，中国的经济发展正蒸蒸日上。按购买力平价（PPP）计算，中国的国内生产总值达到了 21.3 万亿美元，较美国、欧盟（本次算入英国）分别高出 15% 和 11%。

中国是世界上最大的出口国（2016 年出口总额达 2 万亿美元），又是仅次于美国的第二大进口国。不仅如此，中国持有的外汇储备总量约 3 万亿美元，相当于波兰国内生产总值的 6 倍。可以预计一下，未来中国的外汇储备量还会上升，或将超过日本、瑞士、沙特阿拉伯、俄罗斯、印度和韩国的总和。

可以说，中国有足够的能力保持国家经济稳定发展，同时还拥有充足的、可供支配的资金进行海外投资，相关努力也正在进行中。这体现在，虽然中国接受的外国直接投资（FDI）已累计达到 1.46 万亿美元，多于 1.29 万亿美元的中国对外直接投资总额，但后者的增长规模已连续两年高于前者。2016 年，中国对外直接投资金额创历史新高，同比增加 40%，达到了 1 890 亿美元，其中对欧盟成员国的投资额较 2015 年上涨了 77%，至 370 亿美元。

对此，一些国家正着力吸引中国资本。但也有人借机指责中国是在利用资本扩张势力，我认为这实属无稽之谈，因为中国的外向型经济扩展主要是作为一种

政策措施，是服务于国内事务的。现阶段，保持高经济增长对中国很有必要，这将提高国民收入，并帮助平衡国内农村与城市间的人口流动。

中国有大量的资金用于对内和对外投资，通过“一带一路”，中国还吸引到了中东欧国家的目光，加速中国和中东欧16国共同创建的合作平台“16+1合作”，惠及国家从北方的爱沙尼亚和拉脱维亚，穿过中部的捷克和匈牙利，直到南部的阿尔巴尼亚和马其顿。在这16个国家里，波兰是最大的经济体，但到目前为止，波兰吸引的中国对外直接投资却未超过斯洛伐克与匈牙利，不过这一数字在2016年已达到5亿美元，不失为一个好迹象。

我认为，中国的发展道路与新实用主义所主张的越发契合（编者注：新实用主义——能够将相关经济政策、措施和普遍的经济学原理概念结合，把握“中庸经济学”的本质，而“中庸经济学”的含义就是让人类、自然、金融、物质财富形成动态平衡）。这体现在，中国既拥护全球化，又强调降低金融失衡的必要性，同时还注重维护环境平衡。加拿大和一些北欧国家在这方面也有卓越表现，但他们在全球经济进程中的影响力却略显不足。

在维护世界秩序方面，中国比任何国家做得都好

塑造一个理想的未来世界，中国所发挥的作用至关重要，比如减少各类威胁因素，并帮助防止经济领域以外的灾难发生。世界对中国的期待在诸多方面均有体现，比如，希望中国可以对抗经济民族主义者的不良企图以保护自由贸易；拥护《巴黎协定》应对全球变暖；能够在未来10年里向非洲和中东国家投资数万亿美元，从而大大帮助这些地区提高人民的生活水平，降低人口增长速度，刺激经济发展，同时减少涌入欧洲的难民数量。

当前，世界政局正值多变之期，许多国家，如希腊、意大利、英国、法国、奥地利、荷兰、西班牙和德国等，都在举行全民公投或大选。某些国家甚至还遭受着各种突发事件，如巴西迪尔玛·罗塞夫遭弹劾被罢免总统职务等等。相比之下，中国为世界展现的则是一个安定和谐的社会大环境，十分利于开展像“一带一路”这样的大型项目，实施者也有饱满的工作热情。

2017年的二十国集团（G20）峰会于7月在德国汉堡举行，参会国众多，其国际贸易额总和便可占到全球总量的90%。除了东道主德国及其总理安吉拉·默克尔，备受关注的焦点之一是中国领导人，世界期待中方能在一些实际问题上亮出自己的观点。在这里，我想表达的是，若说维护国际秩序，中国或将比任何国家做得都好。

"一带一路"将成为巩固中俄世代友好新纽带

中国驻俄罗斯大使　李辉

近年来，中俄全面战略协作伙伴关系持续保持高水平运行，高层交往更加频繁，务实合作稳步推进，人文交流蓬勃发展，国际协作日益密切，政府间、企业间、民间各领域交流机制运行良好，发展睦邻友好合作关系的社会和民意基础不断巩固。成熟、稳定、健康的中俄关系，已成为当今世界新型国家关系的典范和维护地区和世界和平稳定的压舱石。特别是在当前国际形势复杂多变、世界经济复苏缓慢、大国关系深刻调整的大背景下，中俄进一步深化全面战略协作伙伴关系的客观必要和主观愿望不断增强，这需要双方找到新的着力点和驱动力。

2013 年，习近平主席提出"一带一路"建设宏伟倡议。这是凝练历史经验、汇聚当代智慧、体现大国责任与担当的创新全球治理方案。作为中国最大邻国和推进"一带一路"建设中不可或缺的重要一环，俄罗斯积极响应和参与"一带一路"建设。2015 年 5 月，习近平主席和普京总统共同签署《中俄关于丝绸之路经济带建设和欧亚经济联盟建设对接合作的联合声明》，充分表明两国打造命运共同体的坚定意志，极大地拓宽了双方战略合作空间，为中俄全面战略协作伙伴关系继续向前推进注入新的强大动力。

两年多来，在中俄双方共同努力下，对接合作取得积极成果，突出体现在以下方面：一是能源领域，中俄东线天然气管道建设进展顺利，俄将按计划向中方供气。双方共同参与的亚马尔液化气项目一期工程将于今年完工；二是互联互通，连接中国东北地区和俄远东地区的跨境铁路桥建设、"滨海 1 号""滨海 2 号"大型交通走廊建设稳步推进，中国联通（俄罗斯）运营有限公司在莫斯科开业；三是大项目合作，中俄联合研发远程宽体客机、重型直升机等项目取得进展；四是金融投资，中国国家开发银行、进出口银行与俄多家金融机构确定了新一批重大投资合作项目，俄央行在中国开设代表处，俄罗斯人民币清算中心在莫斯科启动；五是经贸领域，双边贸易额回升，并于 2017 年前 5 个月达到 2 231 亿元人民币（约 328 亿美元），同比增长 33.7%，农产品、油气设备等日益成为两国经贸合作新的增长点；六是人文交流，两国媒体参与"中俄媒体交流年"的热情高涨，中俄媒体论坛实现机制化、常态化，中俄合拍纪录片《这里是中国》《你好中国》等一批批优秀作品相继播出，使两国民众彼此了解更深，心与心贴得更近。

中俄元首对双边关系深入发展起到了重要的战略引领作用。2017 年 5 月以来，两国元首已两次会晤，再次重申了双方加强战略协作、共同推动“一带一路”建设与欧亚经济联盟建设对接合作取得更多实际成果的愿望与决心。7 月，习近平主席将对俄罗斯进行国事访问，两国元首将实现年内第三次会晤。两国元首将为双边关系发展做出战略部署，着力将“一带一路”建设与欧亚经济联盟建设对接合作推向更高水平，助力两国经济发展，造福两国和两国人民。

以和平合作、开放包容、互学互鉴、互利共赢为核心的丝路精神引领“一带一路”建设，顺应时代潮流，得到了世界上越来越多国家的支持和参与，在国际社会引起了广泛反响。我坚信，中俄围绕“一带一路”建设开展的合作，将成为巩固两国世代友好的新纽带，也将为欧亚地区乃至世界和平发展做出新贡献。

（来源：外交部网）

国际声音

联合国秘书长古特雷斯：“一带一路”倡议是对解决全球问题的重要贡献

联合国秘书长古特雷斯日前在纽约联合国总部接受媒体采访时表示，中国的“一带一路”倡议是对解决气候变化等全球问题的重要贡献，联合国十分重视中国在坚持多边主义、推动国际合作方面发挥的作用。

古特雷斯将于5月13日至15日访问中国，并出席在北京举行的“一带一路”国际合作高峰论坛。他说，“一带一路”倡议和联合国2030年可持续发展议程方向一致，“一带一路”倡议关于基础设施、贸易、资金等方面的设想，也是2030年可持续发展议程的重要部分。这次论坛可以成为推进2030年可持续发展议程的重要途径，帮助发展中国家克服面临的挑战。

“我非常期待参与这次论坛的讨论。”古特雷斯说，希望能够通过这次论坛，找到“一带一路”倡议在推动全球包容性和可持续发展方面的最大潜在价值。

古特雷斯强调，在落实“一带一路”倡议和2030年可持续发展议程的过程中，应当注意与各国自身的发展战略相结合，通过“最具可行性”的方式推动相关设想变为现实。“推动相关国家主动参与‘一带一路’倡议是十分重要的。”他表示，在这个过程中，联合国可以和中国开展有价值的合作，发挥重要作用。

谈到“一带一路”倡议受到全球关注的原因，古特雷斯指出，在过去数十年的全球化浪潮中，有一部分人群被“抛弃”了，这导致全球化和自由贸易遭到质疑。“我们需要号召国际社会共同采取行动，让人们相信可以有一个更合理的全球化，相信自由贸易可以使所有人受益，相信在发展过程中可以做到不让任何一个人掉队。”他表示，“一带一路”倡议恰好符合这一要求，是极具价值的构想。

古特雷斯说，目前全人类都面临气候变化、人口增长、食品短缺、水资源匮乏等全球性问题，任何一个国家都无法独自应对这些问题，必须依靠全球范围的多边合作寻求解决方案。

“多边主义是解决全球问题的出路。”古特雷斯说，中国现在已经成为多边主义一个强有力支柱，在推动国际合作解决全球问题的过程中扮演了非常重要的角色，“我十分期待中国在气候变化等问题上继续发挥作用。”

（来源：中国新闻网）

联合国教科文组织总干事博科娃："一带一路"对跨文化对话有重要意义

"一带一路"国际合作高峰论坛将于2017年5月在北京举行。联合国教科文组织总干事伊琳娜·博科娃赴北京参加论坛。值此契机，她也在位于巴黎的联合国教科文总部接受了记者的采访，分享了她对"一带一路"倡议的看法和对此次论坛的期待。

"一带一路"倡议由中国国家主席习近平在2013年发出，旨在加强亚洲、欧洲和非洲基础设施建设和经济文化交流。博科娃提到，目前已经有沿线40多个国家签署了合作协议，"一带一路"倡议得到广泛响应，她和联合国教科文组织都非常支持这一倡议。她说："我相信在当下，我们需要更多像'一带一路'这样的倡议，帮助我们审视做出的贸易投资和经济关系，我们也应当注意到跨文化的对话如今正在不断加强，因此在这种情况下联合国教科文组织非常支持'一带一路'倡议。"

拥有2000年历史的古代丝绸之路也被联合国教科文组织列入了世界遗产。博科娃认为，古代丝绸之路在人类文化交流的历史中扮演了重要的角色。她说："丝绸之路始于中国，一直连接到中东、欧洲和非洲，经过了很多美妙的地区。可见，人类跨文化交流早在2000年前已经取得了成功。在今天，如果我们想要得到更多的繁荣，更紧密的国际沟通，人与人之间更好的相互了解，古代丝绸之路依然为我们提供了足够多值得借鉴的经验。"

在世界面临恐怖和极端主义威胁的今天，博科娃认为，"一带一路"倡议承载着多重信息。她说："这是包含着交流、多样性和跨文化对话的多重信息，也关乎着繁荣与发展。这些在当下仍然有着重要的意义。因为很不幸，我们仍然看到了极端主义破坏者的存在。他们破坏了阿富汗的巴米扬大佛，只因为对多样性的看法与我们不同。类似的行为也在伊拉克、叙利亚上演着。我们应当教导人们正确的认识多样性，通过对文化遗产的保护和对多元文化的支持来防止暴力极端主义的蔓延。"

长久以来，联合国教科文组织一直致力于保护文化遗产和多样性，博科娃高度评价了中国在与联合国教科文组织的深化合作中所做出的贡献，她特别感谢了中国对于文化遗产和多样性保护所做出的支持。博科娃说："我想再次感谢中国对联合国安理会3月通过的一项决议的支持，决议内容是促进国际和平以及对文化遗产和多样性的保护。这是具有里程碑意义的一项决议，将遗产保护、跨文化对话和多样性放入了全球化政治议程中，这也是中国提出'一带一路'倡议想要实现的目标。"

对于即将在北京举行的“一带一路”高峰论坛，博科娃也充满了期待。她非常期待习近平主席在这次论坛上的讲话。此前习主席到访联合国教科文组织时的演讲和今年1月在瑞士达沃斯论坛的演讲都给她留下了深刻的印象。她也希望在此次论坛上代表教科文组织向世界传达信息。博科娃说：“我们不可能在没有理解和对话的情况下盲目进行贸易合作和投资，我想这也是习近平主席想表达的信息，几年前他到访教科文组织的时候做过演讲，当时就谈到了丝绸之路和跨文化对话的重要性。这也是我想传递的信息，我们需要营造一个安定和平的、人们互相理解的、各文化兼容的世界，这是教科文组织参加此次‘一带一路’高峰论坛想要做出的贡献。”

最后，博科娃引用了一句中国谚语，概括了她对“一带一路”倡议的理解和对论坛的展望。她表示：“中国有很多谚语，我在不同场合都引用过，对于‘一带一路’倡议，我想最恰当的一句概括就是‘独木不成林，单弦不成音’。希望‘一带一路’高峰论坛可以促进更多的国际合作，促进世界繁荣。”

世卫组织总干事陈冯富珍：合作共建“健康丝绸之路”

“‘一带一路’倡议为卫生领域的国际合作提供很好的平台，对于实现国家、地区和全球范围内的公共卫生安全具有重要意义”，世界卫生组织总干事陈冯富珍近日接受专访时如是表示。

对于刚刚落幕的“一带一路”国际合作高峰论坛，陈冯富珍认为是各国“共商、共建、共享”的盛会。她认为中国政府对于健康问题高度重视，《“健康中国2030”规划纲要》的提出标志着中国正式把“健康卫生”提高到政治层面，而“一带一路”倡议则提供良好契机，将这种“重视”传递到沿线其他国家。

陈冯富珍认为，保证公共卫生安全对于践行“一带一路”倡议至关重要。“‘一带一路’的关键所在是‘互联互通’、是建设经济通道。因此，我们更需要加大在公共卫生应急方面的投入，以保证新型传染病在发现后可以得到及时有效控制，从而不造成物资和人员流通的被迫中止”，陈冯富珍说，“归根结底，我们需要健康的人们在‘一带一路’沿线上工作并且创造财富”。

在陈冯富珍看来，在“一带一路”框架下，各国在卫生领域很多方面可以展开合作。在疾病防治方面，陈冯富珍表示中国政府已经出台帮助非洲国家加强疾病防控预案，包括提供抗疟疾药物、加强当地药物生产制造能力等，以解决药物短缺问题。

世界卫生组织数据显示，现今世界有约32亿人处于疟疾疫区，主要集中在非洲国家，每年有约5亿人次感染疟疾，造成300万人死亡。陈冯富珍表示，在2017年1月签署的《中华人民共和国政府和世界卫生组织关于“一带一路”卫生领域合作的谅解备忘录》中，已经将抗击疟疾放在首要位置，并期待世卫组织同中国在全球抗疟领域的进一步合作。

陈冯富珍指出，“一带一路”沿线很多国家在医疗制度方面并不完善，在医疗从业人员素质、医疗数据管理、医疗金融和医疗服务等方面面临诸多挑战。她说，世卫组织将同中国一道，与沿线国家在医疗卫生政策方面展开磋商，进一步完善各国医疗制度。“中国有着很多宝贵经验可以同世界其他国家分享，我非常看好各国在医疗政策等方面的对话合作，世卫组织也将提供相应的专业技术支持。”

谈及当今医学界面临的全球性威胁——抗菌药物耐药性，陈冯富珍对中国所取得的进步表示肯定。2016年8月，中国政府出台《遏制细菌耐药国家行动计划（2016—2020年）》，控制对抗菌药物的使用并加大新型抗菌药物研发。陈冯富珍认为可以将中国在控制抗菌药物耐药性方面获得的经验，在“一带一路”沿线国家推广。据世界卫生组织此前报告显示，如不采取有效措施，到2050年，抗菌药物耐药性每年将会导致 1 000 万人死亡。

“健康是万事之本”，陈冯富珍说，“世卫组织和中国政府会共同保证将医疗卫生合作作为‘一带一路’建设中的重要部分，共同建设‘健康丝绸之路’，造福世界人民。”

世界知识产权组织总干事高锐："一带一路"建设搭建全球化发展新平台

经济日报　陈建

近日，世界知识产权组织总干事弗朗西斯·高锐在启程前往中国出席"一带一路"国际合作高峰论坛之际，接受了《经济日报》记者陈建的采访。他表示，"一带一路"建设正在搭建起加强合作、改善全球化的新平台，给"一带一路"沿线国家提供了重大发展机遇。

2017年1月，习近平主席在联合国日内瓦总部发表题为《共同构建人类命运共同体》的重要演讲，全面深入系统阐述了人类命运共同体重大理念，在国际上引起热烈反响，受到各方普遍欢迎和高度评价。高锐说，习近平主席提出的共同构建人类命运共同体的理念非常鼓舞人心，也正是当今世界所需要的。这种理念向世界传递的信息不是要减少全球化，而是要寻求更加优化的全球化，使参与者互相支持，实现互利共赢。

在谈到中国提出的共建"丝绸之路经济带"和"21世纪海上丝绸之路"的重大倡议时，高锐说，"一带一路"倡议极为重要，"一带一路"国际合作高峰论坛的举行更是恰逢其时。这对于回顾"一带一路"建设所取得的成就、谋划未来发展计划，以及思考"一带一路"建设与多边国际组织相互对接的方式方法等，都是一个很好的时机。

高锐认为，就目前而言，根据"一带一路"倡议所展开的合作主要是签署贸易协议、加强贸易关系，更加强调增强"一带一路"沿线国家之间开展贸易合作的能力建设，从而为今后更深入、更广泛的合作夯实基础。因此，这是一种非常务实的合作方式，对于增强沿线发展中国家开展贸易合作的能力尤其重要。

现在，"一带一路"沿线国家对加强知识产权领域的对话与合作有着强烈意愿。建立良好的知识产权生态体系，有利于促进沿线各国知识产权制度的完善，营造创新和可持续发展的良好环境。世界知识产权组织的工作遵循成员国驱动原则，促进成员国之间的合作符合其一贯工作目标。高锐表示，"一带一路"倡议有利于促进全球知识产权体系建设，对促进"一带一路"沿线国家知识产权事业发展和经济繁荣进步具有重要意义。他希望"一带一路"沿线国家向国际知识产权保护体系提供更多支持，"一带一路"沿线国家与世界知识产权组织的密切合作可以成为"一带一路"建设的有益补充。

高锐最后表示，当今世界正变得日益错综复杂，随之而来的是世界各国间的合作机制也更加复杂化。这是一个多层次的现状，从单边到多边，从区域性到全球性。这种自然的整合既源于地域因素，也出于历史和文化的原因。“一带一路”沿线国家正是基于地缘、历史、语言和文化等因素，自然而然地走到一起。因历史原因或贸易关系而联系密切的国家间合作往往发展得更加快速。他希望这些进展将对全球多边主义产生更多积极影响，希望“一带一路”沿线国家朝着更加协调、互利共赢的方向迈进。

捷克总统泽曼："一带一路"是伟大构想

即将前往北京参加"一带一路"国际合作高峰论坛的捷克总统泽曼日前在接受中国媒体采访时表示，中国提出的"一带一路"倡议是"现代伟大构想，也是回归传统"。

泽曼指出，他此次赴华参加高峰论坛最主要的目的，旨在了解"一带一路"建设的进展情况，并希望"一带一路"在联结中国和欧洲的过程中将捷克与中国也联结起来。

捷克是最早承认并同新中国建交的国家之一，也是中东欧地区和"一带一路"沿线重要国家，捷中两国已于2015年底签署共建"一带一路"政府间谅解备忘录，以继续深挖潜力，拓展制造业、核电、金融、航空、纳米、生物等领域交流合作。

泽曼对"一带一路"倡议有着深刻理解。他曾在一篇署名文章中写道，"一带一路"倡议并非简单的"道"或"路"，人们应从"互联互通"的角度来认识该倡议。在他看来，"一带一路"指的是通过交通运输基础设施建设实现连结，以达到节省时间和成本、促进贸易和投资的目的，同时还包括促进旅游业发展这一层面，从而加深捷中两国人民间的相互了解，深化对两国历史、传统、文化及价值观的理解。

泽曼说，接下来，捷中两国将签署一系列合作协议，特别是在航空领域，捷克将为中国培训一批飞行员。另外，捷中两国建立战略伙伴关系一年多以来，来捷旅游的中国游客数量翻了一番，这都令他非常欣喜。

泽曼建议，希望与中方利用"16+1合作"平台，推进"一带一路"建设，为各国带来更多合作机会，比如在基础设施建设、双向货物交流等领域，各国企业都将大有作为，同时，互联互通也将为中国和中东欧国家的人员往来提供更多便利。

柬埔寨首相洪森："一带一路"为柬埔寨经济发展提供动力

在来华出席"一带一路"国际合作高峰论坛并对中国进行正式访问前，柬埔寨首相洪森接受了中国媒体的联合书面采访。洪森表示，本次论坛将为有关各方提供一个分享见解、强化联通、密切联系的机会，有助于"一带一路"倡议的进一步实施。

洪森表示，"一带一路"建设涵盖了政策沟通、设施联通、贸易畅通、资金融通和民心相通等领域，柬埔寨非常支持"一带一路"建设，也积极参与相关的各项活动。2016 年 10 月中国国家主席习近平访问柬埔寨期间，两国签署了 31 项合作文件，其中包括柬中两国《关于编制共同推进"一带一路"建设合作规划纲要的谅解备忘录》。在"一带一路"框架下，双方正朝着共同的目标进一步推动两国的合作与发展。

洪森高度评价"一带一路"对柬中两国共同发展的重要意义。"'一带一路'建设的一个特点，是注重在相互尊重的基础上协调与伙伴国的发展政策。对柬埔寨而言，'一带一路'倡议很好地契合了柬国家发展规划，特别是与柬政府目前正致力于推进的'四角战略'第三阶段以及工业发展政策相对接。"

洪森表示，"一带一路"建设的另一个特点是务实，各项合作实施进度很快。在"一带一路"倡议提出后的几年中，柬中两国促成了很多有巨大发展潜力的投资项目，如修建金边至西哈努克港高速公路、暹粒吴哥国际机场项目，以及路桥基础设施项目、能源开发建设等。柬埔寨有很多基础设施建设规划，但一直面临资金缺乏的困扰。"一带一路"建设以及亚投行、丝路基金等可以为柬埔寨经济发展提供动力。

洪森在访谈中强调了民心相通的重要性。"人民之间的交流是增进相互了解、相互信任的关键，政党、立法机构、金融机构、教育机构、青年之间要进行更加密切和有效的交流，以构建一个多元的、多层次的交流网络。"洪森强调，在促进民间交流方面，旅游业有着巨大的影响力，为此，柬埔寨旅游部门发布了面向中国的白皮书，出台了相关措施，以吸引更多中国游客，实现 2020 年赴柬中国游客达到 200 万人次的目标。

洪森高度评价柬中关系。他表示，作为传统友好邻邦和全面战略合作伙伴，柬中两国相互信任、相互尊重、不干涉内政。在发展双边关系的同时，柬中两国也在联合国、东盟—中国合作、澜湄合作机制等多边框架下保持密切沟通，共同维护地区乃至世界的和平、安全、稳定和繁荣。

2018 年是柬中建立外交关系 60 周年。洪森表示，"60 年来，柬中两国合作成果丰硕，我由衷地希望柬埔寨能和中国继续共同向前，让两国间的深情厚谊深入发展"。

（来源：《人民日报》）

塞尔维亚总理武契奇：塞中合作成绩单将更长

“‘一带一路’倡议提出3年多来，中国与塞尔维亚已有的合作成效突出、未来合作潜力巨大，期待在即将召开的高峰论坛上继续扩大加深与中国的合作。”赴北京出席“一带一路”国际合作高峰论坛的塞尔维亚总理亚历山大·武契奇在接受新华社记者专访时说。

武契奇首先总结了塞中合作成绩，包括中国公司参与建设的位于泛欧11号走廊的E763高速公路项目、匈塞铁路和中国公司收购的斯梅代雷沃钢铁厂等。

“中塞合作的成绩单显示，塞中间已有的合作规模和未来合作潜力都十分巨大，塞尔维亚从中获益良多，这一切均得益于‘一带一路’倡议，未来塞尔维亚与中国还有很多可以做。”武契奇说。

近年来，塞中两国高层访问频繁，结出了丰硕的果实。去年中国领导人访问塞尔维亚期间，两国关系提升为全面战略伙伴关系。武契奇表示，双方互访从没有任何空谈，中方对每次访问都做了充分准备，讨论的内容也十分具体，这也是我们需要向中国学习的地方。

武契奇毫不掩饰地表达了对中国对外合作中“一诺千金”作风的欣赏，他说，“中国答应我们的事情就一定会做到，我们也要成为一个可靠的合作伙伴。我认为，截至目前，我们一直都是中国朋友可靠的合作伙伴。”

武契奇高度评价“一带一路”倡议，认为其给全球注入了新的能量。“不仅中国从中获益，整个世界可以获取更多。它涉及的不仅是经济方面，也不仅是基础设施的互联互通，更是人与人之间、不同文化和不同文明之间的互联互通。”

对于未来两国的合作方向和互补领域，武契奇尤其提到了文化、体育和旅游。“我们很荣幸拥有中国这么好的朋友。目前在首都贝尔格莱德市中心已经开始有中文标志，以后也会继续推进。”武契奇说，未来将鼓励更多塞尔维亚人学习汉语、学习中国文化，同时希望看到更多中国人来塞尔维亚旅游。

展望两国未来，武契奇表示，在“一带一路”倡议下，塞中合作的成绩单很长，未来的成绩单会更长。

法国前总理拉法兰：“一带一路”倡议是世界性的、和平的倡议

法国参议院外事委员会主席、前总理让-皮埃尔·拉法兰日前说，他期待即将在北京举行的“一带一路”国际合作高峰论坛能够让更多国家的领导人了解“一带一路”倡议，“这是一项世界性的、和平的倡议，应积极支持和参与”。

拉法兰在法国参议院接受中国媒体采访时说，在国际局势复杂多变的形势下，中国拿出方案和策略，主张多边主义并大力支持联合国及其机构，给世界带来了和平。

自“一带一路”倡议提出以来，已得到100多个国家和国际组织的积极响应支持，40多个国家和国际组织同中国签署合作协议。

此次论坛的主题是“加强国际合作，共建‘一带一路’，实现共赢发展”。拉法兰说，“共赢发展”的主题符合世界发展趋势。当今的中国向外界传递了一个重要信息，即打破国家保护主义和闭关思想，破除贸易壁垒，这样才能互利共赢，实现世界和平与发展。只有靠发展才能够战胜战乱，带来和平，“法中两国在这一点深有共鸣”。

谈及两国关系，拉法兰说，法中友好源远流长，两国政治、文化和经贸合作日益密切。由于论坛召开时间恰逢法国举行新任总统就职仪式，将由他及其他法国重要人士代表出席。“与中国保持和发展良好关系是法国政界的共识，我们重视法中关系，积极支持‘一带一路’倡议。”

德国驻华大使柯慕贤："一带一路"倡议对发展中国家大有好处

英国《金融时报》6 月 29 日刊文称，2017 年恰逢中德邦交 45 周年，美国从《巴黎协定》等国际治理和贸易体系中退出，使得中德关系备受关注。6 月德国驻华大使柯慕贤接受专访，就中国与德国、中国与欧盟关系中一些议题发表看法。

文章称，特朗普总统决定让美国退出全球气候《巴黎协定》，再一次凸显美国有意退出战后的国际治理体系。有评论人士认为，现在中国和欧盟应该结成盟友。柯慕贤称，美国脱离《巴黎协定》，显然会让中国和欧盟走得更近。中国和欧盟之间有很多共同点，比如欧盟在气候议题、加强世贸组织（WTO）和联合国（UN）的作用、推进全球化上，有着共同目标。

中国和欧盟的全球化路径有什么不同？柯慕贤表示，举个例子，中国的"一带一路"倡议，虽然欧盟原则上支持这个项目，但它是一种中国式的全球化路径。它以中国为中心，在所涉及的其他国家地区，几乎不做本地化的工作。欧盟的做法与此不同。欧盟的全球化路径是建立开放市场，并按照 WTO 规则开展公共招标。

柯慕贤说，德国支持"一带一路"计划，德国联邦经济和能源部部长布丽吉特·齐普里斯女士代表默克尔总理参加了 5 月的峰会。"一带一路"沿线三分之二的国家在投资级别以下。这个项目将向很多这样的国家的基础设施和产业投入巨资，帮助它们发展经济，稳定政局。这对发展中国家当然是好事，就像中国向非洲的投资一样。而且这对德国来说非常重要，因为德国面临很大的难民问题，欧盟希望消除造成难民流亡的原因。

当被问及德国政府会给德国企业什么指导意见时，柯慕贤表示，德国企业不是国有的，所以它们会自己决定。如果它们愿意参与，联邦政府当然会支持。

哈萨克斯坦驻华大使努雷舍夫：中哈“一带一路”与“光明大道”对接顺利

国家主席习近平将于6月7日至10日对哈萨克斯坦进行国事访问，并出席上海合作组织成员国元首理事会第十七次会议和阿斯塔纳专项世博会开幕式。近日，哈萨克斯坦驻华大使努雷舍夫在接受人民网记者专访时强调，习主席此访必将深化两国关系。他同时对哈萨克斯坦参与“一带一路”和青年在中哈关系中的地位等问题，向记者做了明确的回答。

习近平主席四年三次访问哈萨克斯坦

努雷舍夫指出，这是习近平近四年来第三次访问哈萨克斯坦，第一次访问是在2013年，习主席在纳扎尔巴耶夫大学首次提出建设“丝绸之路经济带”倡议。第二次访问在2015年，当时正值哈萨克斯坦总统大选刚结束，习主席成为纳扎尔巴耶夫大选获胜连任总统后的第一位到访的外国元首。大使说，“当前，中哈两国关系处于历史发展最好时期，两国是全面战略合作伙伴和睦邻友好关系，双方可就政治、经贸、交通运输、能源、金融等领域的问题进行广泛探讨。”

谈到此次访问中哈领导人的议题，努雷舍夫说，两国领导人共同关注的问题涉及地区安全、国际安全及双方在国际组织框架内的合作。他指出，2017年，哈萨克斯坦正式成为联合国安理会非常任理事国，哈方同中方在联合国安理会框架内开展了密切合作。此次阿斯塔纳峰会上，中国将接替哈萨克斯坦，成为2017—2018年度上合组织轮值主席国。目前双方就交接工作进行密切沟通。此外，他透露，两国领导人的议题还将涉及亚信会议框架下的合作。2017年中国担任亚信会议主席国，因此，亚信会议未来的发展也是两国领导人共同关心的话题。

努雷舍夫强调，不久前在北京举行的“一带一路”国际合作高峰论坛对于参与国具有重大意义，这次会议使各国对于倡议有了更加清晰的认识和理解。“论坛有29个国家和政府首脑，来自130个国家的代表团出席了论坛。显然，‘一带一路’倡议已成为全球性倡议。”他特别强调，在当前全球经济增长乏力的背景下，中方提出建议，愿与各国共享发展机遇，促进世界经济的增长，有利于实现各国互利共赢。

“一带一路”倡议与哈“光明大道”对接顺利

2016年，哈萨克斯坦总统纳扎尔巴耶夫在杭州出席“G20”峰会期间，中哈双方签署了哈萨克斯坦“光明大道”新经济政策与“丝绸之路经济带”对接的合作计划。这一计划涵盖贸易、基础设施建设、旅游等多个领域。

努雷舍夫强调，“一带一路”倡议与“光明大道”对接顺利，中哈双方在“一带一路”框架下最为成功的合作是跨境运输领域。目前中国过境哈萨克斯坦的国际运输走廊有三条：一是欧亚大陆桥，即从中国过境哈萨克斯坦，通往俄罗斯和欧洲；第二条是中国—哈萨克斯坦—土库曼斯坦，通往伊朗和波斯湾；第三条是中国—哈萨克斯坦—外高加索地区国家（格鲁吉亚、阿塞拜疆和亚美尼亚）——欧洲国家。目前中哈两国在过境运输方面的合作十分密切。

努雷舍夫介绍，2016 年中欧之间过境哈萨克斯坦双向往来的货运量达到 20 万集装箱，其中，中国通往欧洲方向的货运量增速是最快的。根据今年年初纳扎尔巴耶夫总统在国情咨文中提出的目标，到 2020 年过境哈萨克斯坦的货运量将增至 80 万集装箱。根据今年前 4 个月的数据，中国过境哈萨克斯坦的货运量增速较去年同期增长了 1.5 倍。“双方实现了互利双赢，因此我们一定会加强合作。”他说。

努雷舍夫强调，近年来，中哈产能合作成为双方合作的亮点，目前产能合作项目有 51 项，总额 260 亿美元。这些项目涉及多个领域，包括冶金业、石油化工、机械制造业、重金属和有色金属冶炼业。哈萨克斯坦正在积极实施 2015—2020 年国家发展计划。哈方与中方已经联合开展的项目有助于帮助哈萨克斯坦实现经济转型，摆脱原料导向型经济发展模式。他举例说，目前中哈开始实施三个工业项目，分别是聚丙烯厂、食用油加工厂和阿斯塔纳市轻轨电车线路建造工程。从总体形势看来，中哈之间的合作十分积极，双方对产能合作都表现出极大兴趣。

1.3 万名哈萨克斯坦青年在华留学

“值得一提的是，1.3 万人中，只有 1 000 人是公派留学生，其余都是自费留学。”努雷舍夫说，在华留学生数量的迅速增长得益于两国合作的加深。随着中哈在经贸、人文等领域的往来不断深入，哈萨克斯坦急需大量专业人才和汉语人才，吸引着越来越多的哈萨克斯坦学子来华求学。

努雷舍夫同时强调，中国人对哈萨克斯坦文化的兴趣也在提升。目前在北京、上海、大连三所高校设立了“哈萨克斯坦中心”。即将成立的第四个哈萨克斯坦中心将设在西安外国语大学。此外，“名人效应”也拉近了中哈两国人民的距离。“哈萨克斯坦歌手迪玛希在中国人气飙升，有不少中国粉丝为了和自己的偶像交流，开始学习哈萨克语。”努雷舍夫说。

今年正值中哈旅游年，为吸引外国游客，哈萨克斯坦开辟了 60 余条旅游线路。2015 年 12 月，中哈签署了《关于便利中国公民赴哈萨克斯坦共和国团队旅游备忘录》，进一步提高了国人办理赴哈签证的效率。努雷舍夫说，今年赴哈的中国游客数量有所增长，前往的旅游城市有阿拉木图、阿斯塔纳、希姆肯特、土尔克斯坦等。

今年为期三个月的阿斯塔纳世博会即将开幕，“我们期待更多的中国公民赴哈旅游。”努雷舍夫说。

以色列驻华大使何泽伟：以色列科技优势助力“一带一路”建设

“以色列大力支持‘一带一路’倡议，并且期待发挥积极的建设性作用。”以色列驻华大使何泽伟（Zvi Heifetz）日前在接受《21世纪经济报道》记者专访时表示。何泽伟认为，在“一带一路”的倡议下，以色列的创新技术能够更好地输出到有需求的国家和地区，以色列将为“一带一路”提供必要的协助和支持。

《21世纪经济报道》：你如何看待以色列在“一带一路”倡议中扮演的角色？中以两国如何从“一带一路”合作中获益？

何泽伟：对于以色列来讲，“一带一路”倡议是和中国加深合作的极其重要的平台。以色列大力支持“一带一路”倡议，并且期待发挥积极的建设性作用。我们已经和中国在不同的领域有很多的合作，不仅是在经贸层面，而且在文化、教育、科技、军事、医疗、清洁技术等有多方面的合作。

对于我们来说，“一带一路”倡议是又一个加强与中国关系的机会，使以色列能够同中国以及其他国家在不同项目和领域上加强合作。

《21世纪经济报道》：你如何看待中以双边关系对于两国的重要性？你对两国建立的“创新全面伙伴关系”有怎样的期待？

何泽伟：以色列和中国的双边关系非常重要。两国双边关系涉及丰富的领域，从民间交流到旅游、文化、经济、商业、政府合作。我们非常高兴见到两国关系不断向好发展。今年是两国正式建交25周年，回望中以两国共同走过的路，我们很自豪两国已经取得的成就，也希望“一带一路”倡议可以进一步提升双边关系。

中国和以色列已建立了政府间的合作平台，如以色列总理办公室和中国国家发改委主导的中以经济特别小组；由以色列外交部和中国国务院副总理刘延东牵头的创新合作联合委员会。这些平台连接了中以两国的政府相关部门，包括医疗健康、农业、教育、科技等，为这些领域的创新提供了合作机会。

对于中国政府进一步提升中以两国关系的决定，我们感到非常荣幸。“创新全面伙伴关系”意味着两国能有更优先、更多的合作机会，以更紧密的合作方式，我们将会探索这个机会。

《21世纪经济报道》：以色列将如何与“一带一路”倡议对接？参与“一带一路”建设是否会让以色列有更多机会向其他国家拓展贸易？

何泽伟：我认为“一带一路”是一个非常好的倡议，（参与国）不仅可以与中国连接，还可以和其他国家互联互通。以色列科技优势能够为这一倡议做出贡献，以更广的视角来看“一带一路”，它不仅仅是技术转移的合作，更是人与人之间、文化之间的交流与沟通。

“一带一路”合作高峰论坛的召开，有那么多来自世界各国的首脑出席，高峰论坛也成为一个独一无二的平台，也让人们能够在一起交流、思考、规划并共同促使想法落地。

当然，我们的想法也是不仅将和中国合作，也希望可以和更多的国家发展关系，将更多的贸易和合作拓展到一些国家。通过“一带一路”倡议，我们能够将以色列的经验和技术分享给中国和其他国家。

《21 世纪经济报道》：中以自贸谈判的目标和开展的路线图是怎样的？你认为自贸协定何时可以达成？最新进展如何？

何泽伟：自由贸易对中以两国都极其重要，以色列把将会达成的中以自贸协定视为两国经济关系的里程碑。自贸谈判的规格非常高，而且我认为双方都非常希望能够达成协议。目前进展非常顺利，在今年 7 月份双方会启动第二轮自贸谈判，希望双方能够尽快完成谈判。

《21 世纪经济报道》：以色列加入亚投行的动力是什么？你对亚投行有怎样的期待？

何泽伟：以色列是亚投行 57 个创始成员之一。我们立刻决定加入这个银行是因为，我们知道这个机构对于亚洲经济、世界经济发展有重要意义。亚投行可以为亚洲国家甚至全球范围内一些国家的经济发展提供资金支持。以色列的创新技术也能够为发展中国家在很多项目上提供帮助。亚投行也在“一带一路”倡议上发挥重要作用。

（来源：《21 世纪经济报道》）

意大利驻华大使谢国谊：期待意中关系美好未来

“作为古丝绸之路在欧洲的重要端点，意大利积极支持‘一带一路’倡议，也愿意在‘一带一路’建设中发挥重要作用。”意大利驻华大使谢国谊日前在接受《人民日报》记者张梦旭专访时表示，“意中两国的交往历史中留下过很多美好回忆，两国的合作态势非常好，关系非常紧密，而且这种关系每天都在深化当中。我期待着意中关系更加美好的未来。”

日前，意大利总理真蒂洛尼亲率代表团出席了“一带一路”国际合作高峰论坛。谢国谊表示，“一带一路”是一项非常伟大的倡议，意大利想要参与到这项宏大的倡议中来，通过参与讨论，贡献自身的力量。他说，“意大利总统马塔雷拉今年2月访华时称，我们坚定支持这一倡议。他无论是在会见中国领导人、面对媒体，还是在意大利国内的各个场合，都是这样说的。”

意大利是亚洲基础设施投资银行的创始成员国之一。谢国谊说：“一带一路”倡议的重要内容之一是互联互通，这一倡议联通了亚洲、欧洲和非洲，互联互通可以促进贸易、促进投资、提高消费、带来就业机会等，“共建‘一带一路’，意大利已经准备好了。”

谢国谊表示，“一带一路”倡议对于促进世界经济增长、推进经济全球化健康发展以及构建人类命运共同体都非常重要。“‘一带一路’通过带动参与国家之间的合作，为地区和世界的和平与稳定积极贡献力量。比如目前正在欧洲国家肆虐的难民危机，从根本上来讲就是由于发展不平衡造成的。如果在难民输出地区能够实现和平与繁荣，那么难民危机就有望得到解决。”

谢国谊十分看好意中两国在“一带一路”框架下的合作。他说：“意大利紧邻地中海，在地中海沿岸有设施先进的港口。同时，我们的公路和铁路设施也很完备，这些港口的货物可以非常便捷地运送至中欧国家。”“意大利同中国的航运企业在这方面已经有很好的合作，意大利总理参加这次高峰论坛，将有助于双方深化‘一带一路’框架下的各项合作。”

谢国谊担任驻华大使已近两年，对中国正在进行的供给侧结构性改革印象深刻，因为“意大利也在进行着类似的改革。意大利在健康产业、食品、环境和能源产业具有优势，两国在这些领域的合作能够带来共赢”。

英国驻华大使吴百纳：推动“黄金时代”继续向前

“‘一带一路’倡议吸引了世界的目光，将促进沿线国家在土地、海洋、基础设施、网络空间等领域的互联互通，推动贸易增长，促进地区和平与安全。”英国驻华大使吴百纳女士在接受《人民日报》记者暨佩娟、骆青专访时表示，英方十分看好“一带一路”倡议。她指出，目前已有英国公司进入巴基斯坦与中方共建“一带一路”项目，英国期待能为“一带一路”建设做出更多“重大和实质性”的贡献。

英国是最早申请加入亚洲基础设施投资银行（亚投行）的西方大国。“我们有必要进一步发展基础设施，这不仅将造福亚洲的经济体，而且能使全球贸易受益。”吴百纳认为，亚投行目前已取得的进展令人鼓舞。

吴百纳强调，对于“一带一路”建设，金融和法律的支撑非常重要。英中两国在多个领域具有互补性，如中国企业在基础设施建设方面经验丰富，而英国公司不仅能在金融和法律方面发挥特长、提供服务，还能在工程项目设计、可持续和绿色发展、管理咨询、教育等方面提供诸多服务。

2017 年是中国与英国建立大使级外交关系 45 周年。2015 年 10 月，中国国家主席习近平对英国进行国事访问，双方决定共同构建中英面向 21 世纪全球全面战略伙伴关系，共同开启持久、开放、共赢的“黄金时代”。

2016 年英中贸易额达 743. 4 亿美元。“英国的出口总额中，40%来自服务领域，但在对中国的出口中，这一比例只有 20%。随着中国的进一步开放，英国服务业将迎来更大的发展机遇，两国贸易还有增长的潜力。”吴百纳告诉记者，目前，中国企业在英国的投资主要在零售、娱乐、核能等领域，“我预计，投向金融服务业的中国投资会继续增长”，“英国期待更多中国企业到英国投资基础设施项目”。

英国是首个发行人民币主权债券的西方国家，也是仅次于中国香港的世界第二大离岸人民币清算中心。吴百纳强调，伦敦在人民币国际化进程中的领先作用不会动摇，希望英中两国继续在经济金融领域展开合作。“我们热切期盼，英中携手，推动两国的‘黄金时代’继续向前。”

乌兹别克斯坦驻华大使赛义多夫：积极参与国际旅游市场

乌兹别克斯坦拥有悠久的历史和灿烂的文化，国民热情好客。他是地地道道的中亚之国，位于古商路—丝绸之路沿线，贯通中欧，以独具特色的建筑和实用艺术闻名于世界，从古至今吸引着各方游客不远万里游览至此。

今天，乌兹别克斯坦拥有7 000多处历史古迹和雄伟壮丽、独具非凡魅力的古建筑。其中，90%的名胜之所都散发着远古时期的气息和表现出多宗教信仰的文化之美。最具盛名的几处古迹几乎都坐落在撒马尔罕市、布哈拉市、希瓦市、沙赫里萨布兹市、铁尔梅茨市、浩罕市和塔什干市。

乌兹别克斯坦政府非常重视发展和完善旅游业，逐步提高旅游质量和服务水平。2016年12月2日乌兹别克斯坦颁布《保障乌兹别克斯坦共和国旅游业快速发展》的总统令。《乌兹别克斯坦旅游法》也成为落实政府政策的重要指导手册。

法令之改革力度前所未有。从根本上改革旅游产业、为旅游业主体活动创造有利条件、为游客在享受旅游服务的同时，还为保障其生命安全和健康提供一整套的安全措施、扩大与国家和国家组织之间的旅游合作等等。

在《2017—2021年乌兹别克斯坦共和国五个优先发展领域的行动战略》中，旅游业被给予了特别关注。其中，制定发展旅游任务，旨在保证旅游业的集约式发展，成为国家经济发展的战略领域，促进其为国家经济的稳定发展做出积极的贡献，成为加快各地区全面发展和相关领域发展的火车头。

国内定期举办的一系列大型活动，为国家在世界舞台赢得好声誉和促进旅游业快速发展起到了显著性作用。其中，塔什干国际旅游博览会（丝绸之路上的旅游）成为乌兹别克斯坦一年一度重要的大型活动之一。如今，他是中亚论坛在旅游领域中发展最大的活动。

2013年，中国制定了“一带一路”的新倡议。在“一带一路”的倡议下，旅游产业成为其优先发展的领域之一。同时，考虑到乌兹别克斯坦是丝绸之路沿线最重要的组成部分，拥有多个闻名世界的城市如撒马尔罕、布哈拉、希瓦及其他城市，他们也都位于丝绸之路上，故乌兹别克斯坦计划在此倡议框架内，充分发挥自己的优势，与邻国合作，其中包括与中国的合作，成为国际旅游市场的积极参与者。

目前，中国出境游位居世界榜首，这为吸引大量中国游客来乌兹别克斯坦旅游奠定了可行性基础。

自2010年以来，乌兹别克斯坦对中国公民组织团体性旅游入境给予了批准。

考虑到乌兹别克斯坦是丝绸之路的重要组成部分，闻名于世界的一些建筑中心和文明古迹皆在该国内，想必会成为中国游客最喜爱的地方，我们也开始尝试让更多的中国游客对古代商路上的城市感兴趣。

2017 年 4 月，乌兹别克斯坦共和国国家旅游发展委员会主席和中华人民共和国国家旅游局局长在北京举行了会谈。

双方讨论了一系列发展两国旅游合作的问题和中国旅行社代表参加塔什干国际旅游博览会的相关事宜。

2017 年 5 月，乌兹别克斯坦共和国总统米尔济约耶夫先生访问中国期间，两国旅游部门间签署了《2017—2020 年旅游合作发展协议》。

目前，乌兹别克斯坦正在为中国游客制定特殊条件的建议草案，这份草案将减轻和缩短中国办理乌兹别克斯坦团体旅游签证的时间。

对于中乌两国来说，自古以来就有着巨大的发展旅游合作的潜力，此草案的落实将为中乌旅游文化交流注入更大动力。

斯里兰卡驻华大使科迪图瓦库：“一带一路”带来难得发展机遇

“地处印度洋的斯里兰卡，古时就是海上丝绸之路上的重要节点。近600年前，中国航海家郑和曾5次到访，帮这里打开了海上运输通道。今天，中国的‘一带一路’倡议给斯里兰卡带来难得的发展机遇”。

“中国和斯里兰卡两国高层互访频繁，政治互信不断加深。2014年，中国国家主席习近平对斯里兰卡进行了国事访问，之后两年内斯里兰卡总统和总理相继访华，夯实了我们的传统友谊和广泛合作。到中国工作一年多来，我走访了中国不少地方，切身感受到中国百姓对斯里兰卡发自内心的尊重和友好，没有一个国家的民众像中国人这么了解斯里兰卡。”

2016年中国首次成为斯里兰卡最大贸易伙伴和进口来源国，双边贸易额达到45.6亿美元。同时，中国也是斯里兰卡最重要的投资国之一。斯里兰卡国内很多公路、铁路和机场等重要基础设施项目都离不开中国投资者和建设者的支持，“中国投资建设的科伦坡港口城项目，不仅创造了数万个就业岗位，还提升了斯里兰卡面向全球的航运贸易枢纽地位，带动了斯里兰卡整个国家的经济发展”。

“今年，斯中两国迎来建交60周年。”斯中两国战略合作伙伴关系不断发展，覆盖货物贸易、服务贸易、投资和经济技术合作等内容的斯中自贸谈判即将进入收尾阶段，双方合作共赢会结出更多硕果。

中国经济一直呈现稳定发展的态势，虽然增长率的数字变了，但国民生活水平不断提高的本质没有变，对世界经济做出的贡献和带来的希望没有变。

2016年以来世界上“黑天鹅”现象不断出现，增加了全球不确定性。作为负责任大国，中国的担当让世界，尤其让发展中国家感受到了力量和温暖。通过阅读《习近平谈治国理政》一书，真切地感受到中国梦与世界各国繁荣发展的理想相通，“一带一路”建设会把打造人类命运共同体理念落到实处。

“‘一带一路’倡议将沿线国家连接起来，通过一个个具体的投资、贸易和基建项目帮助当地民众摆脱贫穷，过上好日子。”相信5月即将在北京举行的“一带一路”国际合作高峰论坛必将深化斯中两国全方位合作，促进地区繁荣稳定，助力世界经济复苏。

中国驻科威特大使王镝：中科“一带一路”合作前景光明

科威特是最早响应中国“一带一路”倡议并签署相关合作文件的国家之一，中科“一带一路”合作基础扎实、前景光明，中国驻科威特大使王镝近日在接受新华社专访时如是说。

王镝说，科威特是最早同中国建交的海湾阿拉伯国家，两国友谊源远流长。自 1971 年建交以来，中科关系始终平稳健康发展。双方都奉行独立自主、睦邻友好的外交政策，都将和平与发展作为国家政策的出发点。双方已成为相互信赖的好朋友和真诚合作的好伙伴。

他表示，“一带一路”倡议与科威特的“将科威特打造成世界金融贸易中心”的国家愿景刚好达成战略契合。科威特是最早与中国签署共建“一带一路”相关合作文件的阿拉伯国家之一，可见科方对该倡议的认可度非常高。随后，中方有多个工作组访科，同科方进行工作层面的对接，为双方务实合作打下坚实基础。

王镝说，中科两国经济具有互补性，这为双方在“一带一路”框架下合作提供了契合点。首先，在能源领域，科原油出口收入占该国总收入的 94%，而中国原油有进口需求；其次，科威特的生产生活资料大多依靠进口，而价优物美、实用可靠的中国产品在科有很大市场和发展空间；再次，科威特在油田勘探及基础设施建设等方面的工程承包项目需求量大，而中国企业正好具备经验和实力；最后，在移动通信领域，科政府正推动高速互联网服务和智能城市建设，中国企业也有技术优势和成功经验。

2010 年 2 月，为了改变长期依赖石油的经济格局，科威特政府公布的国家发展战略《2035 年国家愿景规划》，拟将科威特打造成金融和贸易中心。2015 年，科政府提出“五岛综合开发”项目，拟建立连接东西方的自由贸易区。

王镝表示，中方高度重视在“一带一路”框架下参与“五岛综合开发”等大项目建设，“中国在经济园区和自贸区规划建设方面已比较成熟，中国企业在码头建设和岛屿开发规划及项目实施上也积累了较多经验，相信中方能为科方项目规划设计、工程实施及后期运营等各个环节提供借鉴”。

王镝说，近年来中科贸易发展势头迅猛。2016 年，中科双边贸易额达 95 亿美元，是建交之初的 60 余倍。现在，中国是科威特的非油类最大贸易伙伴，而科威特是中国第八大原油进口来源国。

王镝表示，坚信在双方共同努力下，中科共建“一带一路”将不断结出硕果，服务两国经济社会发展，推动中科友好合作关系不断迈上新台阶。

清洁能源公共外交助力世界发展

美国全球战略公司董事长
新源启能风力技术有限公司董事长 田林芝

新源启能技术公司是一家专门从事清洁能源的企业。多年来，通过清洁能源公共外交，在拉美、非洲、亚洲、欧洲和美国开发了一系列可再生能源项目，其中包括与中国大型能源企业合作、采用中国技术和装备的项目。这些来自中国的成分为项目的经济技术指标提升做出了重要贡献，同时也帮助新源启能一步一个脚印地迈向致力于清洁绿色可持续发展的公司愿景。

在拓展国际化业务的同时，新源启能十分注重把可再生能源领域的高新技术带到中国。当今全球的研发机构和企业正在不断努力开发出成本更低、效率更高的清洁能源生产技术，例如发展迅猛的燃料电池技术可以使电力来源实现多样化。

目前世界仿佛进入了电动时代，每天充斥我们耳边的是电力在各领域广泛应用的新进展，电动汽车、电动飞机、似乎一切都是电动的。但电能是否是解决一切环境问题的灵丹妙药呢？电动汽车的普及当然可以减少都市空气污染，这是人类的一个进步，但是随之而来的新问题依然需要解决。

驱动电动汽车的电能来自于其他能量形式的转化，可以是风力，也可以是煤炭，或者是别的。电能不一定等同于清洁，也不一定是可再生的，因此电能从何而来就成为问题的关键。

变革是最大的挑战。从化石能源发电向可再生能源发电转型正在成为我们共同的目标。

现在我们有了更多的选择，但是这不能抹杀传统能源的历史贡献。我们应该感谢这些能源企业，感谢它们为中国以及世界所做的重要贡献。

毫无疑问，当今发展中国家企盼发展，基础设施、农业科技等被“中国经验”证明为成功的种种举措。这些国家他们需要能源，特别是电力上。中国一个拥有 13 亿人口的大国，“走出去”不是一个简单的决定，这是一个正确的决定。我们对外投资的目的是把最好的清洁技术带向全世界。

这对发展中国家来说不啻是一个福音。

中国的老百姓曾经从家庭固定电话都是奢侈品的时代一下子跨越进入了全民手机时代，当今有些“第三世界国家”也有机会从“薪火时代”一步跨入清洁能源时代。关键在于政府的支持和承诺，也有赖于国际能源开发商和投资商承担一定风险把可持续能源带给世界。中国改革开放以来，随着经济的快速发展，现在中美两国成为了世界经济的领头羊。双方未来的目标就是携手合作，引领全球应对气变、实现可持续发展，共同谋划我们这个星球的长远未来。相信我们应该做到，也一定能够做到。

世界各国对《巴黎气候协定》的压倒性支持是令人鼓舞的，即便是资源和能源供应极度匮乏的国家也做出了对保护环境的现实承诺。如果他们的决心和承诺不变，我们就应该向他们伸出援助之手，和他们一道为实现人类共同的环境目标而努力。

向可持续发展和低碳转型努力，需要的不仅是渐进式改革，它需要的是一场根本性的革命，包括对我们的思想、理念、生活方式、行为模式、国家治理等等。一部分可以通过法律来规范，但是人的理念更为重要。我们追求的最终目标就是人类更加美好的生活环境。

作为全球最大的两个经济体，中美两国对各自国家、更对全世界肩负着责任。两国国情迥异，贸易逆差、出口管制等引发的经贸摩擦时有发生，但这些都无法阻挡双方在重大问题上相向而行的坚定步伐。这些重大问题包括：

（1）照顾好两国人民。不能保证每个人都发家致富，但是起码每个人都摆脱了贫困，享有健康和为下一代提供教育的能力。

（2）国家安全。这对国家来说是至高无上的，但是不能建立在他国不安全的基础上。100 多年来，中国经历了无数次战争的洗礼。中华人民共和国成立后，中国的国防是防御性的，从未故意拓边越境。美国在经历了类似的历史之后，也以本土安全为国防第一要务。两国的军队建设均旨在维护和平，而非攻城略地。军方自古多鹰派，视民粹主义为威胁。这对增加军费有利，但对国际关系无补。

（3）贸易不平衡。贸易、汇率、出口管制相互作用。美国等发达国家从中国等低成本国家进口商品，这再正常不过。中国作为全球第二大经济体不完全依仗对美出口，同样有进口美国商品的大量需求，只是受到所谓高科技产品出口管制，其实很多也是日常所用。解决贸易不平衡的途径只有促进更加自由的双边贸易行为。

美国关注季度报告，而中国一看十年二十年。习近平主席和特朗普总统确定了双边四个高级对话机制，双方对等官员们正在积极落实。我认为更重要的是双方能够思考上述对话机制对全球的影响，而不仅仅是争论“中国优先”还是“美国优先”。当今世界面临的问题及其错综复杂，未来的形势依旧严峻。当今主要国家间的紧张局势必将导致紧张局势向其他国家的蔓延。对话是分享问题和解决方案、逐步走向积极共识和结果的重要途径和平台。希望双方都能立足长远，就像我们对待可持续发展问题一样，找到双方最大公约数。我们不是在评选最佳辩手，我们是在寻找最佳答案。

中美两国在各类可再生能源领域的合作是至关重要的。目前我们要解决的都是世界上的共性问题。发达国家要承担起更多的责任，发展中国家也要做出应有努力。拯救世界不是一个概念，更不是一个玩笑，而是一个摆在我们所有人面前的现实。这个现实需要我们这一代人来面对，世界要在我们这一代人手中变得不同。

我们花时间讨论清洁能源的重要性，因为这是一个当今令人瞩目的话题。《巴黎气变协定》表明了全球 90 多个国家都愿意采取切实措施保护我们的地球，这不是任何个人或组织能够独立实现的目标。全球性问题要依靠全球性合作加以解决。那么，如何行动呢？

政府必须支持本国的可再生能源和可持续发展，包括中短期财政支持，同时规划长远，有计划、分步骤地减少国家对可再生能源的补贴。政府还应该大力支持技术创新和研发，使可再生能源在质量和成本上全面超越传统能源。

我们必须加强国际间技术合作，特别是在高效太阳能电池和生物质能源领域。这需要全球范围内企业和科研单位的密切协作与配合。电池技术是充分利用风能、太阳能和其他可再生能源向电能转化的核心环节，在现有技术进步的基础上，为了实现《巴黎气变协定》所设定的目标，我们需要进一步加大科研和创新力度，加速实现专项技术的突破。

中美两国的经济体量最大，在这方面责无旁贷。欧洲多年来致力于应对气变的努力，在这方面发挥了重要作用。其他国家的未来经济发展也需要更多的清洁能源的支撑。

可持续发展尚未全面实现，它仍是大家的努力方向。实现可持续发展，需要各个利益相关方共识明确、相向而行、各尽所能、形成合力，才能取得全球范围内的成功。这是我希望和大家交流分享的重点。

让我们大家立刻行动起来，我们不需要别人来告诉我们什么是最重要的。我们对我们的“第一要务”心知肚明，即为了我们及子孙后代创造一个清洁、安全、可持续的美好明天。

我们要做领跑者，不做陪跑者。

未来一定属于我们。

"一带一路"为经济全球化开出的"中国药方"

埃及金字塔战略研究中心高级顾问　哈桑·艾卜·塔利布

"聚光灯"下的中国两会，牵动世界神经。随着中国在全球经济治理方面扮演的角色越来越重要，中国政府在两会期间释放出的对外经济政策信号成为研究者关注的对象。中国全球治理理念和"一带一路"倡议，可以有效应对当下的逆全球化思潮，是这个负责任大国为经济全球化开出的"中国药方"。

追溯历史，中国就是受益于经济全球化的最佳范例。丝绸之路打通了沿线各国的经贸关系，使之互通有无、互利互惠。自那时起，自由贸易就不是负担，而是力量，让各国更加紧密地联系在一起。中国有推动国际经济合作的传统。

时至今日，中国在近 40 年内实现举世瞩目的高速发展，同样获益于经济全球化。中国在发展过程中积极融入全球市场，与各国相互依存，合作共赢，成为发展的典范。

经济全球化如今遇到瓶颈。与其抓住经济全球化带来的问题大做文章，鼓吹贸易保护主义，不如认真思考导致全球化无法超越零和博弈传统思维的根本原因。经济全球化绝非走到了尽头，而是今天的全球化要求我们在日新月异的世界经济网络中主动探索，找到合适的位置。这是一个世界性问题，需要各国携手，共同解决。

我了解到 2017 年中国的《政府工作报告》特别提到了继续推进"一带一路"建设，这是埃中两国合作难得的历史机遇。埃方愿意与中国携手落实"一带一路"倡议，将本国打造成位于三大洲交汇点的贸易枢纽。"一带一路"倡议不失为促进各国紧密联系、有效应对逆全球化思潮的举措。我理解的"一带一路"包括两层涵义：一是传统丝绸之路的复兴，即各国之间顺畅经贸关系的恢复；二是沿线国家技术、思想的交流，文化、艺术团体穿梭往来，随着各国民众之间的感情越来越近，更多的合作机会将不断涌现。"一带一路"形成的经济网络可以充分发挥沿线国家的潜力和特点，与沿线国家的发展战略对接，让中国的增长和繁荣惠及世界其他地方。这一倡议的提出充分说明，中国正在扮演世界秩序建设者的重要角色。

"一带一路"倡议是互利共赢外交理念的典范

巴基斯坦国立科技大学中国研究中心主任　哈桑·贾韦德

"一带一路"国际合作高峰论坛是中国为更好的全球经济治理和多边合作做出的又一重要贡献。

前不久在北京举办的"一带一路"国际合作高峰论坛是在全球经济深刻转型之际举办的重要会议。一直以来，中国的发展为全球经济增长和繁荣做出了巨大贡献。全球化已成为历史潮流，有利于实现更加公平的全球发展。由中国主办的"一带一路"国际合作高峰论坛凸显了全球化发展的积极意义。

"一带一路"倡议有助于确保全球化的可持续性。尽管一些发达国家出现了负面声音，采取了内向的保护主义措施，但在我看来，保护主义既不是一剂良药，也无法为任何国家的经济复兴提供动力。中国致力于同各方共同构建人类命运共同体，通过加强交通、通信、贸易、金融和人文等方面交流，促进各国互利共赢。中国国家主席习近平提出的具有远见卓识的"一带一路"倡议，已经赢得了全球的赞赏。

"一带一路"国际合作高峰论坛是具有重大历史意义的事件。通过举办这一论坛，中国展现出了与国际社会共同努力，改善全球经济治理的真挚承诺。此举也表明，中国愿与国际社会分享其发展成果，并将同包括周边国家在内的各国实现共同繁荣。"一带一路"倡议是互利共赢外交理念的典范。"一带一路"国际合作高峰论坛达成的广泛共识，将凝聚和巩固各方迄今为止所取得的成功，有望推动各方实现更好的共同发展。

中巴经济走廊是"一带一路"的旗舰项目，走廊建设正在改变着巴基斯坦的经济命运。包括能源和基础设施项目在内的走廊早期收获项目即将完成。走廊已成为外国在巴直接投资的"催化剂"，并为巴基斯坦经济发展带来各种积极效应。走廊建设提供了成千上万个就业机会，为巴方民众增加了个人可支配收入。走廊项目还推动了两国人力资源之间的相互交融。巴基斯坦如果能顺利开展当前急需的结构性改革，便可从这一历史机遇中获益更多。巴基斯坦应当借鉴中国自改革开放以来的经济发展和对外开放经验，并结合自身实际的自然、文化和经济条件，采取相应举措，推动本国经济快速发展。

诚然，当今全球经济形势不容乐观，有关国家出现公共债务增加和 GDP 增长放缓等情况。"西方政治精英"没有探求经济陷入衰退的内在原因，而是推出了"中国威胁论"。这是为了制造反华情绪，意图将公众注意力从影响这些国家经济不景气的真正原因上转移开。中国始终保持经济开放，加快金融改革，并通过提高进口和拉动内需来推动本国与全球经济的增长。中国用实际行动展示了负责任大国形象。

在中国的价值体系中，一个繁荣的邻居被视为是幸福而不是祸患。但不幸的是，许多西方人士并没意识到中国价值体系的美好。“一带一路”是中国与世界人民主动分享其数十年发展繁荣与悠久的文化价值观的倡议。同时，由“一带一路”推动的文明交流和对话，有望促进世界获得更好的发展。“一带一路”国际合作高峰论坛是中国为更好的全球经济治理和多边合作做出的又一重要贡献。各国应与中国携手努力，共同致力于维护世界的和平、稳定与和谐，而更广泛的全球化和开放性将发挥关键性作用。

“一带一路”倡议推动科研领域创新合作

《中国科学报》　李晨阳

自“一带一路”倡议提出以来，极大地推动了我国和沿线国家和地区在各个领域、不同层面上的深度合作。在科研领域，也催生出朵朵创新合作之花。

中科院院长、党组书记白春礼曾指出，从科技合作入手，组织“一带一路”沿线国家和地区共同研究解决在发展过程当中面临的重大挑战和问题，有利于从战略层面推动建设“一带一路”的共同愿景。

构建创新合作体系

白春礼强调，充分利用中科院有利的国际交流优势和合作渠道，为“一带一路”建设注入科技内涵，提供科技保障和支撑服务，是中科院义不容辞的责任和义务。为此，中科院着力构建了一系列促进“一带一路”科技创新合作的体系和机制。

2017 年年初开始筹建的中科院曼谷创新合作中心（简称“曼谷中心”），正是中科院顺应科技创新全球化的发展趋势、响应“一带一路”合作倡议、落实“率先行动”计划、实施国际化推进战略的一项重要举措。

曼谷中心主任姜标告诉记者：“这是中科院第一个以促进国内外联动创新和科技创新成果转移转化为目的的境外机构。其使命是促进院属企业、科研机构和大学走出国门、深度融入东盟经济体，为建设中国—东盟创新共同体做出贡献。”

2017 年 4 月，曼谷中心与甘肃省张掖市农业企业签署协议，建设“一带一路”国家农牧业发展引导示范基地，在带动周边农户发展的同时，将模式逐步推向“一带一路”沿线国家和地区。

河西走廊是“一带一路”建设上最为关键的节点。姜标表示，“曼谷中心这一举措，将通过科学技术成果的转移转化，将示范基地打造成有实物、有技术、有结果的立体农业‘展厅’，使其成为中科院向沿路国家和地区科技输出的样板工程。”

他希望未来的示范基地能为丝绸之路国家培养更多农业科技创新人才，促进丝绸之路农业生态环境的安全。曼谷中心还将继续配合“一带一路”建设，面向国民经济主战场，重点推动以研发为基础、具有重要示范意义的重大民生科技合作。

拓展科研的疆域视野

2017 年 7 月，中国和伊朗等国的古生物学者宣布，他们在伊朗北部厄尔布尔士山脉区域的中侏罗世地层发现了神秘的二趾型恐龙足迹。这个发现恰与中国中部的化石记录互相呼应，这说明在遥远的侏罗纪中期，中国和伊朗的地理隔离相对容易跨越。这一发现，对古地理、古环境、古生态的研究有很大意义。

伊朗处于连接中东、亚洲、欧洲的"心脏地带"，具有极其重要的战略地位，也是中国在中东推进"一带一路"的重要合作对象。

中国地质大学（北京）副教授邢立达对《中国科学报》记者说："在这次合作研究中，作为科研工作者，我们很直观地体会到了'一带一路'倡议的巨大帮助。"他们的研究区域位于伊朗边境，在那里遇到的军人和百姓，都对中国学者非常友好。

"我们时刻感受到双方政府对我们研究工作的支持，对我们古生物学者而言，这极大地拓展了研究材料的来源。"邢立达说。

搭建平台，迎接挑战

"一带一路"国际科学家联盟主席、中国工程院院士孙九林曾指出，"一带一路"上的科技合作，需要通过平台搭建，让更多项目落地。

在此次接受《中国科学报》采访时，孙九林进一步阐述了自己的观点："过去讲'一带一路'战略，现在我们强调'一带一路'建设。既然是'建设'，就要落实到一个个国际合作项目上。"而每一项合作，都牵涉不同国家政策、民族、环境、文化理念等的交流碰撞。

"这就需要建立一个信息化的控制平台，供各国科学家交流合作，互联互通。"孙九林说。

在践行"一带一路"科技合作的过程中，孙九林深刻体会到信息交流的重要性，"我们跟俄罗斯合作的时候，人家拿来的材料都是俄语的。我们意识到，仅仅是熟练掌握英语，并不能为国际合作铺平道路"。

而沿线的诸多国家，使用着形形色色的语言（其中不乏生僻的小语种），遵循着千姿百态的文化风俗、政策法律，都给合作带来了巨大的挑战。

"除了搭建平台外，我们还亟须培养一批综合型人才，既懂科技合作的基本规律，又能有效解决国际纠纷。"孙九林说，"'一带一路'早已不仅仅是我国提出的一个倡议，更是各个国家经过探讨所达成的共识。希望通过扎扎实实的项目推进，达成互利共赢的科技合作。"

“一带一路”为各岛国发展提供更多选项

瓦努阿图总理议会秘书、资深议员　约翰尼·科纳波为

有一种观点认为，中国对太平洋岛国地区的帮助将使岛国背负沉重的债务负担，这是典型的西方人的陈词滥调。一些人并没有足够重视中国对太平洋岛国地区发展所发挥的积极作用。

中国儒家思想认为，“己所不欲，勿施于人”“穷则独善其身，达则兼济天下”。中国外交政策的指导原则植根于中国儒家“天下大同”的思想，中国坚定奉行和平共处五项原则。作为发展中国家，中国历史上也曾经遭受外来侵略，因此制定了追求独立自主的和平外交政策。这种和平的发展道路将为世界带来更加互利包容的发展。中国发展同太平洋岛国关系的基本理念就是和平、发展、合作和互惠。

今天中国已是世界第二大经济体。随着自身经济影响力越来越强，中国正为促进世界和平和维护全球秩序做出自己的贡献。中国对太平洋岛国地区的帮助更加广泛，为各岛国的发展提供了更多选项。中国对太平洋岛国地区的政策建立在这样一种理念之上，即坚信21世纪是全球化的时代，希望通过与世界各个地区构建伙伴关系加强彼此依存，实现世界和平和全球繁荣发展。

正是因为中国作为负责任大国的影响力逐渐上升，中国才被期待为解决日渐增多的全球性挑战贡献方案，包括应对恐怖主义、气候变化问题和融资问题等。

中国国家主席习近平提出“一带一路”倡议，旨在通过贸易和人文交流加强国际合作和互联互通。这一倡议是一项开放合作的政策，有利于促进金融和经济融合。在“一带一路”国际合作高峰论坛上，中国承诺为“一带一路”建设提供积极支持。

瓦努阿图政府在发展对华关系中看到了机遇。中国在瓦努阿图援助了多个项目，包括国家会议中心、塔纳—马勒库拉公路、卢甘维尔码头、总理府办公楼项目、美拉尼西亚先锋集团秘书处办公楼、科尔曼体育场等。瓦努阿图要认真研究“一带一路”倡议，审视和调整我们的法律和政策，抓住中国“一带一路”带来的重要机遇。

瓦努阿图人民正在学习中国的经验，也越来越认识到来自中国的帮助对瓦自身发展所起到的积极作用。我们高度评价中国在当今复杂世界中承担越来越重要的国际责任，太平洋岛国必须为中国的持续发展点赞，将其视为机遇。

"一带一路"为欧洲复兴提供前景

剑桥大学发展研究学科主席、教授　彼得·诺兰

中国正在进入新的复杂的发展阶段。中国已经从20世纪70年代一个不起眼的角色，成为国际舞台上强大的一员。

中国在全球经济和国际关系中的作用将会继续扩大。如今中国尽管规模庞大，但仍然是一个发展中国家。中国共产党（Communist Party of China）将面临不计其数的政策挑战。

中国共产党面临的两个关键议题，是其在亚太地区扮演的角色和卡尔?马克思（Karl Marx）的意识形态遗产。中国共产党正在就这两个问题开展深入的研究和思考。

西方如果希望更好地认识中国，就需要了解中国的政治体制内思考这些问题的深度和正在开展的辩论的广度。

1976年毛泽东主席去世时，中国正陷于极度贫困，在全球经济中无足轻重。1978年12月，中国共产党第十一届中央委员会第三次全体会议开始确立在中国共产党领导下"改革开放"中国经济的总体方针。当时中国以外很少有人相信此举能成功。

1989年底，社会主义制度在整个东欧崩溃。1990年2月，苏联共产党在苏联70年的统治正式结束；1991年12月，苏联不复存在，解体成多个主权国家。中国在1989年及东欧、苏联在1989年至1991年发生一系列事件后，西方普遍认为共产党政权在中国存在不了多久。

此外，西方的一致观点是：从民主德国到越南，这些社会主义阵营国家的历史显示，不可能由共产党领导"过渡"到市场经济。按照这种反复被提及的观点，"政权更换"是运行市场经济的必要条件。无论是"华盛顿共识"国际机构的政策建议，还是西方政治家和西方媒体，几乎整个西方都众口一词地认为：共产党在中国的统治不会继续，即便万一存续下来，也建立不起成功的市场经济。

从1989年、1990年到现在已经有四分之一个世纪，看来情形与西方普遍预想和希望的大不相同。苏联解体之后，共产党在中国的地位并未步其后尘。很多人仍抱有希望并为之努力的中国"政权更换"并未发生。中国共产党现有8 700万党员，将在2021年迎来建党100周年。共产党领导中国实现了现代历史上最令人瞩目的增长和发展。在政治社会稳定的保护伞下，中国保持了30年的高速增长。中国政府统筹布局了庞大持久的基础设施建设项目，其中包括公路、铁路、港口、机场、大坝、发电送电设施、电信、供水排水系统和住房；按比例规

模远远超过可比的发展中国家，如印度、印度尼西亚、巴基斯坦和孟加拉国。

中国的改革将市场竞争逐步扩大到经济的大多数领域。通过谨慎的实验改革路径，"摸着石头过河"，逐步改变制度，使人民慢慢适应从国有经济向市场经济的过渡。采取这种渐进实验的过程，也使政策制定者能依次逐个解决问题，同时又保持对制度改革总体路径的把握。这些改革释放出了本土企业的生产力，吸引了大多数国际领先企业的投资，使中国能迅速吸收先进技术，获得了巨大的"后发优势"。

按购买力平价（Purchasing Power Parity，PPP）计算，如今中国的国内生产总值（GDP）为全球第一。中国是世界上国际贸易规模最大的国家。中国的制造业产值居全球之首，比美国多三分之一，超过法国、德国、日本和英国的总和。自从20世纪80年代以来，中国的贫困率大幅下降，几乎所有社会群体的实际生活水准都有显著改善。

尽管取得了长足的进步，但是中国在试图从中低收入国家变为高收入国家时，仍然面临巨大的政策挑战。

有大量文献论述这些挑战，其中包括人口老龄化、农村剩余劳动力枯竭、腐败、环境严重污染、自主创新水平低、本土企业在全球竞争中地位低下、居民收入和财富差异悬殊、国际环境敌对，等等。使用购买力平价还是有许多实际问题，不仅因为发达国家和发展中国家的商品和服务质量有差异，还因为要获得商品和服务的"全球价格"困难重重。尽管统计学家付出了极大努力，但人们普遍认为购买力平价往往会高估发展中国家的GDP。

2013年11月举行的中国共产党第十八届中央委员会第三次全体会议通过《中共中央关于全面深化改革若干重大问题的决定》（下称《决定》），指明了这些挑战的全局性质，概述了下一阶段制度改革的路线图（Communist Party of China，2013）。《决定》重申，需要注重改革的"系统性、整体性、协同性""加快发展社会主义市场经济、民主政治、先进文化、和谐社会、生态文明"；强调市场应该"在资源配置中起决定性作用"，政府应该"大幅度减少"其在资源配置中的作用。应该继续研究如何"处理好政府和市场的关系"。《决定》强调，建设"有中国特色的社会主义市场经济"需要"以促进社会公平正义、增进人民福祉为出发点和落脚点"。

为了实现这些目标，《决定》强调中国需要"改革收入分配制度，促进共同富裕"，确保"基本公共服务均等化"；还强调需要"深化政治体制改革"，同时"坚持党的领导"——"要建设社会主义法治国家，发展更加广泛、更加充分、更加健全的人民民主"。《决定》形容中国正进入"新阶段"，改革处于"深水区"。在这个阶段，中国"面临艰难的抉择"，需要"涉险滩"。为了克服多重挑战，党需要"冲破陈旧观念的束缚""解放思想""实事求是"，还需要"求真务实""一切从实际出发""总结国内成功做法，借鉴国外有益经验"。

中国在全球经济中的相对重要性逐渐恢复到工业革命前的位置，给中国的国际关系带来了深刻的议题。

从汉代（公元前202—220年）直到18世纪后期的两千年间，中国都是世界上经济最发达、技术最先进的地方。那个时期大部分时间内，中国都与中亚及东部、南部沿海各国有深厚的商业和文化关系。“朝贡制度”是这些关系的外交象征，该书第一篇就探讨了这些关系的历史证据。通过与周围地区深入的商业往来，中国的技术不仅传播到这些地区，还传播到欧洲。工业革命的许多关键技术都起源于中国。

而在工业革命之后，西方与亚太地区的关系发生了剧变。英国在一个半世纪的时间内取代中国，成为“世界工坊”。这场经济革命为陆军和海军革命奠定了基础，使西方国家能建立起辽阔的殖民帝国。

中共中央的《决定》将丝绸之路经济带和海上丝绸之路确定为中国下一阶段国际关系的核心战略。中国完全可以利用自己国内基础设施建设的丰富经验，为中亚和东南亚丝绸之路的发展做出重大贡献。

这不仅为建设与丝绸之路经济带和海上丝绸之路周边国家的和谐关系带来了巨大希望，实际上还给欧洲复兴提供了前景，因为中国可以利用丰富的金融和人力资本储备，参与并推动“一带一路”沿线广大地区的发展。

BBC："一带一路"令中哈边境城市变"新深圳"

据英国广播公司网站2017年6月14日报道，中国2014年6月正式将古丝绸之路上的重要节点霍尔果斯（Khorgos）建成一个城市，与哈萨克斯坦阿拉木图州的霍尔果斯（Khorgas）连接在一起，两个原来荒芜的地区因为巨大的投资成为迅速发展的新城市，被称为"新深圳"和"新迪拜"。

报道称，2017年5月中旬，中国大型国企中远海运集团、连云港港口控股集团和哈萨克斯坦国家铁路公司在北京正式签署协议，中企将联合收购霍尔果斯东门无水港49%的股权。

这里地理位置优越、交通便利。中欧国际集装箱班列从这里经过，以新的路径将中国和西欧连接在一起。

报道称，因为冷战和中苏交恶，中国和苏联的中亚地区之间的交往经历了一段隔绝、封闭甚至针锋相对的状态。因此包括霍尔果斯在内的中国和哈萨克斯坦的进出口贸易一度停止，口岸几乎成关闭状态，直到20世纪80年代才重新开放。

随着哈萨克斯坦独立、中哈关系日渐发展，哈萨克斯坦因经济发展较快、政局相对稳定及提供优惠的引资政策而吸引不少中国企业投资。

报道称，2011年底，中国与哈萨克斯坦在新疆霍尔果斯口岸举行了铁路对接仪式，该口岸将拥有公路和铁路两种通关手段，酝酿已久的国际运输大通道告成。随着中国开启"一带一路"倡议后，在中国一侧霍尔果斯经济开发区，曾经一片荒芜的地区如今到处是施工现场，一座座高楼拔地而起，如同30多年前的深圳。

在哈萨克斯坦一侧，霍尔果斯东门无水港的铁路港口也从一片不毛之地，崛起为一个新城。

报道称，作为"新丝绸之路"的重要中转站，霍尔果斯无水港连接中国的数十个城市和欧洲的十几个城市。中国大批货物源源不断地从东部和内地运到这里后，被整合后再继续运输到亚欧大陆各地。

哈萨克斯坦政府在霍尔果斯口岸设立开发新城区，吸引人才和劳动力，提供免费住房、优厚薪资以及教育等配套措施。

英国广播公司中亚部的乌兹别克记者库比尔表示，哈萨克斯坦希望利用这里的机遇来增加除了石油以外的收益。

报道称，负责开发中国哈萨克斯坦的霍尔果斯联通项目的公司之一是总部在迪拜的物流公司DP World，该公司的总经理卡尔·盖森说："两年前，这里一无所有。我们正在建设一个新社会。"

巴西智库：中国通过“一带一路”建设务实推进共同发展

“当今世界，一些国家的部分民众对中国还存有偏见。我想告诉大家，这种刻板印象是某些西方媒体戴着有色眼镜捏造出来的。我们必须用全新的视角认识变化发展的中国，这样才能更好地理解巴中关系、理解这个世界。”2017 年 8 月 14 日，巴西智库瓦加斯基金会举办主题为“国际大舞台上的中国”研讨会。基金会巴西—中国研究中心负责人埃万德罗·卡瓦略在主题演讲中如是阐述。

随着中巴经贸关系快速发展，巴西民众对于中国的兴趣越来越浓，想了解中国的热情与日俱增。面对来自巴西各地上百位国际关系和经济领域的专家学者及学生，卡瓦略说，在中国生活工作的几年间，他认识到一些西方国家认识中国的局限性。他由此呼吁巴西政府、商界和学界联合起来，加强对国际形势的研判，真正理解中国的发展，明白中国对巴西的重要性。

“中国绝不只是离巴西很远的一个国家”，来自圣保罗州立大学的国际政治经济学教授马尔库斯·皮勒斯强调，巴中两国国情相似，都是国土面积大、人口数量多、文化丰富多样的国家。近些年来，巴中关系不断巩固和发展，中国已成为巴西最重要的贸易伙伴之一、第一大出口目的地。

皮勒斯指出，眼下中国人均国内生产总值突破 8 000 美元，成为全球创新指数报告中唯一进入前 25 名的中等收入国家，并已对未来发展做出明确规划，比如推出“中国制造 2025”等支持实体经济发展，推动信息产业、航空航天等技术创新的政策。“在一系列政策指导和推进下，中国经济改革颇见成效：中国贸易总量占国内生产总值的比例呈下降趋势，中国已经摆脱了以廉价劳动力为特征的发展模式，逐渐走上了‘中国智造’的路子……”皮勒斯认为，高新技术、自主设计和领先世界的品牌已经成为了保证中国持续稳定发展的三大法宝。

在保持快速稳定增长的同时，中国在国际舞台上的表现也愈发亮眼。里约天主教大学国际关系学教授保罗·罗贝尔在研讨会上表示：“在座各位肯定不敢相信，有着茶文化传统的中国已经成为全球葡萄酒第一大消费国和进口国。这个事实可以从另一个角度证明，为什么我们说中国经济增长对全球的贡献率超过 30%，世界的发展需要中国。想象一下，如果中国人喝更多咖啡，那巴西咖啡出口将会受益多大?”

2017 年 5 月，曾经在英国和美国学习工作 20 余年的罗贝尔第一次赴中国参加复旦大学金砖国家学术研讨会。在上海的见闻令他惊叹：“我必须承认，我爱上了上海，也明白了上海为何会成为全球金融中心之一，看到了中国现阶段的发展水平，我开始深信中国的确有能力在国际社会发挥更强引领作用。”他指出，在改革和完善国际秩序方面，中国通过“一带一路”建设、新开发银行、亚洲基础设施投资银行等渠道，更加务实地推进其他发展中国家和中国共同发展。

中国驻巴西里约热内卢总领馆总领事李杨表示，中国在经济和社会发展领域都取得了不俗成绩。“中国还是一个发展中国家，也会继续帮助其他发展中国家一起发展。中国的和平崛起是对世界有益的，中国将继续在经济、政治和安全方面为国际社会做出贡献。”

“我们必须要感谢中国。”瓦加斯基金会经济学家罗贝托·卡斯特洛指出，中国在发展的过程中没有忘记世界，始终坚持和其他国家共同进步、共享成果。中国倡导的“一带一路”将推动全球贸易健康发展，缩减交通物流成本，掀起新的全球化浪潮。“这是一个宏大的倡议，它覆盖了全球超过65%的人口，增进了欧亚大陆间的联系。”

“一些西方媒体鼓吹‘中国威胁论’，忽略了中国为国际社会做出的贡献。要更好地与中国合作，从中国的发展中汲取巴西发展所需要的养分，我们必须正视中国快速发展的事实。”卡瓦略指出，“中国对巴西等拉丁美洲国家的研究越来越深入，成果很多。巴西政府、企业和学者也应该意识到‘认识真实中国’的紧迫性，追赶中国的步伐，了解中国，了解世界，同时了解我们自己。”

东盟学生："一带一路"让我们的前途更宽广

随着中国与东盟各国交流越来越频繁，越来越多的东盟国家学生选择到中国留学。中国教育部最新统计数据显示，东盟国家来华留学生从 2010 年的约 5 万人，增长到 2016 年的超过 8 万人。其中，到贵州留学的人数成几何级倍数增长。2016 年，东盟国家留学生选择贵州的人数比 2008 年增长了 509 倍，达到 1 528 人。

这些东盟学生选择到中国学习深造，在实现自己人生理想的同时，他们也将成为联通"一带一路"沿线国家的桥梁，成为"一带一路"民心相通的助力者。

越南留学生海南便是其中的一员。2013 年底，在经过层层选拔、激烈竞争后，海南如愿拿到贵州民族大学的录取通知书和一等奖学金。除免除学费和住宿费外，每个月还有 1 000 元的生活费，这让海南能够在这里安心求学，全心感知这里发生的一切。

海南说："我当初选择的人力资源管理是贵州民族大学的招牌专业，除了学习先进的专业理念，语言能力也将成为我未来择业的重要砝码。"

"在中国学习这几年，我看到了很多我们国内没有的新技术，像手机支付、网络购物等，都极大方便了人们的生活，我现在还是一名'代购'，帮助我越南的客户从中国购买运动鞋、电子产品等。他们买到了物美价廉的产品，而我也从中发现了商机。"海南表示，随着双边贸易的频繁，尤其是在"一带一路"的大背景下，越南的农产品可以更加便捷地运送到中国，而中国的服装、家电运输到越南也会更加便捷。

"未来，我可能会开一个天猫越南馆，专卖越南的农产品，同时，通过网络把中国物美价廉的产品卖到越南。"海南说，3 年多学习，他自己开阔了眼界，接触到很多以前闻所未闻的事物，同时也更好地认识到中国的发展。

席恩是贵州民族大学旅游管理专业大三的老挝留学生，在贵州学习 3 年多来，她的汉语表达水平已经和中国人一样，仅凭说话已分辨不出她是外国人了。

"两个国家要交流沟通，语言是最好的桥梁。我来中国留学，不仅学到了专业知识，我的汉语水平也明显提升。在老挝有很多中资企业，他们非常缺乏既掌握老挝语言，又懂汉语的人才。如果把汉语学好，回国后不是你去找工作，而是工作来找你。"席恩说。

柬埔寨总理府内阁办公厅副主任蔡万宁在出席第十届东盟教育周期间表示，东盟国家的学生选择到中国留学，说明中国的影响力正在扩大。这些学生到中国学习，将接触先进的科技，拓宽视野，在未来能够为本国的经济增长做出贡献，而"一带一路"倡议为这些年轻人提供了创业干事的好机遇。

贵州民族大学国际教育学院副院长夏劲钢表示，随着“一带一路”倡议的不断深化与推进，中国与东盟国家间教育交流日益频繁。为此，贵州民族大学通过调研，结合学生的兴趣和未来的人才需求状况，从 2017 年 9 月开始，将针对性地在东盟国家招收旅游管理、工商管理以及汉语言文学专业的留学生，希望通过几年的培养，能够更好地服务“一带一路”倡议。

中国国际经济交流中心研究员任海平表示，中国已成为很多东盟国家最大的贸易合作伙伴。截至 2016 年底，双边人员交往突破 2 500 万人次，留学生超过 20 万人。中国连续 7 年是东盟第一大贸易伙伴，东盟也是中国的第三大贸易伙伴，可以看出双方的合作非常密切。

青年学生是国家的未来。东盟国家是“一带一路”的重要沿线区域，随着越来越多的东盟留学生选择中国，中国—东盟命运共同体将会更加紧密，彼此间的交流合作会在这些留学生的影响下越发顺畅。

国际舆论热议“一带一路”：这是一条共商共建共享之路

三亚公共外交研究院

2015 年 10 月 21 日，中国国家主席习近平在中英工商峰会的致辞中说：“‘一带一路’是共赢的，各国共同参与，遵循共商共建共享原则，实现共同发展繁荣。这条路不是某一方的私家小路，而是大家携手前进的阳光大道。”

如今，一个个“一带一路”项目的实施让外媒睁大了眼睛时刻关注着。越来越多国家和国际组织开始跃跃欲试加入这条共商共建共享的阳光大道。

实实在在的获得感

“对于贸易而言，这是一个意义重大的时刻。”英国广播公司报道了迪拜环球港务集团负责人的感慨。英国伦敦时间 2017 年 4 月 10 日，满载英国货物的首列回程中欧班列（伦敦—义乌）从迪拜环球港务集团伦敦口岸出发，开往万里之外的中国义乌。在此之前 3 个月，从义乌出发的中欧班列抵达伦敦。

作为“一带一路”倡议的一项重要务实合作举措，中欧班列引发了外媒的极大关注。

这条比空运便宜比海运快速的铁路线路，让沿线各方体会到了实实在在的获得感。英国广播公司引用英国国际贸易大臣汉斯的话说，该线路展示出“对高质量英国产品的巨大需求”。兴奋之情显而易见。路透社分析，英国正努力加强与全球其他地区的贸易联系，为两年后退出欧盟做准备。去年，中国是英国第七大出口国市场。据英国官方统计，2016 年英国对华贸易总额约 135 亿英镑，自 2006 年以来平均年增长率达到 12.9%。

正如新加坡《联合早报》网报道指出的，中欧班列实现往返开行，在中国与英国之间开辟了一条安全、高效、便捷的陆路贸易通道，为两国增进友谊、加强合作提供了新的平台和渠道，对于促进中英经贸往来，服务中英两国企业和民众，推动“一带一路”建设等具有重要意义。

中欧班列只是让有关国家有实实在在获得感的众多“一带一路”项目之一。俄罗斯塔斯社也援引中国驻俄大使的话表示，“‘一带一路’建设和欧亚经济联盟建设战略对接已取得早期收获。俄参与‘一带一路’建设的前景广阔，未来双方在对接过程中会取得更多实实在在的成果。”

白俄罗斯工业部长维塔利·沃夫克近日在接受媒体采访时表示，“一带一路”倡议的实施，正为白俄罗斯与中国的合作带来更多可观成果。他以白俄罗斯与中国吉利公司建立合资企业为例说，2012 年签署的投资合同规定联合汽车厂每年可生产 6 万辆汽车，一旦年销量达到 5 万辆，则汽车厂可将生产能力扩大到 12 万辆，这一切都意味着由此创造新的就业岗位。沃夫克认为，白俄罗斯与中国在“一带一路”倡议下的工业合作前景非常广阔，看好两国在新的机械制造项目上的发展前景。

共筑全球命运共同体

2016 年 9 月 3 日，中国国家主席习近平在二十国集团工商峰会开幕式上的主旨演讲中说：“中国的发展得益于国际社会，也愿为国际社会提供更多公共产品。我提出‘一带一路’倡议，旨在同沿线各国分享中国发展机遇，实现共同繁荣。”

正如《联合早报》网所指出的，中国的“一带一路”是以经济为纽带，强调的是双边或多边合作，共筑全球命运共同体。

在西方某些主要国家出现“逆全球化”苗头之时，“一带一路”倡议的出现尤为引人注目。《华尔街日报》发表的文章从侧面指出“一带一路”促进全球化的作用，其称就在美国和英国等国反对全球化之际，中国希望打造一个庞大的基础设施网络，这一网络将覆盖全球三分之二的人口。路透社也指出，“一带一路”倡议是一项具有里程碑意义的计划，将在包括铁路、港口和电力网在内的基础设施项目上投资数十亿美元。

“‘一带一路’倡议是一项非常有雄心壮志的计划，将有望使欧洲与中国乃至整个远东之间的货物运输变得更加经济、快捷。”国际交通论坛秘书长、联合国可持续交通运输高级别咨询小组成员若泽·维埃加斯曾如是介绍其眼中的“一带一路”。

拉丁美洲通讯社报道中国、白俄罗斯、德国、哈萨克斯坦、蒙古、波兰和俄罗斯的铁路部门签署《关于深化中欧班列合作协议》时称，该协议为“一带一路”倡议服务，扩大了亚洲和欧洲间铁路运输的市场份额，并会推动沿线各地的经济发展和贸易合作。协议表示，各国将共同推进更好的铁路基础设施，以实现安全、平稳、快捷、方便且有竞争力的铁路线路。信息技术也将提升火车速度和统一服务。

而且，“一带一路”的力量和潜力在于多功能性。“福布斯”网站撰文表示，“一带一路”这一由中国和欧洲间复兴的运输路线和新的贸易枢纽所逐步形成的网络，能够呈现出高效、安全且健康的竞争。事实上，它并不是一条单一的路线，而是由多个互联的跨欧亚走廊所组成的网络。就像古代的“丝绸之路”一样，如果一条走廊由于政府变动、战争、经济动荡或关税争议而关闭，货物就可以简单地通过替代路线被运往相似目的地。

正如白俄罗斯工业部长维塔利·沃夫克所说的：“最重要的是，这一倡议对包括白俄罗斯在内的各参与方而言意味着共赢，有助于世界各国改善当前的经济形势并共同应对经济挑战。”

不可错过的好机会

哈萨克斯坦驻华大使努雷舍夫曾表示："一带一路"对推动全世界经济的发展有很大作用。事实上，"一带一路"正意味着诸多机会的出现。

《联合早报》网援引美国纽约前市长彭博的话指出，"一带一路"是一个有远见和雄心的战略，区域内的基础设施投资是推动经济增长的最有效手段之一，并将为东西方贸易和投资的互联互通提供新的机遇。美国商业界也将从中受益，因为在"一带一路"建设中，沿线国家将产生大量投资机会。

美国《波士顿环球报》网站近日发表哥伦比亚大学教授杰弗里·萨克斯的一篇文章。文章指出，中国提出了"一带一路"的重要倡议，目的是建设联结亚洲各地以及亚洲和欧洲的运输、通信和能源基础设施。一个重要的受益群体将是处在西欧和东亚之间的地区，包括俄罗斯和中亚的大部分地区。

越来越多的国家开始参与到"一带一路"的建设中。

中巴经济走廊正在吸引越来越多国家的注意。《印度斯坦时报》报道称，英国官员表示，他们看上了中巴经济走廊的项目。接近英国政府的消息人士说，英国注定将成为中巴经济走廊的关键合作伙伴。2017 年 5 月，英国还要在伊斯兰堡主办"中巴经济走廊扩大会议"。

巴基斯坦《每日时报》网站也称，除去俄罗斯有意参与中巴经济走廊，德国、土耳其和意大利等国家也对中巴经济走廊表现出兴趣。文章补充说明，这些国家正计划开展一些与中巴经济走廊有关的项目，它们正与巴基斯坦就此展开谈判。

一直对"一带一路"不甚积极的日本最近似乎悄然发生了变化。据《金融时报》网报道，5 月 2 日，日本央行行长黑田东彦在横滨的一个活动上说，亚洲基础设施需求非常大，仅靠亚洲开发银行和世界银行等原有机制难以满足需求。他表示，中国主导创设亚投行，亚洲内外许多国家加盟这一机构，这是件好事。他还表示，亚投行通过激活亚洲地区的基础设施投资，将促进良性竞争，有利于加速经济增长。

专家学者也在推动美国重视"一带一路"。美国战略与国际问题研究中心亚洲经济高级顾问马修·古德曼指出，美国拥有国际一流的跨国企业、技术专长和法律标准等优势，但缺乏完善的基础设施架构，美国政府和私营机构尚未很好地组织起来参与"一带一路"项目。

《联合早报》专栏作家也发表文章指出，即便是将重振美国制造业作为首要政策取向的特朗普政府，也应认识到，重振美国制造业不是搞关门主义、一门心思坐在家里搞制造，而应走出去寻觅制造业商机，"一带一路"就是重振美国制造业的绝好商机，不可错过。

红十字国际委员会官员：与中国就“一带一路”合作空间大

“红十字国际委员会存在并活跃于大约40个‘一带一路’沿线国家，我们能找到就这一倡议合作以造福不同国家民众的多种方式。”红十字国际委员会（以下简称“红十字会”）亚太地区副总监阿诺·德巴克日前接受新华社专访时说。

德巴克说，就“一带一路”实现和平与繁荣的目标，以及中立、公正、独立等国际人道主义基本原则，红十字会与中国理念一致。基于这些一致理念，红十字会与中国在很多领域都可找到共同点，合作机会很多。

“中国正在不少地方越来越多地与红十字会共同发挥作用。”他说，“在很多中国设有项目且红十字会开展工作的国家，双方相互协助。”

红十字国际委员会主席彼得·莫雷尔2017年5月在北京出席“一带一路”国际合作高峰论坛系列活动时表示，红十字会在“一带一路”刚提出时就明确表示了对这一倡议的支持，期待与中方就此加强合作。他还建议，“一带一路”倡议不仅要关注经济发展，还应包含人道主义视角。

对此，德巴克说，“一带一路”涉及数十个国家，以实现共同且持久的和平与繁荣为目标。如此宏大倡议应该拥有多重维度，不仅包含基础设施建设、商业机遇增长等经济发展维度，也应包含人道主义维度，考虑沿路国家民众的人道主义需求。

在德巴克看来，红十字会可对“一带一路”做出的贡献，一方面在于为遭遇暴力冲突的国家民众提供紧急援助，维护“一带一路”沿线国家的稳定；另一方面在于为相关国家经济重建和长远发展提供协助，尤其是对一些长期受暴力冲突影响的国家，红十字会更可发挥其他经济发展机构难以发挥的作用。

“在一些冲突长期持续的国家，我们以往习惯于在提供紧急援助后把重建和发展工作留给其他方面来做。”他说，“现在我们认识到，在长期持续冲突的地方，我们的作用既要包含紧急人道主义工作，也应包括发展协助。”

他举例说，在阿富汗南部坎大哈省一家医院，红十字会先前所作工作主要是引入医护人员等资源以处理大量涌入的伤者，但后来红十字会工作重心从上述紧急援助转向支持医院长期运营，包括翻新病房、培训员工等。“这正是红十字会的人道主义角色与来自其他方面的经济发展计划找到共同作用点的例证。”

捷克文化部副部长卡利斯托娃：“一带一路”倡议助力两国文化交流

参加2017年北京国际图书博览会的捷克代表团招待会8月23日晚在捷克驻华大使馆举行。作为“2017一带一路之捷克年”框架下的重要活动，捷克文化部副部长凯特琳娜·卡利斯托娃女士率团参加。

在招待会上，卡利斯托娃高度评价了捷中两国关系，并表示两国关系在“一带一路”倡议下取得了快速发展。

卡利斯托娃说，文化交流对于两国人民间的互通至关重要。她表示，捷中两国在文化交流方面的合作已有多年传统，很多中国文学作品的捷克文译本在捷克家喻户晓。对于北京国际图书博览会的举办，卡利斯托娃认为，这是促进两国物质文化交流的重要机会。

卡利斯托娃介绍说，每年都会有很多中国文学作品被翻译成捷克文引入捷克。她希望今后能有更多优秀的捷克文学作品可以让中国读者看到。“我希望‘一带一路’倡议既能将中国文化带给其他国家朋友，也能将其他国家的精华带来给中国人民。”

22日刚刚荣获“中华图书特殊贡献奖”的捷克翻译家王和达表达了对中国文学的热爱和对捷克读者的感谢。王和达表示，在他长达半个多世纪的翻译工作中，正是捷克读者对其作品的喜爱，成为了他以及其他捷克汉学家的工作动力。

王和达曾翻译多部中国文学经典作品，包括《庄子》《儒林外史》《红楼梦》等。在王和达看来，“真正的文学翻译是不同文化间的对话”“超以象外，得其寰中”则是他追求的境界。

在招待会上，来自捷克的艺术家们还带来了具有捷克特色的音乐和木偶剧表演。

联合国环境署：将致力于开展与“一带一路”有关的工作

环球网　林梦月

2017 年 7 月 29 日上午，主题为“绿色‘一带一路’共享沙漠经济”的第六届库布其国际沙漠论坛在中国内蒙古自治区鄂尔多斯市库布其沙漠开幕。联合国环境署科技司副司长琳・安・范・戴克在论坛间隙接受了环球网记者的采访。

在如何看待库布其模式在沙漠生态科技创新方面的成果问题上，琳・安・范・戴克副司长表示，库布其模式在此方面取得了杰出成就。这一模式在多种种质、不同沙质等问题的大量研究，使得其成果可被全世界借鉴。

当被问及科技司在荒漠化治理方面开展了哪些具体工作时，琳・安・范・戴克女士指出，联合国环境署不做独立研究，环境署是将已有的科技带入“科技—政策关系”。环境署正在创建“科技—政策—商业关系”，会把新科技信息，例如库布其模式及其已发展的实践带给世界其余地区的政策制定者、金融界及商界，使其具有被借鉴的意义并开启生态创新企业。

琳・安・范・戴克女士表示，联合国环境署致力于开展特别是与“一带一路”相关的“科技—政策关系”，从在被“一带一路”覆盖的不同地区评估为开始，这将会成为一项巨大成果。由于生态系统、国家、经济政策及文化体系的多样性，在此过程中，必须探索并将相关利益各方凝聚起来。这是一项艰巨的任务，但环境署会继续前行。

“我们也将参与其中，指引、发现并发展科技—政策关系，并努力利用私营企业资源，助力绿色‘一带一路’倡议。”琳・安・范・戴克女士补充道。

据悉，第六届库布其国际沙漠论坛 7 月 29 至 30 日在内蒙古库布其沙漠召开，该论坛是落实“一带一路”国际合作高峰论坛的一次重要会议，今年论坛主题为“绿色‘一带一路’共享沙漠经济”。来自全球 300 多位政要、企业家、专家学者和媒体代表将重点探讨“一带一路”沿线等荒漠化严重地区防沙治沙合作、生态科技创新、绿色金融、消除贫困等国际社会高度关注的问题。本次论坛由中国科技部、国家林业局、内蒙古自治区人民政府、联合国环境署、联合国防治荒漠化公约秘书处共同主办，中国人民外交学会协办，鄂尔多斯市人民政府和中国亿利公益基金会承办。

马来西亚联邦贸工部第二部长黄家泉：马来西亚支持“一带一路”的多个原因

马来西亚支持“一带一路”的内在背景

马来西亚作为世界贸易组织（WTO）的创立成员，过去以来的国策一直是积极参与国际自由贸易协定，以此重要外贸政策构成国家外交体现。这其中的历史原因，也在于马来西亚自古以来就是海丝路上的贸易中心。《汉书》提到广东徐闻、合浦两地船行五月可到都元国，现代学者多以为是马来亚半岛东部或西部。不论《汉书》提到的地方具体在哪里，很显然这片半岛位于从南中国海转马六甲海峡到印度洋的中途，不同时代都需要建设国际港口。到了当代，马来西亚鉴于本土市场较小规模，一直都依靠吸引外资与国际贸易去推动经济成长，依靠技术转移与发展，冀望从中创造优势，朝向国际互相开放。

吸引外资和对外贸易，是马来西亚国家一贯外交政策。尤其外贸政策，决定了马来西亚会以国家积极回应，支持中国推动“一带一路”倡议。对马来西亚的整体发展需要而言，对外贸易不仅涉及单纯经济利益以外的考量，也是国家巧实力的一环，这是不能简单以短期的数字得失衡量的。马来西亚自身的历史文化面貌的形成，源于能一再吸引外商，来马来商贸或停留投资。郑和年代的马六甲港口，曾经流行过 55 种语言。今天的马来文包含许多源自梵文、阿拉伯文、中文、荷兰文、英文等地的词汇，尤其有大量闽南音借语也是历史上国际商贸的印记。1989 年在马来西亚槟城港口的实地调查，发现马来语中的中文借词有 341 个，2002 年根据三本权威马来语字典，也找到 224 个中文借词。而至目前为止，马来西亚签订的国际自由贸易协议一共有 13 项，其中有 6 项多边协定。在 2015 年，马来西亚对已经签订自贸协定的各国输出，达到该年全国出口总额的 63%。

现代由于各种自由贸易协定的确立，多边国家相互开放，促成从原产品、制成品，到技术与人才的开放交流，又是最大趋势。各国互相之间自由，现有谈判过六百多项自由贸易协定，其中 400 多项已经签订，而其中一些也是马来西亚参与的。马来西亚可说是深受国际情势影响，又在签订 20 多项国际自贸协定以后，以其所在的情境，回应中国倡议的“一带一路”。马来西亚在英国脱欧及美国特朗普总统宣布单方面取消“跨太平洋伙伴关系协定”之后，其决策是继续支持“一带一路”倡议的立场，并计划延续政策，主动与非洲、南美洲、中东等国家签订更多贸易协定。而基于中国 2013 年倡议的“一带一路”已经涵盖了 64 个国家共 44 亿人口，占全球人口的 63%。马来西亚也看到机遇，希望中国继续“一带一路”倡议强调的共赢原则，坚持和扩大它过去以来对马来西亚乃至其他东盟国家的自贸决定，通过消除投资和贸易障碍、提升自贸区、加强海关合作、跨国电子商务的发展、开发服务业等，鼓励双边投资者建设基础设施，使投资和贸易便利化。

目前，马来西亚可说是全球较积极主动支持中国政府倡议“一带一路”的国家。马来西亚积极参与“一带一路”的积极表态，成为亚投行（AIIB）的57创始成员之一。对于马来西亚，“一带一路”是很好的平台，将进一步加强马来西亚和中国政府之间的合作。而且，自首相拿督斯里纳吉在2015年11月访华以来，马中两国共签署了14份总值344亿美元的商业对商业（B2B）合作备忘录，由此可见“一带一路”带来的巨大贸易商机。

而且，马来西亚响应中国“一带一路”倡议，也包括马来西亚企业以投资表达对中国的信心。许多年来，大马公司积极到中国投资经商，至今有逾6 000家大马公司到中国投资。如IOI集团、百盛、吉隆坡甲洞等上市集团；在笔者记忆中，这些集团都曾表示考虑扩大在中国的投资项目。在马来西亚国际贸易及工业部直至2016年12月所整理到的文献数据中，马来西亚对中国的直接投资额已经达到23.8亿美元，中国对马来西亚的直接投资额则是20.6亿美元。

全局而论，马中双方投资关系前景有数可据，值得鼓舞。马来西亚经济转型，已经成功从早前的农业与原产品出口（棕油、原油、天然气和橡胶等）转型成服务及制造业为主导。2016年，原产品只占马来西亚总出口的17.2%；反之，制造业出口占了总出口82.2%，其中电器和电子产品与化学和化工产品最为显著，占总出口的36.6%。马来西亚的工业需要扩大、需要创新，也需要市场。而中国去年首次跃升成为马来西亚最大制造业投资国，最显著投资包括钢铁业、非金属矿业及太阳能行业，这类马中资企业达致的高价值投资项目，是政府乐见，这其中若涉及技术创新与转移，有助马来西亚推动本地金属、化工与石油化工、电气和电子等关键行业的需求。更不可忽视，马中贸易在马来西亚1.48兆令吉对外贸易总数，占了超过2 400亿令吉，也即是马来西亚总贸易额的16%；而中国连续8年成为马来西亚的最大贸易伙伴国。在马中关系，因着马来西亚经济规模较小，但有丰富原产品，并寻求在国际市场发挥科技创新，总体趋势是马来西亚进入中国市场，吸引中方购买马来西亚的产品。

中国软硬实力结合可给予马来西亚信心

过去以来，马来西亚除了从国策出发，支持“一带一路”对马来西亚有利，另一重要的原因，也是马来西亚对中国有乐观考虑，确保了我们对华友谊与对话信心。这不能仅是基于其中可能的经济利益，最重要是马来西亚认定中国的“一带一路”倡议，有中国以世界第二大经济体首先强调“命运共同体”，让大家放心，中国的倡议是建立在进一步促进国际自贸精神。因为没有互相开放，让物尽其用、人尽其才、货畅其流，各自闭关锁国，共同体是不可能存在。换句话说，对海上丝绸之路过去曾经促进共荣共存的历史记忆，加上当前中国有能力发场自贸文化的理念与精神，可以构成其国际商贸的精神软实力，马来西亚相信其倡议的基础、能力与诚意。

东盟正努力将本区域打造成东亚地区经济一体化的推动者和创造者，本就是为了推动这样的精神。这也和中国的一些策略互相吻合，而东盟的一些主要贸易伙伴也和中国签署了自由贸易协定。“一带一路”倡议的精神，有利推动沿途各国间的签订更多贸易条约，亦会进一步带动马六甲海峡的航运事业，有益于马来西亚经贸活动和海上运输。尤其是马来亚半岛位处马六甲海峡的地理优势，是西方、中东、南亚各国进入东盟的核心。

历史上马六甲海峡被称为“海上丝绸之路”重要的海道，直至目前也是重要的船运蓬勃区域。以目前来说，在 2016 年前 8 个月，所有国家中，中国对马出口最多，占马来西亚进口的 20.2% 。东盟作为单一区域，是马来西亚最大的贸易伙伴，达致了贸易量 27.2% 。相互的企业来往与工业活动，继续推动着整个东盟共同体的民生发展。我们希望它能与铁路运输、陆上运输接轨，进入东盟的核心，若能将两者结合，便可进一步提升贸易的效率。

精神与信念，能启人以信，又在倡议者能实际取信大众。中国能让马来西亚相信两国合作会有助“整合”与“融合”中国—东盟民生利益，其中一个理由，是中国在联合国产业分类中，是全世界唯一拥有联合国所分类全部工业门类的国家，联合国产业分类凡有所列举的全部工业门类，都能在中国找到。而且，中国的巨大市场能量，没有任何国家能够忽视。“一带一路”倡议之下，中国承诺在未来 5 年向一带一路沿线国家购买 2 万亿美元的产品，也会提供 1 500 亿美元的直接投资，并提供 1 万个名额的奖学金供各国学生留学中国。后者固然是中国在发挥其软实力影响，但这也意味着它主动符合马来西亚等响应“一带一路”国家的意愿，各国为着要能够长期对华交往、互相投资贸易，未来不仅需要更多懂得中文的新生代，而且要求大家有更多曾经在对方国家生活过的留学生，才有能力互相理解该国、进入该国活动，尤其是亲密的同学朋友，能巩固关系。在马来西亚的立场，相互的友谊与信心，比起现实中也要重视的双赢利益，是构建互利双赢共同体的更稳固基础。没有长期推动民众友好互信的机制，就不能保障双赢的经济繁荣。

东盟和中国之间过去以来有历史上的友谊关系，现在的商贸关系十分活跃。中国推出的“一带一路”倡议也进一步巩固了东盟和中国之间的经济伙伴关系。东盟与中国在“一带一路”的平台上，都意识到实现基础设施和联通工程，并促进区域和次区域发展合作的升级，不仅是商家带来新机遇，其牵动各国经济转型也将影响到全球民生。如何体会大家是个“命运共同体”，从而在国与国之间创造出多方多领域互动的友谊关系，并且形成交叉互信的平台，很是关键。正如《礼运》所言“天下为公”“一带一路”要能普惠全球，就是要对治目前现“全球化”发生的许多副作用以及转型阵痛，乃至引导出许多利于各国百姓大众的福利设施，让更多年轻人、更多妇女、更多小企业、更多的发展中国家有机会参与，目标不外让人人处在更平等互助的全球互助处境，从互动中得到稳定和谐的生活。

美国库恩基金会主席库恩：“一带一路”从愿景变成现实

“‘一带一路’倡议的提出正当其时，相关建设将成为21世纪最伟大的故事之一。”出席“一带一路”国际合作高峰论坛的美国库恩基金会主席罗伯特·库恩近日在接受采访时表示。

库恩认为，该倡议之所以在全世界这么受欢迎，是因为中国找到了自身发展经验与世界各国需求的契合点。

在库恩看来，“一带一路”倡议受欢迎主要有3个原因：一是它关注提升基础设施建设，这正是很多发展中国家的迫切需求；二是世界上很多国家经济增长缓慢，希望通过参与“一带一路”建设刺激经济增长；三是对许多发展中国家来说，中国是发展榜样，能为这些国家提供发展经验乃至资金，参与“一带一路”建设是与中国加强合作的理想方式。

“习近平主席关于合作共赢的全球化观念从蓝图变成路线图，从计划到付诸实践，从纸面的概念变成地面的项目。在过去3年多时间里，‘一带一路’建设项目遍地开花，我看到这一设想正从愿景变成现实。”库恩表示。

库恩高度评价“一带一路”建设对国际治理体系的贡献。他认为，“一带一路”国际合作高峰论坛本身就是全球治理和国际经济合作的一个范例。100多个国家和国际组织的政府官员、商界领袖等汇聚一堂，充分体现各国为推动实现人类福祉而相互合作的愿望与行动。从另一个角度来说，“一带一路”体现了中国积极参与全球治理的新思维，是以包容性增长为基础的互利共赢。

“‘一带一路’是中国积极参与全球治理的体现，是对所有目标相同的国家开放的‘朋友圈’。可以确定的是，世界需要‘一带一路’这样的宏伟计划，‘一带一路’建设将成为21世纪最伟大的故事之一。”他说。

库恩说，“一带一路”建设对美国企业也是机遇。“特朗普总统就任后，美国的外交政策更加务实，将创造就业机会当做重中之重。美国商界对‘一带一路’建设也越来越有兴趣。”

“‘一带一路’建设有助于推动世界多极化发展，推动沿线国家的人文交流，也有助于构建人类命运共同体，这同中国长期以来的外交理念是一脉相承的。”库恩说，“一带一路”建设符合世界需要，具有感召力。“古丝绸之路沿线国家和地区2 000多年来的交流史说明，只要坚持相互信任、平等相待、包容共赢，就可以和平相处、共同发展，而这正是‘一带一路’所传达的理念。”

牛津大学高级研究员彼得·弗兰科潘："一带一路"为何如此重要

增进稳定，促进增长和繁荣，是维护和平生活的唯一途径。

2 000 多年前的中国汉代，就有思想家提出了"以民为本"的思想，提出所有民众都渴望过上和平的生活。我想这一观点在当今世界也为绝大多数人所认可。稳定、和平及宽容能够带来繁荣和幸福——我们彼此之间沟通、交流、分享的越多，能够合作的机会就越大，争端和对抗的可能性就越小。

和平生活的对立面往往由不确定性引起。不确定性很容易导致混乱，滋生恐惧和不信任，并最终导致崩溃。当今全球也因为诸多不确定事件而令人不安。在西方国家，英国公投"脱欧"，寻求自己单干。意大利和法国政坛也不平静，同时欧洲其他国家也正在大声发出愤怒的声音。

但我们来看中国，情况很不同——这里充满乐观和雄心。当有些西方政客仍在谈论零和博弈、赢者通吃的陈词滥调时，中国正在畅谈共赢理念，欢迎各国搭乘中国发展"顺风车"；当保护主义和反全球化在西方渐成气候之时，中国正在积极推动"一带一路"倡议，加快与其他国家的互联互通，谋求与世界实现合作共赢。

学习历史可以更好地了解当下。以经济全球化为例，过去一段时间里，经济全球化被有些人指责为引起当今世界许多问题的根源，并称现在到了减少不同国家间联系的时候了。

然而，历史告诉我们完全不一样的事实。研究古代文学、探查考古证据，我们发现经济全球化是一个已存在 2 000 多年的现象。在那个时期，贸易和文化联系沿着丝绸之路推进，商人、旅行者、僧侣和士兵担负起了沟通的重任，促进了食品、时尚以及各种资源和观念的传播和交换。张骞记录下中亚地区的风土人情，范晔则在《后汉书》中记载了罗马在公元 166 年派遣使节来到中国。

经济全球化并不是一件最近的新鲜事。人们对另一地区民众如何生活、吃什么、用什么的兴趣绵延了上千年。但现在与过去不同的是，如今世界各地的联系比以往任何时候都更加密切和快速。

这也是为什么"一带一路"倡议对于中国、亚洲、非洲和欧洲以及世界其他国家而言如此重要的原因。增进稳定，促进增长和繁荣，是维护和平生活的唯一途径。专注于建设适合 21 世纪的基础设施，将为那些因为现有基础设施差而发展受限的人们带来好处。700 年前，一位著名的意大利学者描述穿越地中海、黑海到中国的丝绸之路"日日夜夜都很安全"。现在，更好的公路、铁路、机场和管道设施，使得货物和人员的流动变得更加便捷。这必然会增进不同国家间的理解与宽容，刺激经济增长并带来繁荣。我们彼此互动的程度越高，我们的关系就越健康。

正如历史所表明，建立“黄金时代”并不容易——它需要资源和承诺，更需要时间。“一带一路”倡议尽管才提出了不到 4 年，但已经取得很大成就。在未来的岁月里，我们还有很多事情要做。世界其他地方有权选择自己的命运，但毫无疑问，“丝绸之路”这条曾经连接世界最重要区域的大动脉，将在当代得以复兴。

诺贝尔经济学奖获得者斯蒂格利茨：“一带一路”对全球化贡献大

近日，在国务院发展研究中心主办的中国发展高层论坛2017年年会上，6位诺贝尔经济学奖获得者齐聚北京，围绕全球化的进程、中国经济的发展、世界经济的调整，从宏观到微观，析理论道，畅所欲言。

“一带一路”对全球化贡献大

约瑟夫·斯蒂格利茨曾担任世界银行资深副总裁与首席经济师，提出经济全球化的观点。他为经济学的重要分支——信息经济学的创立做出了重大贡献。近年来，约瑟夫·斯蒂格利茨很关注中国经济变革和发展，在《中国世纪从2015年开始》一文中指出：中国经济以后将会长期位居世界第一。对此，美国不能遏制，必须加深合作。（以下为发言实录）

我们看到，人们的生活标准在提升，健康在改善，生命在延长，越来越多的人脱贫致富，全球化的效益非常明显。但是，全球秩序也正遭到挑战，为什么会有那么强烈的反全球化情绪呢？

在工业化进程中，大部分利益受损的人是因为技术造成的，而全球化又加剧了不良影响，加剧了那些受损者的痛苦和代价。那些工人会说，技术更新换代我没有办法，但是全球化是人为的东西，我们可以投票去选那些反对全球化的人，发泄一下内心的情绪，颠覆当前的秩序。所以，说到底，我们应该创造一种包容性的机制，使得所有人从中受益，不管是技术进步还是全球化导致的受损，都要有一种方式给他们补偿，使得更多的人从中受益。

全球化的核心问题是再分配问题，因为在全球化中，那些低技能的工人工资下降很多，所以现在需要制定一体化政策，通过政策实现再收入平衡。比如说在美国，要有一些广义的政策去解决不平等的问题，我们需要社会保障，否则，解决不平等的政策就会落入保护主义的陷阱。

贸易关系不只是双边关系层面上的，应该是一个有正面效应的多边游戏。我认为，中国正在积极促进区域合作，中国对非洲合作已经很活跃，同拉美也在开拓更多合作。我们可以支持现有的国际机制和安排，甚至创造新的机制，中国在这些方面做的工作非常重要，比如创建亚投行、金砖国家新开发银行等新的多边金融合作机制。

“一带一路”倡议对推进全球化是一个非常重要的贡献，因为很多国家，特别是一些穷国、一些被忽视的国家都被纳入进来。同时，帮助他们实现跟世界经济的联通，这是推进全球化的一个好方式。

但是也要注意到，“一带一路”建设会给这些国家整体带来好处，可这些好处不一定会在国家内部进行公平分配。所以我们必须要在国家层面上设计一套体系和政策，确保社会保障网络能更好地为那些弱势群体托底。中国可以扮演很重要的作用，在落实倡议的过程中确保相关国家能够出台一些保障措施。

我们正处于非常重要的关口，全球地缘政治和经济，与“二战”后创立的国际秩序已大不相同。我认为，新的秩序必须拥护多极世界，实现更持续、更平衡的发展，全球化也会继续支持各国的国力提高，提高全球人民的生活水平。

（来源：《人民日报》）

塞尔维亚副总理米哈伊洛维奇："一带一路"倡议帮助塞尔维亚发展

塞尔维亚是中东欧地区首个同中国建立全面战略伙伴关系的国家，也是首个对中国公民实行实质性全面免签政策的欧洲国家。对塞尔维亚而言，中国是极其重要的合作伙伴。塞尔维亚副总理兼建设、交通和基础设施部部长佐拉娜·米哈伊洛维奇日前在接受人民日报记者冯雪珺采访时，高度评价中国对塞尔维亚的重要作用。

米哈伊洛维奇指出，塞中经济合作密切，成绩单十分亮眼。无论是贝尔格莱德跨多瑙河大桥，还是塞尔维亚科斯托拉茨电站、E763 高速公路，都有中国公司的参与建设。此外，贝尔格莱德工业园、贝尔格莱德污水处理厂等项目，也在中国的帮助下，加紧筹备中。"基础设施、能源、农业、副食品、文化交流……很难想到有哪个层面是塞中没有开展合作的。比起实实在在的项目建设、解决就业等看得见的帮助，中国给塞尔维亚带来的技术和资金支持更具有难以估量的价值，这方面的帮助更让塞尔维亚印象深刻、心怀感激"。

米哈伊洛维奇介绍，中国企业在塞尔维亚基础设施投资总额已达到 6 亿欧元。由中国路桥公司承建并完工的泽蒙—博尔察大桥及辅路工程，总投资额就高达 2.5 亿美元。而塞尔维亚境内目前所有基础设施投资总额约为 14 亿欧元，中国企业投资就占了近一半比例。

塞尔维亚地处亚欧大陆主要交通线上，辐射面广，是巴尔干地区有重要影响力的国家，在"一带一路"倡议中发挥重要的支点作用。谈到"一带一路"，米哈伊洛维奇感慨道，塞尔维亚虽然区位优势明显，却由于缺乏资金和技术，铁路、公路等基础设施近 30 年间一直未能改造升级。以匈塞铁路为例，作为连接布达佩斯和贝尔格莱德的一条国际铁路线，年久失修、设备老化，平均时速只有 35~40 千米，严重制约了塞尔维亚乃至匈牙利的经济发展。如今，在"一带一路"建设的推动下，中国铁路总公司牵头对匈塞铁路改造升级。"塞尔维亚也将迎来第一条最高时速 200 千米的铁路，以实现塞尔维亚政府和人民多年来的愿望。"

米哈伊洛维奇认为，"一带一路"是全球化的重要实践，塞尔维亚将积极响应"一带一路"倡议。在塞尔维亚普通民众心中，这也是塞尔维亚发展迈出的重要一步。塞尔维亚发展经历过艰难和曲折，塞政府和人民很感激中国多年来对塞尔维亚的支持和帮助。

"中国是塞尔维亚的好朋友。"米哈伊洛维奇说，塞中在互相尊重的基础上，合作成果丰硕，中国在各方面给予的帮助无法用金钱衡量。今年初起，塞尔维亚对所有中国公民免签。塞尔维亚永远对中国人敞开大门。未来希望看到更多中国游客来到塞尔维亚。

苏丹政界学者："一带一路"倡议将给苏丹发展带来新机遇

在中国国务院副总理张高丽访问苏丹前夕，苏丹政府官员和学者日前接受新华社记者采访时表示，苏中数十年来的友谊与合作使两国成为名副其实的战略伙伴，如今中国的"一带一路"倡议更成为两国经贸合作与发展的新助推器。

苏丹总统助理、发展对华关系委员会副主席贾丝认为，"一带一路"倡议必将为增进苏中关系带来新动力，为苏丹发展带来新机遇。

"苏丹与中国在政治经贸领域合作由来已久，中国有句老话'日久见人心'，在几十年间，事实证明中国是一个诚信、友好、遵守契约精神的国家。"他强调，苏丹希望在"一带一路"建设中发挥作用，而不只是一个旁观者。

"我们在石油领域的合作取得令人瞩目的成绩，现在我们正在为把农业领域的合作做成与石油合作类似的典范而努力。"他说。

贾丝表示，苏丹政府高度重视张高丽副总理对苏丹的访问。此访有助于两国领导层增进交流，加强"一带一路"框架下深入合作。

苏丹政治分析家达法拉表示，苏丹与中国的伙伴关系已经让双方在许多领域获益，大量的合作项目也为苏丹发展贡献良多。苏丹还希望中国在更多领域继续支持苏丹发展，特别是钢铁、电力、铁路等基础设施领域。

达法拉说："我们现在希望在苏丹东部建立一个经济贸易自由区，使之成为'一带一路'框架下东非主要新兴商业线的重要补给站和港口基地。"他说，苏丹可以充分利用其绝佳地理位置，在"一带一路"框架下与中国建立起北接地中海、南抵开普敦的陆路运输线，并可通过苏丹让中国与整个非洲大陆连接在一起。

设在苏丹的阿拉伯联盟分支机构——阿中友好联盟执委会主席阿里·优素福说，"一带一路"是一项伟大的倡议，通过该倡议将建立起巨大而广阔的互利合作网络。苏丹期待从"一带一路"建设中获得经济发展的机遇。

优素福表示，苏丹高度重视发展对华关系，愿抓住"一带一路"契机，在两国确立战略伙伴关系背景下，进一步扩大苏中合作，达成共同获利的目标。

中苏建交58年来，两国在各领域开展互利合作。中国连续多年成为苏丹第一大贸易伙伴和最大投资来源国。

外媒看中国：中国经济活力助推全球增长

不久前，美国耶鲁大学杰克逊全球事务研究所高级研究员斯蒂芬·罗奇发文称，韧性十足的中国再一次令大人物们的悲观论调落空——在连续数年放缓之后，中国国内生产总值的增速似乎在2017年缓慢回升。“第二季度6.9%的增速远高于国际预期。仅仅几个月前，这些人还预测中国2017年的经济增速将向6.5%靠拢”。

2017年中国经济半年报发布之后，中国经济持续成为国际社会热议的话题。上半年中国经济的良好表现，超出了市场预期，让经济运行平稳的态势进一步得到了巩固，并在此基础上又呈现稳中求进、稳中向好的趋势。对于世界经济中出现的一抹“中国亮色”，外国媒体纷纷点赞。

中国经济韧性十足

“经济数据显示中国经济具有强大韧性。”彭博社的报道指出，从近期释放出来的经济信号来看，中国经济引擎在夏天再次增添动力。第二季度中国经济增长率达6.9%，超出预期。7月的经济数据显示，中国中小企业信心指数增加，制造业指数企稳回升，销售指数创下新高，这都是中国经济有韧性的体现。“中国经济强劲扩张可以更好地帮助削减过剩产能”。

路透社8月9日报道称，中国7月工业领域通胀平稳，给第三季度工业产出和利润带来积极信号。文章称，随着今年大宗商品价格回升，推动工业领域繁荣，中国经济有了较大幅度增长；与此同时，温和的消费者物价指数上涨，使决策者有更多空间调整经济政策。文章援引分析人士的话称，强劲的生产者物价指数表明企业利润有显著增长，特别对国有企业而言，留下了更多去杠杆的空间。

美国财经投资网站《寻找阿尔法》9日发文称，有投资者和经济学家对中国经济转型可能带来的增速放缓感到担忧，实际上，中国经济第二季度6.9%的增速要高于去年同期，也高于外界的预期。7月官方制造业采购经理人指数（PMI）为51.4%，连续12个月高于50%的荣枯线。中国这个体量庞大的经济体远比很多人预料的有韧性。

中国政府经济改革措施有成效

2017年以来，国际货币基金组织连续3次上调2017年中国经济增长预期。对此，8月10日，中国财政部副部长朱光耀强调，这反映了中国结构改革深化对于经济稳定增长的贡献。供给侧结构性改革、创新驱动战略，等等，都在推动中国的经济结构调整、促进新旧动能接续转换，为中国经济注入新活力。

供给侧结构性改革的目标是解决长期以来中国经济面临的深层次矛盾与问题，推动中国经济提质增效升级。彭博社 10 日发文《中国市场显示供给侧结构性改革已经初见成效》，指出中国市场已经开始享受改革带来的红利，特别是中国大宗商品市场表现尤为明显，这得益于中国正在持续推进的供给侧结构性改革。报道认为，中国政府通过供给侧结构性改革正在有效地化解产能过剩问题。2017 年供给侧结构性改革还将逐步在农业、电力、水泥、玻璃、稀土等行业深入推进，最终使经济的发展更加可持续。

法国《解放报》称，中国正在推进国有企业改革，加快政府职能转变，以及完善市场在资源配置中起决定性作用的体制机制。

随着创新驱动发展战略的实施，新技术、新产业、新业态孕育成长，以战略性新产业、分享经济等为代表的新动能不断壮大。德国《焦点在线》近日刊文《中国将这样成为世界第一大国》，指出中国不再是过去学习别人的发展模式，而是开辟了中国特色的发展道路。仅在发展未来技术方面，中国就已投资了数十亿欧元。近日问世的"复兴号"动车组的知识产权完全为中国自己所有，技术达到世界先进水平，从西门子等西方巨头学习技术的时代已经过去。

美国全国广播公司财经频道报道称，投资者在中国经济的强劲增长中受到鼓舞，今年上证指数增长了 5.3%。文章引用专家的分析称，经济势头看好，投资者信心增强，说明中国政府经济改革的措施有效。

中国是世界经济的主要推动者

受国内外复杂形势的影响，中国经济增速近几年持续放缓，但仍高出全球大多数经济体，并成为世界经济增长的最重要引擎之一，中国经济对世界经济增长的贡献率连续多年超过 30%。近期，世界银行、亚洲开发银行、普华永道等多家国际机构都对中国经济给予了正面评价，纷纷上调对中国经济增长的预测，看好中国经济前景。

在世界经济大格局中，中国经济发挥着越来越重要的影响力，成为世界经济增长的重要推动者。塔斯社援引俄罗斯经济发展部长奥列什金的话说，今年上半年中俄双边贸易额同比增长 25.7%，而中国经济的持续增长推动了中俄双边贸易额的提升。

《日本经济新闻》网站 8 月 2 日称，不少日本企业在中国有业务，其业绩随着中国经济的增长而受到提振，尤其是 2016 年下半年以来，一些在中国市场业务量大的日企利润增长明显。

法国《十字架报》近日报道，随着中国经济的增长，中等收入家庭的购买力也在增强。这将对世界经济产生重要影响，美国、欧洲国家、日本等将成为最大的受益者。

澳大利亚前外长鲍勃·卡尔日前在《悉尼先驱晨报》发表题为《中国中等收入群体崛起的惊人事实》的署名文章，指出中国中等收入群体迅速增长对澳大利亚经济是巨大利好，中国中等收入群体的消费额及其在全球总消费额中所占比重迅速增加，这为澳大利亚矿业、农业和服务业等行业提供了历史性机遇。澳政府应更加重视中国，把握住中国这个最大贸易伙伴提供的发展机遇。

“实际上，中国在实现经济转型中做了很多事情，如果认真去了解就会明白，经济增速放缓只是一个短暂的现象。”《阿联酋国民报》8日指出，中国居民的银行储蓄率很高，剩余储蓄将成为全球金融市场和并购市场的动力源。同时，中国大量的投资进入高质量教育、新科技领域，城市化也在高速推进……“要相信中国是世界经济的主要推动者”。

各国学者：让“一带一路”在全球经济治理中发挥更重要作用

2017 年 6 月 26 日，中国社科院“经济发展问题国际学者研修班”项目 5 年回顾暨“一带一路”国际青年学者论坛在京举办。来自俄罗斯、伊朗、土耳其、越南、巴基斯坦等多个“一带一路”参与国家的专家围绕“一带一路”与全球经济治理、“一带一路”与双边经济关系等议题展开热烈讨论。与会各国专家表达了本国与“一带一路”相关的发展愿景，认为中国的“一带一路”倡议应在全球治理中发挥更重要作用，为参与国家创造共同繁荣的机遇。

印度尼西亚科学院创新中心高级经济师马纳艾克表示，希望能够在生物能源方面寻求国际合作的机会。据他介绍，印度尼西亚有丰富的生物燃料资源——天然棕榈油，实现绿色能源可持续发展是未来的国家政策走向。

伊朗政治与国际研究所的研究院伊斯迈尔则从全球治理理论方面提供了一个新的视角。他建议随着当今世界经济秩序的不断变化，相应的学术研究方法也应当改变。随着中国国际地位的不断提高，应当把中国崛起的政治地位纳入到人文社会科学的研究方法当中，形成中国发挥重要作用的世界政治理论。

巴基斯坦拉合尔科技管理大学高级讲师萨尔曼表示，中巴经济走廊是中国和中亚在全球经济治理上有一个真正强大声音的路线。他强调，巴基斯坦在这条走廊里扮演了重要角色。从地理位置来看，巴基斯坦链接着中国与阿拉伯国家以及广泛的海域，在中国通往阿拉伯世界的路途中是唯一一个中转点。巴基斯坦所处的地理位置能够衔接东盟，中亚以及阿拉伯国家。相关经济体在这里汇聚，互相合作，并产生积极的国际影响力。此外，他表示当今世界是由西方国家主导的单极世界，但是“一带一路”的发展可以让更多发展中国家参与到世界经济体系当中，创造一个更加多元化的世界政治格局。

印度孟买观察家基金会研究员萨凯特也表示，当前国际体系虽然在过去发挥了很大作用，但是现有的金融组织体系过于僵化，改革进程缓慢，并且未能充分契合一些国家的现有国情。“一带一路”提供了一个包容、多样化的平台，使不同的国家都能够参与进来，发出自己的声音。

土耳其亚洛瓦大学国际关系助理教授凯恩表示，希望黑海周边国家能够通过丝绸之路发挥最大潜力。越南经济研究所研究员阮庆武越谈到，中越两国多年来一直保持紧密的经济合作，越南希望借助“一带一路”这个平台寻求更多投资机会以及扩展贸易多元化。

就“一带一路”与双边经济合作议题，各国学者各抒己见。孟加拉国立大学高级讲师瓦西姆说，“我认为‘一带一路’的一些基础设施项目，能够帮降低我们的国家外汇收支的逆差，我觉得是有益的。”

瓦西姆表示，双边合作很重要，但多边合作同样的重要，在经济上面，如果我们都坐下来一起谈、一起商讨，共同在“一带一路”平台上进行经济合作，国与国之间就可以共享繁荣。

乌克兰国家科学院经济与预测研究所高级研究员思戴潘诺娃对此次议题发表了看法。她表示，乌克兰经济在“一带一路”建设中已经并且即将发挥越来越重大的作用，乌克兰地缘经济上的一些优势，可以协助“一带一路”上的货物流通与服务交流。

吉尔吉斯斯坦国家科学院国际交流部主任伊莲娜表示，“一带一路”对于欧亚经济联盟的可持续发展来说非常重要。各参与国想要建立一个单一的货物和服务以及人员劳动力的市场，并且能使得一些国家在全球经济中更有竞争优势。其次，欧亚经济联盟能够使得我们成员各国能有一个更稳定的发展环境和机会。

东南大学经济管理学院教授陈淑梅就此论题提出了三个建议：第一，可以考虑现在就开始在“一带一路”沿线展开双边的和多边的区域的自贸协定谈判。第二，鼓励中国的、还有邻国的一些领军的企业，着手推动价值链区域的一体化，至少先建立起一个“一带一路”的价值链，以便让更多的国家、更多的企业能够加入进来。第三，中国应该有一个更加主动的，而不是被动的工作方式。她补充道，“一带一路”如何和各国的国家战略契合在一起，这是学者应该考虑的一个问题。

（来源：人民网）

德国经济非洲协会主席斯特凡·利宾：中德两国需携手同行为非洲发展

德中强强联手，不仅对非洲合作伙伴具有吸引力，也会吸引更多两国企业家走进非洲

推进非洲大陆的发展，促进各国经济和就业增长，改善非洲人民的生活，是德中两国在非洲多年来的努力目标。

中国政府很早就认识到与非洲发展贸易合作的必要性，并及时采取行动。正是因为中国，非洲第一次没有被视为亟待援助的贫困大陆，而是被视为平等的商业伙伴。来自中国的大量投资被用于非洲的基础设施建设，刺激非洲经济的产业化进程。非洲很多国家都从中受益，开启了经济不断增长的势头。

根据国际会计师事务所安永日前发布的统计数据，2005 年至今，中国在非洲创立了约 1 万家公司，创造了超过 13 万个就业岗位。可以说，中国为非洲大陆的发展做出了非常大的贡献，尤其是基础设施建设，为当地提高生产力、保证经济可持续增长、不断创造良好就业环境提供了最重要的前提。

德国在促进非洲经济发展方面也取得了可观的成就。过去 10 年里，德国在非投资、对非贸易总额翻了一番。

尽管如此，仍需意识到，在人口高速增长的非洲，每年都急需大量新增工作岗位来满足就业需求。要为非洲发展做出更多贡献，德中两国需要携手同行。中国和德国利用彼此优势，共同开发非洲市场，将获得比各自行动更显著的成效。

中国与非洲的合作绝不像某些人所讲的那样，是为了将非洲变为自己长期低价采购工业原材料、食品物资的储备地。为帮助非洲发展，中国政府长期为当地提供低息贷款，帮助各国进行基础设施建设，为非洲营造更好的工业环境。可以说，中国为非洲提供的，是一个个实实在在的整体发展方案。

在这方面，德国还需要向中国学习。支撑德国经济的是中小型家族企业，这类企业以保守和严谨著称，往往不愿意开拓仍被视为高风险的市场。到目前为止，德国政府的担保和融资工具都相当谨慎，在非洲国家的巨大市场机遇面前，往往更多考虑投资风险。德国政府内阁会议近期达成一项决定，表示政府公共部门在确保项目发展前景和融资结构合理的前提下，会给予对非投资更大的支持。未来，非洲大陆有望迎来一波强势的德国投资。

德国企业不仅可以向中国学习，还可以为中国企业在非洲取得成功做出贡献。未来，双方可以结合自身优势，共同开发项目：中国可提供的融资手段更多，风险承受能力更高，人力成本具有优势；德国有着引领世界行业发展的创新力，注重可持续能源供应，可以提供先进的工程技术和完善的人才培训体系。双

方强强联手，不仅对非洲合作伙伴具有吸引力，也会吸引更多两国企业家走进非洲。

目前，德中两国政府已经达成一致，在包括非洲在内的第三方市场开展合作。这既有利于增进德中两国与非洲的伙伴关系，为非洲带来益处，也能促进两国经济的发展。这一令人兴奋的消息很好地呼应了中国提出的“一带一路”倡议。目前，双方在非洲的合作仍处于起步阶段。下一步尽快建立德中非三方交流平台，就能让更多企业从一开始就密切参与到开发项目中。对德国企业而言，在正确的时间加入到如此重大的举措之中，这样的机会不容错过。

世界评说“一带一路”高峰论坛“五大热词”

于2017年5月14日至15日举行的“一带一路”国际合作高峰论坛收获丰硕成果，与会嘉宾和国际人士从多角度给予积极评价，其中5个高频热词凸显了高峰论坛的感召力与凝聚力。

热词之一：历史

无论是与会各国政要，还是商界、学界和媒体，评价“一带一路”国际合作高峰论坛时往往会提及一个词——历史。

“‘一带一路’倡议将在历史上留下浓重一笔。”土耳其总统埃尔多安5月14日在高峰论坛开幕式致辞中这样说。

捷克总统泽曼在高级别全体会议上致辞说：“中国能提出这项富有远见的倡议，充分说明中国领导人的勇气和历史担当。”

“我们见证了历史的巨变，这对全球经济秩序来说是一个具有标志性意义的事件。”德国席勒研究所所长海尔加·拉鲁奇5月15日在北京举行的第五届全球智库峰会上这样评价“一带一路”国际合作高峰论坛。

热词之二：信心

本次高峰论坛聚集了五大洲130多个国家和70多个国际组织约1 500名代表，以及数千名来自世界各地的媒体人。这样的规模本身就已说明，世界对这项宏大倡议的信心。

“中国提出的这项倡议使我们对未来抱有充分的信心。”俄罗斯总统普京5月14日在高峰论坛开幕式上致辞时说。

世界银行行长金墉在论坛期间表示，“一带一路”倡议为世界经济增长前景注入了新的信心。

热词之三：务实

国际观察家注意到，习近平主席在高峰论坛开幕式上的主旨演讲中提到很多数字，涉及资金支持、贸易协议、人员交流、国际援助等多个方面，这充分体现出高峰论坛务实的特点。

太和智库欧洲研究中心主任托斯登·耶里尼克5月15日对新华社记者说，经济数字本身也许说明不了什么问题，但如果数字与有吸引力的事实相联结，就会产生真实存在的巨大价值，而“一带一路”就具备这样的吸引力。习主席向世界传递的信号非常积极。

俄罗斯联邦政府分析中心主任康斯坦丁·诺斯克5月15日说，“一带一路”倡议已经切实促进了国际贸易，将给经济全球化带来新增长。

热词之四：共享

利益共享，友结八方。本次高峰论坛期间，很多参与“一带一路”倡议讨论的外方人士都提到倡议的“共享”特质。

德国学者拉鲁奇说，习主席的演讲显示，“一带一路”倡议不是中国的“独角戏”，而是所有国家参与和共享的“交响乐”。

秘鲁发展分析集团执行董事米盖尔·巴南特在第五届全球智库峰会上说，“一带一路”倡议使拉美国家也能共享发展成果，在基础设施建设、技术培训等多方面使秘鲁民众受益。

耶里尼克说，美国政府提出要以基础设施方面的经验参与“一带一路”建设，表明美国看重这一平台共享的属性，这是非常积极的信号。

热词之五：未来

本次高峰论坛的超高人气表明，世界看好“一带一路”倡议将开创新的未来。

巴基斯坦前总理肖卡特·阿齐兹5月15日在北京说，世界需要向前看，而不是向后看，“一带一路”倡议是建设和平与繁荣世界的典范，它代表着未来。

法国前总理德维尔潘在论坛期间接受新华社记者采访时说，“一带一路”倡议联通了过去与现在，架设起通向未来的桥梁。

专家观点

“一带一路”推进中的教育合作

三亚公共外交研究院副院长兼秘书长　孙治国

“一带一路”倡议是进一步提高我国对外开放水平的重大构想，也为推动区域教育大开放、大交流、大融合提供了大契机，为进一步推进我国教育国际化，深化教育领域综合改革、提高教育质量提供了新的机遇。“一带一路”沿线国家教育加强合作、共同行动，既是共建“一带一路”的重要组成部分，也将为共建“一带一路”提供重要的人才支撑。

一、我国与“一带一路”国家教育合作的重要意义

教育在共建“一带一路”中具有基础性和先导性作用。教育交流为沿线各国民心相通架设桥梁，人才培养为沿线各国政策沟通、设施联通、贸易畅通、资金融通提供支撑。沿线各国教育交流源远流长，教育合作前景广阔，大家携手发展教育，合力推进共建“一带一路”，是造福沿线各国人民的伟大事业。

教育交流与合作有利于推进沿线不同文明的传播、交融和共享。“一带一路”不仅是贸易之路，更是文明对话之途。历史上，中国同沿线国家在文化教育层面上的互学互鉴，使得风格各异的文明形态相互促进、和谐共存。这种开放、包容、以和为贵的文化教育交流给当前的教育合作奠定了良好基础。今天，“一带一路”倡议涉及60多个国家、45亿人口，这些国家创造了多元文明，需要我们充分发挥教育交流与合作的作用，实现文明的快速传播、充分交融和广泛共享。

教育交流与合作有利于增进互信，夯实合作的民意基础。国之交在于民相亲，民相亲在于心相通，国家间的互动往来离不开教育交流的助力。“一带一路”沿线国家地缘政治及社会民心复杂多变，政治动荡时常发生，民族构成及宗教派系差异巨大。只有切实发挥文教先行的潜力，才能消除误解误判，为国家间的友好合作营造良好的社会氛围，奠定坚实的民意基础，进而促进彼此交流与合作的持续发展。

教育交流与合作有利于提升我国的国际话语权和影响力。在日趋激烈的国际竞争中，教育所彰显的竞争优势日益凸显。加强同“一带一路”沿线国家间的教育交流与合作，积极吸收各国的先进科技文化知识为我所用，讲述好中国故事，传播好中国声音，促进中华文化走出去，将中华民族伟大复兴的“中国梦”同沿线各国人民过上幸福生活的愿望相对接，使沿线国家成为和睦相处的好邻居、同舟共济的好朋友、休戚与共的好伙伴，在相逢相知、互敬互信的过程中，

提升中国的国际话语权和影响力。

二、我国与“一带一路”国家教育合作存在的主要挑战

在“一带一路”沿线国家中，教育体制差异很大，存在着资本主义国家与社会主义国家、发达国家与发展中国家、大国与小国的区别，各国宗教信仰也差别很大，基于这些不同的国情，其教育体制也存在很大差异。如中亚五国，作为苏联时期的加盟共和国，其教育深受苏联教育模式影响。随着政治转型、经济转轨，五国的教育体制有了很大变化，政府积极鼓励私人办学，改变了公立教育一统天下的状况。如哈萨克斯坦早在 2001 年，全国 170 所高等院校中，私立学校就已经占到 112 所。2013 年，哈萨克斯坦教育和科技部长宣布：大多数地区将各有一所国立大学和私立大学。在中等职业教育方面，私立学校所占比重也一直维持在 55%以上。这种教育体制的转型与变革，在很大程度上影响着教育交流与合作的开展。另外，由于各国教育处于不同发展阶段，各方在教学水平、师资力量、优势学科、重点研究领域等有所不同，因而在开展教育交流合作时，需要做好大量的预先准备性工作。由于教育体制的差异，也使得合作各方在课程互认、学分互认、学历互认、资格互认等方面存在诸多障碍。

沿线国家对教育合作的期望也多有不同，甚至有很多疑虑。由于各国政治、法律、文化等差异，对推进教育交流与合作的期望值大有不同。自“一带一路”倡议提出至今，包括俄罗斯、意大利、韩国等 30 多个国家做出了明确表态，或给予“积极评价”“高度赞扬”，或表示“愿意积极参与”，或“正在考虑，打算合作”。然而有些国家却反应冷淡。这表明部分国家对开展文化教育交流存有戒备之心，一方面它们希望借助中国的资金力量发展本国教育，培养亟须人才，另一方面又害怕对中国产生更大依赖或中国的“渗透”。从国内来看，对教育交流与合作重要性的认识也还不足。自“一带一路”倡议构想出台后，国内各地表现出极大热情。“起点”“桥头堡”“核心区”“自贸区”“枢纽”等概念相继出炉。相关地方都希望抓住政策机遇、抢占发展先机，然而这种热情多侧重于经济领域，对开展同沿线国家间教育交流重要性的认识明显不足。

三、我国与“一带一路”国家教育合作的愿景与途径

“一带一路”沿线国家教育合作的愿景主要体现在沿线各国携起手来，聚力构建“一带一路”教育共同体，增进理解、扩大开放、加强合作、互学互鉴，谋求共同利益、直面共同命运、勇担共同责任，形成平等、包容、互惠、活跃的教育合作态势，促进区域教育发展，全面支撑共建“一带一路”。具体体现在三大方面：推进民心相通；开展更大范围、更高水平、更深层次的人文交流，不断推进沿线各国人民相知相亲；提供人才支撑。培养大批共建“一带一路”急需人才，支持沿线各国实现政策互通、设施联通、贸易畅通、资金融通。实现共同发展。推动教育深度合作、互学互鉴，携手促进沿线各国教育发展，全面提升区域教育影响力。

合作的途径首先是育人为本，人文先行。要加强合作育人，提高区域人口素

质，为共建“一带一路”提供人才支撑。坚持人文交流先行，建立区域人文交流机制，搭建民心相通桥梁。其次，政府引导，民间主体。沿线国家政府加强沟通协调，整合多种资源，引导教育融合发展。发挥学校、企业及其他社会力量的主体作用，活跃教育合作局面，丰富教育交流内涵。第三，共商共建，开放合作。坚持沿线国家共商、共建、共享，推进各国教育发展规划相互衔接，实现沿线各国教育融通发展、互动发展。第四，和谐包容，互利共赢。加强不同文明之间的对话，寻求教育发展最佳契合点和教育合作最大公约数，促进沿线各国在教育领域互利互惠。

合作交流是沿线各国共建“一带一路”教育共同体的主要方式。通过教育合作交流，培养高素质人才，推进经济社会发展，提高沿线各国人民生活福祉，是各国共同的愿望。通过教育合作交流，扩大人文往来，筑牢地区和平基础，是各国共同的责任。各国需要秉持开放合作、互利共赢理念，共同构建多元化教育合作机制，制订时间表和路线图，推动弹性化合作进程，打造示范性合作项目，满足各方发展需要，促进共同发展。要加强战略规划对接和政策磋商，探索教育合作交流的机制与模式，增进教育合作交流的广度和深度，追求教育合作交流的质量和效益，互知互信、互帮互助、互学互鉴，携手推动教育发展，促进民心相通，构建“一带一路”教育共同体，共创人类美好生活新篇章。

四、我国与“一带一路”国家教育合作重点

“一带一路”沿线各国教育特色鲜明、资源丰富、互补性强、合作空间巨大。要重点开展基础性、支撑性、引领性三方面合作，对接沿线各国意愿，互鉴先进教育经验，共享优质教育资源，全面推动各国教育提速发展。

开展教育互联互通合作。加强教育政策沟通。开展“一带一路”教育法律、政策协同研究，构建沿线各国教育政策信息交流通报机制，为沿线各国政府推进教育政策互通提供决策建议，为沿线各国学校和社会力量开展教育合作交流提供政策咨询。积极签署双边、多边和次区域教育合作框架协议，制定沿线各国教育合作交流国际公约，逐步疏通教育合作交流政策性瓶颈，实现学分互认、学位互授联授，协力推进教育共同体建设。助力教育合作渠道畅通。推进“一带一路”国家间签证便利化，扩大教育领域合作交流，形成往来频繁、合作众多、交流活跃、关系密切的携手发展局面。鼓励有合作基础、相同研究课题和发展目标的学校缔结姊妹关系，逐步深化拓展教育合作交流。举办沿线国家校长论坛，推进学校间开展多层次多领域的务实合作。支持高等学校依托学科优势专业，建立产学研用结合的国际合作联合实验室（研究中心）、国际技术转移中心，共同应对经济发展、资源利用、生态保护等沿线各国面临的重大挑战与机遇。打造“一带一路”学术交流平台，吸引各国专家学者、青年学生开展研究和学术交流。推进“一带一路”优质教育资源共享。促进沿线国家语言互通。研究构建语言互通协调机制，共同开发语言互通开放课程，逐步将沿线国家语言课程纳入各国学校教育课程体系。拓展政府间语言学习交换项目，联合培养、相互培养高层次语言人才。发挥外国语院校人才培养优势，推进基础教育多语种师资队伍建设和外语教育教学工作。扩大语言学习国家公派留学人员规模，倡导沿线各国与中国院校合

作在华开办本国语言专业。支持更多社会力量助力孔子学院和孔子课堂建设，加强汉语教师和汉语教学志愿者队伍建设，全力满足沿线国家汉语学习需求。推进沿线国家民心相通。鼓励沿线国家学者开展或合作开展中国课题研究，增进沿线各国对中国发展模式、国家政策、教育文化等各方面的理解。建设国别和区域研究基地，与对象国合作开展经济、政治、教育、文化等领域研究。逐步将理解教育课程、丝路文化遗产保护纳入沿线各国中小学教育课程体系，加强青少年对不同国家文化的理解。加强"丝绸之路"青少年交流，注重利用社会实践和志愿服务、文化体验、体育竞赛、创新创业活动和新媒体社交等途径，增进不同国家青少年对其他国家文化的理解。推动学历学位认证标准连通。推动落实联合国教科文组织《亚太地区承认高等教育资历公约》，支持教科文组织建立世界范围学历互认机制，实现区域内双边多边学历学位关联互认。呼吁各国完善教育质量保障体系和认证机制，加快推进本国教育资历框架开发，助力各国学习者在不同种类和不同阶段教育之间进行转换，促进终身学习社会建设。共商共建区域性职业教育资历框架，逐步实现就业市场的从业标准一体化。探索建立沿线各国教师专业发展标准，促进教师流动。

开展人才培养培训合作。实施"丝绸之路"留学推进计划。设立"丝绸之路"中国政府奖学金，为沿线各国专项培养行业领军人才和优秀技能人才。全面提升来华留学人才培养质量，把中国打造成为深受沿线各国学子欢迎的留学目的地国。以国家公派留学为引领，推动更多中国学生到沿线国家留学。坚持"出国留学和来华留学并重、公费留学和自费留学并重、扩大规模和提高质量并重、依法管理和完善服务并重、人才培养和发挥作用并重"，完善全链条的留学人员管理服务体系，保障平安留学、健康留学、成功留学。实施"丝绸之路"合作办学推进计划。有条件的中国高等学校开展境外办学要集中优势学科，选好合作契合点，做好前期论证工作，构建人才培养模式、运行管理模式、服务当地模式、公共关系模式，使学校顺利落地生根、开花结果。发挥政府引领、行业主导作用，促进高等学校、职业院校与行业企业深化产教融合。鼓励中国优质职业教育配合高铁、电信运营等行业企业走出去，探索开展多种形式的境外合作办学，合作设立职业院校、培训中心，合作开发教学资源和项目，开展多层次职业教育和培训，培养当地急需的各类"一带一路"建设者。整合资源，积极推进与沿线各国在青年就业培训等共同关心领域的务实合作。倡议沿线国家之间开展高水平合作办学。实施"丝绸之路"师资培训推进计划。开展"丝绸之路"教师培训，加强先进教育经验交流，提升区域教育质量。加强"丝绸之路"教师交流，推动沿线各国校长交流访问、教师及管理人员交流研修，推进优质教育模式在沿线各国互学互鉴。大力推进沿线各国优质教学仪器设备、教材课件和整体教学解决方案输出，跟进教师培训工作，促进沿线各国教育资源和教学水平均衡发展。实施"丝绸之路"人才联合培养推进计划。推进沿线国家间的研修访学活动。鼓励沿线各国高等学校在语言、交通运输、建筑、医学、能源、环境工程、水利工程、生物科学、海洋科学、生态保护、文化遗产保护等沿线国家发展急需的专业领域联合培养学生，推动联盟内或校际间教育资源共享。

共建丝路合作机制。加强"一带一路"人文交流高层磋商。开展沿线国家双边多边人文交流高层磋商，商定“一带一路”教育合作交流总体布局，协调推动沿线各国建立教育双边多边合作机制、教育质量保障协作机制和跨境教育市场监管协作机制，统筹推进“一带一路”教育共同行动。充分发挥国际合作平台作用。发挥上海合作组织、东亚峰会、亚太经合组织、亚欧会议、亚洲相互协作与信任措施会议、中阿合作论坛、东南亚教育部长组织、中非合作论坛、中巴经济走廊、孟中印缅经济走廊、中蒙俄经济走廊等现有双边多边合作机制作用，增加教育合作的新内涵。借助联合国教科文组织等国际组织力量，推动沿线各国围绕实现世界教育发展目标形成协作机制。充分利用中国—东盟教育交流周、中日韩大学交流合作促进委员会、中阿大学校长论坛、中非高校“20+20”合作计划、中日大学校长论坛、中韩大学校长论坛、中俄大学联盟等已有平台，开展务实教育合作交流。支持在共同区域、有合作基础、具备相同专业背景的学校组建联盟，不断延展教育务实合作平台。实施“丝绸之路”教育援助计划。发挥教育援助在“一带一路”教育共同行动中的重要作用，逐步加大教育援助力度，重点投资于人、援助于人、惠及于人。发挥教育援助在“南南合作”中的重要作用，加大对沿线国家尤其是最不发达国家的支持力度。统筹利用国家、教育系统和民间资源，为沿线国家培养培训教师、学者和各类技能人才。积极开展优质教学仪器设备、整体教学方案、配套师资培训一体化援助。加强中国教育培训中心和教育援外基地建设。倡议各国建立政府引导、社会参与的多元化经费筹措机制，通过国家资助、社会融资、民间捐赠等渠道，拓宽教育经费来源，做大教育援助格局，实现教育共同发展。开展“丝路金驼金帆”表彰工作。对于在“一带一路”教育合作交流和区域教育共同发展中做出杰出贡献、产生重要影响的国际人士、团队和组织给予表彰。

五、我国与“一带一路”国家教育合作的重要政策措施

加强协调推动。加强国内各部门各地方的统筹协调工作，有序开展“一带一路”教育合作交流。推动中国教育治理体系完善、相关法律法规修订和教育综合改革，提升中国开展“一带一路”教育行动的质量和水平。围绕共建“一带一路”大局，寻找合作重点、建立运行保障机制，畅通教育国际合作交流渠道，对接沿线各国教育发展战略规划。助力形成早期成果。实施高度灵活、富有弹性的合作机制，优先启动各方认可度高、条件成熟的项目，明确时间节点，争取短期内开花结果。

地方重点推进。突出地方推进共建“一带一路”的主体性、支撑性和落地性，各地要发挥区位优势和地方特色，抓紧制订本地教育和经济携手走出去行动计划，紧密对接国家总体布局。有序与沿线国家地方政府建立“友好省州”“姊妹城市”关系，做好做实彼此间人文交流。充分利用地方调配资源优势，积极搭建海内外平台，促进校企优势互补、良性合作、共同发展。多措并举，支持指导本地教育系统与“一带一路”沿线国家广泛开展合作交流，打造教育合作交流区域高地，助力做强本地教育。

各级学校有序前行。各级各类学校有序与沿线各国学校扩大合作交流，整合优质资源走出去，选择优质资源引进来，兼容并包、互学互鉴，共同提升教育国

际化水平和服务共建"一带一路"能力。中小学校要广泛建立校际合作交流关系，重点开展师生交流、教师培训和国际理解教育。高等学校、职业院校要立足各自发展战略和本地区参与共建"一带一路"规划，与沿线各国开展形式多样的合作交流，重点做好完善现代大学制度、创新人才培养模式、提升来华留学质量、优化境外合作办学、助推企业成长等各项工作的协同发展。

社会力量顺势而行。开展更大范围、更深层次、更高水平的"一带一路"教育民间合作交流，吸纳更多民间智慧、民间力量、民间方案、民间行动。大力培育和发展我国非营利组织，通过购买服务、市场调配等举措，大力支持社会机构和专业组织投身教育对外开放事业，活跃民间教育国际合作交流。加快推动教学仪器和中医诊疗服务走出去步伐，支持企业和个人按照市场规则依法参与中外合作办学、合作科研、涉外服务等教育对外开放活动。企业要积极与学校合作走出去，联合开展人才培养、科技创新和成果转化，积极服务"一带一路"国家经贸发展。

专题1："一带一路"倡议的人才支撑

人才是"一带一路"建设的基础和关键。"一带一路"愿景与目标的实现离不开各类人才的支撑和保障。面对新的需求与挑战，教育尤其是高等教育领域应根据"一带一路"倡议的要求，更新观念，完善制度，优化办学，创新实践，切实担负起人才培养的重要使命。

据国务院国资委发布的《"一带一路"中国企业路线图》，截至2014年底，国资委监管的110余家央企中有80多家在"一带一路"沿线国设立分支机构。由于沿线国家国情差异明显，投资项目执行效果很大程度上取决于"走出去"企业是否有既熟悉沿线国情又了解"一带一路"政策的高端人才，而调查发现高端人才队伍建设的迫切性甚至超过资金和技术需求。国际咨询公司麦肯锡的调查也显示，88%的企业高管认为，海外并购或投资失败的首要原因是缺乏人才。人才问题同样是"一带一路"沿线国家的重要关切。马来西亚交通部长廖中莱在2015博鳌亚洲论坛演讲中也指出，"人才因素是'一带一路'建设成功的关键。东盟国家拥有大量的青年群体，他们的创造性和创新性的思维成为'一带一路'建设的重要优势"。

"一带一路"倡议所涵盖的建设内容，包括基础设施建设、技术、资本、货币、贸易、文化、政策、民族、宗教，无一不需要教育特别是高等教育提供人才支撑。以"人"的国际化和专业化培养为倡议重心，着力"培养人才，打通人脉，互通人心"，是民心相通重要途径，也是实现互联互通的必由之路。因此，重点谋划教育在"一带一路"建设中的布局调整和行动策略，为我国及沿线国家建设"一带一路"提供人才支撑和智力支持，这是中国作为一个负责任大国的担当，更是中国教育应有的行动。

改革开放以来，我国虽已培养了大量具有国际视野、在国际事务和国际舞台上发挥重要影响作用的各类人才，但在建设"一带一路"的新形势下，我国的人才培养仍存在不能完全适应"一带一路"倡议和发展的需求。迫切需要培养大批熟悉和了解"一带一路"沿线国家与地区的复合型人才以及关键领域的专业人才，迫切需要加强与沿线国家的人才互通。

（1）加强创新创业人才培养

“一带一路”沿线国家青年失业问题日趋严重，培养创新创业人才有助于缓解青年就业压力，为学生更好地实现就业提供多元选择。同时，培养学生创业能力也能充分挖掘高校毕业生的潜能。近年来，“一带一路”沿线国家研发投入不断增加，科技成果也不断涌现。但是由于青年创业人才短缺，研发与市场脱节现象严重，大量科技成果被束之高阁，造成创业品质低下。高校学生是以知识为核心竞争力的独特创业群体，以创意、知识和技术为特征的创新创业赋予其不可替代的重要作用。培养高校学生创业能力，能够在高校实验室和市场需求之间架起一座桥梁，为经济实现创新驱动提供创业人才支撑。鼓励创业也是欧洲国家摆脱经济低迷、亚洲诸多发展中国家跨越“中等收入陷阱”的重要途径。

（2）加强国际组织人才培养

当前，各国在国际组织竞争的背后，是各国国家实力的博弈，而归根到底是人才的竞争。世界银行和国际货币基金组织等重要国际机构的负责人长期由欧美国家“垄断”，为的就是操控国际经济事务的主导权。换句话说，谁掌握了标准和规则谁就有话语权。随着我国国家实力的不断增强，我国与国际组织的关系正在变化。中国已从国际规则的适应者，逐渐变为国际规则的制定者。在实施“一带一路”倡议过程中，加强“国际组织人才”的培养和国际组织的参与度无疑有助于实现中国与世界的“双赢”。

（3）加快非通用语言人才培养

要实现政策沟通和民心相通，需开展广泛的政府外交、公共外交、文化互鉴、学术交流、媒体合作等，这些都对“一带一路”沿线国家的语言人才尤其是非通用语言人才提出巨大的需求。长期以来，我国教育对英语等主要语言教育的投入较大，而对“一带一路”沿线国家语言特别是非通用语言重视不够。据有关统计，与我国建交的175个国家中，所涉及的语种约95种，而我国仅能开设54种语言课程。“一带一路”所覆盖的中亚、南亚、西亚等地区，涉及官方语言达40余种，而我国内地高校教授的语种仅20种。目前非通用语言人才短缺的状况远远不能满足“一带一路”建设的需要，需要加大力度培养。

（4）加快急需领域专业人才培养

急需领域专业人才主要涉及项目工程、技术、经济、管理、贸易、金融、法律等领域。据世界银行数据，1990—2013年期间，全球贸易、跨境直接投资年均增长速度为7.8%和9.7%，而“一带一路”相关65个国家同期的年均增长速度分别达到13.1%和16.5%。另据亚洲开发银行的研究报告显示，2010—2020年，亚洲各国用于基础设施方面的投入累计约为8万亿美元，其中68%为新建项目，32%为更新维护项目，涉及能源、电信、交通、水务、卫生等诸多领域。可以预期，这些项目的建设完成，需要数以十万乃至百万计的铁路、管道、电力、公路、港口与通信等产业的工程建设、设计施工、质量控制与保障、经济管理等人才，需要加强工程、政治、经济、管理等各领域众多的专家协作。

（5）加强海外高端人才培养

改革开放以来，来华留学规模稳步扩大，来华留学生源国家和地区数不断增加，层次越来越高，专业选择也趋于多样化，但参照“一带一路”建设目标，来源国结构与专业结构仍有待进一步优化。“一带一路”所经国家众多，空间辽阔，地理、民族、历史、文化、宗教、政治差异极大，国情民意极为复杂，培养既熟悉、理解中国文化，又熟悉本国及本区域历史、地理、语言、文化、宗教、政治等方面的高端人才，对于实现“一带一路”的宏伟愿景显得至关重要而又迫在眉睫。

专题 2：“一带一路”倡议的教育支撑

教育的成败关乎人才的成败，进而关系到“一带一路”建设的成败。“一带一路”倡议在对多年来我国人才培养进行检验的同时，也为未来新一轮教育的改革和开放提供了宝贵的机遇。我国教育领域应提升对国家战略的责任感和敏感性，根据“一带一路”建设的需要，努力履行人才培养的使命和责任。

（1）强化国际意识与能力

共建“一带一路”，将和平合作、开放包容、互学互鉴、互利共赢的理念深入人心，根本上必须通过教育培养学生的国际意识与能力。在联合国教科文组织发起的两次世界高等教育大会上，国际社会普遍认同和强调高等教育必须将国际、地区和各国的有关情况反映到自己的教学和科研之中，并将国际化维度渗透到课程、教学和学习过程之中。美国教育部最新制定的教育国际化战略也强调，所有学生必须掌握“全球能力”。如果说我们以往强调国际意识与能力更多的是一种应对全球化和国际化的被动之举，那么“一带一路”背景下对学生国际意识与能力的强化则是我们主动的选择。与此同时，高校还应积极培养学生从事国际交往所必须具备的爱国正直、专业精神和尊重多样性等核心价值观。

（2）深化课程教学改革

教育领域要考虑适时启动“丝绸之路国际化人才计划”，加快为中资企业培养推进“一带一路”建设需要的各领域高层次国际化人才。要对已有的人才培养方案进行重新检视，根据国家战略和现实需求深化开展课程教学改革。首先，需要积极探索不同类型高校和不同学科在人才培养方面的协作。对于专业人才培养，应建立跨学校、跨区域的人才教育平台，各高校可根据优势与不足，在工程、管理、贸易、法律、语言等学科专业开发联合培养项目，以适应和满足“一带一路”倡议下不同区域、不同领域、不同行业需求的“走出去”的国际化专业人才。其次，对于复合型人才的培养，应加强不同学科的交叉和融合，打破现有学科的分类布局，整合语言、文学、宗教、历史、地理、政治、经济及理工农医等已有学科专业，开发出跨专业的“一带一路”学科，实现“一带一路”人才的多视角培养，以体制制度的改革创新促进各类复合型人才的培养。最后，要优化人才培养的课程内容，在传统的汉语、中国文化教学的基础上，增加“一带一路”建设背景、实施重点、合作机制、规则标准以及“一带一路”沿线国家历史文化、社会经济、民族宗教等内容，并努力将相关要素渗透在各学科的专业教育内容之中。

（3）鼓励出国留学和海外实践

“一带一路”沿线国家社会发展模式各异、历史文化传统多样，要多向沿线国家派遣愿意了解、有志学习、积极投身于“一带一路”建设的留学生与访问学者。只有在沿线国家和地区长期生活和学习，才能接地气，才能深入了解当地的社情民意、风土人情，才能更好地服务“一带一路”倡议。此外，加强为青年学生提供到各种政府间和非政府间国际组织实习锻炼的机会也是促进青年人才熟悉国际组织运作、理解国际规则以及促进其专业成长的重要途径。对此，在政府层面上应进一步加大对高校学生到海外实践的支持力度，国家发改委、外交部、财政部、商务部、教育部等部委应联合制定措施，面向国内应届本科生和研究生提供长期和短期相结合的留学和实习资助计划。高校层面应以国际人才培养实践基地为主要渠道，通过专项财政资金或学校自筹资金的支持，结合专业培养计划和课程安排，有针对性地派遣在读的本科生、硕士生和博士生到“一带一路”沿线国家有关机构、企业和国际组织开展见习、实习和实践活动。

(4) 加强高校与产业界合作

设施联通、贸易畅通和资金融通是“一带一路”建设的重点，而这些领域人才的培养离不开工商业界相关企业、商会和行业协会与高校的密切合作。事实上，加快复合型人才培养目前已纳入许多大型企业“一带一路”规划中。身处“一带一路”建设第一线的产业界最清楚沿线国家的经济需求以及与之相匹配的人才需求，因此加强学校与产业界的合作既要求产业界要及时向高校传递人才需求信息，也要求高校主动与产业界协同制定人才规格标准、联合开展人才培养培训。

(5) 加强来华留学教育

高等教育领域要围绕“一带一路”沿线国家发展急需的学科专业开展来华留学生教育，进一步扩大“一带一路”沿线国家来华留学生招生培养规模，不断增加“一带一路”沿线国家来华留学生中国政府奖学金资助名额。据《2014年度来华留学调查报告》统计，2014 年共有来自 203 个国家和地区的约 37.7 万名各类外国留学人员在我国的 775 所高校学习。就来华留学生规模而言，已占全球留学生份额的 8%，成为继美国和英国后的世界第三大留学生输入国。在这种发展趋势中，“一带一路”沿线国家具有巨大的来华留学需求。仅 2014 年在来华留学生源地排前十位的国家中，就有泰国、俄罗斯、印度尼西亚、印度、巴基斯坦和哈萨克斯坦等六个“一带一路”沿线国家。根据教育部统计，我国现有高等学校（不含独立学院）数量为 2 542 所，而招收留学生高校数只占 30.49%，可见挖掘的潜力仍非常巨大。目前，我国高校需要抓住时机乘势而上，落实好“首届中国—东盟教育部长圆桌会议”上提出的“双十万计划”，以及《愿景与行动》中提出的“每年向沿线国家提供 1 万个政府奖学金名额”，扩大留学生教育规模。同时，还应注重教育服务和产品的开发与提供，通过加强外文授课以及专业教育和学历教育等各种方式满足“一带一路”沿线国家的学生需求，促进来华留学的持续、健康发展。

(6) 开展多层次海外办学

“一带一路”建设为我国高校“走出去”开展多层次海外办学提供了难得的历史机遇。高校在扩大吸收沿线国家留学人员的同时，还应利用好我国高等教育的各种资源和渠道，加大境外办学力度，在沿线国家共建大学或开办分校，同国外学府合作授予双重学位，传播中国文化，扩大中国高校的影响力。目前，哈萨克斯坦、巴基斯坦、约旦、埃及等十多个“一带一路”沿线国家已向中国发出了赴境外办学的邀请。其中约旦和埃及等国家希望中国的应用技术学校和相关专业赴当地办学。此外，要重视“一带一路”沿线国家高层人才的交流培养。可通过设立“中国学”等高端培养项目，重点与“一带一路”沿线国家有影响的政府官员、社会精英、媒体智库等开展交流，增强沿线国家精英对“一带一路”倡议的认同感，培养熟悉中国国情、理解中国问题，能够适应当今中国的政治、经济、社会、文化等诸领域合作与交流的复合型、职业型、领袖型的知华友华人才。

（7）开展多种形式的国际教育合作

“一带一路”沿线大多是新兴经济体和发展中国家，按照优势互补、互利共赢的原则，中国高校在促进沿线国家加强在新一代信息技术、生物、新能源、新材料等新兴产业领域的深入合作，更能发挥积极主动性，也有可能实现更多交流。

“一带一路”倡议最直接的影响是推动汉语教学的发展。地方高校对举办海外孔子学院有很强的积极性，也有自己的特色，要大力鼓励。如广东韩山师范学院，是一所很不知名的地方高校，但该校的汉语国际教育非常有特点，学生主要来自“一带一路”地区，包括哈萨克斯坦、韩国、日本、马来西亚、乌克兰、澳大利亚等国，与这些国家的很多高校建立了学术交流关系。特别注重与东南亚国家潮汕华侨华人子女开展华文教育，重打血缘和亲情牌，每年在广东韩山师范学院学习中文的东南亚学生有几百人，为海上丝绸之路建设做出了贡献。

积极探索组建丝绸之路学院和大学联盟。国内高等教育领域的高校要联合起来，与“一带一路”沿线国家高水平大学合作，共同组建“丝绸之路大学联盟”，实现人员互访、学生互换、学分互认、科技合作、资源共享，加大力度推进来华留学生教育和国际型人才培养，共同开展高水平教育和科技合作平台建设。要加快组建“丝绸之路大学联盟”，筹办“丝绸之路教育合作论坛”，吸引“一带一路”沿线国家相关学科领域的大学校长、专家学者参会，促进院校合作。

要促进现有国际教育组织进一步发挥作用。现有中国—东盟“10+1”、亚太经合组织（APEC）、亚欧会议（ASEM）等国际组织都有相应的国际教育分支部门，定期召开教育部长会议，开展多种多边教育合作。要充分发挥其对“一带一路”的推动作用。

“一带一路”推进中的科技合作

北京大学博士　任海平

推动“一带一路”地区共同发展，科技合作与共同创新是重要的联系纽带和驱动力。“一带一路”建设应以科技合作为切入点，发挥科技创新在“一带一路”建设中的引领和支撑作用，加快与相关国家的科技合作，促进科技成果的转化和应用，造福于各国人民。

一、我国与“一带一路”国家科技合作的重要意义

在全球化、信息化和网络化深入发展的背景下，用科技促进经济社会发展成为国际共识。目前，我国与“一带一路”沿线国家科技合作正迎来良好机遇。我国与许多沿线国家发展阶段类似，在发展路径的选择上容易达成共识。我国积累的大量先进技术和科技人才，可以为沿线国家提供有益的发展经验。而且这些年来我国与大多数沿线国家建立了较为稳定的政府间科技合作关系，共建了许多科研合作、技术转移与资源共享平台，广泛举办各类技术培训班，接收大批沿线国家青年科学家来华工作。这些都为进一步深化科技合作奠定了良好基础。

通过科技合作，惠及民生，是国家沟通和民心相通的重要桥梁。科技合作示范和推广效应好，有利于在合作中增强沿线国家对我国的认知与互信。与沿线国家相比，我国科技创新资源丰富，在装备制造、空间、农业、减灾防灾、生命科学与健康、能源环境和气候变化等领域形成的技术优势，有利于提升合作层次，推动由过去传统产业“优势产能”合作向科技“新产能”合作转变。科技合作也是推进“一带一路”重大工程项目顺利实施的技术保障，可以为“一带一路”重大工程建设中突破技术瓶颈、提升工程质量以及创立品牌等提供有力支撑保障。

二、我国与“一带一路”国家科技合作存在的主要问题

对外科技合作的总体水平不高。目前我国与“一带一路”国家的国际科技合作尽管形式多样，但深度不够，质量有待提升。在国际科技合作中，一般性的人员交流占主要部分，各自为政现象突出，形成内部竞争，降低了我国国际合作竞争力。高水平的合作研究，尤其是一些国际性的大科学研究项目和欧盟的科学研究计划中的研究项目，参与的数量不多，深度有限。由于科技能力和资金的限制，我国参与的许多国际合作项目大多由其他国家或者国际组织提出，很少有以我国为主的重大合作项目，而且这些项目往往与我国经济和科技发展的关键性项

目直接关联性不强。合作研究是国际科技合作中比较深入的合作方式，发达国家在对外科技合作中非常重视合作研究，在技术贸易方面，由于我国仍停留在以单项技术交易为主的阶段，尚未实现“技术、产品、服务”一体化的系统交易；在技术服务体系建设中，风险投资、价值评估、技术经纪、技术权益保护、技术市场基础设施建设等方面缺乏力度和集成，与国际水平存在较大差距。

缺乏有效支持国际合作规模做大做强的良好机制和政策支持体系。一是现有科研体制和机制瓶颈凸显。由于部门与部门、部门与地方、计划与计划之间依然存在条块分割现象，使得对外科技合作存在散乱、重复等问题，难以集中资源开展有效的国际科技合作。二是在项目支持上，缺乏持续性扶持政策。我国科技合作计划对企业和科研机构主要采用以项目为主的支持方式，许多项目在取得初步成果后因为缺少后续支持而难以为继，使不少有前途的成果半途而废，前功尽弃。三是缺少大的国际科技合作平台。近年来，我国依托高等院校、科研机构和企业建立了一批国际科技合作基地，推动了国际科技合作的深入开展。但由于这些基地规模小，且缺乏稳定的支持，限制了其功能的发挥。

企业参与国际科技合作的能力不强。企业是实际参与对外科技合作的主体之一。然而由于体制和机制等因素的制约，参与主体自身科技能力不强，影响了合作的层次和效果，成为制约我国参与国际科技合作并充分发挥作用的瓶颈。目前大多数企业在国际科技合作中仍然是以技术引进、人才引进等形式为主，合作研发处于从属地位，一些重要的关键技术仍然依赖引进，在承接国际技术转移过程中，承接技术的能力不强，技术溢出效应不明显。即使在大中型工业企业，设有研发机构的比例也不高，远未具备发达国家企业那种从基础研究、应用研究到试验发展和工艺设计的完善的研究体系。因此，我国企业实际的科技能力比较有限，企业真正能与国外合作研发的项目为数不多。

智力资源和知识产权流失严重。我国在对外科技合作过程中智力资源和知识产权流失的现象一直未能根治。一些单位和个人为了获得国外经费的资助，在洽谈合作条件时让步过多，导致我方虽然进行了大量投入，尤其是智力资源的投入，却没有获得相应的研究成果和知识产权，我方科技人员成为外方廉价劳动力。我国建立知识产权保护制度起步较晚，保护和运用知识产权的体制机制还不能适应国际科技合作发展的需要。如由于专利的审批期限过长，往往使得申请的专利技术失去了占领市场的先机；专利费用过高也导致许多企业放弃申请专利，等等。

三、我国与“一带一路”国家科技合作的战略目标与主要途径

近期用3~5年时间，夯实科技合作的基础，打开广泛合作的局面。使科技人员的交流合作大幅提升，与沿线国家就深化科技创新合作、共同走创新驱动发展道路形成广泛共识，与重点国家合作规划、实施方案基本形成，并签署合作备忘录或协议；建设一批联合实验室（联合研究中心）、技术转移中心、技术示范推广基地和科技园区等国际科技创新合作平台，鼓励企业在沿线国家建成若干研发中心，重点项目实施初见成效。

中期用10年左右的时间，实现重点突破和实质推进。以周边国家为基础、面向更大范围的协同创新网络建设初见成效，形成吸引“一带一路”沿线国家

科技人才的良好环境，重点科技基础设施建设、联合实验室（联合研究中心）、平台网络建设等投入使用并发挥成效，重大科技合作项目取得重要成果，重点产业技术合作推动下的国际产业分工体系初步形成，“一带一路”创新共同体建设稳步推进。

远期到21世纪中叶，实现科技合作的全面收获。科技创新合作推动“五通”目标全面实现，建成“一带一路”创新共同体，形成互学互鉴、互利共赢的区域协同创新格局。

在推进科技合作中，要秉持和平合作、开放包容、互学互鉴、互利共赢理念，以全面发挥科技创新合作对共建“一带一路”的支撑引领作用为主线，以增强战略互信、促进共同发展为导向，全面提升科技创新合作的层次和水平，打造发展理念相通、要素流动畅通、科技设施联通、创新链条融通、人员交流顺通的创新共同体，为开创“一带一路”建设新局面提供有力支撑。

要坚持共建共享，互利共赢。充分尊重沿线国家发展需求，积极对接沿线国家的发展战略，共同参与“一带一路”科技创新合作，共享科技成果和科技发展经验，打造利益共同体和命运共同体，促进可持续发展和共同繁荣。要以人为本，增进互信。突出科技人才在支撑“一带一路”建设中的关键核心作用，以人才交流深化科技创新合作，激发科技人才的积极性和创造性，为深化合作奠定坚实的人才基础。要分类施策，聚焦重点。聚焦战略重点，有序推进，制定和实施有针对性的科技创新合作政策，集中力量取得突破，形成示范带动效应。要改革创新，内外统筹。加快推动体制机制改革创新，加强与沿线国家科技管理机构、社会组织运行机制的对接，统筹利用国内国际两个市场、两种资源，形成分工协作、步调一致、共同推进的工作局面。要政府引领，市场主导。充分发挥政府在重大合作活动中的引导作用，发挥市场在资源配置中的决定性作用和各类企业在科技创新合作中的主体作用。

要结合沿线国家科技创新合作需求，加强合作平台建设，强化合作研究，逐步形成区域创新合作格局。要稳步推进与沿线国家合作共同培养科技人才，扩大青年科学家来华工作规模，建设一批不同类型的培训中心和培训基地，广泛开展先进适用技术、科技管理与政策、科技评估、科技创业等培训。实施国际科技特派员计划，开展科技志愿服务，解决技术问题，满足技术需求。合作开展科普活动，促进青少年科普交流。要加强科技创新政策沟通，支持沿线国家开展政策能力建设。积极与沿线国家共同开展科技创新规划编制、科技创新政策制定、国家创新体系建设等，推动开展重大科技活动联合评估，形成科技创新政策协作网络。要构建多层次的科技人文交流平台。充分利用博鳌亚洲论坛、中国—东盟博览会、中国—亚欧博览会、中国—南亚博览会、中国—阿拉伯国家博览会、中国—俄罗斯博览会、中国西部国际博览会等平台，继续建设好与东盟、南亚和阿拉伯国家的国际技术转移与创新合作大会、中国—中东欧国家创新技术合作及国际技术转移研讨会等科技创新合作平台。

加强平台建设，推动技术转移。共建一批国家联合实验室（联合研究中心）。结合沿线国家的重大科技需求，鼓励我国科研机构、高等学校和企业与沿线国家相关机构合作，围绕重点领域共建联合实验室（联合研究中心），联合推进高水平科学研究，开展科技人才的交流与培养，促进适用技术转移和成果转化，构建长期稳定的合作关系，提升沿线国家的科技能力。要共建一批技术转移中心。充分发挥我国与东盟、中亚、南亚和阿拉伯国家技术转移中心等作用，进一步完善技术转移协作网络和信息对接平台建设，鼓励各技术转移中心构建国际技术转移服务联盟，共同推动先进适用技术转移，加强我国的科技、人才、信息等资源与沿线国家的需求相结合，深化产学研合作。要共建一批先进适用技术示范与推广基地。结合沿线国家的技术需求，鼓励我国科研机构、高等学校和企业积极推广重点领域先进适用技术。

围绕支撑重大工程建设，促进科技资源互联互通。科技支撑铁路、公路联运联通，突破特殊环境条件下铁路公路建设、技术装备等适应性关键技术，加强技术标准的对接。以沿岸重点港口为节点，建设环境、水文气象、海洋等相关数据监测网络，突破港口、水上通道建设、航运支持保障系统等关键技术。依托特高压和智能电网技术，支撑沿线国家电网建设和升级，加快电网建设互联互通。支撑信息通信网络互联互通，开展跨境陆缆、洲际海底光缆、通信网络等建设的关键技术攻关，加快数据共享平台与信息服务设施建设，实现科学数据资源的高速传输、关联融合和服务共享。促进科研仪器与设施、科研数据、科技文献、生物种质等科技资源互联互通。以先期面向国际试点开放共享的大型研究基础设施为基础，推动数据、文献等科技资源共享。建立综合地球观测系统与科学数据共享服务平台，实现亚太主要地球观测数据中心互联互通。建立生物技术信息网络，实现生物资源和技术成果数据库的共建共享。

共建特色园区，鼓励企业创新创业。共建一批特色鲜明的科技园区，引导鼓励我国高新区、自主创新示范区、农业科技园区、海洋科技产业园区、环保产业园和绿色建材产业园等与沿线国家主动对接。鼓励有实力企业与沿线国家共建科技园区，探索多元化建设模式。鼓励科技型企业在沿线国家创新创业。培育一批具有国际竞争力的跨国创新型企业，促进新业态和新商业模式互利合作。鼓励有条件的企业到科技实力较强的沿线国家设立研发中心，加强知识产权保护和利用，促进产业向价值链中高端攀升。

聚焦共性技术，强化合作研究。聚焦沿线国家在经济社会发展中面临的关键共性技术问题，加强合作研究。在基础研究领域，开展高能物理、生物物理、生态气候、天文观测、极端天气气候、冰雪带与气候变化关系以及地球综合观测等重大科学问题的合作研究。在应对共同挑战方面，重点在生态环境、能源安全、人口健康、粮食安全、自然灾害、文化遗产保护与传承等领域开展联合攻关，鼓励国际科技组织和相关区域性组织积极参与。

四、我国与“一带一路”国家科技合作的重点领域

农业。与沿线国家广泛开展作物种质资源联合收集与共享，共同开展水稻、玉米、小麦、棉花、油菜、蔬菜等大宗作物，橡胶、香蕉、木薯、林木、畜禽、水产等特色作物的种质创制与新品种的选育推广。共同开展农业有害生物的监测预警和绿色防控技术、农业气象灾害的监测预警和调控技术、重大跨境动物疫病预警及防减技术的联合研究与推广应用，合作建设农情信息监测与共享体系、重

要农产品风险监测与评估技术体系。积极开展高效节水与节能农业、海洋农业、设施园艺、有机废弃物综合利用等技术和农机装备的联合开发与示范，推广环境友好型和气候智慧型农业发展模式。加强资源利用、环境治理以及生态修复等绿色农村发展技术合作与推广。加强高效农产品深加工技术的合作与推广应用，加快建设清真食品研发与快速检测技术体系。

“一带一路”沿线国家多为发展中国家，农业是基础产业，合作前景广阔。要以农业科技合作为重点，交流发展经验，夯实合作基础，扩展合作领域，鼓励人员往来，扩大项目合作。各国农业部门要及时通报各自国家的农业政策和农业生产发展情况，并加强在农业发展和粮食安全等领域的信息沟通和信息共享；设立双边和多边农业工作小组并逐步建设长远稳定合作机制；遴选发展现代农业技术示范活动；支持符合条件的企业加强在农业、渔业、农机等领域的合作，鼓励企业参加各种农展会、研讨会和商贸洽谈会等。

能源。加强适合沿线国家实际的太阳能、生物质能、风能、海洋能、水能等可再生能源，煤油气等传统能源清洁高效利用技术的研发和示范推广与合作，加强重点行业节能减排先进适用技术的推广应用。积极推广三代、四代核电技术。加强节能技术、能源装备与重要部件的联合研发与生产。加强对海外油气资源投资、风险勘探和开发合作。合作构建因地制宜的多能互补、冷热电联产的分布式和区域新型能源系统。开展能效标准标识合作，研究多种形式的能源互联互通，构建安全高效智慧的未来能源体系。

交通。重点加强适应沿线国家科技人文环境和泛欧亚互联互通需求的高速动车组及其运行安全保障技术的合作研究，加强恶劣环境交通基础设施建养、先进智能交通系统、交通安全监管与应急救助、交通节能减排和环境保护等技术与装备研究，构建互联互通的交通基础设施网络和便利高效的跨境国际物流服务系统。促进沿线港口信息互联互通，深化国际绿色港口枢纽建设关键技术合作。积极推动新能源汽车及其关键共性技术合作开发。

信息通信。共同开展大数据、云计算、物联网、智慧城市等领域的合作与应用，加强信息安全技术开发，合作开发面向文化娱乐消费市场、广播电视事业的数字媒体内容处理关键技术。共同开展新一代移动通信技术研发和网络部署。开展跨境电子商务联合创新研发合作，推动基于移动互联网的消费者群组识别关键技术和移动支付技术开发。

资源。加强矿产、生物等资源的勘查开发与综合利用。加强工业固体废物和可再生资源综合利用技术创新合作，共同开展产业技术示范。推动矿山资源的高效开发技术合作，开展绿色矿业发展技术示范。推动水资源综合规划、海水利用、水循环利用和饮用水安全等技术示范。合作提高沿线国家生物资源保护与开发水平。

环境。加强生态环境科学调查，与沿线国家合作开展生态环境专题研究及区域性生态环境问题的长期监测与遥感调查，构建立体化生态环境科学观测网。建设“一带一路”环境监测预警应急系统；加强区域环境生态承载力分析，开展生态环境保护、应对气候变化、荒漠化治理、气象预报预警和重污染行业清洁生产、环保技术装备等合作研发与示范；实施各方共同参与、共同受益的生态环保项目，开展低碳生态城市建设应用示范，推动绿色丝绸之路建设。继续推动“世界第三极”综合观测，深化高原地区生态系统变化的全球影响研究。

海洋。加强海洋合作平台建设，推动海洋环境观测技术合作，开展海洋海岛生物多样性、海岸带侵蚀、海洋动力环境、海洋气象和海洋卫星等科学观测和数据共享。开展海洋资源科学调查，推动海洋油气及矿产勘探开发、海洋工程装备制造、海岛动态监测及多能互补、海洋灾害监测预警与保障服务等关键技术研发与应用。

先进制造。与沿线国家合作开展高端装备研发和产业化应用，支撑重大基础设施建设。促进绿色加工业、再制造关键技术研发和产业化应用。开展汽车、轨道客车、船舶等交通装备设计和研发。

新材料。共同开展高品质特殊钢等重点基础材料产业化关键技术，高性能膜材料、第三代半导体、纳米材料、光电材料、绿色节能建筑材料等先进材料制造技术合作研发。推动高温合金、高性能复合材料、海洋工程材料、新型功能与智能材料等技术和产品的联合攻关。

航空航天。开展对地观测、通用航空、深空探测、天地往返等航空航天技术联合研发与产业化应用。推动导航、对地观测及通信一体化的空天信息综合服务平台建设，开展多边各国间的综合地球观测、导航与位置服务、航空飞行器实时监控协作。

医药健康。加强对沿线国家特色药材和传统医药的挖掘与合作研发，构建传统药物种质资源库和标准化体系，推动中医药传承创新，推进中医药的养生保健、治未病等传统医学技术应用，促进中医药（包含其他民族医药）健康文化传播，开展高附加值传统药物、化学药、生物药等合作研发与产业化。积极推广应用基因检测等新技术，加强区域性重点疾病防治防控合作，攻克若干重大疾病预防和诊治关键技术，提高合作处理突发公共卫生事件的能力。共同开展新型药物研发、国际临床研究等，加强先进医疗器械的联合开发和推广应用，推广移动健康和数字医疗服务。

防灾减灾。开展气象探测、活动断层探测、地震安全性评价和结构震害预测等技术推广，开展大陆强震机理研究；加强海洋灾害、极端天气气候、地质灾害、洪旱灾害等数据共享、技术和经验推广。加强灾害风险管理及应急处理能力建设，研发和推广应用先进适用的救灾产品和工具，构建区域联合救灾工作机制。加强灾后恢复重建能力建设，开展灾后恢复重建设计、疫病防治、通信交通建设等技术应用推广与示范。

五、我国与“一带一路”国家科技合作的重要政策措施

要加快完善体制机制，加强政府间科技创新合作。建立健全双边和多边政府间科技创新合作及对话机制。主动设计一批科技创新合作项目。充分发挥国际科技组织的作用，鼓励与国际科技组织围绕“一带一路”重大科技问题和共同发展挑战开展合作。引导和推动地方政府与沿线国家或地区开展各具特色的科技创新合作与交流。

纵观国际科技合作，各国在对外科技合作中，从合作领域、合作形式、合作内容，乃至经费投入，政府都扮演着主导角色。在当前国际科技合作中，虽然在

合作主体上已呈现从以政府和科研机构为主，向政府引导、多主体共同参与的态势转变，但在目前我国经济社会条件下，政府还必须担当推动国际科技合作的主角。一是加强宏观指导，为国际科技合作创造良好的体制机制环境。加强国际科技合作计划与国家主体科技计划、重大科技专项的衔接和统筹协调机制建设。二是加强资源性倾斜支持，统筹协调国家、各有关部门和地方的国际科技合作资源，进一步改革以项目为主要形式的资金投入模式，扩大资金支持种类，遴选一批国际科技合作的重点领域和项目，重点投入有利于提升我国集成创新能力和原始创新能力的主导技术、共性技术和配套技术，推动我国关键学科、战略性高新技术产业发展。三是加强和完善国际科技合作的政策管理体系。建立和完善国际科技合作管理与评估制度，包括经费管理制度和项目的立项、成果和效果的评估制度等；建立项目和信息需求数据库，构建信息全面、更新及时的科技信息合作平台。

要深化双边和多边科技合作，提高政府间科技合作层次和水平。针对不同国别，制定目标明确、重点突出、层次合理的国家国际科技合作战略，推动科技领域的双边、多边务实合作向更高水平、更宽领域拓展。强化中俄两国高层定期会晤机制，充分发挥中俄科技合作对两国战略协作伙伴关系的强化作用，研究制定和实施中俄全面科技合作战略；充分发挥科技在中欧经济战略对话中的作用，推动落实中欧科技伙伴计划；充分发挥中印科技合作指导委员会和中印科技合作联委会作用，扩大共识，加强联合，深化中印科技合作；以“10+3”机制为主导，全面推进与东亚和东南亚国家的科技创新合作；在中非科技论坛框架下，推进中非技术转移和科技合作，拓展中非科技合作空间；在中国—阿拉伯国家合作论坛框架下，促进中阿开展多种形式的科技交流与合作；通过上海合作组织加强与中亚国家的科技合作。

要积极开展全方位、多层次、广视角的科技合作和交流，逐步形成政府引导下的以企业为主体、合作示范园区和基地为载体、大学和研究机构合作为先导、重点重大项目为抓手、技术引进为突破的市场化运作的科技合作模式、合作形式多样化。重点推进区域科技创新资源的优化配置，提高区域科技创新合作的层次和水平。布局建设一批面向周边的区域科技创新枢纽和国际科技合作基地，积极推进“中亚科技合作中心”“中国—东盟农业示范基地”等区域科技中心建设，形成聚集创新要素的国际科技合作平台；促进科技基础条件平台和科技服务平台的对外开放，形成并发挥相关地区的区域科技中心功能和作用；全面支持国内机构与周边国家共建合作研究站点、科技园区和农业科技示范基地，加强以市场需求为导向的企业间科技合作研发，发展对外技术输出，增强对区域科技发展的辐射影响力；配合我国对周边国家的科技援外项目，合作开展相关环境资源调查、协助开展区域可持续发展规划等联合研究，通过项目合作和人员培训扩大我国在周边国家的影响。

国家国际科技合作专项作为国家科技计划体系的重要组成部分，应进一步完善与国家科技重大专项及其他国家科技计划的统筹协调机制。国家科技重大专项、各国家科技计划在制定和实施过程中，应明确相应的国际化方案，并在统一的国际合作战略指导下有序实施。除涉及国家安全和敏感技术领域外，按照对等开放和有效管理的原则，逐步加大国家科技计划的对外开放力度，鼓励在华外资企业和科研机构申请承担国家科技计划项目。国家国际科技合作专项要作为境外机构参与国家科技研发任务的重要平台，加强与国家科技重大专项和其他国家科技计划的相互衔接与配合，以集成力量，共同保证主要目标和任务的完成；要进一步创新和完善专项管理制度，有效保证国际科技合作协议的履约，同时建立起有利于“主动发现、加快合作、良好转化”的项目组织实施机制，形成政府间合作、部际协调、部省会商、驻外使领馆推荐等多渠道发现，并相互协调、互为补充的多元化项目产生方式；建立以合作基地为载体，以人才培养为核心，项目—基地—人才相结合的合作研发模式；建立以企业为合作主体、产学研用相结合的项目实施机制，充分调动各方在技术、人才、产业、渠道等方面资源，加快合作成果应用和市场化进程。

优化国际科技合作基地布局，发挥基地在国际科技合作中的引领作用。积极推动国际创新园、国际联合研发中心、国际技术转移中心和国际科技合作创新联盟等国际科技合作基地建设；在能源资源开发利用、新材料与先进制造、信息网络、现代农业、生物与健康、生态环境保护、空间和海洋、公共安全等合作重点领域建设一批国际化的联合研究和创新平台；支持国际科技合作基地开展国际培训、人才培养和信息服务，提高基地的辐射影响力；加强国际科技合作基地发展过程中的产学研合作，在国家高新区、创新型试点城市、自主创新示范区和综合试验区建立一批国际创新园、国际技术转移中心和国际企业孵化器，积极推动重点技术领域的研发外包服务中心建设，使科技合作更好地服务于经济社会发展；充分发挥地方的积极性和创造性，建设更为灵活有效、更加开放的多形式国际科技合作基地。

要发挥企业创新主体作用，引导企业成为“一带一路”科技创新合作的投入、执行和收益主体，形成骨干企业先导带动、中小企业大规模参与的合作局面，并吸引社会力量参与。鼓励企业设立海外研发中心。近年来，我国对外直接投资一直呈现高速增长势头，已成为发展中国家中最大的对外投资国。今后要进一步引导和支持企业以多种形式参与国际科技合作，包括在境外设立分支机构、投资办厂、设立研发中心、建立科技园、技术入股、跨国并购、承包工程等，充分利用全球科技资源，解决我国企业创新能力不足和产业水平急需升级之间的矛盾。目前，我国已分别在俄罗斯、新加坡、英国设立了莫斯科中俄科技园、中国火炬（新加坡）高技术创业中心、中英科技创业园、中英科技园等，要发挥这些科技创业园和科技企业孵化器的作用，为我国企业发展提供市场化和国际化服务，培养具有市场竞争力的国际型高新技术企业。当前尤其要鼓励研发机构和有实力的科技型企业“走出去”，发挥比较优势，参与国际科技及产业化领域的分工合作，大幅度提高创新能力和企业竞争力；同时鼓励具有互补性的企业瞄准新兴工业化国家、经济转型国家和一部分资源丰富或市场巨大的发展中国家，通过换取国际市场和海外资源，扩大企业发展空间；鼓励中小型科技型企业，及时跟踪国际科技最新动态，吸取先进的产业技术和管理经验，培养锻炼跨国经营和研发人才，完善企业生产和研发体系，逐步发展壮大企业。在鼓励企业走出去的同时，要帮助和引导企业提高规避和抵御对外合作的风险能力，包括政治风险、安全风险、法律风险、文化风险、环保风险等，以保障我国企业在海外的利益。

要进一步引导企业成为国际科技合作主体，积极推动国际产学研合作。支持有较强国际竞争力的企业通过建立海外研发中心、合资、参股等方式有效利用当地科技资源，增强专利技术储备，迅速提高科技创新能力；增加对企业开展国际科技合作研发的资助力度和范围，鼓励和支持企业研发机构通过人才引进、人员交流、合作研发、研发外包等方式提高国际化程度；鼓励企业引进关键技术，支持企业进行消化吸收再创新；充分利用各种科技交流和合作渠道，积极为企业国际化提供信息和咨询等服务。在现有国际科技合作基地基础上，创建一批以企业为主体、政府推动的国际产业技术创新联盟，并鼓励与外资企业、外资研发机构开展产业共性技术合作研发，使联盟成为我国科技融入全球化进程的重要载体。

要发挥地方在科技创新合作方面形成的基础优势，探索建立各具特色的地方合作机制。沿边省区市充分发挥地缘优势，在人员交流、应对共同挑战、科技基础设施联通等方面起到前沿作用。腹地省区市发挥战略支撑作用，重点开展技术转移、共建研发机构和科技园区等。要加强中央与地方多层次创新主体之间的协同，引导各类创新主体在沿线国家共建创新平台，深化产学研合作。围绕面临的共同发展挑战，建立重大项目协作研发机制，围绕重要技术领域合作建立国际技术转移机制，促进不同国家的创新主体在优势互补基础上开展协同创新。要充分发挥民间科技组织在“一带一路”科技创新合作中的重要作用，促进民间科技创新合作交流，搭建民间科技组织合作网络平台。鼓励通过青年交往、志愿者派遣、学术往来与交流等方式，丰富民间科技交往内容。鼓励民间科技组织广泛开展各类科技公益活动。要优化国内政策环境，加强部门协调，推动国内科研经费管理制度改革，以及国内科研院所和高等学校评价制度改革，支持科研人员参与沿线国家科技创新合作。

要加大财政支持力度。加大中央财政投入，加强与现有科技计划和项目的衔接与统筹，重点支持“一带一路科技创新合作”。鼓励地方加强投入，设立配套项目资金支持“一带一路”科技创新合作。建立多元化投入体系，通过政府和社会资本合作（PPP）等多种方式引导企业、科研院所、高等学校等加大投入。要提升科技援助水平，扩大科技援助规模，加大对相关沿线国家的援助力度。完善援助方式，积极开展先进适用技术和科技管理培训，帮助沿线国家制定科技创新政策与发展规划，援建联合实验室（联合研究中心）、科技园区等科技合作平台，培养优秀科学家，加强沿线国家科技创新能力建设。科技援助是国际科技合作的重要形式，通过科技援助开拓国际市场，获取多方利益，是发达国家的成功经验。我国要充分利用自身科技领域的相对优势，积极扩大技术输出和技术转移，并通过合作研究、联合调查、技术培训等多种形式，促进技术、产品、设备劳务出口，推动国际科技合作的市场和空间。要创新对外援助形式，在非洲、东南亚和中亚等地区建立国际技术转移示范点，通过技术示范与推广、技术培训、技术服务、联合研发、政策研究、科研捐赠等形式，向发展中国家推广我国行之有效的科技政策、管理和服务模式，促进发展中国家的科技与经济发展更紧密结合；积极推进“中非科技伙伴计划”，并以此为基础适时启动“中国与东南亚科技伙伴计划”等面向发展中国家的“科技伙伴计划”，共同促进发展中国家的可持续发展。

促进科技人才往来便利化，推动国际交流，建立双向互动的人才体系。促进科技人才与金融资本对接，推进面向“一带一路”的大众创业、万众创新。充分发挥驻沿线国家使领馆作用。加大科技管理干部队伍培训力度，提升科技管理国际化能力。加强科技创新合作战略研究，打造科技人才智库。积极发挥科技智库的评估与决策咨询作用，针对“一带一路”科技创新合作重点方向开展长期跟踪研究，定期发布科技创新合作研究报告。鼓励我国各类金融机构和科技中介服务机构合作，建立面向沿线国家的区域性科技金融服务平台和投融资机制。加强与亚洲基础设施投资银行、金砖国家银行和丝路基金等金融机构合作，重点支持面向沿线国家的科技基础设施建设和重大科技攻关项目。

要做好知识产权的保护和利用工作。知识产权的拥有、维持、利用在很大程度上决定着我国国际科技合作未来发展的兴衰。世界各国也将知识产权保护问题作为维护自身经济安全和扩大国际科技合作的重要手段。因此，要在积极履行知识产权国际公约规定义务的同时，最大限度享受知识产权国际公约赋予的权利；要制定和完善对外科技合作中知识产权保护的法律法规；要提高科研机构和企业对知识产权的保护意识、合法使用他人知识产权的意识和运用知识产权的能力；要处理好鼓励知识的生产与促进知识的传播、利用的关系以及遵循国际规范与适当保护本国利益之间的关系。

专题1：加强“一带一路”网络空间国际合作

网络空间的互联互通最能体现“一带一路”的时代特色。网络空间国际合作与“一带一路”建设紧密结合，既是我国建设“网络强国”的时代要求，也是“一带一路”沿线国家的发展需要。“一带一路”国家多数是发展中国家，发展中国家人口占世界人口总数的80%，而互联网用户数只占全球用户数的43%，未来增长潜力巨大。有鉴于此，要进一步加强与“一带一路”沿线国家的网络合作，率先打通“一带一路”的“血脉经络”；依托亚洲基础设施投资银行、中国互联网投资基金、中国互联网发展基金会等，深化与发展中国家的务实合作，大力推进互联网基础设施建设，消除“信息壁垒”，缩小“数字鸿沟”，让信息资源充分涌流，让更多发展中国家和人民通过互联网掌握信息、获取知识、创造财富，过上更加幸福美好的生活。

“一带一路”《愿景与行动》中明确提出，要建设“信息丝绸之路”，包括跨境光缆通信干线网络建设、双边跨境光缆建设等。鉴于“一带一路”沿线国家众多、发展水平各异、复杂的域内实际情况，要求此框架下的网络空间合作具有极度的开放性与包容性。具体实施起来，要做到“合作对象统筹兼顾，合作领域重点突出，合作过程循序渐进”，即尊重“一带一路”沿线国家的差异，实现网络空间国际合作的平等性，保证各国在合作中的正常准入；同时注重合作过程的渐进性与合作方式的合理性。

网络空间的国际合作可以主要有三种形式，即网络人文交流、网络技术合作、网络空间治理。在实际的过程中，应注意发挥网络人文交流的宣传作用，推进“民心相通”，增强共识与认同感；加强网络技术合作，主要包括网络基础设施建设、网络规制建构、网络技术提升以及双边网络安全维护；网络空间治理应平衡国内、国际两方面需求，注意主体的多元性，形成政府、企业以及普通民众协同推进的局面。

网络技术合作作为网络空间国际合作的核心，应秉持循序渐进，逐步深化的原则，可以遵循网络基础设施建设、网络技术研发和标准制定以及网络安全共建的“三位一体”发展模式与路径，但是原则上在不同阶段侧重点应有所不同。网络基础设施建设关乎网络空间的承载能力，是网络合作的保障，也是开展其他合作的基础。

就网络技术研发与标准制定而言，目前我国同“一带一路”沿线国家具有重要的合作机遇，一方面是给予网络欠发达国家基本的技术支持与帮助，另一方面应在科技部、工信部等部门的推动之下，开展同欧洲等发达国家在网络新兴技术方面的合作。诸如5G标准的统一划定，云计算（大数据）的研发，智能城市、智能生活（家居、交通灯）的合作，物联网的贯通等。中国在5G技术方面具有先发优势，正与欧洲合作引领5G时代的来临。中国的华为、中兴公司，欧洲的西门子、诺基亚公司是5G技术的弄潮儿。5G技术也是欧盟单一数字市场的支柱，关系到工业未来发展，公共服务现代化，汽车联网、智慧城市、移动医疗服务等创新应用。据估计，至2020年，全球70%的人口将拥有智能手机，260亿台设备将实现相互联通。

就网络安全共建而言，中国为世界网络大国而非网络强国，“没有网络安全就没有信息化发展”。为增强应对各类网络事件的能力，应由网信办、公安部等部门牵头，开展网络安全合作。具体来看，目前应致力于“一带一路”沿线“网络恐怖主义”“网络犯罪”的打击与维护。

最后是网络空间治理。应以平等协商的形式，通过定期的会晤机制，以主动走出去的姿态参与国际网络空间治理，充分运用好各类双边与多边机制及联合国等相关网络治理平台，宣传我治网主张，维护网络空间的和平稳定。网络空间治理包括国内与国际层面。主体层面，上层政府的定期会晤与协调沟通必不可少，但还应发挥企业与社会民众的作用。企业是网络空间合作最直接的受益者与参与者，可以成为推动与沿线国家开展网络空间合作的核心力量。创设机制平台，加强沿线国家的网络空间治理合作，尤其是网络安全治理，提升发展中国家在网络空间的国际话语权。

专题2：加强“一带一路”软件信息服务业合作

目前，不少处于“一带一路”的发展中国家和地区仍存在较大的“数字鸿沟”，这无疑为我国的软件信息服务业创造了商机。经过20多年发展，我国软件信息产业规模日益壮大，实力迅速增强，全球产业规模仅次美国、日本，正处于大型软件信息产业的规模扩张阶段，其中IT制造业和通信运营业如何组成产业联盟“走出去”，是当前面临的重要问题。有条件的中国软件信息企业应在新的全球化投资规则下，积极与世界投资贸易环境接轨，并借助当前“一带一路”的政策良机，大胆走出国门，输出人员、技术与资金。

跨境电子商务领域。近年来，国内消费者对境外商品的需求呈井喷之势，不过，电商平台作为中国消费者购买境外商品的主要渠道，还存在诸多难以规避的问题。如传统电商只提供商品展示和商品交易撮合服务，对上架的商品质量和真伪缺乏监管；经销商的层层加价，使商品价格居高不下等。面对商机与挑战，能精选海外国家原产地大量丰富商品，并提供商品订购、在线支付、金融贷款等相关配套服务的跨境电子商务平台、互联网厂商，必然迎来重大发展机遇。

通信信息领域。互联互通是全方位的基础设施建设，它不仅包括公路、铁路、航空、港口等交通基础设施的建设，还包括互联网、通信基础设施的建设，这对整个通信行业的通信基础设施提供商来说是巨大利好。早前，华为、中兴、信威等企业受益于国务院扶持优势装备出口的优惠政策，相继获得国家开发银行数百亿元规模的买方信贷融资支持，从而在非洲、拉美、东欧等新兴国家市场拓展中占据优势；此次由国家层面主导的“一带一路”倡议，通过“互联互通”不仅将带动相关国家经济体的通信基础设施建设市场空间，还将加大对中国通信基础设施厂商的扶持力度。

交通基础软件领域。近年来，“高铁外交”成为中国对外政策的热点。截至目前，中国已与老挝、泰国、马来西亚、美国、俄罗斯、巴西等国签署了高铁领域合作备忘录或行动计划。高铁涵盖了很多行业，包括通信、电力、钢铁、工业控制、电子设备、智能控制系统等，高铁产业的发展将带动机车、电力和电子信息等多个产业的发展。具体而言，国内外高铁市场对电子自动化设备、工控机、液晶显示、功率器件、连接器、电源模块信号、控制设备、监控系统、嵌入式系统等软硬件都会有强劲需求。

软件外包领域。软件外包带给国内软件企业的不仅是重大商机，还有先进的软件开发管理流程，以及严格的软件质量控制体系。通过发展软件外包产业，中国软件产业将告别手工作坊式开发时代，进入工程化、规模化的开发领域。目前我国软件主要发包国是日本，占总业务的80%；另外，欧美市场占15%。但整体而言，我国软件外包业务在全球所占份额仍然较小，只有印度的1/9。可以预见，随着“一带一路”政策的逐步落地以及中国软件企业在全球的声名鹊起，我国软件外包业务将迎来进井喷期。有机构预测，未来10年我国软件外包市场规模有可能是现在的6~8倍。

专题3：将“智慧城市”作为“一带一路”科技合作的重要抓手和突破口

“智慧城市”是基于物联网、云计算、人工智能等技术而形成的一种新型信息化的城市形态。“一带一路”智慧城市的建设思路可包括：进行“一带一路”沿途城市、港口、园区智慧城市顶层设计；建设“一带一路”综合信息网络；建设“一带一路”智慧城市基础设施，包括网络融合中心、大数据中心、城市管理与运行中心和信息共享一级平台等。

目前，在国内不少城市，“智慧城市”的建设正呈现如火如荼之势。包括华为、中兴等中国企业正在海外相关“智慧城市”项目的建设中占据一席之地。但在“一带一路”倡议的推进实施过程中，“智慧城市”相关合作项目还缺乏标准化的评价体系。相关部门应加强“智慧城市”顶层设计、评价标准等方面的调研，总结目前在建项目、完成项目的可复制、可推广经验，完善相关标准体系，推进“一带一路”沿线国家间的科技合作。

“一带一路”推进中的文化合作

北京大学博士　任海平
三亚公共外交研究院副院长兼秘书长　孙治国

在建设“一带一路”进程中，应坚持文化先行，积极发挥文化的桥梁作用和引领作用，通过进一步深化与沿线国家的文化交流与合作，促进区域合作，实现共同发展，让命运共同体意识在沿线国家落地生根。

一、我国与“一带一路”国家文化合作的重要意义

“文化包容”和“民心相通”是“一带一路”倡议关于文化交流领域的关键词。“一带一路”倡议以振兴古丝绸之路为目标，倡议继承古丝绸之路文化与遗产，为文化交流明确指明了方向。社会主义核心价值观植根于中华优秀传统文化根基之上，延续至今的丝绸之路文化正是中华优秀传统文化的杰出代表，弘扬丝路文化与历史遗产就是向世界阐述和介绍代表中国先进生产力的社会主义核心价值观。“一带一路”倡议打开了伟大的文化和历史遗产宝库，为文化交流工作注入了活的灵魂，文化交流工作在核心价值观的指引下，目标和目的比以往更加明确了。

“一带一路”倡议涵盖的区域，恰恰是我国与外部世界文化交流相对薄弱的地区，也是发展程度与我国类似或相似的国家集中的地区。改革开放后，我国一直在加强与美、欧、日等西方发达国家的交流与联系，对周边国家与地区的交流力度与投入都有所减弱，甚至到了熟悉周边国家语言与文化的人才近乎匮乏的地方，大量非通用语人才改换专业、另投他门和挤向欧美。“一带一路”倡议要大力恢复中国与广大亚非拉国家交流友好的历史，大力加强与亚非拉国家与人民友好交流的力度，再造亚非拉友好的辉煌。

“一带一路”倡议倡导“五通”，民心相通是基础。在当今经济全球化的时代，文化认同成为综合国力竞争中重要的“软实力”。在国际关系理论里，文化认同是构建国家间关系的基础。国家与国家之间，人民与人民之间，是不是相互认同彼此的历史与文化？是不是接受彼此的传统与价值观？看待彼此是友是敌？民心相通与文化认同最为关键，而文化交流与合作也是最受欢迎、最为有效的夯实民心基础的重要手段。

随着对外交往越来越容易、互联网和信息化技术的普及以及对外沟通的渠道和手段更加畅通，中国的公民素质也得到了更快的提高，中国的社会发展体现出更多的宽容与多元，中国的文化发展展现出更多的自信与责任。中国一贯注重与

"一带一路"沿线国家的文化交流与合作，初步建立并完善了良好的政府间交流与合作机制，具备了进一步深入开展的潜力与空间。"一带一路"倡议的提出，标志着中国与"一带一路"沿线国家的文化交流也自此进入了新的发展阶段，在最短时间内调整机制、统筹资源、梳理渠道、夯实平台、打造品牌和加强传播，成为了文化交流工作的重中之重。可以说，"一带一路"倡议的贯彻与实施，为我国对外文化交流的转型提供了千载难逢的历史机遇。

二、我国与"一带一路"国家文化合作存在的主要问题

改革开放以来，我国文化交流的主体从单纯的政府和国家，到各类所有制形式的主体及公民个人，呈现出全社会的广泛参与。交流的内容，从侧重宣传中国文化历史悠久博大精深，到分享中国文化发展的继承创新与时俱进，呈现出中国文化的兼容并收。交流的手段，从人员往来、演示和展览等传统形式，到多媒体高科技和互联网相结合的现代化方式，呈现出文化传媒科技的突飞猛进。交流的平台，从传统的文化艺术交流平台，到首脑外交、经贸合作、体育赛事等各类重大社会活动，体现了与经济社会发展更加密切的融合。交流的品牌，从传统的以中国或地方省份命名的文化日、文化周或文化节，向艺术类别、交流主题、跨各领域、跨国家地区等方向细化，呈现出更为广阔的国际化、专业化和综合化的发展方向。但是，对外文化交流要想把握住"一带一路"这个历史性机遇，必须妥善应对长期积累下来的一些问题与挑战，才能真正实现文化交流质的提高与飞跃。

文化交流方向尚需明确。近年来，文化交流工作中常会出现以下问题：到国外去交流时，中国故事讲不好，不考虑清楚外国媒体和受众的特点；习惯以宣传教育来代替交流，用运动式的宣传来搞文化交流；报喜不报忧，不能给人以真实客观的感受；缺乏针对性的国别交流政策，没有明确的具体指导意见；依赖传统的演展形式，对跨领域的交流新形式认识不足；照搬国内的套路，不创新不改编，国外受众不理解不明白；容易盲目接受国外新奇特的消费型文化，不加甄别拿回国内等。

文化交流治理尚需提高。随着改革开放、简政放权的深入，文化交流的门槛越来越低，交流主体越来越多，交流的话语权与主导权更加分散，这也在客观上容易削弱国家在对外文化交流管理上的控制力与主导力。这迫切需要在简政放权的同时，大力提高交流宏观治理的水平，建立一套高效的管理与治理体制。目前，我们的宣传、思想和文化战线分别隶属不同的党政部门和机构，都归党的意识形态宣传口统领，可熟悉外国文化和通晓外国语言的主力军队伍却大多在政府的各个外事管理部门。虽然在重大问题能实现对外文化交流的统一管理，但是在日常交流实践中却存在着人才流动困难、数据统计分散与难以持续形成合力等问题。现有体制下，某个领域或某个部门可能暂时会取得一些成功，但是从整体来看，反而会更显示出国家层面的文化交流容易出现无序发散的局面。

文化交流动力尚需加强。对外文化交流工作长期依赖于"举国体制"，各部门各行业长期设立专门的外事交流部门，对外文化交流在微观操作层面被细化成了一个专业的工作领域，被层层剥离出来，并且和各项专业工作脱离开了。长期

来看，应该把对外文化交流纳入到各个部门和各个领域的工作的应有环节中，成为各项工作整体的重要环节，而不是孤立地分离出来，不能与各项工作形成良性循环与互动。这些年在国家的整体资源配备方面，文化领域在人、财、物的配备上并不是重点领域。随着国际业务的开展和国际交往的增多，文化交流单位也感觉看不清的红线太多，跨不过的禁区也不少。

三、我国与“一带一路”国家文化合作的愿景与途径

在推进“一带一路”建设中，文化交流合作具有不可替代的战略性作用。“一带一路”沿线国家经济发展水平不等、文化信仰和社会习俗各异，要把这样一个多样化的建设主体协同起来，必须建立起相互联系的精神纽带。坚持文化兴路，充分发挥文化的引领和促进作用。坚持文化多元共生，不断拓展和强化文化认同和思想共识，努力锻造“一带一路”建设的精神纽带。

“一带一路”沿线各国都有丰富的文化遗产，都有自己的文化基因，都有对自身文化的定位和认同，只有在文化交流合作中合理把握和体现主体性，才能获得文化交流合作赖以形成的牢固基础。“一带一路”沿线也是一个文化多元共生的广阔区域，要承认沿线各国文化的相互差异。只有尊重沿线文化的多样性，做到包容互鉴，才能不断促进不同文化间的和谐发展，推动形成文化交流和合作的正确理念。

“一带一路”沿线各国历史文化宗教不同，文化交流与合作有助于夯实我国同沿线国家合作的民意基础。只有通过文化交流与合作，才能让各国人民产生共同语言、增强相互信任、加深彼此感情。近年来，中国与沿线国家的文化交流形式越来越新、内容越来越多、规模越来越大、影响越来越广。中国与沿线大部分国家都签署了政府间文化交流合作协定及执行计划，高层交往密切，民间交流频繁，合作内容丰富，与不少沿线国家都互办过文化年、艺术节、电影周和旅游推介活动等，在不同国家多次举办了以“丝绸之路”为主题的文化交流与合作项目。今后要立足现有基础，打造新模式、探索新机制，深入开展与沿线国家的文化艺术、科学教育、体育旅游、地方合作等友好交往，密切中国人民同沿线各国人民的友好感情，夯实我国同这些国家合作的民意基础和社会基础。要讲好中国故事，传播好中国声音，把“中国梦”同周边各国人民过上美好生活的愿望、同地区发展的前景对接起来，促进中华文化走出去，提升中国的国际话语权和影响力。

要积极倡导符合世界未来发展规律的丝路文化精髓与丝路文化价值观。结合当今世界的最新发展趋势，从全新的角度再度深入研究丝绸之路历史文化遗产。当今世界进入了全球化的加速发展与融合的进程，国际政治、经济与文化相互交融、相互渗透、相互依存，任何民族、国家或地区在孤立的系统中只会故步自封。古丝绸之路最进步的特点就是作为开放、交流、兼容、融合的动态系统，在古代就体现出了政治上的共存、经济上的共荣以及文化上的多元特征，为当今世界的全球化发展提供了可借鉴的价值观和文化视角。中国的传统文化承惠于祖先智慧的思考，对待友邻与朋友，崇尚和平互惠，礼待远客，主张己所不欲，勿施于人，以德服邻，天下太平，国不分大小，情不论厚薄，秉承海纳百川、有容乃

大的古训，对待友邻不以善小而不为、不以恶小而为之。要积极倡导丝路价值观所蕴涵的“以天下和平为己任”的国际关系责任感，谋求“四海之内皆兄弟”的和睦关系，实现双赢与共赢的理想。

四、我国与“一带一路”国家文化合作的重点领域

文化是“一带一路”建设的灵魂，是促进各国、各地区、各民族、各宗教之间的互信互利、合作共赢的桥梁和纽带。“一带一路”既是对古代丝绸之路东西方文化交流往来的继承和发展，又在新时代开创了各国各地区间文化交流合作的巨大空间。因此，在“一带一路”的战略背景下，应紧抓发展机遇，从全局和长远发展着眼，加快“一带一路”文化建设的谋篇布局，对内构建开放的国内文化市场，促进公共文化服务体系全面提升，推动文化产业转型升级，加快发展文化贸易，繁荣文化艺术创作，加强文化遗产保护，逐渐形成面向“一带一路”的文化格局；对外加强与各国各地区的文化交流，扩大文化投资，推动文化企业走出去，塑造国家文化形象，扩大承载中华文化传播的物理空间和社会空间，共同构建开放的国际文化市场，推动“一带一路”各国各地区间文化互联互通、共建共享。

在空间布局上，“一带一路”文化建设要立足于我国文化发展的现实基础，与“一带一路”国家整体布局呼应对接，形成组团式、具有联动效应、可持续的开放性空间发展格局。在建设路径上，要秉持开放合作理念，推动文化基础建设、文化贸易、文化交流传播的全方位合作。具体可有以下方面：

加强文化基础设施的互联互通。推动“一带一路”沿线区域文化基础设施建设规划，加强沿线国家的技术标准体系对接，加强国际间文化基础设施尤其是互联网基础设施的互联互通。抓紧推动丝绸之路沿线国家中国文化中心的建设，逐步推进沿线文化保税区、文化自贸区的建设，为“一带一路”文化发展提供基础支撑。

拓展文化领域交流合作平台。建立“一带一路”沿线国家文化领域合作的平台和机制，借助已有的国际峰会、论坛、研讨会、博览会等文化交流和贸易平台，进一步增进文化认同、凝聚共识、深化合作。强化多边合作机制，建立“一带一路”国际文化高峰论坛。增强文化交流与传播，建立与各国各地区的民间文化交流常态化机制，广泛开展学术往来、人才交流、媒体合作等，扩大“一带一路”沿线国家相互间留学生规模。加强对外文化传播力建设，树立中国文化形象，建立沿线国家之间共建共享的传播平台。

推动文化产业的区域繁荣。构建开放的文化市场体系，消除行政壁垒，打通企业与市场的主动脉，以文化旅游业、影视动漫业、工艺美术业、节庆会展业为核心抓手，以特色文化产业园区建设为落点，加快推进“一带一路”区域文化产业发展，逐步形成不同产业门类合理布局、传统产业与现代产业良性互动、文化贸易活力迸发的格局。积极推进创意设计与文化产业融合发展，加快推进“互联网+”文化产业融合发展，加快发展跨境网络文化新兴业态。

加大文化遗产保护和利用力度。充分梳理“一带一路”珍贵的历史文化遗存，通过现代技术手段将其数据化、在线化形成“一带一路”文化资源数据库，

深入挖掘“一带一路”文化资源的当代价值。推进丝绸之路文化遗产研究，加强国际间文化遗产保护的交流与合作，以中哈吉丝绸之路申报世界文化遗产成功为契机，构建“一带一路”文化遗产保护、传承与开发，推动沿线国家文化资源的跨境整合。

五、我国与“一带一路”国家文化合作的重要政策措施

抓紧科学规划，尽快制定《国家“一带一路”文化发展规划》，与国家“一带一路”整体规划进行衔接，与国家及地方政府“十三五”有效对接，统筹国内各区域的文化发展，整合资源有效配置，引导地方政府和企业有序、有效参与，形成发展合力；同时逐步完善区域性文化发展规划、专项文化建设行动方案，有重点、分层次地有序推进“一带一路”文化建设。规划需秉持这样四个原则：一是坚持和谐包容、加强文化互信。“一带一路”文化建设要在尊重文化多样性的前提下加强不同文明之间的对话，求同存异、兼容并蓄、和平共处、共生共荣。二是坚持开放合作，实现互利共赢。要兼顾各方利益和关切，实行更加积极主动的开放战略，寻求利益契合点和合作最大公约数，充分发挥各方智慧和创意，各施所长，各尽所能，推动国际间、国内地区间的联动发展。三是坚持互联互通，共建共享。充分发挥多边合作机制作用，让更多国家和地区参与“一带一路”文化建设，享受文化发展成果，形成建设“一带一路”文化建设的合力。四是坚持市场运作。要遵循市场规律和国际通行规则，充分发挥市场在资源配置中的决定性作用和各类文化企业的主体作用，同时发挥好政府的引导作用。

推动政府间文化交流与合作深入发展。目前我们与“一带一路”沿线国家有稳定和牢固的官方文化交流平台；通过签署“一带一路”合作谅解备忘录、文化合作协定或执行计划，构建文化交流与合作的法律基础，密切政府文化高层定期互访与沟通；与上合组织、东盟、阿拉伯国家联盟等多个组织成员国及中东欧地区建立了人文合作委员会、各级文化对话与会议机制、文化联委会机制，这是今后可以进一步借重的重要基础。未来，要加强顶层设计和战略部署，制定政府文化交流的中长期战略规划，落实好与“一带一路”沿线国家的政府间文化交流区域合作机制建设、文化合作协定和年度执行计划，视情况在相关计划中纳入共建“丝绸之路”的内容，为中国与沿线国家开展文化交流与合作提供法律保障。在国际组织中加强“一带一路”沿线国家在文化议题方面的协调与沟通，形成丝路沿线国家统一的声音与共识。要注意发挥上合组织、东盟“10+1”、中阿合作论坛等现有机制的作用，丰富现有机制框架下的人文合作内容。

国际文化、教育、人文和学术交流是国家公共外交的重要手段，是我国面向全球传播中国声音、汇聚中国精神、宣传中国道路、凝聚中国力量的重要战略举措。开展国际文化与学术交流，促进沿线国家公民之间的互相认识、互相理解、互相信任和共同合作，已经成为今后破解人类共同面对的资源、环境、生态等全球性问题的重要机制。具体而言，可以建立具有国际影响力的“丝绸之路文化合作论坛”等，推进论坛外交，吸引全球特别是“一带一路”沿线国家相关学科领域的大学校长、专家学者参会，促进相互合作，深化人文交流；在“一带一路”沿线国家设立孔子学院加强人文交流，这些都应当成为“一带一路”文化

战略的重大举措。

加强多种多样的文化交流形式，方便不同国家间各种组织、各类人员的往来与沟通。民众之间，简化出国、经商、交流、旅游、教育等手续，方便不同国家公民之间的往来与沟通，举办形式多样的旅游、联欢、节庆、联谊、相亲、比赛、娱乐、招商等活动，鼓励民众间多交朋友、常来常往、结识友谊，方便丝路沿线不同地区、不同文化、不同宗教信仰、不同语言的民众之间的相互了解，把丝路传统的友好精神植根于普通民众的心中，让民众间的友谊为国家与民族间的友谊夯实民心基础。

社会组织之间，借助国家和“一带一路”区域合作的各类平台和机制，密切各专业合作领域的交流，定期交换研究成果，定期举办研讨会、座谈会、专业论坛、成果交流会等活动，特别在环保、科技、农业、卫生、培训、慈善、救灾等领域倡议成立“一带一路”区域合作联盟组织，积极推动各类交流项目，实现信息分享、深化分工合作，共同提高丝路沿线地区的社会组织的活跃度，提高协同创新的能力与力度。

发挥现有丝路品牌工作成果优势，精心打造新的文化交流品牌。长期以来，我国在境内外举办了多个以“丝绸之路”为主题的文化交流合作项目，取得了丰硕成果。要依托现有成果和品牌，统筹现有项目资源，打造新的文化交流品牌，深化“丝绸之路文化之旅”活动，与沿线国家联合举办“丝绸之路艺术节”，举办形式多样、丰富多彩的文化论坛、展览、演出活动。继续挖掘古丝绸之路的文化内涵和人文精神，并赋予其新的时代意义，围绕“文化新丝路”的主题，联合译介、出版相关书籍，拍摄、播放有关影视片。注重利用网络平台和新媒体手段，通过音乐、演出、动漫、网游等文化产品，传承古丝绸之路精神，提升中华文化影响力。注意发挥我驻外使领馆文化处（组）和海外中国文化中心的作用，进一步完善中国文化中心的全局布局，抓紧就在丝绸之路沿线国家建设新的文化中心进行合理安排，加大文物修复、文博设施建设、艺术人才培训等对外文化援助的力度。

要加强“一带一路”文化遗产保护和交流。“一带一路”的提出让有关地方看到了发展旅游的契机，纷纷制定相关规划设想，将文化遗产的旅游开发作为其中核心要素。然而，也有些地方不顾客观规律进行过度开发。为加强文化遗产的保护，“一带一路”沿线地方各级政府要高度重视文化遗产保护管理工作，建立“一带一路”沿线文化遗产保护管理长效机制，成立文化遗产保护管理领导小组，加强发展改革、财政、国土、旅游、建设、文化和文物等部门间的协调，完善重大事项沟通、协商制度。要加大“一带一路”沿线文化遗产保护的经费投入，将文化遗产保护纳入相关地方政府考核内容，将文化遗产保护经费列入本级财政预算，切实保障“一带一路”沿线文化遗产的日常维护经费和文化遗产保护的抢救性投入，重点加强低级别文物保护单位的保护经费投入。同时确保各文物旅游景区经营性收入中有适当比例用于文化遗产保护。

整合各方面文化资源，形成建设“一带一路”的合力。要积极发挥中西部省市区文化交流的独特作用。由于特殊的地缘地位，我国广大中西部省市区在建设“一带一路”进程中有着特殊的历史、人文优势，要支持中西部省市区制定有关规划，加大哈萨克语、吉尔吉斯语、塔吉克语、乌兹别克语等多个语种的广播、影视、游戏节目的投入制作，向沿线国家传播和推介中国文化。中西部各省市区也应以积极有为的姿态，发挥文化桥头堡作用，主动融入“一带一路”倡议构想。要积极发挥市场主体性作用，调动各类文化企业的积极性，分国家、分地区制定对外文化交流贸易政策，推动与沿线国家的文化产业合作。充分挖掘“一带一路”的历史文化遗产，引导和动员民间力量开展丰富多样的文化交流活动，支持沿线有关国家联合申请世界文化遗产。此外，还要充分发挥专家学者和智库的作用，群策群力，通过召开研讨会、分专题开展调研等形式，为“一带一路”建设中的文化交流与合作提供智力支持。

要大力发挥海外华侨华人推进文化交流的独特作用。据国务院侨办数据显示，目前我国海外华侨华人已超过 6 000 万人，分布在全球 198 个国家和地区。另外，还有 3 000 多万归侨侨眷生活在中国各地。作为中国现代社会经济发展的重要智力资源，广大华人华侨在开拓国际经济科技合作、推动慈善捐赠事业等方面发挥着巨大作用。海外华人华侨既熟悉所在国的社会、法律、文化与风土人情，同时又极其关心和了解祖国、家乡的情况，是连接中国与“一带一路”沿线国家的天然桥梁和纽带。在“一带一路”倡议的推进过程中，充分培养、教育和发挥海外华人及新老侨民、侨友“润滑剂”“缓冲剂”和“催化剂”的作用，将为有效、快速推进这一进程产生重要的影响和作用。

"一带一路"推进中面临的安全风险

北京大学博士　任海平

"一带一路"建设面临诸多制约因素，尤其是因为中国经济与人员加速"走出去"的空前规模和广度，使得由此而面临的海外利益安全风险倍增。而中国在海外利益安全保障上一直存在的"短板"也变得更加突出，安保能力与需求之间落差越来越大，对此亟须超前规划、厘清挑战、防患未然。

一、"一带一路"推进中主要的安全风险点

建设"丝绸之路经济带"在西北欧亚大陆方向面临的安全风险主要有三：一是国际恐怖主义、宗教极端主义、民族分离主义"三股势力"再度抬头，包括中东北非乱局持续发酵，导致恐怖组织浑水摸鱼、趁乱坐大；中国境内外的"东突"暴恐势力相互勾连，在境内外针对中国目标不时制造袭击，"走出去"中国人的人身与财产安全受到威胁；阿富汗安全局势不容乐观，并影响周围国家。二是中亚一些国家政局不稳，包括领导人的世代交替等，其相关政策存在变数。三是大国地缘战略博弈复杂激烈，俄罗斯与美欧围绕乌克兰危机以及东欧、中亚等较量加剧，欧亚大陆"中间地带"形势不稳。

建设"21 世纪海上丝绸之路"在东南、西南海洋方向面临的安全风险亦主要有三：一是美国持续推进"亚太再平衡"战略，不断强化亚太军力，重点利用东亚海洋领土争端，极力扶持其盟友，企图"以邻制华"、遏阻中国"海洋崛起"。二是东亚海洋领土争端加剧，中国在海洋安全面临的严峻现实威胁对建设"海上丝绸之路"极为不利。日本妄图长期侵占中国领土钓鱼岛，菲律宾甘当跳梁小丑、花样百出。三是中国海外人员不时遭遇不测。时有中国游客被绑架，凸显"海上丝绸之路"并不太平。

二、"一带一路"倡议实施面临的传统安全挑战

（一）大国争夺博弈

"一带一路"国家具有重要的地理位置和战略价值，东南亚、南亚、中亚、西亚乃至中东欧都是大国角力的焦点区域，俄罗斯力推"欧亚联盟"、欧盟积极推动"东部伙伴计划"、美国提出建设"新丝绸之路"和"印太走廊"设想等，区域内热点问题不断，大国在伊朗、叙利亚、乌克兰等问题上进行激烈博弈，政治关系紧张，区域和国家风险显著。由于历史和现实的原因，"一路一带"国家

处于东西方多个文明交汇地区，基督教（天主教、东正教）、伊斯兰教、佛教等的矛盾与冲突、不同民族与种族的矛盾与冲突，呈现易突发、多样性、复杂化、长期化的特点，某一特定事件的爆发可能对周边国家乃至多个国家产生较强的国家风险外溢效应。

近年来，当今世界主要大国在“一带一路”区域内纷纷提出各自的地缘战略，谋求增强地区影响力。2011 年 7 月，时任美国国务卿希拉里·克林顿于在印度金奈提出“大中亚”思想和“新丝绸之路”构想，主张建设一个连接南亚、中亚和西亚的交通运输与经济发展网络；9 月，她在联大会议期间向国际社会进一步描述了“新丝绸之路”计划：以阿富汗为中心，希望阿富汗邻国投资出力，维护美国在欧亚大陆腹地发展过程中的主导地位，通过这一计划，进而削弱中国在该地区的影响力，影响中亚国家与中国之间的经济合作，降低上合组织的凝聚力。美国还持续推进“亚太再平衡”战略，积极打造“印—太”（Indo-Pacific）概念，将亚太的边界延伸到印度次大陆。美国还不断强化其在亚太的军力，利用中国周边海洋领土争端，极力扶持其盟友及相关争端当事国，实施离岸战略“以邻制华”。

欧盟在 2009 年提出“新丝绸之路计划”，通过修建“纳布卡天然气管线”，加强与中亚及周边国家在能源、商贸、人员、信息等方面的联系，积极开展投资，在保证自身能源供应安全的同时，增强在中亚地区的影响力。此外，欧盟出于自身利益，担心地区争端恶化，要求争议各方在多边框架内通过对话合作解决争端。欧盟的介入，一方面有利于平衡美俄在中亚地区的影响力，但另一方面也使得中亚地区局势更趋于复杂化，不利于“丝绸之路经济带”所推进的地区合作。

俄罗斯在 2002 年与印度、伊朗共同发起“北南走廊计划”，提出修建从印度经伊朗、高加索、俄罗斯直达欧洲的国际运输通道，以保持其传统区域影响力。近年来，俄罗斯又提出整合中亚地区的倡议，即“欧亚联盟”的设想，加速推进独联体经济一体化的进程。冷战后，俄罗斯一直将中亚视为其传统势力范围，尽管普京在 2014 年 5 月亚信峰会期间中俄首脑会晤中宣布支持“丝绸之路经济带”计划，但依然对中国存在戒备心理，从而影响中国与中亚国家的全方位合作。

日本早在 1997 年的桥本龙太郎内阁期间就提出“欧亚大陆外交战略”，2004 年提出建立“中亚+日本”对话机制，2006 年提出建立“自由与繁荣之弧”，通过加强日本与中亚国家的经济合作，在提升中亚各国的经济发展速度和国际化水平的同时，增强其在这一地区的政治和经济影响力，利用该区域丰富的油气资源，保障自身能源供应安全。2013 年 10 月，安倍晋三内阁强化对亚欧地区的关注，他指出：“从东京出发，经过伊斯坦布尔，最终抵达伦敦。日本要做新亚欧丝绸之路的起点、地缘政治的操盘手。”日本还积极发展太平洋、印度洋沿岸国外交，加强军事存在。以上都是日本意图在更大的范围内构筑“防线”遏制中国的举措。

印度、伊朗和阿富汗共同推进南亚“南方丝绸之路”建设行动，试图打通“海上丝绸之路”和“陆上丝绸之路”。印度依据其地理优势，谋求独霸印度洋，对外部力量在印度洋的存在都抱有防范之心，尤其将中国所谓的“珍珠链战略”视为战略包围。这对中国与南亚国家的合作产生不利影响，尤其是印度强势的海洋战略势必会影响中国的能源通道安全。此外，印度积极推行“东进”战略，介入南海问题，在经济、政治、军事上与中国竞争，增强对亚太事务的辐射影响力，从而加大了中国在东南亚方向的战略压力。

（二）领土、岛屿争端

基于历史原因，“一带一路”地区内存在各种领土、岛屿争端，直接影响“一带一路”倡议实施的安全保证。目前存在的争端主要包括：海洋上，中国与部分东南亚国家存在“南海争端”：2014 年 5 月，由于“中海油 981”号钻井平台引发的所谓中越“西沙主权”之争；中国与菲律宾、越南之间愈演愈烈的“南沙主权”之争。另外，中日之间也存在钓鱼岛以及东海专属经济区之争。短期内，这些争端都难以解决。

陆地上，“二战”后印巴之间关于克什米尔地区争端、中印边界争端、巴以领土争端依然没有解决。冷战后，随着苏联解体，“丝绸之路经济带”地区涌现了一批主权国家，这些国家之间的边界划定工作并未全部完成。吉尔吉斯斯坦境内有塔吉克斯坦的飞地沃鲁赫，两国边界长 911 千米，划定的只有 567 千米，争议地区超过 70 处。2014 年 1 月 11 日，吉、塔边境地区发生武装冲突。塔吉克斯坦与乌兹别克斯坦有 20%的边界没有划定。吉尔吉斯斯坦与乌兹别克斯坦在费尔干纳的边界也未明确划定，吉尔吉斯斯坦在乌兹别克斯坦有飞地巴拉克村，乌兹别克斯坦在吉尔吉斯斯坦有飞地索赫和沙希马尔丹。这些飞地与当地居民时常发生冲突。此外，三国在共享水资源问题上剑拔弩张，互不妥协。这些边界领土、飞地之争和水资源纠纷已经成为引发地区局势恶化的重要显性因素。尤其是中亚地区的争端，直接影响到未来上海合作组织范围内的政治互信、安全与经济合作，不利于维持中国西部地区的稳定。

三、“一带一路”倡议实施面临的非传统安全挑战

（一）恐怖主义威胁

以恐怖主义为核心的地区“三股势力”（恐怖主义势力、宗教极端势力、民族分裂势力）的破坏活动是威胁“一带一路”倡议实施的重要因素，日益成为区域内最大的非传统安全威胁。尽管当前各极端组织之间的政治目的、组织形态、人员构成、活动能力存在差异，但其共同点均为反对世俗化政权，主张建立政教合一的伊斯兰国家。受国际反恐局势和地区安全局势变化的影响，区域内的各极端组织出现人员互相交叉、指导思想相互融合、活动分散化、组织碎片化等特点，同时与国际恐怖组织之间的联系也有所加强。特别是美国 2014 年底从阿富汗撤军后，该国境内冲突升级，伊斯兰极端主义和恐怖主义“溢出”，影响地区稳定。此外，近几年中国境内外的“东突”暴恐势力相互勾结，以中国为目标不时制造袭击，严重威胁中国公民的人身与财产安全。

（二）海上航道安全风险

维护通行安全是“一带一路”倡议实施的重要考虑。全球商业贸易的 90%

和石油总量的65%要通过海洋运输，其中印度洋提供了全球一半的集装箱运输，70%的石油产品运输需要通过印度洋由中东运往太平洋地区。印度洋航线分布着诸如曼德海峡、霍尔木兹海峡和马六甲海峡等对全球贸易有着重大影响的战略要道，其中40%的全球贸易运输经过马六甲海峡，40%的原油贸易要通过霍尔木兹海峡。中国的远洋生命线大部分集中在经马六甲海峡、印度洋到中东、北非这一航线上，如果说石油是工业的血液，那么从中东连接印度洋，并且途经马六甲海峡的航道，实际上已成为中国经济增长的大动脉。因此，维护"21世纪海上丝绸之路"上的马六甲海峡、霍尔木兹海峡以及曼德海峡三处节点的通道安全至关重要。具体而言，马六甲海峡节点的挑战主要来自美国对于此海峡的控制，霍尔木兹海峡节点的挑战主要来自地区内部安全局势的恶化，而曼德海峡节点的挑战主要来自于海盗威胁。根据国际海事局（IMB）发布的全球海盗情况报告，虽然索马里沿岸海盗袭击次数下降明显，但袭击威胁仍然存在，特别是在索马里沿海和亚丁湾。

（三）跨国有组织犯罪

推进"一带一路"倡议密切区域内各国经贸关系的同时，也会受到跨国有组织犯罪问题的影响。目前跨国有组织犯罪日益猖獗，严重影响了各国的经济发展和社会稳定。当前跨国有组织犯罪的类型包括：毒品走私：阿富汗生产的鸦片危害扩大至全球，特别是"毒品经济"与中亚宗教极端势力相结合，冲击了中国西部安全；偷越国境：各种涉外劳务犯罪活动层出不穷；跨国经济犯罪，如洗钱、电信诈骗等。

四、"一带一路"不少国家安全形势复杂多变

"一带一路"区域内的国家多为发展中国家，受国内社会阶级矛盾、民族宗教问题等复杂因素影响，这些国家一般实行政党政治，但部分国家由于朝野斗争，政局存在脆弱性和不确定性，缺乏共同归属感，导致重要的内政外交政策缺乏延续性。例如，吉尔吉斯斯坦和塔吉克斯坦国内政治发展进程波折重重，尤其是吉尔吉斯斯坦南北矛盾依旧尖锐，抗议出现常态化趋势。吉尔吉斯斯坦一方面宣布积极参与建设"丝绸之路经济带"，另一方面又于2013年12月宣布退出中—吉—乌铁路的建设，增加了项目的协调难度。此外，印度洋沿岸的索马里、也门等日益成为潜在的危险国家或地区。随着"一带一路"倡议的推进，中国未来势必在区域内加大投资力度，扩大进出口，促进人员交流，这些国家的动荡将会提升经济投入成本并降低合作效率，进而影响中国的海外利益。

近几年来，伊斯兰激进势力在泛伊斯兰地区的影响力明显增强。伊斯兰国等激进势力正在从叙利亚、伊拉克地区向海湾国家、中亚国家蔓延。美军从阿富汗撤离后中亚地区的安全空白如何填补，巴基斯坦、塔吉克斯坦、乌兹别克斯坦的安全局势将会如何变化令人关注。"一带一路"之上一些国家的安全问题往往有着极为复杂的产生原因，而且经常有地区或区域外大国的支持与纵容，成为用以牵制该国或该地区的"可控混乱"。这让安全问题的解决面临极大的难度，尤其是当中国的"一带一路"倡议被视为某种挑战西方的战略时，一些安全问题很

可能被有意制造出来用以掣肘中国。

我国"一带一路"以经济输出为主，它一般都与所在国的发展战略有广阔的对接空间，但是对于一些"一带一路"国家，其安全需要与发展需要往往存在差别，所在国因其国家安全政策需要而可能做出不利于我的政策变动。常常出现，发展靠中国，安全靠别国的现象。在中亚方向，中亚五国除乌兹别克斯坦之外，主要依托于俄罗斯主导的集体安全组织来进行保证；东欧方向，波兰等国家都是对北约一面倒的国家，乌克兰虽然很难加入北约，但是基本上也将自己的安全寄托于西方的军事保护之下；在外高加索地区，亚美尼亚实质上是俄罗斯的保护国，格鲁吉亚是美国的桥头堡，阿塞拜疆虽然奉行平衡外交，在军事上仍然依托土耳其、格鲁吉亚，向北约靠拢；在南亚方向，除巴基斯坦外，斯里兰卡、尼泊尔等国在安全上，仍然受到印度的强力影响；在东南亚方向，虽然泰国、马来西亚奉行对华友好，但东盟的安全仍然主要依托于美国的保护。总的来说，除了非洲的一些长期受到西方制裁而不得不依赖我国军援的国家，基本上"一带一路"上的大多数国家在安全机制上都依赖于其他力量。由于一些国家安全战略与发展战略的分离，其在对华关系上，经常表现的既渴望又警惕，并反映为其政策上"走两步退一步"的摇摆。比较典型的如蒙古、泰国、斯里兰卡等国家。

还有一些"一带一路"国家，具有比较强烈的大国志向，将中国视为现实或潜在的竞争对手，因此虽然迫于发展的需要接受中国的投资，却也同时对中国企业保持一定的敌意。中亚地区的乌兹别克斯坦、南亚方向的印度、东南亚方向的越南、印尼都存在类似的问题。事实上，东南亚的一些国家，其政权合法性往往与反共、排华都存在暧昧的关系。这些国家由于其大国志向，因此他们即便欢迎中国推行"一带一路"所带来的经济机会，也对中国带动其周边地区与国家的发展会存在警惕与抵触的心态。比如印度虽然欢迎中国对印度的投资，却对中巴经济走廊的建设非常不满，并对中国对尼泊尔、斯里兰卡的投资保持高度的警惕。中国在斯里兰卡的港口项目流产主要就是印度施加压力的结果。又比如，越南虽然在经济上需要依靠中国带动，但是在其国内，近年来排华、仇华情绪却一直高涨，而在这其中有其政府有意地推动。中亚地区的乌兹别克斯坦一直主张对其邻国塔吉克斯坦、吉尔吉斯斯坦的霸权，并视哈萨克斯坦为地区主要竞争对手，中国在这些地区的基础建设将在一定程度上降低乌兹别克斯坦扼守中亚交通要冲的优势地位，乌兹别克斯坦对此也保持着相当程度的关注。

五、"走出去"企业与公民的安全风险

在"一带一路"经过的一些区域，尤其是中东、南亚等宗教极端势力非常猖獗的地区，恐怖主义在相当长的时间内无法消除。随着"一带一路"项目的展开，中国的技术人员，施工人员，极有可能成为犯罪分子和极端组织索取赎金和达到政治目的的首选绑架人质。

在当前，"走出去"的企业与公民主要依靠领事保护。虽然我国的领事保护制度已经够了长足的进步，但面对"走出去"的中国公民和企业数量的井喷式增长，仍然经常处于力不从心的状态。截至今年年中内地居民出境已过 1 亿人次，连续多年以年均 1 000 多万的数量增长，更不用说还有 2 万多家中资企业遍

布于世界近 200 个国家和地区。因此中国社会必须在“走出去”的过程中，摆脱对国家的单纯依赖，增强组织化的能力以保护自己。一方面，“走出去”的公民与企业应该在有关部门的协调下，组织民间商会、海外投资者协会等社会组织，增强自身的安全力量，提升与当地社会的谈判能力。另一方面，中国社会也应该尽快摸索并推出具有中国特色的海外私人安保服务，让“走出去”的企业和个人能够通过市场来获得安全。

2016 年 5 月，俄罗斯“前夜”网站刊登一篇《何处、何时有中国私人安保公司?》的文章，分析我国实施“一带一路”倡议框架下海外安保力量配备现状，称中国在海外日益增长的积极性不可避免需要解决安保问题。据美国《外交官》杂志的分析，有大约 500 万中国公民、16 000 家中国企业合法在海外工作，仅在海外中国国企就有 30 万人。这些人中很多都冒着生命和安全风险。中国在海外商业利益日益增长，有投资、人员和项目，有交通干线，这些都需要安全保卫。

"一带一路"推进中面临的地缘政治风险

三亚公共外交研究院副院长兼秘书长　孙治国
北京大学博士　任海平

"一带一路"作为一个内容丰富、规模宏大的国际战略，其蕴涵的重大地缘政治意义显而易见。在推进"一带一路"倡议的过程中，既要看到其带来的地缘政治收益，也要正视可能遇到的地缘政治风险。

目前，在"一带一路"沿途沿线国家中，表态支持"一带一路"的有50多个，但是无条件支持的并不多。多数国家指望"一带一路"给它们带来收益，但却未准备好投入，一些国家甚至干扰"一带一路"的建设。"一带一路"沿路沿线许多国家还都是正处于社会和经济结构转型时期的发展中国家，在安全和发展方面普遍存在着不确定性的复杂问题，其中地处中东、中亚以及南亚这一"战略不稳定弧"的国家尤其如此。在当前及未来一个时期，这些地区和国家不仅安全局势日趋严峻，一些国家的政治过渡和社会转型能否成功也存在很大不确定性，这些都将对"一带一路"的顺利推进形成各种挑战和阻碍。由此带来的地缘政治风险以及经济风险值得高度重视。

一、"一带一路"蕴涵的深远地缘政治意义

关于"一带一路"的性质和地位，中国政府作了这样的表述："'一带一路'致力于亚欧非大陆及附近海洋的互联互通，建立和加强沿线各国互联互通伙伴关系，构建全方位、多层次、复合型的互联互通网络，实现沿线各国多元、自主、平衡、可持续的发展"；"以政策沟通、设施联通、贸易畅通、资金融通、民心相通为主要内容"；"中国政府倡议，秉持和平合作、开放包容、互学互鉴、互利共赢的理念，全方位推进务实合作，打造政治互信、经济融合、文化包容的利益共同体、命运共同体和责任共同体。"这样的表述和宣称表明，"一带一路"并不是一个地缘政治战略。从现实需要来看，人为、有意和过分地强调或渲染"一带一路"的地缘政治意义，并不合适。但这并不意味着我们要有意地去排除或消除"一带一路"的地缘政治意义，不在推进"一带一路"倡议的过程中进行地缘政治的谋划。这也不意味着，其他相关国家的战略家和决策者们看不到或不看重"一带一路"的地缘政治影响，进而不会成为围绕"一带一路"而进行激烈复杂的地缘政治博弈。就其本质而言，以政策沟通、设施联通、贸易畅通、资金融通、民心相通为主要内容的"一带一路"，贯穿欧亚大陆，东连亚太经济

圈、西接欧洲经济圈，涵盖政治、经济、外交、安全等诸多领域，涉及亚欧非65个国家（含中国）共45亿人口。它的推行和逐渐取得成效，不可避免地会对地区乃至全球各国基于地理因素的政治关系产生深刻影响，也将为中国带来巨大的地缘政治利益。因此，“一带一路”的重大地缘政治意义是显而易见的。

20世纪90年代以来，随着全球化程度的大幅提升，国家相互间的互动和竞争更加频繁、更加广泛、更加深入，国家互动和关系中的地缘政治意义前所未有地凸显。在这样的形势下，许多国家推出了自己的地缘政治战略。美国在中国推出“一带一路”之前提出的“新丝绸之路战略”，就是其中的典型。时任美国国务卿的希拉里于2011年7月提出了“新丝绸之路战略”，力图在美国主导下依托阿富汗连接中亚和南亚的区位优势，形成以阿富汗为中心的“中亚—阿富汗—南亚”交通运输与经济合作网络，促进这一区域的能源南下和商品北上。此后，美国将其中亚、南亚政策统一命名为“新丝绸之路战略”，并积极向其盟友推介。该战略的地缘政治意图十分明显，意在削弱俄罗斯等大国在中南亚的影响力，建立美国主导的中亚和南亚新秩序。在全球化这样一种复杂的地缘政治形势下展开的“一带一路”，自然蕴涵着深刻的地缘政治意义。中国的崛起已成为世界上主要国家自身发展战略和全球战略考量的重要关切点。尤其是中国的GDP超越日本而居于世界第二位，中国就进入了在世界各国尤其是主要大国构成的复杂的关系格局中谋发展的新阶段。这也意味着，中国已经置身于一个前所未有的复杂的地缘政治环境之中，成为了地区和全球地缘政治的重要参与者。即便中国不主动谋求地区或全球的地缘政治地位或地缘政治优势，也不可避免地处于复杂的地缘政治羁绊之中。这是中国在全球化时代崛起必然面对的历史挑战。

但作为一个全球竞争的后来者，中国面对的是那些全球大国乃至地区大国在长期的互动和激烈的竞争中已经形成并稳定化的地缘政治格局。在这样的地缘政治环境中，那些占尽先机的国家早已谋取了优势，往往占据着有利的关键性地位。而中国所遇到和面对的，则多是困难、障碍和挑战。可以说，中国在地缘政治方面遇到的困难和障碍远远大于机遇。从总体上看，当前中国已经发展到一个特定历史节点，在经济利益已经遍布世界的同时，必须面对日渐趋紧的外部约束，亟须在国际上实现战略突破。也只有在如此一个复杂的地缘政治环境中实现破局，突破既有地缘政治环境的束缚，在化危为机的过程中有效改善中国的地缘政治环境，中国的崛起才能不断向前推进并最终完成。在这样的条件下，本身就具有地缘政治意义的“一带一路”倡议，也将被赋予或者必须承担起改善中国地缘政治环境的使命。从这个意义上说，“一带一路”也是中国重大的地缘政治战略。因此，在推行“一带一路”倡议的过程中，必须积极进行地缘政治谋划，进而把地缘政治谋划渗透进围绕“一带一路”而进行的经济、文化、外交的考量和行动中，以及一个个的重大项目中，以期达到在“一带一路”不断推进的同时，实现全球再平衡和改善中国地缘政治环境之目标。

二、“一带一路”面临的地缘政治挑战与风险

在“一带一路”倡议不断推进的过程中，其蕴涵着的地缘政治挑战与风险必然会逐渐显现出来。

第一，可能会激起相关国家主动参与地缘政治博弈，从而给“一带一路”的实施形成地缘政治障碍。国家间的地缘政治关系并不是一成不变，而是一种变动着的存在。“一带一路”的实施，将会导致沿线国家的地缘政治地位发生改变，尤其是会凸显某些国家的地缘政治价值，比如它们会成为“一带一路”实施过程中的地缘政治关键点或关节点。在这样的形势下，相关国家就会基于国家利益考虑而主动地参与到与中国的地缘政治博弈当中。或者，在其他地缘政治利益相关方的挑动下而被动地卷入到与中国的地缘政治博弈当中。缅甸 2014 年 7 月搁置中缅两国铁路项目，斯里兰卡 2015 年 3 月暂停科伦坡港口城项目，都与相关国家的地缘政治博弈直接相关。在“一带一路”继续推进的过程中，类似的问题可能还会更多，情况也会更加复杂。

第二，可能会将由于地缘关系而限于一隅的矛盾激活，从而陷于地区矛盾和动荡的麻烦之中。从地理上看，“一带一路”与民族宗教矛盾复杂、热点问题众多的“世界动荡之弧”有着较高的空间吻合性。具体来说，“一带一路”将会经过多个地缘政治破碎带，这里的一些地区和国家历史上就存在由于种族和宗教关系而引起的矛盾和冲突，20 世纪中期构建起民族国家以后又由于许多现实的原因，如民族主义、极端主义和恐怖主义的泛滥，发展的滞后和严重贫困，以及移植西方民主后的“水土不服”和新旧体制的冲突等，形成了十分复杂的矛盾和冲突的持续不解，武装冲突频繁发生。如中亚、南亚和西亚的一些国家，历史上的矛盾纠葛、发展滞后的矛盾等，与以“东伊运”为首的“东突”恐怖势力、宗教极端势力等结合在一起而形成了矛盾和动荡，中亚、中东的一些国家由于新旧体制的冲突而引起的政局动荡和结构失衡，从中亚到地中海、从高加索到萨赫勒地区恐怖分子和极端分子的广泛存在等。这些由于历史和现实的诸多因素而导致的矛盾和冲突，又由于地理因素的阻隔而被封闭于一隅。“一带一路”经过或邻近这些地区的时候，可能会与这些地区的矛盾牵涉，甚至导致这些地区的矛盾激化，从而可能陷入“捅马蜂窝”的窘境之中。

第三，可能会引起地缘政治相关方的反弹或反制，并进行针对性的地缘政治布局。“一带一路”与既定地缘政治格局中某些国家的利益和战略之间的不兼容性，甚至一定程度的冲突难以排除，有的甚至是显而易见。如美国以遏制中国崛起为重要目的“亚太再平衡”战略以及由此形成的地缘政治关系，就明显与“一带一路”相抵触。“一带一路”在给中国带来地缘政治收益的同时，不可避免地会触及在既定地缘政治格局中获益方的利益，也必然会导致在既定地缘政治格局中获益方的反制。相关国家会采取针对性的措施，制定压制性的地缘政治战略，美国在南海搅局和推动 TPP、美日印构筑军事同盟等，都有针对中国谋取地缘政治形势改变和新的地缘政治利益的指向性。这不仅会对“一带一路”形成地缘政治阻滞，而且也致使中国面临更大的全球地缘政治困难。

第四，可能会出现因地缘关系改变而形成的大量移民，对我国形成地缘性的人口输入，给边疆某些区域的稳定造成严重影响。“一带一路”经过的东南亚、南亚、中亚、西亚许多区域，经济发展滞后，人民生活贫困，而且人口的文化结构和宗教结构复杂敏感，极端主义、分裂主义和恐怖主义组织众多且活跃，内乱和武装冲突不时发生，人口的迁徙和移动十分频繁。“一带一路”经过或邻近这些区域之后，随着交通和往来的日益便利以及我国口岸的开放，势必带来人员的频繁流动，从而使得大量人口移入我国的可能性陡增，甚至会产生规模化的难民问题，其他国家的不安定因素甚至部分极端主义势力也会随之而来。这种人口涌入又会在我国边疆地区形成新的聚积，从而引发边疆地区更多和更加频繁的民族、宗教和稳定问题。其中，单是中巴铁路、中吉乌铁路修通后某些族群的人口顺道持续流入新疆，都会导致十分复杂的后果。今天欧盟国家遇到的大量难民涌入的严重困扰，值得我们警惕。

第五，可能会对中国经过长期努力而形成的地缘政治格局形成冲击。中国在对外开放不断深入过程中经过多年努力，在推动东盟、上海合作组织的建立和巩固方面取得了很好成效，有效增加了中国的地缘政治资源，一定程度上改变了中国的地缘政治形势。“一带一路”倡议，虽然希望能与这些已有战略相衔接并相得益彰，但这些战略和过程毕竟是在不同环境中形成并追求着不同目标，相互间的不一致或不吻合是客观存在的。因此，“一带一路”有可能对原有的战略形成某种程度冲击，从而导致原有战略的效用递减，甚至会形成地缘政治资源增量与存量的对冲。

三、大国对“一带一路”的挑战、疑虑、搅局与抵触

（一）美国对“一带一路”的战略围堵

美国从其全球战略出发，必然要干扰破坏一切影响其世界霸权的国际战略倡议，“一带一路”也不例外。美国已经显现和正在形成的战略围堵表现在如下方面：一是通过美国的联盟体系破坏“一带一路”建设，如通过与一些伊斯兰国家的特殊关系怂恿三股势力搅局；二是为维护海上霸权，不断强化印太战略，加强亚太、印度洋军力，重点利用东亚海洋领土争端，挑唆声索国制造事端，企图“以邻制华”，遏阻中国“海洋崛起”；三是策动沿途国家（尤其是缅甸、中亚国家）的颜色革命；四是对中国施加影响，策划推动“五独”势力的合流，推动台湾加入 TPP；五是与日本一道，借助基础设施建设的环保、劳工标准等，利用亚行阻止亚洲基础设施投资银行。

早在 1999 年，美国国会就通过了“丝绸之路战略法案”。2011 年 7 月，时任美国国务卿希拉里在印度参加第二次美印战略对话期间提出了“新丝绸之路”计划。2011 年 10 月，美国国务院向美国驻有关国家的大使馆发出电报，要求将美国的中亚、南亚政策统一命名为新丝绸之路战略，并将其向国际伙伴通报。这标志着新丝绸之路战略成为了美国的正式官方政策。美国的“新丝绸之路”战略，具有浓厚的意识形态色彩和明显的地缘政治、地缘经济意图。其主要目的是谋求在中亚地区的长期存在，控制中亚地区丰富的油气资源和矿产资源，建立由美国主导的中亚、南亚新秩序，削弱中国在该地区的影响力，这就给中国的政治安全、经济安全、军事安全、非传统安全带来严峻挑战，也给“一带一路”带来了严峻挑战。

跨太平洋伙伴关系协议（TPP）作为由美国主导的一项多边自由贸易协议，内容和标准更多体现美国自由贸易理念及其战略利益诉求。它作为美国“重返亚

太”战略的重要组成部分，有意设置高门槛限制中国加入。从短期看，TPP 对中国参与推进亚太地区经济一体化合作构成现实制约，不利于中国提升在亚太地区事务中的影响力和话语权；从中长期看，TPP 的持续推进，将使中国与周边大国关系趋向复杂，增加中国地缘政治与安全压力，甚至可能危及中国长期谋求的和平发展环境。

中国推行“一带一路”倡议的目的在于建立中国与东南亚、中亚、中东、欧洲更加紧密的经贸联系，寻求更加深入的合作与更加广阔的发展空间，通过输出资金、技术推动区域内国家发展与繁荣，带动中国经济的升级与再平衡。而美国提出构建 TPP，将阻碍东亚区域一体化进程，对亚太地区逐步形成的由东盟主导的“区域全面经济伙伴关系”（RCEP）起到分化作用。同时，欧美联合构建跨大西洋贸易与投资伙伴关系协定（TTIP），推行更加自由化的国际经贸规则，又从欧洲大陆方面阻碍亚洲与欧洲的经贸合作进程。TPP 和 TTIP 构筑了西方自身的利益网，也在很大程度上阻滞了中国“一带一路”倡议目标的实现。

虽然美国公开并非一味反对中国的“一带一路”倡议，但未雨绸缪，必须以建构中美新型大国关系来化解美国的战略疑虑，破解美国的战略围堵。美国是实用主义的国家，美国公司、社会各种组织机构可能会率先参与“一带一路”建设，推动美国政府更新观念、转变看法。我们也需尽可能将美国利益融进来，引导、塑造美国对“一带一路”的认识，并以其盟国态度反推美国立场变化，使之朝向有利于、至少不妨碍或少妨碍“一带一路”建设的方向发展。

（二）俄罗斯对“一带一路”的战略猜疑

“一带一路”的关键挑战，在海上是美国，在陆上是俄罗斯。历史上，丝绸之路的兴衰与俄罗斯的兴衰密切相连。俄罗斯对“丝绸之路经济带”的态度一度是警惕和紧张的，一是怕绕过俄罗斯：二是怕与欧亚联盟相对立：三是怕取代上合组织。经过不断做俄罗斯政府工作，终于取得其支持，并将其远东开放和远东铁路改造项目融进“丝绸之路经济带”建设，以中蒙俄经济走廊带动俄罗斯经济发展。

但在陆上的“丝绸之路经济带”，俄罗斯并不甘心沦为一个参与者。2011 年 10 月，时任俄总理的普京在其纲领性文章《欧亚地区新一体化计划——未来诞生于今日》中提出了建立欧亚联盟的构想。他倡议由原苏联共和国组成“欧亚联盟”，建立一个类似欧盟的超国家联合体，在欧洲和亚太地区间起桥梁作用，成为世界格局中的强大一极，跟美国、欧盟和中国三大中心平起平坐。2012 年普京重返克里姆林宫后，加快推进独联体一体化，着力构建欧亚联盟。为避免引起他国非议，欧亚联盟的正式名称被确定为欧亚经济联盟。2014 年 5 月 29 日，俄罗斯、哈萨克斯坦、白俄罗斯三国签署了《欧亚经济联盟条约》。欧亚经济联盟 2015 年 1 月 1 日起正式投入运营，成员国包括俄罗斯、白俄罗斯和哈萨克斯坦。该组织还将吸纳新成员，将有不少联盟成员国为“丝绸之路经济带”上的重要国家。普京曾表示，经济联盟将成为独联体地区的一个经济引擎，成为一个新的世界经济中心。

俄罗斯的“欧亚经济联盟”与中国的“一带一路”建设存在许多重叠之处，

虽然中国在“一带一路”建设中不谋求地区事务主导权，不经营势力范围，但俄罗斯传统上把中亚地区视为自己的势力范围，不愿意接纳其他国家在这里扩张影响力。因此，如何发展好中俄全面战略伙伴关系，寻找欧亚经济联盟与丝绸之路经济带建设之间可行的契合点，使之共同成为推进亚欧区域一体化的重要引擎，这是摆在中俄面前亟待破解的难题。另外，俄罗斯对丝绸之路经济带可能带来的麻烦，还在于欧亚经济联盟的不接轨，不是按照市场经济规律办事，与“一带一路”理念、体制不兼容。

（三）日本对“一带一路”的战略搅局

作为美国的盟国和中国的战略竞争者，日本不会坐视“一带一路”成功，可能成为美国联盟“使绊战略”的排头兵。日本在丝路沿途国家经营多年，非常敏感“一带一路”动其奶酪，它已经和正在采取的干扰措施是多方面的：一是在中南半岛、孟加拉湾搞互联互通与中国唱反调；二是利用其对外直接投资优势搅局；三是通过非政府组织破坏中国项目；四是利用亚行基建项目与中国竞争。

1997 年，时任日本首相桥本龙太郎就提出“丝绸之路外交”战略，该战略把中亚及高加索八国称为“丝绸之路地区”，并把这一地区摆在日本外交战略中的重要位置。2004 年，日本推动设立了“中亚+日本”对话机制，这标志着日本同中亚国家的交往联系开始朝着常态化、多边化与全方位方向不断发展。日本推行“丝绸之路外交”战略的主要意图在于：在毗邻中国的地区培养“亲日国家”，谋求在中亚和高加索这个世界战略要地站住脚跟，形成对中国的战略遏制；在石油和天然气资源的开发和进口方面牵制中国，延缓中国经济发展速度，同时对上海合作组织发展也形成牵制。

近年来，日本将中国的发展视为其实现政治军事大国野心的最大绊脚石，企图搭乘美国“重返亚太”战略的顺风车，将日美同盟的干预范围扩大至南海，拉拢与中国存在争议、对中国存有疑虑的越南、菲律宾、印度等国家共同遏制中国，以实现其主导亚洲事务、抢夺海洋权益、围堵中国发展的目的。2014 年 6 月 11 日，日本国会众议院外务委员会就南海问题通过决议案，指责中国在西沙群岛进行石油钻探活动加剧紧张局势，声称日本不会容忍中国单方面以实力谋求领土和海洋权益，并要求日本政府加强与美国和东南亚国家的合作，共同敦促中国遵守国际法。今天的日本是一个典型的麻烦制造者，其诸多行为对海上丝绸之路建设带来了严重威胁和挑战，破坏了中国与东南亚国家友好合作关系，损害了中国在南海的海洋权益。

当然，日本并非不能争取。中日韩自贸区、两国领导会晤以及中美新型大国关系建构，都在化解日本可能的战略搅局。“21 世纪海上丝绸之路”向北部延伸，联通韩日，也是东北亚和平稳定的希望。

（四）印度对“一带一路”的战略不合作

印度作为“21 世纪海上丝绸之路”的重要支点，始终对“一带一路”倡议保持谨慎态度。复旦大学国际问题研究院吴心伯在接受媒体采访时曾说：“印度对中国的意图心存疑虑，我们去印度访问，对方反复问的是：你们能否提高我的基础设施和交通？能否改善我的港口条件？能否在我这里多建几个工业园区，提升我的制造业？”事实上，印度至今尚未表态支持“一带一路”倡议。中国社科院在《中国周边安全形势评估（2015）：“一带一路”与周边战略》中分析指出，印度对“一带一路”规划秉持着谨慎欢迎、保持沟通的态度，等待适时推出“印度制造”，冲淡“一带一路”，夺回话语权。2014 年底，印度著名中国问题专家谢刚在中国人民大学演讲中称，印度未表态支持“一带一路”的理由有三个：一是成本巨大（要 8 万亿美元大规模投入），印度不愿投入，担心无法获益；二是所经地区争议、动荡，比如经过克什米尔地区、孟中印缅经济走廊经过缅甸不稳定地区、中巴经济走廊经过不稳定弧等；三是担心被中国包围，尤其是从海上、陆上恶化印度安全环境，担心美国的介入影响其独立自主性等。但是，印度并未公开反对“一带一路”倡议，甚至赞同将东北邦开放融入孟中印缅经济走廊建设，对中国的工业园区、经济特区建设经验十分看重。针对印度的大国心态与安全关切，中印可效仿中日 21 世纪友好委员会机制，建立中印 21 世纪友好委员会，加强战略磋商、地方交流，推动民间智库联系，探讨中印在印度洋、南海合作开发、经营的可能性。

四、一些国家动荡不稳定对“一带一路”带来的风险

“一带一路”沿线不少地区其实也是世界上风险最高的地区之一，恐怖主义和分裂势力严重威胁着地区安全，各国普遍存在政治派系斗争激烈、政府执政能力受到制约、政局稳定性不足等现象。国家之间也因为领土、宗教和种族等原因而矛盾重重。经济上，不少国家面临经济增速缓慢、基础设施严重不足、能源短缺、货币疲软、通货膨胀压力居高不下等问题。

巴基斯坦是最为典型的例子。作为中国在南亚的战略支点，巴基斯坦在“一带一路”中无疑将发挥重要作用。但巴基斯坦的地缘政治风险尤其突出，安全形势一直不令人乐观，国家政策和未来发展亦存在诸多隐患，这都将对“一带一路”的实施造成影响和冲击。

巴基斯坦长期以来饱受恐怖主义威胁，各类恐怖袭击在巴基斯坦已成常态。布鲁金斯学会研究员布鲁斯·里德尔曾提出巴基斯坦恐怖活动有两个突出特点：一是恐怖分子已打入巴基斯坦军队内部。如 2015 年 9 月发生在卡拉奇的一起恐怖袭击事件中，“基地”恐怖分子试图劫持一艘巴海军护卫舰，攻击在亚丁湾执行反海盗任务的美军舰艇。在这起袭击事件中，如果没有巴基斯坦军方内部人员的支持和配合，恐怖分子不可能潜入海军基地，更没有胆量和能力劫持、操控军舰。二是巴基斯坦恐怖组织更多将袭击目标转向印度。在印度新任总理莫迪即将就任时，巴基斯坦恐怖组织“虔诚军”就对阿富汗赫拉特省的印度领事馆发动恐怖袭击，并试图绑架印度外交官。而被认为藏匿在巴基斯坦的“基地”头目扎瓦赫里，也曾月公开发表声明成立“印度分支”，威胁对印度发动大规模恐怖袭击。这些袭击事件及恐怖威胁，都直接针对印度，将进一步加剧印巴两国之间的对立情绪，对巴基斯坦及地区整体安全态势非常不利。

巴基斯坦与另外一个重要邻国阿富汗的关系一直是其对外政策的重要方面，但也同样饱受争议。巴基斯坦长期向阿富汗实施渗透，并通过各种手段施加影

响。这使两国关系长期严重对立，也给中国推动地区合作蒙上阴影。国际危机组织曾在一篇报告中指出，巴基斯坦持续对阿富汗实施渗透，主要是基于“巴基斯坦的门罗主义”。在巴基斯坦看来，阿富汗属于自己的势力范围，对其施加控制影响理所应当。而分布在巴基斯坦和阿富汗边境线两侧的普什图人，则成为巴基斯坦向阿富汗渗透施加影响的最有效抓手。巴基斯坦向阿富汗实施渗透和影响控制，主要是为了对冲印度在阿富汗日益上升的影响力，防止被印度从东西两面合围。但正是由于巴基斯坦的渗透，使得阿富汗极为反感巴基斯坦，也为印度进一步密切与阿富汗的关系创造了条件。报告指出，巴基斯坦越是突出强调印度在阿富汗的存在，以此为自己的渗透扩张行为背书，印阿两国关系就越密切，印度在阿富汗的影响力也越大。在这个问题上，巴基斯坦陷入了“自我实现”的恶性循环。另外，巴基斯坦军队与政府之间的复杂关系，以及国内各政治派别之间的明争暗斗，对于巴基斯坦对外政策也产生负面影响。主张对阿富汗采取强硬措施的军方影响力很大。巴基斯坦军方以“打恐”为名经常向阿富汗境内发射火箭弹，成为两国关系一大症结。

城市化进一步加剧动荡也带来巨大隐患。作为一个人口众多的伊斯兰国家，巴基斯坦正在经历复杂而深刻的社会变化，城市化是其中一个重要方面。兰德公司有关报告曾指出，巴基斯坦目前已是南亚城市化率最高的国家之一，城市化进程在未来 20~30 年仍将持续。到 2020 年，巴基斯坦的城市人口预计将达到 8 100 万人，占总人口比也将上升到 39.5%。城市化进程在改变巴基斯坦社会结构的同时，也带来更多的不稳定因素，在反恐安全问题上将给巴基斯坦带来更多压力。大城市在聚集人口的同时，也加速了信息的流通，这为伊斯兰极端主义思想渗透提供了空间，导致恐怖组织滋生蔓延。目前“巴基斯坦塔利班”、ISIS 等恐怖组织已经在卡拉奇等城市成立分支或“庇护所”，未来随着巴基斯坦人口进一步向大城市聚集，恐怖组织也将在此进一步做大做强。但对于巴基斯坦而言，长期以来的反恐重点都在北瓦基里斯坦等偏远山区，如果将反恐主战场转向大城市，不仅意味着资源的重新调配，对于巴基斯坦反恐力量的情报、战术等能力也提出了更高的要求，甚至巴基斯坦反恐力量的体制编制也要因此做出调整。而这些都是非常艰巨复杂的任务，远非一朝一夕能够完成。

部分“一带一路”沿线国家现在处在转型期，政治上不稳定，政党轮替后缺乏政策延续性，往往是新上台的政党推翻前任与其他国家签订的协议，甚至作为反对党期间，为了党派的利益，撕毁前任和其他国的协议，这些国家开展的业务也会受到腐败问题的干扰，有时候投资会血本无归。即使是支持“一带一路”建设的国家，也无法保证项目能够顺利完成。希腊新政府叫停向中国出售比雷埃夫斯港口就给“一带一路”建设蒙上了一层阴影。

希腊作为传统海洋国家，地处亚洲、欧洲和非洲交叉地带，是中国通向欧洲的门户。比雷埃夫斯港则是中希友谊的见证，每次中国领导人访问希腊发表讲话，都会提到这个港口。在 2014 年中国和希腊关于深化全面战略伙伴关系的联合声明中曾提到：“中方高度重视希腊作为进入欧洲门户的独特区位优势，愿与希方扩大在港口、公路、铁路等基础设施建设领域的务实合作。希方欢迎中方积极参与比港港务局私有化项目。”然而，在希腊左翼政府上台之后，叫停了欧盟、国际货币基金组织所有的救援偿债紧缩计划，其中就包括比雷埃夫斯港项目。

事实上，希腊叫停出售比雷埃夫斯港口并不是个案。斯里兰卡是太平洋到印度洋海上通道的“十字路口”，科伦坡港则是“21 世纪海上丝绸之路”不可或缺的重要支点。中国和斯里兰卡关系发展紧密。斯里兰卡政府曾多次表示愿意积极参与“21 世纪海上丝绸之路”的建设。中国与斯里兰卡达成建设科伦坡港口城的项目的协议，在斯里兰卡新政府上台后，则要对此项目进行重新评估。

从“一带一路”国家来看，在东南亚地区，政治转型正在发生，大量底层的民粹力量与族群矛盾正在被释放出来，社会动荡将会在未来一段时间内频繁发生。这其中最为严重的是缅甸，民主化转型、缅族与其他少数民族的内战、军方与民主派的矛盾以及美日等国的干预，让缅甸的走向充满变数。近年来，我国的诸多企业都在缅甸遭遇了重大政策风险。泰国高铁项目也面临类似的问题，虽然不存在缅甸的内战风险，但是泰皇、军方与民主派的矛盾十分尖锐，红杉与黄衫的背后，其实是农村底层力量与城市富裕阶层的零和博弈。除此之外，泰国还面临正在激化的宗教冲突与民族分裂问题。大选带来的暴力冲突与流血，也成为柬埔寨政治转型的问题，相对而言选举较为和平的马来西亚也面临着深层次的矛盾，坦率而言民主选举不仅未能融合马来人与华人，反而造成了尖锐的族群冲突。东南亚地区的越南、老挝这样的社会主义国家，虽然相较于民主转型的国家更为稳定，但也正在面临深化改革的“社会危险期”。而在中亚、南亚方向，一些国家也正面临更多的不确定性。中亚地区两大强国哈萨克斯坦、乌兹别克斯坦的领导人长期执政、年事已高，随时可能面临严重的健康问题，而两国尚未解决其接班人问题。在哈萨克斯坦，数位可能的接班人背后有美、俄等大国的支持。在乌兹别克斯坦，七大地域集团势同水火，虽然暂时为强人卡里莫夫所压制，但一旦卡里莫夫过世，其内部矛盾极有可能激化。从某种意义而言，乌兹别克斯坦甚至有成为第二个南联盟的危险。

总的来看，政权变更、领导人更迭、民主化运动与民族分裂等政治风险将成为中国企业投身“一带一路”所必须高度重视的长期风险。

“一带一路”无先例可循，只能“摸石头过河”。总体而言，要进一步加强对“一带一路”涉及地区和国家的地缘政治风险评估和研究，在政策制定上加强主动性和针对性，重点提升对于相关国家及周边环境的引导和塑造能力。相关部门在制定政策时，也应多征求智库和研究机构意见，加强决策的科学性，力争减少政策失误的空间。

“一带一路”推进中面临的经济风险

三亚公共外交研究院副院长兼秘书长　孙治国

“一带一路”倡议既蕴含了巨大的商业价值和投资空间，又面临着地缘政治、国际安全、非传统安全等多重风险，还有直接的经济风险。对此需要未雨绸缪，避免欲速不达，以便更加有的放矢与可持续地向前推进。

一、投资风险

项目投资是“一带一路”倡议落地的主要支撑。“一带一路”沿线60余个国家，经济发展程度、政治体制、法律体系千差万别，支撑“一带一路”倡议而进行的对外直接投资是在异常复杂的环境中进行的，保障投资安全是最直接最现实的问题。

“一带一路”规划出台后，将我国政府、企业等各类主体推向了国际合作前沿。各级政府应对复杂国际事务的协调能力与成熟经验匮乏，既无先例可循，又缺专业人才。中国企业的走出去还处于初级阶段，辨别和防范风险能力仍然不足，对国际法律法规的了解、运用也明显不足，缺乏对当地媒体、民众利益的理解与考虑，以致造成不少被动局面。特别是海外重大项目建设周期长、资金投入大、风险因素复杂，安全运营管理能力薄弱，可持续的资金保障机制尚未完善，有能力、有实力的投融资主体为数甚少。一些媒体和学者宣介“一带一路”时过多过重强调地缘战略意图和中方获利，又加重了外方疑虑。

投资安全性问题。“一带一路”建设的投资安全面临着重大挑战。从目前“一带一路”所涉及的国家来看，经济发展程度、政治体制、文化历史、宗教状况千差万别，沿线区域既是地缘政治冲突的热点地带，也是全球主要政治力量角逐的焦点区域。这使得通过“一带一路”倡议而进行的对外直接投资在投资安全方面直接面临挑战。例如，东道国发生剧烈的政权更迭，新政府上台后是否可能实现外国投资的国有化？假如国家间发生战争，战争一旦摧毁了相应基础设施或厂房，谁来负责赔偿？在“一带一路”沿线国家中，有个别国家有着长期且经常的主权违约记录。即使该国政府对特定项目进行了政府担保，但如果政府再次宣布违约，中国企业的海外投资安全如何保障？世界经济论坛发布的《2015—2016全球竞争力报告》显示，斯洛文尼亚、缅甸、以色列、埃及、塞尔维亚、乌克兰、巴基斯坦、保加利亚、印度、摩尔多瓦、波黑、孟加拉国、黎巴嫩、泰国、尼泊尔等国家的政党轮换频繁或政局不稳，对投资等商业活动的影响较大，给国内企业参与沿线国家的PPP投资带来了很大的不确定性及风险。从国家的政治风险投资评级看，以非洲为例，非洲国家没有A级，都是B级以下，D级占有许多，刚果、几内亚、尼日利亚的级别非常低。我们在非洲几个国家投资量非常大，都遭受了损失，特别是在刚果和利比亚，新的政权对于我们的投资权益承认不承认还是一个问题，这都是属于C级和D级以下的国家。所以必须理性的做非常详细的评估。

基础设施是“一带一路”建设中非常重要的领域，风险尤其大。项目业主大多具有政府背景，是项目的参与者，也是规则的制定者，经常造成违约情况。如，希腊新总理就职当天就叫停了中远集团及其他四家竞购者出售比雷埃夫斯港67%股份的计划。在斯里兰卡建设科伦坡港口城的项目，中国领导人也做了剪彩，但新上台的斯里兰卡领导说变就变，因为其亲印度，希望用印度的公司。

投资收益率问题。“一带一路”建设面临的潜在风险之一就是相关投资收益率偏低。由于“一带一路”建设所带动的投资有很大一部分集中在国际基础设施投资领域，而大多数基础设施投资都具有投资收益率偏低的特点。从现实情况看，沿线国家经济发展相对落后，基础设施建设比较薄弱，相关法律法规不健全不完善，加上大多数PPP项目投资又以道路、港口等基础设施建设为主，投资回报率较低且回本缓慢，有时甚至连能否盈利也存在较大的不确定性。从过去项目的实施看还有许多风险，如大国之间的恶性竞争带来的招标价格过低、条件过于苛刻。现在尤其明显的是中日之间的恶性竞争。例如，如果没有中日之间的恶性竞争，我国在泰国、印尼、印度获得的铁路项目有可能价格比现在高一些。还有财政金融风险，印度、以色列、阿尔巴尼亚、塞尔维亚、乌克兰、斯里兰卡、匈牙利、克罗地亚、斯洛文尼亚、约旦、埃及、新加坡、不丹、黎巴嫩、日本负债率都超过了70%，日本甚至超过了200%；阿富汗、乌兹别克斯坦、爱沙尼亚、巴勒斯坦、马尔代夫、塔吉克斯坦、尼泊尔、叙利亚、伊拉克、缅甸、巴林、马其顿、也门、黑山、阿尔巴尼亚、不丹、黎巴嫩等国的外汇储备很少甚至没有储备，在这些国家投资如果以本币计算存在巨大的投资贬值风险。

资金来源的不确定性问题。顺利为项目建设融资是“一带一路”建设的重要瓶颈。“一带一路”沿线国家主要是发展水平较低的新兴市场国家，这些国家自身原本就缺乏充足的资金用于相关投资，私人部门与境外主体出资有限，从而使得中国政府不得不成为主要出资者。据亚洲开发银行（ADB）估算，“一带一路”亚洲部分的基础设施建设每年至少需8 000亿美元。仅依靠国家开发银行、亚投行与丝路基金不可能弥补如此大的资金缺口。显然，资金来源的不确定性已成为“一带一路”倡议的掣肘，单一的投融资模式也难以满足项目建设的需要。这就需要将来实现两个突破，一是项目在哪个国家，哪个国家就要有配套，配套资金、配套政策、提供拆迁、土地，另外要在国际金融市场中进行融资。但目前看来，国际金融市场也融资困难，避险情绪不断上升。过去国际融资贷款成本比较低，现在虽然没有上去，但也开始往上浮了。如果美元加息，它自然就会上去，上去以后企业债的偿还压力就会比较大。目前中国的外汇储备高达3.8万亿美元。有些人认为，当前外汇储备投资收益率偏低，通过“一带一路”倡议的实施，能够实现中国外汇储备投资的多元化，进而提高外汇储备投资的收益率。然而，这可能忽视了两点：第一，“一带一路”相关投资的收益率可能并不高、投资安全可能面临更大挑战，因此相关外汇储备投资的收益率可能不升反降，风险可能不降反升；第二，随着人民币单边升值预期的消失以及中国央行加速开放资本账户，中国的外汇储备存量未来可能持续下降，在特定情形下可能下降很快。中国政府究竟能将多少外汇储备投入“一带一路”倡议，事实上存在较大问号。

外汇管制问题。通常情况，一是流动性风险，资金汇不出来，资金进行转移在当地受到了很多限制。二是汇率变动的风险，对于有些货币，要看历史上稳定不稳定，如果不稳定，把美元换成当地的货币，会导致一些贬值风险。三是外汇政策变动的风险，有些国家说变就变，这些国家尽量不要去投资。四是各国外汇政策有很大的差异性，特别是实行部分外汇管理的国家，差异性一定要搞清楚。因此，一定要了解投资东道国外汇管理制度，是实行外汇严格管制制度，还是外汇可以自由进出。并不是说所有的发达国家都没有外汇管制，如新加坡经济制度灵活，并且是国际金融中心，但新加坡对新币的管制也是比较强的，尤其对外国人持有新币有很大的限制。中资企业特别要重视对当地外汇政策的调查研究并严格遵守，随时关注他们的外汇政策。有一些国家有外汇的配额和额度，超过了额度就要面临坐牢的风险。还要积极预测汇率走势和投资东道国汇率变化趋势，采用针对性的多种金融手段，比如外汇避险手段，期货期权等来防范风险。

二、市场风险

市场风险既有针对不同的投资项目类型本身具有的一些风险特性。如：交通基础行业主要是靠交通流量，如港口投资主要靠海运，公路方面的投资主要是交通量。如果预判不准确，或者没有预判到整个国家国民经济的发展导致对运输量的变化的时候，会带来盈利方面的风险。也有其他一些方面的风险，如巴基斯坦可能经常有针对中国公司的一些恐怖事件，这方面曾经有过惨痛的教训。另外，在有些国家开拓业务时会受到美国的制裁，如对于外汇的使用，尤其美元的结算美国会进行冻结，这会影响到企业全球业务的发展。同样，气象、水文、地质风险也是很常见的。在国外开展业务所跨区域气象都不一样，如东南亚有干季和湿季，俄罗斯很多项目在冬季无法施工。如果不了解的话，会导致在工期或者资源配备方面会导致失误，从而导致整个项目的执行受到影响，增加成本，这方面的案例也是很多。

合同风险。也就是合约风险。企业在国际工程承包市场上是靠合约或者契约来约定，尤其是投资的对象或者是跟当地政府进行合作的，所以在投资的行为过程中，尤其要重视合约方面的安排。这方面的安排主要有三个方面：一是技术标准风险。中国技术标准“走出去”是推进“一带一路”倡议的重要支撑，如肯尼亚的蒙内铁路项目。二是保函风险。这也是在合同签约的时候要考量的风险，如：利比亚的项目执行过程中，很多中国公司由于保函风险考虑不够，战争发生之后出现索赔事件，导致了索赔函没法取消，银行还持续收费或者是对保函还持续索赔。三是支付风险。在承揽项目的时候有时候考虑不足，对于当地形成利润的如何要到境外这方面来考虑不到的话，会导致资金留在当地，而当地贬值的速度又很快，又没有投资机会的时候，利润也就是账面利润，现金流没法回流也不是真正有价值的。因此，企业要特别注重降低合同履行中的风险，进行违约风险防范。要筹划好投资结构，我国企业在 BOT 项目中可以通过增加主体，从而分摊风险。

劳动风险。这是企业海外投资面临的非常严峻的风险，如果不注意，轻者被罚款，重者还要坐牢。突出风险通常有，一是违反当地劳动合同签订强制性规定，没有给员工最低劳动工资的报酬以及按照最低的劳动时间去实施。有些地方还会有一些特殊的规定，比如在某些行业必须要雇佣当地国籍的人。二是非法聘用外籍劳工。如阿尔巴尼亚的建筑领域，一般员工跟外国工人的比例是 1:5~1:7，雇佣一个中国人要雇佣五个当地的工人。而埃及则要求对一般员工不得低于 90%，对中层员工比例不得低于 75%。前几年我国一些淘金业主在加纳遭受了非法驱赶赶，主要是两个原因，一个就是加纳的法律规定，外国的投资者必须要通过加纳证券市场去投资金矿，在加纳上市的这些金矿都是大金矿，所以作为欧美一些投资人，基本上通过券商，通过证券交易所来投资，这个受法律的保护。而作为中小的金矿，规定必须是由本国人去经营，我们一些企业家就跟当地中小矿主签订租赁协议，而且在租的过程之中，不采取国际上先进的淘金方式，是用最原始的方式，结果导致水土流失，环境污染，导致当地政府反感。还有一些投资者采用了非法的方式，进入了很多非法打工的人，这些人没有合法的身份，一旦出现了暴乱或动乱，当地政府是不保护的。因此，要全面了解和掌握东道国关于劳动法律法规的一般性规定并予以严格遵守，还要关注东道国与我国劳动法差距较大的特殊性规定。认真遵守东道国的劳动保护、劳动保障法律法规等各方面强制性规定，指导性规定。还要充分了解东道国的劳动救济制度，企业经营难免产生劳动纠纷，要重视劳动纠纷的解决程序和过程。

融资风险。主要是如何解决资金，如何确保资金的落实。中国企业在国际化的进程中，对接国际资本市场的能力或者说对接国际资本市场的手段还是比较薄弱的。如何进行金融创新，如何进行产融的结合，这是解决融资风险的一个重要方面。其次，汇率风险是一个永恒的话题，面对汇率的波动，在整个投资行为结算过程之中，或者回收的过程之中，实际上一直要去面对这个问题。尤其现在人民币国际化之后，选择的途径可能更多了，但是这个本身风险还是存在的，这需要根据项目的特点、资金回收或者现金流的情况要针对性的有一些应对的方案，这些资本市场上或者金融市场上都有相对的应对方案。如：调期保值等。还有涉税风险，每个国家税务体系都是不完全一致的，征管的办法也不一致。有些税收在国内可能不是问题，但是在国际国外可能就是大问题，可以决定这个项目的整体盈亏。如果没有考虑进去的话，可能这方面导致项目的损失是会很惨重的。

与当地融合的风险。中国企业走出去习惯上把中国传统的做法带到国外去，如果不能够因地而变的话，会导致很多风险。如劳工风险。同时，属地化管理的时候也存在一些风险。项目的实施除了“人”的问题，还有“材料”和“设备”方面的问题。中国现在整个市场经济比较发达，材料问题不是主要的问题。但是国外一些市场物流和物资比较贫乏的时候，则可能出现大问题。如：有些国家土地是私有化的，解决起来非常麻烦。还有设备选型的问题，在国内不是问题，国外可能是问题。如中东地区有些铁路项目所选用的设备不符合当地，会导致设备在当地没法使用，导致巨额损失，这方面的案例都不少。

三、法律风险

法律风险是指海外投资不符合东道国相关法律要求或者违反其相关法律规定而无法顺利进行的风险。较为常见的法律风险，首先是准入风险，即海外投资因为不符合东道国相关法律要求、无法通过东道国相关审查机制而不能进入东道国市场的风险。这方面比较突出的例子，一是外商投资国家安全审查机制，二是外商投资反垄断审查机制。而由于社会制度和意识形态等方面的原因，东道国外商投资国家安全审查机制对中国企业的适用更为频繁，影响也更多。2012 年三一集团收购美国俄勒冈州风电场项目被美国外国投资委员会以涉嫌威胁美国国家安全为由叫停，就是一典型例子。其次是合规风险，即中国企业进入东道国市场开始经营后，因违反东道国相关法律法规，特别是对于中国企业而言不甚熟悉的环境、劳工、人权等方面的法律法规，而受到处罚或制裁的风险。

目前看来，“一带一路”建设中面临的法律、法规风险非常显著。首先是法律、法规的一致性问题。沿途国家如哈萨克斯坦、土库曼斯坦等国家都不是世界贸易组织成员，其有关法律、政策不受世界贸易组织法律制度的约束，许多法律规范、政策与世界贸易组织要求不一致，在通关程序、技术输出/引进、反倾销政策方面都存在壁垒。其次，是法律、法规的完善性问题。有些国家缺乏立法基础与条件，人治多于法治，执法机制不健全，依法合规难度大，存在利益寻租空间。在法律不健全的背景下，外国投资可能被强制国有化，基础设施或厂房如受到战争破坏将无人承担相应责任，部分国家可能出现主权信用违约。第三，是法律、法规的连续性问题。沿线国家极有可能为了维护本国产业安全不断调整相关法律政策，政策的反复变动对市场化投资势必造成影响。例如蒙古国 2000—2010 年数次对其《矿产法》进行反复修订和调整，导致中国对蒙矿业投资多次出现波动。

投资保护和准入的法律风险。“一带一路”沿线 65 个国家都是主权国家，出于主权保护的需要，对于外商投资的范围和行业，都是有一些限制的，甚至会出现许多重大意外。如征收和国有化及其补偿，一般不能对外资进行征收，如果征收也要进行相应的补偿。但津巴布韦在前几年突然宣布了一个政策，外资在津巴布韦不能绝对控股，必须要由津巴布韦公民占 51%以上的股权。在津巴布韦投资的外国企业，实际上 70%是中国企业，所以在这些国家投资一定要非常注意。还有，在禁止投资领域，泰国《外资经营法》明确禁止外国人投资水稻、渔业等。总的看，具体在投资者保护和准入方面存在的法律风险，一是政治风险，特别是中亚和西亚一些国家，政治体制多样，政局变化莫测。二是无法享受优惠措施的风险，有的国家对投资者享受优惠措施，提出了很多的附加条件，这些附加条件一定要研究透彻。

投资退出和投资安全的风险。投资前期就要把退出想好，究竟采取什么样的方式。在国外投资也好，并购也好，是采取上市退出的方式，还是采取清算退出的方式，一定要筹划好。具体看，一是在股权转让的风险之中，由于股权转让合同定的不好，存在着股权转让合同的违约，和当地关联方造成违约，最后会产生相对的法律风险。二是在上市退出方式中，投资沿线一些国家证券市场非常小，我们都习惯了国内的证券市场，流动性非常强，因为国内证券市场在全球是排前几位的。可是许多国家的证券市场量都非常小，流动性不够，要通过公开证券市场退出来，提前要进行筹划。三是在清算退出方式中，也要熟悉当地清算法和破产法。因此，企业应当尽量利用自己股东身份在公司章程的制定和修改中加入对自己有利的条款，便于股权安全退出。比如，因为当地国家公司法跟中国的规定是不一样的，投资中对赌的协议和条款用了一些判例的方式，在当地起了纠纷，怎么确定含义。再如，如果约定的是仲裁，适用的哪些国家的法律，最后是不是能够执行，这些都是问题。在上市退出过程中，一定要找比较成熟的交易所，不见得非得到当地上市。像矿业类，可以在世界著名矿业交易所上市，比如说多伦多和澳大利亚的矿业交易所，在非洲可以去南非矿业交易所。比较大的交易所，制度相当好，要在这些交易所去退出，而不在小的交易所退出。对于清算条款，一些优先权的条款，要加入到里面去，以此来保证投资者的权益。这里面也是有一些对赌条款，清算如果到期，作为投资必须先拿到一定的比例，后面才是股东享有的权益。当然这些条款要是当地法律所许可才可以。

税收法律风险。一个国家税收优惠政策的影响是非常大的。到去年为止，我国已经和海外 100 多个国家签署了避免双重征税的协议，其中 97 个协议已经生效了。避免双重征税就是在其他的国家已经纳了税，到母国就不需要纳税了。其他的国家给了一定的税收优惠，在母国就不能对优惠再补交了，在这方面一定要研究清楚。具体的税收风险，一是居民身份认定上的风险，如果两国之间没有双边税收协定，企业面临着全球两次征税。二是双边税收协定条款和当地税收优惠的冲突风险，当地属于减免税，不能再交这个税，如果我国和将要投资的国家在税收协议上有这一条，这样在当地所在国减免了税，回到中国就不需要再交税。三是税收处理的合法性判断不足的风险，这通常要请专业的税务机构进行税务筹划。因此，正式投资之前，应进行详尽的税务尽职调查，对出现一些税务风险进行防范。尽可能避免我国和东道国双重居民身份认证。还应注意东道国是否跟我国签订了国际重复征税的税收协定。特别是税收筹划必须是确保在法律允许范围之内，如果超出了当地法律的允许进行的税收筹划，可能就是逃税。

注册风险。选择什么样的商事主体在投资国家进行注册不仅涉及是否得到当地许可的问题，还与税负紧密相关。因此要充分了解当地相关法律法规的规定，根据投资目的和需要，来设定投资的一些方式，有限合伙在国际上是通行的，都是交一次税，由 LP 和 GP 分别去交税，而不是公司交一次税，公司的投资者再去交一次税，通过这种方式有一定的税收优惠。总之，应当深入了解东道国企业注册的具体制度，并严格遵守，避免无照经营和非法经营。

从整个国际形势的变化看，目前我国的国际影响力还难以确保企业境外发展的安全性。"一带一路"沿线地区地缘政治矛盾日趋复杂，大国竞争激烈，小国投机取巧，地区形势越来越波谲云诡。这些都需要在今后的工作中予以高度重视和有效应对。

“一带一路”：近期发展与挑战[①]

王建业[②]

习近平主席在2014年11月举行的亚太经合组织北京峰会上提出了“一带一路”倡议（简称“一带一路”）。此后，它引起了广泛的兴趣并在国内外产生了重大影响。人们越来越认识到这一倡议的深刻影响。同时，不断变化的国内和国际环境也对推动这一倡议的实施发挥了重要的作用。

本文回顾了中国跨境资本流动的发展情况，特别是过去2~3年的直接投资。我们的分析清楚地表明：“一带一路”实质上是中国及我们在地区以至全球各地的贸易伙伴的开放。增加生产要素的国际流动反过来又提高了对国内机构及治理现代化的需求。通过2014年至今与2008至2013年的对外投资情况比较，我们还注意到新兴趋势及其潜在的驱动因素，国内外企业的机遇及中国企业和当局所面临的挑战。迎接这些挑战将大大有助于中国向创新型经济转型。

一、一个以市场为基础的发展倡议

大约近42年来，中国已从一个封闭、非常贫穷的国家转变为一个相当开放、中等收入的世界第二大经济体。中国在现有的国际贸易和货币体系下，通过融入世界市场，受益匪浅，促进了货物、服务、资本的跨境流动及人员与知识的较少程度的流动。随着经济的增长，中国被要求成为美国和其他发达国家的“负责任的利益相关者”，而且在二十国集团的背景下，应为维护世界经济增长承担更多的责任。

2008年美国经济危机爆发之际，中国在当年第四季度决定性地采取果断行动，这有助于避免20世纪30年代的全球经济萧条。简而言之，当北美和欧洲部分地区被迫进行去杠杆化时，中国大力提高杠杆作用以支持世界需求，在2009年及以后的几年中，全球经济增长率达到三分之一。这一贡献远大于中国在世界产值中的份额，2015年约占15%份额。由于经济尤其是发达经济体持续疲软增长，因此外部需求要中国做得更多。

在国内，中国工业化进入了平稳期，国内成本上涨，传统产业投资回报率下降，环境约束有限。除了迅速增加的劳动力工资，地价和处理污染成本外，人民

① 改编自作者在CCL（创意领导力中心）2017年上海论坛主旨演讲发言。

② 丝绸之路基金董事总经理，纽约大学（上海）经济学教授，最近被选为国际出口信贷工作组轮流秘书长（2020—2023年）。

币升值，自2005年8月至2014年年中升值55%，相对于主要贸易伙伴的一篮子贸易加权货币也侵蚀了中国的外部竞争力。不仅煤和钢铁大量产能过剩，而且在建筑材料及包括基础设施相关设备制造、项目工程和建筑等一系列其他行业也存在大量产能过剩。扩大市场将有助于结构调整，支持中国的产业升级以提升价值链。

除了外部预期和国内需求外，经济地理学也是推动“一带一路”的重要因素。在全球范围内，在欧洲共同市场和北美自由贸易区之间，有一个面积较大、人口和市场不断扩大、但与全球市场未很好联系的欧亚大陆地区。降低跨界障碍、降低交易成本将扩大市场、创造有效需求、促进增长，这符合亚当·斯密的经典经济学理论。

最后，基于增加中国对外资产份额的考虑。中国净外国资产净值（净国际投资地位NIIP）较大，但其外部经常账户为负盈余流入，这与美国形成鲜明对比，美国有相对于国内生产总值负两位数的净外国资产净值，但经常账户为正盈余流入。一个关键的原因是中国的外国资产主要是债务工具（如主要发达国家的国库券），而外债大部分是股本。股本和债务的回报是截然不同的。增加净外国资产净值的股权份额会增加收入，当然也会增加相关的风险。问题是如何做和谁来做。

有人怀疑“一带一路”倡议是一个政治的，外交的甚至是军事的计划。但是，如果经济方面没有真正的进步，这些都不可能。因此该倡议首先是一个经济倡议。

正如“2015年春季发布的行动计划”所明确指出的那样，“一带一路”倡议是沿海带路沿线国家开放与合作的雄心勃勃的经济愿景。[①] 因此，该倡议的实质是有关各方开放，促进跨境贸易和生产要素流动。关键领域包括政策协调、基础设施（例如运输、通信、能源管道或电网）连接、贸易和投资便利化，金融一体化以及人与人之间的联系交流。

从东亚到中东、东欧的浩瀚大陆，大多数人口都属于发展中国家。毫不奇怪，“一带一路”整个行动计划中，关键词是“双赢”结果，“相互”效益，“共同”发展与繁荣。为了实现这些目标，该倡议强调“市场在资源配置中的决定性作用和企业的主要角色，并让政府发挥应有的作用”。因此，很明显，“一带一路”倡议并不是一个新的“马歇尔计划”，而是一个“以市场为基础的发展和改革倡议。”

世界银行一份最新研究重申了在全球金融危机后期发展背景下，“一带一路”倡议的高度相关性和及时性。他们的数据显示，新兴市场和发展中经济体的人均投资增长率自2010年以来一直在迅速下滑，非金砖国家商品出口商从2010年的大约7%下降到2016年的0.1%。这与发达经济体的部分复苏形成对比。到2014年，发达经济体投资增长率恢复了长期平均水平，2010—2015年期间为2.1%。他们的研究指出，尽管外部借款成本创纪录的低以及大量内部投资需求未

① “中国拟建‘一带一路’倡议行动计划”，2015年3月28日，第三节第4段，http：/jhzggs.nsa.gov.cn.

得到满足，发展中国家投资和增长依然疲软，主要是由于其国内问题：商业环境恶化，企业债务快速增长以及政策不确定性，还有诸如主要国家的经济放缓等外部因素也起了部分作用。[①] 因此，适当的补救办法是按照“一带一路”倡议正确地解决所面临的问题。

二、近期直接投资发展

从中国在过去几年的国际投资流量数据看，三个方面的发展特别值得注意：

首先，海外直接投资（ODI）越来越多地受到民营企业的驱动。海外直接投资自全球金融危机可分为两个时期：2008—2013 年和 2014—2017 年。符合官方机构和市场来源的数据显示，私营部门在 2015—2016 年开始大幅度加速对外投资。商务部数据显示，海外直接投资的私人份额从 2009 年的 32%上升到 2013 年的 56%。Moody 穆迪和 Bloomberg 彭博研究表明，这一增长持续到 2016 年。并购占海外直接投资的很大一部分，这些数据显示：按交易数量，私营企业占比超过 75%，尽管国有企业在大额交易中仍然以披露价值占主导地位。

随着民营企业的兴起，海外直接投资目标行业从初级商品和自然资源转向服务业、高附加值制造业和消费相关行业。目的地市场也从新兴和发展中经济体转向发达国家。应该指出的是，从披露的价值和交易数量看，海外直接投资一带一路发展中国家也从非常低的基数增加了。在该地区，中国企业主要依靠 EPC 项目投资，但他们的角色已经开始从供应商、承包商、建筑商向投资者、建筑商、运营商方面变化。

第二，特别是 2015—2016 年资本外流的激增，在某种程度上反映了国外资产重新配置不合理或者掩盖了的资本外逃。虽然最初可以理解，由于美联储加息预期升高，国内企业要降低其美元负债，因此通过并购或异地购买境外房地产、酿酒厂、体育俱乐部以及不相关的业务，一些还通过自贸区等异常庞大迅速积累外国资产。人民币流出成为关注的焦点。其中包括金融业在内的一些企业积累了大量国内负债，想方设法谋求人民币资金支持外资支出，增加资产负债表不匹配，从而破坏金融稳定。

国际收支中的大量负面“错误和遗漏”也表示某些伪装的资本外逃。据包括海关统计数据与银行体系外汇流量之间的差异显示，该错误和遗漏条目从 2013—2014 年占国内生产总值 GDP 的-0. 6%上升到 2015—2016 年度的约-2%。

第三，2016 年净直接投资逆转为净赤字，主要是由于外商直接投资下降，而不是对外投资 ODI 增长。国家外汇管理局编制的国际收支表明，外商直接投资下降和对外直接投资加速分别占到了直接投资净额 60%和 40%，直接投资净额从 2015 年盈余变化到 2016 年赤字。这引起了中国对外国投资者的吸引力或中国商业环境的问题。

虽然上述第一方面发展基本上是积极的，但第二和第三方面警示监管当局。中国监管当局迅速反应，他们加强资金流动法规的执行并加强国内财务审慎要

① Ayhan Kose，Franziska Ohnsorge 和 Lei Sandy Ye，2017. “投资增长的弱点：原因，影响和政策回应”政策研究工作报告 7990，世界银行，华盛顿特区。

求。自 2016 年 11 月起，不合规的海外直接投资已经消退。

据商务部统计，海外直接投资 2017 年 1—5 月份与去年同期相比尽管下降了 54%，但海外直接投资中仍有 60%是与产业升级的三大产业紧密相关：商业服务，制造业，软件和信息技术相关服务。政府也明确努力改善经营环境，出台机构改革、财产权法律保护等国务院文件。2017 年对外商直接投资的市场进入壁垒，特别是在金融服务业和其他服务行业有所下降。

上述变化背后的根本力量是什么，特别是从以国有企业为主导的资源方面投资，到增长的以私营企业为主导的在高附加值和消费相关行业方面投资？主要有三大因素：循环，结构和治理驱动因素。周期性因素来自对国内外的利差以及人民币兑主要储备货币汇率波动的预期变化。结构因素是国内成本上涨——工资、地价、环境法规严格等原因。治理因素通过公司治理来影响国有企业投资；它也会影响私人投资，因为它是通过税收、监管处理和产权保护对不确定性产生影响。相对于成本和其他因素，治理驱动因素对中国而言可以说具有更为持久的影响力。

三、国内外企业机遇

私营企业的兴起和当局通过降低进入壁垒和加强财产包括知识产权保护，来平衡竞争环境的努力，对国内外企业来说是很好的。

在“一带一路”领域包括中国共有 65 个国家，占世界人口的 60%以上，世界 GDP 约占 30%。该地区大多数国家是发展中国家和新兴经济体，具有巨大的投资需求和巨大的增长潜力。

发达经济体曾经占全球消费的 80%。这种模式正在迅速变化。中国已经是许多消费品（例如汽车，智能手机等）的最大市场。展望未来，随着收入的增加，发展中国家和新兴市场对于全球企业来说将变得更加重要。回到中国的这个例子，产业升级，即从高资源密集、高排放、高污染产业向更清洁、更有效的经济转型，这将创造投资机会。也许最大的机会在服务或第三产业，就像匹兹堡市所经历的研发相关服务、健康、教育、娱乐和旅游产业。

即使在高科技领域，比如人造智能，中国拥有 6~7 亿移动设备/智能手机用户、大量的工程毕业生、已具备相当大的数据和计算能力、以及充满活力的电子商务领域，中国可能处在下一波工业革命和消费新商品和服务的前列。

全球消费市场和数字革命的转变将重塑全球供应链，改变世界贸易的态势。在地理上，一带一路有北线和南线，分别连接东亚和欧洲。目前，沿北线走廊可能会有更多的初级商品输送到东亚，更多的东亚和东南亚制造商品利用南线输送到发达市场。即将发生的变化，特别是南南贸易的增长，将为物流和相关行业创造许多机会。

四、未来的挑战

为了实现一带一路倡议下的增长和福利潜力，有关国家必须共同努力。但与贸易条约的多边谈判不同，勇敢采取行动而不必等待他人相互作用的情况下能实现诸多好处。下面强调了四个这样的挑战。

第一，国有企业的领导挑战。随着中国经济转型，国有企业在金融、能源、交通、基建 EPC 等方面仍占主导地位，在钢铁，有色金属，矿山，石化等重要行业也处于主导地位，但该角色正在改变。

有统计数据显示，国有企业资产回报率和投资回报率近年来都在下降，远低于民营企业。根据国际货币基金组织（IMF），通过调整使用土地和自然资源隐性支持和降低的隐性融资成本，国有企业的股本回报率自 2012 年以来估计已经为负[①]。在工业方面，国有企业虽然占有超过一半的企业债务和 40%的工业资产，但工业增加值还不到 20%。到 2016 年底，中央国有企业平均债务资产比率近 69%，远高于当地国有企业和民营企业。

境外投资可能比境内更困难。国有企业海外投资回报率可能呈现高偏差低均值，即从公司到公司差异很大，平均回报率偏低。这与私营部门的业绩差距在国外也可能比国内更大。这些国有公司，特别是他们的领导层面临着提高效率和盈利能力的艰巨挑战。他们的高管必须要改变思路，成为敏捷的学习者，学会框架思考，或者走出自己所遵从的领域，促进创新和重组。

对于跨境并购，更重要的是收购后重组和管理，以提升并及时实现价值。战略眼光、有效决策和高质量执行至关重要，这需要有健全的公司治理、市场一致的激励措施和市场驱动的企业文化来吸引和留住人才。这都是对领导的要求。

第二，直接投资一带一路发展中经济体挑战。该地区由各种规模、发展水平和财政限制的国家组成，对中长期投资者来说是具体而独特的挑战。

许多国家的收入较小，规模较小，对需要较大市场项的目进行有可行性限制。官僚习气和权力寻租也增加了在那里做生意的隐性成本。此外，交易对手的风险很大。通常很难找到具有稳固资产负债表和业绩记录的当地企业合作伙伴。支付能力通常是长期高风险的关注点。少数国家或公司具有可投资信用评级。他们多数易受到全球和商品周期的影响。对于商品出口商来说，贸易条件指数冲击能很快转化为财政压力、经济衰退和货币贬值。

应对这些风险要求我们的企业按照市场原则运作，彻底了解当地情况，并在此基础上，与投资者对风险和回报的各种偏好与正确的项目和其他合作伙伴进行匹配。还要特别注意社会责任和环境保护。与当地利益相关方建立联盟并注重环保将有助于在相对风险较高的市场上实现商业上的成功。

第三，扩大使用人民币海外直接投资的挑战。自 2016 年 10 月起，人民币已成为国际货币基金组织创建的国际储备资产特别提款权的综合货币。然而，2016 年人民币在世界平均每日外汇交易中的份额仍然小于澳大利亚元，加拿大元或瑞士法郎，他们没有一个是特别提款权。中国长期以来一直是世界贸易大国，其在全球贸易和外汇市场中的巨大差距表明扩大人民币国际使用的空间很大。

近几年来，大量的海外直接投资和其他资金流出导致中国外汇储备从近 4 万亿美元下降到略高于 3 万亿美元。此阶段，在人民币汇率可以自由浮动之前维持相当大的官方外汇储备对金融稳定至关重要。因此，扩大海外直接投资使用人民

① 国际货币基金组织，2017 年工作人员报告第四条磋商，第 18~19 段，http // www. imf. org。

币将成为必要，中国与该地区的许多国家有着密切的贸易关系和供应链联系，这有利于在国际贸易和投资交易中广泛使用人民币。

挑战在于逐步发展相关基础设施，减少人民币资金和持有成本，建立所谓的“网络外部性”（即更多的用户将增加每个用户的价值）。当然，国际上使用货币最终取决于市场接受程度，这可能是一个漫长的过程。因此，稳定的货币价值、法治制度和治理至关重要。

最后，国内治理现代化的挑战来自面对资本和人才日益自由的跨境流动。公共部门在这方面的改革特别重要。国有企业改革，通过真正分离所有制和管理、根据市场原则保留和激励专业人员、强化预算约束，这使企业运作真正符合1993年“公司法”而不是1987年“国有企业法”。充分发挥国有企业的市场竞争力，通过开放保护产业，消除隐性补贴，强化重组，提高效益，促进企业整体竞争水平。

使得公共支出透明、减少税收不确定性、重新调整中央与地方财政关系的财政改革在建立信心和减少资本外逃方面将有很长的路要走。使税制更进步的改革将不仅有利于减轻收入差距，而且还将使公共财政处于更可持续的基础之上，有利于人民币国际化。

最近国务院的意见重申有效保护产权是我们社会的基石。指出存在企业内部人员操控、国有资产剥离、政府侵犯私有财产，以及缺乏知识产权保护等问题，强调执法中“平等待遇”和“依法治国”。挑战不仅在于执行，而是在于制度和文化向“法治”社会转型的困难。

“一带一路”倡议呼吁欧亚大陆国家“开放”。这样做也为这些国家的改革和现代化建造条件。这些改革的真正进展，不仅会改变商界，而且也会改变相关社会，使沿线人民受益，创造真正的“双赢”成果。

海南省开展公共外交的探索与实践

海南省外事侨务办公室党组书记、主任　王　胜
海南大学外国语学院副教授　黄丹英

2013年海南省提出了打造博鳌公共外交基地的构想，并将其列入海南省委、省政府重要工作予以强力推动。4年来，省外事侨务办公室为推进此项工作，进一步协调完善了博鳌地区的硬件设施，扎实开展各类公共外交活动，收获了宝贵的实践经验。本文着眼博鳌公共外交基地建设目标，选择三类颇具代表性的公共外交案例加以分析，以案例分析形式积极投入到全省大研讨大行动中，为进一步推进博鳌公共外交基地建设，提升海南国际旅游岛的国际化水平提供参考。

一、博鳌公共外交基地建设的构想和目标

设立博鳌公共外交基地的构想，绝不是搞“圈地建房”，而是紧紧依托博鳌亚洲论坛等大型活动平台和博鳌核心区现有的酒店和会议设施，为开展公共外交活动提供便利条件和有效路径。同时，聚焦博鳌乃至琼海的美丽乡村建设，使之成为集中展现中国特色社会主义可持续发展实践范例的窗口，形成公共外交的集聚效应。博鳌公共外交基地的建设目标包括：

一个对外开放的“国字号”金字招牌。博鳌亚洲论坛是亚洲有关各国开展公共外交的、不可多得的重要平台，也是海南对外开放的“国字号”金字招牌，博鳌亚洲论坛的持续健康运作是建设博鳌公共外交基地的必要基础。

一个亚洲各国开展公共外交的平台。依托博鳌亚洲论坛，为亚洲各国吸取经济、政治、安全人文等诸多领域前沿思想精髓、开展公共外交提供一个最具前瞻性和包容性的平台。亚洲有关各国可充分利用这一平台，举办新闻发布会、媒体吹风会，参加网络访谈，推出各自的推介方案等。

一个亚洲决策者年度大聚会的场所。依托公共外交基地建设，推动博鳌亚洲论坛的健康发展，推动论坛对亚洲经济走向和政策提出设计路线图，使之真正成为亚洲国家决策者的年度大聚会，逐步发挥引领亚洲，实现合作共赢的重要作用。

一个各国官、学、产、媒对话交流的平台。公共外交的手段是增进各国政府与公众之间互动和交流，可以依托公共外交基地建设，为各国政府官员、专家学者、商界领袖和媒体搭建一个释疑增信的对话交流平台。

一个公共外交学术思想的策源地。公共外交在中国是一个新兴概念，学术研究也是百花齐放。通过博鳌亚洲论坛将海内外专家学者请过来，定期召开学术研

讨会，形成公共外交方面的“博鳌论道”，以集全球公共外交智慧，将博鳌打造成为公共外交学术思想的策源地。亚洲基础设施投资银行概念的提出就是博鳌公共外交思想的经典案例。

一个国际性大型双多边活动的举办地。依托博鳌亚洲论坛的品牌，通过完善博鳌会址地会议会展设施和提升国际化服务水准，进一步打造集群优势，吸引更多国际大型活动来此举办，将琼海博鳌打造成名副其实国际会展之都。

一个展示国家形象的国际化都市。公共外交旨在向外国公众展示本国的对外方针政策、发展模式、传统文化、价值观和软实力。尤其传统文化是各国最“拿得出手”的国家名片，也是国家形象构建中最重要的正能量。因此，作为公共外交基地建设所在地的琼海市，应是一个集中体现中国和亚洲各国传统文化、建设成就、展现海南国际旅游岛建设新面貌、展现中国包容、友善、亲和、爱好和平良好形象的国际化都市。

一个宣介产业优势、招商引资和传播海南声音、讲好中国故事的重要舞台。积极借鉴上海世博会公共外交的经验，在博鳌亚洲论坛期间，可以在会场周边设立相关展馆。除前所述亚洲各国国家形象的展示外，还可以每年选定一个中国的省、一个海南的市县进行推介。此外，博鳌亚洲论坛还是东道地讲述“海南故事”的重要舞台，故此应深度挖掘并精心策划好系列“海南主题活动”，主动出击，讲述“海南好故事”，传递“中国好声音”。

二、海南开展公共外交的重要实践案例

案例一：夫人公共外交带动美丽乡村建设

（一）夫人公共外交开启博鳌公共外交基地建设新篇章

2015 年，中国国家主席习近平夫人彭丽媛邀请出席博鳌亚洲论坛年会的奥地利总统夫人玛吉特、乌干达总统夫人珍妮特、赞比亚总统夫人埃斯特、尼泊尔总统女儿阿妮塔等外国领导人夫人和女儿参观了富有浓郁海南地域特色的琼海北仍村。彭丽媛和来宾们在开放式的传统民居建筑“北仍客厅”欣赏村民练习书法，观看村民表演的琼剧和竹竿舞，并同村民们互致问候、亲切交谈。彭丽媛和来宾们在村民开设的草寮咖啡屋，观看黎锦、椰雕等海南民俗文化展示，品尝当地产的咖啡、热带水果和特色点心。村民们高兴地唱起《万泉河水清又清》《请到天涯海角来》等歌曲与客人互动。彭丽媛以主人的身份向外宾介绍邀请大家参观北仍村的目的，她说，“今天邀请大家来参观北仍村村容村貌并与村民互动，希望大家能深刻感受中国改革开放后的农村变化”。临别之时，来宾们纷纷表示“度过了一个难忘的下午”“中国传统文化博大精深，活动让我们受益匪浅”“学到了许多关于妇女和农村发展的重要经验”。

此项公共外交活动，彭丽媛亲力亲为，以其独特的个人魅力和亲和力，向世人展示了中国在城镇化快速发展的同时新农村建设取得的突出成就，将“望得见山、看得见水、记得住乡愁”的中国社会主义新农村建设模式推向了世界，开启了利用博鳌论坛开展夫人公共外交活动的先河，为博鳌公共外交基地建设注入了新活力，翻开了博鳌公共外交新篇章。

（二）巧做对外宣介，放大公共外交效应

为巩固北仍村公共外交活动成果、放大活动效应，北仍村夫人外交活动后，海南省外事侨务办公室有意识地安排外国宾客参观考察北仍村，让外宾“亲眼见证、亲身体验”中国的高速发展给本地人民，尤其是给农村从业者带来的实惠。

2016 年 8 月，中共中央对外联络部邀请美国对外政策理事会代表团访华，海南省外事侨务办公室积极协调安排代表团访问海南并实地考察北仍村。这个由美国前副国务卿、美国总统候选人特朗普外事安全顾问以及多位美国联邦政府智囊组成的代表团，在访问北仍村之后对我国新农村建设成就赞不绝口。代表团对北仍村道路两旁刻有中英文社会主义核心价值观的石头表现出了极大的兴趣，纷纷拿出相机拍照留念。一位团员表示，“我在中国访问了那么多次，到今天为止，我还从来没有见过中英文对照的社会主义核心价值观。美国宪法所宣示的基本价值与贵国的社会主义核心价值观有异曲同工之处，看来我之前对中国确实存在误解”。另一位成员在“草寮咖啡屋”品尝由老板娘“香嫂”王秋香亲手调制的“夫人咖啡”时，饶有兴致地与之聊起了其生活前后的变化，听完“香嫂”的介绍，他表示，“我此前对中国的农村发展带有偏见，但实际上来到之后亲眼看了才知道，生活在这里的人很幸福。”美国前副国务卿麦考马克表示，北仍村的变化是海南以及中国快速发展的缩影。他本人过去几十年曾多次到访中国，每次访问都会发现此前所听到的发展愿景都一一变成了现实，中国几代人的努力铸就了新中国令人赞叹的成就，这些成就定会被历史铭记。

2017 年 3 月，来琼出席博鳌亚洲论坛年会的密克罗尼西亚联邦总统彼得·克里斯琴、马达加斯加总统埃里·拉乔纳里曼皮亚尼纳分别率团参访北仍村，详细了解北仍村的乡村旅游开发模式，品尝当地特色美食，观看表演。参观之后，两位元首都对北仍村农旅结合发展模式赞不绝口，在之后与我国领导人和我省领导会见时都反复提及北仍村，称这种美丽乡村建设的理念对于他们国家特别有参考和借鉴意义，今后有机会将派团专门来琼学习这一发展模式。

（三）收获与体会

通过彭丽媛在北仍村的公共外交活动，让我们看到了公共外交，特别是夫人公共外交在增进外界对中国社会主义新农村建设的了解，在促进地方经济社会发展、改善村民生活水平中发挥的重要作用。彭丽媛教授在北仍村的夫人外交活动之后，北仍村接待的游客由原来每天几百人激增到每天 3 000~4 000 人。当地居民收入也从 2014 年的人均 8 000 元增长到 2015 年的 1.9 万元，在带动相关产业快速发展的同时，还辐射带动周边 2 800 多人实现了就地就业。这为海南美丽乡村的建设和发展探索了可持续发展的路径，也有力佐证了博鳌公共外交基地建设的强大生命力。

案例二：借助大型侨团活动开展侨务公共外交

2015 年 10 月 30 日至 11 月 3 日，第 14 届世界海南乡团联谊大会在澳大利亚举行，会议主题为“联谊·共赢与可持续发展暨如何推进‘一带一路’”。共有来自世界 19 个国家的近 2 000 名琼籍华侨华人代表出席会议。海南省外事侨务办公室主动策划，多管齐下开展了系列侨务公共外交活动：

（一）以“一带一路”作为总主题，凝聚与会代表共识，增进澳大利亚各界的理解与支持

与会代表热议“一带一路”和“亚投行”主题，一致认为中国经济的强劲发展给海外华人华侨提供了坚强后盾。海南作为“21 世纪海上丝绸之路”沿线的重要一环，广大海商愿意抓住这一难得的新机遇，发挥联系面广、工商业资源丰富、与世界各地联系紧密的优势，积极参与“一带一路”和海南国际旅游岛建设。

（二）传播海南优秀文化，提升海南族群在当地影响力。开展公共外交，最终是要实现增进相互了解的目的，其成效的好坏也是“软实力”的重要体现。“软实力”最重要的体现就在优秀文化的传播上

1. 举办海南文化澳新行。本次大会省外事侨务办联合省政府新闻办等部门，共同举办“海南文化澳新行”等活动，琼剧、黎族歌舞、书法等海南和中国传统文化既为华人华侨们带去了期盼已久的“文化大餐”，又令澳大利亚当地民众眼前一亮，特别是通过在悉尼歌剧院、奥林匹克花园等地标型场所举办大规模人文交流活动，进一步提升了旅澳海南籍侨胞在当地的影响力。

2. 海南元素凸显。语言是文化的重要载体，在大会开幕式上，澳大利亚多元文化部副部长、新州财政部长等澳方代表都争相用海南话向与会代表致以问候，“多给嚯（大家好）”“万丹来高悉尼（欢迎来到悉尼）”等海南话成了开幕式上最流行的欢迎辞。“有海的地方就有海南人”成为海外海南族群引以为傲的口号语，简洁明了地突出了海外海南籍侨胞的特点，增强了他们的骄傲感，提升了凝聚力。

3. 打造“海商”品牌，提升整体凝聚力。举办 2015 世界海商论坛，打造并强化了“海商”作为世界海南籍商人的共同品牌。演讲嘉宾以“一带一路、海商带路”为主题，就澳洲投资环境、海南与沿线各国在“一带一路”框架下的合作发展等议题进行了探讨，进一步强调了世界各地海商主动承担海南国际旅游岛建设责任，表示愿为家乡海南经济建设出谋划策，添砖加瓦。

（三）“海鸥支队”故事收获奇效，成为本次活动的“点睛”之笔

2015 年是抗日战争暨世界反法西斯战争胜利 70 周年，海南省外事侨务办专门制作展现中澳友好交往的短片《风从海上来》，借助大会平台，以“二战”期间海南人民营救澳大利亚“海鸥支队”战士的故事为切入点，讲述中澳两国人民经由战火建立起的深厚友谊。

海鸥支队是“二战”期间澳大利亚为抵抗日军组建的一支多兵种混合部队，其中有 263 名士兵在“安汶岛之战”中被日军俘虏，辗转关押到海南省东方市的战俘集中营。善良的东方市人民营救了从集中营里逃出来的澳大利亚“海鸥支队”战士，其中两名“海鸥支队”士兵身染疟疾，在“二战”结束前离开了人世，当地村民就把他们像自己的亲人一样葬在了东方市老欧村，每年清明节都会按当地风俗习惯扫墓纪念他们。幸存的“海鸥支队”战士加入了当地抗日游击队，抗战胜利后返回了澳大利亚。2015 年，澳大利亚总督彼得·科斯格罗夫来琼出席博鳌亚洲论坛年会时亲赴东方市老欧村向“海鸥支队”纪念碑敬献花环。

为筹备第 14 届世界海南乡团联谊大会，海南省外事侨务办公室深入挖掘

"海鸥支队"背后的故事，并委托旅澳海南籍乡亲帮助寻找"海鸥支队"的幸存老兵和家属。在乡团联谊大会的开幕式现场寻请到仍健在的98岁"海鸥支队"老兵汤姆·普勒吉（Tom Pledge），接受来自世界各地2 000多名代表的致敬。澳大利亚联邦总理代表、多元文化部副部长维尔斯高度评价海南在中澳关系中的重要地位，并号召全体起立向老兵致敬。"海鸥支队"队员斯坦的女儿、退伍老兵协会理事克里斯蒂，对海南省借助乡团联谊大会平台再现"海鸥支队"历史、让更多的澳大利亚人铭记中澳友谊表示由衷感谢，她表示，"父亲跟海南非凡的历史情谊留在了海南东方，感谢海南为包括她父亲在内的海鸥支队在困难时期伸出的援助之手，虽然我们的民族文化、历史背景不同，但是当一方有难的时候，我们能够紧密相连"。通过"海鸥支队"这个故事，讲述好中澳友谊的故事，传播好海南的声音，极大地拉近了两地人民之间的距离，起到了对澳开展公共外交"四两拨千斤"的作用，不论是与会的执政党还是反对党代表，不论是政府还是议会的官员，都产生了强烈共鸣，纷纷对海南在推动中澳友谊方面做出的贡献致谢。

（四）主要收获和体会

广大华人华侨在住在国政商界人脉广、影响大，是我们开展公共外交、打造周边人脉工程的重要对象，也是我们面向住在国开展公共外交活动的重要媒介。比如此次联谊大会，当地侨胞发挥人脉优势，邀请到了澳大利亚联邦、新南威尔士州、维多利亚州、悉尼市、墨尔本市等澳中央和地方政府、议会的有关负责人与会，增强他们对海南和中国的了解，他们通过参与大会的讨论，也加深了对中国发展道路，特别是"一带一路"倡议的理解和支持，达到了开展公共外交的目的。

案例三：鼓励高校开展公共外交活动，培养公共外交人才队伍

在海南省外事侨务办公室悉心指导和支持下，海南大学等高校在开展公共外交实践和理论研究、人才队伍培养等方面进行了卓有成效的探索和实践。

（一）成立海南省公共外交研究中心

2015年6月，在海南省外事侨务办公室的支持下，海南省公共外交研究中心在海南大学成立。该中心旨在围绕海南"三个基地一个示范区"的对外交往构想，积极开展应用性、前沿性研究与实践探索；整合资源，打造一流的专家团队，服务海南乃至国家的公共外交战略，推动海南大学国际关系、战略传播、跨文化交流等相关学科发展，并开展公共外交领域的专业培训；坚持"请进来""走出去"的发展理念，加强和深化与兄弟院校的交流与合作，拓展公共外交研究的智力之源。

（二）建设"公共外交+"课程群，培养和壮大公共外交接班人

为进一步加大公共外交人才培养力度，2016年海南大学外国语学院黄丹英副教授及其团队率先在全国开设了公共外交课程，提出了建设"公共外交+"课程群的构想，旨在培养具有多元文化素养、跨文化交际意识和能力、创新精神和能力的本科生和硕士研究生，一方面将公共外交视角引入到传统的外语教学研究之中，力争通过学科交叉产生一批高水平的原创性科研成果；另一方面将语言

学、跨文化交际学、翻译学、传播学等理论应用到公共外交研究领域，力争在公共外交研究领域抢占一席之地。经过一年多的具体实践，这一学科建设已初见成效。海南省在将学科建设和专业建设，服务社会与服务“一带一路”倡议有机结合方面探索出了一条有益的路径。

（三）举办公共外交活动，打造公共外交品牌项目

在省外事侨务办的大力指导和全力支持下，海南大学联合中国公共外交协会以及国内有关高校策划举办全国公共外交青年领袖冬令营。迄今已成功举办两届，成为我省开展青年公共外交活动的重要品牌项目。此外，2017 年 7 月，海南大学专门组织由学生组成的“一带一路”公共外交调研团，赴柬埔寨进行公共外交调研，调研团专门访问金边公立端华学校对师生进行深度访谈，并赴我驻柬使馆就构建国家形象等进行座谈，调研团还详细了解柬埔寨基本情况、中柬关系概况以及在柬华人情况，形成了具有实践意义的公共外交实践报告，该项目还被列为团中央专项实践活动。

（四）主要体会

作为身在公共外交实践一线的工作者来说，我们深知，公共外交光有实践是不行的，还需要从业人员理论水平的提升，公共外交事业的提升应是理论与实践的双提升。开展公共外交活动，最重要的是人才队伍的培养，青年是国与国关系的未来，通过举办公共外交活动增进青年之间的了解对于延续国家之间的“民相亲”具有重要意义。通过公共外交学科建设，能够提升公众的公共外交的意识和能力，是推进公共外交事业不断向前发展的长远大计。

三、思考与建议

（一）继续推进博鳌公共外交基地建设

博鳌公共外交基地是一个新生事物，是我省外事侨务部门总结公共外交规律，结合海南对外交往的优势特点，提出的一个具有开创性的构想。公共外交基地建设没有先例可循，需要“摸着石头过河”，但总体建设目标是明确的，即这一基地要服务于国家总体外交，服务于海南的开放与发展，开展公共外交的成果应惠及广大海南人民。博鳌公共外交基地的建设不仅能够为开展公共外交活动提供便利，从长期来看也会对公共外交的理论研究提供崭新的路径。下一步应从以下几方面抓好基地建设：一是推动博鳌公共外交基地早日挂牌，推动配套优惠政策和项目管理机制尽快落地，进一步提升知名度和影响力，擦亮博鳌公共外交基地的“国字号”金字招牌。二是发挥集聚效应，推动更多公共外交活动在此举办。与外交部、中国公共外交协会以及有关智库和媒体合作，推动诸如“境外媒体海南行”“公共外交冬/夏令营”“中国公共外交高级研修班”等公共外交活动定期在此举办，打造一批公共外交子品牌项目。三是继续完善博鳌及周边地区的软硬件条件。以一地办会为总抓手，继续完善博鳌地区酒店和会议设施，适时研究建设庄园外交场所，形成首脑外交、休闲外交和公共外交良性互动的生动局面。同时，在现有基础上继续加大博鳌周边农旅结合的美丽乡村建设模式，充分利用博鳌公共外交基地展示中国特色社会主义的建设成就。

（二）尽早成立海南省公共外交协会

非政府组织在开展公共外交方面具有得天独厚的优势，建议尽快成立海南省公共外交协会，使其成为指导全省公共外交工作开展的重要行业协会和非政府组织。通过协会的运作，可以更好地整合各类资源，更有针对性和系统性地开展公共外交实践和理论研究、实施公共外交项目，培养公共外交人才，为大特区的进一步改革开放发展服务。

（三）加大培养力度，打造国际化的公共外交人才队伍

积极与中国公共外交协会、知名学术机构以及海南大学、海南师范大学等加强合作，加大人才培养力度，努力培养造就一支训练有素、谙熟国际惯例、了解中国国情、熟悉本国政策的公共外交人才队伍。此外，还应加大对公众公共外交意识的培养，提升公共开展公共外交的能力，将公共外交的思想传播到每一个参与对外交流的个体中去。

（四）善用侨务资源，讲好海南故事

侨务工作就是做人心的工作，应进一步整合海南元素，提升海外海南籍侨胞的归属感和凝聚。应进一步整合资源，把海南人、海南话、海南剧、海南餐饮、“海商”（海南籍华商）、“海青”（海南籍青年）等资源整合，打造成独特的海南品牌，提升海外海南族群的凝聚力；继续加大宣传，使“有海水的地方就有海南人”这句口号语更深入人心，引领海外侨务工作继续向前；积极开展侨务公共外交，维护好海外海南籍侨胞的利益，帮助他们发展事业，鼓励他们做增进海南与驻在国联系、推动“一带一路”建设、推进海南对外开放和国际旅游岛建设的重要纽带和桥梁。此外，还应加大对世界海南乡团联谊大会这一联系海外琼籍侨胞的重要平台的投入，强化会议秘书处的实体化运作，建设运营好大会官网、微信公众平台，利用新媒体、自媒体提升其影响力，建设好世界海南人的网上家园，使之真正成为为广大海外侨胞谋福祉、推动海南对外合作的重要平台。

三亚市开展地方公共外交的相关实践与思路

三亚市外事侨务办公室

公共外交是指由政府主导、社会普遍参与，借助传播和交流手段，向国外公众介绍本国国情和政策理念，向国内公众介绍本国外交方针政策及相关举措，以获得公众的理解、认同和支持的一种特殊外交形式。近年来，三亚市在海南省委省政府的大力支持和外交部、省外侨办的具体指导下，坚持外事为国家总体外交服务、为地方经济社会发展服务的方针，积极开辟公共外交活动新领域，取得明显成效。2012 年 6 月，三亚市外事侨务办公室被外交部授予"服务国家总体外交突出贡献奖"。现将有关情况汇报如下。

一、三亚市公共外交活动开展现状和主要做法

在工作实践中，三亚市在依托大型涉外活动，密切配合总体外交的同时，深度挖掘本土特色资源，积极利用国际友城、驻华使领馆、国外媒体和海外侨团等渠道，在经贸、科教、文体、旅游等对外交往中充分融入公共外交元素，实现了公共外交渐进性、广泛性和互动性协调发展的良好局面。

（一）借力重大涉外活动，搭建地方公共外交平台

一是充分利用博鳌亚洲论坛年会，服务地方经济社会发展。从 2002 年至今，博鳌亚洲论坛已成功举办了 13 届，期间在三亚举行的重大国事活动，更是使三亚成为海内外瞩目的焦点，成为开展地方公共外交不可多得的平台。三亚市抓住机遇，全力做好服务保障工作，以优美整洁的环境、流畅自然的礼宾程序和周到完备的后勤服务，赢得与会嘉宾交口称赞，实现了利用论坛年会开展公共外交的良好开局。时任外交部长杨洁篪在接受媒体专访时称赞"海南的服务保障工作做得十分出色，展现了三亚精神、博鳌精神，完美体现了中国精神、中国水平"。同时，我们还综合运用媒体报道、陪同参观等多种方式，广泛讲述三亚"好故事"、传播三亚"好声音"。2014 年论坛年会期间，《三亚日报》发表相关新闻稿件（图片）100 余篇（幅），三亚电视台播报相关新闻报道 50 余条。并在《海南日报》、《南华时刊》上刊登专版，全面介绍三亚市经济社会发展情况。此外，我们还在外交部和省外侨办的支持下，积极安排市领导和企业代表参会，抓住机会向与会嘉宾政要宣传三亚的开放政策。为发挥论坛年会暨重大国事活动的后续效应，在三亚市外事部门的积极促成下，2014 年三亚市政府与省外侨办在外交

部和海南省领导的见证下签订了《首脑外交及休闲外交基地省市共建战略合作框架协议书》，标志着三亚公共外交平台的建设进入了一个全新阶段。

二是依托澜湄国家合作，服务国家周边外交。为落实 2016 年 3 月澜湄国家合作首次领导人会议《三亚宣言》精神，推动“早期收获项目联合清单”实施，2016 年 10 月 27 日至 29 日，我市圆满举办了以“同饮一江水，共享新发展”为主题的 2016 澜湄国家旅游城市（三亚）合作论坛，共计 6 国 16 个旅游城市代表及部分驻华使领馆官员和澜湄国家部分旅游业界相关专家 140 人与会，与会境内外媒体 36 家，记者 60 多人。在短短的两天时间内，我们精心安排了开幕大会、城市圆桌会议、合作成果展、两个旅游分论坛、招待晚宴、集体合影、《三亚合作愿景》长卷签字留念仪式、新闻发布会、会外考察等系列活动，为向来宾充分展示海南、三亚的旅游产业发展成就，给他们留下了美好的回忆。在三亚市民游客中心，市领导向嘉宾们介绍了全国第一支旅游警察队伍和三亚市民游客中心的主要功能，向嘉宾们展示了三亚优质旅游资源和未来发展规划，并邀请嘉宾体验旅游虚拟现实（VR）。嘉宾们对三亚在旅游治理管理方面的举措赞不绝口。盛赞三亚旅游环境治理成效卓著，希望与三亚深度加强交流合作，探索合作机制，走出一条合作共赢的发展道路。

在内容安排上，论坛用椰风、海韵、沙滩、花草、青竹筒等三亚天然元素布置会场，充分展示三亚的热带雨林、海洋岛屿、民俗技艺、风物特产等旅游资源。嘉宾手持三亚本地青竹筒注水的方式进行了启动仪式，既暗示了三亚合作论坛与澜湄合作首届领导人会议的传承，又寓意齐心以澜湄之水浇灌旅游合作之花。各代表团团长共同在《三亚合作愿景》长卷上签字留念并双手交叉合影，象征澜湄国家旅游城市团结协作的美好愿景。招待晚宴文艺晚会除海南地方特色演出节目外，还邀请了澜湄各国家知名艺术家演出，为与会宾客送上了一份神秘的惊喜。特别定制的会议服饰既融合了唐装风格和黎族元素，又根据 6 国特色设置了 6 种颜色，无声传递着求同存异、立足特色、美美与共的新气象。为契合澜湄国家浓厚的佛教文化传统，我市特意在南山寺金堂大殿为宾客安排了由中国佛教协会副会长、海南省佛教协会会长、三亚南山寺方丈印顺大和尚主持的祈福法会，祈愿世界和平、睦邻友好、共同繁荣，深受嘉宾好评。外交部亚洲司黄溪连副司长对本次论坛盛赞不已，他指出，海南是国内最早以实际行动落实澜湄合作首届领导人会议“早期收获项目清单”的省份之一，论坛流程设计、会务组织之严密高效、活动内容之丰富、服务之精细、主视觉设计之震撼、嘉宾发言之精彩，会议成果之丰硕，都极大地超出了他的预期，给他留下了极为深刻的印象。

（二）发挥地方优势，打造特色公共外交

一是依托自然环境优势，打造“休闲度假外交”。三亚风光旖旎、气候宜人、世界知名酒店云集，成为各类国际会议和政要度假休闲的首选之地。2010 年以来，三亚市先后接待了来访的美国前总统卡特、巴基斯坦前总统穆沙拉夫、老挝国家主席朱马里、瓦努阿图总理卡凯塞斯等重量级党宾国宾，并协办了上海合作组织成员国文化部长第七次会晤、中俄跨界水联合会第六次工作会议等重要外交会议。2010 年 10 月，国务委员戴秉国与美国国务卿希拉里在三亚举行非正

式会晤，三亚市配合省外办为会谈前期工作做了精心安排，针对不同情况设计不同的会见方案。为了确定理想的会见场所，赢得更多会谈时间，会场选址在短短 48 小时之内先后三易其地，最后确定在机场贵宾楼。为使会晤场所符合隆重、大方的要求，我们从丽思卡尔顿酒店搬来了桌子，从博鳌论坛会址取来了桌布，并在机场附近酒店设置了厨房，调来了专门厨师，在希拉里专机抵达前的 3 小时一切准备就绪，为会谈成功提供了必要保障。外交部在给海南省的感谢信中说："事实证明，在三亚等风景秀丽的地方以'经停'或'度假'的方式开展外交外事活动，是一次成功的尝试。"这也启发了我们把三亚打造成休闲外交基地的构想，并得到外交部的大力支持。值得一提的是，不久前，应习近平主席邀请来华出席亚信峰会的塔吉克总统拉赫蒙前来三亚度假疗养，三亚市以周到的服务赢得了总统及随行人员的一致好评，塔外长阿斯洛夫在接受《海南日报》独家专访时表示，海南具有成为中国休闲外交基地的极大潜力。他还表示，他个人非常支持将国际会议放在三亚举办，并希望今后塔吉克斯坦甚至是中亚国家的论坛和国际会议，都能考虑选择在海南召开。这说明，三亚近年来致力打造的"休闲外交、度假外交"的品牌，已经在一定程度上得到了国际外交层面的认可。

二是发挥传统中医药优势，大力开展"疗伤外交"。三亚市中医院是国家中医药管理局批准的国际传统医药交流合作基地，曾先后为俄罗斯联邦政府总理梅德韦杰夫、哈萨克总统纳扎尔巴耶夫等多国政要提供过中医保健服务，其精湛的医术深受青睐。依托这一独特资源，三亚市密切配合国家有关部委，创新性地推出"疗伤外交"。先后承接了 2 批 19 人的俄罗斯"别斯兰人质事件"受伤儿童和吉尔吉斯骚乱事件 50 名儿童的康复接待任务，通过针灸推拿和心理干预，结合生态旅游、书法绘画等辅助活动，有效恢复了受伤儿童的身心。吉尔吉斯斯坦政府对此高度评价，盛赞其加强了两国人民的友好情谊。来华疗养的儿童们也纷纷表示，三亚之行使他们深深爱上了中国，此次经历将成为一生难忘的美好回忆。卫生部副部长、国家中医药管理局局长王国强对此特别批示："请高度关注中医药在服务国家大外交战略中的重要作用，请向三亚市中医院表示感谢，并认真总结他们的经验"。为回报中国的善举，2008 年，俄罗斯联邦政府向中国政府发出了欢迎 1 570 名汶川地震受灾中小学生到俄罗斯康复疗养的邀请，使中俄友谊之树深深扎根在人民心中。2011 年 8 月，我们再次配合国家旅游局"阳光海南 爱心传递"活动，圆满完成 100 名日本"3. 11"地震灾区儿童的疗养康复接待，在自然灾害面前彰显了无国界的人道主义，也在中日两国的儿童心中洒下了人间大爱的种子。

2012 年 2 月，在三亚举行的上合组织成员国协调员非正式会晤提出在三亚设立上合组织中医药康复疗养中心的建议，这与我市筹建三亚国际友好中医疗养院的蓝图不谋而合。目前，在有关各方的积极推动下，该项目已正式开工建设，总投资 16 926 万元，建筑面积 23 125. 74 平方米。是按五星级标准建设的集中医、中药、针灸、推拿、药浴、药膳等功能用房和餐厅、超市等配套设施为一体的中医疗养大楼。建成后除开展中药、针灸、推拿、药浴等体现中医药优势和魅力的特色项目外，还将开展太极拳、书法、国画等中华传统文化教学，将是我省今后拓展中医药对外服务贸易的重要支点，也必将成为三亚开展公共外交的又一重要舞台。

三是服务国家援外大局，深入开展“教育外交”。对外教育合作是跨越交流障碍，增强文化互信的有效方式。位于我市的琼州学院是教育部指定的十大“教育援外基地”之一，近年来先后举办了4届“发展中国家旅游管理高级研修班”，为亚非拉国家培训了近百名急需的旅游人才。三亚市外侨办积极发挥指导作用，配合做好接待人员的外事礼仪、省情市情培训，促成了研修班的圆满成功，在帮助发展中国家培训人才的同时，也对外传播了中国文化“软实力”。此外，在我市的促成下，琼州学院自2011年开始接收佛得角驻华大使馆推荐留学生，目前已接收包括三亚友城萨尔市在内的41名佛得角留学生，涉及汉语、旅游管理、环境工程、生物科学、通信工程等多个专业。市领导多次前往看望，鼓励他们学有所成，成为促进两国友谊的“民间大使”。

为进一步加大对外教育交流力度，目前，三亚市外事部门正在组织起草《三亚市留学生政府奖学金管理规定》，通过设立制度性的资金激励，资助更多有志于对华友好的外国青年前来三亚留学。

四是通过形式多样的对外文化交流活动，广泛开展“人文外交”。文化交流有利于传播民族价值观，增进民间友谊，是行之有效的公共外交方式。近年来，我市先后承办了中韩日佛教友好交流会议、国际数学论坛、财经国际论坛等大型涉外人文学术交流盛会，并组织了赴俄罗斯、法国、意大利、美国、印度等国的文体交流活动。2012年，三亚市大型歌舞音乐梦幻剧《火凤凰》作为海南省唯一的国家级文化出口项目，应邀参加了首届北美中华文化艺术节开幕演出，并赴西雅图等地赈灾义演，充分宣扬了环境保护、和平共处和尊重多元化种族价值观等全球普遍关注的主流思想，展现了中华文化的魅力和美丽浪漫的三亚风情，获得了美国观众的好评。西雅图贝尔维尤市市长李瑞麟先生专门为音乐剧提词：触动灵魂的顶级剧作。此外我市还多次邀请俄罗斯、印度等国的表演团体前来演出，并配合促成德国德华电视台（ARTE）在三亚拍摄五集电视纪录片《探索永恒生命的起源》，向外界展示了三亚优美的自然风光和丰富的历史文化资源，推动了中外文化民间交流互鉴。

五是着眼长远，积极开展“青少年外交”。青少年国际交流活动形式活泼、内容丰富，受政治影响较少，容易拉近国民感情，是公共外交的重要组成部分。近年来，三亚市先后接待了俄罗斯中小学生来华冬令营代表团、第六届中俄青少年科技文化交流代表团、上合组织成员国大学生代表团等，通过师生联欢、文艺交流等形式，充分展示了三亚学生的才艺和精神面貌，使双方体验了彼此的真实学习和生活，对于培养年轻一代的友好感情，深化传统友谊，促进人民世代友好意义重大。

此外，三亚市还配合接待了多届世界海南青少年冬令营，来自多个国家的琼属青少年到三亚展开“寻根之旅”，领悟了中华民族五千年的灿烂文明和海南本土的传统文化，加深了对中国和故乡海南的了解，增强了乡土情怀，也搭建了一条“让世界了解海南、让海南走向世界”的文化交流通道。

（三）主动引导国际舆论，塑造城市新形象

在对外宣传活动中，三亚市坚持“以我为主，为我所用，互利共赢”的方针，广泛发展与外国官方、半官方主流媒体和驻华使领馆的友好关系，引导其客观公正地宣传三亚。先后配合省外侨办组织了多次“境外媒体海南行”，接待了美联社、印度传媒集团、俄罗斯新闻电视台、欧洲新闻图片社等近百家境外媒体，全面展现了三亚经济社会发展和民生改善的成就。同时主动邀请凤凰卫视等海外华文媒体来三亚采风，使广大海内外人士深刻感受到中国改革开放的巨大变化。

2010 年和 2011 年，在外交部的支持下，三亚市分别在广州和三亚举办了面向外国驻广州领事团的“旅游与免签政策”和“三亚城市建设与发展”专题推介会。吸引了 43 个国家总领事或代表参加，20 多家主流媒体对此做了专题报道。总领事们表示，这类推介会效果很好，使他们了解了三亚改革开放取得的重大成果，同时也感受到了海南的迷人风光，对中国的发展前景充满了信心。他们表示，今后将极力促成更多的本国政要到三亚休闲度假。2013 年，我们还利用接待我国驻外使节团 30 多名大使的机会，安排他们参观南繁育种基地、创意产业园等产业园区，他们纷纷表示，今后将积极牵线搭桥，促进驻在国与三亚的民间友好合作。

（四）精心筹划市领导对外交往，融入公共外交内容

在市领导对外交往活动中，我们精心筹划，通过互赠礼品、城市主题推介、新闻吹风会等方式，让世界了解一个真实的三亚。如 2010 年 3 月马耳他副总理兼外长博奇到访三亚，我们根据客人爱好高尔夫运动的特点，精心准备了一支球杆作为礼品，由市领导亲手演示击球动作，并借机推介三亚的高球产业，现场气氛活跃，收到了意想不到的宾主互动效果，成就了一段“体育外交”佳话。2013 年 3 月，市领导出访英国黑池，我们运用与当地侨团的友好关系，与黑池政商名流广泛交流互动，宣传我市对外开放政策，取得了良好效果。2014 年春节前夕，我们又精心录制了市领导的新春贺岁视频，在黑池华人马年春节联欢会上播放，向在场的中外宾客传递了三亚的深情厚谊。2013 年 7 月，三亚市主要领导出访哈萨克斯坦期间，在市外侨办的精心策划下接受了中哈两国通讯社、电视台等多家媒体现场采访，全面介绍了三亚的基本情况、投资政策以及发展成就，传播了互利共赢、永续发展、共享繁荣的理念，得到当地社会的广泛共鸣和高度评价。

（五）充分利用友城资源，广泛开展务实交流

国际友城是地方政府开展对外交流的重要渠道和载体，目前，三亚市已和 40 多个国家和地区城市建立友好往来关系。其中友好城市 11 对，国际友好交流关系 6 对，位居全省市县第一，为三亚的对外交往搭建了重要桥梁和平台。我们充分利用这些渠道，广泛开展经贸、文体、旅游等方面的交流合作，拓展了三亚对外交往的空间。

一是加强城际友好交流。2008 年 11 月，三亚市成功举办了首届国际友好

城市大会，共有来自10个国家的友好城市代表团和在三亚工作的外国专家近百人参加。大家齐聚一堂，以开展国际友好交流、加强务实合作为宗旨，共叙友谊，共商发展大计。大会期间，我们精心策划了丰富多彩的公共外交活动，充分展示三亚市政府和人民热情好客、友好开放的国际形象，并在风景优美的的滨海路建立了友城广场，设置了100平方米的立体国际友城地图，各友城代表团在广场周围种下了友谊林，成为三亚与国外友城友谊的见证，吸引着中外游客的目光。

二是量力而行开展对外援建。2009年，三亚与非洲佛得角共和国萨尔市结为友好城市，应中国驻佛大使馆和萨尔市政府请求，三亚市拨出专款130万元，援建萨尔市修建体育场跑道和友谊纪念碑，开启了海南省地方政府援建非洲兄弟国家市政基础设施的先河，受到中佛两国外交部、佛得角驻华大使馆及萨尔市政府的高度称赞和衷心感谢。

三是务实开展经贸合作。我们根据国外各友城地区的不同特点，把引进来与走出去相结合，利用各种机会，开展多样的务实交流活动。如在法国友好城市戛纳的牵线搭桥下，三亚凤凰国际机场直接借鉴了法国尼斯机场的设计原型，大大节省了机场建设的时间。目前，三亚凤凰机场年旅客吞吐量已突破1 200万人次，标志着该机场已迈入了国内著名的国际机场行列，成为三亚与国际友城开展实质性交流合作的又一重要成果。

为了进一步开拓国际市场，促进外向型经济发展，三亚市外事部门按照“外事为民”的方针，深入调研我市涉外企业需求，开展办理“APEC商务旅行卡”、外专引智等服务。并借助在三亚工作居住的外籍专家、高管的人脉，促成部分旅行社、航空包机商与国外对口企业签订合作协议，加快了企业“走出去”步伐。一批对促进三亚对外友好交流做出突出贡献的国际友人先后获得“国家友谊奖”“海南省椰岛奖”“三亚市优秀外籍专家奖”等殊荣，不仅使他们更加关注双边友好合作事业的发展，也坚定了他们长期对华友好的信心。

二、关于深入开展海南省公共外交的若干建议

党的十八大首次将“公共外交”写入党的重要纲领，对开展我国公共外交事业提出了更高要求，也指明了发展方向。三亚的公共外交仍处于起步阶段，还存在许多薄弱环节，如缺少开展公共外交的统筹协调机构、专业研究人才和专项资金支持，条块资源分割、部门各自为战现象突出，全民公共外交意识还比较淡薄，友城交往的务实性有待提高，对新生代华侨的争取力度亟须加强等等，类似问题在三亚省其他市县也不同程度地存在。建议今后从以下方面着手，进一步开展好我省地方政府的公共外交活动。

（一）要统筹资源形成合力

公共外交是一项系统工程，单靠一家力量难以奏效。政府部门、人大、政协、民间团体、学术机构和市场力量应加强合作，形成跨部门、跨地区协作联动的开放式工作格局，不断扩大公共外交活动的覆盖面和影响力。值得注意的是，2012年以来，上海、天津等地先后由政协牵头成立了公共外交协会，作

为动员、协调、组织社会资源和民间力量开展公共外交的专门机构。海南省的公共外交资源优势要转化为有效的工作成果，离不开高层次的官方引导和公众有计划、有组织、有针对性的参与，更离不开一定的资金和人才支持，在这方面，上海等地充分发挥人民政协联系广、人才多、智力密集优势的路子值得我们借鉴。

（二）要充分利用现有公共外交平台

除积极参与博鳌亚洲论坛、中非合作圆桌论坛、中美省州长论坛、中法地方政府合作论坛、金砖国家友城暨地方政府合作论坛等国家级平台外，还应与外交部新闻司公共外交办公室、外交部公共外交咨询委员会、中国公共外交协会、全国政协外委会、中国人民对外友协等中央机构、团体建立密切的沟通汇报机制，利用其政策、信息等资源优势为我省开展公共外交提供指导，并争取他们支持，将更多的高层次外交外事活动落地海南举办，不断提高我省公共外交的针对性和有效性。

（三）要强化海南品牌对外推广

开展公共外交需要打造标志性品牌，如学习上海市与美国芝加哥、休斯敦之间的城市形象片互换播放项目的经验，通过与国外影视制作机构或新闻媒体合作制作“三亚休闲外交和首脑外交基地”城市形象宣传片，有计划地组织实施有自身特色的对外宣传方式。此外，还应充分发挥外国驻华使领馆、国际非政府组织（NGO）、重要智库、知名人士的作用，利用他们的影响力宣传海南在经济社会发展中取得的成效，树立海南对外开放的新形象，为我省发展赢得有利的国际舆论环境。

（四）要加强民间实质性交流

“国之交在民相亲”。做好公共外交，离不开企业、社会组织和公众的广泛参与。要采取走出去，请进来的方式，组织企业、民间团体踊跃参加国外友城举办的相关会议和活动，或邀请国外友城组团前来海南参加大型活动赛事。或通过开通“海南印象”为标题的文化多语种网站进行互联网公关，抓住各种时机宣传中国、推介海南。要充分发挥300万琼籍海外乡亲的资源优势，深入贯彻“以侨为桥”的原则，重点加强与周边国家华人华侨团体、知名侨领和华裔新生代的联系，广泛开展侨务公共外交，努力打造一支在关键时候“见得上人，说得上话，办得成事”的知华、亲华、友华队伍。

（五）要增强全民公共外交意识

通过出国行前教育、专家讲座、全民外事知识竞赛等方式，消除干部群众对公共外交的神秘感，树立“为国交友”的理念，掌握对外沟通交往的技巧，学会倾听国外公众的想法，进而主动利用与外国人交往的机会，以他们能够理解和易于接受的方式来宣传国情、传递善意，达到增信释疑、扩大共识的效果，抵消西方媒体有意造成的对中国的负面看法及偏见，向外界展现中国文明、负责、充满活力的大国形象。

（六）要努力建设一支高素质的公共外交人才队伍

将公共外交人才的培养纳入政府和政协的工作计划，在现有外事队伍的基础上，通过聘请大型国企驻外高管、离退休驻外使节担任顾问“传帮带”、吸收海外高层次人才、联合院校进行专业培训等方式，打造一支专兼结合、外语流利、通晓国际惯例、具有跨文化沟通能力的公共外交行家里手。

"一带一路"扬帆远航
中国拉美携手圆梦

中国前驻玻利维亚、乌拉圭大使　汤铭新

2017年5月，"一带一路"国际合作高峰论坛在北京胜利落下帷幕。29国元首和政府首脑，92国高级官员，联合国秘书长，红十字国际委员会主席等3位重要的国际组织负责人和来自130多个国家的约1 500名各界贵宾作为正式代表出席论坛。这是一次"围绕"一带一路建设举行的高规格全球性盛会。中国将"一带一路"建成和平之路、繁荣之路、开放之路、创新之路、文明之路的愿景，作为未来推进"一带一路"的方向，得到了与会各国领导和代表团，以及国际社会的广泛认同并达成了丰硕的合作成果，论坛取得了圆满成功，在世界发展史上具有里程碑的意义。

四年来，"一带一路"发展成果辉煌。全球100多个国家和国际组织共同参与，40多个国家和国际组织同中国签署合作协议。联合国大会，安理会，联合国亚太经社会，亚欧会议，大湄公河次区域合作等有关决议或文件都纳入或体现了"一带一路"建设内容。可以说，"一带一路"倡议来自中国，成果正在惠及世界。

正如习近平主席在高峰论坛上的讲话所指出的："'一带一路'建设向所有朋友开放，不论来自亚洲、欧洲、还是非洲、美洲，都是'一带一路'建设国际合作的伙伴。"5月17日，习近平主席在同阿根廷总统马克里举行会晤时进一步强调，拉美是"21世纪海上丝绸之路"的自然延伸，中方愿同拉美加强合作，包括在"一带一路"框架内实现中拉发展战略对接，促进共同发展，打造中拉命运共同体。

习主席的讲话引起了拉美各国政要及社会各界的热议和参与"一带一路"合作的积极响应。阿根廷总统马克里和智利总统巴切莱特及多位拉美国家政要出席了"一带一路"国际高峰论坛，并对峰会的成功举办给予高度评价，并一致表示，愿意同"一带一路"倡议对接，进一步加强南南合作。马克里总统表示，中国提出的"一带一路"倡议将对阿根廷和拉美地区发展起到促进作用，欢迎更多的中国投资和技术合作，帮助阿根廷提高基础设施水平，更好的发挥阿根廷的自然优势。巴切莱特总统表示，智方赞赏中国在"一带一路"国际合作中的重要作用，愿同中方加强协调配合，发挥好两国政府间对话机制的功效，加强政治，经济，投资等领域的合作，进一步促进中拉合作。拉美各界普遍认为，"一带一路"建设和拉美国家的发展战略对接，将使这条海上丝绸之路的延伸线焕发更加夺目的光彩。

一、回眸璀璨星空　映射繁茂丝路

自2014年以来，习近平主席在出访巴西和秘鲁等拉美国家期间的几次讲话中，都提到早在400多年前中国和拉丁美洲及加勒比地区虽然远隔重洋，但浩瀚的太平洋没能阻止双方人民的友好交往。他列举中国首批茶农，跨越千山万水来到巴西种茶授艺。又有大批华人到秘鲁开发经商，以至秘鲁人亲昵地称呼中国人为“PAISANO”，即似同一家人的“老乡”等等。所以，习主席引用中国的古诗生动地描绘：“海内存知己，天涯若比邻”。

据历史记载，从1565—1815年间曾有108艘中国大帆船，从福建漳州或厦门起航，满载着丝绸、茶叶、珠宝、陶瓷器、麝香等中国货物到达菲律宾马尼拉，转运到墨西哥的阿卡普尔科港，再转运至美洲各地，形成了在中拉贸易史上占据重要地位的太平洋丝绸之路。同时，原产于美洲大陆的玉米、西红柿、马铃薯等作物，以及商品交换的大量墨西哥银元再返回运到中国，形成了中拉互通的“银丝对流”。

英国有一位名叫孟席斯的学者在2003年出版了《1421年：中国发现世界》一书，说是1421年，比哥伦布发现新大陆早71年，郑和率领浩浩荡荡的船队，不但到了东非，还发现了美洲新大陆和澳大利亚。

在墨西哥的阿卡普尔科港，有一座中国帆船到港纪念碑“中国丝绸之船”，那是纪念在中国—菲律宾—墨西哥之间横渡太平洋的“海上丝绸之路”的象征。还有一座纪念明朝万历年间，同宫廷使臣的父母前往南洋，尔后来到墨西哥传授中国丝绸工艺编制妇女服饰的美兰公主的塑像“普韦布拉中国姑娘”。这是16世纪末开始到1815年结束，持续了两个半世纪鼎盛时期的“海上丝绸之路”的标志。

从19世纪中叶起，几十万契约华工及自由移民、华商、华工等，先后从中国移入拉美，他们历尽种种磨难，艰苦创业，为拉美的经济繁荣、社会进步和民族独立作出了贡献。其中一个突出的例子是在古巴首都哈瓦那海滨大道旁的街心花园，有一座为表彰和铭记在古巴的中国人为古巴的独立而建立的丰功伟绩的纪念碑。碑高8米，建于1931年10月，上面有古巴独立战争领导人贡萨洛·德格萨达将军的题词：在古巴的中国人没有一个是逃兵，在古巴的中国人没有一个是叛徒。

另一个例子是中国劳工为修筑巴拿马地峡铁路和巴拿马运河所作出的贡献被当地所认可和赞誉。1992年8月27日，巴拿马市政府颁布决议，建造一座华工修筑巴拿马铁路和运河的纪念碑。2004年，巴拿马国会又通过一项特别提案，将每年的3月30日定为“华人日”，以纪念华人抵达巴拿马的日子和弘扬华人为发展巴拿马的贡献。同时，在巴拿马运河的入口处的美洲大桥北岸高坡观景台，建造“中巴公园”和纪念碑。

由于中国茶农辛勤耕作和细心加工，中国各色品种的茶饮很快融入到巴西人的日常生活和社交场合，并且成为大众喜爱的饮品。从此，巴西人把“茶”这个中国词，演变成了他们语言中的“CHA”而家喻户晓。并且为了纪念这一舌尖上的文化交流成果，里约热内卢市政府在一处公园的山坡上，建造了“中国茶亭”以资纪念。

历史的车轮滚滚向前，在全球化的浪潮下，古代丝绸之路的光辉篇章启示了我们：“相知无远近，万里尚为邻”。

二、展望扬帆愿景　中拉携手圆梦

人类历史始终在不同文明的相遇相知中向前发展，从张骞的“凿空之旅”到郑和的七下西洋，古代丝路薪火相传，光照人类文明发展漫漫征途。现在，千年之约再度扬帆启程。“一带一路”是中国首倡，但不是中国一家的“独奏曲”，而是各国共同参与的“交响乐”，是各国共同受益的重要国际合作公共产品。

习近平主席在会见拉美国家领导人时指出，拉美是当今世界最具发展潜力的新兴地区之一，是国际格局中一支不断上升的重要力量。中方愿同拉美加强合作，包括在“一带一路”建设框架内实现中拉发展战略对接，促进共同发展，打造中拉命运共同体。习主席还用生动的语言表示，中国梦和拉美梦息息相通，中拉双方要勇于追梦，共同圆梦，推动建立平等互利、共同发展的中拉全面合作伙伴关系。

“志合者，不以山海为远”。中国和拉美虽然相隔万里，但是，周恩来总理当年曾经幽默地说，“实际上我们是仅为太平洋一水之隔的近邻”。进入21世纪，中拉双方友好合作关系迈入快速发展的新时期，越来越成为中国外交全局中的重要一环。因为，中国和拉美国家所处的发展阶段相同，都肩负着国家发展，改善民生、推动社会前进等共同的历史使命，并从而使中拉命运紧密相连。拥抱“一带一路”倡议，推动中拉间发展战略对接，正成为越来越多拉美国家的共识。

联合国拉丁美洲和加勒比经济委员会执行秘书阿莉西亚向媒体表示，拉美国家不应缺席习近平主席提出的建设“一带一路”倡议。拉美和加勒比地区十分重视与中国的关系，中国目前是拉美的第二大贸易伙伴和第三大投资来源国。“一带一路”倡议为拉美国家加强与中国以及亚洲的贸易交流和经济合作创造有利的条件，带来历史性机遇，进而促进与世界相联通，共享繁荣。同时，还可以从中吸取先进的发展经验和理念。

阿根廷外长马尔科拉强调，拉美国家越来越重视“一带一路”这个开放性的国际合作平台。“一带一路”建设契合了全球化理念和需求，为不同地区和国家搭建了加强融合的平台。

智利外交部长埃拉尔多·穆尼奥斯表示，智利支持“一带一路”倡议，希望借助这个包容、开放的国际平台的支持，深化与中国的关系，并致力未来。

秘鲁国际政治专家胡安·卡瓦哈尔说，通过“一带一路”带来的合作，使秘鲁有机会开展广泛的国际合作与交流，而秘鲁的产品不仅仅可以进入中国市场，更有机会深入“一带一路”其他沿线国家，扩展亚洲、欧洲和非洲市场。

举例来说，目前，智利计划同中国合作建设一条长1.9万千米的跨太平洋海底光缆，将中国和拉美用“数字化”连接起来；中国还正在和秘鲁和巴西讨论，修建一条贯通大西洋和太平洋的两洋大通道等等。此外，中拉间丰富的文化交流也成功地拉近了中国和拉美人民心灵的距离。2017年是中国和阿根廷，中国和墨西哥建交45周年，一系列丰富多彩的文艺表演，人员交流活动正在如火如荼地进行中。这将进一步加强中拉人民互相了解和友谊，促进“民心相通”。

当今世界正处在大发展、大变革、大调整之中。“一带一路”倡议提出4年来的实践证明，“一带一路”建设顺应时代潮流，适应发展规律，符合各国人民利益。中国正处在为国家富强、民族振兴、人民幸福而奋斗的中国梦征途上，拉美国家同样在为以团结协作、发展振兴、国家强盛、人民幸福为核心的拉美梦而不懈努力的航程上。我们坚信，中拉双方，在“一带一路”这一造福世界的世纪工程中结伴而行，一定会迎来共建繁荣、和平的人类命运共同体和实现中国梦和拉美梦的美好明天！

共建“一带一路”加强文明对话

中国前驻卡塔尔大使　高有祯

中华文明与阿拉伯文明之间的对话贯穿于中阿交往的整个历史进程。“中阿关系暨中阿文明对话研讨会”是中阿合作论坛框架下一项重要机制性活动，自2005年起已经成功举办六届。在论坛框架下进行文明对话，是中阿双方在政府主导下进行对话的创新机制。世界各国文明在交流中更加精彩，在互鉴中更加丰富，文明交流互鉴是推动文明进步和世界和平发展的重要动力。本文将就中华文明与阿拉伯文明如何进一步加强对话作几点思考。一是中阿文明对话的意义；二是文明对话的主要内容；三是提出几点建议。

在历史的长河中，随着人类进步与发展，世界不同地区产生了不同的灿烂文明。诸如两河流域文明，古埃及文明，中华文明，印度文明。现代文明主要有以基督教为主的西方文明，以儒释道凝聚而成的中华文明，以及以伊斯兰为根基的阿拉伯文明。各大文明既有独立性，又有扩张性。扩张主要有两种形式，一是和平的；二是暴力的。文明冲突或对话两种形态由此产生。世界要和平，要发展、要繁荣，各文明之间就必须进行对话，而不是冲突与战争。中阿文明也不例外，相互间也要以对话取代冲突。2013 年，习近平主席提出了“一带一路”倡议，而加强中阿文明对话即为推进和落实这一倡议的人文基础。

一、关于中阿文明异同

双方要进行文明对话，就应对彼此的状况、对话的内容进行一下梳理。纵观中阿两大文明，不难看出，二者之间既有共性，也有个性。

（一）关于共性

一是持续性。中华文明自产生以来就持续不断、一脉相承的发展到现代。在漫长的岁月中，中华民族虽屡经曲折磨难，却一次又一次地复兴，巍然屹立于世界的东方。华夏文明五千年来绵延不绝，并且接连不断地造就新的辉煌，这是决无仅有的世界奇迹。阿拉伯文明自伊斯兰教创立，在众多阿国传承发展，一直保持着强大的活力。近代，阿国经历了西方殖民统治时期，面对西方文明的冲击，阿拉伯文明一如既往的传承至今。

二是对人类的贡献。中华文明特别是汉唐和明清时期，将造纸、火药、印刷、指南针为代表的先进科技传遍世界，为人类文明进步做出了杰出贡献。阿拉伯文明特别在倭马亚王朝和阿拔斯王朝时期，在数学、天文学、化学、光学和医学等领域，有力地推动了人类文明的进步与发展。

三是推崇真善美。中国人讲善有善报，己所不欲勿施于人，助人为乐。阿拉伯人，讲情义，重尊严，重亲情，重友情。

四是兼容性。海纳百川，有容乃大。中华文明是在不断吸收、消化各族文化的过程中兴旺发达起来的。中国历史上没有发生过大规模排除异端的宗教战争。儒学、佛教、伊斯兰都能在中国大地上存在并发展。中华民族在长期的民族融合中发展壮大。中华文明也是在不断地兼收并蓄中辉煌灿烂。阿拉伯文明在与东西方文明的交往中，吸纳了新的文明成果，丰富了自身的文明内涵。

（二）关于个性

中华文明元素丰富，集儒释道为一体，尊孔信佛重道。阿拉伯文明一元化，以伊斯兰的古兰经、圣训为主要思想源泉，独尊真主。

二、中阿文明对话的主要领域

（一）“一带一路”

中国提出和平发展、合作共赢、公道正义、文明互学互鉴等核心理念，主张将“一带一路”建设成为和平之路、繁荣之路、开放之路、创新之路、文明之路。打造开放合作平台，建设开放、包容、普惠、平衡、共赢的经济全球化。“一带一路”建设是开放的，要共商共建共享。中国与阿拉伯国家共建“123 方案”。中阿双方应就“一带一路”建设的理念、精神、内容、途径等进行广泛深入对话，探索如何在“一带一路”框架下加强务实合作、造福双方人民的有效途径。

（二）治国理政

中国实行社会主义制度，中国共产党是中国人民领导核心。20 世纪 70 年代以来，中国实行改革开放政策，连续保持两位数的经济增长，人民生活明显改善。阿国政体不同，有君主制，有共和制，有的国家允许政党存在，有的实行党禁。各国发展水平不尽相同，总体发展缓慢。近年来，阿国又经历了深刻的社会动荡甚至战乱。双方可进行广泛交流，探讨发展道路和合作模式。中国主张每一个国家按照本国国情探寻合适的发展道路，反对将本国的价值观和发展道路强加他国。中阿应加强交流，互相借鉴成功发展经验，实现共同发展。

（三）热点问题

近百年来，中东战火连绵，阿以争端不断，国家、民族、宗教矛盾叠加，域外大国角逐竞争，热点问题层出不穷。中国奉行独立自主的和平外交政策，主持公道，恪守不干涉内政原则。中国一贯坚定支持阿拉伯巴勒斯坦人民的正义事业。近年来，中国迅速发展，在国际特别是中东事务中发挥着建设性作用。中阿可就地区问题如何解决开展对话，寻求公正持久的解决办法。

（四）宗教往来

自古以来，宗教就是中阿交往的重要元素。公元 7 世纪，在中国唐朝及以后的不同历史时期，伊斯兰教作为主动一方，通过温和的方式传入中国，与中国文化不断融合，实现了本土化。近代以来，特别是新中国成立以后，中国社会主义、共产主义意识形态与阿国伊斯兰教处于对立状态。因此，在双方的交往中，宗教成为敏感问题，一直阻碍着双方关系的深入发展。双方应将宗教对中阿关系的影响作为文明对话的重要议题，本着相互尊重、求同存异的原则处理宗教事务。

（五）文化艺术

文化艺术贴近民众生活，是中阿文明对话的重要组成部分。中阿均拥有丰富多彩的文化艺术。双方在此领域加强彼此交流十分必要。

三、对话建议

（一）坚持以对话代替战争的正确方向

中华文明历来倡导和践行文明对话。“不战而屈人之兵”“知己知彼百战不殆”是中国战争名著《孙子兵法》的理论精华，是战争艺术的最高境界，也完全可以用以指导文明的对话。中阿双方应认真梳理前六届对话会议的成果及有关倡议的落实情况，不断提升对话成效。

（二）重视对话成果转化

三个方向：一是呈报双方高层领导，成为决策的参考依据。二是通报双方学术研究机构，力争学术界更广泛的参与。三是双方新闻媒体充分报道有关对话活动，以激发双方民众对对话的兴趣与参与。

（三）将共建“一带一路”作为中阿文明对话的主题

中方提出的“一带一路”倡议受到阿拉伯国家的积极欢迎，双方围绕如何共商共建共享进行了深入沟通。传承丝路精神，加强文明对话，共同推进“一带一路”建设，实现双方发展目标链接，必将造福于中阿双方人民。

以“一带一路”倡议引领全球治理变局与中国国家治理现代化①

华中科技大学国家治理研究院院长教授
华中科技大学原党委副书记 欧阳康

实施“一带一路”倡议，能否成功及其成效如何，关键在于能否科学合理地统筹国际和国内两个大局并推动全球治理格局和中国国家治理向着更加健康合理的方向发展。从国际方面看，既要能够主动适应全球治理变局，更要能够引领全球治理变局；从国内来看，既要依托于国家治理现代化，也要能够引领国家治理现代化。围绕这个重大问题，我想谈三个具体问题。

一、充分认识“一带一路”的意义与困难

应当看到，我们搞“一带一路”既是主动的又是被动的。所谓主动的就是：我们需要重振我们的历史辉煌，并创造我们的现代辉煌，需要寻找一些新的对外出口和新的发展领域；所谓被动的就是：我们为什么要往西边走，往海上走，而不是往东边走，不是往原来现代化发展得比较好的主流地区走？从某种意义上说，这是由于当前世界现代化发展的复杂格局所决定的，我们向西部和海上走有可能获得更大的发展空间。正是在主动与被动的结合中有可能展示中国特色社会主义现代化所具有的特殊意义，凸显中国中国未来发展的一个重大战略，创造一条独具特色的中国道路。

30 多年来中国的发展成就主要是在跟随西方式现代化的进程中获得的。什么是西方式的现代化？它包含着很多非常丰富的内容，例如理性化、工业化、市场化、都市化、民主化、法制化等。从 1911 年辛亥革命到 1919 年五四运动，再从 1949 年新中国成立到 1978 年改革开放，我们基本上沿着西方的现代化模式一路走下来。走到今天，我们发现世界的现代化实际上已经分化了，主要有五种主导模式：一种是西欧的，一种是北美的，一种是苏联和东欧的，一种是拉美的，还有东亚的，叫“Asian values”。这五种模式各自包含着世界现代文明的不同的要素，并组合成了不同的现代化模式，产生了不同的效果，产生了不同发展程度

① 本文为欧阳康主持的国家教育部重大课题攻关项目“推进国家治理体系和治理能力现代化若干重大问题研究”［批准号：教社科司函（2014）177 号］的成果之一，也是欧阳康主持的国家社科规划办“十八大以来党中央治国理政新理念新思想新战略的哲学基础”（项目批准号：16ZZD046）的成果之一。

的国家和地区，他们各自创造了所在地区的繁荣，但是各自也有自己的问题。中国发展最大的优点就是把它们的所有的要素都吸引到中国来了，而且我们以前所未有的开放的心态，向几乎所有的模式学习，把所有的要素的红利都发挥到了极致。现在我们发现，这些现代化模式中，一些模式已经衰败了，一些正在发生着改变。对于它们，我们能学到的、能吸引进来的、能运用的，基本上都已经学得差不多了。更进一步学习和发掘的可能性不能说没有，因为世界还在发展，但是中国已经走到了必须独立自主地开创自己现代化的这样一个新时期。这个时期的最大特点，就是中国初步有了一些经济实力，要和平崛起，谋求更大发展。但世界格局却已经并在继续发生着深刻的变化，世界经济发展出现了巨大的问题。在这样的背景下，世界很多国家对中国的态度也发生了很大的变化。过去世界各国把中国看做投资热土，到中国来投资，我们借用世界各国的资本发展了我们自己。过去世界各国都愿意经销价廉物美的中国商品，我们通过巨量的对外贸易发展了中国经济。现在，随着中国经济的发展和管理的规范化，一方面。中国投资不再是外国人的投资热土，甚至各国也没有那么多钱来中国投资了。另一方面，随着中国劳动力的成本价格不断地上升，中国商品可以说是物美价不廉了，国外商家经销中国商品的热情也下降了，甚至不少国家甚至开始对中国商品进行封锁。世界未来将会如何发展？中国在变化着的世界中如何继续走得更好？这些现在已经变成了一个问题。在这样的背景下，习近平总书记把“一带一路”提到了这样的高度，也许意味着中国要独创一种自己特殊的现代化，甚至创造一种新的世界关系与全球格局。而这种现代化当前又面临着几个比较特殊的问题或者困难。

第一个困难就是我们国内已经面对着一种经济新常态，也就是经济下行。30多年来中国一直保持高速增长，近年来增速不断下降。经济过度下行的危害在于，如果我们不能在未来的3年里面把我们的经济增长保持在6.5%以上，党的十八大所提出的到2020年争取国民总收入和人均国民收入“两个翻一番”的目标就很难得到实现，全面建成小康社会就会遇到困难。在这样的背景下，发展的速度重新成为一个战略问题，必须引起足够的重视。而与之相应的是制约我们发展的另外一个瓶颈，那就是我们的资源、环境和环境。有研究表明，我国改革开放以来的GDP快速增长，是以世界的资源、能源消耗的平均水平的一两倍来获得的，而环境的破坏速度也超出了世界平均速度。尽管中国地大物博，但由于人口众多，因此人均资源和能源也非常低，由此当前中国面临着非常复杂的生态环境。从某种意义上可以说，今天中国共产党在发展方面面临的一个最大的挑战就是：既要绿色的，又要高速的；既要结构合理的，又是质量优良的，还是节能节源的。很明显，这种高水平高质量的发展不是那么容易做到的。在这种背景下中国向何处去突围？“一带一路”倡议给了我们一个全新的布局构想。

第二个困难问题是：我们当往前推进“一带一路”的时候实际上有一个内在的问题，就是制度的问题。大家知道，“一带一路”涉及亚洲、中东和欧洲的很多国家，他们在社会制度上和我们国家是根本不一样的。不一样制度国家能不能够交往，当然可以。能不能够真正成为我们的合作的铁哥们铁伙伴，实际上是有很大的问题的。当今世界很多国家都面临着在不断分化的复杂世界格局中重新选择自己的战略合作伙伴，甚至发展方向的问题。例如，我去乌克兰开会和调研，发现乌克兰今天就面临着到底是投靠俄罗斯，还是投靠欧盟的巨大困惑，甚至处于巨大的摇摆，并导致政权相应地不断更替，造成社会的巨大分裂与动荡。世界的动荡与转换既给中国的“一带一路”提供了机会，也提出了严峻的挑战。中国要通过“一带一路”倡议真正走出去，走向世界，不仅将扩大与相关国家与民族的物资与经济交往，也意味着一种规范的交往和制度的协调，甚至也面临着一种文明的冲突。大家知道亨廷顿当年曾经提出过“文明冲突论”，并把儒家文明与基督教和伊斯兰文明一道列为21世纪文明冲突的三大源泉。对此我们中国人当时当然是根本不接受的。但现在看来我们才发现也许真的就是不幸被他言中。基督教文明与伊斯兰文明的冲突在全球性的恐怖主义袭击中已经多少有所表现，有些甚至非常极端和残酷。现在看来，从当年的东亚崛起，到现在的中国崛起和东亚经济圈兴起，大多数国家都曾深受儒家思想的历史影响，也许意味着一种新型文明的诞生与拓展，有可能产生其与伊斯兰文明和基督教文明的冲突。从这个角度来看，“一带一路”倡议实施可能遇到许多新的民族文化冲突，新的国际争端，甚至影响到世界未来格局的演变。

在这多方面的交织中，我们可以看到，“一带一路”是一个很好的倡议，但是并不是很容易实现的。目前我们现在很多人对此非常乐观，对其所提供的机会关注较多，而对于其所存在的挑战关注得不够，对很多复杂问题的估计不够，在设计上过度地一厢情愿，盲目乐观。应该注意的是，我们在这个过程中已经遇到了一些麻烦，未来的麻烦肯定会更多。所以我们对“一带一路”一定要有一个非常清晰的自我战略的定位。把这个定位搞清楚以后，才知道我们未来有多大的可能性空间，才知道如何更好地走向未来。

二、通过“一带一路”倡议引领全球治理变局

中国的“一带一路”倡议是在应对全球治理变局中生发出来的，也应当在顺应以致引领全球治理变局的良性健康发展方面发挥更加积极的作用。

对这个问题的探讨必须回到历史。近代以来的世界现代化历史告诉我们，世界各国由于现代化的先后与水平出现巨大差距，产生出一种特殊的世界秩序，那就是谁先现代化谁就主导世界，落后的国家以致整个世界不得不按照优先现代化国家所制定的规则走向未来。在第二次世界大战中，美国通过出售军火获得了巨量的财富，并通过向广岛和长崎扔原子弹而促成了日本投降，成为战胜国代表，获得了战后秩序的主导权。1944年开始，成立了联合国以维护世界政治体系和安全体系，通过世界贸易组织调控世界经济金融体系，通过布雷顿森林体系确立美元的代黄金地位和国际货币体系，基本上就是这三根杠杆奠定了战后的秩序。现在连美国人自己都不满意了，为什么？因为我们中国借助这个体系发展起来了。

新中国成立以来尤其是改革开放以来，我们基本上按照第二次世界大战以后的世界秩序和世界规则走，按照WTO的规则来努力地改变自己，在既定的世界体系中发展自己，发展中国特色社会主义的市场经济，发展多种所有制形式，努力加入世界现代化体系，经济获得了快速发展，取得了巨大的进步。然而今天的

世界正在发生最深刻的变化。美国主导并以排除中国为目标的TPP（跨太平洋伙伴关系协议）已经正式生效，参与的12个国家占有世界贸易总量的40%。TIPP（跨大西洋伙伴关系协议）正在谋划中，将包含39个国家，占世界贸易总量的30%。如果这两个组织都建立起来了，占世界贸易总量的70%，却不允许中国参加，中国应该如何发展？原来我们有一个自我的感觉，好像这个世界离开了中国根本就是不可以的！为什么，因为我们是世界经济总量第二的国家。现在发现，还有那么多的国家根本不想跟我们玩，甚至努力想构建一个彻底把中国排除在外的经济圈。如果占有世界上贸易总量70%的国家都不跟中国进行这样一种零关税的自由贸易，中国的经济将走向何方？

这样一种变局还在继续逼近。大家注意到，关于中国南海的海牙国际仲裁法庭做出了关于南海的近乎荒唐的仲裁结果，给中国造成极大被动。近来围绕中国的南海问题不少国家可以说是磨刀霍霍。中国的钓鱼岛问题、南海问题和台湾海峡问题交织在一起，反映了世界大变局在中国的一个交汇点，需要智慧地加以应对。为保障中华民族伟大复兴这个最核心战略目标的有序推进，我们需要一个长期持续稳定和平和有利于中国快速发展的国际环境。

在未来全球治理变局的未来发展中，最需关注的是美国态势，最需重视的是中美关系。随着中国的快速崛起和国际关系力量对比的变化，美国各方面对于中国的担忧与警惕正在上升，对于中国的封堵正在有形无形地加强。尤其是美国的亚太再平衡战略，正在构筑起以东亚和西太平洋国家为主要圈带的对华包围圈。中国与发达国家之间在意识形态和社会制度方面的差异正在被放大，不同国家之间的战略错位等问题日益凸显，中美新型大国关系的建立面临困难。

2015年我曾经两度去到奥巴马总统当年接待习近平主席的加州安那伯格庄园，坐到了习近平主席和奥巴马总统曾经同时坐过的那个加州红木椅子上，体会“中国梦”和“美国梦”到底是同梦还是异梦？哪些同？哪些异？什么意义上的同？什么意义上的异？我甚至在想，他们两位作为世界上两个最大的国家，两个最大的经济体的最高领导人，他们到底是同椅异梦？还是同椅同梦？习近平主席反复向奥巴马总统说，中国梦与美国梦是相通的，问题是美国总统是否也真正这样认为。在我们看来，中国梦与美国梦之间很明显有很多相通的地方，因为中美之间的经济已经融汇到了如此的程度，中国买了如此多的美国国债，这是中国对美元的信任，也是对美国的信任。但是中美之间很明显地存在战略意义上的矛盾与冲突，其核心就是谁主导世界秩序的未来发展。我的感觉是，美国方面现在从总统到智库到政客到民间，前所未有地感觉到中国对它们的威胁。而且还不再是过去的那种绝对安全观意义上的威胁，而是带有一定现实性的威胁。所谓绝对安全观，即美国人认为只有当他们在经济政治军事科技等各方面都超越世界各国30年，他们才觉得安全。这方面的情况是，现在中国与美国在很多方面的距离仍然很大，但不一定都还有30年的发展差距，于是他们已经开始预警。而在现实中由于东北亚朝鲜问题，东亚的日本问题，东海的台湾问题，加上南海问题，美国对中国已经高度警惕并设置为现实威胁。

近年在中国的对外关系中我们一直讨论的一个问题是应该继续“韬光养晦”还是应该以牙还牙？现在看来单纯的“韬光养晦”和简单的“以牙还牙”都是

不可以的，需要在这两者之间保持一个适当的张力。这对于中华民族的智慧绝对是一个考验。从某种意义上可以说，当前中华民族面临某种智慧短缺。我们还没有足够的做大国的智慧，我们就成了大国。其实我们也并不大，就是因为人口多因此 GDP 总量显得很多，于是别人把我们看得很大，要求我们履行大国的义务与责任。有时我们也把自己看得很大，其实我们还不大，而是一种自大，产生出骄傲情绪，失去了清醒。

面对如此复杂的全球变局，我们如何保持清醒的头脑？我认为应当努力通过“一带一路”倡议在应对甚至引领全球治理变局。为此我们可以制订三个层次的目标。

第一，继续维护“二战”以来的世界秩序，保护和扩展中国的发展空间。“二战”以来的世界格局是经过两次世界大战人类付出巨大代价换来的，是一个总体上有利于世界和平稳定和发展的体系。我们要继续学习和跟进世界现代化，努力拓展中国在既有世界发展格局中的可能性空间，尽最大可能尽快尽好地发展中国。中国作为第二次世界大战的战胜国和联合国安理会的常任理事国，既有这种责任和义务，也有权力和力量。

第二，通过“一带一路”倡议，以项目带动，与各国交往，分区域突破，在世界总体复杂格局中逐步打破一些国家对中国的封堵，开拓更加有利于中国的新发展领域和新发展空间。当代中国的发展仅仅靠跟随世界发达国家已经远远不够，必须努力寻求以中国为主导的新型发展模式，以便超越西方发达国家的极限。中国主导的亚投行，金砖国家体系，“一带一路”倡议正是以中国为主导，由“点”到“线”到“面”到“体”到“系统”等，逐渐拓展、深化、提升，通过加量来改变世界现有格局为中国开拓发展空间的积极尝试。

第三，通过中国在经济政治社会文化生态等方面的进一步全面健康发展，和与越来越多的国家良性健康合作共赢，构建新的跨国度合作发展道路，回应世界各国对于当前人类发展道路的疑惑，展示中国制度的优越性，为不同国家对于更加美好的社会制度的探索提供中国方案，争取对于全球发展未来的话语权、主导权，引领世界文明发展方向。

三、通过“一带一路”倡议推进中国国家治理现代化

“一带一路”倡议的实施不仅要求也必然推进中国国家治理体系和治理能力的现代化。

我目前担任华中科技大学国家治理研究院的院长，当然更多地关注的是国内发展和国家治理的问题，因为国家治理研究是我们的核心任务。从党的十八届三中全会提出国家治理现代化，按照中共湖北省委和华中科技大学党委的要求，我们很快成立了当时中国第一家国家治理研究院，获得了教育部第一次设立的国家治理方面的重大课题攻关项目，完成了中共湖北省委的省级治理现代化重大委托项目。我们一直在琢磨这一件事情，中国国家治理如何现代化？这里有很多问题需要研究，其中最具挑战性的问题，就是如何以一个整合性的中国社会治理体系应对当前中国价值极度多元化的社会。改革开放以来中国社会价值迅速多元分化，经过 30 多年的发展，中国价值分化的领域之广、程度之深、影响之大已经

大大超出了我们的想象，甚至超出了一个统一的政党领导下和一个统一的社会制度应该与能够允许的内部差异阈限。中国甚至可以说是世界上最为分化和多元化的国家。应该说，这种分化给中国人带来更多的选择空间，给中国经济社会发展带来的更多的机遇，让中国社会变得更加鲜活、丰富、多彩，但它也带来了中国社会在区域、行业、阶层、人群之间的巨大差异，给中国的国家治理和社会管理提出了严峻的挑战。

当我们实施“一带一路”倡议时，必须注意到的是，真正走出国门的是一个一个的具体的企业、公司、单位，他们有不同的所有制，生产方式，分配方式，企业文化、人员素养等，彼此间存在着巨大的差异，但对于他们去到的国家、地区、民族等而言，他们却都是唯一的，来自中国的。于是这些企业和单位自觉不自觉地成为中国的代表，他们的工作及其成效直接代表着中国。他们在国外的活动无非是其在国内的地位功能的延伸。因此，尽管在“一带一路”的国际交往与合作中还需要严格遵循相应的国际规则，但这些单位在国外的行为方式及其水平在很大程度上取决于他们在中国国家治理体系中的地位和受到的规制。正是在这样的意义上，我们认为，“一带一路”倡议的实施也给中国的国家治理体系和治理能力现代化提出了很高的要求和很多的挑战。我们至少应该在三个以上层面同时着力：

第一，以新的国际视野和思想高度谋划中国国家发展战略，更加自觉和有机地统筹国际和国内两个大局，推动中国的新一轮改革开放。实施“一带一路”倡议意味着中国的改革开放进入到全新阶段，不仅要引进国际资本，也要输出中国资本；不仅要输出中国产品，也要输出中国技术；不仅要销售物质商品，也要推行管理和文化；不仅要考虑中方获利，也要谋求双赢甚至多赢；不仅要考虑眼前利益，更要关注长远发展与战略合作，等等。为此我们必须更加自觉地着力于科学合理有效统筹国际和国内两个大局方面，拓展开放的力度，深化改革的程度构建起符合时代要求的全球性思想理念、战略布局和实施途径。

第二，自觉梳理中国价值多元状态并做出必要价值评价与合理性调试，努力提升中国国家经济社会文化的品位与品格。“一带一路”倡议，其进展和成效如何，取决于中国科技经济社会文化等是否具有比沿线国家地区和民族具有更高的品味与势能。当前中国经济社会发展处于深度转型过程之中，各种经济元素良莠不齐，泥沙俱下，鱼龙混杂，如果不加分析不加识别不加调控，任由地方和企业的自发推动，盲目推进“一带一路”项目，不仅不能展示中国经济社会文化的先进与优势，反而有可能造成严重的困难与长远的问题。我们应当对当前中国价值多元化进程中的各种因素做出必要的合理性分析，努力支持那些具有发展前景和雄厚潜能的企业走进“一带一路”，防止那些代表落后生产力缺乏国际竞争力的企业贸然走进“一带一路”，不仅损害自己和合作方，也败坏中国形象，损害一带一路治理。“一带一路”应当成为中国淘汰落后产能，激励创新创业，促进经济社会科技文化健康发展和可持续发展的重要机会。

第三，自觉促进中国国家治理在宏观体系和治理能力方面的现代化，为“一带一路”倡议实施提供最为坚实可靠的国家后盾和制度保障。“一带一路”倡议要求所有参与这个战略的企业与单位能够受到现代化国家治理体系的规制与约束，能够履行国家战略的责任与义务。中国国家治理体系和治理能力的现代化程度与水平直接决定着中国国家内部的发展状况，也决定着中国能够通过“一带一路”走多远，走多久，走多好。加强中国国家治理体系和治理能力现代化建设，要在思想理论层面，体制机制层面，政策措施层面和行动规范层面同时着力，更好地发挥和展示中国的制度优势，进一步理顺和改善中国不同地域、行业、阶层和人群间的关系，提升中国的自主创新和发展能力。

参考文献

欧阳康：《现代化的围城及其超越》，《求是学刊》，2003 年第 1 期。

欧阳康：《全球治理变局与中国国家治理能力的时代性提升——中国“十三五”的一个使命》，《光明日报》，2015 年 12 月 9 日第 13 版。

“一带一路”倡议机遇与中国的全球治理能力构建

三亚公共外交研究院副院长兼秘书长　孙治国

党的十八大以来，习近平总书记站在中国和世界关系的历史新起点上，从中国国内治理的成功经验出发，面对全球化“碎片化”日益严重、“逆全球化”民粹主义上升，就全球化和全球治理的未来，提出了一系列根植于中国思想的“全球公共产品”，其中非常重要的就是“一带一路”倡议。“一带一路”倡议自习近平主席于2013年提出之后，在全球范围内逐渐从理念转化为行动，从愿景转变为现实，取得了十分丰硕的成果。

从2013年提出以“共商、共建、共享”原则建设“一带一路”，到2017年5月“一带一路”国际合作高峰论坛提出“和平合作、开放包容、互学互鉴、互利共赢”的丝路精神，从坚持G20在全球经济治理中的“首要平台”作用和去年成功举办G20杭州峰会，就改革全球治理凝聚共识；从提出和平合作、互利共赢为基础推动国际关系民主化，建设“全球伙伴关系网络”；从“你中有我、我中有你”利益共同体，到今年初在达沃斯提出建设人类命运共同体，习近平主席就创新全球治理已经形成了系列重要战略思想。这既为中国深入参与全球治理提出了指导思想、核心理念和具体路径，也为创新全球治理思想和模式提供了“全球公共产品”。这些思想和理念源于积淀深厚的中华文明，又紧密结合中国改革开放的实践和全球化巨变的现实，充分体现了中国的大国担当，得到国际社会的高度重视。

目前，全球化与“逆全球化”博弈处于十字路口，西方“经济新自由主义”日落西山，全球治理呼唤结构性改革、新指导思想和发展模式。中国提出“一带一路”，创新国际合作模式，提倡文明融合，希望各国“平等相待、共同发展、共同进步、共同富裕”，克服全球化的负面因素，化解“逆全球化”思潮和民粹主义负能量，推动全球化及时调整方向，扩大全球化民意基础，体现了中国国家利益和国际社会共同利益的高度一致。

站在人类共同发展的高度，从理论和实践的层面对“一带一路”的战略机遇进行深入研究与把握，加快构建中国在全球治理中的能力建设，有助于我们更加明确中华民族走向伟大复兴的现实路径，更加理解中华文明无可替代的当代价值，更加坚定中国道路的信心与决心。

近30年来，经济全球化极大地促进了世界经济的发展，世界各国各地区日益形成一个紧密联系的整体。然而，全球化一方面通过贸易、金融和资本不断分化、消解各国政府的权力，打破了民族国家业已形成的边界；另一方面，过度的市场竞争导致国家间发展鸿沟日益扩大，也给不少发展中国家带来了严重的经济、难民、宗教冲突等问题。统计显示，近 30 年来，世界 10 个最富国家与 10 个最穷国家的人均 GPD 之比由 100 多倍上升到 200 多倍，国家间贫富差距急剧扩大。

在此背景下，“一带一路”倡议因应了全球政治经济重心向西太平洋地区转移的历史趋势，作为中国改革世界政治经济秩序的积极尝试，彰显了中华民族在建设人类命运共同体的历史进程中的责任与担当。“一带一路”倡议和实践行动体现全球化“普惠、公平、共享”精神，让相关国家人民有更多的参与感、获得感、幸福感，在很大程度上主动应对了当前全球治理的缺失。既显示了中国主动承担大国责任的积极作为，也是中国努力改革全球治理的尝试。“一带一路”浓缩了中国 30 多年的改革开放经验和五千多年的文明智慧，多种独特优势决定了中国有能力为世界走出全球治理的现实困境做出表率。

“一带一路”倡议将有助于推动更加“开放、包容、平等、合作”的全球化进程，提升开放与合作水平，扩大开放与合作范围，推动全球治理加快从“西方治理”向“东西方共同治理”转变。“一带一路”所体现的开放和合作，首先是亚欧大陆海陆通道互联互通，将带动亚欧不同文明相互融合，为建设人类命运共同体奠定基础。这也将为世界和平和经济增长提供十分强劲的新动力、新动能。

传统意义的全球化以减让关税、建立世界市场为主要目的，对全球经济增长贡献一般在 5%左右，而“开放、包容、平等、合作”的全球化新时代通过“软硬”互联互通将使全球经济增长 10%至 15%。金融通过支持、引导和服务“一带一路”建设推动开放与合作，将大大促进货币流通，拓展金融市场和金融机构服务的深度和广度。目前看，多边金融机构为“一带一路”建设筹集专项资金已经有起色。亚洲基础设施投资银行、金砖国家开发银行和上海合作组织开发银行等新兴多边开发性金融机构纷纷成立，还设立丝路基金作为“一带一路”专项长期开发投资基金。亚投行 2016 年为 7 国 9 个能源和基建项目贷出 17. 3 亿美元，撬动公共和私营部门资金 125 亿美元，PPP 模式成功实施；丝路基金投资领域集中在水电、天然气等能源领域，实际投资额 2016 年底约达 40 亿美元；金砖国家开发银行 2016 年 10 月联合俄罗斯直投基金和中国能源工程集团，也开始涉及投资项目。同时，沿线国家双边本币互换、结算范围扩大，丰富了人民币业务，“一带一路”成为人民币国际化重要载体和路径。目前，中国与 28 家央行签署互换协议，涉及“一带一路”国家和地区 18 个，达 1. 4 万亿元。

“一带一路”带来的“新丝路、新发展、新格局”，对全球治理具有重要意义。一是“普惠性”对战胜“逆全球化”的重要意义。“一带一路”要给各国人民带来更多的参与感、获得感和幸福感。如，中国帮助非洲发展的思路充分体现普惠性。2015 年习近平主席访非提出中国帮助非洲发展“十点计划”，实现工业化放在首位，西方强加给非洲的单一经济发展模式不可持续。二是加强全球宏观政策协调，实现联动发展，克服世界经济失衡问题。世界经济是“一盘棋”，需要协调与合作。“一带一路”希望共同发展、合作发展、共享发展，为发展中国家利用后发优势，跟上全球化步伐，适应全球化变化，提供良好平台。“一带一路”在推进国际合作中，突出各国发展战略对接的重要性。去年 G20 杭州峰会确立宏观政策协调机制，并把发展议题列入议程，都为各国经济联动发展提供路径。三是在落实“一带一路”倡议时，中美发挥表率作用十分重要。两国要顺应全球化趋势，反对保护主义，推动全球自由贸易和投资便利化。中美在双边贸易和全球治理中加强合作，将提振全球市场信心，减少风险。

中国已经建立起世界上最完整的制造业体系，正从深加工阶段向技术集约化阶段过渡，几乎能以全球最低成本向沿线国家提供其工业化所需的产品，这使中国成为“一带一路”沿线国家在现代化过程中几乎唯一可以倚重的大国。同时，中国拥有五千多年连续不断的文明史，是一个显著不同于西方民族国家的文明型国家。中国在历史上很早就产生了“天下为公”“世界大同”的思想。在人类迈向真正有效的全球治理过程中，这种包容性的价值观弥足珍贵，这种开放胸襟契合了当代全球社会的价值追求。作为世界第二大经济体以及拥有成功发展经验的大国，中华民族有能力为未来全球治理提出中国方案，而这正是“一带一路”理念的要旨与精髓。

“一带一路”倡导平等协商，主张摈弃实力定义一切的政治哲学。旧的国际秩序往往以霸权主义、强权政治为基本特征。这种秩序是在广大发展中国家处于无权地位的情况下，由少数西方大国按照自身的意愿和利益建立起来的。“一带一路”发扬“和平合作、开放包容、互学互鉴、互利共赢”的丝路精神，致力于探寻 21 世纪人类共同价值体系，努力构建人类命运共同体，充分展示了全球治理的东方智慧。“君子和而不同”，丝路精神主张：国家不分大小，都应当成为国际社会的平等成员，各国应该尊重各自主权、领土完整，尊重彼此发展道路和社会制度，尊重彼此核心利益和重大关切；各国均有权根据各自的国情，独立自主地选择本国的社会、政治、经济制度和发展道路；各国应在合作中通过平等协商达成目标，确定合作领域，找到利益交汇点。

“一带一路”坚持从封闭排他走向开放包容，强调各国各民族合作共赢。现代生产方式、全球生产网络和现代通信技术已经把世界各国紧密联系在一起，世界已经不可能退回到孤立主义和闭关锁国的时代。由于不合理的国际政治经济秩序，当今世界的区域性和全球性事务往往由少数西方大国主导，现行国际制度安排深刻反映了这些国家的战略意图，以至于某些区域性国际合作表现出一定的封闭性、歧视性和排他性。“一带一路”建设的最大公约数就是坚持合作共赢、开放包容、互利平等的新理念，树立起“包容性发展”的旗帜。“一带一路”的建设重点在亚欧非大陆，同时面向世界所有国家。中国寻求打造开放型合作平台，推动构建公正、合理、透明的国际经贸投资规则体系，促进生产要素有序流动、资源高效配置、市场深度融合，携手建设和平共生的国际大家庭。

“一带一路”提倡世界主义，强调对人类命运的终极关怀。在西方政治哲学指导下，国际政治实践往往导致安全困境、贸易保护主义、战争与冲突等问题。世界主义在指导思想和行为规范上都要求以共同体意识取代各国间的冲突，以人类命运共同体理念取代国家中心论，要达到的目标不再是获得自身利益的满足，而是人类普遍和平与富足。“一带一路”把构建人类命运共同体作为终极目标，体现了中华民族对人类命运的终极关怀。这一方案着眼于人类文明永续发展，推动建立文明新秩序，超越狭隘的民族国家视角。这种全球整体观将使中国占据国际道义制高点。“一带一路”建设以文明交流超越文明隔阂、文明互鉴超越文明冲突、文明共存超越文明优越，推动各国相互理解、相互尊重、相互信任。

“一带一路”倡议顺应天下人心，彰显人间正道，赢得了广泛认同。21 世纪的中国将弘扬《联合国宪章》的宗旨，本着“共商、共建、共享”的原则，在制度和精神层面上求同存异、聚同化异，塑造你中有我、我中有你的新全球化身份认同。在以习近平同志为核心的党中央的坚强领导下，“一带一路”方案必将成为引领全球包容性发展的一面旗帜，成为构建人类命运共同体的世界历史事件，这是中华民族对人类文明的又一次重大贡献。

发挥民间组织独特作用 服务"一带一路"文化建设

——宁夏伊斯兰国际经济文化友好促进会积极开展对外文化、经贸交流工作纪实

宁夏伊斯兰国际经济文化友好促进会，在宁夏回族自治区党委、政府的领导下，在国家有关部委和自治区各有关厅局单位及社会各界的关心指导、支持帮助下，坚持办会宗旨，恪守维护宪法、法律法规和政策的原则，以活动为载体，动员组织有志于促进阿拉伯国家、伊斯兰国家开展经济文化交流的企业团体志士仁人，全方位多层次宽领域构建民间外交大舞台，积极主动灵活多样地开展与阿拉伯国家、伊斯兰国家的经济文化往来，充分发挥了民间组织拾遗补缺不可替代的作用，卓有成效地做了许多有益的工作，为服务"一带一路"发展战略和宁夏回族自治区经济社会发展、为宣传中国、宣传宁夏、促进改革开放做出了贡献。

一、精心打造民族文化品牌，服务"一带一路"文化建设

2013年，国家主席习近平访问哈萨克斯坦时郑重提出了共同建设面向21世纪的海上丝绸之路经济带的"一带一路"倡议，得到了世界100多个国家和地区的积极响应和参与。经济建设必将带动文化建设同步发展，我会顺应新的发展机遇，主动融入"一带一路"打造新丝绸之路文化建设的发展之中，在宁夏回族自治区政府的领导下，经过五年的努力精心打造对外文化交流的民族品牌，先后于2012年、2014年、2016年每两年隆重推出并成功举办具有民族特色的《中国·宁夏伊斯兰风情国际摄影优秀作品展》。该品牌主旨是利用民间组织的优势和灵活性，积极开展民间外交，通过国际摄影展延伸和拓展中国和宁夏与阿拉伯国家、伊斯兰国家交流的领域，增进加深传统友谊，宣传中国、宣传宁夏，为"一带一路"文化建设、促进迈向人类"命运共同体""利益共同体"服务。

第一届《中国·宁夏伊斯兰风情国际摄影展》是从2012年8月22日在银川文化艺术中心隆重开幕，全国政协副主席罗豪才、国家民委负责同志和10余位开国元勋的亲属，宁夏回族自治区部分领导同志与800多位社会各界人士出席开幕式。孟加拉国驻华大使、文莱驻华大使和哈萨克斯坦、沙特、埃及、苏丹等国代表、国际友人应邀出席开幕庆典。首届摄影展共在全球范围内征集到18 000多幅照片，经专家评审展出360幅作品为优秀作品，充分反映了世界26个伊斯兰国家、阿拉伯国家穆斯林的风土人情，也向世界呈现了我国10个信仰伊斯兰教的民族在中华民族大家庭中和谐相处、生活安顺的真实景象。第一届《中国·宁夏伊斯兰风情国际摄影展》的成功举办意义重大，受到社会各界和国际社会友人的高度赞扬。沙特阿拉伯王国亲王发来贺信、10多个阿拉伯国家、伊斯兰国

家驻华使馆表示祝贺，区内外26家媒体都详尽直观地报道了摄影展的开幕庆典、观后座谈会、参观实况等系列活动，有力地宣传和扩大了影响，为中阿经贸论坛增添光彩，也为今后打造对外文化交流的民族精品奠定了基础，积累了丰富的经验。

第二届《中国·宁夏伊斯兰风情国际摄影展》于2014年9月21日在宁夏博物馆隆重开幕，根据中国摄影家协会的建议，将大赛改为摄影展。作为中阿博览会系列活动的重要工作内容，举办目的是进一步推动中国和我区与拉伯国家、伊斯兰国家扩大文化交流，巩固传统友谊，助力“一带一路”文化建设。第二届摄影展由宁夏回族自治区政府和中国摄影家协会主办，促进会承办。国家民委、文化部、商务部、外交部和中国贸促会、中国伊协、对外友协、公共外交协会等国家部委给予具体指导积极参与。第二届摄影展共征集国内外参赛作品31 000多幅，国内32个省（市）自治区（含台湾省）和香港特别行政区、我国12个驻外使领馆和14个阿拉伯国家、伊斯兰国家驻华使馆及美国驻华使馆、全球80多位国外摄影家投送了摄影作品。由专家评审委员会无记名严格投票确立380幅为优秀作品展出，参赛作品反映了64个国家和地区的伊斯兰风俗风情、人文景观和优秀风光，来自阿曼、阿尔及利亚、约旦、沙特、印度尼西亚、巴林、马来西亚、苏丹和美国等国的驻华大使、公使或使节代表、国际友人出席大赛开幕式，国家有关部委和自治区厅局相关负责同志、企业法人、各界朋友600余人出席开幕庆典。第二届摄影展从9月21日开幕到10月20日闭展，共有近6万观众参观，期间正值“第三届阿拉伯艺术节”在宁夏举办，摄影展作为艺术节宁夏会场活动的重要组成部分，同时于9月14日向来自14个阿拉伯国家、伊斯兰国家的外交使团进行展示，获得我国文化部、外交部和阿拉伯使团的部长、大使们的高度赞扬，同样国外多家媒体都对第二届摄影展给予高度关注，进行了包括专访、实况转播等全方位的报道。

备受关注的第三届《中国·宁夏伊斯兰风情国际摄影展》于2016年9月3日在宁夏博物馆隆重开幕，同样摄影展由宁夏回族自治区政府主办，宁夏伊斯兰

国际经济文化友好促进会承办。摄影展得到了国家有关部委和宁夏回族自治区政府各有关厅局的关注支持和指导，这是继2012年、2014年圆满举办两届国际摄影展之后我区举办的又一次高规模、影响大、颇具特色的文化交流盛会，凝聚了社会方方面面的努力和心血。第三届摄影展在全球共征集参赛作品近10 000幅，遍及65个国家，国内32个省（市）自治区都有作品，共有71位国内外作者参与投送作品，经中外摄影专家严格规范评审200幅作品作为优秀摄影作品在向社会公示后在开幕式展出。全国政协原副主席白立忱和全国人大、中共中央统战部、最高人民法院、中央军委总政治部等领导和100多位国家机关部委和全国各地有关方面负责同志受邀出席开幕式。受组委会邀请阿尔及利亚、巴基斯坦、巴林、阿曼、印度尼西亚、美国等国驻华大使和使节代表，以及来自埃及、苏丹、马来西亚、沙特等国23位国际友人出席摄影展开幕式。自治区政府领导和阿尔及利亚驻华大使艾哈桑·布哈利法、中国摄影家协会负责人、宁夏伊斯兰国际经济文化友好促进会会长黑良杰先后致辞，对举办第三届伊斯兰风情国际摄影展的意义给予高度评价。同样，国内近20家主流媒体都对第三届摄影展给予了充分详实的滚动报道，覆盖广、层次高、宣传力度都超过前两届。国内外13家国际组织、民间社团向组委会发来贺信贺电，一致认为摄影展配合“一带一路”建设、开展对外文化交流作用突出、意义重大。

二、突出民间外交主题，助力和谐发展之路

民间外交是我们国家外交格局的重要组成部分，党和国家领导人历来高度重视民间外交工作。毛泽东主席、周恩来总理、胡锦涛同志都有论述，特别是在新形势下，习近平总书记指出：“民间外交是推动各国人民增进友谊，促进国家关系发展的基础性工作，是国家总体外交非常重要的组成部分。新世纪、新阶段，民间外交只能加强不能削弱。民间外交的任务更加繁重、作用更加突出、舞台更加广阔”。

十多来，我会遵照党和国家领导人高屋建瓴的讲话精神，配合国家的“十一五”“十二五”“十三五”发展规划，坚持改革开放、践行宁夏回族自治区全面建设“四个宁夏”的发展战略，突出民间外交广交联络、拾遗补缺的主题，创新对外宣传的形式，主动积极，做了许多有益的工作。从2003年起，促进会基本上每年都要配合自治区经济社会发展的重大活动，邀请部分阿拉伯国家、伊斯兰国家的外交使节、企业家代表或友好人士到我区访问，到促进会、座谈交流，为招商引资做联谊、铺垫工作。促进会主要负责同志也主动出访，先后参加了在马来西亚、阿联酋、科威特、巴基斯坦、哈萨克斯坦等国举办的中国和宁夏回族自治区与这些国家的经贸洽谈会、经贸工作峰会、清真食品展销、农产品展览会等，广泛接触积极联络、宣传中国、宣传宁夏。2004年和2008年，受宁夏回族自治区政府委托，在宁夏回族自治区外办的安排下，我会两次圆满的接待了外交部组织的阿拉伯国家、伊斯兰国家驻华使节宁夏访问团，陪同考察，座谈交流，介绍宁夏的历史沿革、经济社会发展和文化教育事业现状，促进相互了解，外交团队非常满意，也受到外交部和宁夏回族自治区政府的好评。近年来，我们坚持深刻理解全面落实习近平总书记全面宣传工作会议上提出的“要精心做好对外宣

传工作，创新对外宣传方式、打造融通中外的新概念、新范畴、新表述，讲好中国故事，传播好中国声音”的重要讲话精神，强化更好地服务“一带一路”文化建设和中阿博览会的意识，提高文化软实力，以特色鲜明、内容丰富、形式灵活的系列活动，宣传中国和宁夏与阿拉伯国家、伊斯兰国家合作交流的传统友谊，也同时提高了促进会的品位，很好地发挥了促进会的作用。如 2015 年 5 月，第二届“中国—东南亚民间高端对话会”在印度尼西亚巴厘岛召开，应中联部党群外事局和自治区外办的邀请，由我会选送的 30 幅《中国・宁夏伊斯兰风情国际摄影优秀作品展》精美图片在会议的“一带一路”展览中展出受到好评。中共中央政治局委员、国务院副总理刘延东出席会议，发表主旨演讲并同各国政要一道仔细观看了图片展览，称赞摄影展照片十分优美很好。

又如，近年来由宁夏回族自治区政府主办、促进会承办的《中国・宁夏伊斯兰风情国际摄影优秀作品展》项目获得很大成功，引起了极大反响，受到了国家民委、文化部、商务部、外交部等国家部委的支持肯定，也受到阿拉伯国家、伊斯兰国家的普遍欢迎。2015 年，该项目被文化部外联局列为“文化国门”宣传项目，我会与中国摄影家协会、宁夏回族自治区文化厅一道联合承办，作为《“一带一路”伊斯兰风情文化国际摄影优秀作品》首次于 2015 年 9—10 月在首都国际机场 T3 航站楼出入境通道展出，引起极大反响。北京首都国际机场是世界第二大机场，每天进出港旅客达 60 万人次，是传播城市文明和展示国家形象的窗口，被称为“文化国门”，这种集中展示世界伊斯兰风情摄影作品在首都国际机场是第一次，一幅幅精美的照片吸引了进出往来的旅客，起到了很好的宣传效果。同时，该项目又被确立为国家艺术基金资助项目，要求我会从 2016 年前实施出国文化交流巡展，两年内完成对巴基斯坦、哈萨克斯坦、沙特、阿曼、阿联酋五国的巡展交流任务。

2016 年 4 月，我会在巴基斯坦驻华使馆的协调安排下，于 4 月 21 日至 27 日赴巴基斯坦伊斯兰堡国立现代语言大学孔子学院展出，精选的 180 幅《中国・宁夏“一带一路”伊斯兰风情国际摄影优秀作品展》中顺利展出，引起极大的反响和广泛关注。巴基斯坦新闻部长佩尔韦兹・拉希德、旅游部长卡比尔・艾哈迈德・汗、我国驻巴基斯坦临时代办赵立坚、巴基斯坦前驻华大使、前外交第一副部长里亚兹・穆罕默德・汗、巴中友协主席佩韦兹・沙、巴基斯坦国立现代语言大学校长达乌德・丁・纳杰姆少将等嘉宾和孔子学院师生、众多中巴友好人士出席开幕仪式并观看了作品展，展览团共吸引了 5 000 余人次各界人士前往参观，新华社、光明日报、人民日报、宁夏日报、宁夏电视台、中国国际教育电视台和巴基斯坦多家媒体均对此作了详细报道。我驻巴大使馆、巴基斯坦驻华使馆、巴基斯坦伊斯兰堡孔子学院特意给我会发来感谢信，祝贺巡展圆满成功。

2016 年 12 月，我会组织安排赴哈萨克斯坦首都阿斯塔纳巡展。期间，正值哈萨克斯坦国成立 25 周年和中哈建交 25 周年。为此，促进会在中国驻哈萨克斯坦使馆、哈萨克斯坦驻华大使馆、文化部外联局和哈萨克斯坦《新丝路》国际文化经济合作研究院、东干协会的帮助安排下，《中国・宁夏“一带一路”伊斯兰风情文化国际摄影优秀作品展》于 12 月 21 日在国家主席习近平 2013 年访问哈萨克斯坦时首次提出共建“新丝绸之路经济带建设”的倡议地纳扎尔巴耶夫大学华丽绽放，盛大开幕。整个巡展持续了一个星期，于12月27日圆满结束。期间，部分哈萨克斯坦有关负责人、教育、文化、科研、新闻单位和大学生、众多穆斯林群众前来观看，引起了广泛的关注和强烈反响。

2017年5月3日至15日，宁夏伊斯兰国际经济文化友好促进会组织《中国·宁夏“一带一路”伊斯兰风情文化国际摄影优秀作品展》赴阿联酋、阿曼进行了巡展，引起各方面的广泛关注和强烈反响。所有作品生动展现了丝绸之路沿线国家和地区优美的自然风光、独特的人文景观和深厚的文化内涵。巡展第一站在阿联酋首都阿布扎比，经国家汉办协调，展览定于具有皇室背景的扎耶德大学孔子学院。5月6展览开幕，中国驻阿联酋大使倪坚、扎耶德大学孔子学院外方院长拉赫曼·哈利姆、中方院长杜伟、迪拜孔子学院院长刘艳晖等出席并为开幕式剪彩，详细观看了展览作品。展览持续至5月8日，吸引了新华社、中央电视台、阿联酋国家电视台等众多媒体和扎耶德大学孔子学院师生的关注。中国驻阿联酋大使馆特为此次展出，向宁夏外办发送明码电报，对巡展给予充分肯定和感谢；阿联酋扎耶德大学孔子学院外方院长拉赫曼留言“这是非常优秀的展览”，并激动地表示要通知更多的学生参观展览。中方院长杜伟代表扎耶德孔子学院专门给宁夏伊斯兰国际经济文化友好促进会写信表示感谢并有力地配合了开幕式当日中国汉办在扎耶德大学孔子学院组织的并于7月在北京第十六届“汉语桥”世界大学生中文比赛选拔优秀选手的活动。巡展第二站于5月9日赴阿曼首都马斯喀特，展览得到了阿曼·苏丹国国家办公厅、摄影光学协会、卡布斯文化科学中心的大力支持协助，展团顺利布展，有力地保证了巡展于10日晚7点开幕。中国驻阿曼·苏丹国大使于福龙、阿曼·苏丹国办公厅主任萨利姆·本·俄纳米博士、阿曼·苏丹国摄影光学协会会长兼卡布斯文化科学中心主任艾哈迈德等出席了开幕式并为展出剪彩。

黑良杰会长接受了阿曼国家电视台采访，相关报道于次日播出并两次重播。黑良杰在接受采访时说：“巡展所到之处都受到了当地广大观众的欢迎，说明了习主席提出的‘一带一路’倡议得到沿线各国的积极响应和广泛参与，巡展为

‘一带一路’做好文化导向增加文化内涵，以通过打造丝绸之路文化带为经济带服务，提供了很好的条件，这方面意义非常重大，正像习近平主席讲话精神指出的‘各国文化相互尊要重通过文化交流兼容互鉴，不断积累共识，逐步形成共同追求的理念，迈向人类命运共同体’。”这些观点和声音被国外媒体原原本本翻译和传播了出去，既扩大了中国文化影响力，又为“一带一路”国际合作高峰论坛造了势，体现习近平在“一带一路”国际高峰论坛上的主旨演讲精神。《中国·宁夏“一带一路”伊斯兰风情文化国际摄影优秀作品展》是论坛精神的真切践行。摄影展还吸引了在当地工作的美国、法国、澳大利亚、埃及、巴基斯坦等外籍观众，他们对中国这一做法表示由衷钦佩和赞扬。中国驻阿联酋大使倪坚在接受电视台采访时评价摄影展说：“摄影可以记录历史，也可以记录现在，同时也可以给人们未来带来憧憬，所以它是一个很好的载体，很有意义。宁夏也是我们国家西部重要的省份，在‘一带一路’建设当中发挥着比较重要的作用，宁夏的摄影展到阿联酋来展出，对加强两国的文化交流，对当地的百姓人民，对我们国家尤其是宁夏的了解都有积极的意义。”中国驻阿曼·苏丹国大使于福龙在接受采访时说：“摄影展体现了习近平总书记倡导的人类文明互学互鉴的指导思想，将有利于促进国与国之间的友好交往。”并留言“人类文明互鉴的成功实践，祝摄影展取得圆满成功！”

2017年年底，我会将完成赴沙特的巡展工作，为国家艺术基金安排的五国巡展任务圆满结束画上句号。

三、积极搭建友谊之桥，努力开展商贸经济交流

十多年来，宁夏伊斯兰国际经济文化友好促进会在国际间丰富多彩的民间交往中积极努力牵线搭桥，主动出手搭建友谊桥梁，也在商贸经济交流做了大量的协调服务工作，迄今为止已经累积与东亚地区、海湾地区、中亚、西亚和北非地区近40个阿拉伯国家、伊斯兰国家建立了友好的联系，加深了了解，增进了友谊。

近年来，我们国家的经济发展从高速增长开始逐步理性放缓，去产能、调结构，注重质量。过去被高速增长掩盖的一些深层次的问题逐渐呈现，尤其是一些中小企业产品滞销、融资难、成本高、产能过剩举步维艰，成为社会各方面关注的突出问题。为此，促进会在 2015 年精心组织安排“金融形势与企业融资交流研讨会”。研讨会的主题是：“抱薪救火，抱团取暖，为企业成长诊脉断症，出谋划策，寻求良性发展”，目的是助推服务自治区经济社会健康发展，研讨会邀请原国家体改委、国家发改委在册专家担当主旨演讲老师。宁夏回族自治区经济管理部门、区内有关企业的管理人员、企业家代表 100 余人出席会议座谈交流，面对面讨论，受到企业界的欢迎，也收到了很好的效果。

2017 年 4 月，美国驻华使馆公使衔经济参赞冯以宏、政治处官员王杰稀、经济专家杨蕊一行访问宁夏，宁夏外事办公室特别安排冯以宏先生一行对我会进行参访交流。冯以宏参赞一行对我会开展的“一带一路”文化交流活动给予很好的评价，尤其对连续成功举办《中国·宁夏伊斯兰风情国际摄影优秀作品展》饶有兴趣，充分进行了解，他表示说，美国也有庞大的信仰伊斯兰教的穆斯林，我们希望他们可以到中国到宁夏来看看，也真诚的希望宁夏和美国加州缔结友好关系，欢迎你们的国际摄影展到美国来巡展。

四、紧紧把握时代发展脉搏，开展丰富多彩的活动

党的十八大以来，我们国家更是有了突飞猛进的发展。促进会在新的社会形势发展的感召下，以奋发向上的积极姿态，脚踏实地，努力紧跟国家和宁夏回族自治区发展的步伐，把握不同的节点，迎难而上，砥砺前行，经常开展丰富多彩的活动，弘扬正气，凝聚人心，服务社会。

一是最近五年来，除了精心组织承办好一、二、三届《中国·宁夏伊斯兰风情国际摄影优秀作品展》之外，顺势而为，还及时组织召开了以“实践社会主义核心价值、坚持爱国主义社会主义信念”为主题的系列教育活动，受到社会各界的普遍关注和好评。

二是隆重举行纪念抗日战争和世界反法西斯战争胜利 70 周年活动。宁夏伊斯兰国际经济文化友好促进会牵头与宁夏辽宁商会、湖南商会、鲁宁企业联合会、宁夏诚信企业联合会等十多家民间协会在 8 月 15 日日本军国主义战败投降

纪念日召开了纪念“中国人民抗日战争暨世界反西法斯争胜利70周年”座谈会，铭记历史、勿忘国耻、缅怀先烈、珍爱胜利、捍卫和平、团结一心、振兴中华、共创辉煌。

三是为加快脱贫致富、全面建设小康社会做一些实事。开展扶贫攻坚、实施精准扶贫是党和国家全面建成小康社会的战略规划，促进会认真践行，基本上每年都通过各种形式积极开展扶贫攻坚工作。通过参加和配合定点扶贫工作，为山区贫穷乡镇和中小学捐赠书籍、送衣送被、采暖送煤、慈善捐款等。2016年12月，黑良杰会长与中国民族贸易促进会和中铁二十局等国家机关和央企接触，交流介绍自治区脱贫工作情况，受到关注重视，他们纷纷表示将积极实施对宁夏南部山区贫穷乡镇的脱贫扶助工作。

多年工作的实践使我们深深体会到：作为一个民间协会组织，是党和国家发展事业中不可或缺的组成部分，我们要志存高远、不忘初心、有所作为、有所建树。

我们将在党的十八大、十九大精神的指导下，在以习近平总书记为核心的党中央的坚强领导下，在宁夏回族自治区党委、政府的领导下和社会各界的支持下，以更加积极的姿态，再接再厉，把促进会办得更好，扎实做好各方面的工作，为民间对外文化交流、推动宁夏扩大对外开放和加快经济社会发展做出新的贡献，不辜负社会各界的期望。

我国互联网金融风险法律监管探讨

海南政法职业学院副校长、教授、法学博士后、
三亚公共外交研究院副院长　朱绵茂

一、互联网金融解析

互联网金融是传统金融机构与互联网企业利用互联网技术和信息通信技术实现资金融通、支付、投资和信息中介服务的新型金融业务模式。它的主体通过依法合规设立互联网支付机构、网络借贷平台、股权众筹融资平台等方式来实现对互联网金融业务的创新。它有三个主要特征：一是以大数据、云计算、社交网络和搜索引擎为基础的客户信息挖掘和信用风险管理；二是以点对点直接交易为基础进行金融资源配置；三是第三方互联网支付在资金划转上起基础性作用。近几年我国的互联网金融业务量呈井喷式发展，以第三方支付、P2P 网贷、余额宝、众筹、网络销售基金、金融机构创新平台等多种形式的互联网金融业务竞相发展，中国市场规模已是世界第一，但互联网金融可能引发的风险及法律问题还未引起足够关注，还基本处于无门槛、无标准、无法律、监管难的状态。新华社刊发的“e 租宝”非法集资案真相调查称，从 2014 年 7 月“e 租宝”上线至 2015 年 12 月被查封“e 租宝”是钰诚集团及其关联公司下属的金易融（北京）网络科技有限公司运营的网络平台，“钰诚系”以高额利息为诱饵，虚构融资租赁项目，持续采用借新还旧、自我担保等方式大量非法吸收公众资金犯罪，涉案金额达 500 多亿元 90 多万人。[①] 公安机关数据显示，2015 年全国 P2P、融资担保等领域非法集资犯罪较上年上升 48. 8%。一些“财富机构”打着“网络理财”招牌，线下大量揽客，更把很多不明就里的老年人的养老积蓄“圈”了进去。[②] 由于“e 租宝”事件，全国除了江西和陕西由于互联网金融刚刚起步外，都暂停了互联网金融平台的申报注册，给我国互联网金融的发展带来很大影响，作为创新业务，互联网金融相比传统金融，显得自由、开放，然而其在市场准入、信息安全、信用评估和风险控制等方面的制度设计却不能及时跟上，制度缺漏可能淤积风险。此我国互联网金融监管法规明显滞后于业务创新，仅制定了 2010 年《非

---

① 白阳，陈寂：《“e 租宝”非法集资案真相调查》，2016 年 3 月 16 日，http：//news. xinhuanet. com/fortune/2016-01/31/c_ 1117948306. htm.

② 吴雨，张遥：《互联网金融：创新与监管难两全》，2016 年 4 月 8 日，http：//jjckb. xinhuanet. com/2016-04/14/c_ 135276319. htm.

金融机构支付服务管理办法》和2013年《支付机构客户备付金存管办法》，央行最近向多家机构下发《支付机构网络支付业务管理办法》和《手机支付业务发展指导意见》，《互联网保险业务监管暂行办法》7月27日正式出台，这是互联网金融指导意见发布后面世的首份行业配套文件。2015年7月18日，中国人民银行、工业和信息化部、公安部、财政部、国家工商总局、国务院法制办、中国银行业监督管理委员会、中国证券监督管理委员会、中国保险监督管理委员会、国家互联网信息办公室联合印发了《关于促进互联网金融健康发展的指导意见》，该意见按照“依法监管、适度监管、分类监管、协同监管、创新监管”的原则，确立了互联网支付、网络借贷、股权众筹融资、互联网基金销售、互联网保险、互联网信托和互联网消费金融等互联网金融主要业态的监管职责分工，落实了监管责任，明确了业务边界。但是由于没有法律规定无法解决P2P网贷、众筹行业的法律定位、监管内容、监管原则和法律依据等问题，在现有金融监管体制和法律制度下，存在严重的法律真空而无法做到有法可依，立法和监管滞后，监管真空或监管重叠并存，使得我国互联网金融风险不断积聚，这一课题提出立法建议，制定良好的法律填补空白和建立完善的市场准入及其监督机制，改善和加强对其的法律监管已是当务之急。

二、我国互联网金融存在的主要风险

互联网金融在提高效率、提升用户便捷性，交易成本更低，资源得到了更有效快捷地配置，在一定程度上弥补了传统金融服务的不足，但是也不能忽视互联网金融存在的潜在风险。目前我国互联网金融存在的主要风险有以下几点。

（一）技术风险

由于互联网金融依托的是计算机网络，网络系统自身的缺陷、管理漏洞、计算机病毒、黑客攻击等都会引起技术安全风险。随着数据的爆炸式增长，海量数据集中存储，能够方便数据的分析、处理，但安全管理不当，易造成信息的泄露、丢失、损坏，在互联网金融业务中，技术风险可能导致整个金融系统出现系统性风险，进而导致体系的崩溃，在互联网金融业务中，技术风险可能导致整个金融系统出现系统性风险，进而导致体系的崩溃，同时TCP/IP协议自身的安全性面临较大非议，而当前的密钥管理与加密技术也不完善，这就导致互联网金融体系很容易遭受计算机病毒以及网络黑客的攻击。互联网和信息技术日益发达，对信息的窃取已不再需要物理地、强制性地侵入系统，因此对大数据的安全管理能力也提出了更高的要求。互联网金融涉及国家金融体系的重要内容，大量的互联网金融数据既能反映一个国家的政治、经济等方面的状态，还可能被利用以直接影响公众的日常生活和民众意识。这些系统一旦出现漏洞，国家金融经济体系都将陷入瘫痪状态，国家安全也将因此受到损害。我国互联网金融业作为一个新兴产业，海量大数据关乎国家利益，应更加重视互联网金融的信息安全问题。

（二）信用风险

由于网上“刷信用”“改评价”的行为仍然存在，网络数据的真实性、可靠性会受到影响。互联网理财产品能否实现其承诺的投资收益率。在全球经济增长低迷、中国经济潜在增速下降、国内制造业存在普遍产能过剩、国内服务业开放不足、影子银行体系风险逐渐显现，从而产生信用违约风险，同时不少互联网平台缺乏长期的数据积累，风险计量模型的科学性也有待验证。随着互联网金融平台的增加，近年来也发生了大量的互联网金融平台卷款跑路的风险事件。互联网金融领域的部分业务之所以频发风险，除了因为相关针对性监管措施缺位以外，还因为企业自律意识不强、失信成本太低、征信制度尚未建立起来等方面的问题息息相关。

（三）互联网金融监管风险

在理财领域，不少网络理财平台“混业”经营，既做 P2P 网贷撮合业务，也代售基金、保险等金融产品。究其实际，多为“无牌”经营，没有任何代销牌照，有的业务之间没有设立好“防火墙”，风险极易传染。互联网金融当中的网络银行、手机银行等的交易和支付过程均在互联网或者移动互联网上完成，交易的虚拟化使金融业务失去了时间和地理限制，交易对象变得模糊，交易过程更加不透明，金融风险形式更加多样化。由于被监管者和监管者之间信息不对称，金融监管机构难以准确了解金融机构资产负债实际情况，难以针对可能的金融风险采取切实有效的金融监管手段。在一行三会都无法有效监管互联网金融机构的同时，地方金融局办则苦不堪言，他们确实难以事先监管那些在外省简单工商注册，在本省并无法人机构落地，却广泛展开玄虚业务的所谓互联网金融机构。

互联网金融则还使得金融监管更加扑朔迷离。因为，从混业经营模式来看，网络金融超市就是一个典型的混业经营模式。在互联网金融模式下，金融机构不仅在网站上推出储蓄、融资、证券、保险、基金、外汇、结算、托管、理财等一站式金融服务，创建网上商城为广大企业和个人提供专业化的电子商务和金融支持服务，而且还加强与电子商务平台之间的合作，远远超越了在传统金融运行模式下所能经营的业务品种和模式。如交通银行（601328，股吧）和阿里巴巴合作推出交通银行淘宝旗舰店，国华人寿通过淘宝聚划算网络平台出售万能险团购产品。尽管包括央行、证监会、银监会、保监会和工信部在内的相关部门此前已注意到互联网金融潜在的风险，但深入、全方位的风险监管方式和机制尚未到位，从而产生一系列的监管风险。①

（四）法律风险

我国有关金融的法律法规的规制对象主要是传统金融领域，由于无法涵盖互联网金融的众多方面，更无法贴合互联网金融的独有特性，势必会造成一定的法律冲突。如有关互联网金融市场的企业准入标准、运作方式的合法性、交易者的身份认证等方面，尚无详细明确的法律规范。互联网金融企业极易游走于法律盲区和监管漏洞之间，进行非法经营，甚至出现非法吸收公众存款、非法集资等现象，累积了不少风险。网民在借助互联网提供或享受金融服务的过程中，将面临法律缺失和法律冲突的风险，容易陷入法律盲区的纠纷之中，不仅增加了交易费

---

① 杨勇：《浅议互联网金融风险控制与监管》，《中国经济时报》，2014 年 12 月 29 日。

用，还影响互联网金融的健康发展。[①]

当前互联网支付行业法律体系尚未健全，尤其是监管体制并不完善，特别是反洗钱法及中国人民银行《金融机构反洗钱规定》等法律、规章对于互联网支付机构的反洗钱行为并未有相应的规范和约束，这也在一定程度上为犯罪分子实施洗钱犯罪提供了可乘之机。互联网金融面临的擅自发行股票风险主要发生在股权众筹领域。我国开展股权众筹的大部分平台为规避法律风险采用了“线上十线下”的运行模式。平台首先展示融资方的融资金额与股权转让比例等信息，吸引感兴趣的投资者。在意向投资人与意向投资金额达到预期后，所有的活动转入线下，意向投资人按照公司法等法律法规进行股权投资操作，股份的转让则采取投资者凑满融资额度后成立有限合伙企业，以有限合伙的名义入股公司的模式进行。如此一来，由于融资方并不直接发行股票而是采用转让股权的方式，并且名义上的股权受让者只有一家有限合伙企业，远未达到超过 200 人的标准。根据我国证券法第十条、刑法第一百七十九条以及相关司法解释的有关规定，向不特定对象发行股票或者向特定对象发行股票累计超过 200 人的均为公开发行，而公开发行股票的，必须依法报经有关部门核准，否则擅自发行股票，数额巨大的，可能构成擅自发行股票罪，一旦发生问题会带来一系列法律风险。[②] 同时部分互联网金融产品（尤其是理财产品）游走于合法与非法之间的灰色区域，稍有不慎就可能触碰到“非法吸收公众存款”或“非法集资”的高压线而构成犯罪。

三、我国互联网金融的监管方式

由于网络交易速度快、交易成本低，基于互联网金融这一创新模式将在今后的 20 年中成为金融运行系统的主流，加强互联网金融风险的法律监管研究非常迫切。

（一）我国互联网金融发展现状和监管基本原则

近年我国互联网金融发展迅速，正日益成为正规金融的补充。互联网金融具有开放、共享、平等、普惠、去中心化等特点，是一种更加民主化、而非少数专业精英控制的金融模式，比正规金融机构更加草根化，更加贴近大众，更加注重客户体验，更加符合小微企业发展的需要，互联网金融主要还是一种适应供给变化（即信息技术的发展）的普惠金融创新。对新兴互联网金融监管，应当有所包容。但是，要防止在制度、主体、行为等各个层面形成割裂，要构建符合公开、公平、公正原则的金融市场。互联网金融有助于更好地服务实体经济和金融消费者，对于这样一类新出现的金融业态，在金融监管上采取什么样的金融监管理念和原则将严重影响到我国金融创新和互联网金融的迅速发展，这是本节研究的重点和难点。

（二）第三方支付之监管

第三方支付是指非金融机构作为收、付款人的支付中介所提供的网络支付、

---

① 董伟：《互联网金融面临四大风险》，《 中国青年报》，2014 年 03 月 17 日。

② 《互联网金融的两大风险》，2016 年 3 月 26，http：//www. gaodun. com/caiwu/853653. html.

预付卡、银行卡收单以及中国人民银行确定的其他支付业务，央行支付业务许可证已经下发了近300张第三方支付牌照，每一张《支付业务许可证》都对业务覆盖范围和业务类型做了具体的界定，持证企业必须在规定范围之内开展业务。其业务覆盖范围明确了业务开展的地域范围，有全国、多省市和单省市的；业务类型包括银行卡收单、互联网支付、移动电话支付、固定电话支付、预付卡发行与受理中的一项或多项，但是具备什么条件发什么样的支付牌照却没有明确的规定，市场准入门槛不明确。

第三方支付机构是在商业交易人与银行之外通过互联网提供资金支付服务的商业主体，通过对支付宝和微信支付的分析，当支付不再利用银行的支付体系进行而通过第三方在互联网上作为媒介进行支付，便出现了这些第三方支付所衍生的大量的金融风险，从而产生一系列如何监管、是否有法律适用以及如何适用的问题；如根据人民银行等部门出台的《关于促进互联网金融健康发展的指导意见》，网络平台只进行信息中介服务，不能自设资金池，不提供信用担保。在“e租宝”事中件据警方调查，“e租宝”将吸收来的资金以“借道”第三方支付平台的形式进入自设的资金池，相当于把资金从“左口袋”放到了“右口袋”。我国央行下发的《支付机构网络支付业务管理办法》，如一石激起千层浪；在不存在管制的情况下，第三方支付机构几乎能够完成当前银行所完成的一切业务。因此，第三方支付行为的边界，可以和银行画等号，可见第三方支付机构的性质并不完全是一个商业运行的问题，更多地是一个法律管制的问题。如果我们将第三方支付视为金融机构甚至银行，那么我们完全可以向合乎要求的第三方支付发放银行牌照，进而对其适用银行的管制，而如将第三方支付视为中介服务机构，那么如何对其资金的托管安全进行保障才是立法的重点。遗憾的是我国目前对第三方支付认定的角色是非金融机构，《非金融机构支付服务管理办法》开明宗义地将第三方支付界定为非金融机构，禁止支付机构从事除资金转移之外的任何行为。笔者认为，对第三方支付的监管应当追求两个目标：①保障第三方支付按约进行支付的能力；②盘活第三方支付所掌握的资金与信息。在互联网上，由于信息都是以极低的成本被发布与被获取，因此计算机可以直接将供需信息进行配对，形成全民贷款给全民的民主金融——“草根”金融。传统中金融的“一对多”被互联网金融的“多对多”所取代。这种极强的信息处理能力是有效地处理金融风险的前提。互联网金融比传统金融业对风险的分散能力更强，而不是更弱；信息更透明。当第三方支付通过支付交易形成的信息得到比银行更为精准的金融数据之后，其所掌握的大量沉淀资金必然会产生强烈的投资冲动，但我国网络第三方支付企业性质的模糊、支付资金的沉淀利息归属、监管机构缺失、偷税漏税及犯罪现象频发等，都是第三方支付领域面临比较突显的法律问题，因此必须要明确第三方支付平台的法律地位和互联网第三方支付参与主体的法律关系，明确各参与方的权利义务及法律责任。中国人民银行正式下发了《非银行支付机构网络支付业务管理办法》，为网络支付的账户分类与监管及法律责任等进行了明确的规范，办法将于2016年7月1日正式实施。本节研究的重点难点是第三方支付是否应当被限制在小额支付领域和资金转移者角色中，还是依据第三方支付机构的金融属性赋予第三方支付以金融机构的身份，在允许它从事更多投资活动的同时，加强资金的流动性监管，能够更好地发挥第三方支付机构对金融和我国经济的促进作用，以及如何制定什么样的法律对它的业务和产生的风险进行有效的监管。

（三）P2P 网络贷款监管

P2P（peer to peer）即点对点信贷，这一网络贷款是由于互联网技术脱离对银行等金融中介的依赖由个人与个人之间直接进行资金借贷。我国的主要模式有：①拍拍贷，无抵押无担保模式；②宜信，无抵押有担保模式。至 2015 年 10 月底，全国 P2P 平台历史累计成交量突破万亿元大关，达到 10 983.49 亿元。P2P 网贷存在以下风险法律问题：一是 P2P 平台无准入门槛、无行业监管。买个模板，召集几个人就可以建立 P2P 平台，这给很多违法分子以可乘之机；二是资金池问题。平台没有第三方资金托管或者表面有托管但实际是伪托管，资金依然控制在平台手中，平台可以随意挪用客户资金；三是平台自融问题。平台欺骗投资人而虚构借款人，实际是借 P2P 名义进行自我融资，引起流动性风险；四是信用问题。我国的征信体系不完善，P2P 平台没有接入央行的征信系统，而且对于小微个体，央行的征信也不能完全覆盖；五是流动性风险。有的平台实际上行使了金融机构的职能，变相吸储放贷，且产生的信贷存量没有存贷比、准备金等“防火墙”设置，杠杆极度放大，造成流动性问题。在网贷平台的监管方面，美国证券交易委员会已宣称其将对 P2P 进行监管，要求 P2P 公司依据证券法的要求作为发行人予以注册。然而我国网贷平台业务基本上处于零监管状态，通过我国“宜信”模式存在的法律问题和法律关系进行分析，同时提出的对策性监管主体和法律解决方案，除了应加强立法、完善监管外，行业自身的自律与规范至关重要。2015 年 1 月，银监会宣布进行机构调整，新设普惠金融工作部，P2P 将划归普惠金融工作部监管，12 月 28 日，银监会携手工信部、公安部、国家互联网信息办公室等部门共同研究起草了《网络借贷信息中介机构业务活动管理暂行办法（意见征求稿）》，《办法》明文规定了 12 种网络借贷信息中介机构的 12 种禁止行为，以负面清单的形式，正式为网络借贷划定了业务边界但该办法没有生效，有了明确的监管机构和部门则如何制定良好的法律进行监管成为研究重点。

（四）众筹监管

众筹是指个人或小企业通过互联网向大众筹集资金或者商品的一种项目融资方式，其项目投资人可能来自世界各地。根据众筹的筹集目的和回报方式，可以分为商品众筹和股权众筹两大类。一个众筹项目的完整运作往往包括三类角色：筹资人、平台运营方和投资者。筹资人，又称项目发起人或项目创建人，在众筹平台上创建项目介绍自己的产品、创意或需求，设定筹资模式、筹资期限、目标筹资额和预期回报；平台运营方，负责审核、展示筹资人创建的项目，提供各种支持服务；投资者，选择投资目标，根据项目设定的投资档位进行投资后，等待预期回报。盈利来源可以分为三个部分：交易手续费、增值服务收费、流量导入与营销费用。商品众筹多以产品预售形式开展，遇到的法律问题较少，发展速度也比较快。股权众筹的问题比较复杂，在不同国家受到不同的监管待遇，甚至为现行法律所禁止，不得不采用各种变通方法规避风险。众筹在我国可能面临的风险主要有：一是众筹模式的参与对象十分广泛，如果引发诉讼，波及面很大，甚至是集团诉讼；二是可能存在资金池风险和项目发起者的违约等风险。若众筹平台在无明确投资项目的情况下，事先归集投资者资金，形成资金池，然后公开宣传、吸引项目上线，再对项目进行投资，则存在非法集资的嫌疑；若平台在投资人不知情的情况下将资金池中的资金转移或挪作他用，更有导致集资诈骗罪的可能。三是法律规定，未经中国人民银行许可，任何非金融机构和个人不得从事或变相从事支付业务。众筹平台没有取得支付业务许可证，但实际上一些平台往往充当支付中介的角色，众筹平台来掌控资金，没有合法依据。第四，项目发起者在募集成功后不兑现承诺甚至把资金挪作他用，众筹平台后期的监督缺乏，导致众筹人的违约诉讼甚至欺诈犯罪。第五，部分股权众筹平台未经批准直接向普通民众发售股份涉嫌违反证券法，投资者权益的保护极其薄弱。众筹同时具有吸收公众存款、公筹资金、出售股权、跨市场理财等性质，同时涉及中国人民银行、银监会、证监会等三大机构的监管范围，此外众筹本身还涉及创意项目发起人的知识产权，显而易见，任何一个单独的监管部门都不可能全面有效监管众筹，而我国现有的《证券法》和《公司法》等法律存在针对股权众筹的制度障碍，这就直接阻碍了股权众筹在我国的正常发展，如何确定我国股权众筹监管机构、如何制定法律建立投资者准入门槛以及如何能够保护投资人的利益成为研究难点。

（五）互联网金融消费者保护和涉及犯罪问题

我国互联网金融消费者面临资金被盗、交易欺诈、个人信息被窃取、隐私泄露的风险，金融消费者的合法权益频繁遭受侵害，互联网金融消费者权益保护，应当加强互联网金融消费者权益保护的立法。日本 2006 年实施《金融商品交易法》、我国台湾地区 2011 年实施《金融消费者保护法》，而我国大陆的《消费者权益保护法》主要针对的仍是普通商品和服务，对金融商品和服务这一特殊形式，仅有修改后的第二十八条一个条款，并不能满足金融消费者保护的需要。鉴于金融产品的复杂性和高风险性，一般消费者的专业知识不足，往往处于弱势地位，因此加强对消费者的财产权、信息权、隐私权、公平交易权、诉讼权的保护显得非常必要。

第三方支付主要涉及的是信用卡诈骗罪和洗钱罪。信用卡套现是指持卡人以虚构交易的方式，将信用额度以内的资金以现金方式套取，逃避支付银行费用的行为。第三方支付平台由于存在交易匿名性、隐蔽性的问题，不注意会滋生洗钱犯罪。P2P 网贷在刑事方面主要涉及两类刑事犯罪：刑法第一百七十六条规定的非法吸收公众存款罪和第一百九十二条规定的集资诈骗罪。众筹可能涉及三类刑事犯罪，即刑法第一百七十六条规定的非法吸收公众存款罪、第一百九十二条规定的集资诈骗罪和第一百七十九条规定的擅自发行股票、公司、企业债券罪，政府机关要对互联网金融机构和参与者构成犯罪的行为进行打击。

四、我国的整体监管机制和法律对策

（一）针对我国互联网金融发生的各种金融风险，应该采取针对当前易发违法问题的网络金融平台公司，进行依法清理整顿并建立良好的市场准入制度

一是对存量网络金融平台公司进行清理整顿和登记管理，对增量实施市场准入管理。制定管理规定网络信贷机构申请牌照的注册资本要求以及对申请人资格、运营规则和内控制度建设方面的标准，以此限定经营主体范围、防止网络信贷平台盲目无序发展引发各种各样的金融危机。同时，建立市场退出机制，实现市场自然整合与优胜劣汰。在此基础上，允许满足监管要求的存量机构继续经营，不满足监管要求的勒令整改，整改合格的可以继续经营，不合格的依法予以关闭。新设立的网络金融平台公司按照监管要求实施审批管理，合格的允许开展经营，不合格的不得经营。二是明确要求网络金融平台公司拿到地方主管部门和国家主管机关的批文后，才能并且必须在银行开立资金账户，明确要求自有资金账户和客户资金托管账户独立封闭运行，从而建立良好的市场准入制度。

（二）加快建立我国统一的征信系统

成熟的征信系统对整个金融行业甚至实体行业的风险控制、健康发展都有着重大作用，支撑金融发展的根本要素即为“信用”，因此完善征信体系的建设、利用大数据分析和云计算等技术对信用筛选机制的建立也有重要意义。目前，我国互联网企业的数据积累是各自独立完成的，与中国人民银行征信系统的信用记录也是相互隔离，独立开发的。为了进一步提高金融市场资金配置效率，有必要建立一个统一的、详尽的综合性征信体系。同时，中国人民银行可以提供的征信记录范围仍然有限，未能覆盖众多小微企业以及个人。而互联网金融机构拥有众多小微企业和网络个人用户的行为数据，常年的用户信用积累是其发展壮大的核心支撑力量，目前比较难以与其他机构实现信息互通共享。央行 2016 年 1 月印发《关于做好个人征信业务准备工作的通知》，商业化个人征信机构正式进入监管视野，芝麻信用、腾讯征信等 8 家征信机构准备工作已基本完成，只待央行颁发“准生证”，征信是金融的基础设施，大数据征信则是互联网金融的基础设施，个人征信市场的开放意义重大，也有利于防范金融风险的发生。同时应将正规行政部门登记的个人纳税、交通违章、房屋租赁、水电费用缴纳、电话网络登记、司法判决等各方面的记录纳入个人信用系统中，编制成《个人信用报告》；同时将企业在工商部门的工商信息，在税务部门的纳税信息，在司法部门的诉讼记录等也一并纳入企业信用系统中，编制成《企业信用报告》，① 并依托央行征信系统建立覆盖第三方支付、P2P 网贷、余额宝、众筹、网络销售基金、金融机构创新平台以及小微企业、互联网金融投资人和消费者等的面向全球的征信系统，让

① 杜丽群：《互联网金融创新发展 重在防范和规避信用风险》，2016 年 4 月 6 日，http：//finance. sina. com. cn/review/jcgc/20150311/183621698974. shtml.

广大的互联网金融参与者能够迅速的了解互联网金融平台，参与企业和个人的信用记录从而尽可能地减少各种信用风险，严防信用缺失和网上欺诈行为乃至于犯罪行为等风险的发生。通过这些信用保障制度的建立可以为互联网金融提供信用保证，该制度便利小微企业融资，为小微企业健康发展提供有效的制度保障。

（三）建立我国良好的互联网金融监管模式和机制

针对我国互联网金融大发展趋势，中国原有的金融监管模式是以机构监管为导向的分业监管模式，在这种监管模式下，互联网金融的跨界业务融合，我国的监管部门将会建立基本的市场准入及其监管制度和标准，把互联网金融按照第三方支付、网贷（P2P）、众筹、互联网保险等进行分类，要明确监管机构的监管手段和职责，对这些金融机构创新平台采取功能监管的方式进行监督，央行、银监会、证监会、保监会等各部门对互联网金融机构协作监管。在互联网发展初期可以采取央行牵头，统一各部门协调监管的协同监管的理念和模式，同时要建立互联网金融网站市场准入审批备案制，严格最低注册资本要求，建立信息披露制度，明确风险提示，建立合格投资者制度，加强网络信息安全，加强反洗钱，加强及重视消费者权益保护，加强行业自律和信用基础设施的建设，加强数据统计工作，加强财税扶持政策，互联网金融监管的重点将为互联网支付、P2P 网络借贷、众筹、互联网基金销售和互联网保险等五大领域。

要解决现行金融监管体系无法完全覆盖，互联网金融监管处于法律真空地带，目前情形下要积极推进机构监管和功能监管的结合，并逐步转向以功能为导向的分业监管模式，才能将互联网金融业务纳入现有监管体系中，实施有效的监管；三是解决互联网金融交易的虚拟化、交易对象的全球化和交易时间缩短、交易频率较快导致金融监管手段欠缺这些问题；四是应在互联网金融行政许可、内控制度、规范运行等方面建立适应互联网金融发展，有助于防范和控制风险的监管指标体系的建立。五是互联网金融是一种跨界业务融合，不仅涉及金融领域内各业务的混业经营，还涉及金融与信息、科技等领域的业务融合，建立法良好的监管协调机制，才能避免监管漏洞，实施有效监管。

通过对第三方支付、P2P 网贷、余额宝、众筹等互联网金融平台的功能、业务流程、经营模式、存在风险以及法律调控的缺失的详尽分析，针对这些金融创新提出明确监管机构，在互联网发展初期可以采取央行牵头，统一各部门协调监管的协同监管的理念和模式。

（四）要通过科技投入防范技术风险、确保信息的完整性、准确性和真实性

建立安全可信的互联网金融网站认证体系，大力发展具有自主知识产权的信息技术设备，提高计算机系统关键技术的水平和关键设备的安全防御能力，以防止客户资料被窃取、客户资金被盗用及来自网络内外部的恶意攻击等事件发生，同时应采用安全监测及安全控件等方式保证互联网金融交易平稳进行，并在开展互联网金融业务时引入电子认证和签名技术，保证参与各方信息的真实性、完整性和准确性，因此，互联网企业必须对自身的交易系统、数据系统等进行持续的

高投入以保障安全。

（五）借鉴发达国家的立法经验，制定出我国监管互联网金融的统一法律

美国不断加强互联网金融基础法律立法工作。2012 年 4 月 5 日，美国总统奥巴马正式签署生效了“工商初创企业推动法案”（Jumpstart Our Business Startups Act，JOBS 法案），承认众筹作为企业直接融资的方式。适用于 P2P 行业的联邦借贷与消费者金融保护法案有《真实借贷法案》（Truth Lending Act）、《平等信贷机会法案》（Equal Credit Opportunity Act）等共计 10 余个，这些法律详细规定了披露信贷条款、禁止歧视、监管贷款回收方式、禁止不公平交易或者欺骗性条款和做法、保护消费者个人金融信息、采取反洗钱措施等。欧盟针对电子货币及电子货币机构的监管专门制定了相应法律法规，2001 年颁布的《电子签名共同框架指引》。同年颁布的《电子货币指引》和《电子货币机构指引》，规定了第三方支付主体的营业执照问题，即非银行的电子支付服务商必须取得与金融部门有关的营业执照。2013 年 7 月，欧盟委员会发布《支付服务指令管理规定（修订版）》，在加强支付领域消费者权益保护、加强支付机构监管，强化客户支付认证等方面提出政策措施。英国金融行为监管局（FCA）发布了《关于众筹平台和其他相似活动的规范行为征求意见报告》，对规范众筹业务提出了若干监管建议。2014 年 3 月 6 日，发布了《关于网络众筹和通过其他方式发行不易变现证券的监管规则》（以下简称《众筹监管规则》），并于 2014 年 4 月 1 日起正式施行。法国 P2P 信贷和众筹都属于“参与融资”的范畴，法国金融审慎监管局（ACPR）对行业中的机构准入、个体行为等进行监管，金融市场管理局（AMF）对行业规范和涉及金融市场和产品的部分进行监管。

在互联网金融中，“P2P 网络借贷平台”“股权众筹融资平台”并不是提供信用的主体，而仅仅是传递信息的平台，这样的平台仅仅为投资方和融资方提供信息交互、撮合、资信评估等中介服务，并不吸收公众存款，平台具有信息中介性质，不提供增信服务，坚持平台功能才能防止各种金融风险的发生。根据互联网金融这一金融创新给已有法律造成的挑战，我国应修改业银行法、证券法、票据法、担保法、保险法等法律中不适合互联网金融发展的部分，要借鉴欧美国家立法制定我国统一监管法律——《互联网金融监督管理法》，对该法的立法原则、监管机构、监管内容和方法，整个法律框架力争制定出草案。对互联网金融的司法问题主要集团诉讼问题。由于交易简便，投资门槛低，互联网金融呈现出参与者众多的特点，如果平台出现系统性风险，使大量投资者的财产造成损害，有可能会引发集团诉讼。我们必须做好相关的立法和司法准备，建议由最高人民法院通过司法解释的方法建立针对互联网金融纠纷的集团诉讼制度和借鉴美国、韩国、法国的 ADR 制度，并结合本国实际情况，探索替代诉讼纠纷解决方式，建立针对互联网金融的多种纠纷解决机制。

法律法规是国家实施金融监管、保障金融安全的根本依据，建立健全互联网金融监管法律法规体系是我国互联网金融持续健康发展的重要保证。我国现行金融法律，如《商业银行法》《证券法》和《保险法》等，其立法基础是传统金融

行业和传统金融业务，鲜有涉及互联网金融相关内容，需要及时修订金融法律、补充相关条款。解决我国互联网金融机构合法性难以确定，互联网金融机构平台的市场准入也无国家标准，法律没有针对互联网金融的专门立法，投资者合法权益难以得到保障，而引导金融业规范发展是控制风险的关键，应建立完善监管法规体系。

（本文是朱绵茂主持 2016 年国家社会科学基金项目（批准号 16BFX130）《互联网金融市场准入和风险法律监管研究》的阶段性成果。）

大幅提升南京城市国际知名度，为海洋世纪奠基

中国郑和研究会副秘书长
江苏省中华文化促进会海洋文化专业委员会主任　赵志刚
南京郑和研究院院长

南京是中国历史上海洋文化之高地！

中国历史上两位海上帝王孙权和朱棣都在南京颁布航海令；中国古代航海家周贺、裴潜、卫温、诸葛直、聂友、陆凯、朱应、康泰、郑和、王景宏、洪保、侯显、周闻、杨庆……都受命于南京或从南京启航浮海远洋；《晋书·五行志》记载，当时建邺（南京）大江宽阔，江水直逼石头城下，石头津码头万船停泊，帆樯如林，舳舻蔽江。东吴时西域高僧康僧会海上乘船来建业（南京），得到皇帝孙权信任，为其修建建初寺（即南京大报恩寺塔前身），开江南建塔之先河。此事被雕塑记录在敦煌壁画第323窟中；东晋法显西行15年后，海上归来，在建康（南京）雨花台道场寺著《佛国记》，奠定了南京“佛都”的基础；南朝宋434年，狮子国（今斯里兰卡）女博士铁索罗等11尼，乘大海船来建康（南京），皇帝刘义隆、西域高僧求那跋摩亲自到江边码头迎接。铁索罗等为中国300余尼众授戒，创中国比丘尼按律受戒之始。

唐代诗人杜牧在《江南春》中写道：“千里莺啼绿映红，水村山郭酒旗风，南朝四百八十寺，多少楼台烟雨中”，铁索罗寺正是众多寺庙之一；六朝300多年间，中外海上文化交流十分频繁，瓷器、瓦当、铜镜、丝绸、文化制度等从南京传到海外，而印度的佛像、南亚的金钢指环、罗马的玻璃器皿、波斯的银币也都传入南京。

南京是郑和下西洋的策源地、造船地、起航地、驻军地、后勤补给地、朝贡地、归属地、海外奇珍异宝展览地、下西洋档案保存中心、《郑和航海图》绘制地，有多处郑和文化遗址遗迹，闪耀着海洋文化的夺目光彩，是世界郑和研究的中心（郑和研究已遍布五大洲，美国、英国、法国、巴西、马来西亚、新加坡、印度尼西亚、德国、日本、文莱、俄罗斯等国郑和研究机构、团体如雨后春笋），郑和研究已遍布全球。

南京有大片金碧辉煌的皇家海洋文化建筑群，应该引起足够的重视，加以利用改造，使之成为完整的体系，让文化遗产焕发出崭新的生命力，融入到“21

世纪海上丝绸之路”的国家倡议中，筑就海上丝绸之路世界级文化高地。

这片建筑群是：狮子山（阅江楼）、天妃宫、静海寺、抽分厂、龙江关、宣课司、祭祀檀、水马驿。我们根据《郑和航海图》的明确记载，予以复建已毁损部分，再补充以下要素：①郑和七下西洋纪念塔；②郑和铜像；③大宝船模型（内部可利用）；④龙江船厂（表现工部分司、提举司、帮工指挥厅及藏船坞部分）；⑤龙江关。

以上内容组合成一体可成为全球仅有的海洋文化高地。该项目将是世界独有的。内容涵盖海上丝绸之路和东西方文化交流、交通史、造船史、科技史等丰富内容、必将引起世界瞩目。

南京的老领导——郑和（南京守备、统管明朝南都六部、九卿、49卫）是南京，也是中国历史上最具影响力的历史人物。中国南海里有“郑和群礁”，蓝天之上也将有“郑和星”。美国《生活周刊》和《国家地理》评选对世界1 000年有影响的人物，郑和两次都是排名第一的中国人。“郑和崇拜”是东盟国家独特的文化现象，郑和统帅的船队是当时全球最庞大的远洋船队，船帆遮天蔽日。大号宝船是古代世界上最大的木帆船。至今吸引着全球目光。郑和是穆斯林英雄（全世界有穆斯林16.8亿，遍布56个国家），郑和使南京和海洋结下不解之缘。建一座郑和七下西洋纪念塔（也是“中华海魂塔”），凝聚定格海洋文化标志，与皇家海洋文化建筑群配套，突显南京海上丝绸之路文化高地引领作用。必将引起世界瞩目，大幅度提升南京国际知名度。拉动南京旅游业跨越式发展。

《郑和航海图》原名《自宝船厂开船从龙江关出水直抵外国诸番图》，该图清晰告诉我们，下西洋船队是“从龙江关出水”，龙江关是下西洋“直抵外国诸番”的标志性建筑。“诸国进贡者梯航数万里，每岁必至，立关于此，以招徕之，所以柔远人焉”——清吴敬梓《儒林外史》。可见清代龙江关依然是中外交往的重要标志性建筑。

明初太祖朱元璋，成祖朱棣经常在此迎送外宾，中外商人在此互市，热闹异常，通宵达旦。“俯视其下（龙江关），则华夷舸舰泊者樯林，上下者如织梭之迷江”。——明·朱元璋《阅江楼记》。

几百年以来，龙江关乃大明第一税关，是唯一既属户部又属工部管辖过的“国税总局”，一直沿用到清代末，地位突出。因其位置相对上新河关在下游，延伸为“下关”之名，津浦铁路从这里过江，成为南北交通枢纽，下关之名曾响彻中华大地。

清代的“南京船”把《红楼梦》《水浒》带到日本，使中国小说走出国门。1947年民国政府派出“永兴、太平、中业”等九艘军舰收复南海太平岛等岛礁，并测量、划定和向世界公布了“九段线”，使中国南海归属有了法理依据。

马克思指出：历史的用处，就是为现实提供帮助。

现实是：21世纪是海洋世纪，未来时代是海洋星辰时代，“一带一路”是国家当前及今后一段时期对外发展的重要战略，是实现中华民族伟大复兴梦的战略举措，南京可以也应该发挥海上丝绸之路文化高地的引领作用（明代南京是中国，也是世界的造船中心，有龙江船厂、宝船厂、黄船厂、马船厂、快船厂等众多船厂，也有《南船记》《龙江船厂志》《船政》《船政新书》等专著，五厂四书彰显了海洋文化之都的独特魅力；工部分司、提举司、帮工指挥厅是中国近代船政之滥觞）。

南京丰富的海洋文化资源，具有多方面的文化内涵，是独特的历史文化现象，应该成为融入“一带一路”国家倡议，特别是成为21世纪新的海上丝绸之路的引领文化，是具有前瞻性的文化自信行动。

眼界决定境界，思路决定出路，希望江苏省和南京市领导重视智库方案，评估出该方案的特别价值和宣化作用。果断决策调整用地（静海寺以西至江边尚有约400米宽的视觉长廊，“杨家花园”已拆平约60亩用地，这些地方如不调整，很快会被高楼布满，使皇家海洋文化建筑完全淹没在水泥森林之中）。尽快在这一片区建设“海丝广场博物馆群”。使外国人，外地人到南京除了总统府、中山陵、夫子庙、还有共产党人筑就的可以影响一千年，国内唯一世界瞩目的海洋博览广场纪念建筑群（内容精彩绝伦的新景点）。使长江上行驶路过的每年 100 万艘各种船舶，1 000 万以上的途经人员，也有鸣笛致敬的圣地。

"一带一路"走起来

国家体育场有限责任公司　何晓玲

中国"一带一路"发展倡议全球瞩目，目前已收到多个国家和领导人的积极响应，世界正在期待来自中国的东方智慧引领世界。2017 年 5 月 14 日至 15 日，中国刚刚在首都北京举办了一场"一带一路"国际合作高峰论坛。这是各方共商、共建"一带一路"，共享互利合作成果的国际盛会。习总书记在论坛开幕式上的演讲中提到要将"一带一路"建成文明之路。"一带一路"建设要以文明交流超越文明隔阂、文明互鉴超越文明冲突、文明共存超越文明优越，推动各国相互理解、相互尊重、相互信任。要建立多层次人文合作机制，搭建更多合作平台，开辟更多合作渠道。要用好历史文化遗产，联合打造具有丝绸之路特色的旅游产品和遗产保护。要加强各国议会、政党、民间组织往来，密切妇女、青年、残疾人等群体交流，促进包容发展。

提到文化和旅游，不得不谈国家品牌形象地，同时也是 APEC 领导人峰会及"一带一路"合作论坛举办地——北京奥林匹克公园，园区内核心地段既是标志性文化旅游胜地鸟巢水立方。习总书记在"一带一路"国际合作高峰论坛欢迎宴会上的祝酒辞中提到"在北京，你可以游览古老的故宫、长城、天坛，也可以参观现代派的鸟巢、水立方、国家大剧院"。现代派的鸟巢是 2008 年第 29 届夏季奥林匹克奥运会主会场及开闭幕式举办地，也是 2022 年第 24 届冬季奥林匹克运动会开闭幕式举办地。

在成功举办了一场无与伦比的 2008 年北京奥运会后，奥林匹克公园园区免费向世人开放，呈现了安全、有序、整洁、优美的环境，开创了体育、文化、旅游、会展和商务服务业五大产业融合发展的良好格局。截止到 2015 年，功能区累计实现固定资产投资 243 亿元，完成区级收入 356 亿元，年平均增速达到 15%，发展势头强劲；区域先后荣获国家 5A 级旅游景区、全国首个国家体育产业示范基地、全国首批城市中央休闲区等称号，示范引领作用凸显；区域累计成功接待中外游客超过 3.4 亿人次，对北京市增加值的直接拉动贡献达 450 亿元，间接拉动贡献达 600 亿元。园区先后举办各种大型活动及高端会议展览 6 200 余场，其中国际性活动达到 800 余场，逐步形成了品牌化、系列化和产业化发展的良好态势。

"十三五"期间，奥运功能区将全面贯彻党中央提出的创新发展、协调发展、绿色发展、开放发展、共享发展的五大理念，围绕京津冀一体化协同发展战略和首都"四个中心"建设目标，充分发挥"国际交往联络窗口、文化展示交流平台、国家体育休闲中心”核心功能，突出奥运品牌优势和区域独有的资源优势，提高发展质量，促进管理水平精细化，加强园区体育产业研究，推进区域协同，实现奥运场馆资源利用惠及周边社区民众。

经国务院授权，国家发展改革委、外交部、商务部 3 月 28 日联合发布《推动共建丝绸之路经济带和 21 世纪海上丝绸之路的愿景与行动》。支持沿线国家地方、民间挖掘“一带一路”历史文化遗产，联合举办专项投资、贸易、文化交流活动。

《论语・里仁》提到孔子箴言：“放于利而行，多怨”。具体到“一带一路”民心相通的事业来说，既要重利，也得重义，义利并举。沿线国的民心是什么，如何触动民心，对这些义理基础的深入思考是“民心外交”首先需要思考的重大课题。民心相通首先需要双向的文化理解。民心相通的落实在于文化沟通。

通过文化交流可以促进相互沟通和融合，大力开拓“一带一路”旅游线路无疑是个多赢的途径。

2017 年 10 月 1 日上午，由北京市旅游发展委员会主办的第十九届北京国际旅游节在奥林匹克公园庆典广场拉开帷幕。此次国际旅游节以“丝路连世界・欢乐游北京”为主题，来自亚洲、欧洲、美洲 18 个国家的 25 支表演团体汇集在奥林匹克公园景观大道，为现场观众带来了一场精彩的实景演出。整个盛装行进表演通过“古道新韵”“和平颂歌”“盛世劲舞”“豪情绽放”和“文明辉映”五大篇章，向观众传递和平合作、开放包容、互学互鉴、互利共赢的丝路精神，展示将“一带一路”建成和平之路、繁荣之路、开放之路、创新之路、文明之路的美好愿景。在近两个小时的表演过程中，25 支国内外的优秀团队，用一场极具表现力与震撼力演出引爆了现场观众的热情。

“一带一路”倡议推动了沿线各国的旅游合作与发展，旅游业也在“一带一路”倡议中发挥着重要作用。未来，“一带一路”沿线旅游发展潜力如何？应如何进一步加强“一带一路”旅游合作？沿着古老的河西走廊，走过甘肃、新疆的丝绸之路，感受以色列、沙特阿拉伯等中西亚各国宗教文化的碰撞，体验意大利、法国等欧洲国家的历史魅力；南太平洋的邮轮驶过海上丝绸之路的航线，通向东南亚诸国的海岛风情……“一带一路”沿线旅游的火热，将中国游客带到了世界各地。

在我国出境游越来越火热的今天，旅游目的地和旅游方式也更加多元化，“一带一路”沿线国家以其深厚的历史文化底蕴成为独具特色的旅游新热点。不少旅行社和旅游企业表示，如今人们出国旅游，除了传统的老牌线路外，开始更倾向于具有个性的文化旅游。因此，“一带一路”沿线旅游新线路正在此刻应运而生。

据了解，目前“一带一路”沿线区域国际旅游总量占全球旅游业 70% 以上。据测算，仅中国与丝路沿线国家双向旅游交流规模就超过 2 500 万人次。

“‘一带一路’沿线有大量文化遗存，是很好的旅游资源，沿线旅游会越来越受到关注，旅游带动人流和资讯，将提升民众对‘一带一路’的关注和认知。同时，游客所到之处产生消费，也会带动当地的就业和收入。”中国未来研究会旅游分会副会长刘思敏表示。“文化交流主要目的在于相互的文化理解，旅游是最好的相互深入了解各自文化的方式，也是最好的文化交流与传播的方式。”厉新建指出，在旅游方面，越来越多的国际组织以及旅游合作机制等都将极大地推动“一带一路”旅游的深入合作，促进“一带一路”沿线国家和地区之间更频繁、更便利的旅游交往，从而助力相互的文化交流。

数据显示，在“一带一路”沿线，世界文化遗产约占全球总数的74%，自然保护区约占53%，自然遗产约占34%。“一带一路”跨越了三大经济发展形态和东西方文化带，从中亚到欧洲，从东南亚到南亚乃至非洲，“一带一路”覆盖了数十个国家，涉及不同的文明、不同的制度和不同的宗教信仰，旅游业为其提供了一个互为接受、互相欣赏、相互包容的契机。鲜明的文化特征通过旅游者得到传播，跨区域旅游合作对推动文化的繁荣建设也发挥着重要作用。国家旅游局局长李金早指出，现在中国每年出境旅游人数已经达到1.2亿人次。未来5年，将有1.5亿人次的中国游客到丝路沿线国家旅游。中方愿意与沿线国家分享中国旅游发展机遇，通过旅游合作，分享经验，增进友谊，扩大双向人员往来规模，促进共同发展。

习总书记在“一带一路”国际合作高峰论坛圆桌峰会上的闭幕辞中提到“我们期待架设各国民间交往的桥梁，为人民创造更美好的生活”。我们都认为，文明交流互鉴是古丝绸之路留下的精神财富，民心相通应该成为“一带一路”建设国际合作的重要组成部分……

诚愿“一带一路”走起来，走出一片新丝路。

南京应主动融入国家“一带一路”总体倡议

江苏省政府参事室特聘研究员
东南大学南京航空航天大学教授 赵建中

推进丝绸之路经济带和21世纪海上丝绸之路建设，是党中央、国务院根据全球形势深刻变化、统筹国际国内两个大局做出的重大战略决策，对于开创我国全方位对外开放新格局，推进中华民族伟大复兴进程，具有划时代的重大意义。我市地处“一带一路”交汇点，与丝绸之路沿线国家有关深厚的历史渊源与广阔的经贸合作空间。推进“一带一路”建设，为南京市发展提供了历史性重大机遇，有利于推动南京市与丝绸之路沿线国家和地区在更宽领域、更高层次上开展交流合作，拓宽对内对外开放新空间，进一步加快经济转型升级，提升南京市经济整体竞争力。

南京市作为“一带一路”节点城市、长江经济带门户城市、“长三角”副中心城市、国家创新型城市，南京新一轮发展，应当紧紧围绕服务国家战略这一核心，进一步明晰南京城市功能战略重心，打造面向区域的空间载体，推进重点区域功能项目建设，健全协调共赢的推进机制，通过谋求区域利益最大化，提升南京城市发展能级，强化南京城市功能，在区域协同发展中增强城市集聚力和辐射力。

南京要主动融入国家全方位对外开放战略，充分发挥南京市开放型经济发展的比较优势和先导作用，积极参与建设丝绸之路经济带和21世纪海上丝绸之路，打造对外开放新格局，实现改革发展新突破。

一、南京区域发展必须树立面向世界、全国联动的大视野

随着经济全球化、区域一体化的深入发展，强强组合、区域合作已经成为世界经济发展的大趋势。在多重国家战略的推动下，我国区域发展格局正在重构，这使得南京“十三五”及未来一段时期内，区位条件和城市功能定位将发生重大变化。如何抓住多重国家战略机遇期，在新一轮发展中更多地集聚发展要素，拓展城市发展空间，激发城市发展潜能，是当前全市发展需要解决的重大课题。

2013年9月和10月，习近平总书记分别提出建设“新丝绸之路经济带”和“21世纪海上丝绸之路”的战略构想，2015年3月，国家正式推出《推动共建丝绸之路经济带和21世纪海上丝绸之路的愿景与行动》。这一战略的提出，使中国的区域经济发展战略更具有外延性，从国内辐射至国际，相应的地区发展政策层

级、视野与目标更高。一是要树立面向世界、全国联动的区域发展大视野。正如《愿景和行动》指出，共建“一带一路”旨在推动沿线各国实现经济政策协调开展更大范围、更高水平、更深层次的区域合作。这就要求新一轮区域使用，必须将发展的视角放诸于全球和国家全局的战略高度，统筹谋划区域协同发展的顶层设计。二是要筑高对外开放合作交流平台。《愿景和行动》提出沿海地区要成为“一带一路”建设的排头兵和主力军，随着“一带一路”从顶层战略构想步入务实合作，“一带一路”将推动东部沿海地区开放型经济率先转型进而形成海陆统筹、东西互济、面向全球的开放新格局，成为引领我国经济进一步融入世界的强力引擎，筑高了我国对外开放合作交流平台。作为地处“丝绸之路经济带”与“海上丝绸之路”交汇处的南京，不仅在古代“海洋文明”的创造历程中发挥过核心作用，在当代建设海上丝绸之路进程中也将大有作为。

二、依托“一带一路”交汇点的独特区位，打造综合交通枢纽和国际商贸物流中心

南京是重要“一带一路”的重要交汇点。按照习近平总书记视察江苏时的重要讲话精神，南京要依托“一带一路”交汇点的独特区位，发挥开放程度相对更高的特色和优势，拓展向西开放空间，加大向东开放力度，全面提升对外开放层次和水平，努力把南京市打造成为“一带一路”建设辐射带动力强的对外开放新高地。

打造综合交通枢纽和国际商贸物流中心。充分利用我市江、海、陆联运枢纽地位及其与国际市场联系紧密的优势，加强与国际国内互联互通，提升外向通达能力，完善广域综合交通运输网络，构建沟通南京市与“一带一路”沿线国家的海陆空综合交通运输体系。打造“一带一路”与“长江经济带”联系的物流新通道，形成以铁路、水运为骨干，公路为基础，“铁、公、水、空、管”多种运输方式无缝对接，面向国际、承东启西、辐射南北、高效畅通的综合立体交通走廊、商贸通道和物流枢纽中心。

要发挥南京江海中转主枢纽港和国际航空港枢纽优势，推进港口码头、集疏运体系、物流园区、航运服务支撑四大体系建设，打造南京区域性航运物流中心。

三、深化“一带一路”倡议与长江经济带发展、国家自主创新示范区的联动融合

区域发展必须向纵深腹地梯度推进。2014 年 9 月，国务院出台《关于依托黄金水道推动长江经济带发展的指导意见》，意见明确了“长江经济带”的战略定位即具有影响力的内河经济带、东中西互动合作的协调发展带、沿海沿江沿边全面推进的对内对外开放带等。将整个长江流域纳入同一个经济带通盘考虑，这是国家经济地理的一个新布局、新突破。长江经济带建设打破了区域城市之间原有的机制与制度壁垒，通过改革创新和更多依靠市场机制区域协调发展的体制机制，打造“大而活”的统一市场，提高基础投资的规模效应、产业衔接的雁阵

效应、要素结构的互补效应、功能布局的协同效应，对区域各城市实现功能究竟的优化和产业结构的调整具有积极意义。作为地处中国经济发达地区与欠发展地区交汇处的南京，把“一带一路”倡议与长江经济建设带建设融合起来，加强与长江经济带内各城市间的交流协作，将会强化南京市作为“长三角”辐射中西部地区门户城市的地位。

区域发展必须从要素互补式合作向创新互助式合作转变。在新常态下，构成区域优势的要素资源已发生变化，无论是发达地区的转型发展，还是欠发达地区的“追赶”发展，都要更多地依赖知识型要素和创新，来实现其更高层次的发展目标。这就需要通过区域之间建立紧密的合作关系，通过更加专业化的分工协作，整合各区域之间的优势资源要素，形成创新合力，共同推进创新发展。2014年11月，国务院批复同意设立和支持苏南建设国家自主创新示范区，作为首个以城市群为基本单元的国家自主创新示范区，其目的就是要提升区域创新体系整体效能，通过区域创新合作，形成创新互助式区域协同发展新格局。作为苏南国家自主创新示范区中科技创新资源最丰富的南京，庞大的人才存量以及数量可观的人才增量，正成为南京最重要的资源禀赋，将是南京参与“一带一路”倡议乃至全球分工的优势和基础，是南京引领和促进区域协同发展的新动力所在。

四、深化“一带一路”倡议与国家级新区的双重战略支撑结合

近年来，全国区域发展战略发生了重大变化，10多个国家级新区的建设，就是更加注重区域发展的示范效应，更加注重区域政策的制定和落实精准性的具体体现。以国家级新区建设带动区域发展，正是中国实施区域协同发展战略的重要手段。2017年6月，国务院正式批准南京成立“江北新区”，并指出把江化新区作为长江经济带对外开放合作的重要平台。长期以来，长江经济带区域之间的“梯度推移”缺乏传导机制和途径，特别缺乏支撑发展的传导区域载体，导致下游与中上游之间的产业转移、产业带动和产业联动进展缓慢。江北新区不仅是长江经济带“梯度推移”的重要区域载体，也将在南京在服务“一带一路”倡议中发挥更大作用，更会对强化南京对外开放、建设区域中心城市产生重大影响。南京江北新区要以制度创新促进区域协同发展开展探索，打造经贸产业合作示范区。以重点经贸产业园区为合作平台，推动我市优势产业和产能“走出去”，拓展发展空间，提高经济效益；引导新兴行业继续做大做强，提升电子信息、生物医药、新能源、互联网、高端装备等新兴产业国际合作水平，培训形成一批具有核心竞争力的国际化企业和企业集团；鼓励外向型企业向产业链上游和价值链高端迈进。

利用南京的人才优势和国家级新区的政策，打造人文交流融合区，创建“一带一路”人文交流平台，实现经贸合作与人文交流齐头并进、相得益彰。注重发挥文化软实力优势，密切教育、科技、文化、医疗、体育、旅游、侨务等人文交流，推动与沿线国家开展的人文交流与合作向深度和广度发展，在参与“一带一路”建设中实现人文交流的深度融合。

突出企业主体地位，谋划布局境外园区并予以扶持。鼓励南京市在沿线国家投资的项目落户园区，支持与沿线国家中小企业创新合作方式，以企业为纽带，

形成利益共同体。积极引导企业在沿线国家主要交通节点和港口共建产业园。支持境外园区投资主体与南京市对外承包工程企业和有关开发区发挥各自优势，在园区基础设施建设和日常营运管理方面加强合作。

五、深化投资和产能合作，多元开拓沿线国家市场

深化与沿线国家商会、协会和会展机构等交流合作，支持南京市企业积极参加沿线国家举办的展览会、博览会等活动，逐步增加“一带一路”沿线国家的展会比重。鼓励南京市有自主知识产权和自主品牌企业在沿线交通枢纽和节点建立自主营销网络、售后服务中心、仓储物流基地和分拨中心，宣传推广“南京制造”的品牌效应。加快推进工业品、食品和农产品国家级质量安全示范区及出口农产品示范基地建设。鼓励企业开展符合沿线国家民族、宗教、文化特色的出口认证和商标注册，扩大特色产品出口。促进海关特殊监管区域向高端制造、物流、研发、维修、销售、结算一体化方向转型发展，积极争取开展保税展示交易、委内加工和返区维修业务试点。

深化对“一带一路”沿线国家投资和产能合作，是我市深度融入“一带一路”建设、推进产业提质增效升级的重要内容和有效途径。全面对接沿线国家建设与发展需求，“引进来”与“走出去”并重，拓展深化产业投资和产能合作，合理优化总体布局，搭建投资合作和产能转移平台，健全政企银合作机制，引导和鼓励南京市优势产业业开展境外投资和国际产能合作，构建跨国产业链合作机制，实现设计、生产、销售、服务等产业链全覆盖。秉持共商、共建、共享、共赢原则，加强与国内其他城市合作，建立交流机制，共建合作平台，协同推进优势产业、优秀企业抱团“走出去”。

六、积极拓展服务业境外投资，着力扩大服务贸易规模

积极拓展服务业境外投资，鼓励优势企业到境外开展现代物流、港口运营、电子商务服务等领域投资，鼓励计算机和信息服务、航运等行业的相关生产性服务企业“走出去”，拓展境外经营和服务网络，增强自身国际竞争力。支持我市流通大企业与生产企业联手，组建战略联盟，联合“走出去”。支持企业开展在沿线国家的技术、品牌、营销网络等资源的并购整合，提升国际市场开拓能力。大力促进文化贸易，鼓励文化企业在沿线国家开展项目推介、产品展销和投资合作。重点打造展会等国际化交流平台。

着力扩大服务贸易规模，完善服务贸易促进体系。构建由商务、宣传、文化、财税、金融、海关、统计等部门组成的对外文化贸易工作联系机制。扩大服务贸易出口，巩固和扩大物流、旅游等传统服务贸易，开发中医药、文化艺术、广播影视等新兴服务出口，培育通信、金融、会计、计算机和信息服务、传媒、咨询等生产性服务贸易。开展国际服务贸易创新发展试点，建设特色服务贸易展销出口基地。鼓励企业赴境外开展投资合作，参加各类服务贸易展销活动。

提升服务外包产业，拓展服务外包业务新领域，支持以研发外包为核心的KPO（知识流程外包）业务，推动企业发展“众包”等新业务模式。支持服务

外包企业在"一带一路"沿线国家布局海外接单中心、实施并购等战略拓展运作，加快培育一批服务外包龙头企业。

七、大力发展跨境电子商务，加大信息基础设施建设力度

大力发展跨境电子商务，培育经贸合作新增长点。推动我市深化跨境贸易电子商务出口试点工作，争取进口模式创新试点。加快培育和壮大跨境贸易电子商务及相关服务企业，加强与"一带一路"沿线国家开展战略合作，拓展跨境电子商务业务。鼓励跨境电子商务平台开发多语种系统、支付结算系统等，加快推进通关、检疫、税务、外汇管理服务一体化的跨境电子商务公共服务平台建设，提升外贸业务一站式服务水平。鼓励服饰、电子产品、农产品等垂直电子商务龙头企业发展跨境电子商务平台。积极培育钢铁、化工、医药等大宗商品跨境电子商务交易平台，促进我市制造业报优势转化。加强国际国内电子商务交流融合，支持电子商务企业"走出去"或与境外电子商务服务企业战略合作，建设海外营销网络，提升自主品牌。鼓励"B2B2C"跨境电子商务模式发展，支持有条件的企业整合资源而已海外仓。支持内外贸一体化网上销售平台发展，鼓励企业充分利用国际国内两个市场，进一步扩大销售，提升企业核心竞争力。

加大信息基础设施建设力度。积极参与建设"信息丝绸之路"，促进"一带一路"在信息化、网络化、智能化条件下的高水平交流合作。开展多层次多领域的信息共享，共同推动电子口岸、通关数据、防灾减灾、商贸物流、远程教育等领域信息平台建设，强化大数据应用分析水平。

八、与沿线国家协力推进海洋领域科技合作，发展海洋产业

协力推进海洋领域科技合作。充分发挥我市科教人才优势，与海上丝绸之路沿线国家联合建设海洋高新技术产业园、海洋科技合作区和海洋人才培训基地，大幅提升海洋科技对海洋经济的贡献率。积极参与海洋科技合作平台建设，促进海洋基础性研究，发展海洋高新技术，强化海洋事务合作。引导市内外知名海洋经济龙头企业在沿线国家建设地区研究中心或先进技术示范与推广基地，支持有实力的海洋经济企业与沿线国家共建科技园区。

积极参与21世纪海上丝绸之路建设，加强海洋合作，发展海洋经济。加大对渔业水产的协调推进力度，出台激励扶持政策，强化科技研发，提升装备水平，培育并壮大市场主体，鼓励参与国际渔业资源共享和市场竞争；加强与国外水产养殖业合作，积极开展养殖技术指导、人才培训和品种输出，共同建设高效生态海外养殖基地；发展海外渔业产品精深加工。

九、深化科技对外合作创新，推进与沿线国家的文化交流、旅游合作

深化科技对外合作创新，整合我市优势资源，在引进海外高层次技术、人才、项目和研发机构的同时，在"一带一路"沿线有关国家推广南京市科技成果。强化与重点国家合作，主动对接国家"科技伙伴计划"。引导支持科技园区

到“一带一路”沿线国家设立合作园区或技术转移机构，开展联合研发、技术推广和培训，助推我市企业科技成果在境外的推广应用。鼓励科技企业、科研院所通过并购、合资、参股“一带一路”沿线国家研发企业或设立海外研发中心、建设先进技术示范与推广基地等方式，开展国际研发合作，促进先进适用技术转移。积极申报政府间科技合作与国家科技援外项目。

大力推进与沿线国家的文化交流，梳理整合南京地区的海陆丝路历史文化遗存和特色文化资源，在舞台艺术、造型艺术、文化遗产等各领域与沿线国家开展文化交流与合作。借助国家级“一带一路”文化交流平台，积极组织南京市文化项目参与我国与沿线其他国家互办的文化年、艺术节等活动。与设在沿线国家的中国文化中心开发对口合作，以多种形式展示南京文化风采。利用国际友城渠道，发挥外宣品牌优势，赴沿线国家举办文化交流活动，努力打造“一带一路”文化交流的重点品牌；大力支持南京等海上丝绸之路起点城市联合推动海上丝绸之路文化遗产列入世界文化遗产名录。深入开发主题文化交流活动，着力打好“郑和文化牌”。探索建立市场化、专业化运作机制，搭建更有效的平台，不断提升我市对沿线国家文化交流与合作的层次和水平。

积极推动南京市与“一带一路”沿线城市开展互为目的地的旅游推广活动，进一步加强俄罗斯、印度尼西亚、马来西亚、菲律宾、泰国等传统客源国的旅游宣传推广工作，与沿线有关国家互办旅游推广周、旅游推广日和宣传月活动；鼓励市内旅游企业在“一带一路”沿线重点旅游城市间增开航线，积极开展包机旅游、包邮旅游；在境内外旅游促销活动中开展“重走丝绸之路”为主题的路演旅游推广活动；探讨并建立合作培训旅游服务从业人员机制，加强与沿线国家或重点城市沟通交流，在景区规划、星级饭店评定与管理等方面为其提供经验和标准规范；依托现有境外旅游市场，以“丝绸之路”为主题，与沿线国家重点城市合作开发旅游产品，探讨共同营销机制，实现互通互联，互惠互利。

参考资料

1. 习近平总书记、李克强总理等中央领导同志关于丝绸之路经济带和21世纪海上丝绸之路的多次重要讲话。主要是2013年9月和10月，习总书记分别提出的建设“新丝绸之路经济带”和“21世纪海上丝绸之路”的战略构想。
2. 国家发展改革委、外交部、商务部2015年3月28日联合发布的《推动共建丝绸之路经济带和21世纪海上丝绸之路的愿景与行动》，以及国家有关部委和有关省市关于“一带一路”国家战略的文件。
3. 2014年9月，国务院颁布的《关于依托黄金水道推动长江经济带发展的指导意见》以及2016年国务院关于长江经济带发展的规范性文件。
4. 2014年11月，国务院批复同意设立和支持苏南建设国家自主创新示范区的有关文件。
5. 2016年6月，国务院正式批准南京成立江北新区的规范性文件；2016年8月，国务院正式批准的关于南京城市定位的相关文件。

郑和下西洋对维护"21世纪海上丝绸之路"航线安全的启示[①]

黄春宇　曹杨　陈通剑

郑和率领庞大的船队七下西洋，前后共经过、到达30多个国家和地区。在当时的条件下，不论规模、性能、火力，还是远海航行技能和作战攻防运用，郑和船队都堪称世界一流。但郑和船队并没有像欧洲人那样去掠夺侵略、攫取财富，没有建立一块殖民地。在最初剿灭了沿线海盗、平息了部分国家的叛乱后，海上航线恢复了畅通和安全，郑和也没再动用武力，其做法对当今我维护"21世纪海上丝绸之路"航线安全具有重要的借鉴和启迪作用。

一、郑和下西洋开创了军事力量非战争运用的先河

郑和船队七下西洋，没有通过战争手段而是依靠船队（实际是海军舰队）的"不战"行为来实现维护海上航线安全的目标。可以说，郑和船队七下西洋，开创了国际海军非战争运用的先河，突出表现在以下方面：

（一）船队外交出访

中国元朝时期推行对外扩张政策，蒙古忽必烈大军曾多次跨海远征，海外各国对中国恐惧戒备，外交往来几乎停滞。在当时海外各国的印象中，中国只有好战的"威"，缺少和平仁义的"信"。明朝初年的统治者要打开外交困局，必须得解决与周边国家间错综复杂的矛盾。在这样的历史背景下，郑和船队出访，目的是要促进中国与西洋各国间的相互了解，增进国家间友谊，提高国家的"信"，以稳定海洋周边形势。

郑和下西洋，为提高国家的"信"，始终坚守和平友好的外交政策。船队每到一国，首先宣读明皇帝的书信，表明来意，即愿意通商互惠，建立和平友好关系；向到访国赠送礼物，以示友好交往诚意；在互利互惠基础上，进行商品贸易。期间，还进行文化、科学、技术交流，保持国家间密切接触，发展国际友好关系。多次友好访问后，明朝早期出现了西洋多国跨海来朝的局面，消除了元朝遗留海外的不良影响，恢复了国家信誉。

---

① 基金项目：本文为2015年度中国海洋发展研究会基金项目"南海维权斗争危机管控研究"阶段性成果，项目批准号：CAMAJJ201506。

（二）海上力量显示

郑和下西洋时期，中国是世界上最强盛的国家。通过马可·波罗东行和海上丝绸之路的开拓，中国威望已著于世界，在东南亚诸国更为突出。郑和下西洋的主要使命就是推行明王朝对外和平交往的政策，发展同海外各国的友好关系，提高明王朝声望，恢复南海—印度洋地区国际和平环境，根除扰乱东南沿海地区的海盗，安定东南亚局势。

郑和船队，是一支装备精良的海上劲旅。船队不仅编有多艘庞大的宝船，还配备各种辅助船、补给船；近 3 万人员中，90%以上是军籍①，组织指挥严密；船队装备了当时世界最先进的航海技术设备和武器，具备远洋运输、海上作战、两栖作战能力。郑和率领大规模船队海上航行，既可显示国家海上实力，又能震慑破坏和平交往的少部分敌对势力，向其施压，迫使其畏惧屈服。当时，郑和还组织了一支威武雄壮的仪仗队（其成员是当时舟师中的官校、旗军、勇士、力士等），通过仪仗队“服饰灿烂”“乐师为云”、彩旗飘扬、刀光剑影，展示形象，显示军威，震慑对手。在显示强大海上力量的同时，郑和开展平等的和平友好外交，不因自身力量强大而滥用武力或以武力相威胁，进一步表达中国和其他国家友好交往的诚意。

（三）维护和平行动

郑和下西洋时期，南亚与东南亚各国间矛盾重重，冲突和战争不断。为维护地区和平稳定，郑和以强大的船队为后盾，采取和平调解来解决东南亚地区各国之间的矛盾和冲突。郑和船队庞大的规模、严整的军容、秋毫不犯的行为树立了中国的大国形象，赢得了各国的信任。在调解过程中，郑和不插手别国内部事务，不偏袒任何一方，始终秉持公平、公正原则。他不因一次调解不成失去耐心、诉诸武力，而是不厌其烦，倾力而为，直至双方达成和平协议。在调解暹罗和满剌加的矛盾时，郑和曾在暹罗和满剌加滞留一个多月，数次往返两国间，终使两国化干戈为玉帛，和睦相处；在占城与安南的冲突，爪哇与苏门答腊的纠纷中，郑和也着力调解，使双方罢兵和好，让人们得享太平之福。

此外，郑和船队也动用武力打击海盗行为与地区霸权主义，体现了“维和”效用。如，海盗陈祖义，经常劫掠番商，并曾一度袭击郑和船队，被郑和下令武力剿灭；锡兰山国的亚烈苦奈儿，不与周边各国和睦相处，屡次扣押明朝使臣，强行索要金银宝物，还出兵抢劫郑和船队，郑和发兵将其生擒，但并未将其杀掉，而是教育他以后不再“寻滋生事”，送其归国。

（四）海外国际援助

明朝初期，中国的经济、科技、文化位于世界前列。郑和在下西洋过程中，对所经之地比较落后的国家展开了积极的经济、科技、文化援助。

满剌加刚立国不久，经济十分落后。由于粮食不足，当地人把一种沙孤树的树皮晒干后食用，渔民还是驾“独木刳舟”泛海捕鱼，基本无手工作业。为使

① 《明史·职官志》《明史·兵志》中详细记载了郑和船队 200 多艘船只中，有 27 000 多官兵组成。

满剌加摆脱贫穷，郑和选定在满剌加设“官厂”“凡中国宝船到彼，则立排栅……盖造库藏仓厂，一应钱粮屯在其内，去各国船只回到此处取齐”①。之后，满剌加很快成为东西洋海上贸易的重要据点，百货集散中心，巨额的贸易税收使满剌加一跃成为当时东南亚地区经济较发达的国家。郑和还帮助其他弱小国家发展生产，传授农业种植、渔业捕捞、农渔产品加工等先进技术。如占城国地处亚热带，土地肥沃，过去每年庄稼只能一熟，郑和教他们改进耕种技术，一年可以三熟；教他们凿井，取水灌溉，沿山修造梯田，扩大种植面积，赠送中国犁，指导栽培方法。从此，占城国就以产米出名，逐步走向富庶。至今，在东南亚国家仍能看到渔民使用中国渔网捕捞作业。郑和将发达先进的中华科技文化普及于四方，其下西洋开展的海外援助，完成是出于“人道主义”“国际主义”的目的，最终要帮助所经国“脱贫致富”，没有附加任何政治条件。

二、郑和下西洋非战争手段维护海上航线安全的主要做法

郑和率领使团“敷宣教化于海外诸番国，导以礼义，变其夷习”，以中华文明影响海外诸国；“至仁至德，化及蛮夷”，使中外双方在文化交往中和谐相处，又不盲目趋同；运用“谋和劝善”的武力打击赢得沿途各国的支持；通过“以德服人”的“王道”理念，谋取海上航线的共同安全。

（一）通过“和而不同”的文化交流加强相互之间的“认同”

15世纪初期，处于永乐盛世的明朝是当时世界文明的重心。海外诸小国的文明发展程度比较落后，甚至不少地方还停留在未开化的部落阶段。郑和周游列国传播中国先进文化，“所至颁中华正朔，宣敷文教”；他处处表现出礼仪之邦“厚往薄来”的风范，言传身教，自治国兴邦之道到冠服图书、航海天文、建筑技艺、种植酿造、百工行业诸方面，均起到潜移默化的作用。于是，亚非各国纷纷主动与明缔结友好，相继赴朝通贡；在目睹了文物典章之美，感受到思想学术之先进后，便愈加叹服于中国文化的精深，产生了自觉效法的热情和冲动。譬如“远夷之人，仰慕中国礼仪，乞冠带还国”“习读中国书，好古画铜器，作诗效唐体”“久与中华往来，渐沾王化”“慕中华而歆德化久矣……仰天而拜曰：何幸中国圣人之教沾及于我”。史载不绝，足以为证。不少外国官生来明朝学习，其中有人毕生热衷于中国文化的学习与研究，甚至还参加科举考试，并在中国做官多年。又据冲绳图书馆藏《历代实案》，可知当时琉球国奉明朝正朔，在与东南亚各国国王之间往来的公文“咨文”和“执照”中均使用汉语。这表明，当时中文已成为东亚、东南亚部分地区外交和通商的官方语言文字。郑和使团尊重海外诸国的文明成果，如在“酋长施仁恕，人民重礼仪”的古里国树碑勒铭，称颂其“民物熙皞，大同风俗”，表达中国与亚非各国加强文化交流“永乐万世”的意愿。郑和远航使得中外文化和谐交往，日益频密，使所到国家对中国产生了极大地认同感，加速了各国文明的输出交流，中国的“认同力”空前高涨。

① 马欢：《瀛涯胜览》，满剌加国条。

（二）运用“谋和劝善”的武力打击[1]赢得沿途各国的支持

在率领庞大舰队远航的28年里，郑和发起了三次武力打击行动：第一次下西洋，在旧港擒获“海贼”陈祖义；第三次下西洋，以少胜多，智取锡兰山王亚烈苦奈儿；第四次下西洋，平定苏干剌之乱于苏门答剌。这些都是因自卫被迫使用武力消灭敌对势力。明宣宗《赐王景弘诗》谓：“岛夷仰望纷喁喁，命尔奉使继前功。尔往抚谕敷朕衷，各使务善安田农，相与辑睦戒击攻。”[2] 表明郑和舟师奉使海外所持的原则，有如古人所谓“化干戈为玉帛”，充满了平息事端、寻求和平的良好愿望。如明成祖获悉暹罗对满剌加“无故欲加之兵”后，便遣使告诫暹罗王三赖波磨赖札的赖：“辑睦邻国，无相侵越。”[3] 其时，海外国家凡遭遇他国侵扰，多遣使赴明朝告状，请求朝廷为其主持公道。朝廷则“敕谕四方海外诸番……不可欺寡，不可凌弱”；对“所言侵扰之事”，必“遣使往观其事”来判定是非，并以“封疆有定分，不可强而为一”之理训诫肇事者，警告双方若继续“互执兵端”则“其祸有不能逃者”。由于明朝强有力的干预，冲突双方往往“皆听命罢兵”。郑和舟师谋和劝善的军事活动，还发生在制止海外诸国之间的非正义战争时。对个别不听诫谕、顽固坚持侵略立场的国家，郑和便“耀武以慑之”，力求不战而屈人之兵；迫不得已用兵，目的也在于除暴安良，即所谓“其蛮王之梗化不恭者，生擒之，其寇兵之肆暴掠者，殄灭之”。郑和下西洋通过“谋和劝善”且仅对“梗化不恭”的挑衅者实施武力打击，赢得了沿途各国的尊重，其理念也被绝大多数国家认同和接受。

（三）坚持“以德服人”的“王道”行径获取海上航线安全

崇尚和平是中华民族的基本精神，“和万国”“倡王道”构成了中华文化的最高文明境界。中国自古以来就强调通过非武力方式维护国家安全，通过实施“王道”来“德”服他国，这一点在郑和下西洋中也体现得十分明显。在七下西洋过程中，郑和船队一行亦秉承永乐皇帝严守道德、正义原则，恪遵明成祖“民胞物与，泛爱万物”的具体任务。现存完好的长乐郑和史迹陈列馆的“天妃贡应之记”碑，便是郑和贯彻“齐诏往谕，抚人民，睦邻境，庶几永享太平”的最好佐证。碑文记载：“皇明混一海宇，超三代而轶汉唐，际天极也，罔不臣妾，其西域之西，迤北之北，固远矣，而程途可计，若海外诸番，实为遐壤。皆奉琛执贽，重译来朝。皇上嘉其忠诚，命和等统率旗军数万人，乘巨舶百余艘，货币往来之，所以宣德化而兼远人也。”碑文明确指出，郑和下西洋的任务是：“往诸番国，开读赏赐”“赍币往赉之”“宣德化而柔远人也”。从碑文中可以看出，郑和下西洋不但没有占领外国的一寸土地，而且帮助当地政府“剿捕伪王”“殄灭海寇”，从而使“海道清宁，番人仰赖者”。郑和正是通过“以德服人”的“王道”理念，营造了一个睦邻友好、和谐稳定的海上环境，确保海上航线安全

---

① 此处的武力打击，是一种小规模军事行动，不属于战争范畴。战争是指国家或政治集团之间为了一定的政治、经济等目的，使用武装力量进行的大规模激烈交战的军事斗争。

② 朱瞻基：《宣庙御制总集》。

③ 《明太宗实录》卷114。

畅通。

三、郑和下西洋运用非战争手段对维护当今"一路"航线安全的启示

进入21世纪，中华民族面临新的历史机遇，海洋成为我国发展的主要战略空间。"一带一路"倡议特别是"一路"倡议的顺利推进，既是我国可持续发展的需要，也是我国由大向强的必由之路。顺利推进"一路"倡议，需要一个和平稳定的海上安全环境，借鉴郑和船队非战争运用维护海上航线安全，意义重大。

（一）加强文化交流，广泛达成"一带一路"倡议共识，奠定维护航线安全的民意基础

"一带一路"，对我国而言是一个战略，但对其他国家来讲，只能是我们提出的一个倡议。必须得到他国认同，才能顺利推进。首先需要解决的是文化认同上的差异。近年来，我国虽然在文化外交上进行了诸多努力和实践，但收效甚微，根本原因在于政治价值观的先进性和普适性不足，缺乏全球影响力和吸引力。我国不能仅在政策层面和传统文化上吸引他国支持我国的政策主张，还要在观念和价值层面把新型价值观建构成国际社会的主流规范，全面提升中国价值理念对于世界的影响力。从2005年开始，我国对内提出建立和谐社会，对外倡导构建和谐东亚、和谐地区、和谐亚洲、和谐亚太以及和谐世界。在这一理念的指引下，我国内政外交和海上安全形势都发生了积极的变化，但和谐价值观的内容还略显空泛，尤其是其普适性的魅力还未完全显现出来，尚没有完全被世界所接纳。对冷战后的世界主流价值体系加以研究不难发现，那些能够得到世界认同的具有感染力和穿透力的价值观无不强调"人的安全"。虽然核心价值观也强调"以人为本"，但其内涵尚需扩展和完善，应将"人的安全"理念作为核心价值观内核的必要补充并加以突出，获得世界认同。

（二）深化舰艇出访，畅通与沿途国海军的合作交流，推进维护海上航线安全所需的海外休整点建设

郑和船队历时28年七下西洋，是历史上其他任何一国都难以做到的。郑和船队通过经常性出访，扩大了与沿途国友好往来，促进了政治、经济、军事等方面的合作交流。由于当时沿途国的海上力量尚不具备与郑和船队共同维护海上航线安全的能力，这一方面的军事合作鲜有开展，相关任务主要由郑和船队独立承担。在无法常态化全程护航的情况下，郑和通过在不同国家地区设立"官厂"和"宣慰司"，任命宣慰使，负责维护管辖海域的安全，确保海上交通要道的畅通。当前，维护"一路"航线安全，涉及海域大，距离远，单纯从本土派遣兵力实施护航，不仅消耗大，且长期的海上漂泊不利于舰员身心健康。为此，需要推进维海外休整点建设。

借鉴郑和下西洋非战争手段运用，通过政治、经济、外交和文化交流，保持与"一路"沿途国之间的友好关系。与此同时，深化舰艇出访形式，仿效郑和做法，将国家计划转让到相关国家的技术，以舰艇编队出访的形式带给他们，提

升舰艇出访的社会经济效应。在此基础上，加强与沿途国家海军的海上维和和海上救援等方面的联演联训，畅通与沿途国海军的合作交流机制，逐步获取相关国对我休整点建设的许可。

（三）坚持以理服人，化解海上方向出现的矛盾问题，实现维护海上航线安全的合作共赢

郑和下西洋推行“厚往薄来”的国际交往原则，并坚持“和平非战，以德服人”的行事方式来维护海上航线安全。海上方向出现的矛盾和问题，都被“厚往薄来”“和平非战，以德服人”所化解。当前，“厚往薄来”的国际交往原则和“以德服人”的行事方式，已被国际交往新原则和国际行为新准则所取代，此外，联合国宪章和国际法已被国际社会普遍接受。我们应该在新原则和新准则下，开展国际交往活动；在联合国宪章和国际法框架内，谋求化解海上方向出现的矛盾和问题，始终坚持以理服人。

在维护航线安全上，坚持开展广泛合作，实现共同维护海上航线安全。比如，可以通过建立国际海上安全合作机制或与友好国家达成协议，对海上航线进行任务划分，交由不同国家海军分段维护航线安全，最终实现维护整个海上航线安全的合作共赢。需要说明的是，我海军在承担某个海域的护航任务中，必须要保证所有航经该海域的船只绝对安全，以此建立良好的信誉，保证合作持久进行下去。

参考文献

1. 宋林飞：《传承文明走向世界和平发展——纪念郑和下西洋600周年国际学术论坛论文集》，社会科学文献出版社，2005年。
2. 吕承朔：《震惊世界的壮举—郑和七下西洋》，商务印书馆，2015年。
3. 仲跻荣等：《郑和》，南京大学出版社，1990年。
4. 南京郑和研究会：《郑和研究论文集》（第一辑），大连海运学院出版社，1993年。

郑和下西洋与“21世纪海上丝绸之路”

中国管理科学院专家咨询委员会　中国管理智库（CMTT）　景永智

自1949年新中国建立直到改革开放发展至今，中国经历了翻天覆地的大变化，而世界历史进程发展到了今天，已经不可逆转地进入世界格局大变局的前夜，对于当今的中国而言，既是大机遇，也是大挑战。

机遇在于中国把握、争取到了难得的30年经济高速发展期。30年来，中国以“高筑墙”的低调，依托前30年积累的底蕴使得综合国力自鸦片战争以来首次进入世界前列，GDP世界第二，初步实现了工业化目标并形成了门类齐全的工业种类及庞大产能，经济建设与国防建设得到了极大发展，人民生活也同步得到了极大地改观。中国在愈加复杂的大国合纵连横中也站稳了脚跟；与此同时，挑战来自多方面，既有国内在发展中累积的积弊以致沉疴，也有霸权国家基于零和思维的外部遏制与打压，这些内外因素的挑战共同构成了对“中国梦”理念、“一带一路”倡议的潜在的、与现实的威胁。

作为历史上大河文明的唯一幸存者，中国在近代经历了百年苦难，中华人民共和国成立后也经历了举国奋起的辉煌过程。在当今中国厚积爆发、全面复兴的前夜，随着“一带一路”构想的提出并快速推进，中国开始积极参与并主导全球治理，提出的“人类命运共同体”也得到了世界各国的积极响应，世界崭新格局的新曙光已经出现在天际尽头。

党的十八大报告中首次提出的“人类命运共同体”，涵盖四个方面内容，即相互依存的国家权力观、合作发展的共同利益观、可持续发展观、共同参与的全球治理观的概念。在此背景下，多方共赢、依存共生的“一带一路”倡议应运而生并已经得到沿线66个国家的积极响应。就在2016年4月，中国外交部长王毅与到访的联合国副秘书长、亚太经社委员会执行秘书沙姆沙德·阿赫塔尔在北京签署了《中国外交部与联合国亚太经社会关于推进地区互联互通和“一带一路”倡议的意向书》，共同推进沿线各国政策对接与务实合作。这个《意向书》系中国与国际组织签署的首份“一带一路”合作文件，并开启了联合国下属机构参与“一带一路”建设的先河。

当前，中国适时提出并已经进入全面实施阶段的“一带一路”的倡议，内涵不仅仅在于经济层面为国内促转型、调结构、保增长创造新机遇，也是为彻底改变长期以来“东重西轻”的经济布局做出了均衡发展部署。“海陆并举”的措施不但适应了当今国际政治、经济格局的新挑战、新变化，也是从经济合作、共谋发展的角度深耕欧亚大陆、联通两洋与非洲的长远考虑，更是总结长期以来对美外交的深刻再认识与中国长远发展的理性回归。假以时日，随着与沿线国家合作的启动与深入，“一带一路”将会成为世界上最长的经济带、大走廊，也能给沿线国家带来更大的经济发展空间和更大的市场、更多的就业机会、更广阔的合作领域，由此“一带一路”各沿线国也将形成更加紧密的利益共同体、命运共同体。相比之下，美国在2005年小布什政府时期基于地缘政治考虑为整合南亚、中亚以致中东战略提出的“新丝绸之路计划”（大中亚计划）、大中东计划却因伊战、阿战陷入泥潭，中亚国家逐出美军以及金融危机内爆而相继流产。

一、海上丝绸之路的历史回顾：郑和船队的和平之旅与文化交流

（一）海上丝绸之路源远流长

中国的海上丝绸之路历史，可分为东海丝绸之路和南海丝绸之路两条海路。南海丝绸之路即中国古代以南海为起点，以丝绸、陶瓷、茶叶等为贸易特征，由中国南海连接南海诸国、南亚、中东地区直至非洲东岸的经济贸易海上通道。研究发现，早在公元前11世纪我国岭南先民就开始尝试、并开辟了南海丝绸之路，时间比陆上丝绸之路早800年左右。萌芽于商周、发展于春秋战国、兴于秦汉时期，延续到唐宋，以明朝郑和远航为高峰的远达两千多年前的古代海上丝绸之路，曾给世界留下中国文明古国的辉煌印记。《汉书·地理志》记载的海上交通路线，正是早期的“海上丝绸之路”，当时海船载运的“杂缯”即各种丝绸。中国丝绸的输出，早在公元前，便已有东海与南海两条起航线。

上溯隋唐时期，泉州沿海地区已经十分繁荣，海船和航海设备也十分先进，于是形成了中国—苏禄国之间的较固定海上贸易航线。当时的航海路线，是从泉州出发，绕过海南岛，沿越南海岸线抵达越南南部占城，然后沿海岸线南下，在马来半岛一带横渡南海，抵达加里曼丹岛的文莱，再从文莱北上，抵达今天菲律宾的苏禄群岛和棉兰老岛一带。而在此之前，公元226年（孙权时期），东吴官员宣化从事朱应、中郎康泰浮海巡抚东南亚，前后历时数十年，抵达过越南、柬埔寨和南洋群岛等地，也曾到过今天菲律宾境内的臣延、耽兰和杜薄。由于康泰回国后著有《吴时外国记》（俗称《扶南传》，扶南即柬埔寨），此书虽已佚，但裴松之注《三国志》时有所引述、晋书也有提及。

这条早期海上丝绸之路航线的重要意义，是开辟了一条中国沿海居民迁徙菲律宾的通道。郑和下西洋此后的几百年间，从吕宋岛到东南亚各地逐渐聚集起不少华人，他们经商、务农，在当地世代居住下来。直到现在菲律宾近1亿人口中，大概有1 500万有华人血统。

（二）郑和的七次和平之旅

公元1405年，（明永乐年间）人类历史上最先进、最庞大的郑和风帆船队共计船舰200余艘、船员27 800人，在太仓祭祀天后，出闽江、五虎门，经台湾海峡浩浩荡荡进入南海，再穿过马六甲海峡进入波涛汹涌的印度洋。

郑和船队共计七次的远洋航海历程，时间上延续近30年。船队到达了东南

亚各国、印度洋北岸、阿拉伯诸国，最远到达非洲大陆东岸，并在这些地区留下了诸多历史文明遗迹。这一伟大的航海壮举为传播先进的中华文明、与世界各国的文化交流、扩展经贸往来，起到了极为重要的作用，并对后世产生了深远的影响。在人类航海史上，中华民族（也是人类）首次大规模海上船队进入浩瀚的印度洋，并与沿岸各国在贸易互通与文化传播等方面进行了长期交流，最终在世界航海史上画上了浓重的第一道彩虹。

几十年后，由于大明国力的日渐衰微，以及统治者对海洋的短视，史诗般的郑和船队犹如印度洋夜空遥远天际中一颗耀眼而美丽的流星，划过夜空，沉入历史深邃的天边，只给后人以无尽的遐想与追念。

而在郑和船队沉寂550年后，新崛起的资本主义大国美国，挟“二战”之余威，以冷战为契机，派出以航母为核心的海军第五舰队，浩浩荡荡进驻了印度洋，并在“大洋之心”迪戈加西亚岛（英属）建立了大型海空军基地，以此为战区力量投射核心，辐射并管控北至阿拉伯海、北印度洋沿岸、西到非洲东岸、东到澳洲、印尼海域的庞大海上辖区。

这是从西奥多·罗斯福缔造的大白舰队首次全球秀之后，又一次力量的宣示。也是历史上盛况空前的郑和船队之后，印度洋上出现的另一支庞大的海上威慑力量。与郑和船队唯一的区别是：美国人来了，但既不是来做生意，也不是来与沿岸国交流文化，而是为控制这广阔的大洋及其咽喉要道而来——这一片海洋面积达7 600余万平方千米，相当于美国国土的8倍。

二、海上丝绸之路应积极释义，并强调区域国家的亚太观认同

“中国之所以提出建设海上丝绸之路，是发掘古丝绸之路特有的价值和理念，并为其注入新的时代内涵，以实现地区各国的共同发展、共同繁荣，也就是‘相互学习、相互借鉴’。”

当今中国沟通历史与未来，连接中国与世界，就要重视文明、文化的国际话语与规范的延续性，它具有悠长的历史传承与积淀。从古到今，海上丝绸之路不仅交流了商品，也传播了文明，促进了各国共同发展，更深深烙上了中国历史文化符号的象征意义。

“21世纪海上丝绸之路”的重铸，对我国以及世界经济的交联促进很大，（五通）可以将中国影响进一步辐射到北印度洋、中东国家、地中海沿岸和非洲地区，在扩大中国的经济影响力、打造中国软实力的同时，经济上对沿线国家均有重大利好：连接三大洲67个国家、欧亚两个经济圈，辐射5 400万平方千米，及40亿人口，有利于新的欧亚商贸通道和区域经济发展带的进一步形成。因此，针对部分国家政府与民间对“海上丝绸之路”的疑问，积极释义是首先要做好的。

“海上丝绸之路”的推进进程中，可能遇到很多的麻烦和困难，这一点要有充分的准备并区别对待。由于各种复杂原因，亚太地区的部分国家身份认同混乱或缺失，这与历史上的殖民或变相殖民、文化认同、不同发展战略以及域外因素等原因有相当大的关系。

大亚太地区国家中，政体不同、发展水平参差，既有华人华侨占人口或占据经济重头的印马泰，也有一些以西方人自居的几乎“完全西化”的亚洲国家或

地区，加上区域内多重矛盾利益纠葛与域外国家（包括跟随者）可能的不良影响，导致部分国家的“亚太观”身份认同极为复杂，使得亚太地区国家在领土权益、水资源问题、民族宗教等方面纷争不断，而这恰恰成为当前导致亚太地区安全与稳定的重要原因之一。因此，应加强引导域内国家“亚太”身份的认同。

“海上丝绸之路”的提出，可以成为中国推动亚太区域内国家之“亚太观”认同的有效策略，有利于培育“大亚太区域”的认同。中国作为该地区最大的单一经济体，是有着极大优势的，构建域内国家“亚太”身份之认同，需要促进“五通”即政策沟通、道路联通、贸易畅通、货币流通、民心相通的综合持续推进，这既有助于构建“大亚太”的区域国家认同，也有助于加强中国的大国软实力建设，也更具大国亲和力，也可以助推中国“海上丝绸之路”的顺利实施与“人类命运共同体”理念打造。

三、“海上丝绸之路”通道安全与利益边疆保障

（一）海洋权益的安全

“21 世纪海上丝绸之路”，主要方向有两条：一是从中国沿海港口经南海、马六甲海峡进入印度洋及沿岸，延深至地中海沿岸以及非洲；二是从中国沿海港口过南海到南太平洋，连通澳大利亚、新西兰及南太各国，从而形成从中国沿海辐射印度洋、太平洋的海洋路径。

海洋是人类社会未来发展的最重要资源，随着中国经济体量的巨大增长，海上贸易的增量愈发凸显了中国海洋贸易与资源通道的极其重要性。自《联合国海洋法公约》生效 30 多年来，各国不仅都在不遗余力地加强对海洋权益的重视、维护甚至争夺，同时许多国家也都从海洋战略的角度重新认识并加大了对海洋经济、海上安全的重视与建设。

与此同时，中国也开始从国家发展战略的角度更加重视海洋权益以及利益边疆的安全维护，从资源获取、贸易通路、海外权益、公民安全保护等方面看，深层是国家对蓝色经济、海洋权益与权利的维护与重视。“海洋关系国家长治久安和可持续发展，必须突破重陆轻海的传统思维，高度重视经略海洋、维护海权。建设与国家安全和发展利益相适应的现代海上军事力量体系，维护国家主权和海洋权益，维护战略通道和海外利益安全，参与海洋国际合作，为建设海洋强国提供战略支撑。”

（二）中国—东盟各国应就“南海联合巡逻机制”积极探讨实施

从南海、马六甲海峡到索马里海域，海盗的猖獗长期以来使得各国资源、船只人员安全方面损失惨重，中国也曾受到损失。另一方面，极端恐怖主义势力的泛滥在未来很可能加大在南亚、东南亚国家以及相关海域的蔓延。因此，中国在得到联合国授权适时参与索马里海域巡航保交、打击海盗的同时，当前也应不失时机地与东盟国家就“海上丝绸之路”的安全畅通问题进行积极磋商，在南海海域就共同打击海盗、维护海洋安全方面积极探讨合作，以实现南海域内国家的海警部门联合巡航、打击海盗，共同维护南海自由航行安全的相关机制——这不

仅可以使域内争议各国间增信释疑，更是因为“海上丝绸之路”的自由航行安全问题非只是中国的、也是东盟各国的，更是世界的。

现在的中国已经高度重视经略海洋、维护海权，建设与国家安全和发展利益相适应的、均衡发展的现代海上力量体系，只有这样，才能更好地维护国家主权和海洋权益、维护战略通道和海外利益安全。海军战略从近海防御到远海防卫的战略转变，要求高效的海上作战力量体系，提高战略威慑与反击、海上机动作战、海上联合作战、综合防御作战和综合保障能力，这是中央军委对海军的要求，唯有如此，才能对中国的“海上丝绸之路”安保提供有力支撑。

（三）“海上丝绸之路”之两洋通道安全保障

北印度洋沿岸对“海上丝绸之路”的战略重要性不言而喻，从“海上丝绸之路”的海洋贸易、资源获取与大洋保交的多重考虑，中国进口石油与对外贸易通道主要集中于印度洋海区与沿岸以及南太平洋澳大利亚、新西兰，这就对我国的“海上丝绸之路”在此方向的安全提出了新的要求。

中国海军在上个十年就开始亚丁湾海域护航，并在印度洋高海况情况下考验了舰艇性能、协同能力，从中锻炼了大批舰艇官兵，近年来随着军工技术、产能的巨大进步，大批新型舰艇陆续加入海军，而航母的入役与保障基地建成则标志着中国海军进入航母时期，这些都为今后的“海上丝绸之路”安保奠定了良好的基础。但从现实情况看，也还存在诸多限制，遥远而且单一的吉布提补给站远不能解决印度洋及沿岸补给缺失这个短板。因此“海上丝绸之路”的推进同样需要各沿岸国家在安全政策与区域经济合作机制上的对接。

海军战略是为国家发展战略服务的，任何国家均不会例外，在这个层面看，相关政策的立法与推进是关键所在。当前“安全”的概念早已从传统的领土安全扩展到了海洋安全、以及利益边疆，甚至高边疆、网络安全等维度。在“海上丝绸之路”通往大洋的旅途中，必将遇到传统的、非传统的安全挑战，这对安全战略的前瞻性和国家战略设计能力本身也是个挑战。

“海上丝绸之路”的先期布点、经济夯实，层层推进必须有安全保障来支撑，才能避免过往情况突发而对中国海外利益造成难以弥补的损失。这个方面可以先期制定阶段性目标，最终大洋存在的伴随保障、节点护航才是“海上丝绸之路”各个相关国家共同的安全所在。必须指出的是：即使郑和七下西洋，也是有水军伴随护航的，因此，持剑经商是捍卫“海上丝绸之路”的不二法则。

中国海上力量的辐射、保障范围随着“海上丝绸之路”进入实施，与沿线国家利益共享，以及我国利益边疆的扩展而相应扩展，这是基本的内在需求。中国属于传统的陆权国家，那么从传统的战略观念更新角度看，“海上丝绸之路”不仅编织了沿线国家的发展权、也是“郑和下西洋”历史能量的再次释放，一个国家的经济要想持续强大，尤其在当代经济全球化、海洋贸易的重要性日益提升的背景下，假如中国没有强大的国防力量以及海外基地、海上舰队常态化巡航，所谓的“保障”只能是纸上谈兵。

四、构建不同于西方战略学说的“新海权观”

“海上丝绸之路”的内涵决定了中国走向海洋的征途上必然摒弃西方海权的

排他性思维。

中国作为欧亚大陆历史上传统的东方文明大国，在大国崛起的历史长河中是有史以来超大体量的海陆国家，从规模、意义看在历史上尚无任何国家的先例可循，由此决定了不同于西方国家的海权认识，也因此指明了中国在海洋方向的“海上丝绸之路”推进中“新海权观念”理论研究的重要性。

美英崇尚的马汉海权论，首先在于对当时英美的海洋控制提供了现实理论基础，其后美国尊崇并光大形成了自己的完整海洋战略，将两洋国家的优势发挥到了极致。但这种英国式的独享性、排他性海权，追求的是无限的、全能的目标，为实现此一目标帝国必须动用最大财力来维持这种压倒性海上优势，这也就是所有信奉马汉海权论观点与“绝对控制”论的美英式海权思维注定衰落的主要原因。

现实的中国海洋战略与当年的“海权论”意义上完全不同。我国目前是依托后发优势，加快经济域内整合力度、对外贸易与投资正在加大，我国海军的任务与美英当年的排他性海权有本质的区别。因此中国是“有限军力保交、与他国海军合理共存”。

正在崛起的中国新型海权观，其缘起并非西方国家指摘中国的所谓“重商主义”理念，而以实现本民族的伟大复兴为宗旨，并在相互尊重、平等互利的基础上，支持具有相同或相近价值观、类似境遇的民族国家摆脱困境，至少保持根据自己的立场对国际事务发表意见的自由和权利。

这种新型海权观念追求的首先是平等发展的权利，而不是西方海权论排他性的垄断权利，或者凌驾于其他国家之上的特权、霸权。从英美式海权与中国的海权观比较之下观察，深层是文化信仰、思维模式等东西方文化的极大差异。

五、结语

全球化时代的到来，意味着大国之间相互融入与合作，世界多极化在当今已成为不可逆转的世界潮流。同时经济全球化加速交融、社会信息化的迅速发展已经或正在改变当今世界固有格局，它让世界各国彼此之间触手可及，以致日益结成“人类命运共同体”。

“海上丝绸之路”的持续推进，正是“人类命运共同体”的有机组成部分和有效延伸。中国的“海上丝绸之路”倡议，不仅在沿线国家得到了积极反响，同时在推进过程中也将为世界各国的发展提供更多的公共产品。

参考资料

1. 广西社会科学院关于《南海丝绸之路与东南亚民族经济文化交流研究》。
2. 外交部发言人华春莹：2014 年 2 月 13 例行记者会。
3. 《2015 中国国防白皮书》。

“一带一路”中俄合作的进展与展望

北京大学博士　任海平
外交学院教授、博导　周尊南
三亚公共外交研究院副院长兼秘书长　孙治国

近年来，借助于“一带一路”的巨大推动，中俄关系进一步高水平发展。突出表现在高层交往频繁，各领域、各层次、各部门之间的合作机制不断完备并有效运行；务实合作稳步推进，一些重点大项目不断取得新进展；人文交流精彩纷呈，不断夯实两国社会和民意基础；国际战略协作日益密切，已成为维护地区乃至世界和平、稳定与发展的重要力量。双方具有经济互补、机制完备、市场广阔和合作意愿强烈等合作优势，虽然受到世界经济复苏乏力、国际原材料价格长期低迷等不利因素影响，但务实合作仍保持了稳定发展势头，并日趋向好。中国已连续多年保持俄罗斯的第一大贸易伙伴地位。

当前，国际形势的不断变化对中俄“一带一路”合作提供了前所未有的历史机遇。特朗普上台以来，美国政府先是宣布退出跨太平洋战略伙伴协定（TPP），后又不断威胁要退出北美自由贸易协定（NAFTA），引起全球对于美国新一届政府是否会推崇贸易保护主义的担忧，但这也为中俄推动双边乃至多边贸易机制建设提供了机遇。2016 年 6 月 24 日，英国公投脱离欧盟，2017 年 3 月 16 日，英国女王正式批准脱欧法案，授权首相正式启动脱欧程序。尽管对英国脱欧产生的后果评价不一，但英国正式脱离欧盟对于欧洲一体化而言无疑是个负面打击。这都为新形势下中俄实现战略对接提供了契机。正如俄罗斯总统普京所说，目前复杂的条件下，俄中全面战略协作伙伴关系，成为保障全球和地区稳定的关键因素之一。中俄双边关系目前处于历史最佳水平，在风云变幻的国际局势下，中俄进一步加强战略对接合作，增进战略互信，不仅有利于双方国家利益，也更有利于世界和平与稳定。

一、“一带一路”倡议下中俄各领域合作稳步推进

目前，中俄全面战略协作伙伴关系处于历史最好时期。在中俄元首的战略引领和两国政府部门、社会各界共同努力下，双方在经贸投资、能源、农业、基础设施、金融等各领域务实合作在“一带一路”倡议框架下持续深入，取得一系列积极成果，为两国关系健康稳定发展奠定了坚实的基础。

（一）双边经贸合作持续稳定发展

虽然世界经济增长乏力，全球原料商品价格下降，但中俄双边贸易额止跌回升，经贸合作不断发展完善。据中国海关和商务部数据，2016年中俄进出口贸易额为695.25亿美元，同比增长2.2%，中国连续六年成为俄罗斯最大的贸易伙伴。中国企业对俄非金融类直接投资已达140多亿美元，继续保持俄第四大投资来源国地位。两国跨境电子商务、农产品贸易蓬勃发展，农产品、油气设备等日益成为两国经贸领域新的合作增长点。2015年7月上海合作组织乌法会议期间，中俄元首商定面向整个欧亚大陆合作进程，将“一带一路”倡议与欧亚经济联盟建设对接。两年来，中俄双方同心协力，推动农业、金融、航空、航天、基础设施等领域战略性大项目合作取得积极进展，两国间投资稳步增长、科技合作蓬勃发展、地方合作不断深化，中俄经贸务实合作在向广度和宽度不断拓展。

乌克兰危机发生导致的西方与俄罗斯之间的相互经济制裁为中俄经贸合作提供了新契机，俄罗斯对华投资的低水平也意味着中俄双边合作的巨大潜力。在经贸和投资领域，俄罗斯不断向中国投资者发出善意信号，尝试主动对接“一带一路”项目。例如，为了吸引外资，俄方将考虑允许中方企业控股俄罗斯境内除大陆架项目外的战略性油田项目。普京还签署58项商业倡议，包括出售俄罗斯项目的股份给中国企业以及在俄联合投资生产石化产品。目前，双边贸易合作正从传统的能源、军工等领域拓展至航空航天、电信、建筑等领域。俄罗斯工商会副主席帕达尔科指出，除了能源合作外，机电及高新技术产品成为中俄贸易的新增长点，2016年两国机械和技术装备（机电产品）贸易增长17%，农产品贸易增长11%，其他非能源和原材料商品贸易也呈现增长态势，这表明两国间的贸易结构正在不断优化。俄油气、电信和航天领域近年来不断扩大从中国的装备进口数量。为了减少美元交易潜在的风险，俄罗斯与中国签署了货币互换和扩大双边贸易中本币结算的相关协议。据俄外贸银行公布的数据，该行人民币结算额、人民币互换交易额、人民币信用证交易额都在不断飞速增长。中国国家开发银行、进出口银行与俄多家金融机构确定一系列重大投资合作项目。海尔、力帆等一批中国企业开始在俄投资兴业，进一步推进双方在家电制造、汽车生产、科技创新、酒店开发等领域的合作。正在建设的莫斯科中国贸易中心，预计在2018年将全部建成。

阿里研究院发布的中国“一带一路”国家ECI跨境电商连接指数［ECI（E-Commerce Connectivity Index）跨境电商连接指数结合了来自中国国家统计局、中国海关总署、全球速卖通（AliExpress）等方面的数据，以此反映中国和“一带一路”国家在跨境电商方面的连接紧密程度］，俄罗斯位居第一，成为跨境电商贸易中与中国连接程度最紧密的“一带一路”沿线国家。在“一带一路”沿线的65个国家中，排名第一的俄罗斯ECI出口指数为29.0，进口指数为0.9。排名最后一位的伊朗，ECI进口指数为0.1，出口指数为0。排名前十位的“一带一路”沿线国家中，来自中东欧地区的国家最多，分别是俄罗斯、乌克兰、波兰、捷克、摩尔多瓦以及白俄罗斯6个国家。俄罗斯作为中国跨境电商出口最多的“一带一路”沿线国家，“中国制造”手机最受俄罗斯人青睐，2016年的成交额占比达到了20.52%。此外，排名第二的服饰和配件，占比为15.92%。

长久以来，中俄都是对方重要的贸易合作伙伴。近十年是中俄历史上双边贸易持续增长时间最长，贸易活动最频繁，贸易数额最巨大，增长速度最迅猛的时期。中国连续6年成为俄罗斯最大的贸易伙伴，而俄罗斯则是中国第9大贸易伙伴。中国政府倡导的“一带一路”预计将为中俄实现2020年贸易额达到2 000亿美元的目标提供强有力支撑。在这个倡议的推动下，中俄贸易必将得到两国政府更多政策、资金、项目的支持，随着两国经贸合作进一步深化，彼此间的经济依存度越来越高，中俄的整体关系也将随之深化和发展。

（二）双方能源合作不断出现新突破

在“一带一路”倡议框架下，中俄能源合作不断取得突破。中国商务部数据显示，2016年中国自俄进口原油5 248万吨，同比增长23.7%，俄罗斯成为中国原油第一大进口来源国。2014年5月，在中俄两国元首见证下，中俄双方有关企业签署总价值超过4 000亿美元、年供气量380亿立方米、期限长达30年的《中俄东线天然气购销合同》。中俄两国领导人高度重视中俄东线天然气管道建设。2014年9月，中国国务院副总理张高丽和俄总统普京共同出席在雅库茨克举行的俄境内段开工仪式。次年6月，张高丽又和俄总理梅德韦杰夫通过“北京—莫斯科—黑河”三地视频连线的方式出席中国段开工仪式。俄罗斯天然气工业股份公司董事会成员奥列格·阿克休金表示，截至2017年2月，中俄东线天然气管道俄罗斯段“西伯利亚力量”已经建成490千米，完成俄罗斯段2 158千米任务的近四分之一。2017年还将建设600多千米，预计最早将于2019年5月开始向中国供气。总的看，中俄东线天然气管道建设进展顺利，将按计划向中方供气。

中俄两国另一大能源合作项目，亚马尔液化天然气项目当前进展同样顺利。亚马尔涅涅茨自治区是世界上最大的天然气产区，享有俄罗斯“天然气之都”的美誉。2014年1月，中国石油与俄罗斯诺瓦泰克公司完成对亚马尔LNG公司20%股权的交割。中国石油正式进入油气资源竞争日趋激烈的北极地区。这是继中俄原油管道后，中国石油在对俄油气合作中的又一重大突破。亚马尔项目是俄罗斯北极地区第一个大型凝析气田开发和LNG生产一体化项目，计划年产1 650万吨LNG和120万吨凝析油。该项目总经理叶甫根尼·科特今年初说，该项目整体工程已完成约70%，“明年这个时候再来，就能看到第一条液化天然气生产线投产了”。依据亚马尔项目的规划，该液化天然气厂分三期进行投产，分别对应三条液化天然气生产线，投产时间分别为2017年、2018年及2019年。

在以往相当长一段时间内，中俄能源合作并不顺利。中俄原油管道一波三折，经过石油管道路线和原油价格等方面几易其稿。此外，天然气项目也经历了马拉松式的谈判过程。近几年，在中俄两国高层领导人高度重视并亲自推动下，双方合作逐步深化，高效率达成了一系列重大协议，中俄能源合作发生了重大转变。2013年3月，习近平主席访问俄罗斯期间，双方签署了俄方通过东、西两线对华增供原油的合作协议。每年增供原油总量达到2 200万吨，包括从东线在现有中俄原油管道年供油1 500万吨的基础上逐步增供，2018年起达到总供油量

3 000 万吨；从西线通过中哈原油管道每年对华供油 700 万吨至 1 000 万吨。未来俄还将通过海运向中俄天津炼厂每年供应原油 910 万吨。至此，俄罗斯每年向中国供应原油将有望增加到 4 900 万吨。2014 年 5 月，俄罗斯总统普京访华期间，双方签署了中俄东线天然气合作协议。这个项目的签订，标志着双方在天然气领域合作取得了历史性突破。俄在 30 年内将每年通过中俄东线天然气管道向中国供气 380 亿立方米，中国境内的用户将超过 5 亿人。普京总统称其为全球规模最大的建设工程。一系列重大协议的签署，使中俄能源合作提速前行，也让两国认识到互利共赢的合作符合彼此愿望。

俄罗斯目前还保有许多世界级大油田，每个储量都达几十亿桶，如西西伯利亚海盆大陆架的石油储量估计达 36 亿桶，巴伦支海大陆架的石油储量则超过 74 亿桶，这些地区必须从零开始建设整个油田基础设施，这也意味着中俄能源合作前景十分广阔。目前，中俄能源合作除油气产品贸易外，在上游勘探开发、下游炼化和精深加工合作等方面也不断寻求突破。在上游勘探开发领域，2014 年 11 月 9 日，中国石油和俄罗斯石油公司签署了购买万科尔项目 10%股份的框架协议。万科尔油气田位于俄罗斯东西伯利亚北部，占俄油目前原油产量的 11%。其原油是东西伯利亚—太平洋石油管道输油的主要来源，并有相当一部分供应中俄原油管道。万科尔项目入股的模式有助于中俄深化油气上下游一体化合作。目前，中国石油正在加紧项目评价，为夯实后续工作奠定基础。在管道运输领域，年输量 1 500 万吨的中俄原油管道复线前期核准工作已全面展开。2014 年 9 月初，中俄东线天然气管道俄方境内段——“西伯利亚力量”管道在俄罗斯“冰城”雅库茨克动工修建，计划 2018 年建成并投产运营。中方境内段管道目前正在加紧推进前期核准工作。在天然气合作领域，继东线天然气项目谈成后，双方企业已经重新启动西线天然气项目。这是一个规模不亚于东线项目的重大能源工程。如果西线项目能够谈判成功，那么东线与西线油气管道，将像两只有力的翅膀，加速丝路经济腾飞。正如俄罗斯远东发展部部长加卢什卡在博鳌亚洲论坛上所说，丝绸之路把欧亚两个大陆连在一起，促进了两个大陆的共同发展，也促进了世界多样化的发展。把握“一带一路”建设机遇，中俄油气合作之路必将成为一条互尊互信之路，一条合作共赢之路，一条连接友谊之路。

（三）两国农业贸易发展迅猛

近两年，在中国加强粮食安全和俄罗斯推动农产品出口创汇的驱动下，中俄两国农业贸易发展迅速，中国正不断对进口俄罗斯各类农产品开绿灯。2015 年 12 月 17 日，俄罗斯与中国在两国政府首脑第二十次会晤框架内签署有关对华出口小麦条件的议定书，部分解除俄罗斯小麦的对华出口限制。随后，来自俄罗斯克拉斯诺达尔边疆区装有第一批 500 吨小麦的火车即抵达内蒙古自治区的满洲里火车站。俄中出口食品贸易公司与中欧农业发展有限公司已在俄罗斯农业部签署长期农产品供应合同，将在“俄中新粮食陆路走廊”框架内落实俄罗斯农产品向中国出口。俄农业部长特卡乔夫在协议签署时介绍说：“首先（出口的）是谷物和油籽，如大豆、大麦、油菜、亚麻种子以及葵花籽油。明年计划出口约 150 万吨。2028 年前出口总量将约为 5 200 万吨。”对此，俄罗斯“外贝加尔粮食终端站”公司总经理奥夫谢皮扬指出，俄方认为“俄中新粮食陆路走廊”将成为“丝绸之路经济带”的和谐组成部分，其能确保俄中两国之间的双边贸易不断增长，到2030年，其所创造的直接年贸易额将超过80亿美元，而带来的间接效益将达到几百亿美元。奥夫谢皮扬说，这条粮食走廊建成后，俄罗斯出口到中国的谷物、豆类和油料作物将大幅增长，同时中国对俄商品、服务出口也将更加便利。

（四）基础设施建设及大型研发项目扩大合作

近些年，中俄加快跨境基础设施建设合作，一条条欧亚运输新通道正在形成。以“渝新欧”为代表的途经俄罗斯联通中国与欧洲的货运集装箱班列已通车数百列。中国为俄罗斯融资，建设从莫斯科到喀山的高铁，这条高铁之后还将延伸到欧亚大陆上的分界城市叶卡捷琳堡，之后还将往东一直通过乌鲁木齐，并最终延长至北京，构建7 000千米的欧亚高速运输走廊。而且这条高铁它是按照中国铁路的标准建造的，以前俄罗斯是宽轨，中国是窄轨，现在都是按照中国的高铁标准建造的。贯通中国西部和西欧的“双西公路”跨越哈萨克斯坦和俄罗斯，将于2017年投入使用。连接中国东北地区和俄罗斯远东地区的跨境铁路桥建设、“滨海1号”“滨海2号”大型交通走廊建设稳步推进。在中国东北和俄罗斯远东地区，中俄积极推动桥梁、港口、索道等项目建设，并开展智能电网合作。中俄还启动实施一系列大型合作项目，联合研发生产新一代远程宽体客机、重型直升机。

俄罗斯加强与中国经济合作并非权宜之计。俄罗斯早已意识到，要想取得长期、持续、稳定的发展，必须与世界经济的“火车头”——亚太地区特别是中国统一步调。将战略重心与步伐向亚洲迈进，中国即是俄罗斯迈入亚洲之门的一个门槛。此外，开发远东是俄罗斯经济发展的优先方向之一。2016年7月，俄总统普京签署了设立符拉迪沃斯托克自由港的法案，在税收、海关和检疫等方面为入驻企业提供政策支持和优惠，希望借助这个自由港，推动远东地区快速发展，中国企业正是自由港的重要目标客户。此外，俄滨海边疆区正在努力建设与中国黑龙江省、吉林省相连的“滨海1号”和“滨海2号”运输走廊。建成后，中俄进出口贸易的运输成本可以大大节省。俄副总理、总统驻远东联邦区全权代表特鲁特涅夫强调，这条运输走廊将成为建设丝绸之路经济带的重要组成部分。在远东开发过程中，中俄两国还有巨大的合作潜力可挖。

（五）加强金融领域合作

中国发起并建立了金砖国家开发银行、亚洲基础设施投资银行和丝路基金，这一系列金融机构将支持“一带一路”框架下的基础设施建设，为双边重大投资项目保驾护航。目前，中俄已经签署本币互换协议（1 500亿人民币/8 150亿卢布），人民币和卢布直接结算的领域和规模不断扩大。此举既有利于俄罗斯摆脱欧美的经济制裁，也将加快人民币的国际化进程。

二、丝绸之路经济带与欧亚经济联盟建设加快互惠共赢对接

2015年，由俄罗斯、白俄罗斯、哈萨克斯坦三国组成的欧亚经济联盟正式

成立，吸引了亚美尼亚、塔吉克斯坦和吉尔吉斯斯坦等国加入。2015 年 5 月 8 日，习近平主席在莫斯科同俄罗斯总统普京举行会谈，两国元首一致同意中俄要共同维护第二次世界大战胜利成果和国际公平正义，推进丝绸之路经济带建设同欧亚经济联盟建设对接，并共同签署了《中俄两国关于深化全面战略协作伙伴关系、倡导合作共赢的联合声明》《关于丝绸之路经济带建设与欧亚经济联盟建设对接合作的联合声明》，确保地区经济持续稳定增长，加强区域经济一体化。这是中俄特殊关系发展的一个重要里程碑，标志着中俄特殊关系步入了战略对接和操作实施的新阶段。俄国际事务理事会专家季莫菲耶夫认为，欧亚经济联盟是俄罗斯 25 年来首次成功启动的区域一体化方案，与丝绸之路经济带对接无疑是重大成就。

中俄都是对世界具有举足轻重影响的大国，互为最主要、最重要的战略伙伴，双方围绕"一带一路"合作的规划、部署、互动世所瞩目。《丝绸之路经济带建设和欧亚经济联盟建设对接合作的联合声明》将确保地区经济持续稳定增长、加强区域经济一体化、维护地区和平与发展确定为双方对接合作的总目标，将共同协商，努力将丝绸之路经济带建设和欧亚经济联盟建设相对接，确保地区经济持续稳定增长，加强区域经济一体化，维护地区和平与发展。商定采取促进贸易投资便利化、建设基础设施、开展产能合作和本币合作等多项措施，为中俄在双、多边框架下实施发展战略对接指明了方向。联合声明自签署以来，双方紧紧围绕两国大的发展战略对接，加速推进在能源、航空航天、基础设施建设等领域的大项目合作，并取得一系列重大进展。2016 年 6 月，普京总统对俄罗斯驻外使节提出，应在丝绸之路经济带和欧亚经济联盟对接合作基础上建设欧亚地区"全面经济伙伴关系"，之后再会同欧亚经济联盟、中国、印度、巴基斯坦、伊朗、独联体各国和其他国家共建"大欧亚伙伴关系"，将对接合作的眼光投向更长远的未来。

在"一带一路"建设中，俄方表示支持丝绸之路经济带建设，愿与中方密切合作，推动落实该倡议。中方支持俄方推进欧亚经济联盟框架内一体化进程，并启动与欧亚经济联盟的经贸合作谈判。中俄在"一带一路"框架下既有双边合作，也有中国与欧亚经济联盟之间的对接合作。从 2013 年"一带一路"倡议的提出到 2015 年 5 月中俄联合声明的签署，俄罗斯已经形成自己的认识和原则立场。概括而言，其内涵主要有以下三点：第一，排除与中国建立自贸区；第二，通过谈判签署非特惠经济贸易合作协定，对投资、技术规范以及海关监管等问题做出详细规定；第三，借助中国的投资开展交通基础设施项目合作。

目前，中俄双边领域的务实合作正在稳步推进，对接轮廓显现。2016 年，最高欧亚经济理事会（元首级）通过了与中方正式启动谈判的决议。这标志着欧亚经济联盟成员国元首在与丝绸之路经济带对接问题上达成共识，这是具有重大意义的实质性一步。2017 年 3 月，欧亚经济委员会提出了对接框架下的基础设施优先项目清单。目前，在交通和基础设施方面已经拿出项目遴选标准。联盟成员国交通运输部门已经共同确定了法规、技术和费率调节方面的合作领域，协商制定出欧亚交通通道和优先项目的清单共 39 项，涉及建设新的道路，对已有道路进行升级改造，建设多个运输物流中心、打通交通运输的关键节点等合作内容。

欧亚经济联盟与丝绸之路经济带的对接，在交通运输方面有三个最为重要的方案：中国—蒙古国—俄罗斯经济走廊、新欧亚大陆桥（中国—哈萨克斯坦—俄罗斯—白俄罗斯—欧洲）和中国—中亚—西亚经济走廊。其中蒙古国的“草原之路”与中国的“丝绸之路经济带”和俄罗斯的“跨欧亚带”加上北极航线构成中蒙俄经济走廊。这将有助于俄罗斯远东、蒙古国和中国东北的发展，同时也有助于整个东北亚地区的区域经济合作。新欧亚大陆桥途径哈萨克斯坦、俄罗斯、白俄罗斯和波兰，连接中国与西欧多个国家的港口。中国—中亚—西亚经济走廊途径五个中亚国家以及伊朗和土耳其，将中国西北部地区和中亚国家联系在一起，通向地中海沿岸和阿拉伯半岛。

对于如何具体对接，俄罗斯各界也积极建言献策。俄罗斯联邦委员会（议会上院）委员梅津采夫认为，丝绸之路经济带与欧亚经济联盟对接框架下有三大任务：交通基础设施的建设、开发与完善；逐步降低并最终彻底消除贸易和投资壁垒；加强金融领域的多边合作。俄罗斯科学院远东研究所所长卢佳宁认为，欧亚经济联盟和“一带一路”都面向长远，不仅是基础设施和运输通道建设，而且是广泛意义上的合作，涵盖人文、金融、旅游等领域。俄罗斯总统战略研究所高级研究员伊维塔·伏罗洛娃则称，欧亚经济联盟与丝绸之路经济带对接的基础首先应该是中俄两国共同努力进一步推动务实合作、加强战略协作、培育新的经济增长点，增强经济实力和竞争优势，在尊重彼此国家利益的同时，提升中亚地区国家的安全水平。俄罗斯国立管理大学交通经济与管理教研室副教授奥列格·季莫费耶夫认为，俄罗斯借助“一带一路”建设可以扩展国际影响力，并减轻西方制裁对俄罗斯经济造成的影响。他认为，中国东北地区正在积极推进建设连接俄罗斯远东港口的通道，这可以成为“21 世纪海上丝绸之路”的一部分。为此需要大量投资，建设连接俄罗斯滨海边疆区波尔塔夫卡和中国黑龙江省东宁县的运输通道，在弗拉迪沃斯托克与绥芬河之间铺设一条高速铁路，并且在弗拉迪沃斯托克港建设必要的基础设施。

俄罗斯联邦驻华大使 安德烈·杰尼索夫在其《“一带一路”倡议符合当前趋势》一文中谈到，目前，在欧亚经济委员会的协调下，正在就签署《欧亚经济联盟与中国经贸合作伙伴协定》开展积极的谈判。该文件将为大欧亚协作以及欧亚经济联盟和丝绸之路经济带两个一体化项目相结合奠定法律和组织基础。对接发展并落实这些如此庞大的地区级的倡议计划，需要协调各方面的力量，尤其是在金融投资领域。这方面正在获得特别的关注。优先工作方向有：促进简化相互投资和发展产业合作、落实大型投资项目、共同创建工业园和跨境经济合作区；在贸易、直接投资和贷款领域，促进扩大本国货币结算、建立货币互换、深化出口信贷、保险、项目和贸易融资、银行卡等领域的合作；加强各种金融机构的合作，如：亚洲基础设施投资银行、丝路基金、上合组织银行间联合体等机制。我们两国非常重视交通基础设施领域的合作，并由此开拓了实施具有跨地区性质的大型国际项目的前景，特别是进一步开发西伯利亚大铁路、贝加尔—阿穆尔铁路干线、北方海路，修建横跨界河的桥梁等。以新方式开展对接工作，就是挖掘俄中蒙三方合作形式的潜力。该领域的进展，开辟了快速发展各方投资合作的新前景。

俄罗斯科学院远东所研究员叶尔绍夫认为，“一带一路”倡议和欧亚经济联盟的契合点将促进双方协作，实现双赢。他指出，中国领导人提出的“一带一路”倡议覆盖了欧亚大陆的大部分地区，将发展中国家和发达国家联系起来。对于欧亚经济联盟国家而言，协作可以促使交通基础设施建设的发展和完善，引进新技术，创建就业岗位。另一方面，中国通过欧亚经济联盟可以收获稳定可靠的合作伙伴，保障中欧贸易往来。俄罗斯对外政策、外交和安全领域专家特罗菲姆丘克表示，丝绸之路经济带建设与欧亚经济联盟建设的对接是一个命运攸关的重要决定，这标志着两个拥有无限经济潜力的项目在欧亚大陆上首次相遇。谈到两个项目对接的成果时，他说：“所有对接项目的参与者和所有沿线国家国民所获得的实际回报证实了两国领导人当时决策的正确性。”俄罗斯战略问题研究所亚太中心主任科卡廖夫强调认为，欧亚经济联盟建设和丝绸之路经济带建设的对接合作是对经济全球化和政治多极化发展做出的重大贡献。

总之，中俄两国经济体量大、产业互补性强、市场空间广阔，具有独特的政治优势、地缘优势与人文优势，双方之间务实合作的前景十分广阔。俄罗斯和中国秉承共商共建共享原则，充分发挥各自竞争优势，在“一带一路”框架下积极拓展交通物流合作，扩大双方在地区层面的合作，共同打造有竞争力的、透明的、灵活的和包容的经济体，将会为世界经济的再平衡做出重大的贡献。

三、俄罗斯国内对“一带一路”的态度不断向好

俄罗斯是丝绸之路经济带上举足轻重的国家，“一带一路”要经过俄罗斯本土或俄传统的“势力范围”，俄罗斯怎样对待“一带一路”这一重大倡议非常重要。这一倡议提出之后，引起国际舆论的热议，俄罗斯也不例外。最初，俄官方谨慎观望，鲜有公开表态，媒体和专家、学者则不乏疑虑，担忧中国的“一带一路”构想把俄罗斯排除在外，甚至担心中国因对上海合作组织（简称“上合组织”）框架内的合作进程和效果不满而欲另起炉灶。俄罗斯也有一种观点，认为中国提出“一带一路”是应对美国的“亚太再平衡”战略。基于这两种观点，俄罗斯面对“一带一路”这一机遇一度显得不知所措。然而，俄罗斯历来就是一个具有大国思维和判断能力的国家，其对“一带一路”“一带一盟”（即丝绸之路经济带与欧亚经济联盟）的认识从最初的不解、疑虑、担忧，很快发展到逐渐理解、认可、接受，进而支持、配合、共建，并果断决定以创始国资格加入亚洲基础设施投资银行，并积极与中国就共建“一带一路”展开接触与讨论。

早在 2012 年，普京就谈到要“搭中国经济之风扬俄罗斯经济之帆”。2014 年 2 月，习近平主席赴俄出席索契冬奥会，两国元首就俄跨欧亚铁路与“一带一路”的对接问题达成了共识。2014 年 5 月，普京总统访华，两国签署了《中俄全面战略协作伙伴关系新阶段的联合声明》，提出双方将寻求丝绸之路经济带与欧亚经济联盟对接合作。2015 年 3 月，俄罗斯第一副总理舒瓦洛夫称，俄申请加入中国主导的、为“一带一路”提供资金服务的亚洲基础设施投资银行。2015 年 5 月 8 日两国签署《中华人民共和国与俄罗斯联邦关于丝绸之路经济带建设和欧亚经济联盟建设对接合作的联合声明》。5 月俄外长拉夫罗夫在白俄罗斯国立大学演讲时称欧亚经济联盟不能也不应与强大的中国经济相隔离，强调要互惠互

利。2015 年 7 月，在上海合作组织乌法峰会期间，双方签署文件将上合组织作为“一带一盟”对接合作的主要平台，并指定由欧亚经济联盟经济委员会与中国商务部就经贸伙伴关系协定展开谈判。2015 年 9 月在俄首届东方经济论坛上普京还专门谈到了“一带一盟”对接合作的战略意义。2016 年 3 月，俄副总理德沃科维奇向记者表示，俄罗斯将在几周后向中国转交欧亚经济联盟与丝绸之路经济带对接框架内可对俄进行投资的项目清单。2016 年 12 月，《俄罗斯联邦对外政策构想》指出作为俄全面战略协作伙伴，俄未来将继续积极与中国发展各领域合作，共同应对全新威胁与挑战，在国际组织和多边机构中开展合作，解决全球和地区问题。2017 年 5 月中国召开“一带一路”国际合作高峰论坛，普京总统高调参加。普京在论坛上表示，中国领导人所提出的这个倡议非常必要，也十分需要。俄罗斯不仅支持中国的“一带一路”项目，同时也将积极同中国伙伴以及所有其他感兴趣的国家一道共同参与到项目的实践中来。普京高度评价在欧亚之间创建互惠的贸易发展经济带这一想法，称这是一项“重要的”且“切合实际的”倡议。他认为，“一带一路”倡议不仅符合现在全球经济的发展趋势，同时也表达出了协调欧亚大陆乃至全世界在一体化进程中的共同需求。

总的来说，俄学界对“一带一盟”对接合作的前景是看好的。俄学者认可其将惠及沿线国家，两国方案是互补的，双方需要协调并加强在中亚的合作；建议加强基础设施互联互通的工作，并把说服中国作为俄对外部门的一项重要外交任务。学者们多从世界和欧亚经济、金融格局的视角，认为双方利益一致，可以兼容，对接合作；认为“一带一路”和“一带一盟”对接有利于打破万能的三方组合（美国、欧洲和日本）的垄断和霸权地位。有学者认为，俄罗斯经济社会的发展需要外来的刺激，“一带一路”和“一带一盟”给俄经济带来活力，提供新的机遇；俄罗斯特别需要互联互通，可以利用中国的资金建立交通物流网络，实现俄自己的战略目标；有利于促进巩固沿线国家的工业合作，形成新的经济增长点。“一带一盟”可以促进大欧亚一体化合作，形成世界经济发展水平的新中心。

俄罗斯国立社会大学哲学系教研室主任、俄中友协中央理事会成员库兹缅科指出，“一带一路”项目的实施将成为位于沿线的俄罗斯地区在经济、政治和文化领域发展的巨大动力。俄罗斯科学院远东所研究员维诺格拉多夫指出，中国的一体化倡议没有强制性，反而具有灵活性。虽然它并非包罗万象，但却因其普惠共赢的特点而颇具魅力。俄罗斯对外政策、外交和安全领域专家特罗菲姆丘克表示，“‘一带一路’倡议是打造参与各国政治、经济、文化的利益共同体，‘一带一路’沿线国家经济水平的提升和国民生活条件的改善不是纸上谈兵，而是身体力行，是沿线国家持续向前发展的可靠保障。”俄罗斯战略问题研究所亚太中心主任柯卡廖夫称，“由中国倡导的‘一带一路’构想正在实践中不断展现出其发展的积极成果。”柯卡廖夫认为，“一带一路”倡议能得到如此多国家和组织的支持并非偶然。他说：“这个构想符合全球和区域共同建设性发展而非对抗发展的总体趋势，符合希望利用这个跨大陆项目资源来增强自身潜力的国家的利益。”他指出，“一带一路”是具有极大政治重要性和经济重要性的倡议，它会对全球经济和世界金融经济体系产生直接的影响，并能够帮助化解摆在国际世界面前的一系列重要问题。莫斯科大学孔子学院副院长卡尔梅科夫说：“‘一带一路’这个项目为众多拥有不同经济发展水平和文化历史特性的国家开辟了区域性国际合作的新视野。这个项目不仅规避了当代国际分工体系的缺陷和不足，同时在真正意义上确立了项目参与者的平等准则。重要的是，这个项目不仅包括沿线各国间的经济发展联系，也包括宽泛的文化交流活动，从而成为推动人类在和平和人文主义道路上不断前进的重要因素。”俄科学院远东所高级研究员雅科夫·别尔格尔说，“一带一路”倡议是全方位的发展规划，勾勒出的不仅仅是中国的发展蓝图，更代表亚洲乃至是世界的发展方向。规划的顺利实施可以重塑世界经济结构的格局，完善全球金融秩序。别尔格尔指出，“一带一路”沿线国家迫切需要发展基础设施，而中国在基础设施建设方面有自己独到的经验，拥有必要的工具和技术，“一带一路”的合作是十分务实且互惠互利的提议，对中国和参与国家都非常有利，相信俄罗斯也将因此受益。俄科学院远东研究所副所长安德烈·奥斯特洛夫斯基说，丝绸之路计划是从亚洲到欧洲的快速交通要道，其中俄罗斯是一个重要的中转站，“一带一路”加速实施无论对俄罗斯还是全世界都十分有益，将为欧亚间货物互通有无、往来物流提供更加牢固的保障。他认为，“一带一路”项目的实施，无疑将有助于欧亚经济联盟的发展，将促进沿线国家发展制造业、服务业，促进经济发展。

谈到“一带一路”对本国经济和中俄关系的影响，俄罗斯现代发展学院财经教研室负责人马斯列尼科夫表示，俄罗斯当前处于发展的岔路口，很显然之前依靠石油、天然气出口的经济发展模式已不符合现实要求，俄罗斯需要转变经济发展模式。他指出，俄罗斯转变经济发展模式面临的一个重要难题是基础设施发展滞后。中俄是两个毗邻的大国，这为两国扩大基础设施的合作提供了区位优势。“一带一路”倡议首先有利于带动俄罗斯远东地区的发展。没有基础设施的发展，俄远东地区经济的发展就无从谈起。因此，俄罗斯需要在“一带一路”框架下加强与中国的合作，中俄两国在远东地区基础设施建设领域也拥有广阔的发展前景。俄罗斯阿里巴里分析中心分析师米哈伊连卡指出，俄罗斯远东开发战略与中国提出的“一带一路”倡议在本质上是相同的，加强与中国的合作是俄罗斯的必然选择。

俄罗斯高等经济研究大学欧洲及世界综合研究中心主任季莫费·博尔达切夫指出，“丝绸之路经济带”“21 世纪海上丝绸之路”“孟中印缅经济走廊”和“中巴经济走廊”这些尚处在萌芽状态的项目旨在建立连接欧亚非三块大陆的纽带，构建东起西太平洋沿岸、西到波罗的海的广阔贸易网络，为融资和货币一体化创造条件。莫斯科国际关系学院东亚与上海合作组织研究中心研究员伊戈尔·杰尼索夫表示，“一带一路”是中国扮演全球治理新角色过程中的重要一步。这是实现中国梦的“国际版”，是中国在由大国向强国转型时期采取的重大外交策略。俄罗斯瓦尔代国际辩论俱乐部的报告指出：“俄罗斯与中国不是竞争对手，欧亚经济联盟和丝绸之路经济带将成为推动欧亚大陆经济发展的重要机制，欧亚联盟与丝绸之路经济带对接是俄中关系的新起点。俄中扩展区域合作的趋势不可阻挡。对俄中在欧亚大陆中心地带可能进行竞争的担忧没有必要。”俄罗斯国立高等经济大学斯克里巴教授认为“一带一盟”相互并不矛盾，在中亚地区并不构成竞争，并且有很光明的前景。但如何实现、落实，还要考虑其内部动力和政治过程。

近年来，俄对"一带一路"的报道和讨论也越来越多，对华友好成为俄民意主流。2016年一年中，215家俄罗斯媒体发布关于"一带一路"的相关报道，总量为787篇。从全年报道的数量来看，俄对"一带一路"的报道，以及正面的报道呈现出"双升"的趋势。在2017年中国全国人大、政协会议期间，俄罗斯各界对"一带一路"议题给予了高度关注。俄舆论认为，"一带一路"倡议顺应世界格局变化，为地区乃至全球经贸合作提供了新的可能，有利于创造互利共赢的多边合作格局，俄罗斯应把握机遇，积极融入"一带一路"。如此大规模地报道、讨论、参与"一带一路"，对接"一带一盟"，是俄罗斯有史以来特别是冷战结束以来前所未有。总的看，正面的、乐观的意见日渐占上风，并逐渐成为俄认识的主流。俄罗斯列瓦达和全俄舆论研究中心民调显示，大约八成受访者对中国有好感并认为俄中两国是友好国家，近半数认为中国是战略伙伴，这为中俄务实合作提供了坚实的民意基础。

四、"一带一路"中俄合作面临的问题与挑战

由于俄罗斯官方话语经常说中俄关系正处于"史上最积极"的时期，所以俄罗斯媒体现在倾向于不对中国做负面报道。但是，在这一气氛中，俄罗斯对中国的真正担忧与警惕并未消失。

其一，担心俄罗斯境内华人越来越多，对其国家安全带来影响。对俄罗斯民众而言，在感到中俄交通便利的同时，面对越来越强大的中国，内心深处也存有不安全感。俄罗斯地广人稀少的远东地区，在620万平方千米的面积上只有约700万人口，中国东北三省的人口就超过1.2亿，与俄罗斯接壤边界长达超过3 200千米，大量中国民众过去多年跨进俄罗斯远东地区贸易、工作和居住，俄罗斯估计，目前在远东地区的中国人口或超过100万人。不少俄罗斯人担心随着高速运输走廊建设，尤其是中国至俄罗斯的高铁开通了之后，会有越来越多的中国民众前往俄罗斯居住，再加上俄罗斯人口老化及出生率低已带来人口危机，长久以往，居俄华人将会成为俄罗斯最大的少数族裔。在这种人口的巨大差异和漫长的边界下，不少俄罗斯人对中国"一带一路"这种增进两国经贸合作、增加人员往来以及互联互通的政策，既欢迎，又担心。俄罗斯有的安全专家估计，考虑到中国人口是俄罗斯的10倍，俄罗斯是无法用传统武器防御俄中边界的。中国对于中亚的渗透将大大延长这一"边界"，并对西伯利亚构成潜在威胁。

其二，警惕中国染指俄罗斯在中亚利益，挑战俄罗斯的大国地位。尽管俄承认中国"一带一路"建设会为俄罗斯经济带来活力，但也担心中国将会取代俄罗斯成为大欧亚"掌权者"，担心中国借助经济影响力向中亚地区施加政治影响，逐步排挤俄罗斯在中亚的地位。"一带一路"上的不少中亚国家是苏联的加盟国家，一直被俄罗斯视为其战略、资源和商贸等的战略要地。中国推行"一带一路"倡议，加强与中亚国家在能源、经贸和基建等领域合作，令俄罗斯警觉，担心担心中亚国家向中国越来越靠拢，中国势力越来越迫近俄罗斯的后花园，中国未来会取代俄罗斯成为中亚地区的主导国家。尤其是现在中国已成为中亚国家

最大的经济伙伴，加上乌克兰危机和克里米亚事件爆发之后，中亚不少国家担心事件会在本国身上重演，因此加深了对俄罗斯的提防和顾虑，无论从地缘政治角度或经贸互动规模而言，中亚国家未来都比较容易倒向中国，俄罗斯忧虑难免会和中国在中亚地区构成利益正面冲突。卡内基莫斯科中心在题为《吉尔吉斯斯坦独立的25年：停滞不前》一文中指出：中国的真正目的在于在中亚寻求国家安全，希望通过中亚地区阻止恐怖主义的渗透，而不是对外宣传的"促进沿线国家经济发展"。俄罗斯卫星网语援引《外交政策》称："一带一路"不是经济，而是地缘政治计划，包含很多战略设想。《俄罗斯今日》也在题为《国家利益：中国和俄罗斯—中亚地区的主要对手》文中指出：莫斯科在中亚地区拥有雄厚的军事力量，而北京拥有经济实力。莫斯科国际关系学院教授弗拉基米尔·克尔逊曾说过："我们可能在中亚有些巨大计划，但实际资源不够。中国已经把这些国家与自己联系得很扎实，他们也许自己很乐意从它怀抱中释放出来并把俄罗斯当作对冲"。俄罗斯联邦总统直属国民经济与国家行政学院的一位教授也曾说道："'丝绸之路'可能成为俄罗斯的一个'金箍'。"这里的"金箍"可能是有意地比喻"遏制俄罗斯"。

俄罗斯大国意识强烈，凡事要成为创造者，而非仅是参与者。俄罗斯国民大国意识很强，希望俄罗斯重新获得世界的尊重与承认。俄罗斯提出建立以俄罗斯为中心的欧亚联盟，谋求在前苏联地区建立经贸联盟，发展和壮大经贸往来，以此促进经济发展，摆脱长期依靠出口石油、天然气的发展经济的困局。同时，雄心勃勃的俄罗斯，甚至希望通过欧亚经济联盟发展统一货币计划，既可与欧元区相抗衡，又可作为重建新的欧亚帝国的首步。但由于中国提倡的"一带一路"倡议，和俄罗斯的欧亚联盟构思有一些重叠之处，遭受欧美制裁、经济陷入困境的俄罗斯，忧虑深度参与"一带一路"，会影响甚至拖延其重新构建"欧亚帝国"的计划，但如减少对"一带一路"的参与，又可能累及俄罗斯经济，这令俄罗斯左右为难。俄罗斯科学院远东研究所主任研究员瓦西里·卡申称，"一带一路"不是制造投资的计划，它是凌驾于投资之上的政治上层建筑。在北京举行"一带一路"国际合作高峰论坛可明显看出，公报几乎全部关于全球化管理的问题，包括协调宏观经济政策、生态问题，等等，实际上中国试图打造由自己领导的全球论坛，以讨论经济和政治问题的方方面面。

其三，质疑"一带一路"倡议在利益协调、资金管理及合作机制方面存在问题。俄罗斯认可"一带一路"倡议是中国负责任的表现，但一定程度上也承认对"一带一路"缺乏信心，不认为中国会为俄罗斯工程建设投入更多资金，且"一带一路"倡议在国家利益协调、资金管理和合作机制方面存在问题。莫斯科大学亚非国家研究院副院长安德烈·卡尔涅耶夫在接受采访时表示："一带一路"第一个问题是，中国与欧亚经济联盟国家政治状况不同，国家利益也并不一致，中国很难做到面面俱到。其次是经济问题，中国在其他国家的建设在多大程度上是有益的？毕竟在中国国内还有质疑声存在：花掉的上百亿美元是否得到了回报？卡内基莫斯科中心学者谢尔盖·古利耶夫在《俄罗斯的反全球化》一文中指出："对俄罗斯来说石油价格下跌和卢布贬值以及中国的经济增长速度下滑使得双方间的合作减少，中国的地缘经济战略'一带一路'需要百万美元的资金，对中国来说已经没太多可能再次为俄罗斯投资新的大工程。”同样来自卡内基莫斯科中心的研究报告《与中国同行》提出：“丝绸之路基金的投资优先性并不明确，就像其他‘一带一路’的工程项目一样，丝绸之路基金管理人员经验不足。”

就当前形势而言，中俄经济合作也并非一帆风顺，突出问题有以下几点：一是中俄双边贸易服务体系发展不完善。两国银行直接结算规模不大，信用证项下的结算比例很低，缺乏公正、合理、有效的仲裁机制。二是中方对俄贸易改变逆差状态，出现较大顺差。这主要是由于中国从俄罗斯进口的商品表现出由工业制成品向初级产品转变的明显趋势。经过 20 余年的发展，在贸易规模不断扩大的同时，贸易结构明显改善，贸易质量显著提高。正由初期的纺织原料等低附加值劳动密集型商品向机电设备等资本或技术密集型商品转变。但是这种改变需要一定的时间，是一个渐进的过程。三是两国相互投资规模有待扩大，投资合作带动贸易发展的效果不显著。从中国对俄直接投资的进程来看，总体呈现上升态势，虽然总量不大，但增长较快。俄罗斯对华投资逐年下降的状况，与持续升温的两国经贸合作关系相比极不协调。四是中俄区域合作进展缓慢。其原因主要有三个，一是俄罗斯经济不景气。乌克兰危机以来，受西方制裁的影响，俄罗斯卢布汇率下跌，石油出口收入锐减，财政赤字严重。二是俄罗斯人口结构发生变化。苏联解体以来，俄罗斯远东人口减少了约 180 万人，目前不到 630 万人（面积约 620 万平方千米）。虽然今后随着市场商品关系的发展，居民的消费心理、消费观念及消费行为会发生积极变化，但人口下降的不利影响将大大抵消这些变化所产生的积极效应。三是俄罗斯在远东开发问题上面临经济发展和国家安全的两难选择。俄罗斯东部地区的发展存在许多复杂的问题，影响该地区的迅速发展。例如，经济结构畸形化，经济军事化趋向较为明显，在产业结构中农、轻、重比例失调。俄罗斯的政治、经济重心在欧洲部分，其国力变得强大之前，不会有很多余暇东顾。如果只依靠西部市场，俄罗斯东部尤其远东不可能有良好的发展前景。如果俄罗斯经济没有大的起色，人口继续下降，远东与西部的差距将继续扩大。即使俄罗斯的经济复兴能够长期维持，也很难保持东西部的平衡。俄罗斯的人口集中在其欧洲部分，远东地区虽然与中国相邻，但人口不足 630 万人，这是俄罗斯为了保证远东“安全”而避免中国人大量涌入的一个借口。另外，“北方四岛”问题时刻提醒俄罗斯关注国家领土安全，宁可斥巨资构筑国防，也不愿投资兴建基础设施，更不可能吸引外国尤其日本参与开发。俄罗斯人认为经济关系应该服从于国际政治目标，即过度追求传统安全而相对忽视发展问题，这是其一种根深蒂固的先验观念，也是俄罗斯历史上能够建立一个军事帝国，却无力建设一个经济强国的重要原因。

五、“一带一路”背景下的中俄关系展望

展望未来，中俄在“一带一路”框架下的合作态势喜人，前景广阔。近几年来，中俄贸易额受地缘政治和大宗商品价格影响虽有所波动，但贸易规模稳步扩大，对华贸易在俄对外贸易中所占比重从 2013 年的 10.5%上升至 2017 年初的 14.7%，且涨势不衰。包括跨境电商在内，中俄新的贸易平台正在形成，物流通

道多元化发展。据俄方测算，中俄欧铁路集装箱吞吐量将超过百万，2020 年后“滨海 1 号”“滨海 2 号”交通走廊过货量将迅速提升规模。中俄经济关系的密切将为俄远东地区发展带来前所未有的机遇。3 年间，俄方在远东地区建成 17 个跨越发展区，2025 年前拟启动 578 个国际合作项目。中国东北地区和俄罗斯远东及贝加尔地区政府间合作委员会业已成立并即将启动工作。俄罗斯总理梅德韦杰夫指出，欧亚经济联盟和“一带一路”对接可为俄带来全面经济发展。俄罗斯全球化和社会发展研究所经济研究中心主任科尔塔绍夫认为，俄中之间的经济依存度正在不断上升。未来中俄双方将继续抓住“一带一路”建设的战略机遇期，认真落实达成的协议和共识，对接各自发展规划，以基础设施建设为平台，以产业合作为内容，逐步形成区域大合作，开拓新的合作领域，进一步加强两国中小企业之间的直接合作，使得经贸合作水平有新的提高和飞越。中俄双方最终将实现中俄两国自身以及亚欧大陆的共同发展与繁荣。

经济互补性将继续为两国经贸关系的发展提供动力。俄罗斯是世界上举足轻重的资源大国。在今后一个相当长的时期内，仍将继续成为世界上出口石油、天然气、金属材料、木材、化肥等物资的重要国家。随着我国经济的发展，对能源、原材料等的需求将持续增长。俄是我国在资源领域开展合作的重要伙伴。俄在航天、航空、核能、激光、电站设备、金属材料加工、生物技术等诸多领域至今仍居世界领先地位，在我国一直有着较稳定的市场需求。我国的粮食、油料、肉类、蔬菜和水果等农产品丰富，价格便宜，在俄市场上有较强的竞争能力；我国的家电、轻工、纺织服装等工业制成品在俄市场上也具有竞争优势。我国可扩大向俄出口上述产品，并在这些领域对俄进行投资或开展多层次、多形式的经济技术合作。

西方对俄罗斯制裁加剧或成为中俄合作发展新机遇。乌克兰危机导致俄罗斯与欧美国家及乌克兰关系紧张，以美国为首的西方国家对俄罗斯的制裁手段由政治领域向经济领域深入，给俄罗斯经济带来极大负面影响。同时，投资者为规避风险从俄罗斯撤出大量资本。在此形势下，俄罗斯尤其希望借中国之力发展远东，带动整体经济发展。同时，俄罗斯也将取消镍和铜的出口关税，并拟计划大幅下调石油出口关税，加大对亚太地区的资源输出力度。资源性产品是中国自俄罗斯的主要进口商品，关税的下降对未来进口增长将产生一定的利好。

得天独厚的地缘优势将带动两国边境地方经贸合作更大发展。中俄互为最大邻国，有 4 300 多千米长的边界。中俄毗邻地区贸易占双边贸易的 1/3 左右，是两国贸易的一大特色。此外，两国在这一地区的经贸合作已不仅仅停留在边境贸易，多种形式的经济技术合作和中小投资项目发展较快，这是我国沿边开放和边境省区实施“走出去”战略的重要组成部分。当前，国家着力扩大内需、完善促进消费政策措施，继续深入实施西部大开发、东北等老工业基地振兴和民族地区加快发展等战略，特别是加快沿边地区开放开发，并加强与俄罗斯资源开发和对外贸易等方面合作，为对俄贸易发展营造了良好的宏观环境。

加强“一带一路”中俄合作的相关建议

三亚公共外交研究院副院长兼秘书长　孙治国
外交部外事管理司原司长、大使　刘宝莱

一、进一步调动俄罗斯参与“一带一路”建设的积极性

在中俄战略协作伙伴关系发展到今天这样的水平和质量的背景下，在当今世界正经历复杂而深刻的变化和动荡的情况下，俄罗斯是对我国实现“一带一路”构想具有关键作用的战略伙伴。

进一步调动俄罗斯参与“一带一路”建设的积极性，要弄清楚俄方的需求和期待是什么，有针对性地制定一个长期、中期、短期的具体规划。中俄之间既要在经济上“硬对接”（道路、交通、港口、航空等），也要“软对接”（规则、制度、法律等）。具体对策可以在欧亚经济联盟总部设立“一带一盟”观察团，对接合作工作组；设立“一带一盟”国家政府间和平友好、语言文学、艺术、建筑等各种政府奖项拉近相互之间的心理距离，切实落实“三共”（共商、共建、共享）与“三同”（利益共同体、责任共同体、命运共同体）。针对一些具体利益问题，如能源价格、海关税率、铁轨轨距，则应具体分析逐个解决。能源价格是一时的，海关关税是短期的，铁轨轨距是中期的，长远目标是要建立中国与欧亚经济联盟自由贸易区。

随着“一带一路”倡议的推进，俄罗斯疑虑可能越来越深。中国要消除疑虑，增加俄罗斯对“一带一路”的兴趣，可考虑在以下三个方面做出努力。

一是在“一带一路”背景之下，无论是中国民众还是企业“走出去”前往俄罗斯，都应以行动告诉俄罗斯政府、民众，中国人过来投资、经商，就是在商言商，合法经营、追求盈利，而非有其他政治目的，以此逐步消除俄罗斯对中国“一带一路”倡议的误解。

二是要分配好利益，在俄罗斯视为势力范围的中亚国家，中国在寻求自身利益的同时，尽量照顾好俄罗斯的利益，避免引发俄罗斯的反弹甚至是对抗，以维护当前中俄两国的关系大局。

三是要避开分歧，求同存异，在推进“一带一路”过程中，涉及存在分歧的地方，中国应尽量避免提及，避免刺激俄罗斯的神经，中国政府还可考虑主动提出欧亚经济联盟建设和“一带一路”的建设相对接的方案，争取中俄两国实现共赢。

在“一带一路”倡议提出之后，沿线国家中不仅俄罗斯出现疑惑，其他国家或多或少也有类似顾虑。中国如果能与俄罗斯协调好双方的利益，减少俄罗斯的疑虑，使之愿意与中国共同推进“一带一路”政策，那么也很可能打造出中国与其他沿线国家合作的范例，成为推动“一带一路”顺利实施的关键助力。

“一带一路”不是简单地恢复古丝绸之路，而是复兴、发扬古丝绸之路的精神文明，共同建设现代的、立体的陆海网络。“带”和“路”都不止一条或两条。当前，“一带一路”的重点方向有：中国—中亚—西亚—地中海—欧洲；中国—东南亚—南亚—印度洋—非洲。这两条线路在公众的印象中比较深刻，可能与古代丝绸之路的开拓、形成历史有关。但我国所倡议建设的“丝绸之路经济带”不止于此，应当而且必须包括中国—中亚—俄罗斯—波罗的海—欧洲，仅这条北方经济带沿途经过的国家就有十多个，俄罗斯则是其中最重要的枢纽。此外，中俄蒙三国领导人倡导共同建设“中俄蒙经济走廊”，实际上也是一个经济带，如果正在筹划的中俄高速铁路穿越蒙古大草原，那将是“丝绸之路经济带”建设中的一大成就。

海上丝绸之路也与俄罗斯有重要关系。“21 世纪海上丝绸之路”不仅仅指中国—东南亚—印度洋—地中海—非洲，其精神和原则也适用于东北亚地区海上通道的建设。俄罗斯学者强调，北极航道的开发，西伯利亚和远东的交通运输基础设施，包括铁路、公路的完善和发展，能源运输管线和机场、海港建设，这些都可以在“一带一路”的框架中推进中俄双边和多边国际合作。

总之，“一带一盟”战略对接是推动中俄战略协作伙伴关系的新亮点、增长点和出彩点。中俄关系发展自有其内部逻辑、动力和定力，要把高度互信的政治优势转化为经济领域的具体成果，以市场为导向，以企业为主体，政府起引导、推动作用。

二、进一步发挥上合组织推进“一带一路”的积极作用

上合组织是中国和俄罗斯战略协作和务实合作的重要平台。早在 2001 年该组织成立之初，两国和其他成员国就已提出要复兴丝绸之路。“上海精神”——互信、互利、平等、协商、尊重多样文明、谋求共同发展，就是古丝绸之路精神和中国、俄罗斯等成员国相互关系的经验融合凝聚而成。十多年来，中国同俄罗斯等成员国为复兴丝绸之路已经做了大量卓有成效的工作，比如，推进公路运输便利化、海关合作、检疫检验、建立上合组织银行等。在上合组织第十四次政府首脑（总理）理事会上，李克强总理提出打造六大合作平台，即安全、产能、互联互通、创新金融、区域贸易和社会民生合作。这是“一带一路”构想在上合组织成员国合作中的体现，而中俄则是上合组织最强大的推动力。

十多年来，中俄共同推动上合组织发展壮大，表明两国在欧亚这一广阔地区没有地缘政治冲突，维护地区的安全与稳定，促进地区的繁荣和发展符合双方的共同利益。西方有些势力鼓噪，中俄分别倡导的“一带一路”构想和“欧亚经济联盟”目标各异，难免相互碰撞，甚至互不相容，导致两国在上合组织和中亚地区问题上分道扬镳。中俄各自国内对此也曾有些困惑。2015 年 5 月，习近平主席与普京总统就“一带一路”与“欧亚经济联盟”对接达成共识。2015 年底，

普京总统发表国情咨文重申了俄罗斯支持“一带一路”倡议。2015年12月，习近平主席会见前来参加上合组织政府首脑（总理）理事会的俄罗斯总理梅德韦杰夫，双方再次确认将为“一带一路”和“欧亚经济联盟”的对接加强合作。这是中俄两个大国政治互信的又一重要成果。这将为中俄战略伙伴关系的进一步发展带来新的机遇和动力。

三、务实推进“一带一路”与“欧亚经济同盟”对接

目前，从整体层面的合作看，“一带一路”与“欧亚经济同盟”的对接仍进展缓慢，甚至可以说举步维艰。欧亚经济同盟已列出100多个“一带一路”框架下与中国的合作项目清单，仅中吉产能合作项目就有40多个，但至今没有一个落实。中国一直推动与中亚国家建立自贸区，哈、吉也都希望两国或欧亚经济联盟与中国签署自贸区协定，特别是资源匮乏的吉尔吉斯希望借此恢复转口贸易，提振经济。但俄罗斯担心自贸区建立后，中国质优价廉的商品和服务只要进入其中一国，就可以向其他国家迅速扩展，从而冲击欧亚经济联盟本身的融合。因此俄罗斯宁愿与伊朗乃至越南建设自贸区，也坚决不同意欧亚经济联盟成员国与中国签署相应协定。

“一带一路”倡议是中国对外经济合作中从未有过的举措。首次“一带一路”峰会既是中国高层的再次定调，也是推动落实的最好平台。目前最重要的是彻底克服沟通阶段的互不信任和政治疑虑，这一点在中亚各国率先响应、俄罗斯全力支持后，已基本做到。未来最重要的是，如何从别国对中国一方倡议的响应和支持，上升到中国与欧亚经济同盟共同的规划整合。目前看，由中国“一对多”，仍然是最有效的合作模式。“多对多”的合作目前还只能从最简单、最能见到效益、也最少遭到抵制的领域入手，如发展物流和基础设施，简化签证制度等。只有在欧亚各国的经济条件成熟时，全方位的一体化建设才有水到渠成的可能。

对于“丝绸之路经济带”与欧亚经济联盟的合作，一个虚体的倡议与一个实体的机构怎样合作，在国际上尚无先例，需要有很多创新思维。后续的具体实施需要双方在互谅互让、共建共享的基础上循序渐进地予以推进。

以自贸区、产业园为依托。通过即将启动的经贸合作伙伴关系协定谈判，与欧亚经济联盟建立贸易便利化的制度安排，最终与后者建立自贸区。中俄双方签署的启动经贸合作伙伴的联合声明中提到，要实施大型投资合作项目，共同打造产业园区和跨境经济合作区；在物流、交通基础设施、多式联运等领域加强互联互通，实施基础设施共同开发项目，以扩大并优化区域生产网络等。由此可见，以自贸区为代表的跨境经济合作区与产业园将成为丝绸之路经济带与欧亚经济联盟对接的主要平台。

中国产能对接欧亚市场。在中国能源需求巨大的当下，对于欧亚经济联盟成员而言，以石油、天然气为主的能源是与中国合作的主要项目。除了能源供给，欧亚经济联盟也是一个大市场。在中国产能寻求海外市场时，欧亚经济联盟将成为中国产能走出去的又一个新市场。中俄在高铁、航天、造纸、水泥制造等领域均已达成合作共识，双边贸易额有望在2017年突破千亿美元大关。伴随着产能

走出去，中国的金融服务也在逐步跟进。李克强总理强调，推动装备走出去和国际产能合作，金融服务要同步跟进。此举不仅能拓宽中国的外汇储备利用渠道，同时还能破除商业融资障碍，有利于人民币国际化的进程。

根据《欧亚经济联盟条约》，其目标是在2025年前实现联盟内部商品、服务、资本和劳动力的自由流动，推行协调一致的经济政策。这也就意味着，在中国产能走出去的当前，与欧亚经济联盟单个国家打交道的情形或将被这些国家“把团取暖”的形式所替代。统一的经济政策和标准也将节省中国产品走进这些地区的成本。

2015年欧亚经济联盟和“一带一路”合作联合宣言签署后，俄罗斯总统顾问称此举是要“建设整个欧亚大陆的统一经济空间”。2016年秋，俄罗斯总统普京接受采访时走得更远，希望将上海合作组织与东盟成员国系数纳入，建立“大欧亚伙伴关系”。俄罗斯追求的实际上是一个在经济上挤压美国领导的跨大西洋和跨太平洋经贸共同体的新一体化项目，本质上是要取代美欧主导的世界经济体制和秩序。其难度可想而知，前景也未可卜。需要看到的是，俄国历史上多次提出构建欧亚大陆统一空间的各种倡议，但都是口头宣言，从未落实，也没有人认真回应。对此要有充分的估计和判断。毕竟，这不仅已经偏离“一带一路”的初衷，而且和中国基本的外交观念截然不同。

四、加快提升中俄经贸合作水平

改善贸易结构，加强高技术领域合作。中俄两国之间虽然贸易往来频繁，但是规模相对较小，仅相当于中国对美国贸易额的15%左右。下一步要大力扩展贸易领域、改善贸易商品结构，促进高附加值产品的贸易。加强两国中小企业之间的互助合作，使企业之间找到更多的利益共同点，破除两国崇拜欧美的思维定式，树立产品认同感，打造品牌效应。在加强能源领域合作的同时，加大在农业和高科技产业等方面的合作，促进贸易结构多元化，在双边贸易、直接投资、信贷等领域推广使用本币。加强政治和文化等方面的交流，为经济贸易提供一个和谐稳定的环境。

加强贸易服务体系建设。努力健全从生产到运输到出口的一条龙式的服务模式，确保贸易信息积极共享，使双边贸易更有保障。完善贸易体制，健全相关法律法规，确保贸易渠道畅通，消除贸易壁垒，加快推进双边贸易向规范化、制度化和法制化方向发展。

优化扶持措施，增强对俄贸易政策的针对性。政策引导对企业经营行为具有重要的引导作用，政策和措施的方向性和针对性至关重要。如，修改和完善现有奖励及补贴政策，实行分类补贴，向对俄出口贸易企业进行倾斜；充分利用“一带一路”建设时机，突破部分管制类商品进口经营权和特许权的政策瓶颈。

依托口岸资源，加大招商引资。中俄两国边境口岸众多，拥有得天独厚的口岸资源，也是发展对俄贸易的重要优势之一。加强对俄口岸基础设施建设，为口岸贸易打造过硬基础；加强部门协调，优化通关环境，为贸易开展做好服务；加强与内陆货源城市联系配合，建设贸易通道；加强政策宣传，吸引企业落户优势口岸或建立分支机构，发展总部经济。

加强监测预警，为企业提供信息支持。虽然目前俄罗斯已正式加入世界贸易组织，但是俄市场长期以来所形成的不规范、不稳定和高风险的特点，在短期内仍难以彻底改变。因此，开拓俄罗斯市场不应片面强调规范，要根据实际情况，因时而异的采取多种方式。要加强对俄罗斯经济、贸易政策的监测预警，多渠道了解政策变动趋势，建立起与企业良好的沟通渠道，为企业开展对俄贸易提供有效的信息支持。同时，充分利用中俄高层会晤机制、双边会谈、走访以及双边各类分委会合作等现有中俄双边沟通渠道，加大与俄方沟通、协调力度，不断突破俄方政策限制，为企业开展贸易铺平道路。

五、加强“一带一路”框架下金融投资合作

中俄在“一带一路”框架下的金融投资合作刚刚起步，未来具有非常广阔的发展前景。俄罗斯总统顾问谢尔盖·格拉兹耶夫院士曾说，中国在 30 多年的经济发展中不只提升了经济效益，而且创建了多元金融体系。欧美日等发达国家在金融领域具有极大优势，原有的国际投资体系也是为西方资本服务的。一些发展中国家的金融体系和经济发展受制于欧美国家的金融资本。而中国提出的金融解决方案则建立在互利、自愿、尊重主权基础上，强烈吸引了各个参与国，“今天我们需要的正是这种新型国际经济关系，而不是用强力施压一体化进程的参与国。”格拉兹耶夫表示，俄罗斯希望进一步密切与中国的金融经济合作，将各自投资聚合起来，建立发展区、自贸区，这样符合时代要求，也是中国“一带一路”倡议的主要内容之一。

欧亚经济联盟与“一带一路”倡议对接目前首先体现在交通走廊建设上，诸如从中国西部经过哈萨克斯坦到圣彼得堡的公路建设、莫斯科至喀山的高铁建设，西伯利亚铁路改扩建项目、“滨海 1”和“滨海 2”铁路项目等。这些项目实施都将需要大笔投资。中国发起成立的亚洲基础设施投资银行、丝路基金等金融机构都可助力这些大型项目的落地实施。俄科学院远东所副所长奥斯特洛夫斯基指出这些金融机构还应该在大项目合作之外的领域发挥作用，“将中国和俄罗斯的投资和各种项目对接起来是非常好的创意。这两个金融机构应该在一带一路框架下发挥更大作用，推动两国在高科技领域实现较大突破，投资初创企业以及支持（中小企业）项目实施。”

俄罗斯作为“一带一路”沿线国家，2017 年 3 月成功发行了首单“一带一路”熊猫债券。俄罗斯铝业联合公司在上交所发行首期 10 亿元人民币债券，未来将总计发行 100 亿元熊猫债券。此次发行成功拓展了“一带一路”沿线国家企业的资金融通渠道，深化了沿线国家金融合作方式。俄天然气工业银行部门经理捷姆津说：“未来推动双边金融市场发展的重要措施是减少投资者进入对方市场的限制，还有重要一点是发行主权长期债务，从而推动私营企业的发展。”

六、进一步加强基建、能源、高科技等重点领域的深化合作

对俄罗斯来说，加入“一带一路”最便捷的方式就是重振跨西伯利亚大铁路。这不仅无需再经过其他国家，直接从俄罗斯到达欧洲，而且能带动俄罗斯完

成交通基础设施的全面升级改造和现代化，实现对远东的战略开发。这样宏大的项目在苏联时代也未能实现，是俄国历史上从未有过的重大机遇。

跨西伯利亚大铁路是一条100多年前修建的运输大动脉，是连接俄罗斯欧亚两大区块的唯一线路。但其时速只有11.7千米/小时（比自行车快不了多少），运力也已经接近极限。如果进行现代化改建或修建新的线路，不仅面临工期长、环境险恶、耗资巨大等客观困难，俄罗斯中央与地方围绕这样的世纪项目，争夺财权和事权的冲突，也在所难免。目前中国经俄罗斯运往欧洲的货物94%是海运，到达通往欧洲的第一个海港圣彼得堡需要30~40天，根本满足不了全球电商时代的消费需求。

中国现在的经营重心仍然是中亚。已成功开辟的方向是经过哈萨克斯坦的“跨欧亚铁路”。经哈萨克斯坦到俄罗斯，再到白俄罗斯，最后到波兰的路线，不仅在现实中是唯一可行的，在理论上也是最具优势的。一是距离短，按现有运力时间为18天，将来高铁全线建成后可缩短到10天。二是全程陆路运输无需经过海洋。三是途经国家政局稳定，安全可控。俄、哈、白都是欧亚经济联盟国家，不存在关税和边境政策障碍。白、哈是俄最重要盟友，三国之间不存在解决不了的政治分歧。只要俄罗斯支持，这条线路可保畅通无阻。作为世界最大内陆国，哈萨克斯坦从中获益匪浅。2016年经哈过境运输量超过800万吨，比2015年增长16.6%，哈希望2017年超过1 000万吨。中国已经修建了到中哈边界的高铁，正在筹划继续向哈境内延伸。中俄也已就建设从奥伦州往西的干线铁路达成协定，但因为地方立法的限制，迟迟无法开工建设。

另一个方向是继续往南的中国—吉尔吉斯斯坦—乌兹别克斯坦铁路。因为是备选方案，这条线路十多年来一直处于纸上谈兵状态，各国政府部门无数次协商论证，却始终未能谈出结果。双方在铁路的轨距、线路、资金等重大问题上分歧严重。但这些都只是技术性障碍，只要高层从战略考虑做出政治决断，所有问题都可以迎刃而解。乌兹别克斯坦一直支持中—吉—乌铁路建设，对与阿塞拜疆、格鲁吉亚合作开发跨高加索铁路进入东欧港口也有很大兴趣。在其他线路受阻，跨欧亚铁路项目仍未开建的背景下，中国果断推进中—吉—乌铁路的建设正逢其时。一方面，是对俄施压的重要砝码，就像当初油气管线建设中“东线不成西线开花”一样。另一方面，这条线路保留了之前经土耳其这个欧亚大陆最重要的交通枢纽进入欧洲的线路优势。土国内认为，参与“一带一路”给本国带来的经济潜力将达到数万亿美元。目前中国是仅次于欧盟的土耳其第二大贸易伙伴，土国内多个重大基建项目都由中方援建。

连接莫斯科与喀山（鞑靼斯坦共和国）的高铁项目也将延伸至中国。中铁集团获得该项目铁路建设的合同。该项目预计支出214亿美元，中国将提供58亿美元的头期款项。中国吉林省也提议修建至俄罗斯主要港口城市海参崴的高铁。

除此之外，中俄通过一系列项目扩展了在能源领域的合作。俄罗斯水电集团公司与中国长江三峡集团公司签署了在俄罗斯远东修建水电站的协议，该水电站的装机容量达320兆瓦，位于中俄边境。该项目对两国而言都是大型水电站项目，并已投入建设，预计每年将发电1.6万亿瓦特，预计成本约4 000亿美元。

日印接近及其对“一带一路”的地缘挑战

华侨大学国际关系学院　王秋彬

“一带一路”倡议是崛起的中国向世界提供的全球性公共产品，也是史无前例的互联互通大工程，提出四年来取得了举世瞩目的成就，得到全球100多个国家和国际组织的积极支持与响应，建设内容还被纳入联合国大会与安理会重要决议。2014—2016年，中国同“一带一路”沿线国家贸易总额超过3万亿美元，对沿线国家投资累计超过500亿美元。中国企业已经在20多个国家建设了56个经贸合作区，为有关国家创造近11亿美元税收和18万个就业岗位。[①] 2017年5月“一带一路”国际合作高峰论坛的召开，标志“一带一路”建设进入一个新的发展阶段。然而，这一倡议在日本与印度却遭到冷遇，它们从传统的地缘思维与权力政治角度出发，对中国倡议表面上持保留态度，暗地里却联合采取反制措施，欲与中国一较高低。由于南亚与印度洋是“一带一路”的重要辐射区域，而且日本与印度在这一地区的经济利益与影响力也不可小觑，日印接近对“一带一路”的地缘挑战值得我们关注。

一、日本与印度在“一带一路”上的“共同利益”

日本与印度地处中国东西两翼，虽然彼此隔着幅员辽阔的中国，但地理上的距离丝毫没有影响到二者关系的迅速升温。自2000年8月日本首相森喜朗访问印度，两国建立“面向21世纪的全球合作伙伴关系”以来，两国关系不断升温。2005年4月，日本首相小泉访印，双方表示要强化日印全球伙伴关系，并确立两国首脑年度互访机制，2006年12月，印度总理辛格访日，与日本首相安倍晋三宣布两国关系升级为“全球战略伙伴关系”。2008年10月，日本和印度签署了关于在反恐、核不扩散以及防卫交流等安全保障领域加强合作的《安保共同宣言》，为两国军事合作提供了制度保障。这是除美国、澳大利亚以外，日本与第三个国家签署的安保合作协议。2010年7月，两国正式建立了外交和防务部门副部长级对话机制，即“2+2”对话。2014年9月，印度新当选的总理莫迪访问日本，并把两国关系提升到“特殊战略和全球伙伴关系”的层次。自2012年安倍第二次上台到2017年9月，算上国际场合的会面，日印两国首脑在5年间举行

① “习近平在‘一带一路’国际合作高峰论坛开幕式上的演讲”，2017年5月14日，http://news.xinhuanet.com/politics/2017-05/14/c_1120969677.htm

了10次会面，与同时期中日领导人基本互不往来的情形形成鲜明对比。应该看到，日印两国战略上没有大的矛盾冲突为两国关系的迅速升温奠定了重要基础，而两国与中国却都存在不同程度的矛盾冲突，在牵制中国方面有着共同的战略需求。

自“一带一路”倡议提出以来，印度与日本便一直在冷眼观望，对中国的意图指指点点。印度前外交国务秘书坎瓦尔·西巴尔曾撰文指出，“中国利用古丝绸之路的记忆为自己的利益、野心和形象服务”“中国的海上丝绸之路倡议太自私而得不到我们的支持”。[①] 2014年6月，印度提出了“季风”计划，试图在印度洋沿岸地区重建古代贸易关系以及“印度洋世界”[②]，推进以自己为核心的环印度洋合作。2016年3月2日，印度外长苏杰生在瑞辛纳对话会（Raisina Dialogue）上指出，“如果有的国家将互联互通作为一种硬性联系，并借此对我们的选择产生影响，我们不能对这样的现实无动于衷，也不应鼓励这种行为，尤其是在共同安全框架缺失的亚洲，这会引发不必要的竞争。”[③]他在这里充分表达了印度的担忧。有印度学者甚至撰文称，“中国在南亚的力量投送是偷偷摸摸进行的，通过熟悉当地情况也可以扩张中国的军事能力。斯里兰卡、孟加拉国、尼泊尔等南亚小国放手让这么巨大的互联互通和贸易工程进入绝不是明智之举，小心会掉入中国设置的债务陷阱。”[④]

虽然中国在多个场合表达了与印度的国家发展战略进行战略对接与合作的意愿，但均未获积极回应。中国驻印度大使乐玉成曾经在新德里举行的一次学术研讨会上致辞指出，“中方重视印方对‘一带一路’的看法和建议，愿同印方进一步加强政策沟通，期待将‘一带一路’倡议与印度‘香料之路’‘季风工程’等规划对接，形成合作‘最大公约数’。”[⑤]然而，在“一带一路”高峰论坛举行前夕，印度的表态彻底否定了双方合作的可能。印度外交部发言人就印方参加论坛发表谈话指出，“我们认为，互联互通倡议必须基于广泛认可的国际规范、法治、法律规则、开放、透明与平等”，作为“一带一路”旗舰项目的“中巴经济走廊”，穿越了印巴存在主权争议的克什米尔部分地区，“没有国家能接受一个无视其主权和领土完整核心利益的项目”。[⑥]如果说此前印度态度还犹豫不决，而今已经明确表达了反对，中国还在寄希望印度“回心转意”吗？实际上印度的这

---

① Kanwal Sibal: “China's maritime ‘silk road’ proposals are not as peaceful as they seem”, 24 February 2014. http: //www. dailymail. co. uk/indiahome/indianews/article - 2566881/Chinas - maritime - silk - road - proposals-not-peaceful-seem. html

② Akhilesh Pillalamarri: “Project Mausam: India’ s Answer to China’ s ‘Maritime Silk Road’ ”, September 18, 2014. http: //thediplomat. com/2014/09/project-mausam-indias-answer-to-chinas-maritime-silk-road/

③ “India opposed to China’ s One-Belt-One-Road”, March 03, 2016, http: //www. deccanherald. com/content/532353/india-opposed-chinas-one-belt. html

④ Seetha Lakshmi Dinesh, “At the Gateway from East: Where do India’ s Neighbours stand on the Belt and Road?”, June 19, 2017, http: //isssp. in/tag/obor/

⑤ “乐玉成大使在尼赫鲁大学‘一带一路’研讨会上的演讲”，2015年4月7日，http: //www. fmprc. gov. cn/ce/cein/chn/sgxw/t1252684. htm

⑥ “Official Spokesperson’ s response to a query on participation of India in OBOR/BRI Forum” May 13, 2017, http: //www. mea. gov. in/media-briefings. htm? dtl/28463/Official_ Spokespersons_ response_ to_ a_ query_ on_ participation_ of_ India_ in_ OBORBRI_ Forum

个借口掩藏着的是更深层次的担忧：“一带一路”将大规模地加强中国对印度邻国在商业、经济、政治以及安全上的影响力，从而使印度的区域优势被边缘化。[①]印度不会眼睁睁地看着自己苦心经营的势力范围就此拱手让人。

无独有偶，日本也十分担心中国借此机会扩大影响力，排斥其在欧亚大陆的地位，因此对“一带一路”也十分消极，并积极采取应对措施。2015 年 11 月，安倍政府推出了“高质量基础设施合作伙伴关系”计划，预计未来 5 年筹集 2 000 亿美元资金用于亚洲乃至全世界的基础设施建设（包括俄罗斯、非洲等）[②]。这里面日本卖力推销的是要建设“高质量基础设施”，言外之意是，别国的基础设施建设项目质量不高。2017 年 5 月 16 日，日本经济产业大臣世耕弘成答记者问时曾说道：高质量的基础建设投资，才是亚洲互联互通发展的关键，日本将与地区内持续的经济发展相联结；对于包含亚投行在内的“一带一路”构想，是否真正有利于地区的持续发展，日本将认真审视。[③]《朝日新闻》在 2017 年 2 月的一篇报道中还煞有介事地渲染，中国企业在海外圈地，是要搞治外法权：澳大利亚北部的达尔文港，2015 年中国企业与其缔结了 99 年的租借契约，马尔代夫某临近国际机场的岛屿也租给中国企业达 50 年，这都是在“一带一路”构想下实行的。[④]

为了抗衡中国的“一带一路”倡议，2016 年 11 月，在印度总理莫迪访问日本期间，两国宣布共同发起“亚非增长走廊”[Asia Africa Growth Corridor (AAGC)，又称“自由走廊”]计划，携手在印度、非洲、伊朗、斯里兰卡和东南亚国家发展基础设施。日本与印度分别为该计划投入资金 300 亿美元和 100 亿美元。[⑤]两国在合作中发挥各自优势——日本的资金与技术，加上印度在南亚与环印度洋地区的“地利”，合力拓展从太平洋到印度洋再到非洲的影响力。2017 年 9 月安倍访问印度期间发布的共同声明中，两国一致同意，通过加强海上安全合作、改善印度洋—太平洋区域的互联互通，强化与东盟国家的合作等方式促进日印两国政策的协调与对接。[⑥]字里行间针对中国的意味更加浓厚，日印两国在共同对付中国上找到了“共同利益”。

二、日印接近对“一带一路”的地缘挑战

“一带一路”倡议横贯欧亚大陆，结合了古代陆海丝绸之路走向，在空间布

---

① C. Raja Mohan, “Network is the key: India must ramp up its internal connectivity to counter China’ s Belt and Road Initiative”, The Indian Express, May 9, 2017, http://indianexpress.com/article/opinion/columns/network-is-the-key-4646728/

② The G7 Ise-Shima Summit “Expanded Partnership for Quality Infrastructure”, http://www.mofa.go.jp/mofaj/gaiko/oda/files/000241007.pdf

③ 《世耕経済産業大臣の閣議後記者会見の概要》，2017 年 5 月 16 日，http://www.meti.go.jp/speeches/kaiken/2017/20170516001.html

④ 《中国企業、外国土地を次々〈借り上げ〉治外法権要請も》，《朝日新闻》，2017 年 2 月 1 日，http://www.asahi.com/articles/ASK105JDTK10UHBI021.html

⑤ Savitri Vishwanathan, “Japan joins India in a new Indo-Pacific partnership”, Oct. 1, 2017, http://www.indiandefencereview.com/japan-joins-india-in-a-new-indo-pacific-partnership/

⑥ “Japan-India Joint Statement Toward a Free, Open and Prosperous Indo-Pacific”, 14 September 2017, http://www.mofa.go.jp/files/000289999.pdf

局上勾画出了五大方向，囊括欧亚大陆、印度洋与南太平洋的广袤区域。其中，“丝绸之路经济带”涵盖三大走向：从中国西北、东北经中亚、俄罗斯至欧洲、波罗的海；从中国西北经中亚、西亚至波斯湾、地中海；从中国西南经中南半岛至印度洋。“21 世纪海上丝绸之路”则瞄准两大走向：从中国沿海港口过南海，经马六甲海峡到印度洋，延伸至欧洲；从中国沿海港口过南海，向南太平洋延伸。随着日印接近及其合作倡议的提出，欧亚大陆围绕基础设施建设展开的地缘竞争悄然展开，“一带一路”建设面临的地缘挑战不可避免。

首先，大国在南亚、印度洋地区的争夺态势将进一步加剧。印度洋是“一带”与“一路”的重要辐射区，而印度作为地区强国，向来对印度洋有独占心理。“一直以来，印度都具有较为深厚的‘门罗主义’情结，不仅将南亚次大陆的邻国视为其安全体系的组成部分，而且还将安全范围扩展到印度洋及其以外更广泛的地区。但是几乎印度所有的南亚邻国，在面对印度的压力之下，或多或少都需要依赖外部势力，以创造一种有利于自身的均衡。”①中国通过“一带一路”介入南亚地区，撬动了该地区以印度为中心的传统地缘格局。许多印度战略学者担忧“一带一路”倡议对印度在印度洋主导地位的“战略威胁”，使得中国势力从北方（巴基斯坦）、东方（孟加拉和缅甸）、南方（斯里兰卡）将印度“包围”起来，从而严重限制了印度的影响范围。印度对此忧心忡忡。2017 年 6 月爆发的洞朗对峙便是印度这一心态的反映，一方面是要彰显对不丹的传统影响力，另一方面则是对中国的南下战略表达不满。虽然双方对峙两个多月后，最终以撤军化解危机，但双方对峙的根源却并没有消除。此外，日印还计划合作扩建位于斯里兰卡东北部亭可马里港（Trincomalee）、伊朗的查赫巴尔港（Chabahar）等重要港口。其中，查赫巴尔港与中国支持修建的位于巴基斯坦的瓜达尔港相隔仅 75 千米，欲与中国展开竞争的意图不言自明。

其次，“一带一路”已经确立的部分经济走廊框架恐受影响。“一带一路”规划的六大经济走廊包括：新亚欧大陆桥、中蒙俄、中国—中亚—西亚经济走廊以及中国—中南半岛、中巴和孟中印缅经济走廊。其中途经南亚的有两条：一条是从中国直通南亚的中巴经济走廊，另一条是从中国经东南亚和南亚，进入印度洋的孟中印缅经济走廊。这两条经济走廊经过南亚地区最终进入印度洋，印度对此具有强烈的地缘敏感性，故对中巴经济走廊持反对态度，对孟中印缅经济走廊持保留态度。在印度看来，中巴经济走廊要经过印巴争议的克什米尔地区，威胁到了印度的国家主权。孟中印缅经济走廊自 2013 年李克强总理访问印度提出以来，进展缓慢，与中巴经济走廊的迅速推进相形见绌，除了中缅油气管道项目取得进展之外，许多具体项目还停留在倡议和早期研究阶段。此外，中印两国关于孟中印缅经济走廊的定位还有分歧：中国将其作为“一带一路”倡议的组成部分，但印度却坚持视其为独立倡议，强调四国成员共同拥有所有权，不应放在其他任何框架之下。在中印两大国存在重大分歧的情况下，这一经济走廊的前景可想而知。

第三，大国的地缘博弈将迫使中小国家选边站，增加了相关项目的建设风险

① 赵干城：《南亚国际格局的塑造与中国的抉择》，《南亚研究》，2010 年第 1 期，第 28 页。

与成本。莫迪上台后把印度实施了20多年的"东向政策"（Look East Policy）升级为"东向行动政策"（Act East Policy），表明印度的亚太政策不再仅仅是"看看"而已，而是要展开"行动"了。2016年，安倍晋三提出了"自由、开放的印度洋—太平洋战略"，同时把日本和印度定位成可以发挥引擎作用的国家。应该看到，日印的战略构想与"一带一路"倡议在太平洋—印度洋的广大区域内存在重叠的地缘空间，地缘博弈一触即发。为此，日印两国通过各种方式积极拉拢南亚、中亚、东南亚国家以及蒙古等中国周边国家，试图构建遏制中国的网络。日本在对外开发援助（ODA）总规模缩减的情况下，大幅度增加了中亚高加索地区和非洲撒哈拉以南地区的援助额度。[①]日印对"一带一路"沿线地区的挑拨与介入，使许多已经上马的工程增加了变数。2016年，印度曾经向斯里兰卡施压，使之叫停与中国合作的港口城项目。日本还与中国在东南亚展开高速铁路项目的争夺战。新加坡内政部长兼律政部长尚穆根曾经表达过小国的担忧：如果缺少信任，该地区可能会形成区域对抗集团（bloc），而印度、日本和亚洲以外的国家都可能形成这类集团。因此，虽然像印度和日本等国家对"一带一路"倡议不太热衷，但中国同样需要把触角伸向这些国家。[②]但目前的问题是，日印对"一带一路"充满敌意，中国也无法硬把它们囊括进来。

三、日印接近的基础与有限性

日本与印度两国缘何隔着中国暗送秋波，其动因主要来自两个方面。一是所谓的价值观同盟。两国号称"亚洲最大的和最发达的民主国家"，在价值观、国家利益方面没有直接的矛盾和冲突，这是两国得以开展合作的重要基础。2006年时任安倍内阁外相的麻生太郎提出了"自由繁荣之弧"的价值观外交路线，在2010年底推出的防卫计划大纲中，日本强调要与价值观一致的国家加强双边安全合作，其中特别提到了与日本有"共同利益"的印度的合作。安倍二度出任首相后曾经提出要构建"从美国夏威夷—日本—澳大利亚—印度"的所谓"民主菱形同盟"，加强日印关系便是这一构想的重要一环。二是共同遏制中国的战略需要。随着中国的崛起，日本与印度纷纷感到前所未有的战略压力，对于日本来说，不仅要让出亚洲第一的位置，还需要面对强大的中国是否会进行历史清算和收复领土的问题；对于印度来说，不仅意味着两种制度模式竞争的结果，也意味着在与中国的领土争端中更加趋于劣势。为了达到共同对付中国的目的，日本不惜塑造两国的"共同历史"，2013年5月4日，日本副首相兼财务、金融大臣麻生太郎在印度首都新德里发表演讲时称："印度与中国在陆地上接壤，日本与中国在海上相连，但我们在过去1 500多年中，与中国的关系未曾有过极其圆满的历史。"[③]言外之意，两国在跟中国的交往过程中可谓"同命相怜"，所以

① http://www.mofa.go.jp/files/000286324.pdf

② "一带一路倡议可能面对风险 尚穆根：中国应争取他国合作支持"，《联合早报》，2017年8月29日，http://www.zaobao.com/sme/news/story20170829-790840

③ "麻生在印发涉华不当言论 称日中未曾有圆满历史"，2013年5月6日，http://politics.people.com.cn/n/2013/0506/c70731-21370483.html

更应当“惺惺相惜”。近年来，日本与印度搞各种小动作，虽然打着促进印度洋与太平洋繁荣与稳定的旗号，但明眼人一看就知道是针对中国的。

面对中国崛起的现实，日本与印度从传统的权力政治思维出发，迅速结成利益同盟来对抗“一带一路”倡议。印度需要日本这样有经济实力和军事实力的大国来跟自己进行联合，以弥补其在与中国抗衡时的力量短板。同时，随着中日差距的日益扩大，日本也在寻找一个有分量的“援手”来壮大自己。可以预见在未来一段时间里，日印还将进一步加强双边合作，扩大同盟范围，使中国面临左右夹击的地缘困境。但同时还应当看到，日印临时拼凑的同盟有其功利性与暂时性，基础并不牢靠。当价值观同盟与国家利益产生冲突时，可能就得让位于国家利益了；而如果中国的“一带一路”倡议最终形成压倒性优势，使越来越多国家获益的话，那么日印试图建构制衡中国的网络也就不攻自破了。

日印两国接近难掩二者“临时搭伙”的窘境。首先是两国的国际身份不同，日本是发达国家，而印度是新兴的发展中国家，这种身份差异必然影响到两国在许多国际问题上的态度与立场，例如，在人权、气候、发展等问题上，日本一般与西方国家立场一致，而印度基本是站在发展中国家立场上。其次，印度与中国同为发展中大国，共同参与了上海合作组织、金砖国家合作机制等平台，与中国的关系有一定的缓冲机制，未必完全把自己绑在日本遏制中国的战车上，相比之下，中日关系的缓冲平台缺失。第三，日印两国对“一带一路”和亚投行的态度也有微妙差异。与日本对亚投行保持距离不同，印度积极参与其中，而且是亚投行中仅次于中国的第二大出资方。日本则对亚投行可能会架空其主导的亚洲开发银行耿耿于怀。日本冈崎研究所发表报告称，从宏观经济角度看，支持亚投行，就是落入中国的圈套，亚投行是在挑战布雷顿森林体系，接下来可能就要建立中国版的IMF。[①]印度把亚投行和“一带一路”倡议作了严格区分。在印度看来，前者是多边机制安排，而后者是中国分别与相关国家签署的方案和协议，属于双边性质，各个双边安排之间彼此并不了解，缺乏透明度。印度没有派代表参加2017年的“一带一路”国际合作高峰论坛，但是日本派出了代表与会，而且在日本参会后不久，安倍晋三在东京举办的一次公开活动上表示，如果条件成熟日本将与“一带一路”进行合作。[②]

“一带一路”是一项宏伟工程，涉及国家众多，范围广泛，挑战了一些国家传统的地缘利益，遇到一些阻力或不同声音也是正常的。对此，我们既不能放慢脚步，也不能忽视这些阻碍性因素。习近平主席在“一带一路”国际合作高峰论坛的主旨演讲中强调：中国推进“一带一路”建设不是另起炉灶、推倒重来，而是实现与相关国家战略对接、优势互补；不会重复地缘博弈的老套路，而是开创合作共赢的新模式；不会形成破坏稳定的小集团，而是建设和谐共存的大家庭。[③]换言之，“一带一路”倡议在国际政治上是一场革命，完全不同于传统的势

---

① 岡崎研究所：《AIIBの真実》，株式会社ウェッジ出版，2015年6月26日。

② “日本首相安倍晋三公开言及‘一带一路’合作”，2017年6月7日，http：//news. xinhuanet. com/world/2017-06/07/c_ 129626714. htm

③ “习近平在‘一带一路’国际合作高峰论坛开幕式上的演讲”，2017年5月14日，http：//news. xinhuanet. com/politics/2017-05/14/c_ 1120969677. htm

力范围划分与权力政治游戏，而是在平等互利的基础上开启国家间合作的新模式，最终共同实现道路设施、经济与社会发展的现代化。中国的构想得到了俄罗斯的积极回应，普京总统在论坛致辞中强调："按旧观点逻辑无法解决任何问题。需要新的、脱离了思维定式的想法。我相信，欧亚大陆能够制定并提出内容充实且积极的议程，包括安全保障、国家间关系发展、经济安排、社会领域、治理体系和寻找新增长动力等问题在内。"①其实，在"一带一路"倡议刚提出时，俄罗斯对中国进入中亚地带也有各种顾虑，毕竟中亚是俄罗斯经营了上百年的传统势力范围，俄对其他大国涉足该地区一直非常敏感。但是俄罗斯后来做了政策调整，以开放的心态参与到"一带一路"建设中来。在"一带一路"的引领下，中俄两国在政策沟通、设施联通、贸易畅通、资金融通、民心相通等方面取得了长足进展，为两国战略伙伴关系注入新的活力，使中俄关系成为新型大国关系的典范。日本与印度是不是应当学习俄罗斯？抛开传统的地缘博弈观念，放弃零和游戏思维，理性看待中国崛起，重新认识"一带一路"倡议。目前，"一带一路"倡议仍然对所有国家保持开放，是参与进来还是制衡中国倡议？选择权在日本与印度这边。

① "普京出席'一带一路'高峰论坛开幕式并发表演讲"，2017 年 5 月 14 日，http://finance.huanqiu.com/br/fair/2017-05/10667963.html

"一带一路"背景下的孔子学院跨文化传播的新篇章

集美大学外语学院　吕旭红

作者于 2015 年 8 月到 2017 年 8 月出任英国北爱尔兰奥斯特大学孔子学院对外汉语教师，出任两年间，从事不同层次的对外汉语教学工作，并组织和参与了各种各样的文化宣传活动，成为新的时期为中国文化走向世界、向世界讲好中国故事的实践者。在实践跨文化交际、传播中华优秀的传统文化的第一线，耳闻目睹、亲身经历并感受了讲好中国故事、让世界正确了解中国的重要性。

随着中国经济的迅猛发展和国际地位的提高，"一带一路"倡议的提出，是全方位对外开放的必然逻辑，也是文明复兴的必然趋势，还是包容性全球化的必然要求，标志着中国从参与全球化到参与塑造全球化的态势转变。

一、"一带一路"倡议背景

2015 年 3 月商务部外交部与国家发改委联合发布"推动共建丝绸之路经济带"和"世纪海上丝绸之路"的愿景与行动，明确提出与沿线国家的政策、设施、贸易、资金和民心的互联互通（简称"五通"）为重点合作领域，目标是打造"一带一路"沿线国家政治互信、经济融合、文化互容的利益共同体、责任共同体和命运共同体。"一带一路"倡议是中国在新的背景下经济外交转型与升级的大战略，在"一带一路"沿线国家项目的规划与落实，都需要对彼此文化与文明的认知与理解。古人云："国之交在于民相亲，民相亲在于心相通。"民心相通是"一带一路"的社会根基，也是中华文化走向世界的社会基础。沿线国家民众的广泛支持必将迅速推进"一带一路"建设的进程，从而实现国家强盛、世界和谐的美好梦想。

孔子学院是"一带一路"理念和战略的重要实践主体。作为以教授汉语和传播中华文化为使命的公益性教育机构，其发展可以为"一带一路"提供人文支撑，通过语言和文化传播，促进沿线国家民心相通、降低交易成本具有不可替代的作用。

二、孔子学院发展和建设成绩显著

孔子学院作为非营利性文化教育传播机构，是中国公共外交的重要形式，其宗旨是增进世界人民对中国语言和文化的了解，促进世界多元文化发展，为构建和谐世界贡献力量。

一是办学规模稳步发展，大家庭又添新成员。孔子学院自 2004 年开始设立，发展至今已在世界各国落地生根，迅速发展成为传播中华文化的主体。目前，全球孔子学院大家庭包括了 140 个国家 511 所学院和 1 073 个课堂，中外专兼职教师 4.6 万人，各类学员 210 万人，成为覆盖面最广、包容性最强、影响力最大的全球语言文化共同体之一。

二是办学质量不断提升，“三教”建设又有新进展。

三是办学功能得到拓展，服务能力又上新台阶。在坚持汉语教学的同时，各国孔子学院举办了丰富多彩的文化活动，受众达 1 300 万人。很多孔子学院举办“一带一路”学术讲座和国际会议，主动服务所在国家与中国的经贸往来、友好省州等各领域务实合作，语言教学、文化交流、学术研究和服务社会的能力明显增强。

四是运行机制逐步健全，交流合作又建新平台。越来越多的中外企业通过捐资捐物、合作办学等方式，积极支持参与孔子学院建设，如中信建设援建安哥拉内图大学孔子学院教学楼，奥迪集团资助建设德国英戈尔施塔特孔子学院，为孔子学院可持续发展注入了新的活力。

孔子学院从语言入手，用文化交融，搭建了人民心灵相通的桥梁，成为世界认识中国、中国与各国深化友谊的窗口，促进了多元文明的交流。

三、孔子学院在“一带一路”倡议背景下跨文化传播的机遇

孔子学院是我国借鉴英、法、德、西班牙等国语言文化传播机构的经验，以传播中华文化实践为基础、以提升文化软实力、塑造国家形象、促进世界和谐发展为宗旨的，在海外设立的传播中华文化的非盈利性教育机构。孔子学院经过十余年的发展，在海外汉语教学和中华文化传播的国家使命中发挥了不可替代的重要作用，孔子学院在新背景下跨文化传播的优势主要体现在以下方面。

（一）有强大的政治保障

首先，在国内层面，2011 年胡锦涛同志指出：“要着眼于推动中华文化走向世界，形成与我国国际地位相对称的文化软实力，提高中华文化国际影响力。”我国政府把中国文化走出去提升到战略高度，并且付诸实践。其次，在国际层面，中国国际地位的不断提升为中国文化走出去战略，为孔子学院的建设和发展提供了坚实的后盾。中国的国际地位显著提升，从 G8 到 G2，从金砖五国到 G20，中国开始在世界政治经济秩序的协调中崭露头角，争取更多的国际话语权。国家实力和国际地位的提升必然对孔子学院的建设和发展有着积极的推动作用。

（二）有强劲的经济后盾

首先，中国经济持续保持较高增速，经济总量 2010 年跃居世界第二，超过英法德日等传统经济强国，中国的国际影响力不断上升，越来越多的国家希望与中国开展经贸合作。各国政府和民众都希望搭上中国发展的高速列车，实现本国乃至个人更好的发展。其次，经贸往来频繁为汉语学习者提供了更好的学习平台

和更多的就业机会。多层次宽领域的经贸合作，离不开大量精通汉语的人才，为汉语学习者提供了更多的就业机会，为此，他们需要学习中文和中国文化。在中国经济发展长期向好的基础上，汉语热持续升温。为孔子学院课持续发展带来了机遇。作为汉语语言和中华文化国际传播的重要机构，孔子学院必将在中外经贸往来和人文交流中发挥日趋重要的作用。

（三）“一带一路”倡议为孔子学院的发展提供了新动力

“一带一路”作为强化中国与世界关系的新举措，需要精心策划、妥善运筹、长期经营，“一带一路”的基础是以基础设施为代表的互联互通，都是长远工程，需要沿线国家支持和民众认可，否则不可能建成、运行以及后续的维护。

孔子学院的建设发展与“一带一路”的倡议相辅相成，携手同行。古丝绸之路播下友谊的种子，经孔子学院浇灌后生根发芽，经过“一带一路”建设，开花结果。“一带一路”强调共商、共建、共享理念，弘扬和平合作、开放包容、互学互鉴、互利共赢的丝路精神，为孔子学院的未来发展提供了新的动力。

四、新背景下孔子学院跨文化传播存在的问题

（一）缺乏全球整体规划和配合“一带一路”的战略规划

“一带一路”倡议为孔子学院带来前所未有的发展机遇，孔子学院抓住机遇借力发展，也应助力“一带一路”服务国家战略。但是现阶段，孔子学院的发展尚未能与“一带一路”建设对接，如缺乏孔子学院服务国家战略的远景规划；缺少针对“一带一路”建设语言需求而提供的语言服务；还未正式将服务“一带一路”建设的专门人才培养提上日程；对孔子学院传播中国文化、展示中国形象的平台搭建还不完善等。

（二）孔子学院的布局有待进一步优化

孔子学院经过十多年的发展，已经实现了全球布局，但全球布局和区域布局都需要进一步优化。总体而言，北美洲和欧洲的孔子学院发展速度最快，而非洲拉丁美洲的孔子学院发展速度相对较慢。截至 2015 年底，美国共有 109 所孔子学院和 494 个孔子课堂，占世界孔子学院（课堂）总数的 40. 2%；英国设有 29 所孔子学院和 127 个孔子课堂，占世界孔子学院（课堂）总数的 10. 4%。英美两国的孔子学院（课堂）数量占全球总数的一半。孔子学院全球资源主要集中在少数发达国家和经济文化发达地区，这不利于在全世界范围内形成多层次广覆盖的合理布局。

另外，据不完全统计，“一带一路”沿线的 73 个国家有 61 个国家建立孔子学院 229 所，孔子课堂 197 个，至今仍有 10 余个国家未建立孔子学院及孔子课堂。这 10 多个国家在丝绸之路经济带上占据重要位置。西亚地区沿线 15 国仅有 13 所孔子学院和 2 个孔子课堂，这样的布局，无法对“一带一路”的全面推进提供有效的人文支撑。

（三）优质的师资储量不足

崔希亮指出，汉语国际教育面临两个主要问题，一是在数量上需要大批受过

训练的汉语教师，二是在质量上需要高水平的汉语教师。目前，孔子学院师资情况是：师资队伍不够稳定、具有临时性观念；高素质教师的数量不足。反观其他国家语言文化传播机构，英国文化委员会有 7 000 多名职业教师，法语联盟有 3 000 多名职业教师在世界各地从事语言教学与传播工作，而孔子学院自身缺乏一支职业化的国际汉语教师队伍。

（四）“本土化”程度不高

孔子学院本土化程度不高主要表现在两个方面：一是本土师资力量短缺；二是本土化适用教材匮乏。“汉语热”的持续升温和孔子学院在全球的迅速发展，本土汉语教师的培养数量仍不能满足现实需求，同时对现有的教材也提出了更高的要求。为从根本上解决本土化教材匮乏的问题，需要针对各地实际教学需求和不同语言的特点，研发地区化国别化并兼具中国文化特质的对外汉语教材。

（五）经费来源有限

孔子学院经费主要来源是：孔子学院总部提供资金、外方投入资金和孔子学院的自身活动收入。目前对于孔子学院来说，总部资助和外方投入是当前经费的主要来源。而其他国家的语言文化传播机构的经费来源渠道则相对多元。以歌德学院为例，德国外交部的年度拨款仅占总收入的 30%，而来自基金会的赞助企业或个人的捐助以及自身活动收入则是其运营经费的主要来源。

因此，在“汉语热”的持续升温和孔子学院在全球的迅速发展的新形势下，要支撑海外孔子学院的持续发展，不能单靠中外双方的资金投入，而应拓宽资金来源渠道，走产业化发展之路，方可持续发展。

五、新形势下孔子学院跨文化传播的策略

在新的形势下，各国间跨文化交流与合作日趋活跃，中华文化走出去、让世界更多更好了解中国具有重要战略意义，孔子学院作为世界认识和了解中国的重要窗口，应充分发挥综合文化交流平台作用，创新跨文化传播方式，加速中华文化走向世界。

（一）孔子学院应调整全球布局和区域布局

孔子学院应制定全球整体规划和配合“一带一路”的战略规划。充分发挥综合文化交流平台的作用，借力“一带一路”并助力“一带一路”。要从国家战略高度出发，加强顶层设计，制定远景规划，整合资源面向一带一路合理布局，进一步形成多层次多样化广覆盖的孔子学院发展格局。

（二）加快推进“本土化”进程

要加快“本土化”进程，首先就必须加大孔子学院本土师资培养力度。从事孔子学院汉语教学的一线教师应主要由当地人担当，要建立起多层次的精通汉语、了解中国文化、具有运用汉语进行交际能力的本土教师队伍；其次要支持各国孔子学院编写本土化适用教材，教材的本土化，要求选材内容要结合当地的生

活文化观念，教材所需要的教学量要与当地的学制学时相匹配，教材内容的呈现方式要适合当地经济文化民族性格等特点，中外合作是实现教材本土化的有效途径。孔子学院应本土化汉语教材，推动教学质量的提升。

（三）加快孔子学院产业化发展，拓宽经费来源渠道，实现可持续发展

要制定相关扶持政策，吸引国内外社会团体和企业，通过市场化运作，参与和支持孔子学院建设，实现孔子学院共建共管共有共享；要借鉴其他国家语言文化传播机构的成功经验，积极争取当地政府基金会企业社区等的支持和捐助，积极开拓汉语市场，提供有针对性的个性化汉语产品和服务，满足海外汉语学习者的多样化需求；要增加自主创收，拓宽资金来源渠道，减轻孔子学院总部的资金压力，最终实现可持续发展。

在“一带一路”的战略背景下，孔子学院不但为促进沿线国家民心相通提供了人文支撑，也为全球孔子学院对外文化传播使命注入新的动力，成为中华文化走向世界的重要途径。孔子学院为“一带一路”沿线国家提供了人文支撑，为促进沿线国家民心相通发挥了重要的作用，成为中华文化走向世界的重要平台。

参考文献

1. 义桅：《“一带一路”助孔子学院高飞》，《人民日报》（海外版），2015-02-171。
2. 成才：《“一带一路”内涵丰厚意义深远》，2015-03-29. 2016-07-22. httpnews. xinhuanet. comworld2015-0329c_ 127632204. htm .
3. 王海兰：《孔子学院助力“一带一路”建设》，2016-06-15. 2016-07-22. http ex. cssn. cnsfbwsf_ yyx201606t20160615_ 3072017. shtml.
4. 孔子学院总部：“全球孔子学院盛会昆明启幕” . http：//www. hanban. edu. cn/article/2016-12/11/content 667906 htm.
5. 李宝贵，李辉：《“一带一路”沿线国家孔子学院发展现状问题及对策研究——以白俄罗斯孔子学院》为个案，《辽宁师范大学学报》，2016 年第 6 期。
6. 高永安：《十年来孔子学院的布局及其相关性报告》，《华南师范大学学报》，2014 年第 5 期，第 56 页。
7. 李宝贵，刘家宁：《“一带一路”倡议背景下孔子学院跨文化传播面临的机遇与挑战》，《新疆师范大学学报》（哲学社会科学版），第 38 卷第 4 期。
8. 崔希亮：《汉语国际教育三教问题的核心与基础》，《世界汉语教学》，2010 年第 1 期，第 76 页。
9. 莫嘉琳：《孔子学院与世界主要语言文化推广机构的比较研究》，《云南师范大学学报》，2009 年 5 期第 25 页。
10. 帅颖，沈壮海：《西方国家主要对外文化机构的比较与启示》，《江汉论坛》，2014 年第 4 期，第 137-138 页。
11. 李宝贵，李辉：《“一带一路”沿线国家孔子学院发展现状问题及对策研究——以白俄罗斯孔子学院为个案》，《辽宁师范大学学报》，2016 年第 6 期，第 118 页。

12. 王建勤：《“一带一路”与汉语传播：历史思考现实机遇与战略规划》，《语言战略研究》，2016年第2期，第38页。
13.《孔子学院发展规划（2012—2020年）》，《光明日报》，2013-02-28。
14. 李宝贵，金志刚：《意大利孔子学院汉语教学的特色问题与对策——以米兰国立大学孔子学院为例》，《辽宁师范大学学报》，2016年第1期，第111-114页。

基于全球治理视角中“一带一路”的各国博弈分析[①]

北京联合大学管理学院副院长　唐少清
北京联合大学台湾研究院讲师　周小柯
北京联合大学商务学院　刘立国
中国传媒大学　谢　茜

中国正从贸易大国向贸易强国转变，中国需要从利用全球化向主导全球化过渡。“一带一路”倡议的实施和自贸区的持续建设不仅明确了中国在这一过程中的定位，而且为中国取得这种主动性地位提供了条件。

一、问题的提出

“一带一路”倡议既是通过新一轮对外开放实现中国经济升级和再平衡的新举措，又是通过发展沿路国家拓展中国发展空间、促进地区繁荣和稳定的新战略，它是新时期合作发展的理念和倡议。四年来，“一带一路”倡议的国际影响日益显现，无论是从“中国倡议”到“国际行动”，从“中国理念”到“国际共识”，还是“中国方案”融入“全球治理”，展现的都是共建“一带一路”给世界带来机会和发展机遇。

提出“一带一路”的倡议，就是中国与沿线各国共享改革发展成果，通过“共商、共建、共享”的基本理念，推动全球治理体系变革，合作应对人类社会的重大安全与发展问题。因此，得到了世界所有发展中国家和部分发达国家的积极呼应。

二、“一带一路”的推进效应分析

“一带一路”倡议是中国寻觅新的经济增长点与实现从“引进来”到“引进来”“走出去”并重的重大转变的政策，也就是维持并塑造对中国有利的国际商业体系和贸易环境，建立一整套健康完善的分工、流通和交换制度或规范。基于当前和今后一个时期国内外经济环境，中国经济不可能像以前一个时期一样处于

① 本文系 2015 年北京社会科学基金研究基地项目“京台产业结构与就业结构关联机制比较研究”(15JDJGB023) 和 2016 年国家社科基金青年项目“全球价值链下中国制造业升级的影响因素与动力研究”(16CJY031) 阶段性研究成果、2017 年北京市财政教育科研专项“北京市促进小微企业‘双创’的体制机制及政策研究”阶段性研究成果。

高速增长状态，增速放缓成为新常态，但是，必须保持一定的增长速度。为此，一方面，要深化改革，加快转变经济发展方式，调整经济结构；另一方面，通过强化实施全方位开放的新举措，扩大对外经济合作，努力推进“走出去”政策，通过输出过剩产能等，使中国经济从整体上完成一次新的转型升级。“一带一路”推进四年来，产生如下五种效应。

（一）公共产品效应

有效提供公共产品，发挥政府“看得见的手”。基建是经济发展基础，发展中国家需要进行基础设施的投资。世界银行数据显示，发展中国家每年基建投入约1万亿美元，估计到2020年每年至少还需增加1万亿美元。到2030年，全球预计将需要57万亿美元基础设施投资。2017年全球基建投资中，中国占比31%。中国参与的海外建设项目多达1 034个，多数位于亚洲、中东和非洲，其中40%为铁路基建项目。通过倡导基础设施互联互通，“一带一路”建设正在改善全球化，引导投资流向实体经济，利于消除全球金融危机之源，让全球化惠及更多的国家。

（二）全球产业链效应

产业承接，战略对接。“一带一路”建设成为相关国家抓住产业承接机遇，融入全球产业价值链体系的难得机会。“21世纪是中国世纪”，“中国世纪来临的标志就是‘一带一路’”。它的核心内容是促进基础设施建设和互联互通，对接各国政策和发展战略，深化务实合作，促进协调联动发展，实现共同繁荣。

（三）共同发展效应

推动世界走出全球金融危机，实现共同发展，中国的和平崛起，带给全世界经济的拉动力量相当于当年大英帝国崛起的100倍，相当于当年美利坚合众国崛起的20倍。据美国咨询麦肯锡公司预测：到2050年，“一带一路”建设将贡献80%的世界经济增长，新增30亿中产阶级。未来10年，新增2.5万亿美元的贸易量。

今天的世界需要全球化，需要“合”。合，创造规模效应和系统整合效应，可给世界带来集约发展、可持续发展，而且“和合”文化，是中国文化的主要特征，可与世界共享。以高铁为例子，未来世界八成人生活在城市里，城际互联互通主要靠高铁、城际铁路、轨道交通，高铁正是中国装备“走出去”的标志，设施联通是合作发展的基础。陆上、海上、天上、网上四位一体的联通，关键通道、关键城市、关键项目，联结陆上公路、铁路道路网络和海上港口网络，将把世界紧紧地连在一起。

（四）中国模式效应

“一带一路”倡议就是在中国发展中解决世界的发展问题。比如，消除贫困，“一带一路”建设推动新型城镇化和人类生产、生活的新布局。再如，消除贫富差距，“一带一路”建设促进东西互济，陆海联通，缩小差距。又如，完善全球治理，“一带一路”倡议主张标本兼治，统筹协调。建设绿色丝绸之路、健康丝绸之路、智力丝绸之路、和平丝绸之路，就是在推动人类生产、生活、思维模式大转型，建设人类命运共同体。

（五）中国新形象效应

“一带一路”倡议的实施，使公共外交的作用凸显，并日益发挥重大作用，通过民间交流和合作，构建出中国和平崛起、开放包容的负责任中国的大国形象。

“一带一路”倡议实施与中国良好国家形象的构建密切相关，其为改善中国国家形象提供了条件，创造了机遇；同时，中国国家形象的改善将会促进、推动“一带一路”倡议的成功实施。公共外交历来被视为国家形象构建的“黄金工具”，要充分利用这一工具，在“一带一路”背景下构建中国良好的国家形象。

三、基于全球治理视角的中国理念阐述

全球治理理论是顺应世界多极化趋势而提出的旨在对全球政治事务进行共同管理的理论，最初由德国社会党国际前主席、国际发展委员会主席勃兰特于 1990 年提出，目前已形成共识，即：全球治理，指的是以人类整体论和共同利益为价值导向的，多元行为体平等对话、协商合作、共同应对全球变革和全球问题挑战的一种新的管理人类公共事务的规则、机制、方法和活动。1992 年，28 位国际知名人士发起成立了“全球治理委员会”（Commission on Global Governance），并由卡尔松和兰法尔任主席，该委员会于 1995 年发表了《天涯成比邻》（Our Global Neighborhood）的研究报告，较为系统地阐述了全球治理的概念、价值以及全球治理同全球安全、经济全球化、改革联合国和加强全世界法治的关系。自 1992 年全球治理委员会正式成立以来，全球治理的理论和实践已有 27 年历史。伴随着全球化的深入发展和人类相互依存的日益加深，全球治理的重要性愈来愈为人们所认同。它既是人类合作的新模式，也是时代发展的新要求，同时也成为一国对外战略的重要视角与内容。现有的“全球治理体系”是由英国和美国接力建立的，建立过程中经历了世界范围内的两次力量转换，而形成了今天以美国为主导的“全球治理体系”。

现有“全球治理体系”，又称“国际治理体系”，是指包括国际经济金融体系在内的一系列政治、经济、军事等国际制度。该体系是“二战”后由美国设计并主导的，建立了包括联合国、北约等政治、安全机制以及以美元为核心的世界经济、金融体系的一系列国际制度。这些制度大致可以分为两个部分：一部分反映了全球社会的普遍意志，例如联合国制度，这是以《联合国宪章》为依据建立起来的体现主权平等基本原则的国际制度。另一部分则主要反映的是西方国家的意志，例如世界贸易组织 WTO（其前身为关税及贸易总协定，GATT），以及大家普遍关注的国际货币基金组织、国际刑事法庭等。但随着全球利益格局的不断变化，中国等非西方国家也逐步加入了世界贸易组织 WTO 等国际组织。中国提出“一带一路”倡议，建立亚洲基础设施开发银行。

（一）中国是现行全球治理体系的参与者和建设者

中国不但在经济上全面而深入地融入到西方主导的全球经济体系中，而且越来越多地参与到政治、安全、社会、文化等各种国际制度中，不断提升了自己的地位。如今，中国加入了400多项多边条约，加入了所有联合国专门机构和绝大多数全球性政府间国际组织，并是世界银行、国际货币基金组织、亚洲开发银行的重要参与方。正如习近平主席访美期间所说的那样“中国是现行国际体系的参与者、建设者、贡献者，同时也是受益者”。因此说，中国始终是世界和平的建设者、全球发展的贡献者、国际秩序的维护者。

（二）西方发达国家是现行全球治理体系的治理者和守护者

现行全球治理体系虽然在维护国际和平和促进世界发展方面发挥了积极的历史性作用，但是，长期以来发达国家是“治理者”和治理体系的“中心”，而发展中国家则处于“被治理者”的“外围”地位的全球治理结构，使得发达国家通过主导国际规则的制定权和解释权来维护自身利益，而广大发展中国家因发言权的缺失而无法保障自身利益。特别是2008年国际金融危机的爆发和蔓延，充分暴露了现行全球经济治理体系的缺陷和弊端，也凸显出改革和完善全球经济治理体系的紧迫性和必要性。在此形势下，20国集团（G20）作为“国际经济合作主要平台”强势崛起；金砖国家（BRICS）从概念转化为机制，正成为“当代南南合作与南北对话的重要载体”；世界经济的三大支柱——世界银行、国际货币基金组织（IMF）和世界贸易组织（WTO）也进行着重大结构调整与制度改革。从2016年G20杭州峰会，到2017年5月的“一带一路”国际合作高峰论坛，再到2017年9月的金砖国家领导人厦门会晤，中国不断为全球治理贡献智慧与力量，在积极维护国际秩序同时，有效推进着国际秩序朝着更加公正合理的方向转型。

（三）中国要成为全球治理体系的改革者和引领者

中国始终是世界和平的建设者、全球发展的贡献者、国际秩序的维护者。中国作为全球第二大经济体，不仅要关注自身的发展，而且要带动发展中国家的发展，实现全球共同繁荣，在21世纪要发出“中国声音”，提出“中国方案”。积极有效地开展主场外交，形成“东道主效应”，塑造中国形象，发挥中国影响力。如亚信、APEC、G20、上海合作组织峰会、金砖国家领导人峰会等，提升了中国在世界和平发展和全球治理方面越来越重要的地位和作用。亚洲是世界第一大洲，地区安全挑战错综复杂，中国提出了“亚洲好，世界才好”的理念，拿出了解决亚洲安全问题的“中国方案”，国际社会日益期待和重视解决地区性和全球性挑战的“中国声音”“中国方案”。2014年11月APEC上提出了“亚太梦想”，即亚太共同繁荣、引领世界发展大势、经贸活动自由、人民生活安宁富足。习近平主席在2016年新年贺词中说“世界那么大，问题那么多，国际社会期待听到中国声音、看到中国方案，中国不能缺席”。

中国一方面倡导把合作共赢作为全球经济治理的基本理念，另一方面积极推动全球经济治理机制的改革与完善。对于新的“全球经济治理平台”的20国集团，中国努力进行维护和建设，推动G20对于全球经济问题的解决。中国还积极向周边地区乃至世界提供“公共产品”，提出构建丝绸之路经济带、21世纪海上丝绸之路、中印缅孟经济走廊、中巴经济走廊等重大倡议，成立丝路基金、亚洲基础设施投资银行、金砖开发银行，补充和完善现有国际金融治理体系。总之，中国遵循公开、透明、高效的原则，努力构建一个真正体现合作共赢理念的多边经济治理平台，推进全球经济强劲、可持续、平衡增长。

（四）中国追求国家利益和人类共同利益的均衡

中国在追求国家利益的同时也强调发展人类共同利益，并以此作为参与全球治理的责任和义务。中国为联合国维和行动贡献了最多力量、为世界经济贡献了最多增量、为全球治理转型升级贡献了最多智慧。

自2012年开始，随着“一带一路”倡议的推进，中国全方位走近世界舞台中央，从国际秩序中的参与者到引领者，越来越多的中国倡议上升为国际共识，越来越多的中国方案汇聚成国际行动，越来越多的中国机遇为世界共享。在此进程中，中国的国际话语权和软实力不断提高，中国的国际形象也在不断提升。

四、“一带一路”中的大国博弈分析

美国、俄罗斯、印度是“一带一路”沿线具有关键影响的大国，在此区域中拥有广泛的利益。中国推动的“一带一路”能源合作与上述三国的利益存在竞争甚或矛盾。积极厘清并管控这些竞争与矛盾，才能推动良性竞争、抑制恶性竞争，将矛盾控制在秩序的范围内，在良性竞争中共同获益。美国介入东亚事务并意图制约中国在中亚、中东的影响力，对“一带一路”能源合作政治环境产生负面影响；俄罗斯担忧“一带一路”建设淡化其建设欧亚经济联盟的努力；印度意图打造其“印太”大国地位，且在能源贸易、投资方面与中国存在竞争。因此，基于“一带一路”的大国博弈客观存在，不容忽视，必须认真对待。

（一）美国的“亚太再平衡战略”

美国推行“亚太再平衡战略”，在安全事务中制衡中国影响。美国对中国崛起的疑虑和偏见不断加深，并认为，东亚地区局势不稳的根源在于中国军事力量的快速发展及其对外政策的愈发强硬。美国推动建立由其主导的亚太合作，对中国与周边国家间既有合作机制构成竞争，在经济事务中制衡中国。2013年，美国促动日本加入“跨太平洋伙伴关系协定”（TTP）谈判，并于2015年11月完成了TTP签署。尽管特朗普当选总统后，废除了TTP，但是其军事遏制和挑衅更明显，不断地在中国周边制造事端，如钓鱼岛问题，南海问题，朝鲜核危机，韩国“萨德”问题等。面对日本的钓鱼岛“国有化”，我们采取了一是实现钓鱼岛的常态化巡航，二是设置了东海防空识别区，如此美国和日本都默默地承认了；菲律宾阿基诺三世政府挑衅中国在黄岩岛附近抓扣中国渔民，中国出动舰船实际控制了黄岩岛。面对美国怂恿菲律宾、越南不断挑衅中国，中国在南沙大规模“种岛”，建成了多个军事基地，对南海的实际军事控制能力大幅提高。

中美两国有许多共同的利益和需要双方携手的热点关注，因此要加强中美双方的高层密切交往，继续推动自2013年开始中美两军的军事合作和军事演习，更要加强中美两国的沟通和协商机制；不断推动与完善自2009年开始的中美战略与经济对话；开启始于2017年全面对话机制（外交安全对话，全面经济对话，执法与网络安全对话，社会与人文对话）。

如何避免零和博弈，是中美新型大国关系的关键。要建立“不冲突不对抗、相互尊重、合作共赢”的中美新型大国关系，不断深化双方的利益交融格局。作为在地区及全球事务中具有举足轻重影响的两个大国，中美两国在全球治理领域有着广泛的利益交汇点，也肩负着重要的责任和使命。对于中美两国来说，要避免“囚徒困境”，中美合则两利，斗则俱损。

（二）俄罗斯的“欧亚一体化战略”

俄罗斯将中亚地区视为其重要的战略后方，推动与中亚国家的经济一体化进程，是俄罗斯对外政策的重要考虑。俄罗斯对外政策的优先方向是进一步巩固独联体，致力于加强独联体地区一体化进程，优先任务是建立欧亚经济联盟。2013年，吉尔吉斯斯坦、塔吉克斯坦申请加入俄罗斯、白俄罗斯、哈萨克斯坦三国关税同盟，亚美尼亚正式加入关税同盟，俄主导的欧亚经济联盟取得重要进展。

基于此，中国不谋求在中亚地区的主导地位，俄罗斯推进的欧亚经济一体化既不抵消中亚各国开展对华经济合作的需求，也并不过于排斥中国。欧亚经济联盟与丝绸之路经济带完全可以并行不悖地共同发展，可逐步推动形成“欧亚经济联盟+1（中国）”模式，推动中国与该机制的合作。中国与中亚各国能源合作深化发展，互联互通建设不断取得成绩，俄罗斯对此难免疑虑。如何在“一带一路”能源合作中与俄罗斯互利共赢、助其充实欧亚经济联盟、避免恶性竞争。

俄罗斯对中国推动“一带一路”建设及相关能源合作总体上持积极态度，中俄能源合作对于双方更是具有战略意义。积极谋划欧亚大陆南北向（纵向）互联互通项目，合作推动以乌鲁木齐为中心，北通远东及新西伯利亚、南至印度的纵跨欧亚大陆的油气管线建设。俄罗斯长期以来一直力图开辟进入亚太和印度洋的便捷通道，使自己在新西伯利亚和远东的能源资源更便利地进入东亚、南亚、东南亚市场。中、印则由于能源资源短缺，始终希望利用更为便捷的通道进口俄罗斯东部地区的能源资源产品。相关项目的建设将牢固捆绑三国利益，深刻改变欧亚大陆能源、地缘格局，并对世界政治格局产生影响。协调中俄能源上下游合作，使能源产业涉及上游的勘探开发、中游的运输、下游的炼化与销售等高附加值产业。中俄在天津炼化厂和亚马尔气田液化天然气项目中的合作，开启了中俄间能源上下游产业链的合作。通过向俄方开放一定量的下游产业，中国实际上为俄方留出了更多的高产业附加值空间，将双方利益捆绑在一起。

（三）印度的季节计划（Project Mausam）

中印两国的国情极其相似，同为世界上的人口大国，同为两个最大的发展中国家，同为金砖国家成员，本身的发展受到现有美国主导下的国际政治经济体系的桎梏和西方世界的联合打压。中国和印度都是人口总量庞大、国内油气资源相对匮乏，而经济和能源需求增长又十分迅速的发展中大国，消耗了全世界能源消费增量中的绝大部分。2010—2011 年度印度能源消费达到 5.22 亿吨油当量，预计至 2016—2017 年度，印度能源消费将达到 6.81 亿吨至 7.38 亿吨油当量，其石油对外依存度超过 70%。迅速增长的能源消费促使印度大力寻求长期稳定的能源进口源和安全的运输通道。而中国的石油对外依存度也已接近 60%。因此，两国都在努力争取与中东、中亚乃至非洲油气产区国进行能源合作，积极扩大自身在相关地区的政治、经济影响力。对于中印两国来说，扩大与能源产地国合作，几乎都是经济因素与政治因素各半。

印度对中国在区内地位的上升有所顾虑，且两国间在国际能源贸易中存在竞争。面对“一带一路”，印度实施了“季节计划”，在印度洋地区的安全和贸易中，印度的地位和作用是独一无二的。印度的位置和权力使其是印度洋地区秩序的组织者。印度非常重视其南亚影响力，并积极发展与中亚、东南亚各国的双、多边关系。近年来，印度陆续强化与印度尼西亚、缅甸、日本的双边关系，并积极与东盟深化合作；努力扩大与哈萨克斯坦等中亚国家的能源贸易规模，并深化上下游合作水平。作为发展中大国，印度加强与“印太”区域各国关系与能源合作，但又难免与中国产生竞争。印度实施的“季节计划（Mausam）”对“21世纪海上丝绸之路”的影响和反制，印度的位置和权力使其成为印度洋秩序的组织者，印度是“印度洋海军大会”和“反海盗联络集团”的创始国。

从这个层次而言，印度是中国可以选择而且必须选择的战略合作伙伴，印度是中国突破美国战略遏制、打破美国东亚霸权的必要选择。美国视印度为推行其亚太“再平衡战略”的重要伙伴，意欲利用中印矛盾和竞争心理挑动两个相邻大国对抗，迟滞中国崛起的势头，因此百般拉拢印度对中国进行联合遏制。中国影响力扩散至印度洋地区是自然延伸式的，中国在印度洋更多的是追求经济利益，而非战略安全，中国的利益更多地集中在北印度洋地区，和印度致力于向印度洋南部挺进并不矛盾。印度追求成为印度洋地区占主导地位的国家，而中国崛起和影响力进入印度洋地区可能对此造成威胁，印度担心中国崛起导致亚洲可能成为一个单极地区，因而影响印度在亚洲的地位。

中印之间在边界问题、贸易纠纷、对彼此的安全认知等诸多具体问题上还存在着较大的分歧，这些都不符合当前印度在中国的地缘战略中的角色定位。因此，从大局出发，和印度展开全方位的战略合作，不断增信释疑，加强交流与合作，扩大利益共同体，既有利于边界争端等具体问题的解决，促进中印双边关系的成熟和向更高轨道的发展，也符合印度作为中国战略合作伙伴的角色定位，有助于突破美国的战略遏制，从而对当前中国地缘战略的整体规划带来积极作用。

（四）重视中美竞争与合作，兼顾俄、印利益

中、美、俄、印等国在“一带一路”各有利益和选择，在比较分析的基础上，重视合作，避免零和博弈，见表 1。

表1　中、美、俄、印的博弈比较

项目		美国	俄罗斯	印度	中国
主体		守成大国	地区大国	地区大国	新兴大国
战略	名称	亚太再平衡	欧亚一体化	关注南亚、中亚	一带一路
	相容性	冲突、需找共同点	连通、联通	竞争	竞合
能源依赖度			输出	进口 70%	进口 60%
竞争	东亚	美日韩同盟，美国优先		麦克马洪线、中印巴三角关系，季节计划 Project Mausam	东盟自贸区升级 2.0 、RCEP、中日韩自贸区商谈
	欧洲	TTIP			中欧自贸区商谈
	综合	不能让中国来制订贸易规则			一带一路
合作	军事	不对抗、不冲突，相互尊重，合作共赢			
	经济	中美战略与经济对话（8 轮，始于 2009 年）			
	人文	首轮中美社会与人文对话（2017 年）			
	全面	全面对话机制（外交安全对话，全面经济对话，执法与网络安全对话，社会与人文对话，始于 2017 年）			

注：根据公开资料摘编、整理、分析所得。

（五）合作共赢战略

在美、俄、印、中四方博弈中，尽可能采取互赢、多赢的策略，避免单赢、单损的情况出现，最重要的、最关键的是最差情况出现时的应对方案。一个安宁稳定的周边环境和争取一切可以突破美国遏制的战略合作伙伴是中国崛起的战略基点，当然，坚持“合纵与联横”，这也是当前中国制定一切地缘战略所应遵守的核心准则。在“一荣不一定俱荣、一损则一定俱损”的全球治理理念下，坚持合作共赢战略。但是，尽管“一带一路”在经济上通过增强与沿线国家的深度一体化合作来加大各国的“绝对收益”，然而，安全问题往往是“零和博弈”，是现实主义路径，目标与路径的差异增加了地缘政治的复杂性，也加大了“一带一路”倡议的理想目标和现实可能之间的距离。

五、“一带一路”中的策略选择

持续推进“一带一路”倡议，可根据时间、空间、环境的变化，来采取既定的柔性策略，兼具目标性与灵活性的策略。

（一）持续推进中美大国关系

超越大国争霸历史惯性的“修昔底德陷阱”，是中美必须面对、也是不断考量的问题，仍是中美发展面临的时代重任，如何处理好朝核、南海、人权、经贸等敏感议题仍在考验着两国的政治互信与大国智慧。中美两国应增强共识，建立新型大国关系，共同推进“一带一路”，共建人类命运共同体。中美两国要坚持：一是相互尊重，增进互信。双方要始终尊重彼此的社会制度和发展道路，尊重彼此的主权和领土完整以及发展利益。二是互利互惠，合作共赢。要始终聚焦共同利益，不断扩大合作空间。三是求同存异，和而不同。不应把分歧作为对抗和冲突的理由，而是通过对话沟通，不断扩大双方共同点和合作领域。四是厚植友谊，共生共享。要通过加强人文交流，不断夯实两国关系的社会和民意基础。

2017 年 9 月 26 日，由中国人民大学和哥伦比亚大学共同主办、中国人民大学重阳金融研究院和亚洲协会政策研究院共同承办的“中美大学校长和智库论坛”在纽约哥伦比亚大学成功召开，大会主题为“未来 50 年的中美关系”，期间中国人民大学重阳金融研究院执行院长王文教授予亚洲协会政策研究院执行主任黛博拉·艾森曼各自代表本机构签署了《中美合作推进“一带一路”项目调研》的谅解备忘录。这是中美著名智库间签署的首份关于合作推进“一带一路”项目调研的谅解备忘录，它意味着中国“一带一路”倡议的推进，尤其是在大国间人文交流方面取得了重大突破，中美著名智库对“一带一路”倡议的共同认识和研究将会极大的加强中美两国各层面对“一带一路”建设的认同感和参与度。基辛格博士演讲中称赞“‘一带一路’将大西洋与太平洋通过欧亚大陆联系在一起，影响深远，再次显示中国作为古老文明而非现代民族国家的担当。美国应吸取亚投行教训，对此做出积极表态”。

“一带一路”强调共商共建共享，并不局限于沿线国家，也包括相关国家。项目也许在沿线国家，但标准、规则、资金、技术、人才是全球性的，美国企业、美国人和美元已经大量参与了“一带一路”建设，比如马六甲皇京港建设，美国公司投了百亿而中国公司投了 300 亿马币，亚投行用的也是美元，丝路基金首席顾问是美国人。因此，美国是“一带一路”相关国家和事实上的参与国家。美国是世界所有国家的邻国。中国的智慧是太极——借力，不会也无法排斥美国。“一带一路”是中国全方位开放战略，推动经济发展模式转型，并激发新的全球市场，实现全球化从部分全球化（Partial Globalization）到完整全球化（Inclusive Globalization）的升级。“一带一路”1.0 是中国倡议，以古丝绸之路历史记忆激活欧亚非国际合作热情；“一带一路”2.0 是中美共同倡议，随着全球气候变暖，白令海峡隧道开通，从欧亚大陆延伸到北美、拉美，从传统“五通”领域拓展去经营世界的新领域：太空、深海、极地、网络等。“一带一路”2.0 开创欧亚大陆时代 2.0——陆海联通、海洋时代 2.0——深海时代，从地理大发现到时空大发现。“一带一路”2.0 时代空间拓展到赤道、北极，延伸到南美等，以开放包容精神，开创新的全球化，将中国传统“天地人”思维拓展到“天地人海空网”，实现人机交互、天地一体，万物互联，打造 21 世纪人类新文明。

（二）巩固中俄互信关系

推进中俄蒙经济带建设，不论是俄罗斯还是中亚国家，在交通运输设施方面并不很发达，特别是俄罗斯东部地区较为落后。哈萨克斯坦在交通运输设施建设方面也面临着巨大的任务，在加强交通运输设施建设中，在资金与技术等方面都需要与国外合作，中国在这一领域可以成为重要的合作伙伴。目前，中国有两条铁路与哈连接，一条是在阿拉山口，一条在霍尔果斯口岸。在这一口岸依托铁路，中哈两国已建立起跨国合作中心与国际合作区，预计到 2018 年货运量可达到 2 500 万吨。并且，中哈两国铁路、公路的相通，意味着中国与中亚各国都相连接了起来。然后再建中吉、中乌铁路，这样就可以形成较为完整的中亚立体交通网。

2013 年中国从俄进口石油 2 435 万吨，这个供应量将逐步增加，并且在电力、煤与核能方面都有合作。2014 年 5 月 21 日，中国石油天然气集团公司和俄罗斯天然气工业股份公司在上海签署了《中俄东线供气购销合同》。根据双方商定，从 2018 年起，俄罗斯开始通过中俄天然气管道东线向中国供气，输气量逐年增长，最终达到每年 380 亿立方米，累计 30 年。目前，西线向中国供气的合作项目正在洽谈中。还有 2012 年，哈萨克斯坦向中国出口石油 1 070. 37 万吨。2013 年，土库曼斯坦向中国出口天然气 241 亿立方米，这比 2012 年增加了 22%，占中国天然气进口总量的一半。乌兹别克斯坦对中国出口天然气逐年增加，到 2016 年可能达到 250 亿立方米。

（三）加强与印度的合作与交流

中印之间有边界分歧，而且短期内也不能最终解决，但中印关系也不会严重恶化。1993 年中印签署了《关于在中印边境实际控制线地区保持和平与安宁的协定》，中印关系总体稳定，目前，中印双方关于“三步走”解决边境问题的路线图已有共识。印度的战略目标是南亚霸权而非世界霸权，而中国并不寻求在南亚地区的主导地位，中国将长期需要改善与印度的关系而不是与其交恶。

美国一直示好印度，以此联印制华。而印度希望发展经济，不想成为地缘博弈的牺牲品，更不愿成为美国的枪手而错过中国的发展机遇。中印目前有金砖国家、中俄印、上合组织、亚投行等一系列国际协作平台的沟通合作渠道，因此，要加强与印度的经济合作与交流。但是要警惕美印正在商谈的《后勤保障协议》，希望印度相对处于中立，不偏向美国，损害中国的利益。

2017 年 5 月 22—26 日，印度实施了从亚太延伸到非洲的“自由走廊”计划，拟与日本合作，在非洲、伊朗、斯里兰卡和东南亚国家兴建多个基础建设项目。该计划试图平衡中国提出的连接欧亚和非洲的“一带一路”倡议的影响，印度政府的经济优先政策与中国“一带一路”是可以对接的，认识到“一带一路”对改善印度经济的价值，促进中印之间的良性互动发展。中印可在更多层面进行合作，不与中国为敌，在条件许可的情况下，可签署战略合作伙伴关系。

（四）竞争与合作中并存、共赢

当今世界，和平发展依然是主旋律，需要与更多国家进行合作来推动中国的国家战略，完成中华民族的伟大复兴的中国梦。但是世界各国的博弈越来越激烈，美国围堵中国每天都在进行，打断中国发展的战略计划每天都在推进，中国此时既不能与其撕破脸，更不能对遏华战略视而不见，而是要立足中国自己的综合国力，找准各国的利益点，用未来共同的利益和自己的能力推动双方和多方合作，用中国独有的优势推动中国的大国战略，以此来拆解美国对中国的围堵战略。

中国的“一带一路”倡议和美国的围堵战略一直在抢时间，只要中国扎扎实实推进，美国遏华战略必败，原因是中国“一带一路”倡议更有利于大家，更符合世界发展潮流，更符合各国人民利益。大国博弈，赢在国家是否发展，民族是否强大上。

六、结论

“一带一路”倡议是中国责任、中国智慧的体现，更有共同发展、共同富裕的愿景，需要与世界各国共同发展，更需要与美国建立新型大国关系中发展和前行，妥善处理好各国博弈关系，在竞争与合作中共同前行，关注各国的利益诉求和底线。

中美之间爆发冲突对全世界而言将是灾难，合作是唯一选择，无论如何世界潮流都会向前发展，我们别无选择。美国过去的9任总统都选择与中国建立合作伙伴关系，这是两国关系向前发展的基础，未来中美两国领导人仍应以对话与合作为基础，共同应对挑战。

中国提出的“一带一路”倡议将中国与中亚、欧洲相连接，其意义深远。从太平洋到大西洋，亚太文明将深入联结。

其次，要巩固与俄罗斯的战略伙伴关系，在“一带一路”倡议中共荣共存。

第三，要重视与印度的关系，寻求利益共同点。

通过“一带一路”倡议，要展示我国的国家形象，重点展示中国历史底蕴深厚、各民族多元一体、文化多样和谐的文明大国形象，政治清明、经济发展、文化繁荣、社会稳定、人民团结、山河秀美的东方大国形象，坚持和平发展、促进共同发展、维护国际公平正义、为人类做出贡献的负责任大国形象，对外更加开放、更加具有亲和力、充满希望、充满活力的社会主义大国形象。

参考文献

1. 文一：《伟大的中国工业革命》，清华大学出版社，2016年。
2. 唐小松，景丽娜：《“一带一路”背景下公共外交与中国国家形象构建》，《公共外交季刊》，2017年第2期夏季号，第22-27页。
3. 蔡拓：《全球治理的中国视角与实践》，《中国社会科学》，2004年第1期。
4. 卢静：《中国参与全球治理的角色责任与任务》，《前线》，2015年第9期，第44-47页。
5. 杨晨曦：《“一带一路”区域能源合作中的大国因素及应对策略》，《国际政治与经济》，2014年第4期，第124-128页。
6. 韦宗友：《安全治理合作：中美全球治理合作新空间》，《当代世界》，2015年第9期，第23页。
7. 李英铭：《印度在中国地缘战略中的角色定位及影响》，《亚非纵横》，2014年第3期，第64-74页。
8. 陈水胜：《中国特色公共外交的“三个转向”》，《公共外交季刊》，2017年第1期春季号，第30-34页。

Work Together to Build the Silk Road Economic Belt and the 21st Century Maritime Silk Road

H. E. Xi Jinping, President of the People's Republic of China
At the Opening Ceremony of The Belt and Road Forum for International Cooperation
14 May 2017

Distinguished Heads of State and Government,
Heads of International Organizations,
Ladies and Gentlemen,
Dear Friends,

In this lovely season of early Summer when every living thing is full of energy, I wish to welcome all of you, distinguished guests representing over 100 countries, to attend this important forum on the Belt and Road Initiative held in Beijing. This is indeed a gathering of great minds. In the coming two days, I hope that by engaging in full exchanges of views, we will contribute to pursuing the Belt and Road Initiative, a project of the century, so that it will benefit people across the world.

Ladies and Gentlemen,

Dear Friends,

Over 2 000 years ago, our ancestors, trekking across vast steppes and deserts, opened the transcontinental passage connecting Asia, Europe and Africa, known today as the Silk Road. Our ancestors, navigating rough seas, created sea routes linking the East with the West, namely, the maritime Silk Road. These ancient silk routes opened windows of friendly engagement among nations, adding a splendid chapter to the history of human progress. The thousand-year-old "gilt bronze silkworm" displayed at China's Shaanxi History Museum and the Belitung shipwreck discovered in Indonesia bear witness to this exciting period of history.

Spanning thousands of miles and years, the ancient silk routes embody the spirit of peace and cooperation, openness and inclusiveness, mutual learning and mutual benefit. The Silk Road spirit has become a great heritage of human civilization.

—Peace and cooperation. In China's Han Dynasty around 140 B. C., Zhang Qian, a royal emissary, left Chang'an, capital of the Han Dynasty. He traveled westward on a mission of peace and opened an overland route linking the East and the West, a daring undertaking which came to be known as Zhang Qian's journey to the Western regions. Centuries later, in the years of Tang, Song and Yuan Dynasties, such silk routes, both over land and at sea, boomed. Great adventurers, including Du Huan of China, Marco Polo of Italy and ibn Batutah of Morocco, left their footprints along these ancient routes. In the early 15th century, Zheng He, the famous Chinese navigator in the Ming Dynasty, made seven voyages to the Western Seas, a feat which still is remembered today. These pioneers won their place in history not as conquerors with warships, guns or swords. Rather, they are remembered as friendly emissaries leading camel caravans and sailing treasure-loaded ships. Generation after generation, the silk routes travelers have built a bridge for peace and East-West cooperation.

—Openness and inclusiveness. The ancient silk routes spanned the valleys of the Nile, the Tigris and Euphrates, the Indus and Ganges and the Yellow and Yangtze Rivers. They connected the birthplaces of the Egyptian, Babylonian, Indian and Chinese civilizations as well as the lands of Buddhism, Christianity and Islam and homes of people of different nationalities and races. These routes enabled people of various civilizations, religions and races to interact with and embrace each other with open mind. In the course of exchange, they fostered a spirit of mutual respect and were engaged in a common endeavor to pursue prosperity. Today, ancient cities of Jiuquan, Dunhuang, Tulufan, Kashi, Samarkand, Baghdad and Constantinople as well as ancient ports of Ningbo, Quanzhou, Guangzhou, Beihai, Colombo, Jeddah and Alexandria stand as living monuments to these past interactions. This part of history shows that civilization thrives with openness and nations prosper through exchange.

—Mutual learning. The ancient silk routes were not for trade only, they boosted flow of knowledge as well. Through these routes, Chinese silk, porcelain, lacquerwork and ironware were shipped to the West, while pepper, flax, spices, grape and pomegranate entered China. Through these routes, Buddhism, Islam and Arab astronomy, calender and medicine found their way to China, while China's four great inventions and silkworm breeding spread to other parts of the world. More importantly, the exchange of goods and know-how spurred new ideas. For example, Buddhism originated in India, blossomed in China and was enriched in Southeast Asia. Confucianism, which was born in China, gained appreciation by European thinkers such as Leibniz and Voltaire. Herein lies the appeal of mutual learning.

—Mutual benefit. The ancient silk routes witnessed the bustling scenes of visits and trade over land and ships calling at ports. Along these major arteries of interaction, capital, technology and people flowed freely, and goods, resources and benefits were widely shared. The ancient prosperous cities of Alma-Ata, Samarkand and Chang'an and ports of Sur and Guangzhou thrived, so did the Roman Empire as well as Parthia and Kushan Kingdoms. The Han and Tang Dynasties of China entered the golden age. The ancient silk routes brought prosperity to these regions and boosted their development.

History is our best teacher. The glory of the ancient silk routes shows that geographical distance is not insurmountable. If we take the first courageous step towards each other, we can embark on a path leading to friendship, shared development, peace, harmony and a better future.

Ladies and Gentlemen,

Dear Friends,

From the historical perspective, humankind has reached an age of great progress, great transformation and profound changes. In this increasingly multi - polar, economically globalized, digitized and culturally diversified world, the trend toward peace and development becomes stronger, and reform and innovation are gaining momentum. Never have we seen such close interdependence among countries as today, such fervent desire of people for a better life, and never have we had so many means to prevail over difficulties.

In terms of reality, we find ourselves in a world fraught with challenges. Global growth requires new drivers, development needs to be more inclusive and balanced, and the gap In terms of reality, we find ourselves in a world fraught with challenges. Global growth requires new drivers, development needs to be more inclusive and balanced, and the gap between the rich and the poor needs to be narrowed. Hotspots in some regions are causing instability and terrorism is rampant. Deficit in peace, development and governance poses a daunting challenge to mankind. This is the issue that has always been on my mind.

In the autumn of 2013, respectively in Kazakhstan and Indonesia, I proposed the building of the Silk Road Economic Belt and the 21st Century Maritime Silk Road, which I call the Belt and Road Initiative. As a Chinese saying goes, "Peaches and plums do not speak, but they are so attractive that a path is formed below the trees." Four years on, over 100 countries and international organizations have supported and got involved in this initiative. Important resolutions passed by the UN General Assembly and Security Council contain reference to it. Thanks to our efforts, the vision of the Belt and Road Initiative is becoming a reality and bearing rich fruit.

—These four years have seen deepened policy connectivity. I have said on many occasions that the pursuit of the Belt and Road Initiative is not meant to reinvent the wheel. Rather, it aims to complement the development strategies of countries involved by leveraging their comparative strengths. We have enhanced coordination with the policy initiatives of relevant countries, such as the Eurasian Economic Union of Russia, the Master Plan on ASEAN Connectivity, the Bright Road initiative of Kazakhstan, the Middle Corridor initiative of Turkey, the Development Road initiative of Mongolia, the Two Corridors, One Economic Circle initiative of Viet Nam, the Northern Powerhouse initiative of the UK and the Amber Road initiative of Poland. We are also promoting complementarity between China's development plan and those of Laos, Cambodia, Myanmar, Hungary and other countries. China has signed cooperation agreements with over 40 countries and international organizations and carried out framework cooperation on production capacity with more than 30 countries. During the forum, a number of cooperation agreements on policy connectivity and action plans will be signed. We will also launch Belt and Road cooperation initiative on trade connectivity together with some 60 countries and international organizations. Such policy connectivity will produce a multiplying effect on cooperation among the parties involved.

—These four years have seen enhanced infrastructure connectivity. Building roads and railways creates prosperity in all sectors. We have accelerated the building of Jakarta-Bandung high-speed railway, China-Laos railway, Addis Ababa-Djibouti railway and Hungary-Serbia railway, and upgraded Gwadar and Piraeus ports in cooperation with relevant countries. A large number of connectivity projects are also in the pipeline. Today, a multi-dimensional infrastructure network is taking shape, one that is underpinned by economic corridors such as China-Pakistan Economic Corridor, China-Mongolia-Russia Economic Corridor and the New Eurasian Continental Bridge, featuring land-sea-air transportation routes and information expressway and supported by major railway, port and pipeline projects.

—These four years have seen increased trade connectivity. China has worked with other countries involved in the Belt and Road Initiative to promote trade and investment facilitation and improve business environment. I was told that for Kazakhstan and other Central Asian countries alone, customs clearance time for agricultural produce exporting to China is cut by 90%. Total trade between China and other Belt and Road countries in 2014—2016 has exceeded US $ 3 trillion, and China's investment in these countries has surpassed US $ 50 billion. Chinese companies have set up 56 economic cooperation zones in over 20 countries, generating some US $ 1.1 billion of tax revenue and 180 000 jobs for them.

—These four years have seen expanded financial connectivity. Financing bottleneck is a key challenge to realizing connectivity. China has engaged in multiple forms of financial cooperation with countries and organizations involved in the Belt and Road Initiative. The Asian Infrastructure Investment Bank has provided US $ 1.7 billion of loans for 9 projects in Belt and Road participating countries. The Silk Road Fund has made US $ 4 billion of investment, and the 16+1 financial holding company between China and Central and Eastern European countries has been inaugurated. With distinctive focus, these new financial mechanisms and traditional multilateral financial institutions such as the World Bank complement each other. A multi-tiered Belt and Road financial cooperation network has taken an initial shape.

—These four years have seen strengthened people-to-people connectivity. Friendship, which derives from close contact between the people, holds the key to sound state-to-state relations. Guided by the Silk Road spirit, we the Belt and Road Initiative participating countries have pulled our efforts to build the educational Silk Road and the health Silk Road, and carried out cooperation in science, education, culture, health and people-to-people exchange. Such cooperation has helped lay a solid popular and social foundation for pursuing the Belt and Road Initiative. Every year, the Chinese government provides 10 000 government scholarships to the relevant countries. China's local governments have also set up special Silk Road scholarships to encourage international cultural and educational exchanges. Projects of people-to-people cooperation such as Silk Road culture year, tourism year, art festival, film and TV project, seminar and think tank dialogue are flourishing. These interactions have brought our people increasingly closer.

These fruitful outcomes show that the Belt and Road Initiative responds to the trend of the times, conforms to the law of development, and meets the people's interests. It surely has broad prospects.

Ladies and Gentlemen,

Dear Friends,

As we often say in China, "The beginning is the most difficult part." A solid first step has been taken in pursuing the Belt and Road Initiative. We should build on the sound momentum generated to steer the Belt and Road Initiative toward greater success. In pursuing this endeavor, we should be guided by the following principles:

First, we should build the Belt and Road into a road for peace. The ancient silk routes thrived in times of peace, but lost vigor in times of war. The pursuit of the Belt and Road Initiative requires a peaceful and stable environment. We should foster a new type of international relations featuring win-win cooperation; and we should forge partnerships of dialogue with no confrontation and of friendship rather than alliance. All countries should respect each other's sovereignty, dignity and territorial integrity, each other's development paths and social systems, and each other's core interests and major concerns.

Some regions along the ancient Silk Road used to be a land of milk and honey. Yet today, these places are often associated with conflict, turbulence, crisis and challenge. Such state of affairs should not be allowed to continue. We should foster the vision of common, comprehensive, cooperative and sustainable security, and create a security environment built and shared by all. We should work to resolve hotspot issues through political means, and promote mediation in the spirit of justice. We should intensify counter-terrorism efforts, address both its symptoms and root causes, and strive to eradicate poverty, backwardness and social injustice.

Second, we should build the Belt and Road into a road of prosperity. Development holds the master key to solving all problems. In pursuing the Belt and Road Initiative, we should focus on the fundamental issue of development, release the growth potential of various countries and achieve economic integration and interconnected development and deliver benefits to all.

Industries are the foundation of economy. We should deepen industrial cooperation so that industrial development plans of different countries will complement and reinforce each other. Focus should be put on launching major projects. We should strengthen international cooperation on production capacity and equipment manufacturing, and seize new development opportunities presented by the new industrial revolution to foster new businesses and maintain dynamic growth.

Finance is the lifeblood of modern economy. Only when the blood circulates smoothly can one grow. We should establish a stable and sustainable financial safeguard system that keeps risks under control, create new models of investment and financing, encourage greater cooperation between government and private capital and build a diversified financing system and a multi-tiered capital market. We should also develop inclusive finance and improve financial services networks.

Infrastructure connectivity is the foundation of development through cooperation. We should promote land, maritime, air and cyberspace connectivity, concentrate our efforts on key passageways, cities and projects and connect networks of highways, railways and sea ports. The goal of building six major economic corridors under the Belt and Road Initiative has been set, and we should endeavor to meet it. We need to seize opportunities presented by the new round of change in energy mix and the revolution in energy technologies to develop global energy interconnection and achieve green and low-carbon development. We should improve trans-regional logistics network and promote connectivity of policies, rules and standards so as to provide institutional safeguards for enhancing connectivity.

Third, we should build the Belt and Road into a road of opening up. Opening up brings progress while isolation results in backwardness. For a country, opening up is like the struggle of a chrysalis breaking free from its cacoon. There will be short-term pains, but such pains will create a new life. The Belt and Road initiative should be an open one that will achieve both economic growth and balanced development.

We should build an open platform of cooperation and uphold and grow an open world economy. We should jointly create an environment that will facilitate opening up and development, establish a fair, equitable and transparent system of international trade and investment rules and boost the orderly flow of production factors, efficient resources allocation and full market integration. We welcome efforts made by other countries to grow open economies based on their national conditions, participate in global governance and provide public goods. Together, we can build a broad community of shared interests.

Trade is an important engine driving growth. We should embrace the outside world with an open mind, uphold the multilateral trading regime, advance the building of free trade areas and promote liberalization and facilitation of trade and investment. Of course, we should also focus on resolving issues such as imbalances in development, difficulties in governance, digital divide and income disparity and make economic globalization open, inclusive, balanced and beneficial to all.

Fourth, we should build the Belt and Road into a road of innovation. Innovation is an important force powering development. The Belt and Road initiative is new by nature and we need to encourage innovation in pursuing this initiative.

We should pursue innovation-driven development and intensify cooperation in frontier areas such as digital economy, artificial intelligence, nanotechnology and quantum computing, and advance the development of big data, cloud computing and smart cities so as to turn them into a digital silk road of the 21st century. We should spur the full integration of science and technology into industries and finance, improve the environment for innovation and pool resources for innovation. We should create space and build workshops for young people of various countries to cultivate entrepreneurship in this age of the internet and help realize their dreams.

We should pursue the new vision of green development and a way of life and work that is green, low-carbon, circular and sustainable. Efforts should be made to strengthen cooperation in ecological and environmental protection and build a sound ecosystem so as to realize the goals set by the 2030 Agenda for Sustainable Development.

Fifth, we should build the Belt and Road into a road connecting different civilizations. In pursuing the Belt and Road Initiative, we should ensure that when it comes to different civilizations, exchange will replace estrangement, mutual learning will replace clashes, and coexistence will replace a sense of superiority. This will boost mutual understanding, mutual respect and mutual trust among different countries.

We should establish a multi-tiered mechanism for cultural and people-to-people exchanges, build more cooperation platforms and open more cooperation channels. Educational cooperation should be boosted, more exchange students should be encouraged and the performance of cooperatively run schools should be enhanced. Think tanks should play a better role and efforts should be made to establish think tank networks and partnerships. In the cultural, sports and health sectors, new cooperation models should be created to facilitate projects with concrete benefits. Historical and cultural heritage should be fully tapped to jointly develop tourist products and protect heritage in ways that preserve the distinctive features of the Silk Road. We should strengthen exchanges between parliaments, political parties and non-governmental organizations of different countries as well as between women, youths and people with disabilities with a view to achieving inclusive development. We should also strengthen international counter-corruption cooperation so that the Belt and Road will be a road with high ethical standards.

Ladies and Gentlemen,

Dear Friends,

China has reached a new starting point in its development endeavors. Guided by the vision of innovative, coordinated, green, open and inclusive development, we will adapt to and steer the new normal of economic development and seize opportunities it presents. We will actively promote supply-side structural reform to achieve sustainable development, inject strong impetus into the Belt and Road Initiative and create new opportunities for global development.

—China will enhance friendship and cooperation with all countries involved in the Belt and Road Initiative on the basis of the Five Principles of Peaceful Co-existence. We are ready to share practices of development with other countries, but we have no intention to interfere in other countries' internal affairs, export our own social system and model of development, or impose our own will on others. In pursuing the Belt and Road Initiative, we will not resort to outdated geopolitical maneuvering. What we hope to achieve is a new model of win-win cooperation. We have no intention to form a small group detrimental to stability, what we hope to create is a big family of harmonious co-existence.

—China has reached practical cooperation agreements with many countries on pursuing the Belt and Road Initiative. These agreements cover not only projects of hardware connectivity, like transport, infrastructure and energy, but also software connectivity, involving telecommunications, customs and quarantine inspection. The agreements also include plans and projects for cooperation in economy and trade, industry, ecommerce, marine and green economy. The Chinese railway authorities will sign agreements with their counterparts of related countries to deepen cooperation on China-Europe regular railway cargo service. We will work to launch these cooperation projects at an early date and see that they deliver early benefits.

—China will scale up financing support for the Belt and Road Initiative by contributing an additional RMB 100 billion to the Silk Road Fund, and we encourage financial institutions to conduct overseas RMB fund business with an estimated amount of about RMB 300 billion. The China Development Bank and the Export-Import Bank of China will set up special lending schemes respectively worth RMB 250 billion equivalent and RMB 130 billion equivalent to support Belt and Road cooperation on infrastructure, industrial capacity and financing. We will also work with the AIIB, the BRICS New Development Bank, the World Bank and other multilateral development institutions to support Belt and Road related projects. We will work with other parties concerned to jointly formulate guidelines for financing the Belt and Road related development projects.

—China will endeavor to build a win-win business partnership with other countries participating in the Belt and Road Initiative, enhance trade and investment facilitation with them, and build a Belt and Road free trade network. These efforts are designed to promote growth both in our respective regions and globally. During this forum, China will sign business and trade cooperation agreements with over 30 countries and enter into consultation on free trade agreements with related countries. China will host the China International Import Expo starting from 2018.

—China will enhance cooperation on innovation with other countries. We will launch the Belt and Road Science, Technology and Innovation Cooperation Action Plan, which consists of the Science and Technology People-to-People Exchange Initiative, the Joint Laboratory Initiative, the Science Park Cooperation Initiative and the Technology Transfer Initiative. In the coming five years, we will offer 2 500 short-term research visits to China for young foreign scientists, train 5, 000 foreign scientists, engineers and managers, and set up 50 joint laboratories. We will set up a big data service platform on ecological and environmental protection. We propose the establishment of an international coalition for green development on the Belt and Road, and we will provide support to related countries in adapting to climate change.

—In the coming three years, China will provide assistance worth RMB 60 billion to developing countries and international organizations participating in the Belt and Road Initiative to launch more projects to improve people's well-being. We will provide emergency food aid worth RMB 2 billion to developing countries along the Belt and Road and make an additional contribution of US $ 1 billion to the Assistance Fund for South-South Cooperation. China will launch 100 "happy home" projects, 100 poverty alleviation projects and 100 health care and rehabilitation projects in countries along the Belt and Road. China will provide relevant international organizations with US $ 1 billion to implement cooperation projects that will benefit the countries along the Belt and Road.

—China will put in place the following mechanisms to boost Belt and Road cooperation: a liaison office for the Forum's follow-up activities, the Research Center for the Belt and Road Financial and Economic Development, the Facilitating Center for Building the Belt and Road, the Multilateral Development Financial Cooperation Center in cooperation with multilateral development banks, and an IMF - China Capacity Building Center. We will also develop a network for cooperation among the NGOs in countries along the Belt and Road as well as new people-to-people exchange platforms such as a Belt and Road news alliance and a music education alliance.

The Belt and Road initiative is rooted in the ancient Silk Road. It focuses on the Asian, European and African continents, but is also open to all other countries. All countries, from either Asia, Europe, Africa or the Americas, can be international cooperation partners of the Belt and Road Initiative. The pursuit of this initiative is based on extensive consultation and its benefits will be shared by us all.

Ladies and Gentlemen,

Dear Friends,

An ancient Chinese saying goes, "A long journey can be covered only by taking one step at a time". Similarly, there is an Arab proverb which says that the Pyramid was built by piling one stone on another. In Europe, there is also the saying that "Rome wasn't built in a day." The Belt and Road initiative is a great undertaking which requires dedicated efforts. Let us pursue this initiative step by step and deliver outcome one by one. By doing so, we will bring true benefit to both the world and all our people!

In conclusion, I wish the Belt and Road Forum for International Cooperation a full success!

Thank you!

Joint Communique of the Leaders Roundtable of the Belt and Road Forum for International Cooperation

1. We, President Xi Jinping of the People's Republic of China, President Mauricio Macri of the Republic of Argentina, President Alexander Lukashenko of the Republic of Belarus, President Michelle Bachelet Jeria of the Republic of Chile, President Milos Zeman of the Czech Republic, President Joko Widodo of the Republic of Indonesia, President Nursultan Nazarbayev of the Republic of Kazakhstan, President Uhuru Kenyatta of the Republic of Kenya, President Almazbek Atambayev of the Kyrgyz Republic, President Bounnhang Vorachith of the Lao People's Democratic Republic, President Rodrigo Roa Duterte of the Republic of the Philippines, President Vladimir Putin of the Russian Federation, President Doris Leuthard of the Swiss Confederation, President Recep Tayyip Erdoĝan of the Republic of Turkey, President Shavkat Mirziyoyev of the Republic of Uzbekistan, President Tran Dai Quang of the Socialist Republic of Viet Nam, Prime Minister Hun Sen of the Kingdom of Cambodia, Prime Minister Hailemariam Dessalegn of the Federal Democratic Republic of Ethiopia, Prime Minister Josaia Voreqe Bainimarama of the Republic of Fiji, Prime Minister Alexis Tsipras of the Hellenic Republic, Prime Minister Orbán Viktor of Hungary, Prime Minister Paolo Gentiloni of the Italian Republic, Prime Minister Najib Razak of Malaysia, Prime Minister Jargaltulgyn Erdenebat of Mongolia, State Counsellor Aung San Suu Kyi of the Republic of the Union of Myanmar, Prime Minister Muhammad Nawaz Sharif of the Islamic Republic of Pakistan, Prime Minister Beata Szydło of the Republic of Poland, Prime Minister and President-elect Aleksandar Vuĉić of the Republic of Serbia, President of the Government Mariano Rajoy Brey of the Kingdom of Spain, and Prime Minister Ranil Wickremesinghe of the Democratic Socialist Republic of Sri Lanka, attended the Leaders Roundtable of the Belt and Road Forum for International Cooperation on 15 May 2017 in Beijing. We also welcome the participation of Secretary General Antonio Guterres of the United Nations, President Jim Yong Kim of the World Bank Group, Managing Director Christine Lagarde of the International Monetary Fund. The Leaders Roundtable was chaired by President Xi Jinping of the People's Republic of China.

General Context

2. We are mindful that the world economy is undergoing profound changes, presenting both opportunities and challenges. This is an era of opportunity, where countries

continue to aspire for peace, development and cooperation. The UN 2030 Agenda for Sustainable Development with the set of Sustainable Development Goals at its core provides a new blueprint of international cooperation.

3. In this context, we welcome bilateral, triangular, regional and multilateral cooperation where countries place emphasis on eradicating poverty, creating jobs, addressing the consequences of international financial crises, promoting sustainable development, and advancing market-based industrial transformation and economic diversification. We note with appreciation that various development strategies and connectivity cooperation initiatives have been put forward, providing broad space for strengthening international cooperation.

4. We further recognize the challenges that the world economy faces. While it is currently experiencing modest recovery, downside risks remain. The growth of global trade and investment remains tempered, and the rules-based multilateral trading regime is yet to be strengthened. All countries, especially developing ones, still face common challenges of eradicating poverty, promoting inclusive and sustained economic growth, and achieving sustainable development.

5. Noting that the Silk Road Economic Belt and the 21st Century Maritime Silk Road (The Belt and Road initiative) can create opportunities amidst challenges and changes, we welcome and support the Belt and Road Initiative to enhance connectivity between Asia and Europe, which is also open to other regions such as Africa and South America. By providing important opportunities for countries to deepen cooperation, it has achieved positive outcomes and has future potential to deliver more benefits as an important international initiative.

6. We also emphasize the opportunities which can be created by communication and coordination among other global, regional and national frameworks and initiatives for promoting cooperation in connectivity and sustainable development, such as 2030 Agenda for Sustainable Development, Addis Ababa Action Agenda, Agenda 2063 of the African Union, Ancient Civilizations Forum, APEC Connectivity Blueprint, ASEAN Community Vision 2025, Asia-Europe Meeting and its group on path-finder of connectivity, Caravanserai Customs Initiative, China and Central and Eastern European Countries Cooperation, China-Europe Land-Sea Express Route, East-West Middle Corridor Initiative, EU-China Connectivity Platform, EU Eastern Partnership, Eurasian partnership based on the principles of equality, openness and transparency, Initiative for the Integration of Regional Infrastructure in South America, Master Plan on ASEAN Connectivity 2025, Main Directions for Economic Development of the Eurasian Economic Union until 2030, Paris Agreement on Climate Change, Trans-European Transport Networks, Western Balkans 6 Connectivity Agenda, WTO Trade Facilitation Agreement.

7. We reaffirm our shared commitment to build open economy, ensure free and inclusive trade, oppose all forms of protectionism including in the framework of the Belt and Road Initiative. We endeavor to promote a universal, rules-based, open, non-dis-

criminatory and equitable multilateral trading system with WTO at its core.

Cooperation Objectives

8. We stand for enhancing international cooperation including the Belt and Road Initiative and various development strategies, by building closer collaboration partnerships, which include advancing North-South, South-South, and triangular cooperation.

9. We reiterate the importance of expanding economic growth, trade and investment based on level-playing field, on market rules and on universally recognized international norms. We welcome the promotion of industrial cooperation, scientific and technological innovation, and regional economic cooperation and integration so as to increase, inter alia, the integration and participation of micro, small and medium enterprises in global value chains. Attention should be paid to tax and fiscal policies, prioritizing growth and productive investment.

10. We stand for strengthening physical, institutional and people-to-people connectivity among all countries. The least developed countries, landlocked developing countries, small island developing states and middle-income countries deserve special attention to remove bottlenecks of development and achieve effective connectivity.

11. We endeavor to expand people-to-people exchanges, promote peace, justice, social cohesion, inclusiveness, democracy, good governance, the rule of law, human rights, gender equality and women empowerment; work together to fight against corruption and bribery in all their forms; to be more responsive to all the needs of those in vulnerable situations such as, children, persons with disabilities and older persons; and help improve global economic governance, and ensure equal access by all to development opportunities and benefits.

12. We are determined to protect the planet from degradation, including through taking urgent action on climate change and encouraging all parties which have ratified it to fully implement the Paris Agreement, managing the natural resources in an equitable and sustainable manner, conserving and sustainably using oceans and seas, freshwater resources, as well as forests, mountains and drylands, protecting biodiversity, ecosystems and wildlife, combating desertification and land degradation so as to achieving sustainable development in its three dimensions in a balanced and integrated manner.

13. We encourage the involvement of governments, international and regional organizations, the private sector, civil society and citizens in fostering and promoting friendship, mutual understanding and trust.

Cooperation Principles

14. We uphold the spirit of peace, cooperation, openness, transparency, inclusiveness, equality, mutual learning, mutual benefit and mutual respect by strengthening co-

operation on the basis of extensive consultation and the rule of law, joint efforts, shared benefits and equal opportunities for all. In this context we highlight the following principles guiding our cooperation, in accordance with our respective national laws and policies:

a) Consultation on an equal footing: Honoring the purposes and principles of the UN Charter and international law including respecting the sovereignty and territorial integrity of countries; formulating cooperation plans and advancing cooperation projects through consultation.

b) Mutual benefit: Seeking convergence of interests and the broadest common ground for cooperation, taking into account the perspectives of different stakeholders.

c) Harmony and inclusiveness: Acknowledging the natural and cultural diversity of the world and recognizing that all cultures and civilizations can contribute to sustainable development.

d) Market-based operation: Recognizing the role of the market and that of business as key players, while ensuring that the government performs its proper role and highlighting the importance of open, transparent, and non-discriminatory procurement procedures.

e) Balance and sustainability: Emphasizing the importance of economic, social, fiscal, financial and environmental sustainability of projects, and of promoting high environmental standards, while striking a good balance among economic growth, social progress and environmental protection.

Cooperation Measures

15. We affirm the need to prioritize policy consultation, trade promotion, infrastructure connectivity, financial cooperation and people-to-people exchanges, and we highlight concrete actions, in accordance with our national laws and regulations and international obligations where applicable, such as:

a) Pursuing dialogue and consultation in order to build synergies in development strategies among participating countries, noting the efforts to strengthen cooperation in coordinating development of the Belt and Road Initiative with other plans and initiatives as mentioned in Paragraph 6 and to promote partnerships among Europe, Asia, South America, Africa and other regions.

b) Conducting in-depth consultation on macroeconomic issues by optimizing the existing multilateral and bilateral cooperation and dialogue mechanisms, so as to provide robust policy support for practical cooperation and the implementation of major projects.

c) Strengthening cooperation on innovation, by supporting innovation action plans for e-commerce, digital economy, smart cities and science and technology parks, and by encouraging greater exchanges on innovation and business startup models in the Internet age in respect of intellectual property rights.

d) Promoting practical cooperation on roads, railways, ports, maritime and inland water transport, aviation, energy pipelines, electricity, fiber optic including trans-oceanic cable, telecommunications and information and communication technology, and welcoming the development of interconnected multimodal corridors, such us a new Eurasian Land Bridge, Northern Sea Route, the East-West Middle Corridor etc., and major trunk lines to put in place an international infrastructure network over time.

e) Maximizing synergies in infrastructure planning and development by taking into account international standards where applicable, and by aiming at harmonizing rules and technological standards when necessary; fostering a favorable environment and predictability for infrastructure investment by private capital; promoting public-private partnership in areas that create more jobs and generate greater efficiency; welcoming international financial institutions to increase support and investment for infrastructure development.

f) Deepening economic and trade cooperation; upholding the authority and effectiveness of the multilateral trading system, and working together to achieve positive outcomes at the 11th WTO ministerial conference; promoting trade and investment liberalization and facilitation; enabling the general public to benefit from trade.

g) Expanding trade by nurturing new areas of trade growth, promoting trade balance and promoting e-commerce and digital economy, welcoming the development of free trade areas and signing of free trade agreements by interested countries.

h) Advancing global value chains development and supply chain connectivity, while ensuring safer work places and strengthening social protection systems; increasing two-way investment, and enhancing cooperation in emerging industries, trade and industrial parks and cross-border economic zones.

i) Enhancing cooperation in ensuring the protection of the environment, of bio-diversity and of natural resources, in addressing the adverse impacts of climate change, in promoting resilience and disaster-risk reduction and management, and in advancing renewable energy and energy efficiency.

j) Regarding the process of customs clearance, strengthening cooperation on information exchange and on developing mutual recognition of control, mutual assistance of enforcement, and mutual sharing of information; enhancing customs cooperation with a view to facilitating trade including by harmonizing procedures and reducing costs, and in this regard, strengthening cooperation in protecting intellectual property rights.

k) Jointly working on a long-term, stable and sustainable financing system; enhancing financial infrastructure connectivity, by exploring new models and platforms of investment and financing and improving financial services; assessing the opportunity to better serve local financial market; and encouraging development-oriented financial institutions to play an active role and strengthen cooperation with multilateral development institutions.

l) Contributing to a stable and equitable international financial system; promoting openness and connectivity among financial markets, including through mutual cooperation on payment systems and the promotion of financial inclusion; encouraging financial institutions to establish commercial presence in relevant countries and regions; promoting bilateral local currency settlement and cooperation agreements, and facilitating the development of local currency bonds and stock markets; encouraging dialogues to enhance financial cooperation and fend off financial risks.

m) Promoting people-to-people exchanges and bonds by deepening practical cooperation on education, science, technology, sport, health, think-tank, media, capacity building including through internships.

n) Encouraging dialogues among civilizations, cultural exchanges, promoting tourism and protecting the world's cultural and natural heritage.

Our Vision for the Future

16. Our joint endeavor on the Belt and Road Initiative and seeking complementarities with other connectivity initiatives provide new opportunities and impetus for international cooperation. It helps to work for a globalization that is open, inclusive and beneficial to all.

17. We reiterate that promoting peace, mutually-beneficial cooperation, and honoring the purposes and principles of the UN Charter and international law are our shared responsibilities; achieving inclusive and sustainable growth and development, and improving people's quality of life are our common goals; creating a prosperous and peaceful community with shared future for mankind is our common aspiration.

18. We congratulate China on successfully hosting the Belt and Road Forum for International Cooperation.

Speech at China's first "Sanya public diplomacy forum"

Vice chairman of the eleven National People's
Political Consultative Conference
President of China Association for the study and
promotion of ecological civilization
Chen Zongxing

Ladies and gentlemen:

Hello everyone!

Chinese first "Sanya public diplomacy forum" held in Hainan Sanya Province today, guests and representatives from various countries all come together for "The Belt and Road-ecological civilization". as the theme, in-depth study of the ecological environment construction of "The Belt and Road" countries along with the green development, and how to give full play to the public diplomacy in promoting the sustainable development of the role of task to carry out discussions and exchanges, it is necessary, but also very meaningful. On behalf of the China Association for the study and promotion of ecological civilization, I warmly congratulate the forum held by the Sanya Institute of public diplomacy!

"The Belt and Road" construction is according to the profound changes in the world situation of China, major decisions and two international and domestic made the overall is an important action of promoting world peace and economic development, an important strategic concept is to realize the development of docking, along with countries complementary. Chinese government issued a "push to build Silk Road Economic Belt and twenty-first Century Maritime Silk Road vision and action" in the clear requirements, highlighting the concept of ecological civilization in trade and investment, build a green silk road. Hainan is an important node Belt and Road Initiative——the maritime Silk Road, is also the national eco province construction and green development of the "pioneer" and "experimental field".

The party's eighteen years, the construction of ecological civilization into the China socialism "five in one" general layout, general secretary Xi Jinping put forward a series of important ideas and important conclusions about the construction of ecological civilization, the beautiful scenery is jinshanyinshan "just like protecting our eyes to protect the ecological environment, like treat life as ecological environment" concept deeply rooted. The Party Central Committee and the State Council on the construction of ecological civilization to the top-level design scientific and careful arrangement, issued "on accelerating the construction of ecological civilization ecological civilization Reform Opinions" "overall plan" and a series of important documents. Throughout the country, all walks of life have actively explored, innovative practices, extensive participation from all walks of life, and achieved positive results in ecological civilization construction. The United Nations Environment Programme issued a beautiful scenery is jinshanyinshan Ecological Civilization: Chinese strategy and action report, some foreign experts pointed out that ecological civilization in the hope of China, which marks the theory and practice of ecological civilization China recognition and support further in the international community.

Ecological civilization and ecological environment protection need joint efforts of all countries in the world. To build a green "Silk Road" is a bridge and link to unite the efforts and actions of the relevant countries. "The Belt and Road, ecological civilization" and along the country's investment demand, is the same direction and long-term interests. The Asian infrastructure investment bank, silk road fund, the new BRICs Development Bank are the green infrastructure construction as the key areas of investment, green infrastructure construction and promote green development potential release, will not only bring immediate economic benefits, but also can eliminate the obstacles and bottlenecks restricting the sustainable development, is the effective way to achieve a win-win ecosystem environment and economy.

"The Belt and Road, ecological civilization" for public diplomacy opened up a new channel, added a new "resources", provides new opportunities. Public diplomacy as a powerful supplement to government diplomacy, should be "The Belt and Road, ecological civilization" as the important content of the work. In regional cooperation, history, culture and reality to fully respect the countries along the route, adhere to the "to jointly build and share" principle, strive to be The Belt and Road, ecological civilization "into the countries along the consensus and well-being, for the reform and improve the system, to promote the development of global governance Chinese public diplomacy will produce positive role.

This is the "13th Five-Year plan" at the beginning of the year, but also to promote an important year of green development. Let us uphold the concept of ecological civilization and sustainable development, undertake the international obligations, and strive for the construction of a good ecological homeland. China ecological civilization research and promotion as a professional social organizations nationwide, will also continue to gather all the wisdom, innovative ideas, to promote the work of practice, efforts to make new and greater contributions to the construction of ecological civilization.

I wish this forum a complete success.

Thank you all!

Congratulations on Sanya public diplomacy Forum

Former Foreign Minister Li Zhaoxing

Sanya Institute of public diplomacy:

I am glad to hear that your will hold the "Sanya public diplomacy forum", I would like to give you more congratulations!

Since its launch in 2015, the Sanya Institute of public diplomacy has been trying to build an influential public diplomacy and international relations think tank, serving the country's overall development. At present, the institute has been actively involved in "The Belt and Road" policy planning and project, aims to deepen and expand friendly exchanges and mutually beneficial cooperation with other countries in the world China.

Public diplomacy plays an increasingly important role in strengthening exchanges and friendship between China and other peoples, promoting peace and development, and promoting common prosperity and harmony in the world. As an international city, Sanya has a beautiful and natural environment and complete facilities. It is the strategic pivot city of the Silk Road in the sea in twenty-first Century. Hope that the Sanya Public Diplomacy Research Institute for further study and practice of President Xi Jinping and the CPC Central Committee on foreign affairs work instructions, make full use of their own resources, bringing together a wide range of community resources, unite all forces, and actively carry out non-governmental exchanges, cultural exchanges and other forms of public diplomacy, to give advice and suggestions the development of Sanya, as "The Belt and Road "the Pioneer Road extension.

I regret not being able to participate in the forum. I would like to invite Gong Jianzhong, vice president of the China Public Diplomacy Association to attend, and wish the forum a complete success!

Li Zhaoxing

June 16th, 2016

Forge Ahead under the Guidance of General Secretary Xi Jinping's Thought on Diplomacy

Foreign Minister Wang Yi

Since the 18th National Congress of the Communist Party of China (CPC), the CPC Central Committee with Comrade Xi Jinping at its core has, proceeding from an insightful grasp of the changing international environment and the trend of the times and standing at the forefront of world development, laid out a creative new vision and new thinking as well as new strategies for China's diplomatic work. These have formed and established General Secretary Xi Jinping's thought on diplomacy. The thought provides the theoretical guidelines for China's diplomacy in the new era, and contributes China's perspectives and wisdom for reforming and improving the global governance system.

The rich connotations of General Secretary Xi Jinping's thought on diplomacy

Set in the historical context of China's development and geared toward the goal of realizing the Chinese dream of national renewal, General Secretary Xi Jinping's thought on diplomacy defines the guiding philosophy, basic principles, key tasks, strategies and tactics, and institutional guarantees for conducting the external work in the new era. The weighty conclusions and overall planning embodied in General Secretary Xi Jinping's thought give resounding answers to such key questions as what kind of a world China as a leading member of the international community hopes to see, what kind of international relations China expects to build, and what foreign policy serves China best in the new era and how to conduct it. Taken together, these conclusions and answers form a profound system of theories with rich connotations.

1. Charting the course for conducting major-country diplomacy with Chinese features

With keen observation of the historic changes in China's relations with the rest of the world, General Secretary Xi Jinping stresses that China must pursue a major-country diplomacy with Chinese features to fully demonstrate our distinctive vision, style and way of conducting diplomacy. We must uphold the leadership of the CPC, reinforce our confidence in the path, theories, system and culture of socialism with distinctive

Chinese features, and make our own contribution to mankind's efforts to explore better social systems. We must stick to peaceful development, pursue China's development in the context of world development and forge ahead by actively engaging all countries for mutual benefit. We must work proactively to serve China's overall economic and social development by fostering enabling conditions for Chinese businesses to go global and by introducing foreign investment. Inspired by the vision of major-country diplomacy with Chinese features, we have worked with a pioneering and dauntless spirit and broken new ground in China's diplomacy and foreign relations.

2. Articulating the objective of building a community of shared future for mankind

With a keen sense of responsibility for China and for the world, General Secretary Xi Jinping has put forward the important initiative of jointly building a community of shared future for mankind, drawing a blueprint for common development and enduring peace for all mankind. General Secretary Xi Jinping first proposed to build a community of shared future in China's neighborhood. He went further to call for building such a community in Asia, and eventually put forth the proposal of building a community of shared future for mankind at the United Nations. He outlined an overarching aspiration and pathway for building this community in five dimensions, namely enduring peace, universal security, common prosperity, openness and inclusiveness, and making our world clean and beautiful. This proposal puts China's diplomacy on a moral high ground in keeping with the trend of the times.

3. Emphasizing the core principle of pursuing win-win cooperation

General Secretary Xi Jinping calls for jointly building a new type of international relations featuring win-win cooperation. He emphasizes that one must not cling to the Cold War mentality or zero-sum game thinking since the times have changed. We must keep pace with new trends in the 21st century and follow a win-win approach in handling external relations in the political, economic, security and cultural fields. Win-win cooperation is China's answer to the question "where should the international relations go in the 21st century". It is about replacing confrontation with cooperation, monopoly with shared benefits, and offers a new perspective for all countries to jointly build a better world.

4. Exploring the pathway for fostering a global network of partnerships

General Secretary Xi Jinping believes that China needs to make as many friends as possible and build a global network of partnerships while upholding the principle of non-alignment. Such partnerships are equal, peaceful and inclusive in nature. They are not dominated by any party, or draw lines of division, still less are they directed against any imaginary enemies or third parties. Springing naturally from China's independent foreign policy of peace, these partnerships are built on a commitment to common purposes or a readiness to seek common ground while setting aside differences. They transcend the Cold War mentality of "either with us or against us" that created confrontation between opposing alliances, and present the world with a new modality for developing state-to-state relations. China has established such partnerships with some 100 countries, regions or regional organizations, blazing a new trail in relations between countries that favor dialogue over confrontation, partnership over alliance.

5. Following the right approach to justice and interests

General Secretary Xi Jinping points out that we must uphold the right approach to justice and interests in our diplomatic work: speaking up for justice politically, pursuing mutual benefit and common development economically, and acting in good faith and valuing friendship in international affairs. General Secretary Xi Jinping stresses that this principle must be upheld in our relations with neighboring countries and other developing countries. More consideration should be given to accommodating the interests of those neighboring and developing countries who have long been China's friends and face daunting development challenges. General Secretary Xi Jinping also puts forward new propositions on security, development and global governance. These propositions have further enriched the core values of China's foreign policy and received wide recognition from the international community, particularly developing countries. They have become a hallmark of the soft power of socialist China.

6. Putting forward the major initiative for Belt and Road development

To advance China's all-round opening-up and the common prosperity and progress of mankind, General Secretary Xi Jinping has put forward the major initiative of building the Silk Road Economic Belt and the 21st Century Maritime Silk Road. The Belt and Road initiative follows the Silk Road spirit of peace and cooperation, openness and inclusiveness, mutual learning and mutual benefit. The initiative links up China's development with the development of other countries along the routes, and the Chinese dream with the dreams of the people in those countries. It imbues the ancient Silk Road with a new spirit of the times and offers the world a plan inspired by Oriental wisdom to achieve common development and prosperity. Under the framework of international cooperation on the Belt and Road development, the participants in this initiative have worked together, in line with the principle of extensive consultation, joint contribution and shared benefits, to seek new drivers of growth, explore new scope for development, and advance the goal of building a community of shared future for mankind.

The significance of General Secretary Xi Jinping's thought on diplomacy

General Secretary Xi Jinping's thought on diplomacy embodies the Marxist position, viewpoints and approaches. It is a continuation and further development of the major policies and fine traditions of the diplomacy of New China in the past 60-plus years. It has also made innovations on and transcended the traditional Western theories of international relations for the past 300 years. The thought is an essential component of the governing vision and strategy of the CPC central leadership and the guide of action for China's diplomacy in the new era.

1. Broad and profound understanding of historical trends

From the angle of historical materialism and with a deep understanding of the trend of the times, General Secretary Xi Jinping has drawn the visionary conclusions that China has never been so close to the center of the world stage, so close to fulfilling the Chinese dream of national renewal, so confident and able to realize this goal, and so inter-connected with the rest of the international community. These judgments provide effective guidance for analyzing situations and formulating policies. They require us to adopt a global perspective and grasp the underlying trend of the times in order to understand where China stands today in the broader context of the history of the Chinese nation and the shifts of global power. We should neither take rash action nor sit by and be reactive. Rather, we should boldly seize opportunities and rise to challenges to pursue our own needs and strategic objectives in line with the conditions of the Party, the country and the world.

2. Big-picture and strategic thinking

With the broad vision of a statesman and strategist, General Secretary Xi Jinping thinks and plans in big-picture terms and has personally presided over the top-level design and strategic planning of China's diplomatic work. He stresses that China must stay firmly committed to peace, development, cooperation and mutual benefit and that its diplomatic work should take into account both the domestic and international situations and serve the two overarching priorities of development and security. Oriented to the recurring themes of peaceful development and national renewal, China's foreign policy should help foster a more favorable international environment for China's peaceful development and provide strong support for the realization of the two "centenary goals" and the Chinese dream of national renewal. General Secretary Xi Jinping calls for integrated planning, coordination and advancement of China's relations with major countries, neighboring countries, developing countries, and its multilateral diplomacy. Under such an approach, our diplomatic work made an impressive start and moved forward in a comprehensive and balanced way, enhancing China's strategic position in the complex and volatile international environment.

3. An enterprising and innovative spirit

With the boldness of a reformer and a trail blazer and responding to the call of the times and the needs of the people, General Secretary Xi Jinping has built on the solid foundation of the diplomatic theories and practices of New China, and put forward a series of new thoughts and practices, enriching China's fine diplomatic traditions with new progress and opening a new vista for the application of Marxism in China.

4. The dauntless spirit of a major country ready to shoulder its responsibilities

General Secretary Xi Jinping, with the vision befitting a leader of a major socialist country, has underscored China's role and contribution to world peace and development and to upholding the international order. The Chinese love their country; they also care deeply about world affairs and have a global perspective. We do all we can to assume greater international responsibilities and obligations and work with other countries to uphold what is right and just in regional and international affairs. Guided by General Secretary Xi Jinping's thought on diplomacy, we have made proactive efforts to communicate China's views and exert its role in the international arena. A growing number of Chinese initiatives have become international consensus; a growing number of Chinese propositions have been translated into global actions; and a growing number of opportunities generated by China have been shared by other countries around the world.

Great achievements of General Secretary Xi Jinping's thought on diplomacy

Since the 18th National Party Congress, guided by General Secretary Xi Jinping's thought on diplomacy, China has forged ahead on the diplomatic front. By maintaining a favorable external environment for its development and by gaining greater standing and influence in the ever-changing world, China has blazed its own path to strength and prosperity, a path that has distinctive Chinese features and differs from the one followed by traditional powers in history. This has opened a new chapter in China's diplomacy.

1. Making China's efforts for forging a new type of international relations

We have been working to establish a framework for sound and stable relations with other major countries. General Secretary Xi Jinping met then President Barack Obama many times to bring about important outcomes in building a new model of major-country relations between China and the United States. Now with a new US administration in office, General Secretary Xi Jinping has had successful meetings with President Donald Trump at Mar-a-Lago and in Hamburg to set out the direction and principles for growing China-US ties in the new era, achieving a stable transition of the bilateral relations. China and Russia have maintained close high-level exchanges, deepened strategic mutual trust and made breakthroughs in practical cooperation, maintaining the strong momentum of the China-Russia comprehensive strategic partnership of coordination. China and the EU have committed themselves to building partnerships for peace, growth, reform and progress of civilizations. Cooperation between China and other BRICS countries and major developing countries has scaled new heights.

We opened up new vistas for enhancing friendship and cooperation with our neighbors. The CPC Central Committee held a meeting to make top-level design and all-round planning for neighborhood diplomacy, the first of its kind in the history of New China. In a spirit of amity, sincerity, mutual benefit and inclusiveness, China has proposed a "2+7" framework for its cooperation with ASEAN, established a Lancang-Mekong cooperation mechanism and steered its relations with ASEAN toward greater maturity. China has established strategic partnerships with all Central Asian countries and has notably increased its cooperation with South Asian countries.

We upgraded our cooperation with other developing countries. General Secretary Xi Jinping has outlined the principles of sincerity, real results, affinity and good faith in growing relations with Africa and proposed ten plans to boost cooperation with Africa, taking China-Africa cooperation to a new level. With the establishment of a strategic cooperative relationship with Arab states, a strategic partnership with Pacific island countries having diplomatic relations with China, and a five-dimensional relationship with Latin American and Caribbean countries underpinned by the China-CELAC Forum, we have put in place cooperation mechanisms covering all other developing countries.

2. Playing China's role in advancing the reform of the global governance system

With the personal commitment and guidance of General Secretary Xi Jinping, China has performed a "trilogy" with great success in the course of its participation in global governance. The three milestones are: China's hosting of the APEC Economic Leaders' Meeting 2014 in Beijing and the G20 Hangzhou Summit in 2016, and General Secretary Xi Jinping attending the World Economic Forum Annual Meeting and visiting the United Nations Office at Geneva early this year. China has thus played a leading role in the Asia-Pacific cooperation, the G20's transformation and the course of economic globalization, injecting strong and positive energy into a world beset by uncertainties and anxiety. China has promoted the establishment of the Asian Infrastructure Investment Bank, the Silk Road Fund and the BRICS New Development Bank, and has taken an active part in the formulation of rules governing such emerging areas as marine and polar affairs, cyberspace, nuclear security and climate change. These efforts have given China a bigger voice and greater influence in the international arena.

3. Contributing China's part to development for all

Thanks to the concerted efforts of all participants, the Belt and Road Initiative which was put forward four years ago has evolved into an open and inclusive platform for international cooperation and a warmly-received global public good. More than 100 countries and international organizations have actively supported and taken part in the initiative, and a great number of flagship projects have been launched. Substantial complementarity has been identified between the development strategy of China and those of many other countries. Between 2014 and 2016, total trade between China and other Belt and Road countries exceeded US $3 trillion, and Chinese investment in these countries surpassed US $50 billion. In May this year, China successfully hosted the Belt and Road Forum for International Cooperation, which was attended by over 1,600 delegates representing more than 140 countries and 80 international organizations. The 270-plus deliverables under 76 categories in five key areas have created a strong momentum of broad participation in the Belt and Road Initiative by the international community. The initiative has been widely commended for lending impetus to global growth and boosting confidence in economic globalization. This illustrates how a Chinese initiative, with the support from across the world, can deliver benefits to all.

4. Putting forward Chinese proposals on tackling regional and international hotspots and global issues

China's successful hosting of the events marking the 70th anniversary of the victory of the Chinese People's War of Resistance against Japanese Aggression and the World Anti-fascist War has sent a strong message of upholding the victorious outcomes of the Second World War and safeguarding world peace. Committed to a political settlement of regional and international hotspot issues, China is playing a constructive role in bridging differences and promoting dialogues for peace. Dedicated to achieving denuclearization of the Korean Peninsula, China has put forward a dual-track approach and a suspension-for-suspension proposal to advance the negotiated settlement of the Peninsula nuclear issue through dialogue. These efforts by China have made important contribution to easing tensions on the Peninsula, reviving engagement and dialogue, and maintaining peace and stability in the region. We have taken an active part in seeking solution to issues as diverse as Afghanistan, the Iranian nuclear issue, Syria and South Sudan and worked with other countries to tackle global challenges such as terrorism, climate change, cyber security and refugees. By so doing, China has demonstrated its sense of responsibility as a major country.

5. Showing Chinese resolve in defending its interests and the common interests of all countries

General Secretary Xi Jinping points out that the Chinese people are not to be bullied, nor will we give in to coercion. No country should expect China to trade its core interests away or tolerate any infringement on its sovereignty, security and development interests. Under the leadership of the CPC Central Committee, we have drawn a clear red line on issues concerning national sovereignty, security and other core interests, and have taken firm actions to defend our rights and interests on the basis of respecting historical facts and international law. With regard to the Diaoyu Islands, we have held our ground and fully demonstrated the will and resolve of the Chinese government and people to defend our territorial sovereignty. We have presented our case with sound reasoning and solid evidence against the so-called arbitration case on the South China Sea that undermines China's territorial sovereignty and maritime rights and interests and adhered to the approach of settling disputes through dialogue and negotiation between parties directly concerned, which has helped to promote general stability in the South China Sea. In an effort to safeguard national security and unity, we have unequivocally upheld the one-China principle, opposed attempts to create "two Chinas" or "one China, one Taiwan", and fended off foreign interference in the affairs of Hong Kong and Macao. We vigorously conducted Tibet-and Xinjiang-related diplomacy and enhanced international cooperation against terrorism, separatism and extremism. Our cooperation with the international community to repatriate corrupt fugitives and recover proceeds has yielded important results.

Following the fine Chinese tradition of helping others to succeed while seeking our own success, we were the first to help the Ebola-infected African countries and their neighbors. Our offers of help also included the establishment of a one-billion-dollar China-UN Peace and Development Fund, a 20-billion-yuan South-South Climate Cooperation Fund, and an Assistance Fund for South-South Cooperation. We joined the UN peacekeeping standby mechanism and formed a peacekeeping police unit and an 8 000-strong standby force for peacekeeping. We advocated the formulation of the 2030 Agenda for Sustainable Development and became the first country to release its national plan on implementation. All these are global public goods provided by China to advance world peace and development.

With our future course clearly charted, we will set all out to attain even greater success. All our comrades in the foreign service must study and implement General Secretary Xi Jinping's thought on diplomacy in real earnest to greet the successful convocation of the 19th Party Congress with outstanding achievements and open up new prospects for the conduct of major-country diplomacy with distinctive Chinese features. Let us work together to make new and greater contribution to realizing the Chinese dream of national renewal and achieving lasting peace and common development of the world.

(The article was carried on the front page of *Study Times* on 1 September)

Guterres, The United Nations General Secretary: the Belt and Road initiative is an important contribution to solving global problems

UN Secretary General Guterres said the day before the United Nations Headquarters in New York in an interview, "China Belt and Road Initiative" initiative is an important contribution to addressing global issues such as climate change, the United Nations attaches great importance to China adhere to multilateralism, play the role of promoting international cooperation.

Guterres will be held on May 13th to 15 day visit to Chinese, and held in Beijing to attend the "The Belt and Road international cooperation forum. He said, "The Belt and Road" initiative and the United Nations 2030 agenda for sustainable development direction, "The Belt and Road" initiatives on infrastructure, trade, capital and other aspects, but also an important part of the sustainable development agenda in 2030. The forum could serve as an important way forward to the 2030 agenda for sustainable development and help developing countries overcome their challenges.

"I am very much looking forward to participating in this forum discussion." Guterres said, hope that through this forum, "The Belt and Road" initiative to find maximum potential value in promoting global inclusive and sustainable development.

Guterres stressed that in the implementation of the "The Belt and Road" initiative and the 2030 agenda for sustainable development in the process, should pay attention to their own development strategy and the combination of the most feasible way to promote the related ideas into reality. "To promote the active participation of relevant countries "The Belt and Road" initiative is very important." He said that in the process, the United Nations can carry out valuable cooperation with China and play an important role.

When it comes to "The Belt and Road" initiative by reason of global concern, Guterres pointed out that in the past few decades the wave of globalization, there is a part of the crowd was "abandoned", which leads to globalization and free trade has been questioned. "We need to urge the international community to act together to make people believe that there can be a more reasonable globalization, believe in free trade can make everyone believe in the development process, do not let any one left behind." He said, "Belt and Road Initiative" initiative is in line with this request, is the idea of great value.

Guterres said that at present all mankind are facing climate change, population growth, food shortage, water shortage and other global issues, any one country alone can not solve these problems, we must rely on the global multilateral cooperation to seek solutions.

Multilateralism is the solution to global problems. Guterres said, "Chinese has now become a strong pillar of multilateralism, plays a very important role in the process of promoting international cooperation in solving global problems, I'm really looking forward to Chinese continue to play a role in climate change and other issues."

The director general of UNESCO: the Belt and Road initiative has important significance for intercultural dialogue

The Belt and Road international Cooperation Forum will be held in Beijing in May this year. Irina Bokova, director general of UNESCO, will also go to Beijing to attend the forum. At the moment, she is also the United Nations UNESCO headquarters in Paris accepted an interview with the reporter, shared her "The Belt and Road" initiative views on this forum and look forward to.

"Belt and Road Initiative" proposed by Chinese President Xi Jinping issued in 2013, Asia, Europe and Africa to strengthen infrastructure construction and economic and cultural exchanges. Bokova said that at present there have been along the more than 40 countries signed a cooperation agreement, "The Belt and Road" initiative has been widely response, she and UNESCO are very supportive of this initiative. She said: "I believe that in the moment, we need more like" The Belt and Road 'initiative to help us make the review of trade and investment and economic relations, we should also pay attention to intercultural dialogue today are constantly strengthened, so in this case, UNESCO is supporting "The Belt and Road" initiative.

The ancient Silk Road, which has a history of 2 000, has also been listed as a world heritage site by unesco. Bokova believed that the ancient Silk Road played an important role in the history of human cultural communication. She said: "the Silk Road started in China and has been connected to the Middle East, Europe and Africa, through many wonderful areas.". Thus, human intercultural communication has been successful as early as 2 000. Today, if we want more prosperity, closer international communication, and better understanding between people, the ancient Silk Road still provides us with enough experience to learn from.

Faced with the threat of terror and extremism in the world today, Bokova said, "The Belt and Road" initiative carrying multiple information. "This is a multiple message that includes communication, diversity and intercultural dialogue, as well as prosperity and development," she said. These still have important meanings at the moment. Unfortunately, we still see the existence of extremist saboteurs. They destroy the Afghanistan Bamiyan Buddha, because of the diversity of views different from us. Similar practices are staged in Iraq and Syria. We should teach people to correctly understand the diversity, and to prevent the spread of violent extremism through the protection of cultural heritage and the support of multiculturalism.

For a long time, UNESCO has been committed to the protection of cultural heritage and diversity, Bokova spoke highly of the Chinese in deepening cooperation in the contribution made with UNESCO, she thanked Chinese for cultural heritage and diversity protection to support. Bokova said: "I would like to thank China again for its support of a resolution adopted by the United Nations Security Council in March, which is aimed at promoting international peace and the protection of cultural heritage and diversity. This is a resolution has milepost sense, the heritage protection, cross cultural dialogue and diversity in the global political agenda, which is China proposed 'The Belt and Road' initiative to want to achieve."

For the upcoming held in Beijing The Belt and Road forum, Bokova is full of expectations. She is very much looking forward to President Xi Jinping's speech at this forum. After the President Xi visited the UNESCO speech and January in Davos Switzerland forum speech made a deep impression on her. She also hopes to represent UNESCO on the forum to convey information to the world. Bokova said: "we can not blindly trade and investment cooperation in the absence of understanding and dialogue situation, I think this is the president Xi Jinping to express information, a few years ago when he visited the UNESCO lecture, then talked about the importance of the Silk Road and cross cultural dialogue. This is what I want to convey the information, the culture of the people we need to create a stable and peaceful and mutual understanding, which is compatible with the world, UNESCO participated in the "The Belt and Road'forum to make contribution."

Finally, Bokova cited a proverb China, summed up the prospect of her "The Belt and Road" initiative and understanding to the forum. She said: I have a lot of Chinese proverbs, quoted in different occasions, for "The Belt and Road" initiative, I think the most appropriate is a generalization of "One person alone cannot accomplish much., one". "I hope The Belt and Road 'forum can promote more international cooperation and promote world prosperity."

WHO general director Chen Fengfuzhen: cooperation to build a healthy silk road

"The Belt and Road" initiative for international health cooperation provide a good platform for the realization of national, regional and global within the scope of the public health and safety is of great significance, WHO general director Chen Fengfuzhen recently accepted an exclusive interview when said.

In the just concluded "The Belt and Road" international Cooperation Forum, Chen Fengfuzhen considered "countries to jointly build and share" event. She believes that the government attaches great importance to China for health, health Chinese 2030 "plan" marked the China formally "health care" to improve the political level, and "The Belt and Road" initiative provides a good opportunity, will this attention transfer to other countries along the line.

Chen Fengfuzhen believes that to ensure public health security is crucial to the practice of "The Belt and Road" initiative. "The Belt and Road" key is "interoperability", is the construction of the economic corridor. Therefore, we need to increase the investment in public health emergency, to ensure that the new infectious diseases can be timely and effective control in the discovery, so as not to cause the flow of materials and personnel were forced to suspend", Chen Fengfuzhen said, "after all, we need a healthy people in the work of 'The Belt and Road' along and create wealth".

In Chen Fengfuzhen's view, in the "The Belt and Road" framework, countries can expand cooperation in the field of health in many ways. In disease prevention and treatment, Chen Fengfuzhen said the government has issued China to help African countries to strengthen disease prevention and control plan, including providing anti malaria drugs, strengthen local drug manufacturing capacity, in order to solve the problem of shortage of drugs.

The WHO data show that about 3 billion 200 million people in the world today are in malaria endemic areas, mainly in African countries. About 500 million people are infected with malaria each year, resulting in 3 million deaths. Chen Fengfuzhen said that in January this year signed the People's Republic of China government and the WHO of "The Belt and Road" health cooperation memorandum of understanding in the fight against malaria, has been put in the first place, and look forward to further cooperation with the World Health Organization China in the global anti malaria field.

Chen Fengfuzhen pointed out that "The Belt and Road" along many countries in the health care system is not perfect, faces many challenges in the medical personnel's quality, medical data management, medical financial and medical services etc. She said that who will work with China to negotiate medical and health policies with countries along the way to further improve the health care system in various countries. China has a lot of valuable experience to share with other countries in the world. I am very optimistic about the dialogue and cooperation between countries in medical policy and other aspects. Who will also provide professional and technical support.

Referring to the global threat facing today's medical community-antimicrobial resistance, Chen Fengfuzhen has expressed his approval for China's progress. In August last year, the Chinese government issued the national action plan for containment of bacterial resistance (2016-2020 years) to control the use of antimicrobial agents and to increase the development of new antimicrobial agents. Chen Fengfuzhen believes that it can be China antimicrobial resistance in the control experience, in the "The Belt and Road" along the country to promote. According to who's previous report, antibiotic resistance could cause 10 million deaths per year by 2050 unless effective measures were taken.

"Health is everything", Chen Fengfuzhen said, "the World Health Organization and the government will work together to ensure the Chinese health cooperation as an important part of 'The Belt and Road' construction, joint construction of 'healthy' Silk Road, for the benefit of the people of the world."

The director general of the World Intellectual Property Organization: the Belt and Road construction to build a new platform for the development of Globalization

Recently, the World Intellectual Property Organization director general Francis gurry in will travel to attend the China Belt and Road Initiative International Cooperation Forum on the occasion, to accept the Economic Daily reporters. He said, "The Belt and Road" construction is build up a new platform to strengthen cooperation, improve the globalization, provides great opportunities for "The Belt and Road" along the country.

In January this year, President Xi Jinping at the UN headquarters in Geneva entitled "an important speech to jointly build a community of destiny" of mankind, comprehensively systematically expounded the common destiny of mankind a great idea, aroused strong repercussions in the world, widely welcomed by all parties and high degree evaluation. Gao Rui said that the idea of building a community of human destiny together by President Xi Jinping is inspiring and just what the world needs today. The message of this concept to the world is not to reduce globalization, but to seek more optimized globalization, enabling participants to support each other and achieve mutual benefit and win-win results.

When it comes to China proposed to build a "Silk Road Economic Belt" and twenty-first Century Maritime Silk Road major initiative, Gao Rui said, "Belt and Road Initiative" initiative is very important, "The Belt and Road held" international cooperation forum is more time. This review for "The Belt and Road" construction achievements, planning for the future development plan, mutual butt and thinking "The Belt and Road" and the construction of multilateral international organization methods, it is a very good time.

Gao Rui believes that at present, according to the "The Belt and Road" initiative launched cooperation mainly signed a trade agreement to strengthen trade relations, more emphasis on trade cooperation between the capacity building to enhance the "The Belt and Road" along the country, so as to further and more extensive cooperation to lay a solid foundation. Therefore, this is a very pragmatic way of cooperation and is particularly important for enhancing the capacity of developing countries to carry out trade cooperation.

Now, "The Belt and Road" along the country has a strong desire to strengthen dialogue and cooperation in the field of intellectual property. The establishment of a good intellectual property ecosystem will help promote the improvement of the intellectual property rights system in all countries along the line and create a favorable environment for innovation and sustainable development. The work of the world intellectual property organization follows the drive principle of Member States and promotes cooperation among member states in line with their consistent goals. Gao Rui said, "Belt and Road Initiative" initiative is conducive to promoting the construction of global intellectual property system, it has important significance for promoting the Belt and Road Initiative along the country's intellectual development and economic prosperity and progress. He hoped that the "The Belt and Road" along the country to provide more support to the international protection system of intellectual property rights, in close cooperation "The Belt and Road" countries along with the world intellectual property organization can become a useful supplement to The Belt and Road construction.

Gao Rui finally said that the world today is becoming increasingly complex, followed by the cooperation mechanism among countries around the world is also more complicated. This is a multi - level situation, from unilateral to multilateral, from regional to global. This natural integration stems from both geographical and historical and cultural reasons. "The Belt and Road" along the country is geography, history, language and culture based on factors such as, naturally come together. Inter state cooperation that is closely linked for historical reasons or trade relations tends to develop more rapidly. He hoped that these advances will have more positive influence on global multilateralism, hope The Belt and Road along the country towards a more coordinated, mutually beneficial and win-win direction.

Zeman, Czech's president: the Belt and Road initiative is a great idea

Said in an interview with the media Chinese is about to go to Beijing to participate in the "The Belt and Road" international Cooperation Forum President Zeman of Czech, the day before, China proposed "The Belt and Road" initiative is modern great idea, but also return to the traditional.

Zeman pointed out that he went to China to participate in the forum's main purpose, in order to understand the progress of the "The Belt and Road" construction, and that the "The Belt and Road" in the process of China link in Europe and Czech and Chinese also link up.

Czech is the first to acknowledge and establish diplomatic relations with new China countries, countries in central and Eastern Europe is also important and "The Belt and Road" along, the two countries have at the end of 2015 the Czech Republic signed to build "The Belt and Road" intergovernmental memorandum of understanding, in order to continue to tap the potential of expanding manufacturing, nuclear power, finance, aviation, nano biological exchanges and cooperation.

Zeman has a deep understanding of the "The Belt and Road" initiative. He wrote in a signed article, "The Belt and Road" initiative is not a simple "road" or "road", people from the point of view of interconnection of the initiative. In his opinion, "The Belt and Road" refers to the transportation infrastructure construction to achieve link, in order to save time and cost, promote trade and investment, also including the promotion of tourism industry in the development level, so as to deepen mutual understanding between the two peoples in the Czech Republic, to deepen bilateral history and tradition understanding, culture and values.

Zeman said that, next, Czech Republic and China will sign a series of cooperation agreements, especially in the aviation field, Czech will train a batch of pilots for china. In addition, more than a year since the establishment of a strategic partnership between China and the Czech Republic, the number of Chinese tourists coming to China has doubled, which makes him very pleased.

Zeman suggested that the Chinese use "161 hope and cooperation platform, to promote the" The Belt and Road construction, bring more opportunities for cooperation in the world, such as infrastructure construction, two-way exchange of goods and other fields, the enterprise all over the world will accomplish much, at the same time, more convenient interconnection will also China and central and Eastern European countries to provide personnel exchanges.

Hong Sen, The Prime Minister of Kampuchea: the Belt and Road initiative provides the impetus for the economic development of Kampuchea

Before attending the "The Belt and Road" international Cooperation Forum and having an official visit to China, Kampuchea Prime Minister Hong Sen accepted a joint written interview with Chinese media. Hong Sen said that this forum will provide a shared insights and strengthen China Unicom, closely linked to the opportunity for the parties concerned, with the further implementation of the help of "The Belt and Road" initiative.

Hong Sen said, "The Belt and Road" construction covers policy communication facilities, Unicom, trade flow, capital and people connected to other areas, Kampuchea is to support the "The Belt and Road" construction, also actively participate in various activities related to. In October 2016 Chinese during President Xi Jinping's visit to Kampuchea, the two countries signed 31 cooperation documents, including Cambodia and China to jointly promote the construction of "on the compilation of the cooperation plan Belt and Road Initiative" memorandum of understanding". In the "The Belt and Road" framework, the two sides are facing the common goal to further promote cooperation and development between the two countries.

The significance of Hong Sen spoke highly of the "The Belt and Road" of Cambodia and China common development. "The Belt and Road" construction of a characteristic, is the development of policy coordination on the basis of mutual respect and partners. For Kampuchea, "The Belt and Road" initiative fits the Cambodian National Development Plan, especially with the Cambodian government is committed to promoting the four angle strategy "third stage and the industrial development policy relative access."

Hong Sen said, "another feature of The Belt and Road" construction is pragmatic, cooperation in the implementation schedule soon. In the "The Belt and Road" initiative after a few years, Cambodia and China contributed to a lot of great potential for development of investment projects, such as the construction of Phnom Penh to port Sihanouk highway, Siem Reap AngkorInternational Airport and Luqiao projects, infrastructure projects, energy development and construction etc. Kampuchea has many infrastructure projects, but has been plagued by lack of funds. "The Belt and Road" construction and investment bank, the Silk Road Fund can provide the impetus for the economic development of Kampuchea.

In his interview, Hong Sen stressed the importance of sharing the feelings of the people. "The exchanges between people is the key to enhance mutual understanding and mutual trust between the parties, and legislative bodies, financial institutions, educational institutions, youth should be more close and effective communication, to build a diversified, multi-level communication network." Hong Sen stressed that in the promotion of non-governmental exchanges, the tourism industry has a huge influence, therefore, Kampuchea Tourism Department issued a white paper for China, the introduction of relevant measures, in order to attract more tourists to Cambodia Chinese, 2020 Chinese tourists reached the target of 2 million passengers.

Hong Sen spoke highly of Cambodia China relations. He said that as a traditional friendly neighbor and a comprehensive strategic cooperation partner, Cambodia and China Trust, respect and non-interference in each other's internal affairs. In the development of bilateral relations at the same time, Cambodia and China also maintain close communication in the multilateral framework of the United Nations, ASEAN cooperation, China Lancang River Mekong cooperation mechanisms, jointly safeguard regional and world peace, security, stability and prosperity.

Next year we will establish diplomatic relations between Cambodia and Cambodia. 60th anniversary. Hong Sen said, "for 60 years, bilateral cooperation fruitful, I sincerely hope that Kampuchea can and China continue to move forward together, between the two countries make profound sentiments of friendship development".

Source: People's daily

Serbia Prime Minister Wu Yong: plug in cooperation transcripts will be longer

"The Belt and Road" initiative for more than 3 years, and Serbia has China cooperation outstanding results, the huge potential for future cooperation, to continue to expand and deepen cooperation in the upcoming Chinese forum. About to go to Beijing to attend the The Belt and Road international Cooperation Forum Serbia Prime Minister Alexander Vucic recently in an interview with Xinhua News Agency reporters said.

Wu Qiqi, first summarizes the Senegal China cooperation achievements, E763 highway projects, including Chinese companies to participate in the construction of Pan European corridor is located in No. 11 and Chinese Hungary plug Railway Company acquired J May Dei Trvor steel plant.

"Plug cooperation performance shows that the enormous scale of cooperation and the middle of the plug has the potential for future cooperation, Serbia benefited from all this, thanks to the 'The Belt and Road' initiative, the future of Serbia and Chinese and many can do." Wu said.

In recent years, high-level visits to both China and Cyprus have been frequent and fruitful. Last year, during the visit of China's leaders to Serbia, relations between the two countries were promoted to a comprehensive strategic partnership. Wu said that there has been no idle talk between the two sides, and that China has made full preparations for each visit. The content of the discussions is also very specific. This is also what we need to learn from china.

Wu Qiqi undisguised expression of China foreign cooperation "as good as gold" in the style of appreciation, he said, "China promised us that things must be done, we have to become a reliable partner. I think, as of now, we have always been reliable cooperative partners of Chinese friends."

Wu Qiqi spoke highly of the "The Belt and Road" initiative, it has injected new energy to the global. Not only will China benefit from it, but the whole world will gain more. It involves not only the economic aspect, but also the interconnection of infrastructure, as well as the interconnection between people, cultures and civilizations.

For the future direction of cooperation between the two countries and complementary areas, Wu Qiqi with particular reference to the culture, sports and tourism. "We are honored to have such a good friend in China". At present, in the capital city of Belgrade has already begun to Chinese signs, will continue to promote. Wu said that the future will encourage more people in Serbia to learn Chinese and learn Chinese culture, at the same time hope to see more Chinese people come to Serbia tourism.

In the future, Wu Qiqi said, "The Belt and Road" initiative, Senegal China cooperation transcript is long, the future will be longer transcripts.

Raffarin, Former French Prime Minister: a worldwide and peaceful initiative

The French Senate Foreign Affairs Committee Chairman, former Prime Minister Jean Pielraffarin said he was looking forward to the day before, will be held in Beijing, "The Belt and Road" international cooperation forum to let more leaders understand the "The Belt and Road" initiative, "this is one of the world's peace initiative, should actively support and participate in".

Raffarin accepted the media interview in the China French Senate said, in the complex international situation of the situation, plan and strategy China out, advocate multilateralism and support the UN and its agencies to bring peace to the world.

Since the "The Belt and Road" initiative, has been a positive response in support of more than 100 countries and international organizations, more than 40 countries and international organizations signed a cooperation agreement with China.

The theme of this forum is to strengthen international cooperation, to build a "The Belt and Road, to achieve win-win development". Raffarin said, "win-win development" theme in line with world trends. The China to the outside world an important message, that is to break national protectionism and retreat, eliminate trade barriers, so as to achieve a win-win situation, world peace and development. "Only by relying on development can we overcome wars and bring peace," said France and China. "At this point, there is deep sympathy."

Referring to relations between the two countries, Raffarin said that the friendship between France and China has a long history, and the political, cultural and economic and trade cooperation between the two countries are becoming increasingly close. Since the opening of the forum coincides with the inauguration of the new president of France, he and other important representatives of France will be present. "To maintain and develop good relations with Chinese French political consensus, we attach importance to law relations, actively support the 'The Belt and Road' initiative." He said.

The German ambassador: the Belt and Road initiative is good for developing countries

The British "Financial Times" in June 29 journal article said that this year coincides with the 45th Anniversary U. S. withdrawal from Debon, "Paris agreement" and other international governance and trading system, the Sino German relations concern. On June, Ambassador Ke Muxian of Germany made an exclusive interview to express his views on some issues related to China, Germany, China and the European union.

The article said that President Trump decided to let the United States withdraw from the global climate Paris agreement, and once again highlighted the intention of the United States to withdraw from the post-war international governance system. Commentators believe that China and the EU should now form alliances. Ke Muxian said that the United States from the Paris agreement, obviously will allow China and the European Union to move closer. There is much in common between China and the EU, such as the European Union has a common goal in climate issues, strengthening the role of the WTO (WTO) and the United Nations (UN) and advancing globalization.

What is the difference in the path of globalization between China and the European Union? Ke Muxian said, for example, Chinese "The Belt and Road" initiative, although the EU supported the project in principle, but it is a type of China globalization path. It takes China as the center, and almost doesn't do localization work in other countries and regions involved. The European Union's approach is different. The EU's path to globalization is to establish open markets and carry out public bidding in accordance with WTO rules.

Ke Muxian said, to support "The Belt and Road" program in Germany, German Federal Minister of economy and energy Brigitte Qi Pulis Ms. on behalf of Premier Merkel attended the May summit. "The Belt and Road" along the 2/3 countries in investment grade. The project will invest heavily in infrastructure and industry in many of these countries, helping them develop the economy and stabilize the political situation. This is certainly a good thing for developing countries, just as China's investment in africa. And it's important for Germany because Germany faces a huge refugee problem, and the EU wants to eliminate the cause of the refugees' exile.

Asked what guidance the German government would give to German firms, Ke Muxian said German firms were not state-owned, so they decided. The federal government would, of course, support them if they were willing to take part.

Kazakhstan docking the Belt and Road and "bright road" Interview with Ambassador Nur Ray Scherf of Kazakhstan

Chinese President Xi Jinping will pay a state visit to Kazakhstan in from June 7th to 10th and attend the seventeenth meeting of the heads of State Council of Shanghai cooperation organization and the opening ceremony of the Astana special World Expo. Recently, the Kazakhstan ambassador to China Nur Ray Scherf in an interview with an interview with people's daily stressed that President Xi's visit will deepen bilateral relations. At the same time, the problem of Kazakhstan's participation in the "The Belt and Road" and the youth in China Kazakhstan relationship the status of him, made a clear answer to the reporter.

President Xi Jinping visited Kazakhstan three times in four years

Nur Ray Scherf pointed out that this is Xi Jinping for nearly four years the third visit to Kazakhstan, the first visit in 2013, President Xi at the University of Nazarbayev first proposed the construction of "Silk Road Economic Belt" initiative. The second visit, in 2015, coincided with the end of the presidential election in Kazakhstan, when President Xi became the first foreign head of the country to win re-election as president of Nazarbayev. The ambassador said, at present, China and Kazakhstan relations in the best period in history, the two countries are comprehensive strategic partners and good neighborly relations, both sides can be political, trade, transportation, energy, finance and other fields are widely discussed.

Referring to the issue of Kazakh leaders during the visit, Nur Ray Scherf said that the issues shared by the leaders of the two countries are related to regional security, international security and cooperation within the framework of international organizations. He pointed out that in 2017, Kazakhstan officially became the United Nations Security Council, Kazakhstan with China in the UN Security Council to carry out close cooperation within the framework of. At the Astana summit, China will take over from Kazakhstan and become the rotating president of the SCO in 2017—2018. At present, the two sides closely communicate with the handover work. In addition, he revealed that the leaders of the two countries will also involve cooperation under the framework of the cica.

In 2017, China held the chairmanship of the CICA conference. Therefore, the future development of the CICA conference is also a topic of common concern for the leaders of the two countries.

Nur Ray Scherf stressed that the recently held in Beijing "The Belt and Road" international cooperation forum is of great significance to participate in the meeting, so that all countries have the knowledge and understanding more clearly for the initiative. "The forum has 29 heads of state and government, and delegations from 130 countries attended the forum. Obviously, "Belt and Road Initiative" initiative has become a global initiative. In particular, he stressed that in the context of weak global economic growth, the Chinese side has made proposals to share opportunities for development with other countries, promote the growth of the world economy and help countries achieve mutual benefit and win-win results.

"The Belt and Road" initiative and Kazakhstan "bright road" docking smoothly

During 2016, the president of Kazakhstan Nazarbayev in Hangzhou to attend the G20 summit, both sides signed the "Kazakhstan Avenue" new economic policy and Silk Road Economic Belt docking cooperation plan. The plan covers trade, infrastructure, tourism and many other fields.

Nur Ray Scherf stressed that "Belt and Road Initiative" initiative and "bright road" docking smoothly, both sides in the "The Belt and Road" under the framework of the most successful cooperation is the field of cross-border transportation. At present Chinese transit Kazakhstan international transport corridor has three: one is the Eurasian Continental Bridge, from China transit Kazakhstan to Russia and Europe; the second is China-Kazakhstan-Turkmenistan, Iran and the Persian Gulf; third is the national China-Kazakhstan-Transcaucasia (Georgia, Azerbaijan and Armenia) -European countries. At present, China and Kazakhstan have made close cooperation in transit transportation.

Nur Ray Scherf introduced, in 2016 between China and Europe transit Kazakhstan two-way two-way cargo volume reached 200 thousand containers, of which China's freight traffic leading to Europe is the fastest growth rate. According to President Nazarbayev's goal in his state of the Union address this year, shipments to Kazakhstan by transit will increase to 800 thousand containers by 2020. According to data in the first four months of this year, China's shipments to Kazakhstan increased by 1.5 times compared with the same period last year. "The two sides have achieved mutual benefit and win-win results, so we will strengthen our cooperation." He said.

Nur Ray Scherf stressed that in recent years, Sino Kazakhstan capacity cooperation has become a highlight of cooperation between the two sides, the current capacity cooperation projects have 51, the total amount of $26 billion. These projects involve a wide range of areas, including metallurgy, petrochemicals, machinery manufacturing, heavy metals and non – ferrous metals smelting. Kazakhstan is actively implementing the national development plan for 2015—2020 years. Kazakhstan and China have jointly launched the project to help Kazakhstan achieve economic transformation, from raw materials oriented economic development model. For example, he said, at present, China and Kazakhstan began to implement three industrial projects, namely polypropylene plant, edible oil processing plant and Astana light rail line construction project. From the overall situation, cooperation between China and Kazakhstan is very positive, and both sides have shown great interest in capacity cooperation.

13 thousand young Kazakhstan students studying in China

It is worth mentioning that, of the 13 thousand, only 1 000 are public students, the rest are studying abroad at their own expense. Nur Ray Scherf said that the rapid growth in the number of students in China benefited from the deepening of bilateral cooperation. As China and Kazakhstan continue to deepen exchanges and exchanges in the fields of economy, trade and humanities, Kazakhstan needs a large number of professionals and Chinese talents, attracting more and more students from Kazakhstan to study in china.

Nur Ray Scherf also stressed that the Chinese people's interest in Kazakhstan culture is also improving. At present, the Kazakhstan center has been set up in three universities in Beijing, Shanghai and Dalian. The forthcoming fourth Kazakhstan center will be based in Xi'an International Studies University. In addition, "celebrity benefits" has narrowed the distance between China and kazakhstan. "Kazakhstan singer Dimas is soaring in China, and many Chinese fans begin to learn Kazakh language in order to communicate with their idols." Nur Ray Scherf says.

This year coincided with the Sino Kazakh tourism year. In order to attract foreign tourists, Kazakhstan has opened more than 60 tourist routes. In December 2015, China and Kazakhstan signed the memorandum on facilitating the travel of Chinese citizens to Republic of Kazakhstan, which further improved the efficiency of handling visas. Nur Ray Scherf said that this year the number of tourists to visit Kazakhstan China increased, to the tourist city of Almaty, Astana, Shymkent, Tuerkesitan etc.

This year's three month Astana World Expo opens soon. "We expect more Chinese citizens to travel to Kazakhstan," Nur Ray Scherf said.

The advantage of science and technology in strengthening the Belt and Road construction in Israel

May 14th to 15th, the Israeli Minister of regional cooperation and Media Department Deputy Minister TzachiHanegbi rate of the Israeli delegation to attend the "The Belt and Road" international cooperation forum. Hanegbi said, hope to can develop bilateral relations with the "The Belt and Road" with the initiative, Israel can contribute a lot to the initiative, can work together with other countries to carry out a variety of projects and China.

"Israel" support The Belt and Road 'initiative, and look forward to play a positive and constructive role. "The Israeli ambassador He Zewei (Zvi Heifetz) said in an twenty-first Century Economic Herald reporter interviewed the day before. He Zewei believes that in the "The Belt and Road" initiative, Israel's innovative technology can better output to the needs of countries and regions, Israel will be "The Belt and Road" to provide the necessary assistance and support.

"Twenty-first Century": how do you think Israel played in the "The Belt and Road" initiative in the role? In the two countries from the "The Belt and Road" cooperation benefit?

He Zewei: for Israel, "The Belt and Road" initiative is extremely important and China platform to deepen cooperation. Israeli support "The Belt and Road" initiative, and look forward to play a positive and constructive role. We have a lot of cooperation with China in different fields, not only at the economic and trade level, but also in many fields, such as culture, education, science and technology, military affairs, medical treatment and clean technology.

For us, "The Belt and Road" initiative is another opportunity to strengthen and China relations, Israel and other countries with China in different projects and strengthen cooperation on the field.

Twenty-first Century: what do you think of the importance of bilateral relations between China and the two countries? What is your expectation of the establishment of a comprehensive and innovative partnership between the two countries?

He Zewei: the bilateral relationship between Israel and China is very important. Bilateral relations between the two countries involve rich areas ranging from non-governmental exchanges to tourism, culture, economy, commerce and government cooperation. We are very pleased to see that bilateral relations are developing steadily. This is the two countries formally established diplomatic relations 25th anniversary, looking back in common between the two countries through the road, we are proud of our achievements, also hope that the "The Belt and Road" initiative can further enhance bilateral relations.

China and Israel have established inter governmental cooperation platform, such as the Israeli Prime Minister's office and the national development and Reform Commission China led by special group economy; Joint Committee on innovation cooperation led by the Israeli Ministry of foreign affairs and Deputy Prime Minister Liu Yandong of the State Council Chinese. These platforms connect government departments in both countries, including medical, health, agriculture, education, technology, etc., and provide opportunities for cooperation in these areas of innovation.

It is our great honor to have the Chinese government's decision to further promote bilateral relations. "Innovation, comprehensive partnership" means that both countries will have more priority and more opportunities for cooperation, and in closer cooperation, we will explore this opportunity.

"Twenty-first Century" and "how to: Israel will The Belt and Road initiative docking? Participate in the " The Belt and Road construction will let Israel have more opportunities to expand trade to other countries?

He Zewei: I think the "The Belt and Road" is a very good initiative, (in the country) can not only connect with Chinese, can also exchange and other national internet. The technology advantage can make a contribution to this initiative, with a broader perspective "The Belt and Road", it is not only the technology transfer cooperation, more exchanges and communication between cultures, people and people.

At The Belt and Road Cooperation Forum, there are so many from all over the world to attend the summit, the summit forum has become a platform for the one and only, but also allow people to share together, thinking, planning and promote the idea of landing.

Of course, our idea is not only to cooperate with China, but also to develop more relations with other countries and expand more trade and cooperation to some countries. Through the "The Belt and Road" initiative, we will be able to share the experience and technology to China Israel and other countries.

Twenty-first Century: what are the objectives and the road map for the FTA negotiations? When do you think the FTA can be concluded? How's the latest?

He Zewei: free trade is extremely important to both countries, and Israel sees the FTA as a milestone in its economic relationship. The terms of the FTA are very high, and I think both sides are eager to reach an agreement. At present, the progress is very smooth, in July this year, the two sides will start the second round of free trade negotiations, hoping that the two sides can complete negotiations as soon as possible.

Twenty-first Century: what is the impetus for Israel to join the sub investment bank? What do you expect of Asia Investment Bank?

He Zewei: Israel is one of the 57 founding members of Asia Investment bank. We immediately decided to join the bank because we knew it was important for the Asian economy and the world economy. Sub investment banks can provide financial support for the economic development of some countries in Asia, and even around the world. Israel's innovative technology can also help developing countries on many projects. The investment bank also plays an important role in the Belt and Road Initiative initiative.

(Twenty-first Century Business Herald)

Xie Guoyi, Ambassador to Italy: looking forward to a better future between Italy and China

Zhang Mengxu, People's daily

The ancient Silk Road as an important endpoint in Europe, Italy actively support the "The Belt and Road" initiative, will play an important role in the construction of "The Belt and Road". Said in an interview with this reporter Xie Guoyi, former ambassador of Italy, "left a lot of good memories of the two countries in the history of exchanges and cooperation between the two countries, the situation is very good, very close relationship, and this relationship every day in deepening. I look forward to a better future in the relationship.

The day before, Italy's prime minister Gentiloni led a delegation to attend the "The Belt and Road" international cooperation forum. Xie Guoyi said, "Belt and Road Initiative" is a very great initiative in Italy, want to participate in this great initiative, through participation in the discussion, with its own strength. "We firmly support this initiative," he said, when President Mattarella visited China in February of this year in Italy. He said that whether he was meeting Chinese leaders, facing the media, or on all occasions in Italy.

Italy is one of the founding members of the Asian infrastructure investment bank. Xie Guoyi said: "one of the important contents of Belt and Road Initiative" initiative is the initiative of China Unicom interconnection, Asia, Europe and Africa, interoperability can promote trade, promote investment, increase consumption, bring employment opportunities, and "The Belt and Road", Italy has been ready.

Xie Guoyi said, "The Belt and Road" initiative to promote world economic growth and promote the healthy development of the economic globalization and the construction of a common destiny of mankind are very important. "The Belt and Road" driven by participating in the cooperation between countries, actively contribute for peace and stability in the region and the world. For example, the refugee crisis that is now raging in European countries is fundamentally caused by uneven development. If peace and prosperity can be achieved in the refugee exporting areas, the refugee crisis is expected to be resolved.

Xie Guoyi looked very kindness between the two countries in the "The Belt and Road" under the framework of cooperation. "Italy is next to the Mediterranean and has an advanced port on the Mediterranean coast," he said. At the same time, our road and rail facilities are also complete, and these ports can be easily transported to Central European countries." Italy Chinese shipping companies have good cooperation in this regard, the Prime Minister of Italy to attend the forum, will help both sides to deepen the "The Belt and Road" under the framework of the cooperation.

Xie Guoyi, who has been ambassador to China for nearly two years, is deeply impressed by China's ongoing structural reforms in the supply side, because Italy is carrying out similar reforms. Italy has advantages in the health industry, food, environment and energy industries, and cooperation between the two countries in these areas can lead to win-win results.

British ambassador to China: push the golden age forward

Pei Juan, Luo Qing, People's daily

"The Belt and Road" initiative has attracted the attention of the world, will promote the countries along the sea, in the land, infrastructure, network space in areas such as interoperability, promote trade growth, promote regional peace and security. The British ambassador Wu Baina said in an interview with this reporter, the British are very optimistic about the "The Belt and Road" initiative. She pointed out that the current British companies to build "Pakistan and China The Belt and Road" project, we look forward to the British "The Belt and Road construction made more" significant and substantial contribution.

Britain was the first Western power to join the Asian infrastructure investment bank (ADB). "It is necessary for us to further develop infrastructure, not only to benefit the economies of Asia, but also to benefit Global trade." Wu believes that the progress of Asia's investment bank has been encouraging.

Wu Baina stressed that the "The Belt and Road" construction, financial and legal support is very important. The two countries have in many fields such as complementary, Chinese enterprise experience in infrastructure construction, while the British company can not only play expertise, in the financial and legal services, but also provide many services in project design, sustainable and green development, management consulting, education etc.

This year China established diplomatic relations with the United Kingdom Ambassador 45th anniversary. In October 2015, China President Xi Jinping paid a state visit to Britain, the two sides decided to jointly build in Britain for the twenty-first Century global comprehensive strategic partnership, jointly opened the golden age lasting, open and win-win.

In 2016, Sino British trade amounted to \$74 billion 340 million. 40% of Britain's total exports come from the service sector, but only 20% of China's exports. With China's further opening up, Britain's service sector will usher in greater opportunities for development, trade between the two countries and the potential for growth. Wu Baina told reporters that at present, Chinese enterprises to invest in the UK mainly in the retail, entertainment, nuclear energy and other fields, I expect to invest in the financial services industry China investment will continue to grow, expect more China British companies to invest in the UK infrastructure projects.

Britain is the first western country to issue RMB sovereign bonds, and is the second largest offshore RMB clearing center in the world after China's Hongkong. Wu stressed that the leading role of London in the process of RMB internationalization will not waver, and hope that Britain and China will continue to cooperate in the economic and financial fields. "We eagerly hope that China will join hands and push forward the golden age of the two countries."

Actively participate in the international tourism market in the Belt and Road framework Bach G Iel Saidorf, Ambassador of Uzbekistan

Uzbekistan has a long history and splendid culture, and its people are hospitable. It is a native of Central Asian country, located in the ancient trade routes-along the Silk Road through central Europe, renowned for their unique architectural and practical art, from ancient times to attract tourists to visit so far make light of travelling a thousand litre.

Today, Uzbekistan has more than 7000 historic sites and magnificent, unique charm of ancient architecture. Among them, 90% of the places of interest are distributed in ancient times and show the cultural beauty of multi religious beliefs. Some of the most famous monuments in almost all located in Samarkand City, Bukhara City, Shahelisabuzishi, Khiva, Metz, till Kokand city and Tashkent city.

The government of Uzbekistan attaches great importance to the development and improvement of tourism, and gradually improves the quality and service level of tourism. In December 2, 2016, the president of the Uzbekistan issued the presidential order to guarantee the rapid development of the tourism industry in the Republic of Uzbekistan. The tourism law of the Uzbekistan has also become an important guidance manual for the implementation of government policies.

The reform of laws is unprecedented. From the fundamental reform of the tourism industry, tourism activities, and create favorable conditions for tourists to enjoy tourism services at the same time, also provides a set of security measures, expand and between the state and the national organization of tourism cooperation and so on in order to ensure its safety and health.

In the action strategy of the five priority development areas of the Republic of Uzbekistan in 2017—2021, tourism has been given special attention. Among them, the development of tourism, in order to ensure the intensive development of tourism industry, has become the strategic areas of national economic development, and promote the stable development of the national economy to make positive contribution, become the locomotive to speed up the development of all-round development of various regions and related fields.

A series of large-scale events held regularly in China has played a significant role in winning the good reputation and promoting the rapid development of the tourism industry in the world arena. Among them, the Tashkent International Tourism Fair (Silk Road Tour) has become one of the important events in Uzbekistan annually. Today, he is the largest development activity in the tourism field of the forum.

In 2013, China developed a "new strategy The Belt and Road". In the "The Belt and Road" initiative, the tourism industry has become one of the priority areas of development. At the same time, considering that Uzbekistan is the most important part along the Silk Road, has a number of world-famous city such as Samarkand, Bukhara, Khiva and other city, they are located on the Silk Road in Uzbekistan, the plan within the framework of this initiative, give full play to their advantages, cooperation with neighboring countries, including the China cooperation has become an active participant in the international tourism market.

At present, China's outbound tourism ranks first in the world, which provides a feasible basis for attracting large numbers of Chinese tourists to Uzbekistan.

Since 2010, Uzbekistan has approved the entry of Chinese citizens into organized and organized tours. Considering that Uzbekistan is an important part of the Silk Road, the famous buildings and monuments in the center of civilization in China, surely will become Chinese tourists favorite places, we have begun to try to make more China tourists interested in the ancient city on the route.

In April, the chairman of the National Tourism Development Committee of the Republic of Uzbekistan and the director of the National Tourism Administration of People's Republic of China held talks in Beijing.

The two sides discussed a series of issues concerning the development of tourism cooperation between China and the United States and relevant matters concerning the participation of representatives from China Travel Service in the Tashkent international tourism fair.

On May 2017, during the visit of President Mir Ziyoev of the Republic of Uzbekistan to China, the tourism sector between the two countries signed the 2017—2020 year agreement on tourism cooperation and development.

Currently, Uzbekistan is preparing a draft proposal for special conditions for Chinese tourists, which will ease and shorten the time for China to apply for group travel visas in Uzbekistan. For the two countries, China has great potential for developing tourism cooperation since ancient times. The implementation of this draft will inject more momentum into the tourism and cultural exchanges between China and ukraine.

The Belt and Road brings rare opportunities for development Sri Lanka ambassador Senna Cody Tuwaku Karuna

Sri Lanka, located in the India ocean, was an important node on the maritime Silk Road in ancient times. Nearly 600 years ago, Chinese navigator Zheng He visited 5 times, helping to open the sea transportation corridor here. Today, China "The Belt and Road" initiative to bring a rare opportunity for development in Sri lanka.

China and Sri Lanka have frequent high-level exchanges of visits, and political mutual trust has deepened. On 2014, Chinese President Xi Jinping paid a state visit to Sri Lanka, and within two years, Sri Lanka's president and prime minister visited China successively, consolidating our traditional friendship and extensive cooperation. Chinese to work more than a year ago, I visited many places China, feel the people of Sri Lanka Chinese heartfelt respect and friendship, no country people like Chinese so well in Sri lanka.

In 2016, China became Sri Lanka's largest trading partner and source of imports for the first time, with bilateral trade reaching US $4 billion 560 million. At the same time, China is also one of Sri Lanka's most important investors. In Sri Lanka, many domestic highway and railway and the airport and other important infrastructure projects cannot do without the support of Chinese investors and builders, "Colombo Chinese investment in the construction of the port city project, not only created tens of thousands of jobs, but also to enhance the Sri Lanka global shipping trade hub, led the entire national economic development in Sri lanka".

"This year, Sri Lanka and China welcomed diplomatic relations 60th anniversary." The continuous development of bilateral strategic partnership between the two countries, covering trade in goods and services trade, investment and economic and technical cooperation, the content will enter the final stage of trade negotiations, cooperation and win-win will bear more fruits.

China's economy has been showing a steady development. Although the number of growth rates has changed, the quality of living standards has not changed, and the contribution to and contribution to the world economy has not changed.

Since last year, the world's "black swan" phenomenon continues to emerge, increasing global uncertainty. As a responsible big country, China's commitment to the world, especially to developing countries feel the power and warmth. By reading "Xi Jinping on governance" one book, to truly experience the national prosperity and development of the world's dream and the China ideal is "The Belt and Road" construction will make the fate of the human community concept implemented.

"The Belt and Road" initiative will be along the country together, one by one specific investment, trade and infrastructure projects to help the local people to get rid of poverty and live a good life. I believe that May will be held in Beijing, "The Belt and Road" international Cooperation Forum will deepen bilateral all-round cooperation between the two countries, promoting prosperity and stability in the region, boost world economic recovery.

The Belt and Road will become the new ties of Sino Russian friendship consolidation

Li Hui, Chinese ambassador to Russia

In recent years, comprehensive strategic partnership between China and Russia continue to maintain a high level of operation, more frequent high-level exchanges, steadily promote pragmatic cooperation, cultural exchanges flourish, international cooperation is increasingly close, running between the government, enterprises, non-governmental exchanges in various fields of social and public opinion mechanism, the development of good neighborly and friendly cooperation is strengthened. Mature, stable and healthy Sino Russian relations have become the model of new state relations and ballast for regional and world peace and stability in the world today. Especially in the background of the current international situation is complicated, the slow recovery of the world economy, the profound adjustment of relations between big powers, China and Russia to further deepen the comprehensive strategic partnership between the necessary objective and subjective desire unceasing enhancement, the two parties need to find a new focus and driving force.

In 2013, President Xi Jinping proposed "The Belt and Road" grand building initiative. This is an innovative global governance programme that embodies historical experience, brings together contemporary wisdom, and embodies the responsibilities and responsibilities of great powers. As an indispensable China largest neighbors and promote "Belt and Road Initiative" is an important link in the construction of Russia, a positive response and participation in the "The Belt and Road construction. In May 2015, President Xi Jinping and President Putin signed the Sino Russian joint statement on Silk Road Economic Belt construction and the construction of the Eurasian Economic Union docking cooperation, fully demonstrates that the firm will the two countries to create a common destiny, greatly broaden bilateral strategic cooperation, continue to move forward into the new impetus for the comprehensive strategic partnership between China and russia.

Over the past two years, the joint efforts of both sides in the Sino Russian joint cooperation, to achieve positive results, mainly reflected in the following aspects: one is the energy sector, Russia east gas pipeline construction progressing smoothly, Russia will supply to China according to plan. A project of both parties involved in the Yamal LNG project will be completed this year; two is connected China interconnection, Northeast China and the Russian Far East cross-border railway bridge construction, "Binhai No. 1", "Binhai No. 2" large traffic corridor building steadily, China Unicom (Russia) operating company opened in Moscow three; cooperation on large projects, the progress of the Sino Russian joint development of long-range wide body aircraft and heavy helicopters and other projects; four is the financial investment, China State Development Bank, the Export Import Bank of Russia and a number of financial institutions established a new batch of major investment projects, the Russian Central Bank opened a representative office in Chinese RMB clearing center in Moscow, Russia start; five is the economic and trade fields, the bilateral trade volume picked up, and in the first 5 months of 2017 reached 223 billion 100 million yuan (about $ 32 billion 800 million), with the An increase of 33. 7%, agricultural products, oil and gas equipment has become a new growth point of bilateral economic and trade cooperation; six is the cultural exchanges between the media to participate in the "Sino Russian media exchange year" enthusiasm, Russian media forum, the realization mechanism of the normalization of Sino Russian co production documentary "this is Chinese" "hello" and a number of Chinese number of outstanding works have been broadcast, the people of the two countries to know each other deeper, closer to the heart and the heart.

The heads of state of China and Russia played an important strategic leading role in the further development of bilateral relations. Since May this year, the two heads of state have met two times, once again reiterated the two sides to strengthen strategic cooperation, and jointly promote the desire and determination to get more practical results The Belt and Road construction and the construction of cooperation docking of the Eurasian Economic union. On July, President Xi Jinping will pay a state visit to Russia. The heads of state of the two countries will meet for the third time in the year. The two heads of state will make strategic deployment for the development of bilateral relations, will focus on "The Belt and Road" construction and the construction of the Eurasian Economic Union docking cooperation to a higher level, to help the two countries economic development, benefit the two countries and peoples.

In a peaceful cooperation, openness and tolerance, mutual learning, mutual benefit and win-win as the core of the spirit of the silk road leading The Belt and Road construction, conform to the trend of the times, has been more and more countries in the world support and participation, has aroused widespread repercussions in the international community. I firmly believe that China and Russia around to carry out The Belt and Road building cooperation, will become the new generation of friendly ties between the two countries to consolidate, also will make new contributions to peace and development in Asia and Europe and the world.

The Belt and Road: Recent Developments and Challenges[①]

Wang Jianye[②]

The "Belt and Road" Initiative (BRI, also known as "One Belt One Road") was announced by President Xi Jinping in the Beijing Summit of APEC in November 2014. Since then, it has attracted widespread interests and generated significant impact both at home and abroad. Increasingly people have come to realize the initiative's profound implications. At the same time, changing domestic and global environment has also played an important role in shaping the implementation of the initiative.

This article reviews developments of China's cross-border capital flows, direct investment in particular over the last 2-3 years. Our analysis makes it clear that "One Belt One Road" is in essence about the opening-up of China and our trading partners in the region, and indeed around the globe. Increasing international mobility of productive factors in turn raises demand for modernizing domestic institutions and governance. By comparing outbound investment in 2014-present with that in 2008-2013, we also note the emerging trends and their underlying drivers, opportunities for domestic and foreign enterprises, and the challenges for Chinese companies and the authorities. Rising to these challenges will greatly help the country's transition to aninnovation-driven economy.

A market-based development initiative

Over roughly three and half decades, China has transformed from a closed, very poor country to a fairly open, middle-income, world's second largest economy. By integrating into the world market, China has benefited tremendously under the existing international trade and monetary systems, which facilitate cross-border movements of goods, services, capital, and to less extent people and knowledge. With growing eco-

---

① Adapted from the author's keynote speech at CCL (Centre for Creative Leadership) 2017 Forum in Shanghai.

② Managing Director, Silk Road Fund; Professor of Economics and Director of the Volatility Institute at NYU Shanghai, recently has been selected as a Rotating Secretary General of the International Working Group on Export Credits (2020-2023).

nomic weight, China had been called upon to be a "responsible stakeholder" by the U. S. and other developed countries, and in the context of G20 to assume more responsibility for sustaining world economic growth.

It was not accidental that China acted decisively in the last quarter of 2008 amid the unfolding financial crisis in the U. S., helping avoid a 1930s type global contraction. Putting simply, while North America and parts of Europe were forced into deleveraging, China raised leverage sharply to support world demand, contributing to one third of global growth in 2009 and subsequent years. This contribution is much larger than China's share in world output, which was about 15 percent in 2015. As weak growth persisted especially in developed economies, there was external demand for China to do more.

Domestically, China's industrialization reached a plateau, encountering rising domestic costs, falling rate of returns for investment in traditional industries, and binding environmental constraints. In addition to rapidly increasing labor wages, land prices, and the costs of tackling pollution, large appreciation of the RMB—56 percent from August 2005 to mid-2014 against the basket of trade-weighted currencies of major trading partners—also eroded external competiveness. Large overcapacity was evident not only in coal and steel but also in construction materials and a range of other industries including infrastructure-related equipment manufacturing, and project engineering and building. Expanded market would help structural adjustment, support China's industrial upgrading to move up the value chain.

Aside from external expectations and domestic needs, economic geography is also an important contributing factor for launching the BRI. Around the globe, in between the European common market and North America Free Trade Area, there is a large area in the Eurasia continent, with growing population and markets, but not well connected. Lowering cross-border barriers and reducing transaction costs would expand the market, creating effective demand, increasing growth a la the classic economics of Adam Smith.

Finally, increasing equity share of China's foreign assets could also be a consideration. China has large net foreign assets (positive net international investment position, or NIIP), but negative income flows from this position in the external current account, in sharp contrast to the U. S., which has a negative, double-digit NIIP relative to GDP but positive current account income flows. A key reason is that China's foreign assets were mostly in debt instruments (e. g., major developed countries' treasury bills) while foreign liabilities largely in equity. Returns on equity and debt are quite different. Increasing equity share of NIIP would increase income, and of course associated risks. The questions were how and who to do it.

Some suspect that the BRI is a scheme of politics, diplomacy, or even military. But none of these would be possible without genuine progress on economic front. The Initiative therefore is first and foremost an economic initiative.

As indicated clearly in its Action Plan, released in the spring of 2015, the BRI "is an ambitious economic vision of the opening-up of and cooperation among the countries along the Belt and Road."① The essence of the Initiative therefore is that all parties involved to open up, facilitating cross-border trade and mobility of productive factors. Key areas include policy coordination, infrastructure (e. g., transportation, communications, energy pipelines or grid) connectivity, trade and investment facilitation, financial integration, and people-to-people bonding.

In the vast landmass from East Asia to Middle East, to Eastern Europe, majority of the population are in developing countries. Not surprisingly, throughout the action plan, the key words are "win-win" outcomes, "mutual" benefits, "common" development and prosperity. To achieve these objectives, the Initiative emphasizes "the decisive role of the market in resource allocation and the primary role of enterprises, and let governments play their due functions." It is thus very clear that the BRI is not a new "Marshall Plan," but a market-based development and reform initiative.

A recent World Bank research re-confirms the high relevance and timeliness of the BRI in the post-crisis development context. Their data show that per capita investment growth in emerging market and developing economies has been falling rapidly since 2010, with non-BRICS commodity exporters from roughly 7 percent in 2010 to 0. 1 percent in 2016. This is in contrast to the partial recovery in developed economies. By 2014, investment growth there had returned to its long-term average rate, 2. 1 percent during 2010-2015. Their research points out that sluggish investment and growth in developing countries, notwithstanding record-low external borrowing costs and large unmet internal investment needs, can be attributable largely to domestic problems—worsening business environment, rapid buildup of enterprises debt, and policy uncertainty—while external factors such as major countries' economic slowdown also played a part.② The appropriate remedy therefore is to address these impediments head-on, as the BRI rightly does.

Recent developments in direct investment

Three developments are particularly worth noting from China's international investment flow data of the last few years:

First, overseas direct investment (ODI) has been increasingly driven by private enterprises. ODI since the global financial crisis could be divided into two periods: 2008-2013, 2014-2017. Data compiled by government and market sources indicate that private sector drove the dramatic acceleration of outward investment in 2015 - 2016. Ministry of Commerce data show that private share of ODI increased from 32 percent in 2009 to 56 percent in 2013. Moody and Bloomberg research suggest that this increase

① Action Plan on the China-Proposed Belt and Road Initiative, March 28, 2015, Section III, paragraph 4, http: /jhzggs. nsa. gov. cn.

② Ayhan Kose, Franziska Ohnsorge, and Lei Sandy Ye, 2017. "Weakness in Investment Growth: Causes, Implications, and Policy Response." Policy Research Working Paper 7990, World Bank, Washington DC.

continued through 2016. M&A (mergers & acquisitions) account for a large part of ODI, such data show private enterprises accounted for over 75 percent by the number of deals, although state-owned enterprises (SOEs) were still dominant in large deals by disclosed value.

In conjunction with the rise of the private enterprises, ODI target industries experienced a shift, from primary commodities and natural resources to services, high value-added manufacturing, and consumption related sectors. Destination markets also shifted from emerging and developing economies to developed countries. It should be noted that ODI by disclosed value and number of deals in the Belt and Road developing countries have also increased, admittedly from a very low basis. In this region, Chinese companies involved still mainly in EPC projects, but their roles have begun to change, from supplier、contractor、builder to investor、builder、operator.

Second, the recent surge in capital outflows especially in 2015-2016 reflect to certain extent inappropriate asset reallocation abroad or masked capital flight. While it was understandable initially that domestic entities de-leveraged their U. S. dollar liabilities in response to heightened expectations of interest rate hike by the U. S. Federal Reserve, unusually large and rapid buildup of foreign assets through M&A or purchases in real estate, winery, sport clubs, and unrelated businesses, some through free trade zones and RMB outflows became a source of concern. Some of these entities including in the financial industry accumulated large domestic liabilities or aggressively mobilized funds in RMB in support their foreign spending spree, increasing balance sheet mismatches thereby undermining financial stability.

Large negative "errors and omissions" in the balance of payments were also indicative of certain disguised capital flight. Such statistical entries, which include discrepancies between Customs statistics and banking system foreign exchange flows, increased from-0. 6 percent of GDP in 2013—2014 to about-2 percent of GDP in 2015—2016.

Third, net direct investment turned into deficit in 2016, owing more to falling inward investment (FDI) than rising outward investment or ODI. Balance of payments compiled by the State Administration of Foreign Exchange (SAFE) suggest that FDI decline and ODI acceleration account for roughly 60 percent and 40 percent respectively the change of net direct investment from surplus in 2015 to a deficit in 2016. This raises issues with China's attractiveness to foreign investors or business environment.

While aforementioned first type developments are largely positive, the second and third alerted the regulatory authorities. They responded promptly, strengthening the enforcement of capital flow regulations and domestic financial prudential requirements. Starting from November 2016, irregular ODI has subsided.

According to the Ministry of Commerce, in January-May 2017, recorded ODI declined by 54 percent over the same period last year; but almost 60 percent were in three sectors that are closely linked to industrial upgrading—commercial services, manufacturing, software and information technology-related services. The government also made visible efforts to improve business environment, releasing a State Council document for institutional improvement and legal protection of property rights. Market entry barriers against FDI, notably in financial and other service sectors have also been lowered in 2017.

What are the underlying forces behind the above changes, especially from SOE dominant investments in resources to an increase in private enterprise dominant investments in higher value-added and consumer related sectors? There are broadly three types: Cyclical, structural, and governance drivers. Cyclical forces stem from changing expectations on domestic-foreign interest rate differentials and exchange rate movements of RMB vs. major reserve currencies. Structural forces result from rising domestic costs—wages, land prices, tightening of environment regulations, etc. Governance factor affects SOE investment through corporate governance; it also affects private investment through its impact on uncertainty regarding taxation, regulatory treatment, and property rights protection. The governance driver has arguably more lasting impact in the case of China, given relative cost and other factors.

Opportunities for domestic and foreign enterprises

The rise of private enterprises and the authorities' efforts to level the playing field by lowering entry barriers and strengthening property, including intellectual property rights protection bode well for domestic and foreign enterprises.

There are 65 countries including China in the Belt and Road area, accounting for over 60 percent of world population and about 30 percent world GDP. Most countries in the region are developing and emerging economies, with huge investment needs and great growth potential.

Developed economies (OECD) used to account for 80 percent of global consumption. This pattern has been rapidly changing. China is already the largest market for many consumer goods (e. g., automobile, smartphone, etc.). Looking forward, with rising income, developing countries and emerging markets will become even more important for global companies. Back to the case of China, industrial upgrading, i. e., the transition from high resource-intensity, high emission, and high pollution to a cleaner, more efficient economy will create investment opportunities. Perhapsthe biggest opportunities are in services or the tertiary industry e. g., R&D related services, health, education, entertainment, travel, as the city of Pittsburg has experienced.

Even in the high-tech area, say Artificial intelligence (AI), with 600-700 million mobile device/smartphone users, large number of engineering graduates, and already sizable big data and computing capacity, and a vibrant e-commerce sector, China may well be in the forefront of the next waves of industrial revolution and the consumption of new goods and services.

The shift of global consumer market and digital revolution will reshape the global supply chain and change the patter of world trade. Geographically, the Belt and the

Road represent Northern and Southern routes, respectively, connecting East Asia and Europe. At present, there may be more primary commodities to East Asia along the Northern corridor, more manufacturing goods from East and Southeast Asia to developed markets using the Southern route. The forthcoming changes, notably the rise of South-South trade will create many opportunities, for example, for logistics and related industries.

Challenges going forward

To realize the growth and welfare potential of the BRI, countries involved will have to make concerted efforts. But unlike in a multilateral negotiation of a trade treaty, there are many benefits which can be achieved by acting boldly without waiting for reciprocal moves by others. Four such challenges are highlighted below.

First, the leadership challenges to state - owned enterprises. As the Chinese economy is in transition, SOEs still play dominant role in some sectors—finance, energy, transport, infrastructure EPC—and significant in others such as iron and steel, non-ferrous metals, mining, petrochemical, etc., but such a role is changing.

There are statistics that SOEs' return on assets and investment return have been falling in recent years, and significantly below that of private enterprises. According to the International Monetary Fund (IMF), adjusted for implicit support through the use of land and natural resources, and lower implicit financing cost, SOEs' return on equity is estimated to have become negative since 2012.① In the industrial sector, SOEs account for more than half of corporate debt and 40 percent of industrial assets but less than 20 percent of industrial value added. At end-2016, central SOEs' average debt-assets ratio was nearly 69 percent, much higher than that of the local SOEs and private enterprises.

Investing abroad is arguably more difficult than at home. Returns on SOE overseas investments are likely to have high "variance" but low "means", i. e., varying widely from company to company but low average return. The performance gap with the private sector is also likely larger abroad than at home. These companies, especially their leadership, are facing daunting challenges to increase efficiency and profitability. Their executives will have to make a mindset change, become agile learner, learn to think outside box, or going out their conform zone, to foster innovation and restructuring.

For cross-border M&A, more important is post-acquisition restructuring and management for value enhancing and timely realization. Strategic vision, efficient decision making and high quality execution are vital, which require sound corporate governance, market consistent incentives and market-driven corporate culture to attract and retain talents. All are leadership demanding.

Second, the challenges for direct investment in developing economies in the Belt

---

① International Monetary Fund, Staff Report for 2017 Article IV Consultation, paragraphs 18-19, http//www. imf. org.

and Road. This region consists of countries of various size, level of development, and financial constraints, posing specific or unique challenges for medium-and long-term investors.

Many countries are low-income, small size, placing viability limit on projects that require larger market. Red tape and rent-seeking also add to the hidden costs of doing business there. Moreover, counterparty risks are high. It is often difficult to find local corporate partners with solid balance sheet and performance track record. Payment capacity is typically a concern with high risks over the longer term. Few countries or companies there are in investable credit rating. Many are vulnerable to global and commodity cycles. For commodity exporters, terms-of-trade shocks can quickly translate into fiscal stress, economic recession, and currency devaluation.

Coping with these risks would require our enterprises operate on market principles, thoroughly understand local conditions, and on that basis match investors of various preferences for risks and returns with the right projects and other partners. Special attention should also be paid to social responsibilities and environmental protection. Building alliance with local stakeholders and going green would help achieve commercial success in the relatively risky segments of the market.

Third, the challenge of expanding the use of RMB in overseas direct investment. Since October 2016, RMB has become a composite currency of the SDR, the international reserve asset created by the IMF. However, the RMB's share in World average daily foreign exchange transactions in 2016 was still smaller than that of the Australian dollar, the Canadian dollars, or the Swiss franc, none of which are in the SDR basket. China has long been a top world trading nation, the large gap between its share in global trade and foreign exchange market indicates ample space for expanding the international use of the RMB.

In the last several years, large ODI and other capital outflows have led to a decline in China's foreign exchange reserves from nearly \$4 trillion to slightly over \$3 trillion. At this stage, maintaining a sizable official reserves before the RMB exchange rate can be freely floating, is important for financial stability. Expanding ODI thus would entail the use of RMB. China has close trading relations and supply chain linkages with many countries in the region, which could be helpful for wider use of RMB in international trade and investment transactions.

The challenges are to progressively develop the relevant infrastructure, reduce RMB funding and holding costs, build up socalled "network externality" (i. e., a greater number of users increases the value to each). Of course, international use of a currency depends ultimately on market acceptance, which could be a long process. Stable currency value and the rule-of-law institutions and governance are therefore fundamental.

Finally, the challenge to modernize governance at home in face of increasingly free cross-border mobility of capital and talents. Public sector reforms are particularly relevant in this regard. SOE reforms, by truly separating ownership and management, retaining and incentivizing professional staff based on market principles, and hardening budget constraint, would make their operation really in line with the 1993 Corporate Law, rather than the 1987 SOE Law. Exposing the SOEs fully to market competition through opening up protected sectors and removing implicit subsidies would force restructuring, increase efficiency, and contribute to leveling the play field for all enterprises.

Fiscal reforms to make public spending accountable, reduce uncertainty in taxation, and realign central-local fiscal relations will go a long way in instilling confidence and reducing capital flight. Reform to make the tax system more progressive will not only help alleviate income inequality, but also put the public finances on a more sustainable footing, good for internationalization of the RMB.

The recent State Council Opinion reiterated that effective protection of property rights is a cornerstone of our society. It notes the existence of problems from insiders control and asset striping under state ownership, state infringement of private property, to the lack of intellectual property protection, and emphasizes "equal treatment" and "in accordance with the law" in law enforcement. The challenge is not just in implementation, but in the difficult institutional and cultural transformation to a "rule-of-law" society.

The BRI calls for "opening-up" of the countries in the Eurasian continent. In doing so, it also creates the conditions for reform and modernization in these countries. Real progress in these reforms will not only transform the business community but also the relevant society, benefiting people along the Belt and Road, creating truly "win-win" outcomes.

Chinese ambassador to Kuwait: Science the Belt and Road bright prospects for cooperation

Kuwait is the earliest response "China Belt and Road Initiative" initiative and signed the relevant cooperation documents in the Department of one country, The Belt and Road cooperation solid foundation and a bright future, Chinese ambassador to Kuwait Wang dy recently in an interview with Xinhua News Agency says.

Wang Di said that Kuwait was the first Gulf state to establish diplomatic relations with China, and that the friendship between the two countries had a long history of Arabia. Since the establishment of diplomatic ties in 1971, the relations between China and the Central Committee have been developing steadily and steadily. Both sides adhere to the foreign policy of independence and good neighborliness and friendship, and regard peace and development as the starting point of the national policy. The two sides have become good friends of mutual trust and sincere partners.

He said, "The Belt and Road" initiative with Kuwait "Kuwait will become the world financial and trading center" of the national vision just reached a strategic fit. Kuwait is one of the earliest and China sign cooperation documents to build a "The Belt and Road" Arabia branch of the state, visible initiative recognition is very high. Subsequently, the Chinese side has a number of working groups to visit the Department, and work with the parties to work at the level of docking, laying a solid foundation for pragmatic cooperation between the two sides.

Wang Di said, in the two economies are complementary, the both sides in the The Belt and Road under the framework of cooperation provides a meeting point. First of all, in the energy sector, crude oil export revenues accounted for 94% of the country's total revenue, and China crude oil import demand; secondly, the Kuwait production and living materials mostly rely on imports, and excellent price Wumart, practical and reliable China products have great market and development space in China; again, in the Kuwait oilfield exploration and infrastructure construction, project demand, and Chinese enterprises possess the experience and strength; finally, in the field of mobile communications, the government is promoting the high-speed Internet services and smart city construction, Chinese enterprise also has technical advantages and successful experience.

In February 2010, in order to change the long-term dependence on oil economic structure, the Kuwait government announced the national development strategy, "2035 National Vision Plan", intends to Kuwait as a financial and trade center. In 2015, the government put forward the "five island comprehensive development project", which aims to establish a free trade area connecting the East and the west.

Wang Di said that China attaches great importance to the "The Belt and Road" under the framework of participation in the five island comprehensive development and other major construction projects, China in economic zone and free trade zone planning and construction has been relatively mature, Chinese enterprises in the wharf construction and development planning and implementation of the project on the island has accumulated more experience, I believe that China can provide reference for each link of project planning and design, project implementation and post operation etc.

Wang Di said that in recent years, China's trade with the rapid development momentum. In 2016, bilateral trade amounted to US $9 billion 500 million, more than 60 times since the establishment of diplomatic relations. Now, China is Kuwait's largest non oil trading partner, while Kuwait is China's eighth largest source of crude oil imports.

Wang Di said that under the joint efforts of both sides, China to build a "The Belt and Road" will continue to bear fruit, the service of economic and social development, promote bilateral friendly cooperative relations, to a new level.

Brief Speech to The 7th Annual Xinhua Clean Energy Forum

Tian LinZhi, Chairman, Sinowind Technologies

Sinowind Technologies, is a clean energy company. For many years we have been developing renewable energy projects in Latin America, Africa, Asia, Europe and the US. In several instances we have worked in cooperation with large Chinese energy companies and with Chinese technology. China has resources and capabilities to help us attain our goals for a world fueled by clean energy.

Sinowind also works to bring new and higher technologies to China, particularly in the realm of renewable energy. Research institutes and companies around the world are continuously finding new ways to generate clean energy at a lower cost and with greater efficiencies. Also battery technologies have advanced dramatically, and can ultimately make alternative energies a reliable base load for electric grids and utilities.

Every day we hear of new advances in electric power uses: electric cars, electric airplanes, electric everything. Whenever these announcements are made, the impression they leave is that this move to electric everything cures our environmental problems. Admittedly, getting more electric powered vehicles on the streets will greatly reduce urban pollution, and that is a good step forward. However, the underlying problem is yet to be resolved.

The electricity for electric cars must come from somewhere. That power source might be wind, or it might be coal. It might be anything. The word "electric" does not necessarily mean "clean", and it does not necessarily mean renewable. The important element is the source of the electricity itself.

The challenge is to change, in the nearest future, from fossil fueled electricity to renewable electricity. This is my goal, and I believe it is our common goal.

Now we have many alternatives to traditional energy sources, and the benefits we will derive from our access to clean energy will be enormous. I applaud our energy companies for the contribution they are making to help create a better life for the people of China and the people of the world.

The underdeveloped countries of the world will, without question, be developing. They require infrastructure, agricultural technology, and the various other things that have made countries like China successful. Most of all, they require energy, specifically, electric power. China has a "Go Abroad" policy. For a county with more than 1.5 billion people, all of whom need home, hearth and happiness, this is not a small decision. But in my opinion it is the right decision. Done right, China will help make the world a better place. Done wrong, it is simply economic benefit for companies who lack vision. Our task, as we go out of China to invest abroad, should be to bring the best and cleanest technologies to this large part of the world.

There is, fortunately, an underlying advantage for the developing world.

Just as China skipped a generation from no phones to cellular phones, the "third world" can skip a generation from no energy to clean energy. This will take support and commitment from their national governments, and it will take the commitment of international energy developers to take the risks that are necessary to bring sustainable energy sources to the world. Sinopec, CNPC and CNOOC brought to China the same advantages that the Seven Sisters brought to the US, and now we are the leading two economies in the world. The task before us is to work together to be the leaders in climate change, in sustainability, and in having and creating a long term view of the future of our planet. We can, and should, do this together.

The overwhelming support for the Paris Climate Accord was gratifying. Even countries with minimal resources and a desperate need for energy supply gave Page 3 of 6 their commitments to a cleaner environment, in this generation, not 50 years from now. If they support this monumental concept, so it turn we should support them to achieve our common goal.

The shift to sustainability and a tiny carbon footprint requires much more than a gradual change. It requires a paradigm change, in how we think, in how we live and move, in how we build, in how we energize, and in how we govern. In some ways this change can be made by regulation or decree, but more importantly it must be made in the hearts and minds of men and women who can help effect the changes that are necessary. The end result will be a better life and a better environment for mankind. What greater goal could we seek?

Now, as to a more specific agenda, the two largest economies in the world are the US and China. As such, we have an obligation not only to our citizens, but to the world. We have some petty differences, such as the trade imbalance and export controls. I say petty because I believe these are not issues that should sway us from working together for the more important issues. These issues are, in order of priority:

1. Taking care of our own people. Ensuring not that everyone is wealthy, but that everyone is above the level of poverty, that they have health care, and that they can rely on education for their children.

2. National security. Of course this is paramount, but it is paramount to every country, and the national security of one cannot be sacrificed for the national security of another. China in centuries past had wars after wars until the country was finally established. Since then, China has never tried to exceed its borders but to protect them. The

US, after its similar past, has also been comfortable with its own territory. These are plaudible and should be recognized by both parties. Military efforts by both countries are intended to secure peace, not to take territory. Military men tend to be hawks rather than doves, and they perceive nationalism as a threat. This is helpful to increase military budgets, but not helpful for international relations.

3. Trade imbalance. The issues of trade, currency and export control are inextricably interlinked. The US, as well as the rest of the developed world, relies on importing products from countries where the costs are lower, including China. China, as the 2nd largest economy in the world, does not rely on exports to the US, and in fact would prefer to import an equivalent amount from the US. The problem therein is the control of exports of numerous things that are labeled as high technology but are in fact daily items. The best way to resolve the trade imbalance is to allow freer trade from the US to China.

The US thinks in quarterly reports. China thinks in decades. President Xi and President Trump met and called for four new economic dialogues. Cabinet members on both sides are working to bring fruition to these dialogues. I believe it would be more beneficial for both sides to consider the international impact of these talks rather than the "China First" or "America First" concepts. We face incredible difficulties in the world today, and will face similar difficulties in the years to come. Tensions between or among the leading nations of the world only lead to more tensions elsewhere. A dialogue should be a sharing of both problems and solutions, which should evolve into a positive and effective result. I hope our diplomats and military leaders on both sides can take the longer view for the common good, just as we are doing in the realm of sustainability. At the end of the day, it is not a question of who is the best negotiator, it is how to reach the best solution.

Cooperation between China and the United States in all forms of renewable energy is crucial. The problems we are addressing here today are global. The developed countries must play their part, as that our obligation. Likewise, every man and woman must play their own part. Saving the world is not a concept, it is not a joke, it is a reality. And it is a reality for our own generation. Let us make a difference for our world.

I have spent my time talking about the iimportance of clean energy, but we all know how crucial this issue is. The Paris Climate Accord demonstrated the Page 5 of 6 willingness of more than 100 countries to take drastic steps to protect the environment. This should not be something we do as individual companies, nor as individual countries. The cooperation between and among the nations of the world is an imperative.

What can be done?

Governments must support renewable energy and sustainable development domestically. This includes, for the short term, financial support and incrementally decreasing subsidization for the implementation of all forms of renewable energy.

Governments must support research into new technologies that can make renewable energy not only better than traditional energy, but less expensive than traditional energy.

We must cooperate globally on the development of these technologies, particularly in more efficient solar cells and biomass sources. This requires cooperation among industries and research institutions worldwide. Battery technology is one of the greatest keys to the utilization of wind, solar and other forms of renewable into the power grids. A great deal of research and innovation has already been accomplished, but if we are to achieve the environmental goals agreed to in Paris, much more must be accomplished, and must be accomplished on a faster pace than today's.

The US and China play a major role in this, due to their economic dominance. Europe plays a major role due to their commitment to the reversal of climate change. Other countries play a role due to their need for new energy in renewable forms. These energies must be aligned and combined for our common good.

No one can say they are the leader in sustainability, because sustainability is a goal rather than a reality. We all must do whatever we can do, play whatever role we can play, and contribute whatever we can contribute for our mutual and global success. This is the message I hope to pass along today.

It is a great honor for me to be here today, and to have the opportunity to say a few words to my colleagues, but words alone are not enough. Words must be followed by actions. I call on all of us, including myself, to be people of action. We should not wait for this government or any government to dictate our priorities. We know our first priority, and that is to create a clean and safe environment for ourselves and our neighbors around the world.

We must lead, not follow. The future lies with us, and relies on us.

The Belt and Road: "Chinese prescription" of the economic globalization

Abu Talib Hassan, senior consultant at Egyptian pyramids strategic research center

China's two conferences under the spotlight affect the world's nerves. As China plays a more and more important role in global economic governance, the Chinese government's foreign economic policy signals released during the two sessions have become the focus of attention of researchers. The concept of global governance and China "Belt and Road" initiative, can effectively deal with the current anti globalization trend, this is responsible for the economic globalization to open a "China prescription".

Tracing history, China is the best example to benefit from economic globalization. Silk Road opened up the economic and trade relations along the countries, so that they can exchange each other, mutual benefit and reciprocity. Since then, free trade has not been a burden, but a force that has brought countries closer together. China has a tradition of promoting international economic cooperation.

Today, China has achieved rapid growth in the world in the past 40 years. It also benefits from economic globalization. China has been actively integrated into the global market in the course of its development, and has become an example of development with mutual dependence, cooperation and win-win situation with other countries.

Economic globalization is now a bottleneck. Rather than catching up with the problems caused by economic globalization and advocating trade protectionism, it is better to seriously consider the root cause of the traditional thinking that globalization can not go beyond zero sum games. Economic globalization is by no means the end, but today's globalization requires us to explore and find the right place in the rapidly changing world economic network. This is a worldwide problem that requires all countries to join hands and work together to resolve it.

I understand that this year Chinese's government work report special mention continue to promote the construction of The Belt and Road, this is a rare historical opportunity in the cooperation between the two countries. Ethiopia and Chinese are willing to work together to implement the The Belt and Road initiative, will create a country located in three continents intersection trade hub. "Belt and Road Initiative" initiative is to promote the countries closer, effectively deal with the inverse of globalization initiatives. I understand the "The Belt and Road" includes two meanings: one is the revival of the traditional silk road, the economic and trade relations between the countries of the smooth recovery; two countries along the technology, the exchange of ideas, culture and art groups shuttle, with people around the world between feeling more and more close, more opportunities for cooperation will continue the emergence of. "Economic network The Belt and Road" can give full play to the potential and characteristics of countries along with the docking, along the country's development strategy, let Chinese growth and prosperity for the rest of the world. The proposal fully demonstrates that China is playing an important role in the construction of world order builders.

The Belt and Road initiative is mutually beneficial and win-win diplomatic idea

Hassan Jia Weide, director of Pakistan Research Center,
National University of science and technology of China

"The Belt and Road" international cooperation forum is an important contribution to the global economy Chinese better governance and multilateral cooperation.

Recently held in Beijing The Belt and Road international Cooperation Forum is an important conference held in the occasion of the profound transformation of the global economy. All along, China's development has contributed greatly to global economic growth and prosperity. Globalization has become a historical trend and is conducive to a more equitable global development. By China sponsored "The Belt and Road" international Cooperation Forum highlights the positive significance of globalization.

"The Belt and Road" initiative to help ensure the sustainability of globalization. In spite of the negative voices of some developed countries and inward protectionism, protectionism is neither a cure nor a motive for any country's economic revival. China is committed to building a community of human destiny with all parties. Through strengthening exchanges in transportation, communications, trade, finance and humanities, China will promote mutual benefit and win-win situation. China President Xi Jinping's visionary "The Belt and Road" initiative, has won the global appreciation.

"The Belt and Road" international cooperation forum is an event of historic significance. By hosting this forum, China has shown a sincere commitment to work with the international community to improve global economic governance. The move also shows that China is willing to share its fruits of development with the international community and will achieve common prosperity with all countries, including neighboring countries.

"Belt and Road Initiative" initiative is mutually beneficial and win-win diplomatic idea. Broad consensus The Belt and Road international Cooperation Forum reached, will unite and consolidate the success to date, is expected to promote the common development of all parties to achieve better.

Pakistan Economic Corridor is The Belt and Road flagship project, the construction corridor is changing the economic fortunes of Pakistan. Early harvest projects for the corridor, including energy and infrastructure projects, are nearing completion. Corridor has become a foreign direct investment in Pakistan's catalyst, and for Pakistan's economic development has brought all kinds of positive effects. Corridor construction provides tens of thousands of jobs and increases personal disposable income for the palestinians. Corridor projects also promote the integration of human resources between the two countries. Pakistan can benefit more from this historic opportunity if it can successfully carry out the structural reforms that are urgently needed. Pakistan should learn from Chinese since the reform and opening up economic development and opening - up experience, combined with their actual natural, cultural and economic conditions, to take corresponding measures to promote rapid economic development.

To be sure, the global economic situation is not optimistic. The public debt and the slowdown in GDP growth in the countries concerned are not optimistic. The "western political elite" did not explore the underlying causes of the economic downturn, but launched the "China threat theory". This is aimed at creating Anti China sentiment, shifting public attention from the real causes of the economic downturn in these countries. China has always maintained economic openness, accelerated financial reform, and promoted domestic and global economic growth by increasing imports and stimulating domestic demand. China demonstrates the image of a responsible big country with practical action.

In China's value system, a prosperous neighbor is regarded as happiness rather than disaster. Unfortunately, many Westerners are not aware of the beauty of China's value system. "The Belt and Road Chinese with the world" is the people's initiative to share decades of development and prosperity and long cultural values initiative. At the same time, cultural exchanges and dialogue driven by "The Belt and Road", is expected to promote the development of the world better. "The Belt and Road" international cooperation forum is an important contribution to the global economy Chinese better governance and multilateral cooperation. All countries should work together with China to work together to safeguard world peace, stability and harmony, while a broader globalization and openness will play a key role.

The Belt and Road initiative to promote innovation in scientific research cooperation to build a platform to help experts recommend project landing

Chenyang Lee, China science report

Since the "The Belt and Road" initiative, which greatly promoted the depth of co-operation in various fields and on different levels in China and along the countries and regions. In the field of scientific research, but also spawned a blossoming of innovative cooperation flowers.

CAS president and party secretary Bai Chunli pointed out, starting from the science and Technology Cooperation Organization, The Belt and Road along the countries and regions to jointly study and resolve major challenges and problems faced in the development process, to promote the construction of a common vision from the strategic level "The Belt and Road".

Constructing innovative cooperation system

Bai Chunli stressed that the Chinese Academy of Sciences to make full use of favorable international exchange and cooperation channel advantage, into the connotation of science and technology The Belt and Road construction, provide a scientific guarantee and support services, the Chinese Academy of Sciences is the bounden duty and obligation. To this end, the Chinese Academy of Sciences to build a series of "The Belt and Road" to promote cooperation in scientific and technological innovation system and mechanism.

The beginning of this year to build the Chinese Academy of Sciences Bangkok Innovation Cooperation Center (hereinafter referred to as the "Bangkok center"), is the Chinese Academy of Sciences, conforming to the trend of globalization of technology innovation in response to The Belt and Road Cooperation Initiative, the implementation of the first action plan, an important measure to promote the internationalization strategy.

Bangkok central director Jiang Biao told reporters: this is the first Chinese

Academy of Sciences to promote domestic and international joint innovation and technological innovation transfer of achievements for the purpose of foreign institutions. Its mission is to promote the institutions, research institutions and universities to go abroad and to integrate into ASEAN economies, and to contribute to the construction of China ASEAN innovation community.

In April this year, Zhangye Bangkok city center and the agricultural enterprises in Gansu Province signed the agreement, the construction of "The Belt and Road" to guide the development of national farming and animal husbandry demonstration base in the surrounding farmers development at the same time, will gradually to the "The Belt and Road" along the countries and regions.

The Hexi Corridor is a key node Belt and Road Initiative on the construction of the. Jiang Biao said, this move is the center of Bangkok, will be transformed through the transfer of scientific and technological achievements, will create a kind of demonstration base, the technology, the three-dimensional agriculture "Hall", which became the Chinese Academy Science and technology output to countries and regions along the model project.

He hoped that the demonstration base in the future could train more talents of agricultural science and technology for the silk road country, and promote the safety of the agricultural ecological environment of the silk road. The Bangkok center will also continue to cooperate with the "The Belt and Road" for national economic construction, the main battlefield, focus on promoting major livelihood science and technology cooperation based on research and development, has important demonstration significance.

Expanding the scope of scientific research

In July this year, paleontology scholars in China and Iran announced that they had discovered the mysterious two toe dinosaur footprint in the Middle Jurassic strata of the Earl range in northern Iran. The discovery echoes the fossil record in Central China, suggesting that the geographical separation between China and Iran is relatively easy to cross in the distant middle jurassic. The discovery is of great significance to the study of palaeogeography, paleoenvironment and ecology.

Iran is in the Middle East, connecting Asia and Europe the heart, has the extremely important strategic position in the Middle East, but also promote the China important partner The Belt and Road.

China University of Geosciences (Beijing) Associate Professor Xing Lida of Chinese Science News reporter said: in the cooperation study, as researchers, we intuitively feel the great help The Belt and Road 'initiative. Their research area is located on the border of Iran, where soldiers and civilians are very friendly to Chinese scholars.

We always feel the support of both governments for our research work, which has greatly expanded the origins of our research into paleontology, he said. Xing Lida says.

Set up a platform to meet the challenge

"The Belt and Road" international union chairman, scientists China Academy of engineering, Sun Jiulin pointed out that science and technology cooperation The Belt and Road, through the platform, so that more projects landing.

Accept China kexuebao in the interview, Sun Jiulin further explained his point of view: in the past to speak of "The Belt and Road" strategy, now we emphasize "The Belt and Road" construction. Since it is construction, it will be implemented in a number of international cooperation projects. And each cooperation involves different countries, policies, ethnic, environmental, cultural ideas and other exchanges and collisions.

This requires the establishment of an information-based control platform for scientists to exchange, cooperate and communicate with each other. Sun Jiulin says.

In the process of practicing the "The Belt and Road" cooperation in science and technology, Sun Jiulin deeply realized the importance of information exchange, when we cooperate with Russia, they used materials are russian. We realize that mere mastery of English does not pave the way for international cooperation.

And along many countries, using the language of every hue (including rare languages), followed by cultural customs, laws and policies for cooperation in different poses and with different expressions, has brought great challenges.

In addition to building a platform, we also need to train a group of integrated talents, not only to understand the basic laws of scientific and technological cooperation, but also to effectively solve international disputes. Sun Jiulin said, "The Belt and Road" already is not only our country proposed an initiative that is reached by all countries through consensus on. We hope that through solid projects to promote mutual benefit and win-win cooperation in science and technology.

The Belt and Road initiative provide more options for the development of the island

Johnny Kenabo Parliamentary Secretary and
senior members for Vanuatu's prime minister

One view is that China's aid to the Pacific island region will bear heavy debt burden on the island nation, a typical stereotype of westerners. Some people have not paid enough attention to China's positive role in the development of Pacific island countries.

Chinese Confucianism, do unto others, the poor are immune to the economy and the world. The guiding principle of China's foreign policy is rooted in the Confucian thought of world unity, and China firmly pursues the five principles of peaceful coexistence. As a developing country, China has suffered foreign aggression in history, so it has formulated a peaceful foreign policy in pursuit of independence. This path of peaceful development will lead to a more inclusive and inclusive development of the world. The basic concept of China's relations with the Pacific island countries is peace, development, cooperation and mutual benefit.

Today, China is the second largest economy in the world. As its economic influence grows stronger, China is making its own contribution to world peace and global order. China has helped the Pacific island region more extensively and provided more options for the development of island countries. Chinese on the Pacific island region policy based on such an idea, that the twenty-first Century is the era of globalization, hopes to build partnerships with the various regions of the world to strengthen the interdependence, achieve world peace and prosperity.

It is because of Chinese as a responsible country's influence gradually increased, Chinese was looking to solve global challenges with solutions increasing, including terrorism, climate change and financing problems.

China President Xi Jinping made The Belt and Road initiative, aimed at strengthening international cooperation through trade and cultural exchanges and interoperability. This initiative is an open and cooperative policy conducive to the promotion of financial and economic integration. In the The Belt and Road international Cooperation Forum, China commitment to The Belt and Road construction to provide active support.

The government of Vanuatu has seen opportunities in developing relations with China. China assistance of a number of projects in Vanuatu, including the National Conference Center, Fontana – malekoula Road, Luganville port, the Prime Minister of the office building project, the Melanesian spearhead group Secretariat Office building, Coleman stadium. Vanuatu should seriously study the "The Belt and Road" initiative, examine and adjust our laws and policies, seize the important opportunity The Belt and Road China brought.

The people of Vanuatu are learning China's experience and are increasingly recognizing the positive role played by China's help in its own development. We highly appreciate China's increasingly important international responsibilities in today's complex world, and the Pacific island countries must recognize the continued development of China as an opportunity.

The Belt and Road initiative provide prospects for the European Renaissance

Nolan Peter, chairman and professor
of development studies, University of Cambridge

China is entering a new and complex stage of development. China has become a powerful player on the international stage from an obscure role in 1970s.

China's role in the global economy and international relations will continue to expand. Today, China is still a developing country, despite its size. The Chinese Communist Party (Communist Party of China) will face numerous policy challenges.

The two key issues facing the Chinese Communist Party are its role in the Asia Pacific region and the ideological legacy of Carle Marx (Karl Marx). The Communist Party of China is carrying out in-depth research and Reflection on these two issues.

If the West wants to better understand China, it needs to understand the depth of China's political system, the depth of these issues and the breadth of the ongoing debate.

When President Mao Zedong died in 1976, China was mired in extreme poverty and was of no consequence in the global economy. In December 1978, the Third Plenary Session of the Eleventh Central Committee of the Communist Party of China began to establish the overall policy of the Chinese economy under the leadership of the Chinese Communist Party under the leadership of the Communist Party of china. Few people outside China believed the move would be successful.

At the end of 1989, the socialist system collapsed throughout Eastern europe. In February 1990, the Soviet Communist Party officially ended in the 70 year rule of the Soviet Union; in December 1991, the Soviet Union ceased to exist and disintegrated into a number of sovereign states. After a series of events in China in 1989 and Eastern Europe and the Soviet Union from 1989 to 1991, it was widely believed in the West that the Communist regime would not exist long in china.

Moreover, the consensus in the west is that the history of these socialist countries, from Democratic Germany to Vietnam, shows that the transition from the Communist Party to the market economy is impossible. In accordance with this repeatedly mentioned view, regime change is a necessary condition for market economy. Whether it is the Washington consensus international policy recommendations, or Western politicians and the western media, almost the entire West are all in one story that communist rule in China will not continue, even in case of surviving, also has not established a successful market economy.

For 1/4 centuries, from 1989 to 1990, it seems that the situation is quite different from what the West generally expected and hoped for. After the collapse of the Soviet Union, the ruling Communist Party in China did not follow suit. China's regime change, which many people still hope for and work for, did not happen. The Communist Party of China has 87 million Party members and will usher in the founding of the party in 2021 100th anniversary. The Communist Party led China to achieve the most spectacular growth and development in modern history. Under the umbrella of political and social stability, China has maintained rapid growth for 30 years. The overall layout of a large China lasting infrastructure projects, including roads, railways, ports, airports, dams, power transmission facilities, telecommunications, water supply and drainage system and housing; according to the proportion of far more than the size comparable to the developing countries, such as India, Indonesia, Pakistan and bangladesh.

China's reform has gradually expanded market competition to most areas of the economy. Through careful experimental reform path, cross the river by feeling the stones, and gradually change the system, so that people gradually adapt to the transition from the state - owned economy to the market economy. This process of gradual experimentation also enables policy makers to solve problems one by one, while maintaining the overall path of institutional reform. These reforms have unleashed the productivity of local enterprises and attracted the investment of most international leading enterprises, enabling China to rapidly absorb advanced technology and obtain a huge latecomer advantage.

By purchasing power parity (Purchasing, Power, Parity, PPP), China's gross domestic product (GDP) is now the world's largest. China is the largest country in the world in international trade. Chinese manufacturing output ranks first in the world, more than one-third of the United States, France, Germany, more than the sum of the UK and japan. Since 1980s, China's poverty rate has dropped substantially, and the standard of living in almost all social groups has improved significantly.

Despite considerable progress, China still faces huge policy challenges in trying to shift from low-income countries to high-income countries.

There is a lot of literature on these challenges, including an aging population, the rural surplus labor depletion, corruption, serious environmental pollution, low level of technology innovation, local enterprises in the global competition status, low income and wealth disparities, differences of residents' international environment hostile etc. The use of PPP has many practical problems, not only because of the differences in the quality of goods and services between developed and developing countries, but also because of the difficulties of getting global prices for goods and services. Despite the great efforts of statisticians, it is generally assumed that PPP tends to overestimate GDP in developing countries.

In November 2013 Chinese held the eighteenth session of the Communist Party Central Committee of the Third Plenary Session of the CPC Central Committee passed decision on several major issues of comprehensive reform (hereinafter referred to as the decision), pointed out the global nature of these challenges, a roadmap of the next stage of system reform (Communist Party of China, 2013). The decision reiterated the need to focus on the reform of the systematic, integrated and coordinated, speed up the development of socialist market economy, democratic politics and advanced culture, harmonious society and ecological civilization; emphasizing the market should play a decisive role in the allocation of resources, the government should reduce in its resources the role of configuration. We should continue to study how to deal with the relationship between the government and the market. The decision emphasizes that the construction of a socialist market economy with Chinese characteristics needs to be the starting point and the end result of promoting social equity and justice and promoting the well-being of the people.

In order to achieve these objectives, the decision emphasizes the need to China reform the income distribution system, and promote common prosperity, to ensure that the equalization of basic public services; also stressed the need to deepen the reform of the political system, and adhere to the leadership of the party, to build a socialist country under the rule of law, people's democracy more extensive, more well, more perfect. Decision describes China is entering a new stage, the reform is in the deep water zone. At this stage, China hard choices, need to wade rapids. In order to overcome the multiple challenges, the party needs to break through the stereotypes shackles of emancipating the mind, seeking truth from facts need pragmatic all from reality and summarized the domestic and foreign experiences of successful practices.

The relative importance of China in the global economy is gradually returning to the position before the industrial revolution, which has brought profound issues to China's international relations.

From the Han Dynasty (202-220 BC) until the late eighteenth Century, two thousand years, China is the world's most economically developed and technologically advanced place. For most of that period, China had deep commercial and cultural ties with countries in Central Asia and the eastern and southern coastal states. The tributary system is the diplomatic symbol of these relations, and the first part of the book explores historical evidence of these relationships. Through deep business contacts with the surrounding areas, China's technology has spread not only to these regions, but to Europe as well. Many of the key technologies of the industrial revolution originated in china.

BBC: the Belt and Road brought border city of Kazakhstan's new

According to the Broadcasting British Corporation website reported on June 14th, China June 2014 will be officially on the ancient Silk Road important node of Huoerguosi (Khorgos) built a city, and Kazakhstan Almaty, Huoerguosi (Khorgas) connected together, the original two barren area because of the huge investment has become the rapid development of the new city, known as the new Shenzhen and the new Dubai.

Reported that in mid May of this year, Chinese large state-owned COSCO Shipping Group, Lianyungang port holding group and Kazakhstan national railway company signed an agreement in Beijing, China will jointly acquire a 49% stake in the east gate of Huoerguosi dry port.

The location is favorable and the transportation is convenient. The central European international container class has passed here, connecting China with Western Europe in a new way.

Reported that, because of the cold war and the Sino Soviet split, exchanges between Central Asia and the Soviet Union China experienced a period of isolation, closed and even tit state. As a result, the import and export trade of China and Kazakhstan, including Huoerguosi, ceased at one time and the port was almost closed until the 80s of last century.

With the development of Kazakhstan's independence and Sino Kazakh relations, Kazakhstan has attracted many Chinese enterprises for its rapid economic development, relatively stable political situation and preferential policies to attract foreign investment.

Reported that by the end of 2011, China and Kazakhstan held a ceremony in the Xinjiang Huoerguosi railroad docking port, the port will have the railway and highway two clearance means, international transportation channels Gaocheng long - awaited. With the China open "The Belt and Road" initiative, in China side of Huoerguosi Economic Development Zone, once a barren area is now around the construction site, many high buildings have been built, like 30 years ago in Shenzhen.

On the side of Kazakhstan, the railway port of Huoerguosi East Gate dry port has also risen from a barren land to a new town.

Reported that, as the "New Silk Road" an important transfer station, Huoerguosi dry port connecting China's dozens of cities and more than a dozen cities in europe. A large number of Chinese goods have been shipped from the East and the mainland, and have been integrated and transported to all parts of Asia and europe.

The Kazakhstan government has set up a new city zone at the Huoerguosi port to attract talent and labor, provide free housing, good pay and education.

Kubil, a Uzbek journalist in the Central Asian region of the Broadcasting British Corporation, said Kazakhstan wanted to use the opportunities here to increase profits other than oil.

Reported that one of the China Kazakhstan is responsible for the development of Huoerguosi Unicom project company is headquartered in Dubai logistics company DP World, the company's general manager Carle Geisen said: two years ago, there is nothing here. We are building a new society.

Brazil: China promotes common development through the Belt and Road

In today's world, some people in some countries are biased against china. I want to tell you, this is the stereotype of some western media wearing tainted glasses invented. We must understand China from a new angle of change, so that we can better understand Bazhong relations and understand the world. In August 14th, the Vargas foundation of the Brazil think tank held a seminar entitled China on the international stage. Evandero Carvalho, head of the Brazil China Research Center of the foundation, expounded in his keynote speech.

With the rapid development of China Brazil economic and trade relations, the people of Brazil are becoming more and more interested in China, and the enthusiasm of China is growing day by day. Faced with hundreds of experts and scholars in international relations and economics from across Brazil, Carvalho said that during his years of work and life in China, he recognized the limitations of some western countries in understanding china. He called on the government of Brazil, the business community and the academic community to work together to strengthen the judgment of the international situation, to truly understand China's development and to understand the importance of China for Brazil.

Chinese not just from a country far away from Brazil, UNESP professor Marcus Peeler, international political economics stressed that Bazhong is similar to the situation, land area, population, culture rich countries. In recent years, the relationship between Bazhong has been consolidated and developed, and China has become one of the most important trading partners and the largest export destination of Brazil.

Piles pointed out that at present China per capita GDP of $8000, becoming a global innovation index report only to the former 25 middle-income countries, and has been made on the future development of a clear plan, such as the introduction of "2025 Chinese manufacturing" to support the real economy, promote the information industry and aerospace technology innovation policy. In a series of policies to guide and promote economic reform, China quite effective: China total trade to GDP ratio decreased, Chinese has emerged from the development pattern characterized by cheap labour, gradually embarked on the path of "China made" ... Piles believes that high-tech, independent design and leading brands in the world have become the three magic weapons to ensure the sustained and stable development of China.

While maintaining rapid and steady growth, China's performance in the international arena has become increasingly brisk. Professor Robert Paul Catholic University of Rio international relations at the seminar said: "you must not believe that a traditional tea culture has become the world's largest Chinese Wine consumer and importer. This fact can prove from another angle why we say that China's economic growth contributes more than 30% to the world, and that the world needs china. Imagine how much coffee Brazil would benefit if the Chinese were to drink more coffee."

In May this year, Robert, who had studied and worked in the United Kingdom and the United States for more than 20 years, went to China for the first time to attend the BRICs academic seminar of Fudan University. In Shanghai at what he exclaimed: I must admit, I fell in love with Shanghai, but also understand why Shanghai will become one of the world's financial center, saw the development level of Chinese at this stage, I began to believe that China does have the ability to play a more leading role in the international community. He pointed out that, in the reform and improvement of the international order, Chinese by The Belt and Road construction, the new development bank, the Asian infrastructure investment bank and other channels, more pragmatic to promote the common development of other developing countries and China.

Li Yang, Consul General of the Chinese Consulate General of Brazil in Rio De Janeiro, said that China has made outstanding achievements in the field of economic and social development. China is still a developing country and will continue to help other developing countries to develop together. China's peaceful rise is beneficial to the world, and China will continue to contribute to the international community in terms of economy, politics and security.

We have to thank china. China has not forgotten the world in the course of its development, and has always adhered to the common progress and shared results with other countries, said, an economist at the Vargas foundation. China advocate The Belt and Road will promote the healthy development of the global trade, transportation and logistics cost reduction, set off a new wave of globalization. This is a grand initiative, covering more than 65% of the world's population, and enhancing ties between eurasia.

Some western media advocate China Threat Theory and ignore China's contribution to the international community. In order to better cooperate with China and absorb the nutrients needed for the development of Brazil from China's development, we must face up to the fact that China is developing rapidly. Carvalho pointed out: China's study of Latin American countries, such as Brazil, is getting more and more intensive and fruitful. The government, enterprises and scholars in Brazil should also realize the urgency of understanding the real China, follow the pace of China, understand China, understand the world and understand ourselves.

ASEAN Students: the Belt and Road makes our future more broad

With more and more exchanges between China and ASEAN countries, more and more ASEAN students choose to study in china. The latest statistics from the Chinese Ministry of education show that the number of ASEAN Students from China increased from about 50 thousand in 2010 to more than 80 thousand in 2016. Among them, the number of students studying abroad in Guizhou became geometrically multiple growth. In 2016, the number of Guizhou students enrolled in ASEAN countries increased by 509 times compared with 2008, reaching 1528 people.

The ASEAN China students choose to study, in realizing their ideal of life at the same time, they will also become a bridge for China Unicom The Belt and Road along the country, become "The Belt and Road" people connected to power.

Vietnamese student, Hainan is one of them. By the end of 2013, after many layers of selection and fierce competition, Hainan received the acceptance letter and first class scholarship from the Guizhou national university. In addition to tuition and accommodation fees, there are still 1000 yuan per month for living expenses, which allows Hainan to study at ease here, and fully aware of what has happened here.

Hainan said: my initial choice of human resources management is the sign of the people's major, in addition to learning advanced professional concepts, language ability will become my future career important weight.

Learning in the past few years Chinese, I saw a lot of new technology is not our home, like mobile phone payment, online shopping, greatly facilitate people's lives, I am still a purchasing, I help Vietnamese customers to buy sports shoes, from Chinese electronic products. They've got a good bargain, and I've found business opportunities. Hainan said, with frequent bilateral trade, especially in the background of "The Belt and Road", Vietnam's agricultural products can be more easily transported to China, clothing, household appliances and transportation China to Vietnam will be more convenient.

In the future, I'll probably open a Tmall Vietnamese pavilion that sells Vietnamese agricultural products and sells Chinese cheap and fair products to Vietnam via the internet. Hainan said that after more than 3 years of learning, he broadened his horizons, exposed many things that he had never heard before, and made a better sense of China's development.

Theon is Guizhou Nationalities University Tourism Management professional third Laos students learning more than three years in Guizhou, the expression of her Chinese is like Chinese, only talk has not resolved she is a foreigner.

Two countries want to communicate, and language is the best bridge. I came to China to study, not only learned professional knowledge, my Chinese proficiency has also improved significantly. There are many Chinese enterprises in Laos, and they are very short of people who master both the language and the Chinese language. If you learn Chinese well, you won't go looking for a job when you return home, but you will be looking for work. Mat said.

Cai Wanning, deputy director of the Cabinet Office of the prime minister's office in Kampuchea, attended the tenth ASEAN education circle, saying that students from ASEAN countries chose to study in China, indicating that China's influence is expanding. These students will learn to Chinese, contact with advanced science and technology, broaden their horizons, in the future can make a contribution to the country's economic growth, "The Belt and Road" initiative for young people to provide good opportunities for entrepreneurial officer.

The Institute of international education, Guizhou National University vice president Xia Jingang said, with The Belt and Road initiative of deepening and advancing, and Chinese education increasingly frequent exchanges among ASEAN countries. To this end, Guizhou National University through research, combining students' interest and future demand, from the beginning of September this year, will be targeted in the ASEAN countries for tourism management, business management, Chinese language and literature major students, hope that through a few years of training, to better serve the "The Belt and Road" initiative.

China has become the largest trading partner of many ASEAN countries, said Ren Haiping, a researcher with China's international economic exchange center. By the end of 2016, bilateral exchanges had exceeded 25 million, with more than 200 thousand students. China has been the largest trading partner of ASEAN for 7 consecutive years and ASEAN is also China's third largest trading partner. It can be seen that cooperation between the two countries is very close.

Young students are the future of our country. ASEAN is an important region along the "The Belt and Road", as more and more students choose China Chinese ASEAN, ASEAN Community of destiny will be closer exchanges, cooperation between each other in these students under the influence of more smoothly.

International public hot issue of the Belt and Road: this is a jointly sharing road

Sanya Institute of public diplomacy

In October 21, 2015, Chinese President Xi Jinping in his speech in the British business summit said: "Belt and Road Initiative 'is a win-win, mutual participation, follow jointly sharing principle, to achieve common development and prosperity. This road is not the private path of one side, but the sunlight road that everybody moves forward hand in hand."

Today, the implementation of a "The Belt and Road" project let foreign media eyes always pay attention to it. More and more countries and international organizations have begun to itch to join this "Sunshine Avenue".

A tangible sense of achievement

This is a significant moment for trade. Broadcasting British Corporation reported the head of the global port group in Dubai. London time on April 10th, the first full British goods return central trains (London, Yiwu) starting from the Dubai port group to the port of London around the world, thousands of miles away in Yiwu China. 3 months earlier, the central European class from Yiwu arrived in london.

As Belt and Road Initiative is one of the important pragmatic cooperation initiatives, central trains caused great concern to foreign media.

This cheaper, faster, Broadcasting British Corporation quoted Hans, Britain's International Trade Secretary, as saying the line showed a huge demand for high-quality British products. The excitement was obvious. Reuters said the UK is working to strengthen trade links with other parts of the world to prepare for the withdrawal of the EU two years later. Last year, China was Britain's seventh largest exporter. According to official statistics, Britain's trade with China last year was about 13 billion 500 million pounds, an average annual growth rate of 12.9% since 2006.

As Singapore Singapore United Morning Post network reported that, to achieve from the CDB central trains between Britain and Chinese, providing a safe, efficient and convenient land trade channel, provides a new platform and channel for the two countries to enhance friendship and strengthen cooperation, to promote bilateral economic and trade exchanges, British companies and people in the service, is of great significance to promote the The Belt and Road construction etc.

Central trains just let the relevant countries have the real one of the many "The Belt and Road" project sense. The Russian ambassador China TASS also quoted as saying that "The Belt and Road" construction and the Eurasian Economic Union building strategic docking has made the early harvest. Russia's participation in "The Belt and Road" development prospects, the future of the two sides in the docking process will achieve more tangible results.

Belarus's industry minister Vitali Vovsk recently said in an interview, the implementation of The Belt and Road initiative, is to bring more substantial results for Belarus and Chinese cooperation. He is in Belarus and Chinese Geely company established a joint venture enterprise as an example, in 2012 signed the investment contract provisions of the United Automobile factory to manufacture 60 thousand cars a year, once the annual sales reached 50 thousand vehicles, the car factory will expand production capacity to 120 thousand vehicles, all this means that the creation of new jobs. Vovk believes that the Belarus and China industrial cooperation in the "The Belt and Road" initiative the prospects are very bright, optimistic about the development prospects of China in the new machinery manufacturing project.

Build a global destiny community

In September 3, 2016, Chinese President Xi Jinping at the opening of the group of twenty summit keynote speech in China said: thanks to the development of the international community, are willing to provide more public goods for the international community. I put forward "The Belt and Road" initiative to share with countries along China development opportunities, achieve common prosperity.

As the net Singapore United Morning Post pointed out, China Belt and Road Initiative is to emphasize the economic ties, bilateral and multilateral cooperation, to jointly build a global community of destiny.

In some western countries mainly inverse globalization signs, "The Belt and Road" initiative is particularly striking. The Wall Street journal published articles from the side that "The Belt and Road" to promote the role of globalization, it said in the United States and the United Kingdom against globalization, Chinese hopes to build a huge infrastructure network, the network will cover 2/3 of the world's population. Reuters also pointed out that "The Belt and Road" initiative is a milepost significance of the plan, which will be included in the railways, ports and power network, infrastructure projects to invest billions of dollars.

"The Belt and Road" initiative is a very lofty ideals and high aspirations plan, is expected to make Chinese between Europe and the Far East and the transport of goods become more economic and fast. The International Transport Forum secretary general, United Nations Sustainable Transportation high level advisory group member Jose veigas once the eyes of the Belt and Road Initiative.

Latin American news agency reported Chinese, Belarus, Germany, Kazakhstan, Mongolia, Poland and Russia railway departments signed the on Deepening China EU trains cooperation agreement that the agreement "The Belt and Road" initiative to expand the services between Asia and Europe railway transport market share, and will promote the economy along the route the development and trade cooperation. The agreement said that countries will work together to promote better rail infrastructure to achieve safe, smooth, fast, convenient and competitive rail lines. Information technology will also speed up trains and unify services.

Moreover, "The Belt and Road" strength and potential lies in versatility. Forbes website wrote, "The Belt and Road" this revival by Chinese between Europe and the transportation routes and trade hub gradually formed by the new network, can show the efficient, safe and healthy competition. In fact, it is not a single line, but a network of interconnected interconnected Eurasian corridors. Like the ancient Silk Road, if a corridor was closed due to changes in government, war, economic turbulence, or tariff disputes, the goods could simply be transported to similar destinations through alternative routes.

As Belarus's industry minister Vitali Vovsk said: the most important thing is that this initiative means win-win for all parties involved in including Belarus, help the world to improve the current economic situation and jointly cope with the economic challenges.

A good chance not to miss

Kazakhstan ambassador Nur Ray Scherf said: "Belt and Road Initiative" has a great role in promoting the development of the world economy. In fact, "The Belt and Road" means many opportunities.

Singapore United Morning Post network quoted the former New York mayor Peng Bo said, "Belt and Road Initiative" is a visionary and ambitious strategy, regional infrastructure investment is one of the most effective means of promoting economic growth, and for the interconnection of East West Trade and investment for new opportunities. American business will also benefit, because in the "The Belt and Road" construction, along the country will have a large number of investment opportunities.

The Boston globe has recently published an article by Geoffrey Sax, a professor at the Columbia University. The article points out that Chinese put forward important initiatives The Belt and Road, the objective is to build links across Asia and Europe and Asia transport, communication and energy infrastructure. An important beneficiary will be between Western Europe and East Asia, including most of Russia and central asia.

More and more countries began to participate in the construction of "The Belt and Road" in.

The CMB economic corridor is drawing attention from more and more countries.

British officials said they had taken a look at the projects in the Sino Pakistani economic corridor, the India times reported. Sources close to the British government say the UK is destined to become a key partner in the Pakistan Economic corridor. In May this year, the British also in Islamabad organized by the enlarged meeting of the China Pakistan Economic corridor.

Pakistan, the Daily Times Web site, said Russia, Turkey and Italy were also interested in the CMB's economic corridors, apart from Russia's willingness to participate in the CMB's economic corridors. The article adds that these countries are planning to carry out some projects related to the economic corridor between Pakistan and China, which are negotiating with Pakistan.

Has been to "The Belt and Road" not very active in Japan recently seems to have quietly changed. According to "Financial Times" reported that in May 2nd, Japan's central bank governor Kuroda Higashihiko in a Yokohama event that Asian infrastructure demand is very large, only by the Asian Development Bank and the world bank the original mechanism to meet the demand. He said that China led the creation of sub investment banks, many countries in Asia and outside the country to join the agency, this is a good thing. He also said that Asia Investment Bank through the activation of infrastructure investment in Asia, will promote healthy competition, is conducive to accelerating economic growth.

Experts and scholars also attach importance to the United States in the promotion of "Belt and Road Initiative". A senior adviser to the U. S. Center for strategic and international studies, Asian economic Matthew Goodman pointed out that the United States has a world-class multinational enterprises, technical expertise and legal standards and other advantages, but the lack of infrastructure, the government and the private sector has not been well organized to participate in the "The Belt and Road" project.

Singapore United Morning Post columnist also published an article that, even will revive the U. S. manufacturing sector as the primary policy of the Trump government, should also be aware of, to revive the U. S. manufacturing sector not closed doorism, she sat at home to engage in manufacturing, but should go out looking for manufacturing opportunities, "The Belt and Road" is revive the U. S. manufacturing sector of excellent business opportunities, not to be missed.

The International Committee of the Red Cross officials: the Belt and Road cooperation with China has a large space

The International Committee of the Red Cross and are active in about 40 countries along "The Belt and Road". we can find the initiative cooperation for the benefit of a variety of ways for people in different countries. The International Committee of the Red Cross (ICRC) Asia Pacific deputy director Arno debacker before an interview with Xinhua News Agency said.

Baecque said, the implementation of the peace and prosperity of The Belt and Road target, and neutrality and impartiality and independence of international humanitarian principles, the Red Cross is consistent with the concept of China. Based on these consensus concepts, the Red Cross and China can find common ground in many fields, and there are many opportunities for cooperation.

China is increasingly playing a role with the Red Cross in many places. He said, in many countries with projects and the Red Cross work, the two countries help each other.

The International Committee of the Red Cross President Peter Morel in May this year to attend the "The Belt and Road" international cooperation forum series of activities in Beijing said that the Red Cross in the Belt and Road Initiative was put forward on the clear of this initiative support, look forward to strengthening cooperation with China in this regard. He also suggested that "The Belt and Road" initiative should not only focus on economic development, we should also include humanitarian perspective.

In this regard, Baecque said, "Belt and Road Initiative" involving dozens of countries to achieve common and lasting peace and prosperity as the goal. Such an ambitious initiative should have multiple dimensions, not only includes the construction of infrastructure, business opportunities, growth and other economic development dimensions, should also include the humanitarian dimension, along the country to consider the humanitarian needs of the people.

In Baecque's view, the Red Cross can be made to the "The Belt and Road" contribution, on the one hand is to provide emergency assistance to encounter violent conflict in the country people, the maintenance of The Belt and Road along the country's stability; on the other hand is to provide assistance to the relevant national economic reconstruction and long-term development, especially the long-term influence of violence in some countries, the Red Cross can play other economic development agencies to play a role.

In countries where conflicts persist for a long time, we are used to leaving reconstruction and development to other areas after emergency assistance. Now we recognize that our role in the long-term conflict continues to include both urgent humanitarian work and development assistance, he said.

For example, a hospital in southern Afghanistan's Kandaha Province, the Red Cross made the previous work mainly is to introduce medical personnel and other resources to deal with the influx of the injured, but later the focus of work to support the Red Cross Hospital from the long-term operation of emergency assistance, including through new wards, staff training. This is an example of the humanitarian role of the Red Cross and finding a common point of action from other economic development programmes.

Vice Minister of the Ministry of culture of Czech: the Belt and Road initiative to boost cultural exchanges between the two countries

The Czech delegation to the 2017 International Book Fair in Beijing was held at the Embassy of China in Czech on the evening of 23. As the 2017 important activities along a road in Czech under the framework of the Deputy Minister of the Ministry of culture of Czech Catalina Caris Tova, led a delegation to attend the.

In the conference, Caris Tova spoke highly of bilateral relations between the two countries, and that relations between the two countries has achieved rapid development in the "The Belt and Road" initiative.

Caris Tova said that cultural exchanges are essential for the exchange of people between the two countries. She said that the cooperation between China and the Czech Republic in cultural exchanges has many years of tradition, and many Chinese translations of Jie Kewen's literary works are widely known in Czech. As for the Beijing International Book Fair, Caris Tova believes that this is an important opportunity to promote material and cultural exchanges between the two countries.

Caris Tova said that every year a lot of Chinese literary works were translated into Czech and introduced into Czech. She hopes that there will be more excellent Czech literature in the future for Chinese readers to see. I hope The Belt and Road 'initiative can be China culture to other countries friends, can also be the essence of other countries to bring people China.

22, just won the Chinese Book Special Contribution Award Czech translator Wang Heda expressed the love of Chinese literature and gratitude to the readers of Czech. Wang Heda said that in his more than half a century of translation work, it is Czech readers love his works, became the work force of him and other Czech sinologist.

Wang Heda has translated many Chinese literary classic works, including Chuang-tzu the scholars a dream of Red Mansions etc. In Wang Heda's view, the real literary translation is an intercultural dialogue out of the ordinary, the atlas is his pursuit of the realm.

At the reception, artists from Czech also brought music and puppet shows featuring Czech.

The United Nations Environment Programme will focus on the Belt and Road work

Lin Mengyue, Global network

The morning of July 29th, the theme of "green 'The Belt and Road' shared desert economy" of the sixth session of the international forum started in Kubuqi Desert China Ordos the Inner Mongolia Autonomous Region Kubuqi desert. Lynn van Deckard, deputy director of the United Nations Environment Program's science and technology division, interviewed global network reporters at the forum.

How to look at the results of the models in Kubuqi Desert Ecological technical innovation aspect, Lynn Anne deputy director Fan Deckard said the Kubuqi mode has made outstanding achievements in. A large number of studies have been carried out on a variety of germplasm, such as sand and other problems, which can be used for reference throughout the world.

When asked about the division of science and technology in desertification control to carry out specific work, Lynne Anne van Deckard points out that, the United Nations Environment Programme to do independent research, environment agency is the science and technology into science and technology policy. The environment agency is creating a science and technology policy - business relationship, will send the new science and technology information, such as the practice and development of Kubuqi mode to the rest of the world, policy makers, financial and business sectors, which has significance and open ecological innovation of enterprises.

Lynne Anne van Deckard said the United Nations Environment Programme dedicated to carry out especially with "The Belt and Road" related to the science and technology policy, from different regions in the evaluation of The Belt and Road coverage for start, it will become a great achievement. Because of the diversity of the ecosystem, the state, the economic policy and the cultural system, it is necessary to explore and pool the interests of the parties concerned in the process. This is a difficult task, but UNEP will move on.

We will also participate in the discovery and development of science and technology, guidelines, policies, and strive to use private enterprise resource, green power "The Belt and Road" initiative. Ms. Lynn van Deckard added.

It is reported that the sixth session of the international forum in July 29 in Kubuqi Desert and Kubuqi Desert in Inner Mongolia on 30 meeting, the forum is an important meeting for the implementation of the "The Belt and Road" international Cooperation Forum, the forum this year the theme of green The Belt and Road 'share of desert economy. From more than 300 global leaders, entrepreneurs, experts and scholars and representatives of the media will focus on the "The Belt and Road" along the desertification area of desertification and ecological cooperation in science and technology innovation, green finance, eliminate poverty and other highly concerned about the problem of the international community. This forum is co sponsored by the Ministry of science and technology Chinese national forestry bureau, the Inner Mongolia Autonomous Region people's government, the United Nations Environment Programme, Secretary General of the United Nations Convention to combat desertification, China people's Institute of foreign affairs and CO Ordos Municipal People's government and the China Yili foundation contractors.

A number of reasons Malaysia supports the Belt and Road

Malaysia's Federal Ministry of international trade
and Industry Minister Huang Jiaquan second

Malaysia supports the "internal background The Belt and Road"

As the founding member of the World Trade Organization (WTO), Malaysia has always been an active participant in the international free trade agreement in the past, and the important foreign trade policy constitutes the embodiment of the state's diplomacy. The historical reason also lies in the fact that Malaysia has been the trade center of the Silk Road since ancient times. Han mentioned in Guangdong Xuwen and Hepu ship May to yuan country, modern scholars think is the Malaya Peninsula in the eastern or western. Whether the Han mentioned in the place where, obviously this peninsula is located in the Malacca Strait from the south to the middle Chinese sea to India ocean, different times require the construction of international port. In the contemporary Malaysia in the local market is smaller, always rely on foreign investment and international trade to promote economic growth, rely on the transfer and development of technology, hoping to create advantages in the international open toward each other.

Attracting foreign investment and foreign trade is the consistent foreign policy of the Malaysia countries. In particular, foreign trade policy, Malaysia will decide to respond positively to national support, promote the China Belt and Road Initiative initiative. As far as the overall development of Malaysia is concerned, foreign trade is not only concerned with purely economic interests, but also a part of the country's smart power. This is not simply a measure of short-term numerical gains and losses. The formation of Malaysia's own historical and cultural features stems from the ability to attract foreign businessmen repeatedly, to trade in Malaysia or to stay in investment. There were 55 languages in Malacca at the age of Zheng He. Today's Malay language contains many words from Sanskrit, Arabic, Chinese, Holland, English and so on. In particular, there are a lot of borrowed words from southern Fujian, which is also the mark of international trade in history. A field survey conducted at the port of Malaysia, Penang, in 1989 found that there were 341 Chinese borrowings in Malay. In 2002, 224 Chinese loanwords were found in the three authoritative Malay dictionary. So far, Malaysia has signed thirteen international free trade agreements, including six multilateral agreements. In 2015, Malaysia exported 63% of the country's total exports to the countries that had signed the FTA.

With the establishment of various free trade agreements, the multilateral countries are opening to each other, promoting the opening exchange from the original products and manufactured goods to the technology and talents, and the biggest trend. Each free, more than 600 existing negotiating free trade agreements, more than 400 of which have been signed, and some of them are in Malaysia. Malaysia is by the international situation, and in the signing of more than 20 international free trade agreement, with the situation, in response to China initiative "The Belt and Road". Malaysia in the UK from Europe and the United States President Trump announced a unilateral cancellation of trans Pacific Partnership Agreement, the decision is to continue to support the "The Belt and Road" initiative position, and plans to continue the policy, take the initiative to sign more trade agreements with Africa, South America, Middle East and other countries. The Chinese 2013 initiative The Belt and Road based on has covered 64 countries with a total population of 4 billion 400 million, accounting for 63% of the world's population. Malaysia also saw the opportunity, hope to China win-win principle "The Belt and Road" initiative to emphasize, adhere to and expand its past in Malaysia and other ASEAN countries trade decision by eliminating the investment and trade barriers, promote free trade zone, strengthen Customs cooperation, cross-border ecommerce development, the development of service industry, encourage bilateral investors the construction of infrastructure, investment and trade facilitation.

At present, Malaysia is the world's more actively support the initiative of the government China Belt and Road Initiative countries. Malaysia actively participate in the positive attitude The Belt and Road, become the Asian Investment Bank (AIIB) founding member of the 57. For Malaysia, "The Belt and Road" is a very good platform, will further strengthen the cooperation between Malaysia and China government. Moreover, since the Prime Minister Datuk Sri Nagy on November 2015 visit to China, the two countries signed a total of 14 $34 billion 400 million worth of business to business (B2B) memorandum of cooperation , thus The Belt and Road will bring huge business opportunities.

Moreover, Malaysia China response "The Belt and Road" initiative, including Malaysia enterprises on the expression of China confidence in investment. Over the years, Malaysia has been active in investing and doing business in China, with more than 6 000 Malaysian companies investing in china. Such as IOI group, Parkson, Kuala Lumpur, such as a hole listed group; in my memory, these groups have expressed their concern to expand investment projects in china. Data consolidation in Malaysia international trade and industry department until December 2016 in the literature, Malaysia direct investment of China has reached 2 billion 380 million US dollars, Chinese direct investment in Malaysia is $2 billion 60 million.

As a whole, the prospects for investment relations between the two sides of the horse are worthy of encouragement. Malaysia's economic transformation has been successfully transformed from earlier agriculture and exports of raw products (palm oil, crude oil, natural gas, rubber, etc.) into services and manufacturing. In 2016, the original products accounted for only 17.2% of Malaysia's total exports; on the contrary, manufacturing exports accounted for 82.2% of total exports, of which electrical and electronic products and chemical and chemical products were the most significant, accounting for 36.6% of total exports. Malaysia's industries need to expand, need innovation, and also need markets. And for the first time last year jumped to become Malaysia's largest Chinese manufacturing investment in China, the most significant investment including steel, non metal mining and solar industry, the Chinese enterprises to achieve the high horse value of investment project, which is the government would like to see, if it involves technology innovation and transfer, help Malaysia to promote local metal, chemical and petrochemical industry electrical and electronics, and other key industries demand. More can not be ignored, the horse trade in foreign trade in Malaysia, make the total number of 1 trillion and 480 billion, accounting for more than 240 billion ringgit, which is 16% of Malaysia's total trade; and Chinese for 8 consecutive years to become Malaysia's biggest trading partner of china. In the horse, because Malaysia's economy is relatively small, but has a wealth of original products, and seek to play a technological innovation in the international market, the overall trend is to enter the Malaysia market Chinese, attract China to buy the products in Malaysia.

China's combination of hard and soft power can give Malaysia confidence

In the past, in addition to Malaysia starting from the policy support, "The Belt and Road" beneficial to Malaysia, another important reason is Malaysia to have Chinese optimistic consideration, to ensure that our friendship and confidence in China dialogue. This is not only the economic interests may be based on the most important is that the Malaysia China Belt and Road Initiative, Chinese to have the second largest economy in the world first emphasized community of destiny, let everyone at ease, China initiative was established in further promoting international trade spirit. Because there is no open to each other, making good use of resources, the smooth flow of goods, their isolation, community is not possible. In other words, the maritime silk road used to promote coexistence and common prosperity of historical memory, coupled with the current Chinese have the ability to send a self concept and spirit of cultural trade, the spirit of soft power can constitute the international commerce, Malaysia believes that its initiative foundation and ability and sincerity.

ASEAN is working to build the region into a driver and creator of economic integration in East Asia, and that is what it is to promote that spirit. It also coincides with some of China's strategies, and some of its major trading partners have signed free trade agreements with china. "The Belt and Road" initiative spirit, push along between the countries signed more trade treaty, will further promote the Malacca strait shipping business, beneficial to the Malaysia economic and trade activities and maritime transport. In particular, the geographical advantage of the Malaya Peninsula in the Malacca Straits is the core of the western, Middle East and South Asian countries.

The history of the Malacca Strait is known as the maritime Silk Road important Seaway, until now is also an important shipping booming area. For the moment, in the first eight months of 2016, China exported the largest number of horses to the country, accounting for 20. 2% of Malaysia's imports. ASEAN, as a single region, is Malaysia's largest trading partner, bringing in 27. 2% of its trade volume. Mutual corporate contacts and industrial activities continue to promote the livelihood of the entire ASEAN community. We hope that it will integrate with the railway transportation and land transportation and enter the core of ASEAN. If we can combine the two, we can further improve the efficiency of trade.

The spirit and faith, inspired by the letter, and in the actual public trust advocates. Chinese can let Malaysia believe that bilateral cooperation will help integration and fusion China ASEAN interests of the people's livelihood, one of the reasons is China in the United Nations Industrial Classification, is the world's only with the UN classification of all categories of industrial countries, the United Nations has enumerated all industrial classification of all industrial categories can find in Chinese. Moreover, China's huge market power, no country can afford to ignore. Under "The Belt and Road" initiative, Chinese commitment in the next 5 years to The Belt and Road along the country to buy \$2 trillion of products, will also provide \$150 billion of direct investment, and provide a quota of 10 thousand scholarships for international students studying in China. The latter is China playing its soft power, but it also means that it is in line with the Malaysia initiative response "The Belt and Road" countries will, for countries to be able to long-term exchanges with China, mutual investment and trade, the future not only need to know more of the new generation of Chinese, but we have more students in other countries have life, have the ability to understand each other in the country, into the country, especially the close friends, to consolidate the relationship. In Malaysia's position, mutual friendship and confidence, as well as the win-win situation in reality, should be considered as a more solid foundation for building a community of mutually beneficial and win-win communities. Without a long-term mechanism to promote mutual trust and friendship, we can not guarantee a win-win economic prosperity.

There has been a historic friendship between ASEAN and China, which is now very active in business relations. Chinese launched "The Belt and Road" initiative but also further consolidate between ASEAN and China economic partnership. ASEAN and China in "The Belt and Road" platform, will realize infrastructure and Unicom project, and promote the development of regional and sub regional cooperation upgrade, not only is the business to bring new opportunities, which affects countries economic transformation will also affect the global people's livelihood. How to understand that we are a destiny community, thus creating a multi-field and interactive friendship between countries, and forming a platform for mutual trust, is the key. As Li Yun said the whole world as one community, "The Belt and Road" should be inclusive to the world, many of the side effects of the treatment of globalization and the transformation, and even lead to many people for all countries of public welfare facilities, so that more young people, more and more small businesses, women more developing countries have the opportunity to participate, but let everyone in the target more egalitarian global mutual situation, stable and harmonious life through interaction.

The chairman of the Kuhn Foundation: the Belt and Road initiative from vision into reality

"The Belt and Road" initiatives put forward timely, relevant construction will become one of the greatest stories in twenty-first Century. To attend the "The Belt and Road" international Cooperation Forum of the United States Kuhn foundation President Robert Kuhn said in an interview recently.

Kuhn believes that the initiative is so popular all over the world because China has found a link between its own experience and the needs of other countries.

In Kuhn's view, "The Belt and Road" initiative to welcome 3 main reasons: one is it concerned to enhance infrastructure construction, which is the urgent needs of many developing countries; two is a lot of countries in the world economic growth is slow, hope to participate in the The Belt and Road construction to stimulate economic growth; the three is for many developing countries it is China, development model, development experience and can provide funds for these countries to participate in the The Belt and Road construction is an ideal way to strengthen the cooperation with the Chinese.

Chairman Xi Jinping's concept of "win-win cooperation" from the blueprint into a roadmap, from planning to practice, from the concept of paper to the ground project. In the past 3 years, "The Belt and Road" construction project blossom everywhere, I see this idea is from vision into reality. Kuhn expresses.

Kuhn spoke highly of the "The Belt and Road" contribution to the international construction management system. He said, "The Belt and Road" international Cooperation Forum itself is an example of global governance and international economic cooperation. More than 100 countries and international organizations, government officials, business leaders and other countries to come together, fully embodies the desire and action to promote the realization of human well-being and mutual cooperation. From another perspective, "The Belt and Road" reflects the new thinking China actively participate in global governance, mutual benefit and win-win to inclusive growth based.

" 'Belt and Road' initiative is China actively participate in global governance which is for all countries to open the same target of circle of friends". To be sure, the world needs a "grand plan that 'The Belt and Road', 'Belt and Road' initiative construction will become one of the greatest stories in twenty-first Century." He said.

Kuhn said, The Belt and Road construction for U. S. companies and opportunities.

When President Trump took office, America's foreign policy became more pragmatic, creating jobs as a top priority. The business of "The Belt and Road" construction is becoming more and more interested in.

"The Belt and Road" construction will help to promote the development of a multi-polar world, drive along the country's cultural exchanges, also helps to build a common destiny of mankind, the same China diplomatic idea long is the same. Kuhn said, "The Belt and Road" construction of the world, inspiring. The description of ancient countries and regions along the Silk Road exchange history of 2000 years, as long as we persist in mutual trust, equality, tolerance and win-win, we can live in peace and common development, and this is "The Belt and Road" to convey.

Peter Francopan, Senior research fellow at the University of Oxford: "Why is it so important to the Belt and Road"

Peter Francopan, senior research fellow,
University of Oxford, College of Wooster

Promoting stability and promoting growth and prosperity are the only ways to maintain peaceful life.

In the Han Dynasty in China more than 2000 years ago, some thinkers put forward the idea of people as the foundation and put forward that all the people are eager to live a peaceful life. I think this view is accepted by most people in the world today. Stability, peace and tolerance bring prosperity and happiness–the more we communicate, share and share with each other, the more opportunities we can work together, the less likely we are to dispute and confront.

The opposite of peaceful life is often caused by uncertainty. Uncertainty can easily lead to confusion, fear and mistrust, and ultimately lead to collapse. The world today is also unsettling because of many uncertain events. In western countries, the British referendum take off Europe and seek to do it alone. Italy and French politics are also restless, while other European countries are making loud noises.

But when we come to China, the situation is very different–it's full of optimism and ambition. When some Western politicians are still talking about the zero sum game, the winner of the China is hackneyed and stereotyped expressions when talking about the concept of win–win, welcome aboard China development ride; when protectionism and anti globalization in the West had become the climate, China are actively promoting the "Belt and Road Initiative" initiative, accelerate interoperability with other countries the world, seeking cooperation and achieve win–win.

Learning history can better understand the present. Take economic globalization for example. Over the past few years, economic globalization has been criticized by some as the source of many problems in the world today, and it is now time to reduce relations between different countries.

History, however, tells us a totally different story. Studying ancient literature and exploring archaeological evidence, we find that economic globalization is a phenomenon that has existed for more than two thousand years. At that time, trade and cultural links along the Silk Road to promote, merchants, travelers, monks and soldiers take up the task of communication, promoting the spread of food, fashion and all kinds of resources and ideas and exchange. Zhang Qian recorded in Central Asia in the local customs and practices, Fan Ye Houhanshu recorded in Rome in the year 166 sent envoys to China.

Economic globalization is not a recent novelty. People have been interested in how people live, eat, and use in another part of the world for thousands of years. But now, unlike in the past, the links around the world are now more closely and faster than ever before.

This is why the "The Belt and Road" initiative for Chinese, Asia, Africa and Europe and other countries in the world such an important reason. Promoting stability and promoting growth and prosperity are the only ways to maintain peaceful life. Focusing on building the infrastructure appropriate for twenty-first Century will benefit people with limited development because of existing infrastructure. 700 years ago, a famous Italy scholar described the Silk Road across the Mediterranean and the Black Sea to China. It was safe night and day. Now, better roads, railways, airports and plumbing facilities make it easier for goods and people to move. This will surely promote understanding and tolerance among different countries, stimulate economic growth and bring about prosperity. The more we interact with each other, the healthier our relationship will be.

As history has shown, building a golden age is not easy-it requires resources and promises, and more time. The Belt and Road initiative proposed although only less than 4 years, but has made great achievements. We still have a lot to do in the years to come. The rest of the world has the right to choose its own destiny, but there is no doubt that the Silk Road, the artery that once connected the most important region of the world, will be revived in the present.

Joseph Stiglitz, the Nobel laureate: the Belt and Road contribution to globalization

Recently, in China sponsored by the development research center of the State Council Development Forum 2017 annual meeting, the 6 Nobel Laureate in economics in Beijing around the process of globalization, Chinese economic development, world economic adjustment, from macro to micro, theory analysis, talk freely.

"The Belt and Road" contribution to globalization.

Joseph Stiglitz, a senior vice president and chief economist at the world bank, proposed the view of economic globalization. He has made a great contribution to the establishment of information economics as an important branch of economics. In recent years, Joseph Stiglitz has paid close attention to China's economic change and development, and pointed out in the article that China's century begins in 2015: China's economy will be ranked first in the world in the future. In this regard, the United States can not curb, we must deepen cooperation. (statement of the following statement)

We see that people's standard of living is rising, health is improving, life is lengthening, and more and more people are getting rid of poverty, and the benefits of globalization are obvious. But the global order is also being challenged. Why is there such a strong anti globalization sentiment?

In the process of industrialization, most of the people whose interests were impaired were due to technology, and globalization exacerbated the bad effects and exacerbated the suffering and costs of those who suffered. Those workers will say, I have no way to upgrade technology, but globalization is man-made things, we can vote to choose those who oppose globalization, to vent emotions, to subvert the current order. So, in the end, we should create an inclusive mechanism, so that all people benefit from it, regardless of technological progress and globalization leads to the damage, must have a way to give them compensation, so that more people benefit from it.

The core issue of globalization is the issue of redistribution, because in the globalization, the low skilled workers' wages have dropped a lot, so now it is necessary to formulate an integration policy to realize the re income balance through policies. For example, in the United States, we should have some broad policy to solve the problem of inequality, we need social security, otherwise, the policy of solving inequality will fall into the trap of protectionism.

Trade relations are not only bilateral, but should be a positive multilateral game. In my opinion, China is actively promoting regional cooperation, and China is already active in its cooperation with Africa, and more cooperation with Latin America is also under way. We can support the existing international mechanisms and arrangements, and even create new mechanism, Chinese do the work in these areas is very important, such as creating new, Asian Investment Bank Development Bank BRIC countries and other new multilateral financial cooperation mechanism.

"The Belt and Road" initiative to promote globalization is a very important contribution, because many countries, especially in some poor countries, some neglected countries came into being. At the same time, helping them achieve the integration with the world economy is a good way to promote globalization.

It should be noted that, The Belt and Road construction will bring benefits to the whole country, but these benefits do not necessarily fair distribution within the country. So we must design a set of system and policy at the national level, to ensure that the social security network to better serve those vulnerable groups underpinning. China can play a very important role in the implementation of the initiative to ensure that relevant countries can introduce some safeguards.

We are at a very important juncture, the global geopolitical and economic, and the international order created since World War II is very different. In my view, the new order must support the multi polar world and achieve a more sustained and balanced development, and globalization will continue to support the improvement of national strength and the living standards of the people of the world.

(Source: People's daily)

Deputy Prime Minister of Serbia: the Belt and Road initiative to help Serbia to develop as an important forward step

Serbia is the first country in central and Eastern Europe to establish a comprehensive strategic partnership with China. It is also the first European country to implement a substantive and comprehensive exemption policy for Chinese citizens. For Serbia, China is an extremely important partner. In an interview with this reporter in Serbia, Deputy Prime Minister and Minister of construction, transportation and infrastructure minister Zorana Mikhailovich before the highly Chinese plays an important role in Serbia.

Mikhailovich noted that close economic cooperation in Cyprus, transcripts are very rosy. Both the Belgrade bridge across The Danube, or Serbia Tuolaci station, Coase E763 highway, have participated in the construction of China company. In addition, Belgrade Industrial Park, Belgrade sewage treatment plant project, also help in the China, stepping up preparations. Infrastructure, energy, agriculture, non-staple food, cultural exchanges... It is hard to think of any level of cooperation that has not been done in the plug. Compared to the real project, solve the employment can help Chinese Serbia bring technical and financial support is of inestimable value. This may help make Serbia impressed and grateful.

Mikhailovich said that China's total investment in infrastructure in Serbia has reached 600 million euros. China contracted by the Luqiao company and completed both the bridge and the auxiliary road-Bolza project, a total investment of $ 250 million. The total investment in infrastructure in Serbia is about 1 billion 400 million euros, and Chinese enterprises account for nearly half of the total investment.

Serbia is located in the Eurasian continent main traffic line, wide area, the Balkan region is an important influence in the country, play an important role in the fulcrum Belt and Road Initiative initiative. When it comes to "The Belt and Road", Mikhailovich said, although the Serbia advantage is obvious, but due to lack of funds and technology upgrading, railways, roads and other infrastructure in recent 30 years has been unable to reform. To plug the Hungarian railway as an example, as an international railway line connecting Budapest and Belgrade, fell into disrepair, aging equipment, the average speed of only 35 to 40 kilometers, seriously restricted the economic development of Serbia and hungary. Now, in the push of The Belt and Road construction, China railway company led to upgrade Hungary plug railway reconstruction. Serbia will also usher in the first high - speed 200 km railway, in order to achieve the aspirations of the government and people of Serbia for many years.

Mikhailovich said, "Belt and Road Initiative" is an important practice of globalization, Serbia will actively respond to the "The Belt and Road" initiative. In the minds of ordinary people in Serbia, this is also an important step forward in Serbia's development. The development of Serbia has experienced difficulties and twists and turns, and the government and people appreciate the support and assistance China has given to Serbia over the years.

China is a good friend of Serbia. Mikhailovich said that the cooperation between the two countries on the basis of mutual respect is fruitful, and that China's help in various areas can not be measured in terms of money. Since the beginning of this year, Serbia has been exempt from all Chinese citizens. Serbia will always open its doors to the Chinese people. In the future, I hope to see more Chinese tourists come to Serbia.

Sultan politicians and scholars: the Belt and Road initiative will bring new opportunities for the development of Sultan

On the eve of a visit to Sultan in Chinese Vice Premier Zhang Gaoli of the State Council, said an interview with Xinhua Sultan government officials and scholars before, friendship and cooperation for decades in Jiangsu between the two countries to become a strategic partner of the China worthy of the name, now The Belt and Road initiative has become a new booster of economic and trade cooperation and development between the two countries.

Assistant to the president of Sultan, vice chairman of China Development Committee Jia silk, "The Belt and Road" initiative will bring new impetus to promote Soviet relations, bring new opportunities for the development of Sultan.

Sultan has a long history of cooperation with China in the political, economic and trade fields. There is an old saying in China, when the time has come to see the human heart, it has proved that China is a country of good faith, friendship and observance of the spirit of contract. He stressed that Sultan wants to play a role in the "The Belt and Road" construction, and not just a bystander.

Our cooperation in the oil sector has made remarkable achievements, and we are now working to create a model of cooperation in agriculture that is similar to that in oil. He said.

Jia Si said that the government of Sultan attaches great importance to Vice Premier Zhang Gaoli's visit to Sultan. This visit will help the leaders to further enhance exchanges and strengthen further cooperation under the framework of "The Belt and Road".

Fala, a political analyst in Sultan, said the partnership between Sultan and China has benefited both sides in many areas, and that a large number of cooperative projects have contributed greatly to Sultan's development. Sultan also hopes that China will continue to support the development of Sultan in more fields, especially in the fields of iron and steel, power and rail.

As Fala said: now we hope to establish a free trade economic zone in the eastern part of Sultan, to become an important supply station and port base The Belt and Road under the framework of East Africa's main emerging business line. He said that Sultan can take advantage of its excellent geographical location, in The Belt and Road and China established under the framework of road transport line north of the Mediterranean Sea, south of Cape Town, and can be connected together by Sultan to China and across the continent.

Arabia union branch offices in Sultan, in a friendly alliance chairman Ali Yousaf said, "Belt and Road Initiative" is a great initiative, through the initiative will establish a mutually beneficial cooperation network is huge and vast. Sultan expects the economic development from the The Belt and Road construction opportunities.

Yousaf said that Sultan attaches great importance to developing relations with China and is willing to seize the opportunity, "The Belt and Road" in the two countries to establish a strategic partnership to further expand the Soviet Union in the background, cooperation, achieve common profit target.

In the past 58 years since the establishment of diplomatic relations between China and the Soviet Union, the two countries have carried out mutually beneficial cooperation in various fields. China has become Sultan's largest trading partner and largest source of investment for many years.

Foreign media to see China: China's economic vitality boost global growth

Not long ago, the Yale University Jackson Institute of global affairs, senior fellow Stephen Roach issued a document called the tenacious China again makes great men pessimism fall——after years of slowing, China GDP growth appears to slow recovery in 2017. 6.9% growth in the second quarter is much higher than international expectations. Just a few months ago, they also predicted that China's economic growth this year will be closer to 6.5%.

China's economy continued to be a hot topic in the international community following the release of the semi annual report on China's economy in 2017. The good performance of the first half China economy, exceeded market expectations, so that stable economic situation has further consolidated, and based on the present progress while maintaining stability, steady positive trend. Foreign media have praised the bright China in the world economy.

China's economy is extremely resilient

Economic data show that China's economy is strong and tough. Bloomberg reports that China's economic engine is powering again in the summer, judging by recent economic signals. China's economy grew by 6.9% in the second quarter, more than expected. Economic data in July showed that China's small and medium-sized enterprises confidence index increased, the manufacturing index rebounded steadily, the sales index hit a new high, which are the embodiment of China's economic toughness. China's strong economic expansion can help better reduce excess capacity.

Reuters reported on August 9th that China's industrial sector was stable in July, giving positive signals for industrial output and profits in the third quarter. The article said that this year as commodity prices rise, promote industrial prosperity, there has been a big increase in Chinese economy; at the same time, moderate consumer price index rose, giving policymakers more space to adjust economic policy. The article quoted analysts as saying that the strong producer price index showed a significant increase in corporate profits, especially for state-owned enterprises, leaving more room for leverage.

The American financial investment website looking for Alfa 9, issued a document that investors and economists worried about the slowdown in China economic transition may bring in Chinese economy in the second quarter growth rate of 6.9% higher than the same period last year, higher than expected. July official Manufacturing Purchasing

Managers Index (PMI) was 51.4%, the 12 consecutive month above the 50% line ups and downs. China's massive economy is far more resilient than many have expected.

The Chinese government's economic reform measures have been effective

This year, the International Monetary Fund has raised its 2017 economic growth for the 3 time in a row. In this regard, in August 10th, Zhu Guangyao, Vice Minister of finance of China, stressed that this reflects the deepening of China's structural reform and its contribution to steady economic growth. Supply side structural reform, innovation driven strategy, etc., are promoting China's economic restructuring, to promote new and old kinetic energy conversion, and inject new vitality into the Chinese economy.

The objective of the structural reform of the supply side is to address the deep-seated contradictions and problems facing China's economy for a long time, and to promote the upgrading of China's economic quality and efficiency. Bloomberg 10 issued a document on the China display market supply side structural reform has achieved initial success, pointed out that the China market has begun to enjoy the dividends of reform, especially the China commodity market performance is particularly evident, thanks to Chinese is continuing to promote the supply side structural reform. Reported that the Chinese government through the supply side structural reform is effectively resolving overcapacity problems. In 2017, the supply side structural reform will gradually advance in agriculture, electricity, cement, glass, rare earth and other industries, and ultimately make economic development more sustainable.

French Liberation Daily said that China is promoting state - owned enterprise reform, accelerate the transformation of government functions, as well as improve the market in the allocation of resources play a decisive role in the institutional mechanism.

With the implementation of the innovation driven development strategy, new technologies, new industries and new formats have been bred to grow, and the new kinetic energy represented by strategic new industries and sharing economy has been growing steadily. Germany's focus online recently published the article China will become the world's largest country, pointed out that China is no longer the past to learn other people's development model, but opened up a road of development with Chinese characteristics. China has invested billions of euros in developing future technology alone. The intellectual property rights of the Renaissance EMU, which has recently come out, is entirely owned by China. The technology has reached the world's advanced level, and the era of learning technology from SIEMENS and other Western giants has passed.

Investors have been encouraged by the strong growth of China's economy, which has risen by 5.3% this year, the NBC news channel reported. The article quoted expert analysis, said the economic momentum, investor confidence increased, indicating that the Chinese government's economic reform measures effective.

China is a major player in the world economy

Influence of complex domestic and international situation, China economic growth in recent years continued to slow down, but still higher than most of the global economy, and become one of the most important engine of world economic growth, Chinese economic contribution to world economic growth rate of more than 30% for years. Recently, a number of international institutions, including the world bank, the Asian Development Bank and PWC, have made positive comments on China's economy and raised their forecasts for China's economic growth, promising China's economic prospects.

In the world economic situation, China's economy is playing an increasingly important role and becoming an important promoter of world economic growth. Itar Tass quoted the Russian Economic Development Minister O Lesh Kim, the first half of this year, bilateral trade volume grew 25. 7%, while the growth China economy to promote the Sino Russian bilateral trade promotion.

Japanese economic news website on August 2nd, many Japanese companies have business in China, its performance with China economic growth boosted, especially since the second half of 2016, some in the market Chinese large volume of business enterprise profit growth significantly.

French cross recently reported that with the growth of China's economy, the purchasing power of middle-income families is also increasing. This will have an important impact on the world economy, and the United States, European countries, Japan and so on will be the biggest beneficiaries.

Former Australian Foreign Minister Bob Karl recently in the Sydney Morning Herald published an article entitled amazing facts China middle income groups the rise of the article pointed out that the Chinese middle income group rapid growth is enormous favorable to the Australian economy, Chinese middle income groups consumption and its share in the global total amount of consumption in the proportion increased rapidly. It provides a historic opportunity for the Australian mining industry, agriculture and service industries. The Australian government should pay more attention to China and grasp the development opportunities offered by China's largest trading partner.

In fact, China has done a lot of things in its economic transition, and if you do, you will see that economic growth is only a temporary phenomenon. The UAE National People's Daily 8 pointed out that China's Bank savings rate is very high, the remaining savings will become the global financial markets and mergers and acquisitions market power. At the same time, a large number of China's investment in high-quality education, new science and technology, urbanization is also high speed... We must believe that China is a major player in the world economy.

Scholar: let the Belt and Road play a more important role in global economic governance

In June 26, 2017, the Chinese Academy of Social Sciences China economic development issues of International Scholars Seminar project in 5 years and the "The Belt and Road" international Young Scholars forum held in beijing. From Russia, Iran, Turkey, Vietnam, Pakistan and other "The Belt and Road" to participate in the national experts around the "The Belt and Road" and global economic governance, "The Belt and Road" and bilateral economic relations and other topics discussed. The participating countries expressed their vision and "The Belt and Road", and that China "Belt and Road Initiative" initiative should play a more important role in global governance, creating opportunities to participate in the national common prosperity.

Indonesia Academy of Sciences Innovation Center Senior Economist Manna Ike said, hoping to seek international cooperation in bio energy opportunities. According to him, Indonesia is rich in bio fuel resources-natural palm oil, to achieve sustainable development of green energy is the future national policy direction.

Iran Institute of international politics and the Institute of Ismail from the global governance theory provides a new perspective. He suggested that the corresponding academic research methods should change as the world economic order changes constantly. With the continuous improvement of China's international status, the political status of China's rise should be incorporated into the research methods of Humanities and Social Sciences, forming a world political theory that plays an important role in china.

Sahlman, senior lecturer at the Lahore University of science and technology management in Pakistan, said that the Sino Pakistani economic corridor is a sound route for China and Central Asia in the global economic governance. He stressed that Pakistan played an important role in the corridor. Geographically, Pakistan links China and Arabia countries, as well as a wide range of seas, and is the only transit point on the way to China's Arabia world. The geographical position of Pakistan can link ASEAN, Central Asia and Arabia countries. The economies here converge, cooperate with each other and generate positive international influence. In addition, he said that in today's world is a unipolar world dominated by western countries, but the development of The Belt and Road can let more participation of developing countries in the world economic system, to create a more diverse world political pattern.

India Mumbai observer fund researcher Saket also said that the current international system, although in the past played a big role, but the existing financial system is too rigid, the reform process is slow, and could not fully fit the existing conditions in some countries. "Belt and Road Initiative" provides an inclusive and diverse platform, so that different countries can participate in, their own voice.

Turkey yolova University Assistant Professor of international relations Kaine said, hope that the black sea surrounding countries can maximize the potential of the silk road. Vietnam Economic Research Institute researcher Ruan Qingwu said the two countries over the years has maintained close economic cooperation, Vietnam hopes to use the "The Belt and Road" this platform for more investment opportunities and expand trade diversification.

"The Belt and Road" and bilateral economic cooperation issues, the delegates each one airs his own views. Bangladesh National University senior lecturer Wasim said, I think that some of the infrastructure project The Belt and Road, can help reduce our foreign exchange payments deficit, I think it is useful.

Wasim said that bilateral cooperation is very important, but equally important multilateral cooperation in the economic, above, if we all sit down together and talk together, together to discuss economic cooperation in the "The Belt and Road" platform, between countries can share prosperity.

Faith Day Pam Nova, a senior fellow at the National Institute of economics and prediction at the National Academy of Sciences in Ukraine, made comments on the subject. She said that Ukraine's economy in The Belt and Road construction has and will play a more and more important role, some of the advantages of Ukraine geo economic, will assist the circulation of goods and services to communicate Belt and Road Initiative on.

The director of the Kyrgyzstan International Exchange Department of the National Academy of Sciences, Elena said, "The Belt and Road" is very important for the sustainable development of the Eurasian Economic union. Each participant wants to build a single market for goods and services, as well as labor and manpower, and can make some countries more competitive in the global economy. Second, the Eurasian Economic Union enables our member countries to have a more stable environment for development and opportunities.

Professor Chen Shumei, Southeast University School of economics and management in this thesis puts forward three suggestions, first, can be considered to start FTA negotiations in bilateral and multilateral areas in The Belt and Road along now. Second, encourage Chinese and neighbors some leading enterprises, to promote the integration of value chain region, at least to establish a value chain The Belt and Road, so that more and more countries and companies to join in. Third, China should have a more active, rather than passive, way of working. She added, "The Belt and Road" and the national strategy of the country how to fit together, this is a problem that should be considered in the scholars.

(source: People's Web)

China and Germany need to join hands in making more contributions to African Development

Stefan libin, The German economy African Association chairman

Germany and China joined forces not only to attract African partners, but also to attract more entrepreneurs from both countries to Africa.

To promote the development of the African continent, to promote economic and employment growth and to improve the lives of the African people is the goal of Germany and China in Africa for many years.

The Chinese government has long recognized the need for trade and development cooperation with Africa and acted in a timely manner. It is precisely because China, Africa, for the first time, is not regarded as a poor continent that needs urgent assistance, but is regarded as an equal business partner. A large amount of investment from China has been spent on infrastructure construction in Africa to stimulate the industrialization of Africa's economy. Many African countries benefited from it and opened up the momentum of economic growth.

According to statistics released before the date of the international accounting firm since 2005, Chinese created about 1 companies in Africa, creating more than 130 thousand jobs. It can be said that Chinese make a great contribution to the development of the African continent, especially in infrastructure, improve productivity and ensure sustainable economic growth, continue to create a good employment environment provides the most important prerequisite for the local.

Germany has also made considerable achievements in promoting economic development in africa. Over the past 10 years, Germany has doubled in non investment and non trade.

Still, it is important to realize that in Africa, where the population is growing rapidly, more new jobs are needed every year to meet employment needs. To make greater contributions to Africa's development, Germany and China need to join hands. China and Germany will take advantage of each other's strengths and work together to develop the African market. They will achieve even more remarkable results than their respective actions.

The cooperation between China and Africa is by no means as some people have said, in order to turn Africa into a reserve for the purchase of industrial raw materials, food and materials for a long period of time. To help Africa develop, the Chinese government has long been providing low interest loans to help countries build infrastructure and create better industrial conditions for africa. It can be said that China provides for Africa, is a solid overall development programme.

In this respect, Germany also needs to learn from china. Small and medium-sized family firms that support the German economy are known for their conservatism and rigour, and are often reluctant to open up markets that are still regarded as high risk. So far, the German government's guarantee and financing tools are quite cautious. In the face of the enormous market opportunities of African countries, the investment risks are often considered. The German government's cabinet meeting recently reached a decision that the government's public sector will provide greater support for non investment in the context of ensuring the development prospects and reasonable financing structure of the project. In the future, the African continent is expected to usher in a wave of strong German investment.

German companies can not only learn from China, but also contribute to the success of China's enterprises in africa. The future, the two sides can be combined with their own advantages, joint development projects: China can provide a means of financing more, higher risk tolerance, labor cost advantages; Germany has led the world industry development innovation, focus on sustainable energy supply, can provide advanced technology and perfect training system. The joint efforts of both sides will not only appeal to African partners, but also attract more entrepreneurs from both countries to africa.

At present, the German and Chinese governments have reached an agreement to cooperate in the third party markets, including Africa. This will help promoting the partnership between Germany and China and Africa, bring benefits to Africa, and promote the economic development of both countries. The exciting news well echo China proposed "The Belt and Road" initiative. At present, bilateral cooperation in Africa is still in its infancy. The next step is to establish a platform for the exchange of the three parties in Germany, China and Africa as soon as possible, so that more companies will be able to take part in the development projects closely from the beginning. For German firms, such opportunities are not to be missed at the right time to join such a significant move.

Five hot words the world says in the Belt and Road forum

The two days of "The Belt and Road" international Cooperation Forum fruitful results, the guests and the international community to give a positive evaluation from many angles, of which five high frequency words highlighted the forum charisma and cohesion.

One of the hot words: History

Both of the participating dignitaries, or business, academic and media evaluation, The Belt and Road international Cooperation Forum will often mention a word of history.

The Belt and Road 'initiative will be left in history a strong. President El of Turkey, 14, said in his speech at the opening ceremony of the summit.

Speaking at a high-level plenary session, President Zeman of Czech said: China can offer this visionary initiative to fully illustrate the courage and history of Chinese leaders.

We have witnessed the great changes in history, which are a landmark event for the global economic order. Director of the Schiller Institute in Germany Haier plus 15-La Rouche the fifth session held in Beijing on the global think-tank summit commented on the The Belt and Road international cooperation forum.

Two words of hot words: confidence

The summit gathered about five continents, more than 130 countries and more than 70 international organizations, about 1 500 delegates, and thousands of media people from all over the world. The scale itself illustrates the world's confidence in this ambitious initiative.

China's initiative gives us full confidence in the future. Russian President Putin said at the opening ceremony of the summit 14.

World Bank President Jin Yong said during the forum, "The Belt and Road" into a new initiative for the confidence in the prospects for world economic growth.

Three hot words: pragmatic

International observers noted that President Xi Jinping at the summit forum keynote speech at the opening ceremony that many figures, involving many aspects of financial support, trade agreements, personnel exchanges, international aid, which fully reflects the pragmatic features of forum.

The European research center of Taihe think tank director Torsten Erinik 15, told Xinhua that the digital economy itself perhaps can not explain what the problem, but if the number and attractive fact connected, it will have a huge value of real, "The Belt and Road" has such appeal. President Xi's message to the world is very positive.

The government of Russian Federation Analysis Center Director Constantine Knox 15 said, "Belt and Road Initiative" initiative has been to promote international trade, economic globalization will bring new growth to.

Four words of hot words: sharing

Benefit sharing, friendship knot eight party. During this forum, many in the "The Belt and Road" initiative discussion of foreigners are referred to the initiative sharing characteristics.

The German scholar said President Xi's speech La Rouche, shows that The Belt and Road China initiative is not the one-man show, but all countries participating and sharing symphony.

Analysis of Peru Development Group Executive Director Miguel, Nantes in the fifth session of the global think tank summit said, "The Belt and Road" initiative to Latin American countries can share the fruits of development, infrastructure construction, technical training and other aspects so that people benefit from Peru.

YERI Nick said, the U. S. government proposed to participate in the "The Belt and Road" in terms of infrastructure construction experience, that the United States valued attributes of this sharing platform, this is a very positive signal.

Hot words five: the future

This forum's high popularity shows that optimistic about the world The Belt and Road initiative will open a new future.

Pakistan's former Prime Minister Shaukat Aziz said in Beijing on 15 May, the world needs to look forward, not backwards, "The Belt and Road" initiative is an example of the construction of the peace and prosperity of the world, it represents the future.

Former French Prime Minister De Villepin told Xinhua News Agency reporters at the forum said, "The Belt and Road" initiative link the past and present, built a bridge to the future.

The security risks that the Belt and Road faced in advance

Dr. Ren Haiping, Peking University

"The Belt and Road" construction faces many restrictive factors, especially because of the unprecedented scale and breadth of Chinese economic and personnel to accelerate the go out, the interests of overseas security risk which faced the double. While China in overseas interests security has been the existence of the short board has become more prominent, between the security capacity and the demand gap is more and more big, the urgent need to advance planning, clarify the challenges, prevent trouble before it happens.

1. "The Belt and Road" to promote the main security risks

The construction of safety risk Silk Road Economic Belt in the northwestern Eurasia is facing in the direction of three aspects: one is the international terrorism, religious extremism and national separatism three forces looked up again, including MENA chaos in continuous fermentation, resulting in a terrorist organization, muddy water fish in disarray; Chinese inside and outside of the East Turkistan violent terrorist forces in collusion with each other, both inside and outside the target for China from time to time making attacks, going out Chinese's personal and property safety is threatened; the security situation in Afghanistan is not optimistic, and the influence of the surrounding countries. Two is the political instability of some countries in Central Asia, including the alternation of leaders, etc., and the relevant policies are variable. Three is the big country geopolitical strategy game is complex and fierce, Russia and the United States and Europe around the Ukraine crisis, as well as Eastern Europe, Central Asia and other contest intensified, Eurasia middle zone situation unstable.

In twenty-first Century the construction of maritime Silk Road in the security risks facing the southeast and southwest direction of the ocean has three aspects: one is the United States continued to promote the Asia Pacific rebalancing strategy, continue to strengthen the Asia Pacific military, focusing on the use of maritime territorial disputes in East Asia, to support its allies, or adjacent to China, curb Chinese the rise of the sea. Two, the maritime territorial dispute in East Asia has intensified, and China's severe maritime threats to maritime security are extremely detrimental to the construction of the maritime silk road. Japan's attempt to long-term occupation of Diaoyu Islands Chinese, Philippines became a clown tricks. Three is the Chinese overseas personnel from time to time encounter unexpected. When Chinese tourists were kidnapped, highlighting the maritime Silk Road is not peace.

2. "The Belt and Road" implementation of the strategy facing the traditional security challenges

(1) big power contention game

The Belt and Road state has an important geographical position and strategic value, Southeast Asia, South Asia, Central Asia, West Asia and Eastern Europe are the focus of regional power, Russia pushing the Eurasian union, the EU actively promote the Eastern Partnership Program, the United States proposed the building of the New Silk Road and India too corridor imagine, hot issues within the region, countries in Iran, Syria, intense game on issues such as Ukraine, the political tensions, regional and national risk significantly. Due to historical and practical reasons, along the way in western countries more civilized junction area, Christian (Catholic and Orthodox), Islam, Buddhism and other contradictions and conflicts of different ethnic and racial conflicts, is easy to sudden and diversity, complex and long-term characteristics of the outbreak of a a particular event may have a strong national risk on neighboring countries and even countries spillover effect.

In recent years, the world's major powers in the "The Belt and Road" in the region have put forward their own geopolitical strategy, seeking to enhance regional influence. In July 2011, the American Secretary of state Hilary Clinton proposed Greater Central Asia and New Silk Road concept in India Chennai, advocated the construction of a connecting South Asia, Central Asia and West Asia transportation and economic development in the network; in September, her during the UN General Assembly to the international community to further describe the New Silk Road plan: in Afghanistan as the center, Afghanistan's neighbors hope investment output, maintain U. S. dominance in the hinterland of the Eurasian continent in the process of development, through the program, and then weaken the China influence in the region, the influence of economic cooperation between Central Asian countries and China, reduce the cohesion of the sco. The United States also continue to promote the Asia Pacific rebalancing strategy, actively create India too (IndoPacific) concept, will extend the Asia Pacific border to the subcontinent of India. The United States has also continuously strengthened its military strength in the Asia Pacific region, and has taken advantage of the maritime territorial disputes surrounding China, and has strongly supported its allies and other countries concerned in the dispute.

The EU put forward the New Silk Road Project in 2009, through the construction of Nabucco gas pipeline, strengthen ties with Central Asia and neighboring countries in energy, trade, personnel, information and other aspects, and actively carry out investment, to ensure that its security of energy supply at the same time, increasing influence in central asia. In addition, the EU is concerned about its own interests and fears that regional disputes will worsen. It calls on all parties concerned to resolve disputes through dialogue and cooperation within the multilateral framework. The EU's intervention, the balance in favor of Russian influence in Central Asia on the one hand, but on the other hand also makes the situation in Central Asia is more complicated, is not conducive to regional cooperation Silk Road Economic Belt advance.

In 2002 Russia and India, Iran jointly launched the North South Corridor project, proposed to build from India via Iran, the Caucasus, Russia Europe international direct transport channel, in order to maintain its traditional regional influence. In recent years, Russia has put forward the idea of integrating the Central Asian region, that is, the idea of Eurasian alliance, to accelerate the process of economic integration in the cis. After the cold war, Russia has been the Central Asia as its traditional sphere of influence, although Putin announced support for Silk Road Economic Belt program in the Sino Russian summit in May 2014 during the CICA summit, but still exists on Chinese alert psychology, thus affecting the China all-round cooperation with Central Asian countries.

Japan in the early period of the Ryutaro Hashimoto cabinet in 1997 proposed a Eurasian diplomatic strategy, in 2004 proposed the establishment of Central Asia plus Japan dialogue mechanism, in 2006 proposed the establishment of arc of freedom and prosperity, by strengthening economic cooperation between Japan and the Central Asian countries in Central Asia, enhance the speed of the economic development of countries and the international level at the same time, enhance the in the area of the political and economic influence in the region with rich oil and gas resources, to protect its own energy supply security. In October 2013, the Abe Shinzo administration strengthened its interest in Asia and Europe. He pointed out: from Tokyo, after Istanbul, we finally arrived in London. Japan should be the starting point and geopolitical manipulator of the New Asia Europe silk road. Japan has also actively developed diplomatic relations with the coastal countries of the Pacific Ocean and the India ocean and strengthened military presence. These are the measures that Japan intends to build within the wider scope of the defensive line and contain china.

India, Iran and Afghanistan jointly promote South Asia's Southern Silk Road construction action, trying to get through the maritime Silk Road and land silk road. India, based on its geographical advantages, seeks to dominate the India ocean, and has a defensive mind about the presence of external forces in the India ocean, in particular the so-called pearl chain strategy of China as a strategic encirclement. This has a negative impact on cooperation between China and South Asian countries, especially India's strong marine strategy, which will inevitably affect China's energy channel security. In addition, India actively implement the East strategy, in the South China Sea issue, competition and Chinese in economic, political and military, enhance the influence of radiation on Asia Pacific Affairs, thereby increasing the pressure in the southeast direction of the China strategy.

(2) territorial and island disputes

Based on historical reasons, "The Belt and Road" area of memory in a variety of territory, the island dispute, directly affect the implementation of the "The Belt and Road" strategy to ensure safety. The present dispute mainly includes: marine, Chinese and some Southeast Asian countries "South China Sea dispute": in May 2014, due to the CNOOC 981, the so-called Sino Vietnamese drilling platform caused Xisha's sovereignty dispute with Philippines, Vietnam; Chinese between the growing Nansha sovereignty dispute. In addition, there are disputes between the Diaoyu Islands and the exclusive economic zone of the East China Sea between China and japan. In the short term, these disputes are difficult to solve.

On land, after World War II, the dispute over Kashmir between India and Pakistan, the Sino Indian border dispute and the territorial dispute between Palestine and Israel remain unresolved. After the cold war, with the disintegration of the Soviet Union, a number of sovereign states emerged in the Silk Road Economic Zone, and the border demarcation work between these countries was not complete. Kyrgyzstan Tajikistan enclave vorukh border, 911 km long, designated only 567 kilometers, the disputed area of more than 70. In January 11, 2014, armed conflicts broke out in the border area of Kyrgyzstan and tajikistan. 20% of Tajikistan's borders with Uzbekistan are not demarcated. Kyrgyzstan and Uzbekistan in the Fergana boundaries are not clearly defined, Kyrgyzstan enclave Barack village in Uzbekistan, Uzbekistan and Shashi Maartin in Kyrgyzstan sokh enclave. These enclaves often clash with local residents. In addition, three in the water sharing issues at loggerheads, do not compromise. These border areas, disputes over enclaves and disputes over water resources have become an important dominant factor in the deterioration of the regional situation. The disputes in Central Asia, in particular, have a direct bearing on political mutual trust, security and economic cooperation within the future Shanghai cooperation organization, and are not conducive to maintaining stability in the western region of china.

3. "The Belt and Road" implementation of the strategy facing non-traditional security challenges

(1) terrorist threats

With terrorism as the core of the three forces in the region (the forces of terrorism, religious extremism and ethnic separatist forces) sabotage is an important factor in the threat of "The Belt and Road" implementation of the strategy, has become the biggest threat of non-traditional security in the region. Although there are differences between the ability of extremist organizations and political purpose, organization, personnel, activities, but their common point is against the secular regime, advocated the establishment of a theocratic Islamic state. Affected by the international anti-terrorism situation and regional security situation changes, the regional characteristics of the extremist organization personnel cross and guiding ideology of mutual integration, decentralization, fragmentation and other organizational activities, and between the contact with international terrorist organizations have also been strengthened. Especially after the withdrawal of US troops from Afghanistan at the end of 2014, conflicts in the country escalated, and Islamic extremism and terrorism were spilling, which affected regional stability. In addition, in recent years, the East Turkistan terrorist forces in China and elsewhere have been collaborating with each other, targeting China as a target, and making attacks from time to time, which seriously threatens the safety of the Chinese people's personal and property.

(2) safety risk of sea lanes

Maintenance of traffic safety is important to consider the implementation of The Belt and Road strategy. The global commercial trade and 90% of the total oil 65% to be transported by sea, including India ocean container transportation provides half of the world's 70%, the transportation of petroleum products by India from the Middle East to the Pacific ocean. India ocean route distribution strategic route, such as Mandeb Strait of Hormuz and the Strait of Malacca has a major impact on Global trade, of which 40% of the global trade transport through the Strait of Malacca, 40% of the crude oil trade through the Strait of hormuz. Most of the China ocean through the Strait of Malacca, focused on the lifeline of India ocean to the Middle East and North Africa this route, if the oil is the blood, then from the Middle East connecting India ocean, and passing through the Malacca Strait channel, actually has become the main artery Chinese economic growth. Therefore, to maintain the twenty-first Century "maritime Silk Road" on the Malacca Strait, the Strait of Hormuz and the Strait of BAB El three node channel security. Specifically, the control of Malacca Strait node challenges mainly from the United States for the Strait, the Strait of Hormuz deterioration node challenges from the security situation within the region, and the node Mandeb challenge comes from the threat of piracy. According to the global piracy report released by the international maritime bureau (IMB), although the number of pirate attacks on the coast of Somalia has declined markedly, the threat of attack still exists, especially in the coastal waters of Somalia and the Gulf of aden.

(3) transnational organized crime

To promote the "The Belt and Road" strategy closely in the countries of the region of economic and trade relations, will also be affected by transnational organized crime. At present, transnational organized crime has become increasingly rampant, and seriously affected the economic development and social stability of all countries. The type of transnational organized crime include drug smuggling opium production in Afghanistan: the expansion of damage to the world, especially the drug economy and the Central Asian religious extremist forces combined with the impact of the China Western security; illegally crossing the border: a variety of foreign labor criminal activities have emerged; transnational economic crimes, such as money laundering, telecommunications fraud etc.

4. The Belt and Road many national security situation is complicated

"The Belt and Road" countries in the region for many developing countries, under the influence of complex factors of domestic social class contradictions, ethnic and religious issues, these countries generally implement the party politics, but in some countries because of political opposition struggle, vulnerability and uncertainty, lack of common sense of belonging, leading to important domestic and foreign policy is lack of continuity. For example, the political development process in Kyrgyzstan and Tajikistan has been beset with twists and turns, especially the contradictions between the north and the south of Kyrgyzstan are still sharp and the trend of normalization appears. Kyrgyzstan, on the one hand, announced an active participation in the construction of the Silk Road Economic Belt, on the other hand, in December 2013 announced the withdrawal of China Kyrgyzstan-Ukrainian railway construction, increasing the difficulty of coordination of the project. In addition, Somalia, Yemen, along the India ocean, are increasingly becoming potential dangerous countries or regions. With The Belt and Road Chinese strategy to promote, the future is bound in the region to increase investment, expand import and export, promote personnel exchanges, these countries will enhance the economic turmoil cost and reduce the efficiency of cooperation, thereby affecting the interests of overseas China.

In recent years, Islamic militants have significantly increased their influence in the pan Islamic region. Radical forces such as the Islamic state are spreading from the Syria and Iraq regions to the Gulf States and Central Asian countries. How the security gap in Central Asia will be filled after the withdrawal of US troops from Afghanistan, and how the security situation in Pakistan, Tajikistan and Uzbekistan will change is a matter of concern. The security problem in some countries on the Belt and Road Initiative often have extremely complicated causes, and often a region or country outside the region to support and connivance, become used to contain the country or the region controlled chaos. This allows to solve security problems facing great difficulty, especially when Chinese "The Belt and Road" strategy to be regarded as a challenge to western strategy, some security issues are likely to be interested in making out to China constraints.

Our country "The Belt and Road" in economic output, its general development strategy, and the country has broad space docking, but for some "The Belt and Road" countries, the security needs are often different from the development needs of the country because of its national security policy and need to make for our policy change. It often appears that China relies on China for its security and relies on other countries. In Central Asia, Central Asian countries in addition to Uzbekistan, mainly relying on the Russian led collective security organization to ensure; eastern direction, Poland and other countries are on the side of NATO countries of Ukraine, although it is difficult to join NATO, under military protection but basically will also own on the West in the Caucasus; area, Armenia is essentially a protectorate of Russia, Georgia is the bridgehead, although Azerbaijan to pursue a balanced diplomacy, the military is still relying on Turkey, North Georgia, about each; in south direction, in addition to Pakistan, Sri Lanka, Nepal and other countries in the security, is still heavily influenced by India; in the southeast direction. Although Thailand, Malaysia's friendship with China, but ASEAN security is still mainly rely on Protection in the United states. In general, in addition to some of the long-term sanctions by the West Africa and have to rely on China's military aid to countries, basically The Belt and Road on most of the countries in the security mechanism relies on other forces. Because of the separation of some national security strategies and development strategies, the relationship between China and China is often expressed in both eagerness and vigilance, and is reflected in its policy of two steps, one step back swing. More typical, such as Mongolia, Thailand, Sri Lanka and other countries.

There are some The Belt and Road countries, the country has a relatively strong ambition, will Chinese as real or potential competitors, so although the need to accept Chinese forced the development of investment, but also to China enterprises to maintain a certain degree of hostility. Similar problems exist in Central Asia, Uzbekistan, South Asia, India, Southeast Asia, Vietnam and indonesia. In fact, some Southeast Asian countries, the regime's legitimacy and anti communism, often exist the ambiguous relationship between the row of china. These countries because of its great power ambitions, so they even welcome the implementation of the Chinese Belt and Road Initiative brought about by the economic opportunity, also on the China drive the surrounding areas and the development of the country there will be alert and conflict mentality. For example, while welcoming China's investment in India, India is very dissatisfied with the construction of the Sino Pakistani economic corridor, and has maintained a high degree of vigilance against China's investment in Nepal and Sri lanka. The abortion of China's port project in Sri Lanka is mainly the result of pressure from India. Vietnam, for example, needs to rely on China for its economy, but in recent years, China's Anti China and Anti China sentiment has been rising, and among them, the government has deliberately pushed it forward. The central region of Uzbekistan has been advocated to neighbouring Tajikistan, Kyrgyzstan and Kazakhstan to regional hegemony, as the main competitors in these areas, China infrastructure will reduce the central hub of Uzbekistan holds the dominant position in a certain extent, Uzbekistan has also maintained a considerable degree of attention.

5. go out enterprise and citizen's security risk

In some areas The Belt and Road after, especially in the Middle East, South Asia and other religious extremist forces very rampant in the area of terrorism cannot be eliminated in quite a long period of time. With the "The Belt and Road" project started, Chinese technical personnel, construction personnel, is likely to become criminals and extremist organizations for ransom and achieve the goal of politics preferred hostage.

At present, the going out of enterprises and citizens mainly rely on Consular protection. Although China's consular protection system has made considerable progress, but in the face of going out of Chinese citizens and enterprises, the number of blowout growth, is still often in the state of powerless. As of this year in the mainland residents from over one hundred million passengers, an average of 1 years of continuous growth in the number of million, not to mention the more than 20 thousand Chinese funded enterprises throughout the world nearly 200 countries and regions. Therefore, the Chinese society must step out of the country's pure dependence and strengthen the ability to organize itself in the process of going out to protect itself. On the one hand, the citizens and enterprises going out should be in coordination with the relevant departments, organizations of civil Chamber of Commerce, overseas investors associations and other social organizations, strengthen its security forces, and enhance local social negotiation ability. On the other hand, the Chinese society should try to find out and launch overseas private security services with Chinese characteristics as soon as possible so that going out companies and individuals can get security through the market.

In May 2016, Russia's Eve website published a where, when, a Chinese private security company Article, analysis of China's implementation of the The Belt and Road strategy under the framework of the overseas security force with the status quo, known as active Chinese in growing overseas inevitably need to solve security problems. According to the analysis of American diplomat magazine, there are about 5 million Chinese citizens and 16000 Chinese enterprises legally working overseas. There are only 300 thousand state-owned enterprises in China overseas. Many of these people risk life and safety. China's commercial interests overseas are growing, with investment, personnel and projects, and traffic arteries, which need security.

Geopolitical risks that the Belt and Road faced in advance

Sun Zhiguo, President of China Public Diplomacy
Cooperative Innovation Center
Dr. Ren Haiping, Peking University

"Belt and Road Initiative" as a rich, large-scale international strategy, obviously major geopolitical significance of its implication. In the process of promoting the "Belt and Road Initiative" strategy, not only to see the geopolitical gains, but also face the geopolitical risks.

At present, in the "The Belt and Road" along the way along the country, expressed support for the Belt and Road Initiative have more than 50, but not much unconditional support. Most countries expect "The Belt and Road" bring benefits to them, but it is not ready for input, some countries even interfere with the construction of The Belt and Road. The Belt and Road along the way along much of the country is in the social and economic structure transition in developing countries, security and development exist complex problems of uncertainty, which is located in the Middle East, Central Asia and South Asia, especially the strategy of "unstable arc" of the country. In the current and future periods, these countries and regions not only increasingly difficult security situation, some of the country's political transition and social transformation success there is great uncertainty, these will be the "The Belt and Road" smoothly to form a variety of challenges and obstacles. The geopolitical risks and economic risks arising from them deserve great attention.

1. "The Belt and Road" contains profound geopolitical significance

The nature and status of The Belt and Road China, the government made such a statement: "Belt and Road Initiative" dedicated to the Eurasian continent and the sea near the non interoperability, to establish and strengthen along the national interoperability partnership, interconnection network Gou Jianquan range, multi-level and complex, achieve multiple countries along independent, balanced and sustainable development policy communication facilities, Unicom, trade flow, capital circulation, the people connected to the main content China government initiative to uphold peaceful cooperation, openness and tolerance, mutual learning and mutual learning, mutual benefit and win-win concept, to promote all-round pragmatic cooperation, build political trust, economic cultural integration, inclusive of the interests of the community, the fate of the community and community responsibility. Such a statement and declared that "The Belt and Road" is not a geopolitical strategy. From the practical needs, human, and intends to emphasize excessively or render "The Belt and Road" geopolitical significance, is not appropriate. But this does not mean that we intended to exclude or eliminate the "The Belt and Road" geopolitical significance, not geopolitical plan in the process of promoting the "The Belt and Road" strategy in. This doesn't mean, strategists and policy makers of other countries who don't see or do not value "The Belt and Road" geopolitical influence, and will not be the geopolitical game intense complex around the "The Belt and Road". The essence of policy communication facilities, Unicom, trade flow, capital circulation, the people connected to the main content of the "The Belt and Road" throughout Eurasia, East Asia Pacific Economic Circle, the West European economic circle, covering political, economic, diplomatic, security and other fields, involving the Eurasian-65 a total of 4 billion 500 million countries (including China) population. Its implementation and gradual success will inevitably have a profound impact on regional and global political factors based on geographical factors, and will also bring huge geopolitical benefits to china. Therefore, the major geopolitical significance The Belt and Road is obviously.

Since 1990s, with the increase of globalization, national mutual interaction and competition more frequently and more widely and deeply, and the interaction between national relations in the geopolitical significance to highlight the hitherto unknown. Under such circumstances, many countries have introduced their geopolitical strategy. The United States launched the before the The Belt and Road of the New Silk Road strategy in China, is one of the typical. The American Secretary of state Hilary put forward the New Silk Road strategy in July 2011, trying to rely on Afghanistan connecting Central Asia and South Asia regional advantages under the auspices of the United States, formed in Afghanistan as the center of the Central Asia-Afghanistan-South Asia transportation and economic cooperation network, promote the regional energy and commodity North south. Since then, the United States has named the unification of Asia and South Asia as the new Silk Road strategy, and has been actively promoting its allies. The geopolitical intention of the strategy is very clear, intended to weaken the influence of Russia and other major powers in central and South Asia, and establish a new order of Central Asia and South Asia dominated by the United states. In globalization such a complex geopolitical situation The Belt and Road nature, contains profound geopolitical significance. China's rise has become an important concern of the world's major countries for their own development strategies and global strategic considerations. Especially China's GDP, surpassing Japan, is the second place in the world, and China has entered a new stage of development in a complex pattern of relations, especially among major countries. This also means that China has been exposed to an unprecedented complex geopolitical environment and has become an important player in regional and global geopolitics. Even if China does not take the initiative to seek regional or global geopolitical or geopolitical advantages, it will inevitably be in the complex geopolitical fetters. This is China's inevitable historical challenge in the era of globalization.

But as a latecomer to global competition, China faces the geopolitical pattern which has been formed and stabilized in the long period of interaction and fierce competition. In this geopolitical environment, those who take the lead, countries have already sought advantage, often occupy a pivotal position favorable. China faces and faces many difficulties, obstacles and challenges. It can be said that China's geopolitical difficulties and obstacles are far greater than opportunities. On the whole, China has developed into a specific historical node, and while economic interests have spread all over the world, we must face the increasingly tight external constraints, and urgently need to achieve a strategic breakthrough in the world. Only to achieve breaking in such a complex geopolitical environment, breaking the existing shackles geopolitical environment, the risk in order to effectively improve the China geopolitical environment in the process of the machine, the Chinese rising to continue to move forward and finally completed. In such conditions, itself has geopolitical significance "The Belt and Road" strategy, will also be given or must take to improve the China geopolitical environment mission. In this sense, "The Belt and Road" is also China major geopolitical strategy. Therefore, in the process of the implementation of the "The Belt and Road" strategy, must actively carry out geopolitical planning, the geopolitical plan infiltrated around the "The Belt and Road" and the economic, cultural and diplomatic considerations and actions, as well as one of the major projects, in order to achieve the "The Belt and Road" to push forward at the same time, global rebalancing and the goals of improving the geopolitical environment of China.

2. The Belt and Road faced geopolitical challenges and risks

In the process of The Belt and Road strategy of advancing, geopolitical risks and challenge it contains will gradually emerge.

First, the active participation of relevant countries may provoke geopolitical game, in order to implement The Belt and Road formation of geopolitical barriers. Geopolitical relations between nations are not static, but a change of existence. The implementation of The Belt and Road, will lead along the country's geopolitical position change, especially in some countries will highlight the geopolitical value, for example, they will become the "The Belt and Road" in the process of the implementation of key geopolitical point or joint. Under such circumstances, the relevant countries will actively participate in the geopolitical game with China on the basis of national interests. Or, in provoking other geopolitical stakeholders and passively involved in the geopolitical game and the Chinese. Burma in July 2014 shelved the Sino Burma railway project, Sri Lanka suspended Colombo port city project in March 2015, all related directly to the geopolitical game of the countries concerned. In the process of The Belt and Road to continue to push forward, similar problems may also be more and more complicated situation.

Second, the contradictions that may be confined to a corner due to geographical relations may be activated, thereby falling into the trouble of regional conflicts and turmoil. Geographically, the number of The Belt and Road conflicts with ethnic and religious complex and hot issues of the world arc of instability has a higher spatial. Specifically, The Belt and Road will pass through more than one geopolitical zone, where some regions and countries in history because of ethnic and religious relations caused by the contradictions and conflicts, build a nation after the middle of twentieth Century because many realistic reasons, such as rampant nationalism, extremism and terrorism, development the lag and serious poverty, and after the transplantation of Western democracy and the new system The climate does not suit one. conflict, formed a very complex contradictions and conflicts continue puzzled, armed conflicts occur frequently. Some countries in Central Asia, South Asia and West Asia, the history of the contradictions between the contradictions, development lags behind, with the East Turkistan Islamic movement led by the East Turkistan terrorist forces, religious extremist forces together and the formation of the conflicts and unrest, political instability and the structural imbalance in some countries in Central Asia, the Middle East conflict in the old and new the resulting system, from Central Asia to the Mediterranean, from the Caucasus to terrorists and extremists in the Sahel such as widespread. These contradictions and conflicts, which are caused by many factors of history and reality, are closed in a corner because of the barrier of geographical factors. "Belt and Road Initiative" or adjacent to the area after, will involve a contradiction between these areas, and even lead to the intensification of the contradictions in these regions, which may fall into the beehive predicament.

Third, it could lead to a rebound or reversal of geopolitical concerns and a targeted geopolitical arrangement. The incompatibility between some countries The Belt and Road and established in the geopolitical pattern and strategic interests, conflicts and even a certain degree of difficulty of exclusion, and some are even obviously. Such as the United States to curb the rise of Chinese as an important goal of the Asia Pacific rebalancing strategy and the formation of geopolitical relations, obviously with The Belt and Road conflict. "The Belt and Road" brings geopolitical benefits at the same time to China, will inevitably touch the interests of benefit in a given geopolitical situation, will inevitably lead to benefit counter in a given geopolitical pattern. The relevant countries will take effective measures to develop a repressive geopolitical strategy, the United States in the South and the spoiler promote the TPP, the US Japan India build military alliances, are aimed at pointing Chinese seek geopolitical interests and geopolitical situation of the new changes. This will not only form a geopolitical block on the "The Belt and Road", but also the Chinese face greater difficulties in global geopolitics.

Fourth, there may be a large number of immigrants formed due to the change of geographical relations, forming a geographical population input to China, which has a serious impact on the stability of certain areas in the border areas. "Belt and Road Initiative" after the Southeast Asia, South Asia, Central Asia, West Asia regions, economic development lags behind, the poverty of people's life and cultural structure and religious population structure complex and sensitive, extremism, separatism and terrorism organizations are numerous and active, civil strife and armed conflicts occur from time to time, population migration and moving very frequent. "Belt and Road Initiative" through or adjacent to these areas, with the development of traffic and exchanges more convenient and open the port of our country, it is bound to bring the frequent flow of personnel, and thus the possibility of making a large number of population increased sharply in our country, the refugee problem will even produce scale, unstable factors in other countries and even some extremist forces also will follow. This kind of population influx will form new accumulation in the border areas of our country, which will lead to more and more frequent ethnic, religious and stability problems in the border areas. Among them, the single is Pakistan railway, this railway through some groups in the population will continue to flow into Xinjiang, will lead to very complicated consequences. Today, the European Union countries encountered a large number of refugees are seriously troubled by the influx, it is worth our vigilance.

Fifth, it may impact on the geopolitical pattern formed by China's long-term efforts. Chinese deepening process after years of efforts in opening up, to obtain very good result to promote the establishment and consolidation of ASEAN, Shanghai cooperation organization, increase the Chinese geopolitical resources, to a certain extent changed the China geopolitical situation. "Belt and Road Initiative" strategy, although with the hope that these existing strategic convergence and complement each other, but these strategies and processes in different environments are formed and pursue different goals, mutually inconsistent or not consistent is the objective existence. Therefore, "The Belt and Road" may have some degree impact on the original strategy, resulting in decreasing the utility of the original strategy, and even the formation of incremental and stock hedge geopolitical resources.

3. country of The Belt and Road challenge, doubts, spoiler and conflict

(1) The United States strategic containment of Belt and Road Initiative

The United States from the perspective of its global strategy, is bound to disrupt all influence the world hegemony in international strategic initiatives, "The Belt and Road" is no exception. The United States has emerged and is forming a strategic containment performance in the following aspects: one is the destruction of The Belt and Road construction by the American alliance system, such as the special relationship with some Islamic countries urged the three forces spoiler; two is for the maintenance of maritime hegemony, and continuously strengthen the Indian Pacific Strategy, to strengthen the Asia Pacific and India ocean military. The focus of the East Asian Seas and territorial disputes, persuaded the claimants to create trouble, in a bid to neighboring China, deter Chinese ocean rise; the three is driving along the country (especially Burma and Central

Asian countries) and the color revolution; four is to influence China, combined planning to promote the five independent forces, promote Taiwan joined the TPP; and the five is a Japanese, with the help of infrastructure construction and environmental protection, labor standards, the use of ADB to prevent the Asian infrastructure investment bank.

As early as 1999, the United States Congress passed the Silk Road strategy bill. In July 2011, when Secretary of state Hilary attended the second US India strategic dialogue in India, he proposed the new Silk Road project. In October 2011, the United States Department of state issued a telegram to the United States Embassy in the country concerned, calling for the unification of the United States' Central Asian and South Asian policies to be named the new Silk Road strategy, and to inform international partners. This marks the new Silk Road strategy as the official policy of the United states. The New Silk Road strategy of the United States has a strong ideological color and obvious geopolitical and geo economic intentions. The main objective is to seek long-term presence in Central Asia, Central Asia region's rich oil and gas resources and mineral resources, the establishment of the U. S. -led South Central Asia new order, weaken the China influence in the region, which gives Chinese political security, economic security, military security and non-traditional security challenges also, to "The Belt and Road" challenges.

The trans Pacific Partnership Agreement (TPP) as a multilateral free trade agreement dominated by the United States, the content and standards more reflect the United States concept of free trade and its strategic interests. As an important part of the strategy of returning to Asia Pacific, the United States intends to set high barriers to China's accession. In the short term, TPP of Chinese participation to promote cooperation in economic integration in the Asia Pacific region formed restriction, is not conducive to enhance the China influence and voice in the Asia Pacific Affairs; in the long term, continue to promote TPP, will make Chinese and the surrounding power relationship tends to be complex, increase Chinese geopolitical and security pressure, even endanger the peace and development environment for long-term China.

The implementation of the China Belt and Road Initiative strategy is to establish the Chinese and Southeast Asia, Central Asia, the Middle East and Europe closer economic and trade ties, to seek more in-depth cooperation with a more broad space for development, promote the development and prosperity of countries in the region through the output of capital and technology, promote economic rebalancing and upgrade Chinese. The United States proposes that the construction of TPP will hinder the process of regional integration in East Asia and play a role in the differentiation of the Asia Pacific Regional Comprehensive Economic Partnership (RCEP), which is gradually formed in the Asia Pacific region. At the same time, Europe and the United States jointly established the trans the Atlantic trade and investment partnership agreement (TTIP), which implemented more liberalized international economic and trade rules, and hindered the process of economic and trade cooperation between Asia and Europe from the European continent. TPP and TTIP to build the West's own interests, but also to a great extent block the implementation of China Belt and Road Initiative strategic objectives.

Although the American public is not blindly against Chinese "Belt and Road Initiative" strategy, but for a rainy day, must in order to build the new Sino US relations among major powers to resolve strategic doubts of the United States, the United States strategic containment crack. The United States is the pragmatism countries, American companies and social organizations may be the first to participate in The Belt and Road construction, pushing the U. S. government to renew the idea, change the view. We also need as far as possible the interests of the United States involved, guiding and shaping the American understanding of "The Belt and Road", and its allies attitude backstepping position of the United States for a change, make, do not hinder or impede at least less The Belt and Road construction direction.

(2) The Russian strategic suspicion of "The Belt and Road"

The key challenge The Belt and Road, in the sea is the United States, in the land of russia. Historically, the rise and fall of the silk road was closely related to the rise and fall of russia. Russia's attitude to the Silk Road Economic Belt was once vigilant and tense, first, fear of bypassing Russia: two is afraid of opposing the Eurasian Union: three, is afraid to replace the sco. After continuous work of the Russian government, finally get the support, and the Far East and the far east open railway reconstruction project into the construction of Silk Road Economic Belt, drive the economic development of Russia in Mongolia and Russia economic corridor.

But on the land's Silk Road Economic Belt, Russia is not willing to become a participant. In October 2011, Putin, then Prime Minister of Russia, put forward the idea of establishing the Eurasian alliance in his programmatic article the new regional integration plan of Eurasia, which was born in the future today. He advocated by the Soviet Republic of China formed a Eurasian union, the establishment of a supranational union similar to the European Union, to serve as a bridge between Europe and the Asia Pacific region, has become a powerful one in the world, on an equal footing with the United States, the European Union and Chinese three center. In 2012, when Putin returned to Moscow Kremlin, he accelerated the integration of the Commonwealth of Independent States and made efforts to build the Eurasian union. In order to avoid criticism from other countries, the formal name of the Eurasian union was defined as the Eurasian Economic union. In May 29, 2014, Russia, Kazakhstan and Belarus signed the Treaty of Eurasian Economic union. The Eurasian Economic Union was officially put into operation in January 1, 2015, including members of Russia, Belarus and Kazakhstan. The organization will also recruit new members and will have many member countries as an important country on the Silk Road Economic belt. Putin has said that the economic union will become an economic engine of the CIS region and become a new world economic center.

There are a lot of overlap in Russia's Eurasian Economic Union and China Belt and

Road Initiative construction, although China in The Belt and Road construction not to seek dominance in regional affairs, not business sphere of influence, but Russian traditionally regarded Central Asia as its sphere of influence, is not willing to accept the expansion of the influence of other countries here. Therefore, how to develop the comprehensive strategic partnership between China and Russia, in search of the Eurasian Economic Union and the Silk Road Economic Zone between the feasible point, in order to become an important engine for Asia and Europe to promote regional integration, which is the problem to be solved in front of China and russia. In addition, Russia on Silk Road Economic Belt may bring trouble, but also in the Eurasian Economic Union standards, not in accordance with the law of market economy, is not compatible with the "The Belt and Road" concept, system.

(3) The strategy of Japan on the The Belt and Road Jiaoju

As a strategic competitor America's allies and Chinese, Japan will not sit idly by The Belt and Road success may become the American League vanguard tripping strategy. Japan in the countries along the silk road is very sensitive to the business for many years, "The Belt and Road" moving the cheese, it has and is taking the interference measures in many aspects: one is in the Indochina Peninsula and the bay of Bengal to engage in interconnection and China two is its advantage.; foreign direct investment is the destruction of China three spoiler; project through non government organization; four is the use of ADB projects and Chinese competition.

In 1997, when Japanese Prime Minister Ryutaro Hashimoto put forward the Silk Road diplomacy strategy, the strategy of the Central Asian and Caucasus eight known as the Silk Road, and the important position of this area in front of Japanese diplomatic strategy. In 2004, Japan promoted the establishment of the Central Asia + Japan dialogue mechanism, which marked the beginning of Japan's relations with Central Asian countries toward normalization, multilateralism and all-round development. Is the main intention of Japan's implementation of the Silk Road diplomacy strategy: cultivating the pro Japanese national China in adjacent areas, seeking a foothold in Central Asia and the Caucasus in the world strategic, strategic containment of Chinese; contain Chinese in the development and import of oil and gas resources, slow Chinese speed of economic development. At the same time also contains the development of the Shanghai cooperation organization.

In recent years, Japan will China development as the biggest stumbling block to political and military power ambitions, to ride to the United States to return to Asia strategy, the Japan US alliance to expand the scope of intervention to the South China Sea dispute, and draw China doubts on China Vietnam, Philippines, India and other countries to jointly curb China. The leading Asian affairs, snatch the maritime rights and interests, the development of the China containment. In June 11, 2014, the Japanese Parliament House Foreign Affairs Committee passed a resolution on the South China Sea, China blamed for oil drilling activities in the Paracel Islands tensions, claimed that

Japan will not tolerate Chinese unilaterally to power for territorial and maritime rights and interests, and asked the Japanese government to strengthen cooperation with the United States and Southeast Asian countries, China jointly urged to abide by international law. Today Japan is a typical trouble makers, many of its behavior poses a serious threat and challenge to the construction of the maritime Silk Road, destroyed the China friendly relations and cooperation with Southeast Asian countries, the Chinese damage in the South China Sea maritime rights.

Of course, Japan can not fight for it. The construction of Japan and South Korea FTA, summit and new relations between China and America, in Japan the possible strategies for solving the spoiler. Twenty-first Century Maritime Silk Road extended to the north, China Unicom, Korea and Japan is also the hope of peace and stability in Northeast asia.

(4) India strategy of The Belt and Road non cooperation

India as an important fulcrum of the twenty-first Century Maritime Silk Road, has always been on the The Belt and Road strategy to maintain a cautious attitude. Fudan University Institute of international Wu Xinbo in an interview when he said: India to China intent doubts, we went to visit India, the other repeatedly asked is: you can improve the infrastructure and traffic? Can you improve my port conditions? Can you build a few more industrial parks here to boost my manufacturing? In fact, India has yet to endorse "The Belt and Road" strategy. Chinese Academy of Social Sciences in the assessment of the security situation around Chinese (2015): The Belt and Road and surrounding strategic analysis pointed out that India "The Belt and Road" plan with a cautious welcome, maintain communication attitude, waiting for the timely launch of the made in India, with The Belt and Road, regain a voice. By the end of 2014, India famous China expert Xie Gang said in a speech at Renmin University of China, India did not endorse "The Belt and Road" for three reasons: one is the huge cost ($8 trillion, large-scale investment in India) are unwilling to invest, worry not benefit; two is the area of controversy and turmoil, such as after Kashmir, BCIM economic corridor through Burma unstable area, Pakistan economic corridor through the unstable arc; three is the fear of being surrounded by China, especially the deterioration of India's security environment from the sea, land, worry about the effect of the intervention of the independent. However, India did not openly oppose the "The Belt and Road" strategy, and even agree with the Northeast opening into the BCIM economic corridor, to Chinese industrial parks and economic zone construction experience is very important. Power mentality and security concerns in India, China and India can follow in January twenty-first Century the Friendship Committee mechanism, the establishment of the China India Friendship Committee twenty-first Century, strengthen strategic consultation, local exchanges, promote the private think tank, to explore the possibility of cooperation in the South China Sea, China and India in India ocean development and management.

4. In some countries the instability risk of "The Belt and Road"

In many areas along the Belt and Road Initiative is actually the world one of the highest risk areas, terrorism and separatism is a serious threat to regional security, the phenomenon of political factions fierce, government capacity constraints, such as lack of political stability. Countries are also ambivalent about territorial, religious and racial reasons. Economically, many countries are faced with such problems as slow economic growth, serious infrastructure shortage, energy shortage, currency weakness, high inflation pressure and so on.

Pakistan is the most typical example. As a Chinese strategic fulcrum in South Asia, Pakistan in the "The Belt and Road" will undoubtedly play an important role. But the geopolitical risks in Pakistan especially, the security situation has not been optimistic about the future development of national policy, and there are also many problems, which will be the implementation of "The Belt and Road" influence and impact.

Pakistan has long been threatened by terrorism, and terrorist attacks in Pakistan have become the norm. Bruce Liddell, a researcher at the Brookings Institution, has suggested that Pakistan's terrorist activities have two salient features: first, terrorists have entered the interior of the Pakistan army. As in a terrorist attack in Karachi in September 2015, Al Qaeda terrorists attempted to hijack a Pakistani naval escort to attack American warships carrying out anti piracy missions in the Gulf of aden. In this attack, without the support and cooperation of the military personnel in Pakistan, terrorists would not be able to dive into the naval base and have no guts and ability to hijack and manipulate warships. Two is the Pakistan terrorist organization, more attacks will turn to India. When India's new prime minister, Modi, takes office, the Pakistan terrorist organization Lashkar attacks terror on the India consulate in Herat, Afghanistan, and tries to kidnap the India diplomat. And is considered hiding in Pakistan, base leader Za Vahe Lee has also made a public statement in September, the establishment of India branch, the threat of large-scale terrorist attacks on India. These attacks and terrorist threats are directed against India, which will further aggravate the antagonism between India and Pakistan, and is very detrimental to the overall security situation in Pakistan and the region.

Pakistan's relationship with another important neighbour, Afghanistan, has been an important aspect of its foreign policy, but it has also been controversial. Pakistan has long been penetrating Afghanistan and exerting its influence through various means. This has caused bilateral relations to be seriously opposed for a long time, and has also cast a shadow over China's efforts to promote regional cooperation. The international crisis organization has pointed out in a report that Pakistan's continued infiltration of Afghanistan is based mainly on Pakistan's Monroe doctrine. In Pakistan's view, Afghanistan is within its sphere of influence and should exert control over it. Pashtun people on both sides of Pakistan's and Afghanistan's borders are the most effective starting point for Pakistan's influence on afghanistan. Pakistan to Afghanistan penetration and impact control, mainly to hedge against the India in Afghanistan, rising influence, to prevent India from the East and west sides of encirclement. But because of the infiltration of Pakistan, Afghanistan has a strong aversion to Pakistan and has created conditions for India to further its relations with afghanistan. The report points out that the more Pakistan stresses India's presence in Afghanistan, the more closely it is, the more influence India has in afghanistan. On this issue, Pakistan is caught in a vicious cycle of self actualization. In addition, the complex relationship between the Pakistan army and government, as well as domestic infighting between the various political factions, for Pakistan's foreign policy also have a negative impact. The military, which advocates tough measures against Afghanistan, has a lot of clout. Pakistan's military, in the name of fight terrorism, often fired rockets into Afghanistan, becoming a major sticking point between the two countries.

Further intensification of urbanization, turbulence also brings great risks. As a populous Muslim country, Pakistan is undergoing complex and profound social changes, and urbanization is an important aspect of it. The Rand Co report pointed out that Pakistan is now one of the countries with the highest urbanization rate in South Asia, and the urbanization process will continue in the next 20-30 years. By 2020, Pakistan's urban population is expected to reach 81 million people, the proportion of the total population will rise to 39. 5%. The urbanization process, while changing the social structure of Pakistan, also brings more unstable factors, and the anti-terrorism security issues will bring more pressure to Pakistan. While gathering people, the big cities also speed up the flow of information, which provides space for Islamic extremism and leads to the spread of terrorist organizations. The current Pakistan Taliban, ISIS and other terrorist organizations in Karachi city have set up branches or sanctuary, with the future population of Pakistan further to the big city together, terrorist organizations will also further bigger and stronger. But for Pakistan, the long-term focus on terrorism in North Waziristan and other remote mountainous areas, if will be the main battlefield of anti-terrorism to the big city, not only means that the re allocation of resources, for the Pakistan anti-terrorism Forces Intelligence and tactical ability is also put forward higher requirements, and even the system of anti terrorist forces in Pakistan will therefore make adjustment. These are very difficult and complex tasks that can not be completed overnight.

Part of The Belt and Road along the country is now in the transition period, political instability, the ruling party after the lack of policy continuity, often is the newly elected party signed with other countries to overthrow the former agreement, even as the opposition period, in order to break the former partisan interests, and other country, the interference of these countries the business will be the problem of corruption, sometimes investment will lose everything. Even the support of "The Belt and Road" building the country, can not guarantee that the project can be finished successfully. The new Greek government to sell Chinese to halt The Belt and Road construction cast a shadow on the port of Piraeus.

As a traditional maritime state, Greece is located in the cross region of Asia, Europe and Africa, and is the gateway to china. Piraeus port is a Greek friendship, each China leaders visit Greece speech, will be referred to this port. Mentioned in the 2014 China and Greece Joint Declaration on deepening the comprehensive strategic partnership: China attaches great importance to Greece as a gateway into Europe the unique geographical advantages, is willing to expand pragmatic cooperation with the Greek side at the port, highway, railway and other infrastructure construction field. The Greek side welcomes the active participation of China in the privatization of the Hong Kong port administration. However, in the Greek left-wing government came to power, to halt the EU and international monetary fund all rescue debt austerity plan, which includes the Piraeus port project.

In fact, the Greek port of Piraeus stopped the sale is not the case. Sri Lanka is the crossroads of the Pacific Ocean to the India ocean, and Colombo Harbour is an important fulcrum for the maritime Silk Road in twenty-first Century. The relationship between China and Sri Lanka has developed very closely. The Sri Lankan government has repeatedly expressed its willingness to take an active part in the construction of the 21 World Maritime Silk Road. The agreement between China and Sri Lanka to build a project in Colombo port city will be re evaluated after the new government of Sri Lanka came to power.

From the "The Belt and Road" countries, in Southeast Asia, political transition is occurring, a lot of the underlying populist forces and ethnic conflicts are being released, social unrest will occur frequently in the next period of time. The most serious of these are Burma, the democratization transformation, the civil war between the Burmese and other ethnic minorities, the contradiction between the military and the Democrats, and the intervention of the United States and Japan, which makes Burma's trend very variable. In recent years, many enterprises in China have encountered major policy risks in Burma. Thailand high speed rail project is also facing similar problems, although there is no risk of civil war in Burma, but very sharp contradiction of Thailand, military and democracy, behind Sequoia and yellow jersey, is actually from the bottom of the wealthy city power and zero sum game. In addition, Thailand is also facing the intensification of religious conflicts and ethnic separatism. Election violence and bloodshed, has become Kampuchea's political transition, relatively more peaceful elections Malaysia is also facing deep-seated contradictions, frankly democratic elections can not only integrated with the Malaysian Chinese, but caused a sharp ethnic conflicts. Although the socialist countries such as Vietnam and Laos in Southeast Asia are more stable than those in the democratic transition countries, they are also facing the social crisis period of deepening reform. In Central Asia and South Asia, some countries are facing more uncertainty. The two great powers in Central Asia Kazakhstan, Uzbekistan's leaders in office for a long time, may face serious health problems advanced in age, at any time, and the two countries have not yet solved the problem of successors. In Kazakhstan, the potential successors have the backing of big powers like the United States and russia. In Uzbekistan, the seven regional groups, with the same forces, although temporarily suppressed by the strongman Karimov, but once Karimov died, its internal contradictions are likely to intensify. In a sense, Uzbekistan has even become a danger to the second yugoslavia.

In general, regime change, leaders change, democracy and ethnic separatism and other political risk will become Chinese enterprises to join the long-term risk The Belt and Road must pay close attention to.

"The Belt and Road" without precedent, only touch stones. Overall, to further strengthen the research and geopolitical risk assessment of regions and countries related to the The Belt and Road, on policy strengthen the initiative and pertinence, focus on enhancing the state and the surrounding environment for guiding and shaping ability. When formulating policies, the relevant departments should also seek opinions from the think tanks and research institutions, and strengthen the scientific decision-making, and strive to reduce the space for policy mistakes.

In the face of the economic risk to promote the Belt and Road

Sun Zhiguo, President of China Public Diplomacy Cooperative Innovation Center

"Belt and Road Initiative" initiative implies a huge commercial value and investment space, and facing the geopolitics, international security, non traditional security and multiple risks, economic risks directly. This is necessary to avoid more targeted and sustainable More haste, less speed., so as to push forward the.

1. investment risk

Project investment is the main supporting landing The Belt and Road strategy. Belt and Road Initiative along more than 60 countries, the level of economic development, political system, legal system vary, foreign direct investment to support The Belt and Road strategy is carried out in the complicated environment, investment security is the most direct and practical problem.

"Belt and Road Initiative" after the introduction of planning, the main types of our government and enterprises to the forefront of international cooperation. Governments at all levels have limited coordination and lack of mature experience in dealing with complex international affairs. They have neither precedent nor expertise. Chinese enterprises going out is still at the primary stage, to identify and prevent the risk of capacity is still insufficient, on the understanding and use of international laws and regulations are obviously insufficient, lack of local media, the understanding and consideration of the interests of the people, resulting in many passive situation. Especially in major projects overseas long construction period, large investment, complex risk factors, safety management capacity is weak, sustainable funding guarantee mechanism is not perfect, have the capacity and strength of the subject of investment and financing for the small number of. Some of the media and scholars declared mediated The Belt and Road overloaded on geo strategic intent and China profit, and increased foreign concerns.

Investment security issues. The Belt and Road construction investment security is facing major challenges. Involved from the current "The Belt and Road" countries, different degree of economic development, political system, culture, history, religion, region along the hot zone is geopolitical conflict, focus area is the world's major political power competition. This makes foreign direct investment through the "The Belt and Road" strategy of direct investment in security challenges. For example, the host country has undergone a drastic regime change. Will it be possible to nationalize the foreign investment after the new government comes into power? If a war breaks out between countries, who will be responsible for the damage once the war destroys the infrastructure or plant? In The Belt and Road along the country, individual countries have a long and often sovereign default records. Even if the government gives government guarantees on specific projects, how will the security of Chinese enterprises' overseas investment be guaranteed if the government defaults again? The world economic forum released the "2015—2016 Global Competitiveness Report" shows, Slovenia, Burma, Israel, Egypt, Serbia, Ukraine, Pakistan, Bulgaria, India, Moldova, Bangladesh, Bosnia and Herzegovina, Lebanon, Thailand, Nepal and other party rotation or frequent political instability, impact on business investment is larger, brought uncertainty and great risk to domestic enterprises to participate in the countries along the PPP investment. From the country's political risk investment rating, Africa, for example, African countries do not have a class, are below the B level, D class possession of many, Congo, Guinea and Nigeria levels are very low. We in the national investment in Africa a few very large, suffered losses, especially in Congo and Libya, the new regime for investment interests we admit is still a problem, which belong to the C and D levels of the following countries. It must be reasoned and evaluated in great detail.

Infrastructure is a very important The Belt and Road in the construction field, especially high risk. Most of the project owners have the background of the government, the participants in the project, and also the rule maker, often resulting in breach of contract. For example, the new Greek Prime Minister inauguration halted COSCO Group and the other four bidder to sell Piraeus port 67% shares plan. In Sri Lanka's construction of Colombo port city project, Chinese leaders have also done the ribbon cutting, but the new Sri Lankan leadership said change will change because of its pro India, and hope to use the company in India.

Rate of return on investment. One of the potential risks of The Belt and Road construction is facing related investment income is low. Because of The Belt and Road construction investments driven by a large part of the focus of investment in the international field of infrastructure, and most infrastructure investment has characteristics of low rate of return on investment. In reality, the economic development along the country is relatively backward, the infrastructure construction is relatively weak, the relevant laws and regulations is not perfect, and most of the PPP project investment in roads, ports and other infrastructure construction, investment return rate is lower and the back is slow, even when there is a big profit can not uncertainty. Judging from the implementation of past projects, there are many risks, such as the low price of bidding brought by the vicious competition between big countries and the harsh conditions. What is particularly striking now is the vicious competition between China and japan. For example, if there is no vicious competition between China and Japan, our railway projects in Thailand, Indonesia and India may be higher than the present price. There are fiscal and financial risks, India, Israel, Albania, Serbia, Ukraine, Sri Lanka, Croatia, Hungary, Slovenia, Jordan, Egypt, Lebanon, Bhutan, Singapore, Japan's debt rate of more than 70%, Japan even more than 200%; Uzbekistan, Afghanistan, Estonia, Maldives, Palestine, Tajikistan, Nepal, Syria, Iraq Burma, Bahrain, Macedonia, Yemen, Montenegro, Albania, Bhutan, Lebanon and other countries foreign exchange reserves have little or no reserves in these countries investment in local currencies if there is a huge investment risk of depreciation.

The uncertainty of the sources of funds. Smooth for the project financing is an important bottleneck The Belt and Road construction. The Belt and Road along the country is mainly the low level of development of the emerging market countries, these countries have their own lack of sufficient funds for investment, the private sector and foreign investment entities limited, which makes the government become a major contributor to China. According to the Asian Development Bank (ADB) estimates, the Asian part of The Belt and Road infrastructure construction each year at least $800 billion. Relying solely on the National Development Bank, Asia Investment Bank and the Silk Road Fund can not make up for such a big funding gap. Obviously, funding uncertainty has become the constraints The Belt and Road strategy, single financing pattern is difficult to meet the requirements of project construction. This requires the future to achieve breakthroughs in two, is a project in which country, which country will have matching, matching funds, supporting policies, with the demolition, land, in addition to financing in international financial markets. But at present, the international financial markets are also financing difficulties, rising risk aversion. In the past, the cost of international financing loans was relatively low, although it did not go up, but it began to go up. If the U. S. dollar hike, it will naturally go up, up after the repayment of corporate bonds will be relatively large pressure. At present, China's foreign exchange reserves of up to 3 trillion and 800 billion U. S. dollars. Some people think that the current foreign exchange reserve investment income is low, through the implementation of the "The Belt and Road" strategy, to realize the diversification of Chinese investment of foreign exchange reserves, foreign exchange reserves and improve the rate of return on investment. However, it may ignore the two points: first, "The Belt and Road" rate of return on investment may not be high, investment may face greater challenges, so the relevant foreign exchange reserves investment yields may fall, the risk may not fall; second, with the RMB unilateral appreciation is expected to disappear and China Central bank to accelerate the opening of the capital account, China the stock of foreign exchange reserves continued to decline in the future, the specific circumstances may decrease quickly. How can the government China how much foreign exchange reserves into "The Belt and Road" strategy, there is a big question mark in fact.

Foreign exchange control problem. Usually, the liquidity risk, the funds can not be remitted, the transfer of funds in the local have been a lot of restrictions. Two, the risk of exchange rate changes, for some currencies, depends on the stability of the history of instability, if unstable, the U. S. dollar into the local currency, will lead to some devaluation risk. Three is the risk of foreign exchange policy changes, some countries say change, these countries try not to invest. Four, there are great differences in foreign exchange policies, especially in countries where some foreign exchange controls are implemented, the differences must be made clear. Therefore, we must understand the investment in the host country foreign exchange management system, is the implementation of strict foreign exchange control system, foreign exchange or free import. Is not to say that all developed countries have no foreign exchange control, such as the Singapore economic system is flexible, and Singapore is an international financial center, but control of the new currency is relatively strong, especially for foreigners to hold the new currency is limited. Chinese enterprises should pay special attention to the investigation and study of local foreign exchange policies and strictly abide by them, and pay attention to their foreign exchange policies at all times. Some countries have foreign exchange quotas and quotas, beyond the limit, will face the risk of imprisonment. We should also actively predict the trend of exchange rate and invest in the host country, and adopt a variety of targeted financial instruments, such as foreign exchange hedging instruments, futures options, etc. to guard against risks.

2. market risk

Market risk has some risk characteristics for different types of investment projects themselves. Such as: transportation infrastructure industry mainly depends on traffic flow, such as port investment mainly by sea, highway investment is mainly traffic. If the forecast is inaccurate or the national economy is not predicted to lead to changes in the volume of transportation, there will be a risk of profits. There are other risks, such as the fact that Pakistan may have some terrorist attacks on Chinese companies, which have had painful lessons. In addition, in some countries, when they open up their business, they will be punished by the United States. For example, for the use of foreign exchange, especially the settlement of the dollar, the United States will freeze, which will affect the development of the global business of the enterprise. Similarly, meteorological, hydrological, and geological risks are also common. To carry out the cross regional meteorological services in foreign countries are not the same, such as Southeast Asia, with dry and wet seasons, many Russian project construction can not be in the winter. If you do not understand, it will lead to errors in the duration or resource allocation, resulting in the implementation of the entire project affected, increased costs, this case is also a lot.

Contract risk. That is, contract risk. Enterprises in the international project contracting market is by contract or contract agreement, especially the investment or cooperation with the local government, so in the process of investment behavior, with particular attention to the contract arrangements. There are three main aspects of this arrangement: 1. Technical standards risk. Chinese technology standard of going out is to promote "The Belt and Road" strategy is an important support, such as the Kenya Mongolian railway project. 2. risk of guarantee. The risk, and this is the time when the contract signing to considerations such as: Libya project implementation process, many companies due to China guarantee risk is not considered, after the war claim event, led to a claim not canceled, bank also continued to charge or to guarantee continued claims. 3. payment risk. When the project contract is sometimes considered inadequate, for the local formation of profits to the outside to consider not enough, will cause money to stay in the local, and the local rate of depreciation and soon, when there is no investment opportunities, the profit is profit, cash flow can not return is not real the value of the. Therefore, enterprises should pay special attention to reduce the risks in contract performance and prevent the risk of default. In order to plan the investment structure, the enterprises in our country can increase the risk by sharing the main part in the BOT project.

Labor risk. This is the enterprise overseas investment is facing a very serious risk, if not pay attention to, the light person is fined, in severe cases but also to prison. Prominent risks are usually, first, in violation of the mandatory labor contracts signed by the local labor contract, without giving employees the minimum wage and the minimum labor time to implement. In some places there are special rules, such as the need to employ people of local nationality in certain industries. Two illegal employment of foreign workers. In Albania, for example, the proportion of general staff to foreign workers is 1 : 5-1 : 7, and a Chinese is hired to employ five local workers. Egypt requires not less than 90% of the average employee and not less than 75% of the middle class staff. A few years ago some gold owners in China Garner suffered illegal driving time, mainly for two reasons, one is Garner's law, foreign investors must pass Garner securities market to invest in gold, Garner listed these gold deposits are gold, so as some investors in Europe and the United States, basically by brokerage, investment through the stock exchange, the protection of the law. As a small gold deposit, its provisions must be made to our business, some entrepreneurs with local small owners signed a lease agreement, and in the rental process, do not take the international advanced gold, is the most primitive way, resulting in soil erosion, environmental pollution, leading to the local government. Some investors have adopted illegal ways, and have entered many illegal working people who have no legal status. Once there is rioting or unrest, the local government is not protected. Therefore, in order to fully understand and grasp the general regulations of the host country on labor laws and regulations and to strictly abide by them, we should also pay attention to the special regulations of the difference between the host country and our country's labor laws. Earnestly abide by the mandatory provisions of the host country in respect of labor protection, labor security, laws and regulations, and provide guidance. We should also fully understand the labor relief system of the host country, and it will inevitably cause labor disputes in the management of enterprises, and we should pay attention to the procedures and procedures for the settlement of labor disputes.

Financing risk. Mainly how to solve the funds, how to ensure the implementation of funds?. In the process of internationalization, Chinese enterprises are still weak in their ability to connect with the international capital market or to the international capital market. How to carry out financial innovation and how to combine production and finance, which is an important aspect of solving financing risks. Second, the exchange rate risk is an eternal topic. In the face of the fluctuation of exchange rate, in fact, the whole process of investment settlement, or the process of recovery, has actually been going to face this problem. Especially now that the internationalization of the RMB, the choice of the route may be more, but the risk still exists, this need according to the characteristics of the project, the recovery of funds or cash flow to some targeted solutions, the capital market or the financial markets have relative solutions. Such as: swap fund etc. There are tax related risks, the tax system of each country is not entirely consistent, and the collection and management methods are inconsistent. Some taxes may not be a problem at home, but they may be a big problem in the world and can determine the overall profits and losses of the project. If not taken into account, this may lead to the loss of the project will be very heavy.

Risks associated with local integration. Chinese enterprises go out of the habit of bringing traditional Chinese practices abroad, and if they can not change because of the land, it will lead to many risks. Labour risk. At the same time, there are some risks in the localization management. Project implementation, in addition to human problems, as well as materials and equipment issues. China is now more developed market economy, material problem is not the main problem. However, some foreign markets, logistics and supplies are relatively poor, there may be a big problem. In some countries, land is privatized, and it is very troublesome to solve. Also, the problem of equipment selection is not a problem at home, but abroad may be a problem. If some of the equipment in the Middle East region does not meet the local requirements, it will lead to the failure of the equipment to be used locally and lead to heavy losses.

3. legal risk

Legal risk refers to the risk that overseas investment does not conform to the relevant legal requirements of the host country or violates its relevant laws and regulations. The most common legal risks are, first of all, the risk of access, that is, overseas investment because it does not meet the relevant legal requirements of the host country, and can not pass the relevant examination mechanism of the host country and can not enter the host country market risk. In this regard, the more prominent examples, one is the foreign investment in the national security review mechanism, and two is the foreign investment anti-monopoly review mechanism. But because of the social system and ideology and other aspects of the application, the host of foreign investment in the national security review mechanism of Chinese enterprises become more frequent, more influence. In 2012, the 31 group bought the Oregon wind farm project, which was halted by the US Foreign Investment Committee on suspicion of threatening us national security, a typical example. The second is the compliance risk, which began operating China enterprises to enter the market of the host country, the host country due to violation of the relevant laws and regulations, especially the environment, labor, human rights and other aspects of the laws and regulations for the Chinese enterprises is not very familiar with the risk of punishment or sanction.

Now, the face The Belt and Road in the construction of laws and regulations, the risk is very significant. The first is the consistency of laws and regulations. Along the way, countries such as Kazakhstan, Turkmenistan and other countries are not members of the world trade organization, the relevant laws and policies from the legal system of the World Trade Organization constraints, many laws and regulations, policy and world trade organization do not comply in customs clearance procedures, technical output / introduction, there are barriers to anti-dumping policy. Secondly, it is the perfection of laws and regulations. Some countries lack the basis and conditions for legislation, rule by man more than the rule of law, law enforcement mechanism is not perfect, compliance with the law is difficult, there is rent-seeking space. In the context of unsound laws, foreign investment may be forced to nationalize, and infrastructure or factory buildings, such as those damaged by war, will not be held accountable, and some countries may default on sovereign credit. Third, it is the continuity of laws and regulations. Along the way, it is very possible for countries to constantly adjust relevant laws and policies in order to safeguard the safety of their own industries. The repeated changes in policies will inevitably affect the market investment. For example, Mongolia has repeatedly revised and adjusted its mineral law in 2000-2010 years, resulting in repeated fluctuations in China's investment in Mongolia's mining industry.

Legal risks of investment, protection and access. "The Belt and Road" along the 65 countries are sovereign, need for protection of its sovereignty, the scope of foreign investment and industry, there are some restrictions, or even many major accidents. Such as expropriation and nationalization and its compensation, generally can not be levied on foreign capital, if the levy should also be appropriate compensation. But Zimbabwe announced a policy in the past few years, foreign investment in Zimbabwe can not be absolutely controlled, and must be accounted for by more than 51% of Zimbabwe citizens. In fact, 70% of foreign invested enterprises in Zimbabwe are Chinese enterprises, so investment in these countries should be paid great attention. Moreover, in the area of banning investment, the foreign investment law of the Thailand expressly prohibits foreigners from investing in rice, fisheries and so on. In general, the specific legal risk exists in the investor protection and access, is a political risk, especially in central and West Asia countries, political system, political diversity, change constantly. Two is unable to enjoy the risk of preferential measures, and some countries enjoy preferential measures for investors, put forward a lot of additional conditions, these additional conditions must be studied thoroughly.

Risk of investment exit and investment safety. Investment in the early stage of the withdrawal will be good, what kind of way? In foreign investment, or mergers and acquisitions, or is to take the form of listing exit, or to take liquidation exit, must be prepared. Specifically, one is the risk in the transfer of equity, equity transfer contract due to the bad, there is breach of the equity transfer contract, and local affiliates by default, finally will produce relative legal risk. Two, in the way of listing and exit, the stock market is very small in some countries along the lines of investment, and we are all used to the domestic securities market, and the liquidity is very strong, because the domestic securities market is in the top few in the world. However, the stock market in many countries is very small, liquidity is not enough, through the open securities market retreat, ahead of schedule. Three, we should also be familiar with the local liquidation law and the bankruptcy law in the form of liquidation and exit. Therefore, enterprises should try their best to use their own shareholder status, in the formulation and revision of the company's articles of association to add favorable terms, so as to facilitate the safe exit of equity. For example, because the local national company law and China's provisions are not the same, the investment in gambling agreements and articles with some jurisprudence, in the local dispute, how to determine the meaning? Again, if the arbitration is agreed on, the laws applicable to which countries, and finally, can not be implemented, these are issues. In the listing process, we must find more mature exchanges, not necessarily local listing. Like mining, it can be listed on the world's leading mining exchanges, such as the Toronto and Australia mining exchanges, and in Africa they can go to the South African mining exchange. Relatively large exchanges, the system is pretty good, to be in these exchanges to quit, rather than withdraw from the small stock exchange. As for the liquidation clause, some priority clauses should be added to ensure the rights and interests of the investors. There are also some gambling terms, if the liquidation expires, as an investment, you must first get a certain proportion, the latter is the rights and interests of shareholders. These terms, of course, are permissible if local laws permit.

Tax legal risk. The effects of a national tax preference are very large. By last year, China had signed agreements with more than 100 countries abroad to avoid double taxation, of which 97 agreements were in force. Avoidance of double taxation means that taxes have been paid in other countries and taxes are not necessary to the home country. Other countries have given some tax benefits, and in the home country, they can not pay back the preferential rates, and we must make a clear study in this respect. Specific tax risks, first, the identity of the residents on the risk, if there is no bilateral tax agreement between the two countries, enterprises are facing the two global tax. Two bilateral tax agreements and local tax incentives conflict risk, local belong to tax relief, can't pay this tax, if China will invest in countries in the tax agreement on this one, so in the local host country tax relief, to China do not need to pay tax. The three is the legitimacy of tax treatment, the risk of inadequate judgment, which usually requires professional tax authorities for tax planning. Therefore, before the formal investment, detailed tax due diligence should be carried out to prevent some tax risks. As far as possible to avoid double identity authentication between our country and the host country. It should also be noted that the host country has signed an international tax agreement on repeated taxation with our country. Tax planning, in particular, must be made within the scope of the law, and tax planning may be tax avoidance if it is beyond the permitted local laws.

Registration risk. Choosing what kind of business entity to register in the investing country involves not only the question of whether to get the local permission, but also closely related to the tax burden. Therefore, to fully understand the local provisions of relevant laws and regulations, according to the investment purpose and need some way to set investment, limited partnership is prevailing in the world, is to pay a tax, by LP and GP respectively to pay taxes, rather than a company to pay a tax, the company's investment to make a person a tax, by this way a certain preferential tax. In short, the specific system should be in-depth understanding of the host country enterprise registration, and strictly comply with, avoid unlicensed and illegal business.

Judging from the changes of the international situation, the international influence of our country is still difficult to ensure the safety of the development of enterprises overseas. "The Belt and Road" along the region geopolitical contradictions become increasingly complex, competitive power, small area situation is more and more opportunistic, change constantly like cloud and wave. All these should be paid more attention to and dealt with effectively in the future work.

To lead the modernization of governance change of global governance and China countries with the Belt and Road initiative

Kang Ouyang

Dean, Professor, National Institute of governance, Huazhong University of Science and Technology,

Former party secretary of Huazhong University of Science and Technology

The implementation of the "The Belt and Road" strategy, the success and effectiveness, the key is whether the scientific and reasonable co-ordination of two international and domestic situation and promote global governance and Chinese governance towards a more healthy direction. From the international perspective, we should be able to adapt to the change of global governance, but also to be able to lead the change of global governance; from the domestic perspective, not only to rely on the modernization of national governance, but also to be able to lead the modernization of national governance. I would like to discuss three specific issues surrounding this important issue:

A full understanding of the significance and difficulties of The Belt and Road

It should be noted that we engage in "The Belt and Road" is active and passive. The so-called active is that we need to revive our glorious history, and create brilliant modern US, need to find some new export and new developments in the field; the so-called passive is: why do we want to go to the west, to the East Sea, instead of walking, not to the original mainstream area modernization development comparison good to go? In a sense, this is due to the complex pattern of the modern world's development, and it is possible for us to develop more space for the West and the sea. It is of special significance in the combination of active and passive in may show Chinese socialist modernization with the highlight of a major strategic Chinese Chinese future development, to create a unique Chinese road.

Over the past 30 years, China's achievements have mainly been achieved in the process of following the modernization of the west. What is western like modernization? It contains a lot of very rich content, such as rationalization, industrialization, marketization, urbanization, democratization, legalization and so on. From the 1911 Revolution to the 54 Movement in 1919, and from the founding of new China in 1949 to the reform and opening up in 1978, we basically walked down the western modernization model. Up to today, we found that the modernization of the world has actually differentiation, there are mainly five kinds: one is the dominant mode in Western Europe, a North American, one is the Soviet Union and Eastern Europe, a Latin American, and East Asia, called Asian values. These five models each contain different elements of the world of modern civilization, and combined into a different mode of modernization, have different effects, have different levels of development of countries and regions, they have created local prosperity, but also have their own problems. Chinese development the biggest advantage is that all of the elements they are attracted to the Chinese came, and we in the hitherto unknown open mind to learn, almost all of the model, all the elements of the bonus to the extreme. Now we find that some of these modern models have declined and some are changing. For them, what we can learn, attract, and use, we have learned almost the same. The possibility of further study and exploration can not be said without, because the world is still developing, but China has reached a new period that must be independent and pioneering its own modernization. The most important feature of this period is that China has some initial economic strength and will seek peaceful growth and seek greater development. However, the world pattern has undergone profound changes, and the world economy has developed a huge problem. In this context, the attitude of many countries in the world to China has also undergone great changes. In the past, countries around the world regarded China as a hot spot for investment and invested in China, and we developed ourselves by borrowing capital from all over the world. In the past, countries around the world were willing to sell cheap Chinese goods, and we developed China's economy through huge foreign trade. Now, with the development of China's economy and the standardization of management, on the one hand. China's investment is no longer a hot spot for foreigners, and even countries do not have much money to invest in china. On the other hand, with the Chinese labor cost price rises, Chinese goods can be said to be reasonable price is not cheap, foreign goods distribution businesses Chinese enthusiasm also declined, even in many countries even began to blockade the China goods. How will the world develop in the future? How can China continue to move better in a changing world? These have now become a problem. In this context, China leaders especially the general secretary Xi Jinping "The Belt and Road" refers to such a strategy, may mean to China created a special modernization, or even create a new relationship with the global pattern of the world. And this modernization is now facing several special problems or difficulties:

The first difficulty is that our country has faced a new economic normal, that is, the economic downturn. China has maintained rapid growth for more than 30 years and has been declining in recent years. Harm the economy is excessive downward, if we are not in the next three years our economic growth remained above 6. 5%, the party's eighteen proposed by 2020 for the total national income and per capita income "two double" goal is difficult to achieve, the completion of a comprehensive well-off society will encounter difficult. In such a context, the speed of development has become a strategic issue, and must be paid enough attention to. Correspondingly, it is another bottleneck that restricts our development, that is, our resources, environment and environment. Some studies have shown that the rapid growth of GDP since China's reform and opening up is achieved by 1-2 times the world's average level of resources and energy consumption, and the environmental destruction rate is also beyond the average speed of the world. Although China vast territory and abundant resources, but due to the large population, the per capita resources and energy is very low, the current Chinese facing the ecological environment is very complex. In a sense, one of the biggest challenges faced in the development of the Communist Party of Chinese today is: not only green, but also high speed; both the reasonable structure and excellent quality, or saving energy sources. Obviously, the development of such high quality is not so easy. Against this background, where can China break through? "Belt and Road Initiative" strategy has given us a new idea of a strategic layout.

The second problem is: when we move forward when "The Belt and Road" actually have an inherent problem is the problem of the system. You know, "The Belt and Road" relates to many countries in Asia, the Middle East and Europe, they in the social system and our country is not the same. Unlike the system, the state can not interact, of course. Iron buddies, who can not really become our partners, actually have a lot of problems. Nowadays, many countries in the world are faced with the problem of re choosing their own strategic cooperative partners and even developing direction in the complex and complicated world. For example, I went to Ukraine for a meeting and investigation, found that Ukraine today is faced with in the end is to take refuge in Russia, or the great confusion of the EU, even in a huge swing, and accordingly led to regime changes, causing huge social unrest and split. The unrest and the world to Chinese conversion "The Belt and Road" provided the opportunity, also posed grim challenge. China through "The Belt and Road" strategy really go out, go to the world, not only will expand with the relevant national and national material and economic exchanges, coordination and communication also means a system of norms, even facing a conflict of civilization. As we all know, Huntington put forward the theory of "clash of Civilizations", and listed Confucianism as the three source of the clash of civilizations in twenty-first Century with Christianity and Islamic civilization. We Chinese, of course, did not accept it at all. But now it seems that we have discovered that perhaps it is unfortunate that he has said. The conflict between Christian civilization and Islamic civilization has manifested itself in some of the global terrorist attacks, some even very extreme and cruel. Now it seems that the rise from the East, to Chinese rise now and the rise of East Asia economic circle, most countries have historical influence by Confucianism, may mean that the birth and development of a new civilization, may produce the conflict with the Islamic civilization and Christian civilization. From this point of view, "The Belt and Road" strategy implementation may encounter many new cultural conflicts, new international disputes, and even affect the future evolution of the world pattern.

In this multi aspect, we can see that the "The Belt and Road" is a good strategy, but it is not very easy to achieve. At present, we are now a lot of people are very optimistic about the opportunities offered by more attention, and for the existing challenges concerned enough, estimation of many complex problems is not enough, excessive wishful thinking in the design, blind optimism. It should be noted that we have encountered some difficulties in the process, and the future troubles will certainly be more. The positioning of The Belt and Road so we must have a very clear strategy of self. After we have made a clear understanding of this position, we will know how much space we will have in the future, and we will know how to better go into the future.

Two, through the "The Belt and Road" strategy to lead the change of global governance

The China Belt and Road Initiative strategy is in response to the change of global governance in the healthy development, should also be in comply with the change of global governance that lead to play a more active role.

The discussion of this question must go back to history. Since the modern world modern history tells us that the world as a modern level and has a huge gap, to produce a special order of the world, that is the first who will dominate the world modernization, backward countries that the whole world had to develop according to the priority of national modernization rules into the future. In the two World War, the United States to obtain a huge amount of wealth through the sale of arms to Hiroshima and Nagasaki, and by the atomic bomb dropped and contributed to Japan's surrender, winning country representatives, sway in the postwar order. The beginning of 1944, the establishment of the United Nations to maintain international political system and security system, through the regulation of the World Trade Organization World Economic and financial system, the establishment of dollars on behalf of gold status and the international monetary system by the Bretton Woods system, basically is the three lever for postwar order. Even Americans are not satisfied now. Why? Because China has developed with this system.

Since the new China established especially since reform and opening up, we are basically in accordance with the order of the world and the world after World War II the rule, according to the rules of WTO efforts to change themselves, develop themselves in the world of fixed system, the development of socialism China characteristics of a market economy, the development of various forms of ownership, to join the world of modern economic system. Has obtained rapid development and made great progress. Today, however, the world is undergoing the most profound changes. The US led TPP (trans

Pacific Partnership Agreement) aimed at excluding China has become effective, with 12 countries participating in 40% of the world's total trade. The TIPP (trans the Atlantic partnership agreement) is under planning and will contain 39 countries, accounting for 30% of world trade. If the two organizations were established and accounted for 70% of world trade, China was not allowed to take part in it, how should China develop? It turned out that we had a sense of self, as if the world had left China, simply not! Why? Because we are second of the world's total economy. Now, there are so many countries that don't want to play with us, or even try to build an economic circle that completely excludes china. If 70% of the world's total trade does not carry out such a zero tariff free trade with China, where will China's economy go?

Such a situation is still approaching. It has been noted that the Hague international arbitration tribunal for the South China Sea has produced almost absurd arbitration results on the South China Sea, which has caused great passivity to china. Recently China around the South China Sea issue in many countries can be said to be like. China's Diaoyu Islands issue, the South China Sea issue and the Taiwan Straits issue are intertwined, reflecting a major intersection of the world's major changes in China, and they need to be wisely addressed. In order to ensure the orderly development of the core strategic goal of the great rejuvenation of the Chinese nation, we need a long-term, sustained, stable, peaceful and conducive international environment for China's rapid development.

In the future development of global governance change, the most important concern is the situation in the United States, the most important thing is Sino US relations. With China's rapid rise and changes in the strength of international relations, the worries and vigilance of all sides in the United States are rising, and the closure of China is becoming tangible and intangible. The Asia Pacific rebalancing strategy, in particular, is building the encirclement of China with East Asia and the Western Pacific Rim as the main circle. The differences between China and the developed countries in ideology and social systems are being magnified, and the strategic dislocation between different countries has become increasingly prominent, and the establishment of Sino US relations between the new powers is facing difficulties.

I have to go twice in 2015 when President Obama received President Xi Jinping California: Berg manor, California rosewood chair sits that President Xi Jinping and President Obama had also sat on the experience of "China dream" and "American Dream" in the end is the same dream or dream? Which ones are the same? What are the differences? What is the meaning of the same? What is the difference in meaning? I even think, two of them as the two largest country in the world, two of the largest economies in the top leaders, whether they are the same chair dreams? Still the same chair with the dream? President Xi Jinping has repeatedly told President Obama that the Chinese dream is interlinked with the American dream. The question is whether the president of the United States really thinks so. In our opinion, there are many similarities between Chinese obviously dream and the American dream, because between China and the US economy has integrated into such a degree, Chinese bought so many of US Treasuries, it is China confidence in the dollar, as well as the United States trust. But there is a clear sense of strategic contradictions and conflicts between China and the United States. The core of which is the future development of who leads the world order. My feeling is that the United States, now from the president to the think tank, to politicians to civil society, has never felt China's threat to them. Moreover, it is no longer the threat of the absolute security concept of the past, but rather a threat of reality. The so-called absolute security view, both Americans believe that only when they are in the economic, political, military, scientific and technological aspects of all countries beyond the world for 30 years, they feel safe. In this regard, China and the United States are still in great distance in many ways, but they do not necessarily have 30 years of development gaps, so they have started warning. In reality, due to the North Korean problem in Northeast Asia, Japan in East Asia, the Taiwan problem in the East China Sea and the South China Sea issue, the United States has been highly alert to China and set a realistic threat to china.

A problem in foreign relations in the Chinese we have been discussing is should continue to low profile or should do the same? Now it seems simple low profile and the simple tit for tat is not acceptable, the need to maintain a proper tension between the two. This is definitely a test of the wisdom of the Chinese nation. In a sense, the Chinese nation is now facing some kind of intellectual shortage. We have not enough to do the wisdom of great powers, we become a big country. In fact, we are not large, because the population is so large, so the total amount of GDP appears to be a lot, so others see us very much, we are required to fulfill the obligations and responsibilities of great powers. Sometimes we look at ourselves very much. In fact, we are not big, but a kind of arrogance, which leads to pride and loss of consciousness.

How can we keep a clear head in the face of such a complicated global change? I think we should efforts in response to the change and even lead the global governance through the "The Belt and Road" strategy. To this end, we can draw up three levels of goals:

First, we should continue to safeguard world order since World War II, and protect and expand China's development space. The world situation since World War II has been exchanged for two world wars, paid for by mankind, and is a system that is conducive to world peace, stability and development in general. We must continue to study and follow up the modernization of the world, and strive to expand China's possibilities in the existing world development pattern, and make the best possible and rapid development of china. As a victorious nation in the Second World War and a permanent member of the UN Security Council, China has both the responsibility and the obligation as well as the power and strength.

Second, through the "The Belt and Road" strategy, to promote the project, communication with various countries, regional breakthrough in the world total complex pattern gradually broken in some countries of Chinese plugging, develop more conducive to the development of new fields and new development space China. It is far from enough to follow the developed countries in the world. Therefore, we must strive to seek a new development pattern dominated by China so as to surpass the limits of the western developed countries. China leading Asian investment bank, the BRIC countries system, The Belt and Road strategy is to Chinese led by the point to line to face to body to system, and gradually expand and deepen and upgrade by adding volume to change the existing pattern of actively trying to open the world extension of the development of space for Chinese.

Third, by China in the economic and political social and cultural ecology and other aspects of the further comprehensive healthy development, and more and more countries healthy win-win cooperation, cross-border cooperation to build a new path of development, in response to the world doubts for the current road for human development, show the superiority of China system, provide Chinese scheme for different countries to explore for a better social system, strive for development of global discourse, dominate the future, leading the development direction of world civilization.

Three, through The Belt and Road Chinese strategy to promote the modernization of national governance

The implementation of The Belt and Road strategy not only will promote Chinese national governance system and governance capacity modernization.

I am currently president of the Institute of national governance at Huazhong University of Science and Technology. Of course, I am more concerned about domestic development and national governance, because national governance research is our core task. Put forward the modernization of national governance from the party in the third Plenary Session of the 18th CPC Central Committee, according to the Hubei provincial Party committee and Party committee of the school's request, we soon established that Chinese first National Governance Research Institute, the national governance of Ministry of education established the first of the major research projects, the Hubei Provincial Committee of the CPC provincial governance modernization major projects. We have been pondering this matter, how modernization of China's state governance? There are many problems that need to be studied, and the most challenging question is how to cope with the current China's highly diversified society with an integrated system of social governance in china. Since the reform and opening up China social value rapid differentiation, after thirty years of development, China value differentiation of wide area, deep level and big influence has greatly exceeded our imagination, even beyond a unified under the leadership of the party and a unified social system should be allowed to internal differences threshold. China can even be said to be the most diverse and diverse country in the world. It should be said that this differentiation brings more choices to Chinese, bring China economic and social development more opportunities, let China society become more vivid, rich and colorful, but it also brings a huge difference between regions, industries, sectors, people Chinese society poses a severe challenge to the Chinese national governance and social management.

When we implement the "The Belt and Road" strategy, we must pay attention to is to go abroad is a specific enterprise, company, unit, they have different ownership, production, distribution, enterprise culture, staff quality, there are great differences between each other, but for they go to the country, region and nationality, but they are only from the Chinese. Thus, these enterprises and units consciously and unconsciously become China's representatives, and their work and their effectiveness represent China directly. Their activities abroad are nothing more than the extension of their status and function at home. Therefore, in spite of the international exchanges and cooperation The Belt and Road also need to strictly follow the relevant international rules, but these units in foreign countries depend on their behavior and the level of China in national governance system in the position and the regulation to a great extent. It is in this sense, we believe that the implementation of the "The Belt and Road" strategy put forward high requirements and many challenges to the China national governance systems and governance capacity modernization. We should focus on at least three or more levels:

First, we should plan China's national development strategy with a new international perspective and a high degree of thought, and be more conscious and organic in balancing the overall situation of the two international and domestic countries, so as to promote China's new round of reform and opening up. The implementation of the "The Belt and Road" strategy means that Chinese entered into a new phase of reform and opening up, not only to the introduction of international capital to output Chinese capital; not only to output China products to output China technology; not only to sales of material goods, should carry out management and culture; not only to consider the profit, must strive for even win-win; should not only consider the immediate interests, we must pay more attention to the long-term development and strategic cooperation, etc. Therefore we must consciously focus on scientific and reasonable effective coordination of international and domestic two overall situation, expand opening up efforts to deepen the reform of the degree to establish an idea of global, strategic layout and the ways to implement the requirements of the times.

Second, consciously comb China's diversified status of value, and make the necessary value evaluation and reasonable debugging, and strive to enhance China's economic, social, cultural tastes and character. "Belt and Road Initiative" strategy, is a potential strategy to its progress and effectiveness, taste and potential depends on the Chinese technology economy society culture is compared with countries along the region and nation has higher. The current Chinese economic and social development in the depth of the transition process, various economic elements are uneven in quality, if not Nishajuxia, dragons and fishes jumbled together with analysis and recognition without regulation, promote to local enterprises and the spontaneous, blind advance "The Belt and Road" project, not only can not show the advanced and Chinese economic and social and cultural advantages, but may cause serious difficulties and long-term problems. We should all kinds of factors on the current Chinese value diversification in the process of making the necessary effort to support the analysis of rationality, those with strong development prospects and potential of enterprises into the "The Belt and Road", to prevent those on behalf of productive forces behind the lack of international competitiveness of the enterprises rush into the "The Belt and Road", not only damage their own and partners, but also damaged China image damage, The Belt and Road governance. The Belt and Road Chinese should be the elimination of backward production capacity, encouraging innovation and entrepreneurship, an important opportunity to promote the healthy development of economic and social science and technology culture and sustainable development.

Third, consciously promote the modernization of national governance in China macro system and governance capacity, "The Belt and Road" implementation of the strategy to provide the most reliable solid state backing and safeguard the. "Belt and Road Initiative" is a national strategy, this strategy requires all participating enterprises and units can be subject to regulation and restriction of national governance system modernization, to fulfill the responsibilities and obligations of national strategy. China degree of modernization of national governance systems and governance capacity and level directly determines the situation of internal China countries, but also determines the Chinese through The Belt and Road go far, go long, go. To strengthen the China national governance systems and governance capacity modernization, in the ideological level, the level of institutional mechanisms, policies and action specification level and focus, better play and display system Chinese advantages, further rationalize and improve the relationship between the different regions, industries, China class and between groups, to promote independent innovation and development capacity the China.

Reference:

Ouyang Kang: the modernization of the siege and beyond, seeking truth in 2003 first

Ouyang Kang: global governance and governance capacity change China times China promotion—— 13th Five-Year on a mission, Guangming Daily in December 9, 2015 Thirteenth Edition

Construction of the Belt and Road initiative opportunities and global governance ability

Sun Zhiguo, Vice Chairman and Secretary General of the
Sanya Institute of public diplomacy

Since eighteen Party's general secretary Xi Jinping, standing at a new starting point Chinese's relationship with the world history, starting from the successful experience of domestic China governance, in the face of globalization fragmentation is increasingly serious, anti globalization rising populism, globalization and global governance in the future, put forward a series of thoughts rooted in China global public goods, which is very important is that "The Belt and Road" initiative. After this The Belt and Road initiative President Xi Jinping on 2013, in the global scope gradually transformed from concept to action, from the vision into reality, achieved good results.

From 2013 to forward to jointly build and share principle in the construction of The Belt and Road, in May this year to The Belt and Road international Cooperation Forum peaceful cooperation, openness and tolerance, mutual learning, mutual benefit and win-win spirit of the Silk Road, from adhere to the G20 in the global economic governance in the first platform and the success of last year's G20 meeting in Hangzhou, the reform of the global governance consensus; promote the democratization of international relations based on peace and win-win cooperation, the construction of a global partnership network; from acommunity community of interests, to the beginning of this year in Davos, proposed the construction of a common destiny of mankind, Xi Jinping is the chairman of innovation global governance has formed a series of important strategic thoughts. This not only puts forward the guiding ideology, core concepts and specific approaches for China's in-depth participation in global governance, but also provides a global public product for innovative global governance ideas and models. These thoughts and ideas from the profound Chinese civilization, and combined with the practice of reform and opening up and China globalization changes the reality, fully embodies the China power play, get high attention of the international community.

At present, the globalization and the anti globalization game at the crossroads, the western new economic liberalism global governance The sun sinks in the west. calls for structural reform, and the new guiding ideology and development mode. China proposed

"The Belt and Road" innovation mode of international cooperation, promote the integration of civilizations, the hope of all equality and common development and common progress and common prosperity, to overcome the negative factors of globalization, resolve the inverse globalization trend and populist negative energy, timely adjust the direction of globalization, globalization to expand public opinion, reflects the high common interests of the state and the international community China.

Stand in the height of the common development of mankind, in-depth research and grasp the strategic opportunities facing The Belt and Road from theory and practice, accelerate the construction of China in global governance capacity-building, will help us more clearly the real path towards the great rejuvenation of the Chinese nation, a better understanding of the contemporary value of Chinese civilization is irreplaceable. More confidence and determination of Chinese road.

In the past 30 years, economic globalization has greatly promoted the development of the world economy, and all countries and regions in the world have increasingly formed a closely related whole. However, globalization on the one hand through the power of trade, financial and capital differentiation and governments to break the digestion, the nation has formed the boundary; on the other hand, the development of the growing gap between countries led to excessive competition in the market, but also to many developing countries has brought serious economic problems, refugees, religious conflict etc. Statistics show that in the past 30 years, the world's 10 richest countries and 10 poorest countries per capita GPD ratio increased from 100 times to more than 200 times, the gap between the rich and the poor has expanded dramatically.

Under this background, The Belt and Road initiative due to the historical trend of global political and economic center of the Western Pacific region, as Chinese actively trying to reform the world political and economic order, highlighting the Chinese nation in the historical process of building the common destiny of mankind's responsibility and responsibility. "The Belt and Road" initiative and practical actions to reflect the globalization inclusive and fair, sharing spirit, let people have more sense of participation, and gain a sense of well-being, largely on the initiative to deal with the current lack of global governance. It not only shows the positive role of China in taking the responsibility of big powers, but also attempts to reform China's global governance. "Belt and Road Initiative" concentrated China 30 years of reform and opening up five thousand years of experience and wisdom of civilization, the unique advantages of various decision dilemma China has the ability for the world out of the global governance to set an example.

Globalization The Belt and Road initiative will help to promote a more open, inclusive, equality, cooperation, enhance the level of openness and cooperation, expand the scope of openness and cooperation, promoting global governance accelerate the transition from western governance to Western co governance Openness and cooperation embodied in The Belt and Road, is the first Eurasian continental sea channel interconnection, will drive the Eurasian civilizations and mutual fusion, lay the foundation for the construction of a common destiny of mankind. This will also provide a very strong new impetus and new momentum for world peace and economic growth.

The traditional meaning of globalization to reduce tariffs, the establishment of the world market as the main purpose, contribution to global economic growth is generally around 5%, while the new era of globalization, equality, openness and inclusiveness cooperation through hard and soft interoperability will make the global economic growth of 10% to 15%. Through financial support, guidance and service "The Belt and Road" construction to promote openness and cooperation, will greatly promote the circulation of money, financial markets and financial institutions, expand the depth and breadth of services. At present, the multilateral financial institutions as The Belt and Road construction to raise funds has picked up. The Asian infrastructure investment bank, the BRICs Development Bank and the Shanghai Cooperation Organization Development Bank and other emerging multilateral development finance institutions have been established, also set up a silk road fund as The Belt and Road special long-term development investment fund. The investment bank was 7 in 2016, 9 energy and infrastructure projects to lend $1 billion 730 million, leveraging public and private sector funds of $12 billion 500 million, the successful implementation of the PPP model; the silk road investment funds focused on hydropower, natural gas and other energy fields, the actual investment of about $4 billion by the end of 2016; the BRICs Development Bank in October 2016 a joint Russian direct investment fund and Chinese Energy Engineering Group, also began to involve investment projects. At the same time, the countries along the bilateral currency swap, settlement scope, enrich the RMB business, "The Belt and Road" has become an important carrier and path of RMB internationalization. At present, China and 28 central bank swap agreement signed, involving "The Belt and Road" in 18 countries and regions, up to 1 trillion and 400 billion yuan.

"Belt and Road Initiative" brought the new Silk Road, new development and new pattern plays an important role in global governance. First, inclusive to overcome the counter globalization of great significance. "The Belt and Road" to people of all countries to bring more sense of participation, and gain a sense of happiness. For example, China's ideas for Africa's development are fully inclusive. In 2015, President Xi Jinping visited Africa to propose China's ten point plan to help Africa develop and realize industrialization in the first place. The single economic development model imposed by the West on Africa is unsustainable. Two is to strengthen global macro policy coordination, achieve joint development, and overcome the problem of world economic imbalances. The world economy is a game of chess, which requires coordination and cooperation. "Belt and Road Initiative" hope and common development, cooperation and development, sharing development, the advantage for the developing countries, to keep up with the pace of globalization, to adapt to global change, provide a good platform. "The Belt and Road" in promoting international cooperation, highlighting the importance of their development strategies docking. Last year, the G20 summit in Hangzhou established a macro policy coordination mechanism and included development issues on the agenda, providing a path for economic linkage between countries. The three is in the implementation of the The Belt and Road initiative, and play an exemplary role is very important. The two countries should follow the trend of globalization, oppose protectionism and promote global free trade and investment facilitation. Strengthening bilateral cooperation in bilateral trade and global governance will boost global market confidence and reduce risks.

Chinese has established the world's most complete manufacturing system, is the transition from the stage to the deep processing technology intensive stage, almost can provide products to the industrialized countries along with the global minimum cost, which makes China become The Belt and Road along the country in the process of modernization of the country can only rely on almost. At the same time, China has a history of continuous civilization for more than five thousand years. It is a civilized country which is markedly different from western countries and countries. China early in history has produced the whole world as one community and Datong world thought. Such inclusive values are precious in the process of human progress toward truly effective global governance, which opens up the value of contemporary global society. As the world's second largest economy and the country has successful experience in the development of the Chinese nation, has the ability to put forward Chinese scheme for the future of global governance, which is the essence and the essence of The Belt and Road concept.

"The Belt and Road" advocated equal consultation, argues that we should abandon all strength definition of political philosophy. The old international order is often characterized by hegemonism and power politics. This order is established in the vast majority of developing countries under the situation of no power, and is established by a large number of Western powers in accordance with their own wishes and interests. "The Belt and Road" carry forward the peaceful cooperation, openness and tolerance, mutual learning, mutual benefit and win-win spirit of the Silk Road, is committed to explore the twenty-first Century human common value system, and strive to build a common destiny of mankind, fully demonstrated the global governance of Oriental wisdom. Harmony but not Sameness the spirit of the Silk Road: the State advocates, regardless of size, should be equal members of the international community and all countries should respect each other's sovereignty, territorial integrity, respect each other's path of development and social system, respect each other's core interests and major concerns; all countries have the right to their own national conditions, independent choice of their social, the political and economic system and development path; countries should reach the goal through equal consultation in cooperation, identify areas of cooperation, to find common interests.

"Belt and Road Initiative" insisted from the closed exclusive to open inclusive, stressed nations win-win cooperation. The modern mode of production, the global production network and modern communication technology has been put together all over the world, the world already can not return to isolationism and seclusion of the times. Because of the irrational international political and economic order, regional and global affairs in the world today are often dominated by a few major western countries, the existing international institutional arrangements reflect the intent of these national strategy, so that some of the regional international cooperation performance of a closed, discriminatory and exclusive a. The new concept of the common denominator Belt and Road Initiative construction is to adhere to the win-win cooperation, openness and tolerance, equality and mutual benefit, to establish a inclusive development banner. "The Belt and Road" key construction in Asia, at the same time, for all countries in the world. China seeking to build cooperation platform to promote the construction of an open, fair, reasonable and transparent investment rules of international trade system, promote the integration of the orderly flow of production factors, efficient allocation of resources, market depth, the international community work together to build peace symbiosis.

The Belt and Road advocate cosmopolitanism, emphasizing the ultimate concern for human destiny. Under the guidance of Western political philosophy, international political practice often leads to security dilemma, trade protectionism, war and conflict. Cosmopolitanism require replacing the conflict between countries in the sense of community in the guiding ideology and norms of behavior, instead of the National Center on human fate concept, to achieve the goal is no longer to obtain their own interests to meet, but universal peace and prosperity. "The Belt and Road" to build a common destiny of mankind as the ultimate goal, the Chinese nation embodies the ultimate concern for human destiny. This programme focuses on the sustainable development of human civilization, and promotes the establishment of a new civilization order, beyond the narrow nation-state perspective. This global holistic view will make China occupy the commanding heights of international morality. The Belt and Road construction in cultural exchanges and mutual learning, beyond the barriers of civilization beyond civilization conflict and coexistence beyond civilization is superior, all countries to promote mutual understanding, mutual respect, mutual trust.

"The Belt and Road" initiative to all the people, highlighting the human right, has gained wide recognition. In twenty-first Century China will carry forward the UN Charter purpose, the spirit of to jointly build and share principle, common ground, poly assimilation in the system and the spirit level, the new global identity building acommunity. The strong leadership of the CPC Central Committee with Comrade Xi Jinping as the core, "The Belt and Road" scheme will become a banner leading global inclusive development, become the world to build a common destiny of humanity of historical events, this is a great contribution to human civilization with Chinese nation.

Building a cultural highland of Maritime Silk Road, dramatically enhancing the international popularity of Nanjing, actively integrating Nanjing into National Strategy of the Belt and Road, and laying a foundation for the 21st century as a marine century

Zhao Zhigang, Director of Specialized Committee of
Marine Culture of China
Culture Promotion Society of Jiangsu Province,
president of Nanjing Zheng-He Research Institute

Nanjing is a highland of marine culture in Chinese history!

Two maritime emperors in Chinese history, i. e. Sun Quan (182-252AD) and Zhu Di (1360-1424AD), promulgated the decree of navigation in Nanjing. Ancient Chinese navigators, including Zhou He, Pei Qian, Wei Wen, Zhuge Zhi, Nie You, Lu Kai, Zhu Ying, Kang Tai, Zheng He, Wang Jinghong, Hong Bao, Hou Xian, Zhou Wen and Yang Qing… started their voyage from Nanjing or according to an order received in Nanjing. According to a record in *Jin History*, *Wuxing Records*, Jianye (Nanjing) faced a broad river (Yangtze River) at that time, with the river water approaching the bottom of the Stone Citadel. Thousands of ships were berthed at Stone Wharf, with a forest of masts. In the Eastern Wu period (222-280AD), Kang Senghui, an eminent monk from the Western Regions, went to Jianye (Nanjing) by boat, won the trust of the emperor Sun Quan, and had Jianch Temple (the predecessor of the Pagoda of Nanjing Giant Bao En Temple) built for him, hence setting a precedent for building pagodas in southern China. This was recorded by the sculpture of the murals in the 323rd grotto of Dunhuang Grottoes. In the Eastern Jin Dynasty (317-420AD), Fa Xian returned by sea after a 15-year Westward journey, and composed A Record of Buddhist Kingdoms at Daochang Temple in Yuhuatai, Jiankang (Nanjing), laying the foundation for Nanjing as "A city of Buddhism". In 434 AD in the Song Dynasty (420-479AD) of the Southern Dynasties, 11 nuns headed by Tesoro from the Lion Kingdom (Sri Lanka) came to Jiankang (Nanjing) by ship, and were greeted by the emperor Liu Yilong and GuNavarman, an eminent monk from the Western Regions at the riverside wharf. Tesoro initiated more than 300 Chinese nuns, setting a precedent of initiation of Chinese nuns.

In a poem entitled *Southern Spring*, Du Mu in the Tang Dynasty (618-907AD) mentioned 480 temples of the Southern Dynasties (420-589AD), one of which was exactly Tesoro Temple. In the period of the Six Dynasties (222-589AD) lasting for more than 300 years, maritime cultural exchanges between China and the outside world were very frequent. Porcelain, eaves tiles, bronze mirrors, silk, cultural systems, etc. were circulated to foreign countries from Nanjing, while figures of Buddha, diamond rings, glassware and silver coins were circulated to Nanjing from India, South Asia, Roma and Persia respectively.

For Zheng-He's voyage to foreign countries, Nanjing was the place of origin, place of shipbuilding, place of departure, place of army garrison, place of logistics supply, place of tribute-paying, place of affiliation, exhibition place of overseas valuables, center of archive storage, and place of nautical chart drawing. Nanjing now boasts a lot of sites and relics of Zheng-He culture, emitting the dazzling luster of marine culture. Nanjing is the center of Zheng-He research worldwide (Zheng-He research spreads across five continents. Zheng-He research institutes and groups have been mushrooming in such countries as USA, UK, France, Brazil, Malaysia, Singapore, Indonesia, Germany, Japan, Brunei and Russia). Zheng-He research is worldwide.

Nanjing enjoys a lot of magnificent imperial buildings of marine culture, which should arouse enough attention so that they can be renovated into a complete system, incorporating the brand-new vitality emitted by cultural heritage into the national strategy of "The 21st Century Maritime Silk Road", building a world-class cultural highland of Maritime Silk Road.

These buildings include: Lion Mountain (Yuejiang Tower), Tianfei Temple, Jinghai Temple, Tax-in-kind Yard, Longjiang Pass, Taxation Department, Sacrifice Sandalwood and Water Horse Post House. According to the explicit records of Zheng-He Nautical Chart, we have restored the damaged parts and added the following elements: ① Memorial Tower of Zheng-He's Seven Voyages to Foreign Countries; ② Zheng-He's Bronze Statue; ③ The Model of Huge Treasure Ship (with an available inside); Longjiang Ship Yard (Branch of Ministry of Works, Department of Supervision and Management, Department of Helper Commanding and Hidden Dockyard); ⑤ Longjiang Pass.

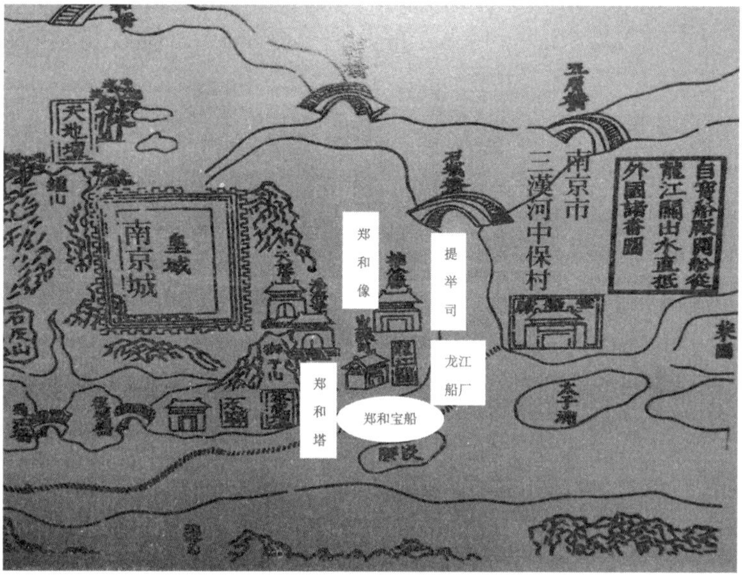

The above-mentioned jointly constitute the only highland of marine culture and a unique project in the world, covering Maritime Silk Road, oriental and Western cultural exchange, traffic history, shipbuilding history, scientific and technological history, etc., which will certainly arouse worldwide attention.

As a senior leader of Nanjing, Zheng He (1371-1433AD; Nanjing Garrison Officer, administering Six Ministries and Nine High Officials and 49 garrisons) is the most influential historical figure in Nanjing and in Chinese history. There is "Zheng-He Reef

Group" in South China Sea. There is "Zheng-He Star" in the blue sky. Among Chinese influential figures in the world in the past 1000 years appraised and selected by USA Life Weekly and National Geography, Zheng He ranked the first twice. "Zheng-He Cult" is a unique cultural phenomenon among ASEAN countries. The fleet of ships commanded by Zheng He was the hugest oceangoing fleet in the world at that time, with sails sheltering the sky. The Large-size Treasure Ship was the largest wood sailing ship in the world in ancient times, still attracting global attention today. Zheng He was a hero among Muslims (There are 1.68 billion Muslims worldwide, distributed in 56 countries). Zheng He forged a tight bond between Nanjing and oceans. If we build a Memorial Tower of Zheng He's Seven Voyages to Foreign Countries (also "Chinese Sea Soul Tower"), condensing and freeze-framing marine culture marks, matching imperial buildings of marine culture, and highlighting the leading role of Nanjing as a cultural highland of Maritime Silk Road, it will certainly arouse worldwide attention, dramatically enhance the international popularity of Nanjing and trigger the leapfrog development of Nanjing tourism.

Originally named *Chart for Setting Sail from the Treasure Ship Yard through Longjiang Pass to Various Foreign Countries*, *Zhenghe Nautical Chart* clearly tells us that the fleet for the voyages to foreign countries was launched from Longjiang Pass, which was a landmark building for sailing to foreign countries. According to a record in *The Legend of the Scholar Circles* by Wu Jingzi in the Qing Dynasty (1644-1911), "the pass was established here to solicit, greet and pacify tribute-payers from foreign countries". Therefore, in the Qing Dynasty, Longjiang Pass was still a landmark building for Chinese-foreign exchange.

In the early Ming Dynasty, Zhu Yuanzhang and Zhudi (the first and the third emperor of the Ming), often met and saw off foreign guests, and Chinese and foreign merchants exchanged commodities day and night here. What a lively scene! According to *Notes of Yuejiang Tower* by Zhu Yuanzhang in the Ming Dynasty, "looking down from Longjiang Pass, people could see a forest of masts of foreign ships berthed, just like shuttles on the misty river".

Longjiang Pass was the No. 1 tax pass of the Ming Dynasty, and was the only "State Tax Office" administered by both Ministry of Revenue and Ministry of Works. The pass was applied until the late Qing Dynasty. As it was located downstream Shangxinhe Pass, it was also named "Lower Pass". Tianjin-Pukou Railway crossed the river here, becoming a north-south traffic hub. Lower Pass was once famous throughout China.

"Nanjing ships" in the Qing Dynasty brought *A Dream in Red Mansions* and *Water Margin* to Japan, marking the internationalization of Chinese novels. In 1947, nine warships including Yongxing, Taiping and Zhongye dispatched by the government of the Republic of China reclaimed islands in South China Sea including Taiping Island, and measured, demarcated and publicized to the outside world "Nine Line Segments", providing a legal basis for the affiliation of South China Sea.

As pointed out by Marx, the function of history is to provide help to the reality.

The reality is: The 21st century is a marine one, and the future eras are those of oceans and stars. "The Belt and Road" is an important national strategy for outbound development at present and in the near future, and a strategic measure for realizing the great rejuvenation of the Chinese nation. Nanjing can and also should play its leading role as a cultural highland of Maritime Silk Road (In the Ming Dynasty, Nanjing was the shipbuilding center in China and the world at large, with such shipyards as Longjiang Shipyard, Treasure Ship Yard, Yellow Ship Yard, Horse Ship Yard and Fast Ship Yard, and such monographs as *Notes of Southern Ships*, *Records of Longjiang Shipyard*, *Ship Administration* and *New Book on Ship Administration*. The five shipyards and four books display the unique glamour of Nanjing as a city of marine culture. The Branch of Ministry of Works, Department of Supervision and Management and Department of Helper Commanding represented the origin of Chinese modern ship administration).

The rich resources of maritime culture of Nanjing have cultural connotations in many aspects. As a unique phenomenon of history and culture, it should be incorporated into the national strategy of "The Belt and Road", and should particularly become a leading culture of the new Maritime Silk Road in the 21st century, as a foresighted initiative of cultural confidence.

The vision decides the realm while the idea decides the outlet. We hope that provincial and municipal leaders can pay attention to the think-tank scheme, assess the special value and the publicity and education function of this scheme, and make a resolute decision to adjust the sites (There is a visual corridor 400 meters wide from Jinghai Temple westward to the riverside. A 4-hectare site has been leveled by dismantlement in Yangjia Garden. If these sites are not adjusted in time, they will soon be covered with high buildings, submerging the imperial buildings of marine culture in a forest of cement). Maritime Silk Road Square Museums should be built up as soon as possible in this area. In this way, foreigners and outsiders can appreciate, in Nanjing, the only world-famous Memorial Buildings of Marine Expo Square in China (a new scenic spot with wonderful connotations) built by the Communist Party with an influence of 1 000 years in addition to Presidential Palace, Dr. Sun's Mausoleum and Confucius Temple. Moreover, a million ships with 10 million passengers sailing past Nanjing on the Yangtze River every year can salute to this holy place by whistle.

Nanjing should take the initiative to integrate into the overall strategy of the country the Belt and Road

Zhao jianzhong
Jiangsu provincial government counselor distinguished research fellow,
Professor of Southeast University,
Nanjing University of Aeronautics & Astronautics

To promote the Silk Road Economic Belt and twenty-first Century maritime silk road construction, the CPC Central Committee and the State Council according to the strategic decision of profound changes in the global situation, the two co-ordinate domestic and international situations made, for the full range of the new pattern of opening up in China, promote the great rejuvenation process, epoch-making significance. The city is located in The Belt and Road intersection, and countries along the Silk Road on the long history and broad space of cooperation. To promote The Belt and Road construction, provides a historical opportunity for the development of a major city, promote the city with countries and regions along the Silk Road in wider areas and at higher levels to carry out exchanges and cooperation, expand the internal opening new space, to further accelerate the economic transformation and upgrading, enhance the overall competitiveness of our city economy.

I, as The Belt and Road node in the city, the Yangtze River economic belt, the Yangtze River Delta city portal deputy city center, national innovation oriented city, a new round of development in Nanjing, should focus on the core service of the national strategy, to further clarify the function of Nanjing City strategic focus, create space vector oriented areas, focus on promoting regional function of project construction sound, win-win mechanism to promote, through to maximize regional interests, promote Nanjing city development level, strengthening the function of Nanjing City, the regional collaboration to enhance the city agglomeration and radiation force development.

Nanjing should take the initiative to integrate into the national all-round opening-up strategy, comparative advantage and give full play to the role of leading the development of the open economy of our city, and actively participate in the construction of Silk

Road Economic Belt and twenty-first Century Maritime Silk Road, to create a new pattern of opening up, to achieve new breakthroughs in reform and development.

A view of Nanjing, the regional development must establish the world and the linkage.

With the development of economic globalization and regional integration, strong combination and regional cooperation have become the major trend of world economic development. In the promotion of multi national strategy, regional development pattern of our country is reconstructed, which makes Nanjing 13th Five-Year and the next period of time, location and function of the city will change. How to seize the opportunity of multi national strategy, to gather more development factors, expand urban development space and stimulate urban development potential in the new round of development, is a major problem that the city's development needs to solve.

In September 2013 and October respectively, the General Secretary Xi proposed the building of the new Silk Road Economic Belt and twenty-first Century Maritime Silk Road strategic vision, in March 2015, officially launched the national push to build Silk Road Economic Belt and twenty-first Century Maritime Silk Road vision and action. The proposal of this strategy makes China's regional economic development strategy more extensive, from the domestic radiation to the international, the corresponding regional development policy level, vision and goals higher. One is to establish a regional development vision for China and the world linkage. As the vision and action and pointed out that " The Belt and Road " to promote the implementation of economic policy coordination along the countries to carry out broader and regional cooperation at a higher level and deeper. This requires a new round of regional use, we must focus on the development of the global and national overall strategic height, co-ordinate the planning of regional collaborative development top-level design. Two is to build high open cooperation and exchange platform. Vision and action proposed in coastal areas to become The Belt and Road construction vanguard and main force, with The Belt and Road from the top into the strategic conception of pragmatic cooperation, Belt and Road Initiative will promote the open economy of eastern coastal areas take the lead in restructuring and the formation of co-ordination of land and sea, other things, for the global open the new pattern, become the leading economy of our country further into the powerful engine of the world, built up the cooperation and exchange platform for China's opening up. Is located in Silk Road Economic Belt and the maritime Silk Road at the junction of Nanjing, played an important role not only in the ancient maritime civilization of the creation process, in the construction of the maritime Silk Road in the process will also be great.

Two, relying on the unique geographical The Belt and Road intersection, build a comprehensive transportation hub and international logistics center.

Nanjing is an important meeting point "The Belt and Road". According to the spirit of the important speech of general secretary Xi Jinping visited Jiangsu, Nanjing to rely on "The Belt and Road" intersection point play a unique location, open degree relatively high characteristics and advantages, expand the opening to the west to the East and open space, increase efforts to enhance the level and the level of opening up, and strive to build a city a new high opening The Belt and Road construction of strong radiation driven.

Build integrated transportation hub and international trade logistics center. Make full use of my city, river, sea and land transport hub and closely connected with the international market advantage, strengthen domestic and international interoperability, enhance the ability to access export, improve the comprehensive transportation network wide area, the construction of an integrated transport system in our city and the sea and air communication The Belt and Road along the country's. Create "The Belt and Road" and contact of the Yangtze River economic belt new logistics channel, formed by railway and water transportation as the backbone, highway based rail water and air, a variety of modes of transport seamless docking, for the international, East and West, North and south, radiation unimpeded and effective comprehensive transportation the corridor, the business channel and logistics hub.

To play the Nanjing transit Jianghai hub port and international airport hub, promoting port, transportation system, logistics park, shipping service support four system construction, build Nanjing regional shipping logistics center.

Three, deepen the "Belt and Road Initiative" strategy and the development of the Yangtze River economic belt, the linkage of national innovation demonstration zone fusion.

Regional development must be carried out in depth, hinterland and gradient. In September 2014, the State Council promulgated the guidance on promoting relying golden waterway of Yangtze River Economic Development Zone, opinions clear coordinated development strategic positioning of the Yangtze River economic belt has the influence of the river economic belt, east of interaction and cooperation with the coastal border, and comprehensively promote the internal opening etc. Taking the whole Yangtze River basin into consideration in the same economic belt, this is a new layout and breakthrough of the national economic geography. Construction of the Yangtze River economic belt broke the original mechanism and institutional barriers between regions of the city, through reform and innovation and rely more on the harmonious development of market mechanism of regional institutional mechanisms, to create a unified market and live, improve infrastructure investment scale, industry convergence effect and factor structure of geese array complementary effect, functional layout synergistic effect is of positive significance to the function of what the optimization and adjustment of the industrial structure of the city region. Is located in the economically developed areas and underdeveloped areas Chinese at the junction of Nanjing, "The Belt and Road" strategy and the construction of the Yangtze River economic belt construction integration, and strengthen the exchanges between the city of Yangtze River Economic Cooperation Zone, will strengthen our city as the Yangtze River Delta gateway city west areas of radiation status.

Regional development must change from complementary elements of cooperation to innovation and mutual assistance. In the new normal, resource elements of regional advantage has changed, both the transformation and development of developed regions and less developed regions, catch-up development, have to rely more on the knowledge elements and innovation, to achieve the higher level of development goals. This requires close cooperation between regions, through a more specialized division of labor, collaboration, integration of regional advantages, resources, elements, to form a joint force of innovation, and jointly promote innovation and development. In November 2014, the State Council approved the establishment of and support the construction of South of Jiangsu National Innovation Demonstration Zone, as the first city group as the basic unit of the National Independent Innovation Demonstration Zone, its purpose is to enhance the overall efficiency of the regional innovation system, regional innovation through cooperation and mutual development of regional collaborative innovation to form a new pattern. As the most abundant resources of science and technology innovation of Nanjing South of Jiangsu National Innovation Demonstration Zone, a huge amount of talent and talent stock increment, is becoming the most important resource in Nanjing, Nanjing will be involved in the "The Belt and Road" strategy and the global division of labor advantage and the foundation, Nanjing is the leading and promoting new impetus to regional cooperation where the development of the.

Four, deepen the dual strategy The Belt and Road strategy and the national district with support.

In recent years, great changes have taken place in the national regional development strategy, the construction of the more than 10 national district, is to pay more attention to the demonstration effect of regional development, pay more attention to the development of regional policy and implement a concrete manifestation of the accuracy of the. It is an important measure for China to implement regional coordinated development strategy to promote regional development with the construction of state-level new zones. In June this year, the State Council formally approved the establishment of Jiangbei new district in Nanjing, and pointed out that the New River area as an important platform for opening up cooperation in the Yangtze River Economic zone. For a long time, the Yangtze River Economic Belt region between the gradient lack of transmission mechanism and way, especially the lack of supporting the development of the regional transmission carrier, the progress of industry and industry linkage between downstream and upstream industrial transfer, slow. Jiangbei District is not only the Yangtze River Economic Belt gradient an important regional carrier, will also be in Nanjing in the "The Belt and Road" strategy to play a greater role, will have a significant impact on strengthening the opening of Nanjing, the construction of regional central city. Nanjing Jiangbei new area should promote regional coordinated development through institutional innovation and explore economic and Industrial Cooperation Demonstration zones. In order to focus on economic and Trade Industrial Park cooperation platform to promote the advantages of industry and production capacity of the city to go out, expand the space for development, improve economic efficiency; lead the newly unemployed continue to become bigger and stronger, improve electronic information, biological medicine, new energy, high-end equipment, Internet and other emerging industries of international co-operation, the formation of a number of training the core competitiveness of the internationalization of enterprises and enterprise groups; encourage export-oriented enterprises upstream to the industrial chain and value chain forward.

Use of personnel and the national district of Nanjing policy, cultural exchanges to create fusion zone, create "The Belt and Road" cultural exchange platform, to achieve economic and trade cooperation and cultural exchanges to go hand in hand with each other. Pay attention to the advantages of soft power of culture, education, science and technology, culture, close medical, sports, tourism, overseas Chinese Affairs and cultural exchanges, promote cultural exchanges and cooperation with countries along to the depth and breadth of development, integration of cultural exchanges in the The Belt and Road construction in depth.

Highlight the dominant position of enterprises, plan and layout foreign parks and support them. Encourage our city to invest in projects along the country in the park, and support the development of small and medium-sized enterprises along the way of innovation and cooperation, enterprises as a link, forming a community of interests. We should actively guide enterprises to build industrial parks in major transportation nodes and ports along the country. We should support the investment entities in overseas parks and our foreign contracted project enterprises and relevant development zones, and give full play to their respective advantages and strengthen cooperation in infrastructure construction and daily operation and management of the parks.

Five, deepen investment and capacity cooperation, and expand the national market along the lines.

Along with the deepening national chamber of Commerce, association and exhibition institutions such as exchanges and cooperation, support enterprises to actively participate in the city along the country held exhibitions and fairs and other activities, and gradually increase The Belt and Road along the country's share of the exhibition. Encourage the city has independent intellectual property rights and independent brand enterprises along the transport hub and node establish an independent marketing network, customer service service center, warehousing logistics base and distribution center, brand promotion made in Nanjing. We will accelerate the construction of demonstration zones for national quality products, food and agricultural products, national quality and safety demonstration zones and export agricultural products demonstration bases. Enterprises shall be encouraged to carry out export certification and trademark registration in line with the national, religious and cultural characteristics of the countries along the route, and expand the export of specialty products. Promote special customs supervision area to high-end manufacturing, logistics, development, maintenance, sales, billing integration, transformation and development direction, actively carry out bonded exhibition and Trade Commission, in the processing and return the pilot area maintenance service.

The deepening of The Belt and Road along the country's investment and production cooperation, is our depth into The Belt and Road construction, promote an important content and effective way to upgrade the quality and efficiency of industry. Comprehensive docking along the national construction and development needs, bringing in and going out equal, deepen industrial investment and cooperation capacity, optimizing the overall layout, to build investment cooperation and transfer of production platform, perfect enterprise silver cooperation mechanism, and guide the overseas investment and international cooperation capacity encouraged me is potential industry, construction the cooperation mechanism of the transnational industry chain, design, production, sales and service industry chain full coverage. Uphold the principle of co construction, sharing, win - win principle, strengthen cooperation with other cities in the country, establish exchange mechanisms, build cooperation platform, and jointly promote the advantages of industries, excellent enterprises hold together go out.

Six, actively expand overseas investment in services, and strive to expand the scale of trade in services.

Actively expand the services of foreign investment, encourage enterprises to carry out overseas logistics, port operations, ecommerce services and other areas to encourage investment, computer and information services, shipping and other industries related to productive service enterprises to go out to expand overseas business and service network, to enhance their international competitiveness. Support our city circulation large enterprises and production enterprises to join forces, set up strategic alliances, joint go out. Support enterprises to carry out mergers and acquisitions of technology, brand, marketing network and other resources in the countries along the line, and enhance the ability of international market development. We will vigorously promote cultural trade and encourage cultural enterprises to promote projects, products, exhibitions and investment cooperation in countries along the lines. Focus on creating exhibitions and other international exchange platform.

Efforts should be made to expand the scale of service trade and improve the service trade promotion system. Construction of foreign cultural and trade work liaison mechanism consisting of business, publicity, culture, taxation, finance, customs, statistics and other departments. To expand the export of service trade, consolidate and expand the traditional service trade and logistics, tourism, development of Chinese medicine, arts and culture, radio and television and other emerging services exports, foster communication, finance, accounting, computer and information services, media, consulting and production services trade. To carry out the pilot program of innovation and development of international service trade, and build export bases for featured service trade. Enterprises shall be encouraged to invest abroad and participate in trade fairs of various services.

Enhance service outsourcing industry, expand new areas of service outsourcing business, support R & D outsourcing as the core of KPO (knowledge process outsourcing) business, and promote enterprise development crowdsourcing and other new business models. Support service outsourcing enterprises in the "The Belt and Road" countries along the layout of overseas orders, the implementation of mergers and acquisitions, strategic development center operation, accelerate the development of a number of service outsourcing enterprises.

Seven, vigorously develop cross-border ecommerce, increase information infrastructure construction efforts.

We will energetically develop cross-border ecommerce and foster new growth points in economic and trade cooperation. Promote our city to deepen cross-border trade ecommerce export pilot work, strive for innovation pilot import model. Accelerating the development and growth of cross-border trade of electronic commerce and related service enterprises, and strengthen the "Belt and Road Initiative" along the country to carry out strategic cooperation, expand cross-border ecommerce business. Encourage cross-border ecommerce platform for the development of multilingual system, payment and settlement systems, speeding up customs clearance, quarantine, taxation, foreign exchange management service integration of cross-border ecommerce public service platform construction, improve the foreign trade business one-stop service level. Encourage apparel, electronic products, agricultural products and other vertical ecommerce leading enterprises to develop cross-border ecommerce platform. Actively cultivate the iron and steel, chemical and medical commodities such as cross-border ecommerce trading platform, promote the city's manufacturing advantage into karma. Strengthen international and domestic ecommerce exchanges and integration, support ecommerce enterprises go out or with overseas ecommerce service enterprises strategic cooperation, build overseas marketing network, enhance their own brands. Encourage the development of B2B2C cross-border ecommerce model, support qualified enterprises to integrate resources only overseas warehouses. Support the integration of domestic and foreign trade online sales platform, encourage enterprises to make full use of the international and domestic two markets, further expand sales, enhance enterprise core competitiveness.

Strengthen the construction of information infrastructure. Actively participate in the construction of Silk Road, promoting high level exchanges and cooperation The Belt and Road in information technology and networking conditions. Carry out multi-level and multi domain information sharing, jointly promote the electronic port, customs clearance data, disaster prevention and mitigation, business logistics, distance education and other fields of information platform construction, and strengthen the level of application and analysis of large data.

Eight, to promote scientific and technological cooperation in the marine field with the countries along the line, and to develop the marine industry.

Concerted efforts to promote scientific and technological cooperation in the marine field. Give full play to the talent of science and education in our city, and the National Maritime Silk Road construction joint Marine High-tech Industrial Park, marine science and technology cooperation zone and marine personnel training base, greatly enhance the marine science and technology contribution to the ocean economy rate. We should actively participate in the construction of marine scientific and technological cooperation platform, promote basic marine research, develop marine high and new technology, and strengthen cooperation in marine affairs. Leading domestic and overseas well-known marine economic leading enterprises in the construction of regional research centers or advanced technology demonstration and promotion base, support powerful marine economic enterprises and countries along the way to build science parks.

We will actively participate in the construction of the maritime Silk Road in twenty-first Century, strengthen maritime cooperation and develop marine economy. Increase efforts to promote coordination of fishery, the introduction of incentive policies, strengthen scientific and technological research and development, improve the level of equipment, and fostering the growth of market players, to encourage participation in international competition and the market share of fishery resources; strengthen cooperation with foreign aquaculture industry, and actively carry out technical guidance, training and breeding varieties output, to jointly build efficient ecological breeding base overseas deep processing of fishery products in overseas development.

Nine, we should deepen scientific and technological cooperation with foreign countries and promote cultural exchanges and tourism cooperation with countries along the route.

The deepening of foreign cooperation in science and technology innovation, the integration of resources in our city, to introduce overseas high-level talents, technology, projects and research institutions at the same time, in the "The Belt and Road" relevant countries along the promotion of scientific and technological achievements. We will strengthen cooperation with key countries and take the initiative to butt in with the national technology partnership program. Guide to support science and technology park to establish cooperative park or technology transfer agencies The Belt and Road along the country, to carry out joint research and development, technology promotion and training, popularization and application of scientific and technological achievements in boosting our enterprises overseas. To encourage scientific and technological enterprises and scientific research institutes through mergers and acquisitions, equity joint venture, The Belt and Road along the country's R&D enterprises or the establishment of overseas R&D center, construction and promotion of advanced technology demonstration bases, to carry out international development cooperation, promote advanced and applicable technology transfer. Actively declare inter governmental scientific and technological cooperation and national science and technology aid projects.

Vigorously promote cultural exchanges with countries along the Nanjing sea area, combing the integration of the Silk Road of historical and cultural relics and special cultural resources, in the field of theatrical art, art, cultural heritage and cultural exchanges and cooperation with countries along. With the help of the national "The Belt and Road" cultural exchange platform, and actively organize cultural projects in our city in our country, along with other countries do, mutual cultural arts festival and other activities. And in the countries along the Chinese cultural center development counterparts counterparts, in a variety of ways to showcase the cultural style of Nanjing. The use of international friendship city play publicity channels, brand advantage, to the countries along organizing cultural activities, focus on the brand to create "The Belt and Road" cultural exchanges; vigorously support the Nanjing Maritime Silk Road starting point city jointly promote the maritime Silk Road Cultural Heritage on the world heritage. In depth development of theme cultural exchange activities, efforts to play Zheng He culture brand. Explore the establishment of market-oriented, specialized operation mechanism, build a more effective platform, and constantly enhance the level of the city's cultural exchanges and cooperation along the level and level.

Actively promote the city and The Belt and Road along the city to carry out inter destination tourism promotion activities, further strengthening of Russia, Indonesia, Malaysia, Philippines, Thailand and other traditional source country's tourism promotion, along with relevant countries do mutual Tourism Promotion Week, tourism promotion and publicity activities to encourage city tourism; companies to open in The Belt and Road along the route between the major tourist city, and actively carry out charter tourism, shipping and tourism; carry out along the Silk Road as the theme of the road in the domestic and foreign tourism promotion activities play tourism promotion activities; to explore and establish the cooperation of tourism service personnel training mechanism, strengthen communication with countries along or focus city exchanges, to provide experience and standards for the scenic planning, hotel evaluation and management; based on the existing The overseas tourism market will take the Silk Road as its theme, and develop tourism products in cooperation with key national cities along the way, and explore common marketing mechanisms to achieve mutual benefit and mutual benefit.

Reference:

1. general secretary Xi Jinping, Premier Li Keqiang and other central leaders on the Silk Road Economic Belt and the twenty-first Century Maritime Silk Road many important speeches. Mainly in September 2013 and October, respectively, the general secretary of the proposed construction of "New Silk Road Economic Belt" and "twenty-first Century Maritime Silk Road" strategic vision.

The national development and Reform Commission jointly issued

2. the Ministry of foreign affairs, the Ministry of Commerce in March 28, 2015 "to promote the construction of Silk Road Economic Belt and twenty-first Century Maritime Silk Road vision and action", and the documents of the relevant state ministries and relevant provinces and cities on the "The Belt and Road" national strategy.
3. In September 2014, the State Council promulgated the "guidance on relying on the golden waterway to promote the development of the Yangtze River Economic Belt", and the State Council in 2016 on the development of the Yangtze River Economic Belt normative documents.
4. In November 2014, the State Council approved the establishment and support of the relevant documents on the construction of the National Independent Innovation Demonstration Zone in South of Jiangsu.
5. In June 2016, the State Council formally approved the establishment of Jiangbei District of Nanjing normative documents; in August 2016, the State Council formally approved the relevant documents on the positioning of the city of Nanjing.

The inspiration of Zheng He's voyages to the west to safeguard the maritime route of the Silk Road in twenty-first Century

Huang Chunyu, Cao Yang, Chen Tongjian

Zheng He led a large fleet of seven voyages to the west, before and after a total of more than 30 countries and regions. At that time, regardless of size, performance, fire, or high seas combat skills and the use of attack and defense, Zheng He is a world class fleet. But the Zheng He fleet did not rob, invade, grab wealth, or build a colony like the Europeans did. In the first cut along the pirates, part of the country to quell the rebellion, the sea route to restore the flow and safety, Zheng He will no longer use force, the practice of our maintenance has important reference and Enlightenment of the twenty-first Century Maritime Silk Road Route security.

First, Zheng He went to the west to create a military force, the beginning of the use of non war

The Zheng He fleet went to the west of the seven seas without the means of war, but relied on the no war behavior of the fleet (actually the naval fleet) to achieve the goal of maintaining the security of the maritime routes. It can be said that the seven voyages of Zheng He to the Western sea have created a precedent for the use of the international Navy in non war, which is prominently manifested in the following aspects:

(1) fleet diplomatic visits

During the period of the Yuan Dynasty, China pursued the policy of external expansion, and the armies of the Mongolia and Kublai had made numerous expeditions across the sea, with foreign countries on the alert for terror, and diplomatic contacts almost stagnant. In the impression of overseas countries at that time, China only had warlike Wei and lacked the peace and justice letters. The rulers of the early Ming Dynasty needed to solve the complicated contradictions with neighboring countries in order to open their diplomatic predicament. Under such a historical background, the purpose of Zheng He's fleet visit is to promote mutual understanding between China and Western countries, to promote friendship between countries, to improve the state's letter and to stabilize the situation around the sea.

Zheng He went to the west to improve the country's faith and always adhered to the peaceful and friendly foreign policy. A fleet of every country, the first Ming emperor read letters that had come, that is willing to trade reciprocity, to establish peaceful and friendly relations; gifts to visit China, to show the sincerity of friendly exchanges; on mutual benefit, commodity trade. During the period, cultural, scientific and technological exchanges were carried out to maintain close contacts between countries and to develop international friendly relations. Several friendly visit, the early Ming Dynasty appeared across the sea to the western countries situation, to eliminate the adverse effects of the Yuan Dynasty left overseas, to restore the reputation of our country.

(2) maritime strength display

When Zheng He went to the west, China was the most powerful country in the world. Through Marco Polo and the opening of the maritime Silk Road, China's prestige has grown all over the world, and has become more prominent in Southeast Asian countries. The main mission is to carry out Zheng He's foreign policy of Ming Dynasty peace, develop friendly relations with other countries, to improve the reputation of the Ming Dynasty, restore international peace environment–India South China Sea Ocean region, disrupting the southeast coastal areas to eradicate piracy, stable situation in Southeast asia.

The Zheng He fleet is a well equipped naval force. Not only has more than one huge fleet of treasure ships, is also equipped with various auxiliary ships, supply ships; nearly thirty thousand staff, more than 90% military command, Fleet Marine equipment strict; technical equipment and weapons when the world's most advanced, with ocean shipping, maritime and amphibious combat capability. Zheng He led a large fleet of sea sailing, both to show the strength of the country's maritime power, but also to deter the destruction of peaceful exchanges, a small number of hostile forces, to put pressure on them, forcing them to fear submission. At that time, Zheng He also organized a magnificent honor guard (whose members was the boat division in academy, army, warriors, lux etc.), by a guard of honor brilliant costumes and musicians for cloud, flags flying, display images, display the glint and flash of cold steel, the army, intimidate opponents. In the strong sea power at the same time, Zheng He to carry out friendly diplomatic peace and equality, not because of their strong and the abuse of force or threat of force, further express friendly exchanges with other countries China sincerity.

(3) peace keeping operations

During the period of Zheng He's voyages to the west, conflicts between South Asia and Southeast Asian countries were numerous, and conflicts and wars continued. In order to maintain regional peace and stability, Zheng He took the powerful fleet as the backing, and adopted peaceful mediation to resolve the contradictions and conflicts between the countries in Southeast asia. Zheng He in a large scale, the fleet capacity, strict and impartial behavior and establish the image of Chinese country, won the trust of all countries. In the process of mediation, Zheng did not interfere in other domestic affairs, neither side nor side, and always uphold the principle of fairness and impartiality. He did not lose patience and resort to force because of a mediation, but he took pains to do so until a peace agreement was reached between the two sides. In the mediation of conflicts in Siam and Malacca, he had stayed in Siam for more than a month and Malacca, a number of round-trip between the two countries, the two countries finally bury the hatchet, in the city and live together in peace together; the conflict of Annan, Java and Sumatra in the dispute, he also focus on mediation, so that both babing and let people have enjoy the blessings of peace.

In addition, the Zheng He fleet also used force to combat piracy and regional hegemonism, reflecting the peacekeeping utility. For example, the pirate Chen Zuyi, often taking some looting, and once attacked Zheng He's fleet, Zheng He was ordered to destroy the force; Ceylon mountain country sub strong bitter Chanel, do not live together in peace together with neighboring countries, repeatedly seized the Ming envoys, forced to ask the treasures of gold and silver, also sent troops to rob Zheng He fleet, Zheng He had to be captured, but did not kill her, but he no longer education seeking breeding thing, send the returned.

(4) overseas international assistance

In the early Ming Dynasty, China's economy, science and technology and culture were among the best in the world. During his trip to the western world, Zheng He launched active economic, scientific and technological and cultural assistance to the countries in which the land was relatively backward.

Malacca just country soon, very backward economy. Due to lack of food, the local people to a sand tree bark dried after eating, driving a boat or canoe fishermen sea fishing, without manual operation. In order to get rid of poverty and Malacca, Zheng He selected official factory in Malacca, where Chinese treasure ship to the other, is vertical gate... Build a factory warehouse, treasury, a tax Tun within, to all ships back here even. Later, Malacca soon became an important stronghold of western maritime trade, general merchandise distribution center, a huge trade tax to Malacca then became the Southeast Asia economic developed countries. Zheng He also helped other small and weak countries to develop production, and taught advanced technologies such as farming, fishing, farming and fishery products processing. As for the city country located in the subtropical zone, fertile land, crops every year in the past only a Zheng Hejiao cooked, they improved farming techniques, a year can be cooked three; teach them to dig, irrigation water, along the mountain terraces, expand the planting area, giving China plow guide cultivation method. Since then, the city has been famous for its production of rice, gradually becoming rich. So far, fishermen have been found to use Chinese fishing nets in Southeast Asian countries. Zheng He developed the advanced Chinese culture of science and technology popularization in the square, the overseas aid under the western development, complete because of the humanism internationalism, to help the country out of poverty, without any political conditions attached.

Two, Zheng He's approach to the Western non war means to safeguard the safety of maritime routes

Zheng He led the mission to apply to overseas education Xuan Zhufan, guided by justice, the Yi Xi, with Chinese civilization influence overseas countries; by virtue, and barbarians make harmony with both Chinese and foreign cultural exchanges, and not blindly convergence; use of force against the peace of goodness along the way to win the support of other countries; by saying benevolent concept, to seek common security sea routes.

(1) to strengthen mutual recognition through cultural exchanges of harmony without uniformity

In the early fifteenth Century, the Ming Dynasty in the heyday of Yongle was the focus of world civilization at that time. The civilization development of overseas small countries is relatively backward, and even a lot of places still stay in the uncivilized tribal stage. Zheng He traveled around the world Chinese spread advanced culture, to the book award, and apply Xuan; he always showing a state of ceremonies give more and get less style, words and deeds, autonomous nation road to the crown service books, astronomical navigation, construction techniques, planting brewing, 100 industry aspects, both play a subtle role. So, the nations of Asia and Africa have the initiative and the friendship, the DPRK have witnessed in the tribute; cultural relics judgments beauty, feel the academic thoughts of the advanced, the more they admire Chinese culture is profound, has consciously follow passion and impulse. For example, far Yi people admire Chinese etiquette, begging guandai also learning to read Chinese books, good paintings, bronzes, Tang poetry effect long and Chinese exchanges, gradually with Wang Hua the Dehua Long Xin mu... His worship said: what luck and I teach with China sage. History is not enough to prove it. Many foreign students to learn the official, there are people keen on lifelong learning and research China culture, even in the imperial examination, and an official in China years. According to the Okinawa library the case, the Ming Dynasty in the Ryukyu Islands in succession, were used between the Chinese and the Southeast Asian countries of the king union and official license. This shows that at that time Chinese became the official language of diplomacy and trade in parts of East Asia and Southeast asia. Civilization of the Zheng He mission with respect to overseas countries, such as in the chief Shi Renshu, ancient tree monument Le Ming people etiquette praise the rumors hee Hao, Datong, the expression of Chinese customs and African countries to strengthen cultural exchanges Yongle ages of the will. The voyage of Zheng He made Chinese and foreign cultural exchanges become more and more frequent, which made the countries of the world have a great deal of sympathy for China. It accelerated the exchange of civilizations in different countries, and China's identity power was unprecedentedly high.

(2) the use of good peace won the support force against the countries along the way

In led a large fleet sailing for 28 years, Zheng He launched the three military action: the first voyage, in the old port captured Pirates Chen Zuyi; third voyages, outnumbered, outsmart Ceylon Wang Yalie bitter Chanel; fourth voyages, Pingding Su Gan assassination chaos in Sumatra assassination. They were forced to use force to destroy the hostile forces in self-defence. Ming emperor give Wang Jinghong poem said: look at the island with life, Yi Fen, in the following work. Seoul to Fu Yu Zhen Zhong Wu to apply, the good agricultural and Yasuda, and ring hammer attack. That's a boat in the overseas principle, as the ancients called bury the hatchet, full of good wishes for peace and calm them. Such as the emperor of Siam was informed that no reason to Malacca and soldiers, he told the king of Siam sent three Lai Lai Lai corrugation Zagreb: friendly neighbors At the same time, overseas countries suffered from invasion of other countries and sent to court in the Ming Dynasty, requesting the court to preside over it. The imperial edict four overseas zhufan... Don't be bullied scarcity, not bullying the weak what is said to have harassment, sent to the thing is to decide, and to the fixed points, can not be strong for a reason admonished the perpetrators, warning if the two sides continue to hold soldiers end the disaster has not escaped. Since the Ming Dynasty strong intervention, both sides of the conflict are often under babing. Military activities Zheng boat division counseled gwonseon, also occurred between the overseas countries to stop unjust wars when. Don't listen to individual monition, persistent aggressive stance, Zheng He will be in awe of the show, and strive to fight the soldiers; to use, is the purpose of getting rid of the so-called great king of my stem, alive, the storm swept the Kou Bing, exterminate the. Zheng He's voyages through peace and only goodness stems of disrespectful provocative implementation of force against, won the respect of all countries along the route, the concept also recognized and accepted by the majority of countries.

(3) adhere to the Virtue benevolent acts of obtaining sea route safety

Advocating peace is the basic spirit of the Chinese nation, and all nations and advocating benevolent government constitute the highest cultural realm of Chinese culture. Since ancient times, China has emphasized the use of non military means to safeguard national security, and through the implementation of kingly way to Germany to serve other countries, this is also evident in Zheng's western sea. In the process of Western seven, Zheng He's fleet line also uphold the Emperor Yongle, adherence to the moral principle of justice, abide by the emperor compassion, the specific task of love of all things. The existing good Changle Zheng He Historical Museum should be the mark of Tian Gong monument, Zheng He is the implementation of the Qi chao Fu to the encyclical, people, good neighborly environment, so the best evidence of peace. The inscription reads: emperor Haiyu super three generation and amalgamation, Yi Han and Tang Dynasties, as the celestial pole, not not chenqie, the western regions of the west, the north of the north, far distance solid, and can, if the overseas Zhufan, is ya soil. All FengChen and to hold, retranslation. The emperor Jia the loyalty, life and other army command tens of thousands of people, take the giant ship hundreds of ships, the currency exchanges, and so far has declared Dehua. The inscription clearly pointed out that Zheng He's mission is: to the Zhufan, read the opening reward money to the Dalai Dalai Yi Rou Yuanren also Dehua. From the inscription can be seen, Zheng He's voyages not only occupied an inch of foreign land, and help the local government extermination pseudo king exterminate the pirates, so that some people who rely on sea Ning. He is through the virtuous benevolent concept, to create a good neighborly friendship and harmony and stability of the marine environment, to ensure safe and smooth sea route.

Three, Zheng He's use of non war means to safeguard the all the way route safety in the Western sea

Entering the twenty-first Century, the Chinese nation is facing new historical opportunities, and the ocean has become the main strategic space for China's development. "The Belt and Road" strategy especially the way strategy to promote the smooth, is not only the need of sustainable development in our country, China is the only way which must be passed from big to strong. To promote the all way strategy, we need a peaceful and stable marine security environment. It is of great significance to draw on the non war use of the fleet and maintain the safety of the maritime routes.

(a) to strengthen cultural exchanges, wide reaching The Belt and Road initiative consensus, the popular support for safe route maintenance

"The Belt and Road" in China is a strategic, but in other countries, only one initiative we propose. Must be recognized by other countries in order to advance smoothly. First of all, the cultural differences need to be solved. In recent years, although China has made many efforts and practice in cultural diplomacy, it has achieved little success. The fundamental reason is that the political values are advanced and universal, and lack of global influence and attraction. Our country not only at the policy level and the traditional culture to attract his country's support for China's policies, the new values constitute the mainstream of the international community to build norms but also in concept and value level, to enhance the China values influence over the world. Since 2005, China has put forward the establishment of a harmonious society, and advocated the construction of a harmonious East Asia, a harmonious region, a harmonious Asia, a harmonious Asia Pacific and a harmonious world. In this concept under the guidance of the security situation in domestic and foreign affairs and sea in China have undergone positive changes, but the content of harmonious values is slightly vague, especially the universality of the charm is not fully apparent, is still not fully accepted by the world. It is not difficult to find that the values that are contagious and penetrating can be emphasized in the world's mainstream value system after the cold war. Although the core values also emphasize people-oriented, but its connotation still needs to expand and perfect, should be human security concept as the core values of the core of the necessary complement, and highlight, to obtain world identity.

(b) deepen vessel visits, smooth cooperation and exchanges with the navies of the countries along the route, and promote the construction of overseas rest sites needed for maintaining the safety of maritime routes

The Zheng He fleet, which lasted 28 years and seven voyages to the west, is difficult for any other country in history. Through frequent visits, the Zheng He fleet expanded friendly exchanges with countries along the route, promoting political, economic, military and other exchanges and cooperation. Because the maritime power of the countries along the route did not have the ability to jointly maintain the security of the maritime routes with the Zheng He fleet, the military cooperation in this area was seldom carried out, and the related tasks were mainly undertaken by the Zheng He fleet. Not in the normalization process escort case by Zheng He in different countries and regions set up the official factory and Xuan Weisi, were appointed, responsible for the maintenance of the waters under the jurisdiction of maritime traffic safety, ensure the smooth. At present, the maintenance of safe road routes, sea areas, distance from simple local implementation to send troops to escort, not only the consumption, and the long sea is not conducive to physical and mental health of the crew. To this end, we need to promote the construction of overseas rehabilitation sites.

Referring to Zheng Zheng's means of non war in the west, he maintained friendly relations with countries along the way through political, economic, diplomatic and cultural exchanges. At the same time, deepen the form of ship visits, follow the Zheng He approach, the transfer of national plans to the relevant countries of the technology, to the form of fleet formation to visit them, to enhance the social and economic effects of the ship's visit. On this basis, strengthen joint training and joint exercises and the National Naval maritime peacekeeping and maritime rescue and other aspects of cooperation and exchange mechanism and the flow of the Chinese Navy, gaining permission to point the rest of the construction of our country.

(c) to resolve the contradictions at the direction of reasoning, the implementation of maintenance of sea route safety cooperation

Zheng He's implementation of the principle of international relations, give more and get less and adhere to the non peaceful war, saying the way to maintain the safety of sea routes. The contradictions and problems appeared by the direction of the sea, give more and get less and peaceful and Yidefuren to resolve. At present, the principle of international relations give more and get less and Yidefuren approach has been the new criterion of new international communication principles and international behavior is replaced, in addition, the Charter of the United Nations and international law has been widely accepted by the international society. We should be in the new principles and new standard, carry out international exchanges; in the Charter of the United Nations and within the framework of international law, seek to resolve the contradictions and problems in the direction of the sea appeared, always adhere to the people.

On the maintenance of airline safety, we will continue to cooperate extensively so as to jointly safeguard the safety of maritime routes. For example, through the establishment of a mechanism for international cooperation in maritime security or with friendly countries to reach an agreement, the task division of the sea route, by the different navies to maintain flight safety and finally realize the segmentation, the maintenance of the whole sea route safety cooperation. It should be noted that, in carrying out escort duties in a sea area, my navy must ensure that all vessels sailing through the area are absolutely safe, so as to establish a good reputation and ensure that cooperation goes on for a long time.

Participation literature

1. proceedings of the 600th anniversary International Academic Forum on Commemorating Zheng He's voyages to the west, social sciences literature press, 2005.
2. Lv Chengshuo, "shocked the world - a feat of Zheng He's Seven Voyages", the Commercial Press, 2015.
3. sec Jirong waiting for "Zheng He", Nanjing University press, 1990. 06.
4. Zheng He Research Society of Nanjing. Research papers of Zheng He (Part 1), Dalian Maritime College Press, 1993. 06.

Zheng He's voyages to the West and the maritime Silk Road in twenty-first Century

Jing Yongzhi, Chinese Academy of management expert advisory committee/China management think tank (CMTT)

Since 1949 the establishment of China to the reform and opening today, the major change in the experience of Chinese and turn the world upside down, the history of the world development today, Eve has irrevocably entered the world pattern changes, for today's China, is the great opportunity, also is challenges.

The opportunity lies in the fact that China has grasped and strived for a rare period of rapid economic development in the past thirty years. In thirty years, Chinese with high wall low-key, relying on accumulated thirty years before the foundation makes the comprehensive national strength in the world for the first time since the Opium War, GDP second in the world, realized the goal of industrialization and the formation of a complete industrial type and large capacity, economic construction and national defense construction has been a great development, people life has been greatly improved synchronization. China has a firm foothold in the increasingly large and complex gezonglianheng; at the same time, the challenges from many aspects, both in the development of domestic abuse that accumulated ills, also have hegemony based on zero and thinking of the external containment and suppression, these factors constitute a challenge of China dream concept, area a road initiative, and the reality of the potential threat.

As the only survivor of civilization history river, China has experienced hundreds of years of suffering in the modern times, after the founding of the nation has brilliant course of vigorous, on the eve of thick eruption, the revival in today's China, with "The Belt and Road" concept and rapid development, China began to actively participate in and lead the global governance, put forward the human fate also received a positive response from all over the world, the dawn of new world new pattern has appeared in the sky at the end.

For the first time put forward the eighteen report of the human fate, covers four aspects, namely, the common interests of the interdependence of national power, cooperation and development concept and sustainable development, to participate in the global governance view concept. Under this background, a win-win situation, CO dependence

The Belt and Road initiative came into being and has been a positive response to the 66 countries. In April 2016, the UN Deputy Secretary General Chinese foreign minister Wang Yi and visiting, ESCAP executive secretary of Sharm shad. Akhtar signed in Beijing [Chinese Ministry of foreign affairs with escap on promoting regional interoperability and "The Belt and Road" initiative of intent], to jointly promote along the national policy docking and pragmatic cooperation. This letter of intent China and international organizations signed the first The Belt and Road cooperation documents, and open the United Nations agencies involved in the The Belt and Road construction precedent.

At present, China proposes and has entered the implementation stage of the "The Belt and Road" initiative, the connotation is not only for the domestic economy, adjusting structure, promoting the transformation of economic growth and create new opportunities, the balanced development of deployment is also to completely change the long East West light weight economic layout of the. Both land and sea measures not only to meet the current international political and economic pattern of the new challenges, new changes, but also from the perspective of economic cooperation, seek common development roots in Eurasia and Africa Unicom two ocean and long-term consideration, but also summarized a long time in the foreign deep recognition of rational return and long-term development of the Chinese. Over time, with the in-depth cooperation with countries along, "The Belt and Road" will become the world's longest economic zone, but also give countries along the corridor, to bring greater economic development space and a larger market, more employment opportunities and broader areas of cooperation, and thus the "The Belt and Road" all along the country will also form a closer community of interests, a common destiny. In contrast, the United States in the period of the George W. Bush government in 2005 based on geopolitical considerations for the integration of South and Central Asia and Middle East strategy put forward the New Silk Road (large central planning), the greater Middle East War, a war plan has Yinyi have burst into a quagmire, abortion in Central Asian countries and the financial crisis in the U. S. from.

First, the historical review of the maritime Silk Road: the peaceful journey and cultural exchange of the Zheng He fleet

Maritime Silk Road has a long history

China's Maritime Silk Road history can be divided into the East China Sea Silk Road and the South China Sea Silk Road two seaway. The South China Sea Silk Road is the ancient Chinese in the South China Sea as a starting point, with silk, ceramics, tea and other trade characteristics, by connecting the South China Sea, South China Sea China South Asia and Middle East to the eastern coast of Africa economic and trade sea channel. The study found that, as early as the Eleventh Century BC, south of the Five Ridges, China's ancestors began to try and open up the South China Sea Silk Road, the time than the land silk road about 800 years ago. Originated from the Shang and Zhou, the development in the spring and Autumn period, Xing in the Qin and Han Dynasties, until the Tang and Song Dynasties, the Ming Dynasty Zheng He to sail as far as the peak for the two thousand years ago, the ancient Silk Road on the sea, had to leave the world brilliant ancient civilization China mark. Han geography records of the maritime traffic route, it is early maritime Silk Road, the ship that carried mixed progress is a variety of silk. The output of Chinese silk, as early as the year BC, had two routes from the East China Sea and the South China sea.

Since the Sui and Tang Dynasties, Quanzhou coastal area has been very prosperous, ships and navigation equipment is very advanced, so the formation of the Chinese Su Luguo is between the fixed sea trade routes. At the time of the sailing routes is starting from Quanzhou, bypassing Hainan Island, along the coast of Vietnam arrived in southern Vietnam accounted for the city, and then along the coast in the south, along the Malay Peninsula across the South China Sea, arrived in the island of Kalimantan and Brunei, Brunei from the north, arrived in Philippines today the Sulu archipelago and Mindanao area. Before that, in the year 226 (Sun Quan), Wu Zhu, Xuanhua officials in Kangtai governor Zhonglang should float on the sea in Southeast Asia, before and after the last decades, arrived in Vietnam, Kampuchea and the South Pacific Islands and other places, also have been to today's Philippines Chen Yan, LAN and Du Bo. After returning to Kangtai because of the Wu Ji with foreign (commonly known as Fu Fu, South Kampuchea south), although this book has been lost, but the annotation of the Three Kingdoms to be quoted, Jin also mentioned.

The significance of this early route of Sea Silk Road opened up a path for Chinese coastal residents to migrate to Philippines. In the following hundreds of years, Zheng He gradually gathered many Chinese from Luzon to Southeast Asia, and they lived in commerce and agriculture and lived in the local generations. Up to now, nearly one hundred million people in Philippines, about 1500 Chinese descent.

Zheng He's seven trip to peace

In 1405, (Ming Yongle) in human history the most advanced and large sailing vessels two hundred total fleet Zheng He, the crew of 27800 people in Taicang, Minjiang, five days after the sacrifice, the door, through the Strait of Taiwan and Malacca go forward with great strength and vigour into the South China Sea through the strait into the roaring waves of India ocean.

The seven voyages of the Zheng He fleet lasted for nearly thirty years. The fleet reached Southeast Asian countries, the north shore of the India ocean and the Arabia countries, and reached the east coast of the African continent, leaving a lot of historical relics in these areas. This great feat of navigation has played an important role in disseminating advanced Chinese civilization, cultural exchanges with other countries and expanding economic and trade exchanges, and it has a profound influence on the later generations. In the human history of navigation, the Chinese nation (and human) the first large-scale sea fleet into the vast ocean and coastal India, and countries in the trade exchange and communication of culture for a long time, finally in the world navigation history marked the first rainbow strong.

After a few years, because of the strength of Daming is declining, and the ruler of the ocean short-sighted, epic Zheng He fleet like India ocean sky distant horizon in a dazzling and beautiful meteor across the night sky, into the history of deep horizon, only to later generations and remember the endless reverie.

In the silence of the fleet 550 years later, the rise of a new capitalist country, with the remnants of World War II, the cold war as an opportunity, sent to the carrier as the core of the Navy's Fifth Fleet stationed in India ocean, go forward with great strength and vigour, and in the heart of the ocean Diego Garcia Island (British) established a large naval and air base, as a theater the core of power projection, radiation and control of Arabia to the North Sea, North India ocean, West to the east coast of Africa, east to Australia, Indonesia in large sea area.

This is another declaration of power after the first global show by the Great White Fleet, created by Theodore Roosevelt. After is the history of unprecedented Zheng He fleet, India Ocean on the other side of the sea a huge deterrent. The only difference with Zheng He's fleet: Americans are coming, but not to do business, not to exchange culture and the coast of the country, but for the control of the vast ocean and its throat-and although the sea area of 7 600 square kilometers, equivalent to eight times the U. S..

Two, the maritime Silk Road should be actively interpreted, and stressed the regional countries of Asia Pacific identity

Chinese is proposed to build the maritime Silk Road, is the ancient Silk Road to explore the unique values and ideas, and for the new connotation to the common development and achieve common prosperity of all countries in the region, namely 'mutual learning from each other.

Today, China's communication between history and the future, connecting China and the world, we should pay attention to civilization and culture of international discourse and continuity of norms, it has a long history of heritage and accumulation. Since ancient times, maritime silk road not only the exchange of goods, but also the spread of the civilization, promote the common development of all countries, deeply branded on the history of the symbolic meaning of cultural symbols Chinese.

In twenty-first Century the maritime Silk Road recast on crosslinking in China and the world economy, (five pass) can be Chinese further radiation to the North India ocean, the Mediterranean and the Middle East countries, Africa, China in expanding economic influence, build Chinese soft power at the same time, the economy of the countries along the significant good: connecting the three continents in 67 countries, the Eurasian Economic Circle of two, radiation 54 million km^2, and 4 billion population, in favor of the new Eurasian trade routes and regional economic development with the further formation. Therefore, for some national governments and civil Silk Road on the sea question, positive interpretation is the first to do well.

Strengthen the identification of the Asian Pacific status in the leading countries

In the process of promoting the Silk Road on the sea, we may encounter a lot of troubles and difficulties, which should be fully prepared and treated differently. Due to a variety of complex reasons, some countries in the Asia Pacific region identity confusion or lack, there is a significant relationship with the history of colonial or disguised colonial, cultural identity, different development strategy and foreign factors etc.

Countries in the Asia Pacific region, different regimes, the development level of students'rooms, both Chinese and overseas Chinese population or occupy the economic head India Ma Tai, there are also some Westerners to itself almost totally Westernized Asian countries or regions within the region, multiple contradictions of conflicting interests with the domain outside countries plus (including followers) adverse effects may cause some countries, Asia Pacific concept identity is very complex, the Asia Pacific region in the territory of rights and the problems of water resources, ethnic and religious aspects continue to dispute, which has become one of the important reasons for the current lead to regional security and stability.

Maritime Silk Road proposed, can become China's promotion of the Asia Pacific region countries Asia Pacific view effective strategy to help foster the big Asia Pacific region recognition. Single economy Chinese as the region's largest, is a great advantage, the construction of countries within the region Asia Pacific identity recognition, to promote the five links policy communication, roads Unicom, trade flow, the circulation of money, the people connected to the comprehensive development of this area both contribute to the construction of national identity in Asia, but also help to strengthen the construction of soft power China power, more power can also create affinity, boosting the smooth implementation of China maritime Silk Road and community of destiny concept of human.

Three, "maritime Silk Road" channel, security and interests, border protection

Maritime rights and interests

Twenty-first Century "maritime Silk Road", there are two main directions: one is from the Chinese coastal port through the South China Sea and Malacca strait into the ocean and the India coast, extending to the Mediterranean Sea and Africa; two from Chinese coastal ports over the South China Sea to the South Pacific, Australia, New Zealand and communicated with the nations in the South Pacific, which formed from the ocean the path China India ocean, the Pacific coastal radiation.

The ocean is the most important resource for the future development of human society. With the huge growth of China's economic volume, the increment of marine trade has increasingly highlighted the importance of China's marine trade and resource channels. From the United Nations Convention on the law of the sea in force for over thirty years, not only in the countries spare no effort to strengthen maritime rights and interests of the attention, even for the maintenance, at the same time, many countries are from marine strategic angle to re recognize and increase the importance and development of marine economy, marine safety.

At the same time, Chinese also started from the perspective of the national development strategy and pay more attention to the safety of maritime rights and interests to safeguard the interests of the frontier, acquisition, trade channels, overseas rights and interests of citizens, safety protection from resources, is to maintain and pay attention to deep blue economy, marine rights and rights of national. The ocean relates to the national long period of stability and sustainable development, must break the traditional thinking of the heavy land and sea of light, attaches great importance to the ocean, the maintenance of sea power. The construction and the interests of national security and development to adapt to the modern maritime military system, safeguarding national sovereignty and maritime rights and interests, maintain strategic channels and overseas security interests, participation in marine international cooperation, to provide strategic support for the construction of marine power.

China ASEAN countries should actively discuss the implementation of the joint patrol mechanism in the South China Sea.

From the South China Sea, the Malacca Strait to Somalia, piracy has long the resources and personnel safety of ships suffered heavy losses, Chinese has suffered losses, on the other hand, flood extreme terrorism in the future is likely to increase in South and Southeast Asian countries and the relevant area spread. Therefore, Chinese timely in waters off Somalia to combat piracy, cruise insurance pay at the same time in the mandate of the United Nations, the current should also seize the opportune moment with ASEAN countries on the safe problem of Maritime Silk Road positive consultations in the South China Sea to fight piracy and safeguard maritime security and actively explore cooperation, to achieve the South China Sea countries within the region the police department joint cruise, anti piracy, jointly safeguard mechanism of free navigation in the South China Sea Security——this can not only make the domain dispute between countries enhance mutual trust, but also because of maritime Silk Road freedom of navigation safety is Chinese and non ASEAN countries, is the world.

Now China has attached great importance to the ocean, the maintenance of sea power, balanced development and the interests of national security and development to adapt to the modern sea power system, the only way to better safeguard national sovereignty and maritime rights and interests overseas, the maintenance of strategic channel security. Strategic transformation of naval strategy from coastal defense to sea defense, requires effective maritime combat force system, improve the strategic deterrence and counterattack, maritime mobile operations, joint maritime operations, comprehensive defense and comprehensive protection ability, this is only so the Central Military Commission of the Navy requirements, provide strong support to the maritime Silk Road Chinese security.

The safety of the two ocean passageway on the Silk Road at sea

It is self-evident strategic importance of North India ocean coast to the "maritime Silk Road", and considering the multiple acquisition and Ocean from the "maritime Silk Road" trade, marine resources, Chinese oil imports and foreign trade channels mainly concentrated in India ocean and the South Pacific coast, and Australia, New Zealand, which has put new demands on China's "maritime Silk Road" in the direction of safety.

Chinese Navy began the Gulf of Aden escort in the last ten years, and tested the performance and coordination ability of ships in India Ocean high sea conditions, a large number of naval personnel from exercise, in recent years with the great progress of military technology, production capacity, a large number of new ships have joined the Navy, and aircraft in the service and support base it marks the completion China Navy into the carrier period, these can lay a good foundation for the future of the "maritime Silk Road" security. But in reality, there are still many restrictions, and the distant and single Djibouti supply station can not solve the shortage of India ocean and coastal supply. Therefore, the promotion of the "Silk Road on the sea" also requires the docking of the coastal countries in the security policy and regional economic cooperation mechanism.

The Navy strategy serves the national development strategy, and no country is exceptional. At this level, the legislation and promotion of the relevant policies are the key. At present, the concept of security has extended from the traditional territorial security to the marine security, as well as the interests of the border areas, and even the high frontier and network security. In the "Sea Silk Road" to the ocean journey, will encounter traditional and non-traditional security challenges, which is a forward-looking security strategy and national strategic design capability itself is a challenge.

"Maritime Silk Road" in the early layout, economic compaction, layers of advance, must be supported by security, in order to avoid the sudden occurrence of the past, and China's overseas interests caused irreparable losses. In this regard, we can formulate a phased goal in advance, and finally, the accompanying protection of the ocean exists, and the escort of nodes is the common security of the relevant countries of the "Silk Road on the sea". It must be pointed out that even though Zheng He's seven voyages, is the Navy escort, therefore, the sword business is to defend the "maritime Silk Road" law.

The scope of radiation and protection of China's maritime power has been expanded along with the "Silk Road on the sea", which has been expanded along with the sharing of the national interests along the line and the expansion of the interests of the border areas in China. This is the basic internal demand. China belongs to the traditional land power, so the traditional concept of update from a strategic perspective, "maritime Silk Road" is not only the right to development, weaving again is the "voyages of Zheng He" history of energy along the country, a country's economy to continue growing strong, especially in the economic globalization, the importance of the ocean under the background of the trade, if China without a strong national defense force and overseas bases, Sea Fleet cruise normalization, the so-called "security" can only be empty talk.

Four, the construction is different from the western strategic theory of Xinhai power outlook

The connotation of "the Silk Road on the sea" decides that China will abandon the exclusive thinking of the Western sea power in the course of China's march to the sea

China as a Eurasian history of traditional oriental civilization, the rise of great powers in history is the history of sea state of large volume since, see in the history of any country there is no precedent from the scale and significance, which determines the different from Western sea power, therefore also pointed out the direction of China in the ocean the "Sea Silk Road" in advance Xinhai power concept theory to study the importance of.

The advocate of Ma Hanhai right theory, first of all is the control of the sea that the British and American provide a realistic theoretical foundation, followed by the U. S. with respect and Everbright has formed its own complete marine strategy, two Ocean countries the advantage to the extreme. But, this exclusive exclusive British sea power, the pursuit of the infinite and omnipotent goal, to achieve this goal must use the largest financial empire to maintain this overwhelming sea advantage, this is all right and believe in Ma Hanhai theory of "absolute control" type and sea power theory is the main reason for the decline of thinking the.

The reality of China's marine strategy is completely different from that of the "sea power theory". At present, China is relying on the advantage of backwardness to accelerate the integration in the economic field, and foreign trade and investment are increasing. The task of our navy is essentially different from that of the United States and Britain in the exclusive right of the sea. Therefore, China is a limited military power and reasonable coexistence with other navies.

China concept of sea power is on the rise, its origin is not western countries accuse Chinese of the so-called "mercantilism" concept, and to achieve the great rejuvenation of the nation for the purpose, and on the basis of mutual respect, equality and mutual benefit, support is the same or similar values, similar circumstances of national plight, at least: freedom and right views on international affairs according to their position.

The idea of this new concept of maritime rights is, first of all, the right to equal development, not the exclusive monopoly rights of the Western sea power, or the privileges and hegemony over other countries. From the comparison between the Anglo American sea power and China's maritime power, the deep cultural differences are deeply observed in cultural beliefs and modes of thinking.

Epilogue

The arrival of globalization era means the integration and cooperation between great powers, and the multi polarization of the world has become an irreversible trend in the world today. At the same time, the rapid development of economic globalization, social informationization has accelerated the integration or changing the world natural pattern, it makes the world each country that is at your fingertips, a "common destiny of mankind".

The continuous promotion of the "Silk Road on the sea" is an organic part and an effective extension of the "human destiny community". China's "Silk Road on the sea" initiative not only receives positive feedback from countries along the way, but also provides more public products for the development of countries all over the world.

Reference:

1. Guangxi Academy of social sciences on the study of ethnic economic and cultural exchanges between the South China Sea Silk Road and Southeast Asia.
2. Foreign Ministry spokesman Hua Chunying: 13 regular press conference on February 2014.
3. 2015 China National Defense White Paper.

The progress and Prospect of the Belt and Road of Sino-Russian cooperation

Dr. Ren Haiping, Peking University
Sun Zhiguo, President of China Public Diplomacy Cooperative Innovation Cenper
Zhou Zunnan, Professor of China Foreign Affairs University

In recent years, with the help of great "Belt and Road Initiative", the development of Sino Russian relations further high level. Manifested in the frequent high-level exchanges and cooperation mechanism between different fields and different levels and departments continue to complete and effective operation; steadily promote pragmatic cooperation, some major projects have made new progress; cultural exchanges brilliant, constantly consolidate the social and public opinion foundation; international strategic cooperation is increasingly close, has become an important force to maintain peace, stability and development in the region and the world. The two sides have economic complementarity, complete mechanism, broad market and a strong willingness to cooperate cooperation advantage, although affected by the world economic recovery is weak, long-term downturn in international raw material prices and other unfavorable factors, but pragmatic cooperation still maintained a stable momentum of development, and increasingly to the good. China has maintained its position as Russia's largest trading partner for many years.

At present, provides a hitherto unknown historical opportunity cooperation the changing international situation of Sino Russian "The Belt and Road". Since Trump took office, the U. S. government first announced its withdrawal from the trans Pacific strategic partnership agreement TPP, and constantly threatened to withdraw from the North American Free Trade Agreement NAFTA, causing global for the new U. S. administration will be highly protectionist concerns, but also for Russia to push bilateral and multilateral trade mechanism construction opportunities. June 24, 2016, the British referendum from the European Union, in March 16, 2017, the queen of England formally approved the removal of the European Act, the prime minister authorized the official launch of the European program. Although the consequences of Britain's removal from Europe are different, Britain's formal separation from the European Union is a negative blow to European integration. All this has provided an opportunity for China and Russia to achieve strategic docking in the new situation. As Russian President Putin said, under the current complex conditions, the comprehensive strategic cooperative partnership between Russia and China has become one of the key factors to ensure global and regional stability. Sino Russian relations are in the best level in history, amidst the winds of change international situation, China and Russia will further strengthen strategic cooperation docking, enhance strategic mutual trust, not only conducive to the interests of both countries, but also more conducive to world peace and stability.

1. The Belt and Road initiative under the Sino Russian cooperation in various fields steadily

At present, the comprehensive strategic cooperative partnership between China and Russia is at its best in history. In the two heads of state of China and Russia strategic lead and government departments, all sectors of society to work together, the two sides in the field of trade and investment, energy, agriculture, infrastructure, finance and other pragmatic cooperation initiatives in the "The Belt and Road" under the framework of continuous in-depth, and achieved a series of positive results, which laid a solid foundation for the healthy and stable development of relations between the two countries.

(1) sustained and steady development of bilateral economic and trade cooperation

Although the growth of the world economy is weak and the prices of raw materials worldwide are down, bilateral trade between China and Russia has gone up and economic and trade cooperation has been developing continuously. According to Chinese customs and Ministry of commerce data, in 2016, China and Russia import and export trade amounted to 69 billion 525 million U. S. dollars, an increase of 2.2%, China for six consecutive years to become Russia's largest trading partner. Chinese enterprises have reached about 14 000 000 000 U. S. dollars in direct investment in Russia and continue to maintain their status as the fourth largest source of investment in russia. Cross-border e-commerce and agricultural trade between the two countries have developed vigorously, and agricultural products, oil and gas equipment have increasingly become new cooperative growth points in the bilateral economic and trade fields. During the July 2015 meeting of the Shanghai cooperation organization form, the Chinese and Russian heads of state agreed for the entire Eurasian cooperation process, "The Belt and Road" initiative and the Eurasian Economic Union Construction joint. Two years, the two sides work together to promote positive progress in strategic agriculture, finance, aviation, aerospace, infrastructure and other areas of cooperation on large projects, steady growth, investment between the two countries cooperation in science and technology development, local cooperation in deepening the Sino Russian economic and trade cooperation in breadth and width expanding.

The economic sanctions between the West and Russia brought about by the crisis in Ukraine have provided new opportunities for Sino Russian economic and trade cooperation, and the low level of Russian investment in China also means the great potential of bilateral cooperation between China and russia. In the field of trade and investment, Russia has issued a good signal to Chinese investors to try to take the "docking The Belt and Road" project. For example, in order to attract foreign investment, Russia will consider allowing Chinese enterprises to hold strategic offshore oil projects in Russia except for the continental shelf project. Putin also signed 58 business initiatives, including the sale of shares of Russian projects to Chinese enterprises, as well as joint investment in Russia to produce petrochemical products. At present, bilateral trade cooperation is expanding from the traditional energy, military and other fields to aviation, aerospace, telecommunications, construction and other fields. The Russian chamber of Commerce vice chairman Pa Darko pointed out that, in addition to energy cooperation, electromechanical and high-tech products has become a new growth point of the Sino Russian trade between the two countries in 2016, machinery and technical equipment (electrical products) trade growth of 17%, the trade of agricultural products increased by 11%, other non energy and raw materials trade also showed growth, this show is constantly optimize the trade structure between the two countries. Russian oil, gas, telecommunications and aerospace sector in recent years has been expanding the number of imports of equipment from china. In order to reduce the potential risks of dollar trading, Russia and China signed agreements on currency swap and bilateral settlement in bilateral trade. According to data released by the Russian Foreign Trade Bank, the amount of RMB settlement, the amount of RMB exchange transactions and the amount of RMB letter of credit in the bank are increasing rapidly. The State Development Bank of China, the import and export bank and a number of Russian financial institutions have identified a series of major investment cooperation projects. Haier, Lifan and a group of Chinese enterprises began to invest in Russia, and further promote bilateral cooperation in the field of home appliance manufacturing, automobile production, scientific and technological innovation, hotel development and other fields. The China Trade Center in Moscow, which is under construction, is expected to be completed in 2018.

Ali Institute released the Chinese Belt and Road Initiative national ECI cross-border electricity supplier (E-Commerce Connectivity connectivity index Index, ECI) index is a combination of cross-border electricity connection from China National Bureau of statistics, the General Administration of customs, China aliexpress (AliExpress) and other aspects of the data, in order to reflect the degree of China and closely connected "The Belt and Road" the countries in the cross-border electricity supplier), Russia ranked first, become cross-border electricity trade with the most closely connected China degree The Belt and Road along the country. In the 65 countries The Belt and Road along, ranking first in the export of Russia's ECI index is 29, the import index was 0. 9. The last place in Iran, the ECI import index was 0. 1, and the export index was 0. The top ten The Belt and Road along the country, from central and Eastern Europe countries, Russia, Ukraine and Poland respectively, Czech, Moldova, Belarus and other 6 countries. As Chinese cross-border export most national Belt and Road Initiative along Russia, Chinese made the most popular Russian mobile phone, 2016 turnover accounted for 20. 52%. In addition, ranked second apparel and accessories, accounting for 15. 92%.

For a long time, China and Russia are important partners in trade cooperation with each other. Over the past ten years, bilateral trade has witnessed the longest growth, the most frequent trade activities, the largest trade volume and the fastest growing period in bilateral trade between China and russia. China has been Russia's largest trading partner for 6 consecutive years, while Russia is China's ninth largest trading partner. Chinese government initiated The Belt and Road is expected to provide strong support for the implementation of the 2020 Sino Russian trade volume reached $ 200 billion target. In the promotion of this initiative, the trade between China and Russia will be more governments policy, funding, project support, along with the further deepening of bilateral economic and trade cooperation, mutual economic dependence is more and more high, the overall relationship between China and Russia will also deepen and develop.

(2) new breakthroughs have been made in energy cooperation between the two sides

In the "The Belt and Road" initiative under the framework of energy cooperation between China and Russia continue to make breakthroughs. China's Ministry of commerce data show that in 2016, China imported 52 million 480 thousand tons of crude oil from Russia, an increase of 23. 7%, Russia has become China's largest importer of crude oil sources. In May 2014, after witnessing the heads of the two countries, China and Russia signed the relevant enterprises a total value of more than $ 400 billion, annual supply capacity of 38 billion cubic meters, the period up to 30 years of the Sino Russian Eastern natural gas purchase and sale contract. Leaders of China and Russia attach great importance to the construction of natural gas pipelines in the East and the east of China and russia. On September 2014, Chinese Vice Premier Zhang Gaoli and Russian President Putin attended the launching ceremony of the Russian territory held in Yakutsk. June of next year, Zhang Gaoli and Russian Prime Minister Medvedev through the Beijing–Moscow–Heihe three video link to attend the ceremony started in china. Director of Russia's Gazprom member Oleg o Kexiujin said that as of February this year, China Russia Eastern gas pipeline segment in Russia Siberia power has been built 490 kilometers, nearly 1/4 completed the Russian section of 2 158 km task. It will also build more than 600 kilometers this year and is expected to start supplying gas to China as early as May 2019. Overall, the construction of the Sino Russian East natural gas pipeline is progressing smoothly and will be supplied to the Chinese side as planned.

Another major energy cooperation project between China and Russia, Amar LNG project is currently the same progress is also smooth. Amar Nenez autonomous region is the world's largest producer of natural gas and enjoys the reputation of Russia as a natural gas capital. In January 2014, China Petroleum and Russian Nova Tektronix Inc completed the delivery of 20% stake in the LNG company. PetroChina has officially entered the Arctic area where oil and gas resources are becoming increasingly competitive. This is another major breakthrough in Sino Russian oil and gas cooperation following the Sino Russian crude oil pipeline. The Russian Arctic Yamal project is the first large condensate gas field development and production of LNG integration project, plans an annual output of 16 million 500 thousand tons and 1 million 200 thousand tons of LNG condensate. Evgeny, general manager of the project, said earlier this year that the overall project had been completed by about 70%. At this time next year, we will be able to see the first LNG production line put into production. On the basis of the Yamal project planning, the liquefied natural gas plant was divided into three stages of production, corresponding to three LNG production lines, production time for 2017, 2018 and 2019 respectively.

In the past a long period of time, Sino Russian energy cooperation is not smooth. The Sino Russian oil pipeline oil pipeline route after striking one snag after another, and the price of crude oil and so on several drafts. In addition, the gas project has also experienced a marathon negotiation process. In recent years, the leaders of both China and Russia have attached great importance to and promoted them in person. The two sides have gradually deepened cooperation and reached a series of major agreements on efficiency. A major change has taken place in Sino Russian energy cooperation. On March 2013, during the visit of President Xi Jinping to Russia, the two sides signed a cooperation agreement between Russia and the East and West on the two line to increase crude oil supply to china. The annual increase for the crude oil volume reached 22 million tons, including from the East and based on the current China Russia crude oil pipeline supply 15 million tons of the year for 2018 to gradually increase, the total supply capacity of 30 million tons; from the west by Kazakhstan oil pipeline to China annually supply 7 million tons to 10 million tons. In the future, Russia will also supply 9 million 100 thousand tons of crude oil annually to Russia and Tianjin refineries by sea. So far, Russia's annual supply of crude oil to China is expected to increase to 49 million tons. On May 2014, during the visit of Russian President Putin to China, the two sides signed an agreement on natural gas cooperation between China and russia. The signing of the project marks a historic breakthrough between the two sides in the field of natural gas cooperation. Within 30 years, Russia will supply 38 billion cubic meters of gas to China through the natural gas pipeline from the East China Russia pipeline every year, with over 500 million users in china. President Putin called it the largest construction project in the world. The signing of a series of major agreements has accelerated the energy cooperation between China and Russia, and has also made the two countries realize that mutual benefit and win-win cooperation are in line with each other's wishes.

Russia currently retains many of the world's biggest oil reserves, each holding billions of barrels, such as the West Siberia basin of the continental shelf oil reserves estimated at 3 billion 600 million barrels, the Barents Sea continental shelf oil reserves of more than 7 billion 400 million barrels, these areas must start construction of the whole oil field infrastructure from scratch, this also means that the future of Sino Russian energy cooperation is broad. At present, Sino Russian energy cooperation, in addition to oil and gas products trade, has also been seeking breakthroughs in upstream exploration and development, downstream refining and refining and deep processing cooperation. In the upstream exploration and development areas, in November 9, 2014, China Petroleum and Rosneft signed a framework agreement for the purchase of 10% stake in Vanke project. Vanke oil field is located in the northern part of Russia's East Siberia, accounting for 11% of Russia's crude oil production. Its crude oil is the main source of the East Siberia Pacific oil pipeline transportation, and a considerable part of the supply of Sino Russian crude oil pipeline. Vanke's project shares will help deepen the integration of upstream and downstream oil and gas cooperation between China and russia. At present, China Petroleum is stepping up project evaluation, laying the foundation for consolidating follow-up work. In the field of pipeline transportation, the preliminary approval work of the Sino Russian crude oil pipeline double track with annual output of 15 million tons has been carried out in full swing. At the beginning of September 2014, China Russia Eastern gas pipeline segment of the territory of Russia——Siberia power pipeline built in Russia's ice city Yakutsk, plans to build in 2018 and put into operation. China's domestic pipeline is now stepping up its preliminary approval work. In the field of natural gas cooperation, following the Eastern European gas project talks, the two companies have restarted the west line gas project. This is a major energy project, no less than the east line project. If the west line project can be successfully negotiated, then the eastern and Western lines of oil and gas pipelines will be like two powerful wings, speeding up the Silk Road Economic take-off. As the Russian Far East Development Minister Galush C said at the Boao forum for Asia, the Silk Road to the Eurasian two continents together, to promote the common development of the two continents, but also promoted the development of the diversity of the world. Grasp The Belt and Road construction opportunities, Sino Russian oil and gas cooperation road will become a way of mutual respect and mutual trust, cooperation and win-win a road, a road of friendship connection.

(3) the agricultural trade between the two countries is developing rapidly

In the past two years, under the drive of strengthening food security and promoting foreign exchange of agricultural exports in China, the agricultural trade between China and Russia has been developing rapidly. China is constantly giving green light to all kinds of agricultural products imported from russia. In December 17, 2015, Russia and China signed a protocol on the export of wheat to China within the framework of the twentieth meeting of the heads of governments of the two governments, partially lifting restrictions on the export of Russian wheat to china. Subsequently, from Russia, Krasnodar border area, equipped with the first batch of 500 tons of wheat train arrived at ManZhouLi Railway Station in the Inner Mongolia Autonomous Region. The Russian export Foodstuff Trading Co and China EU agricultural development limited company has signed a contract in the Russian Ministry of agriculture long-term supply of agricultural products, agricultural products to Russia will implement China export in the new Russian grain land corridor within the framework of. Russian agriculture minister Tkachiev said at the signing of the agreement: first of all, exports are cereals and oil-seeds such as soybeans, barley, canola, flax seeds, and sunflower oil. Next year plans to export about 1 million 500 thousand tons. Total exports will be about 52 million tons by 2028. In this regard, the general manager of the Russian Baikal food terminal company AF Semyon P Jan pointed out that Russia believes that new Russian grain land corridor will become a harmonious part of Silk Road Economic Belt, which can ensure that the bilateral trade between the two countries is growing, in 2030, the creation of direct trade more than $8 billion, while the indirect benefits will reach tens of billions of dollars. AF Semyon P Jan said that after the completion of the grain corridor, Russia exported to China's grain, beans and oil crops will grow substantially, while China's exports of Russian goods and services will also be more convenient.

(4) infrastructure construction and large-scale R&D projects to expand cooperation

In recent years, China and Russia have accelerated cooperation in cross-border infrastructure construction, and a new channel for Eurasian transportation has been taking shape. With the new Europe as the representative, through the Russian Unicom, China and Europe freight container classes have been opened to traffic hundreds of columns. China for Russia's financing, the construction of high-speed rail from Moscow to Kazan, after the high-speed rail will also extend to the Eurasian boundary of the city of Yekaterinburg, after also East through Urumqi, and eventually extended to Beijing, construction of 7 000 km high-speed transport Eurasian transport corridor. And this high-speed rail it is built according to Chinese railway standard, before Russia is broad, China is narrow, now are all built in the China high iron standard. Through the China western and Western West Road between Kazakhstan and Russia, will be put into use in 2017. Cross border rail bridge construction in Northeast China and the Far East of Russia, and the construction of large transport corridor on Binhai 1 and Binhai 2 have been steadily promoted. In Northeast China and the Russian Far East, China and Russia are actively promoting the construction of bridges, ports, ropeway and other projects, and to carry out smart grid cooperation. China and Russia have also launched a series of large-scale cooperative projects to jointly develop and produce a new generation of long-range wide body aircraft and heavy helicopters.

Russia's economic cooperation with China is not an expedient measure. Russia has long been aware that in order to achieve long-term, sustained and stable development, it must be unified with the locomotive of the world economy-the Asia Pacific region, especially china. To move the strategic focus and pace towards Asia, China is a threshold for Russia's entry into asia. In addition, the development of the Far East is one of the priorities of Russia's economic development. In July 2016, Russian President Putin signed the bill to set up a free port of Vladivostok, provide support and preferential policies for enterprises in tax, customs and quarantine, want to use the free port, to promote the rapid development of the Far East, Chinese enterprises are important customers free port. In addition, the Russian coastal border region is working hard to build the coastal 1 and Binhai 2 transportation corridor which is connected with China's Heilongjiang province and Jilin province. When completed, the transportation costs of China Russia import and export trade can be greatly saved. Russian Deputy Prime Minister, President of the Federal Reserve in the Far East Commonwealth Trutnev stressed that this transport corridor will become an important component of the construction of the Silk Road Economic belt. In the process of developing the Far East, China and Russia still have great potential for cooperation.

(5) strengthening cooperation in the field of finance

Chinese initiated and established BRICs Development Bank, the Asian infrastructure investment bank and the Silk Road Fund, a series of financial institutions will support the construction of infrastructure The Belt and Road under the framework of bilateral major investment projects escort. At present, China and Russia have signed a currency swap agreement (150 billion yuan /8150 billion rubles), the RMB and ruble direct settlement of the field and scale continues to expand. The move will help Russia get rid of economic sanctions in Europe and America, and will also accelerate the process of internationalization of the rmb.

2. the Silk Road Economic Belt and the Eurasian Economic Alliance to accelerate mutual benefit and win-win docking

In 2015, the Eurasian Economic Union, composed of Russia, Belarus and Kazakhstan, was formally established. It attracted the countries of Armenia, Tajikistan and Kyrgyzstan to join. In May 8, 2015, President Xi Jinping held talks in Moscow with Russian President Putin, the two heads of state agreed to Russia to jointly maintain the Second World War victory and international justice, promote the Silk Road Economic Belt construction with the construction of docking the Eurasian Economic Union, and signed the China and Russia on deepening the comprehensive strategic cooperative partnership, promote cooperation and win-win the joint statement on the Silk Road Economic Belt construction and the construction of the Eurasian Economic Union docking cooperation joint statement, and ensure the sustainable growth of regional economy, strengthening regional economic integration. This is an important milestone in the development of special relations between China and Russia, which marks a new stage in strategic docking and operation. Russian Council on international affairs expert Dimo Faye J believes that the Eurasian Economic Union is Russia's first successful regional integration program in 25 years, with the Silk Road Economic Belt docking is undoubtedly a major achievement.

Russia is a country has a significant impact on the world, are the most important strategic partner, the two sides around the The Belt and Road cooperation planning, deployment and interaction of the world's attention. The Joint Declaration Silk Road Economic Belt construction and construction cooperation docking the Eurasian Economic Union will ensure that the area sustained and stable economic growth, strengthen regional economic integration and maintain regional peace and development goals for both docking cooperation, will jointly negotiate, efforts will be Silk Road Economic Belt construction and construction relative to the Eurasian Economic Union and ensure the sustainable growth of regional economy, the strengthening of regional economic integration, maintain regional peace and development. Agreed to promote trade and investment facilitation, infrastructure construction, capacity cooperation and local currency cooperation, and other measures for China and Russia in the dual and multilateral framework for the implementation of strategic development docking pointed out the direction. Since the signing of a joint statement, both sides focus on two big development strategic docking, accelerate in aerospace, energy, infrastructure construction and other areas of cooperation in large projects, and achieved a series of significant progress. In June 2016, President Putin proposed to the Russian ambassador, should build the Eurasian region comprehensive economic partnership in Silk Road Economic Belt and the Eurasian Economic Union cooperation foundation, after the co-operation with the Eurasian Economic Union, China, India, Pakistan, Iran, CIS countries and other countries to build a Eurasian partnership. The docking cooperation perspective into the longer-term future.

In The Belt and Road construction in Russia said to support the construction of Silk Road Economic Belt, is willing to cooperate closely with China to promote the implementation of the initiative. China supports Russia's efforts to promote the integration process within the framework of the Eurasian Economic Union and to start negotiations on economic and trade cooperation with the Eurasian Economic union. China and Russia both bilateral cooperation in the Belt and Road Initiative under the framework of cooperation between Chinese and docking has the Eurasian Economic union. Recommendations from the 2013 "The Belt and Road" put forward to the signing of the May 2015 Sino Russian joint statement, Russia has formed its own understanding and principles. Generally speaking, its main contents are the following three points: first, the establishment of a free trade area and Chinese excluded second, signed an agreement through negotiation; non preferential trade and economic cooperation, with provisions for investment, technical norms and customs supervision and other issues; third, with Chinese investment to carry out traffic infrastructure project cooperation.

At present, practical cooperation between China and Russia in bilateral areas is steadily advancing, and the outline of the docking has emerged. In 2016, the Supreme Council of the Eurasian Economic (head) passed a formal resolution to start negotiations with china. This marks a consensus between the heads of member countries of the Eurasian Economic Union and the Silk Road Economic Belt, which is a substantial step of great significance. In March 2017, the Eurasian Economic Commission proposed a list of infrastructure priorities under the framework of the docking. At present, the project selection standards have been drawn up in transportation and infrastructure. The coalition members have jointly established a department of transportation regulations, technology and rate of regulatory cooperation, negotiate the Eurasian transport channel and priority list of projects a total of 39, involving the construction of new roads, upgrading of existing roads, construction of multiple transportation logistics center, through the key nodes of transportation etc. the content of cooperation.

The Eurasian Economic Union and the Silk Road Economic Zone butt, in transportation are the three most important schemes: Chinese-Mongolia-China Russia economic corridor, the new Eurasian Continental Bridge (Chinese-Kazakhstan-Russia-Belarus-Europe) and China-Central Asia-West Economic corridor. Among them, Mongolia's "grassland road" and China's "Silk Road Economic Belt" and Russia's "trans Eurasian belt" plus Arctic routes constitute the Sino Russian economic corridor. This will help the development of the Russian Far East, Mongolia and Northeast China as well as regional economic cooperation in Northeast Asia as a whole. The new Eurasian Continental Bridge approaches Kazakhstan, Russia, Belarus and Poland, connecting ports in China and Western europe. China, the Central Asia West Asia economic corridor, connects five Central Asian countries, as well as Iran and Turkey, connecting Northwest China and Central Asian countries, leading to the Mediterranean coast and the Arabia peninsula.

For how specific docking, Russian circles also actively suggestions. Russian Federation Commission (upper house of parliament) members May Zincef believes that the Silk Road Economic Belt and the Eurasian Economic Union docking framework has three major tasks: construction, transport infrastructure development and improvement; gradually reduce and eventually eliminate barriers to trade and investment; strengthen multilateral cooperation in the financial field. Director of the Institute of far east of the Russian Academy of Sciences Lu Jianing believes that the Eurasian Economic Union and the "The Belt and Road" for the long-term, not only is the construction of infrastructure and transport, and is the broad sense of cooperation, covering humanities, finance, tourism and other fields. Russia's president, Strategic Research Institute senior fellow, said lawver Fuluo Evita, with docking based Eurasian Economic Union and Silk Road economy should be the first Sino Russian joint efforts to further promote pragmatic cooperation, strengthen strategic cooperation, cultivate new economic growth points, enhance the economic strength and competitive advantage, in respect of each other's state interests at the same time, to enhance the security level of Central Asian countries. Russian State University of economics and management, traffic management department associate professor Oleg Timofeev believes that Russia with "The Belt and Road" construction can expand the international influence, and reduce the impact of Western sanctions on the Russian economy. He believes that China's northeast region is actively promoting the construction of connecting the Russian Far East port channel, which can become part of the "twenty-first Century Maritime Silk Road". This requires a lot of investment in transportation construction with Russian Primorye poltavka and Chinese Heilongjiang province Dongning County, the laying of a high-speed railway between Vladivostok and Suifenhe, and in Vladivostok port infrastructure necessary.

Russian Federation ambassador Andre Denisov in the "The Belt and Road" initiative in line with the current trend in an article said that at present, in the coordination of the Eurasian Economic Commission under the Eurasian Economic Union is signed agreement and Chinese trade partners actively carry out negotiations. The document will lay the legal and organizational foundation for the integration of the Eurasian cooperation and the two economic integration projects of the Eurasian Economic Union and the Silk Road Economic belt. The development and implementation of such a large regional initiative should be coordinated with all sectors of the economy, particularly in the areas of financial investment. Particular attention is being paid in this regard. Priority direction: to promote the development of simplified mutual investment and industrial cooperation, the implementation of large-scale investment projects, to create industrial park and cross border economic cooperation zone; in trade, direct investment and loans, promote the expansion of local currency settlement, the establishment of currency swaps, export credit insurance, and deepen the project and trade financing, bank card etc. all kinds of financial institutions to strengthen cooperation; cooperation, such as: the combination of mechanisms such as the Asian infrastructure investment bank, the Silk Road Fund, SCO interbank. Our two countries attach great importance to cooperation in the field of transport infrastructure, and thus explore the implementation of large-scale international projects with cross regional nature of the future, especially the further development of the Siberia railway and the Baikal-Amur railway, the North Sea, built across the river bridge. Docking in a new way is to tap the potential of cooperation between Russia and Mongolia in the form of three parties. Progress in the field has opened up new prospects for rapid development of investment cooperation among all parties.

Far east of Russia Academy of Sciences researcher Yershov believes that the "The Belt and Road" initiative and the Eurasian Economic Union agreement will promote bilateral cooperation to achieve a win-win situation. He pointed out that China leader's The Belt and Road initiative covering most areas of Eurasia, linked to developing and developed countries. For the Eurasian Economic Union countries, cooperation can promote the development and improvement of transportation infrastructure, introduce new technologies and create jobs. On the other hand, through the Eurasian Economic Union, China can reap stable and reliable cooperation partners to ensure trade between China and europe. Russia's foreign policy, diplomatic and security experts Trofim Chuck said, docking the construction of the Silk Road Economic Belt and the Eurasian Economic Union construction is an important decision a fateful, marking the two unlimited economic potential projects met for the first time in Eurasia. Referring to the results of the two projects, he said: the actual returns of all participants in the docking project and all nationals along the country confirm the correctness of the decisions made by the leaders of the two countries at the time. Study on the strategic issues of Russia's Asia Pacific Center Director Kocka Leo J stressed that the cooperation between the Eurasian Economic Union building and Silk Road Economic Belt construction is to make a significant contribution to the economic globalization and political multi polarization development.

In a word, China and Russia have huge economic volume, complementary industries, vast market space, unique political advantages, geographical advantages and cultural advantages, and the prospect of practical cooperation between the two sides is very broad. Russia and China uphold jointly sharing principle, give full play to their competitive advantage, actively expand cooperation in transportation and logistics The Belt and Road framework, expand bilateral cooperation at the regional level, together to create a competitive, transparent, flexible and inclusive economies, will the world economy make great rebalancing contribution.

3. Russia's attitude to "The Belt and Road" continued to improve

Russia is Silk Road Economic Belt on important country, "The Belt and Road" after the local Russian or Russian traditional sphere of influence and how to treat Russia Belt and Road Initiative of this important initiative is very important. After this initiative was put forward, it aroused heated discussion in international public opinion, and Russia was no exception. Initially, Russian officials cautious, rarely publicly, the media and experts and scholars are many doubts, fears Chinese "Belt and Road Initiative" concept to exclude Russia, even worried that China because of the Shanghai Cooperation Organization (hereinafter referred to as "the SCO") within the framework of the cooperation process and the effect of discontent to the drawing board. Russia also has a point of view that China proposed "The Belt and Road" is to deal with the Asia Pacific rebalancing strategy. The two is based on the idea of Russia in the face of "The Belt and Road" this opportunity once seemed at a loss. However, it has always been a country with thinking and ability to judge the state of Russia, the "The Belt and Road" and "a union" (i. e. Silk Road Economic Belt and the Eurasian Economic Union) understanding puzzled from the initial doubts, fears, soon developed to gradually understand, recognition, acceptance, and support and cooperation, build, and decided to join the founding members of the Asian infrastructure investment bank, and actively and build a Chinese Belt and Road Initiative contact and discussion.

As early as 2012, Putin talked about riding the sails of the Russian economy with China's economy. In February 2014, President Xi Jinping went to Russia to attend the Sochi Winter Olympics, the two heads of state on the docking of the Russian trans Eurasian railway and The Belt and Road reached a consensus. In May 2014, President Putin visited China, and the two countries signed a joint declaration on the new phase of the comprehensive strategic cooperative partnership between China and Russia, which suggested that the two sides will seek the Silk Road Economic Belt and the Eurasian Economic Union to cooperate with each other. In March 2015, Russia's first deputy prime minister Shuvalov said that Russia's application to join the China led, The Belt and

Road provide financial services Asia infrastructure investment bank. In May 8, 2015, the two countries signed a joint statement on the joint cooperation between People's Republic of China and Russian Federation on the construction of the Silk Road Economic Belt and the construction of the Eurasian Economic union. On May, Russian Foreign Minister Lavrov said in his speech at the National University of Belarus that the Eurasian Economic Union could not and should not be separated from the strong Chinese economy, emphasizing reciprocity and mutual benefit. In July 2015, during the Shanghai Cooperation Organization summit signed documents will be given, the SCO as the main platform along the union docking cooperation, and designated by the Economic Commission of the Eurasian Economic Union and Chinese Ministry of Commerce Trade and economic partnership agreement negotiations. September 2015, in Russia's first East Economic Forum, Putin also specifically talked about the one zone, one league docking strategic significance of cooperation. On March 2016, Russian Vice Premier Dvorkovich told reporters that Russia will deliver to China the Eurasian Economic Union and the Silk Road Economic Belt in a few weeks after the docking project within the framework of Russia's investment projects. In December 2016, the "Russian Federation foreign policy concept" pointed out that as Russia comprehensive strategic partnership of cooperation, Russia will continue to actively develop cooperation in various fields and China, jointly cope with new threats and challenges, cooperation in international organizations and multilateral institutions, to solve the problem of global and regional. In May 2017 Chinese held "The Belt and Road" international Cooperation Forum, President Putin attended a high-profile. Putin said at the forum, China's leaders proposed this initiative is very necessary, but also very much needed. Russia not only support Chinese "Belt and Road Initiative" project, will also actively with Chinese partners and all other interested countries together to participate in the project practice. Putin spoke highly of the idea of creating a mutually beneficial trade economic zone between Europe and Asia, calling it an "important" and "practical" initiative. He said, "The Belt and Road" initiative not only conforms to the development trend of the global economy now, but also expressed the coordination in the integration process of the common needs of Eurasia and the world.

Generally speaking, the Russian academic community is optimistic about the prospects of cooperation between the two countries. The Russian scholars will benefit the countries along, a two-state solution is complementary, the two sides need to strengthen coordination and cooperation in Central Asia; suggestions for strengthening infrastructure interoperability work, and to persuade Chinese as an important diplomatic mission to the Russian foreign department. Many scholars from the world and the Eurasian Economic and financial structure perspective, consider the interests of both sides, can compatible docking cooperation; that "The Belt and Road" and "a union" docking will help break the universal combination of three parties (the United States, Europe and Japan) monopoly and hegemony. Some scholars believe that the development of Russia's economic and social needs of external stimulation, "The Belt and Road", "a Russian alliance" to bring economic vitality, provide new opportunities; Russia need interoperability can be established by China transportation logistics network funds, to achieve the strategic objectives of Russia; is conducive to the promotion of industrial consolidation cooperation along the country, to form a new economic growth point. "One country, one alliance" can promote the integration of big Eurasian cooperation and form a new center for the development of the world economy.

Director, Department of Philosophy Department of the Russian National Social University of Russia China Friendship Association Central Council member Kuzmenko pointed out that the implementation of the "The Belt and Road" project will become a huge force in Russia along the regional development in the economic, political and cultural fields. Vinogradov, a researcher at the Far East Institute of the Russian Academy of Sciences, pointed out that China's integration initiative is not mandatory, but rather flexible. Although it is not all inclusive, it is attractive because of its inclusive and win-win characteristics. Russia's foreign policy, foreign policy and security expert Trofim Chuck said, The Belt and Road 'initiative is to create countries participating in the political, economic and cultural interests of the community, lifting the The Belt and Road along the country's economic level and national improvement of living conditions is not empty talk, but it is a reliable guarantee for the sustainable development of countries along the. Study on the strategic issues of Russia's Asia Pacific Center Director Kocka Leo J said, by Chinese advocated The Belt and Road concept is constantly in practice to show the development of positive results. Kokka Liaofu, The Belt and Road initiative can get so many countries and organizations support is not accidental. He said: this concept is in line with the global and regional common constructive development rather than the overall trend of the fight against development, in line with the hope that the use of this cross continental project resources to enhance their potential countries' interests. He pointed out that "The Belt and Road" has great political and economic importance of the importance of the initiative, it will be on the global economy and world financial and economic system have a direct impact, and can help to resolve a series of important international issues placed in front of the world. Confucius College of Moscow State University vice president Karl Maykov said: "Belt and Road Initiative" this project for many have different levels of economic development and cultural and historical characteristics of the country has opened up new horizons regional international cooperation. This project not only avoids the shortcomings and shortcomings of the contemporary international division of labor system, but also establishes the equal standards of project participants in the true sense. It is important that this project includes not only economic development along the line of contact between countries, including broad cultural exchange activities, and thus become an important factor in promoting human progress in peace and humanism on the road. The Russian Academy of Sciences, senior researcher at the Institute of the Far East, Yakov do Er Geer said, "Belt and Road Initiative" development strategy is a full range of planning, not only outlines the blueprint for the development of Chinese, more representative of Asia and is the development direction of the world. The smooth implementation of the plan can reshape the pattern of the world economic structure and improve the global financial order. Baer Geer pointed out that The Belt and Road along the country's infrastructure development and the urgent need, China in infrastructure construction has its own unique experience, have the necessary tools and techniques, "The Belt and Road" cooperation is very pragmatic and mutually beneficial proposals to China and participate in the country are very favorable, believe in Russia will also benefit. The Russian Academy of Sciences Institute deputy director Andre Ostrovskiy said, the silk road project is fast traffic from Asia to Europe, which Russia is an important transit point, "The Belt and Road" to accelerate the implementation of both in Russia and throughout the world are very useful, will provide a more solid guarantee for the logistics of goods, the Eurasian exchanges mutual exchange of needed products between. He believes that the implementation of the "The Belt and Road" project, will undoubtedly contribute to the development of the Eurasian Economic Union, will promote the services sector of countries along the development of manufacturing industry, to promote economic development.

When it comes to "The Belt and Road" impact on the national economy and the modern development of Sino Russian relations, Russia Academy of finance department in charge of the troops Silienikefu said that Russia is currently in the development of the fork in the road, apparently before relying on oil and gas exports to the economic development model has not meet the practical requirements, Russia needs to change the mode of economic development. He pointed out that Russia's transformation of economic development model is facing an important problem is that infrastructure development lags behind. China and Russia are two adjacent powers, which provide regional advantages for the expansion of infrastructure cooperation between the two countries. Belt and Road Initiative first strategy to drive the development of the Russian far east. Without the development of infrastructure, there will be no way to develop the economy in the Russian far east. Therefore, Russia needs to strengthen cooperation with China in "The Belt and Road" under the framework of China and Russia also has broad prospects for development in the field of infrastructure construction in the far east. Russian Ali Barry Analysis Center analyst Mihai Jien C pointed out that the Russian Far East Development Strategy and put forward the "China Belt and Road Initiative" strategy is the same in essence, strengthen and Chinese cooperation is the inevitable choice of russia.

Dimo Faye Bordachev, director of the European and world research center of Russian Higher Economic Research University pointed out, "Silk Road Economic Belt" twenty-first Century "maritime Silk Road" BCIM economic corridor and "Pakistan Economic Corridor" is still in the embryonic stage project aims to connect the Eurasian continent three link building east broad trade network in the Western Baltic Sea to the Western Pacific, and create conditions for financing and monetary integration. Moscow University of International Relations in East Asia and the Shanghai Cooperation Organization Research Center researcher Igor Denisov said, "Belt and Road Initiative" is China plays an important role in the process of the new step of global governance. This is the international version of the Chinese dream, and it is a major diplomatic strategy adopted by China during the transition from a great power to a powerful country. Russia's Wahl generation international debate club report pointed out: "Russia and Chinese are not rivals, the Eurasian Economic Union and Silk Road Economic Belt will become an important mechanism to promote the economic development of the Eurasian continent, docking the Eurasian Union and Silk Road Economic Belt is the starting point of relations between Russia and china. The trend of expanding regional cooperation between Russia and China is irresistible. There is no need to worry about the possible competition between Russia and China in the Middle East of eurasia." The Russian State University Higher School of economics professor Scriba along the union are not contradictory, does not constitute the competition in Central Asia, and have a bright future. But how to realize and implement it should also consider its internal dynamics and political process.

In recent years, Russia's "The Belt and Road" reported and discussed more and more friendly to China to become the mainstream Russian public opinion. In the year of 2016, 215 Russian media reported on the "The Belt and Road", a total of 787 papers. From the perspective of the number of annual reports, the Russian reports on "The Belt and Road", as well as positive reports showing a double up trend. During the 2017 China NPC and the CPPCC meeting, Russia all the attention given to the "The Belt and Road" issue. Russian public opinion, "The Belt and Road" initiative to adapt to the world pattern changes, offers new possibilities for regional and global economic and trade cooperation, to create a win-win pattern of multilateral cooperation, Russia should grasp the opportunity to actively participate in the "The Belt and Road". Such a large-scale report, participate in discussion, "The Belt and Road" docking "along the union", is Russia's history hitherto unknown especially since the end of the cold war. On the whole, positive and optimistic opinions prevailed, and gradually became the mainstream of Russian cognition. The Russian Levada and the all Russian Public Opinion Research Center poll, about 80% of the respondents favor and that Russia and China are friendly countries to Chinese, nearly half of that Chinese is a strategic partnership, which provides a solid foundation of public opinion for the pragmatic cooperation between China and Russia.

4. "The Belt and Road" Sino Russian cooperation is facing problems and challenges

As Russian officials often say that China Russia relations are at "the most active period in history", the Russian media are now inclined to make negative reports on china. But in this atmosphere, Russia's real worries and vigilance against China have not disappeared.

First, worried that more and more Chinese in Russia have an impact on their national security. As far as the Russian people are concerned, there is also a sense of insecurity in the face of the increasingly powerful China while it enjoys the convenience of transportation between China and russia. Russia less sparsely populated Far East, in the area of 6 million 200 thousand square kilometers is only about seven million of the population, the three provinces in Northeast China China population is more than 120 million, and the Russian border for more than 3200 kilometers, a large number of Chinese people over the years into the Russian Far East trade, working and living, Russia currently estimates that in the Far East Chinese population 1 million or more people. Many Russians concerned with the construction of high-speed transport corridor, especially after the high-speed China to Russia opened, there will be more and more people to live Chinese Russia, plus Russia's low birth rate and aging population has brought a demographic crisis in Russia for a long time in the past, Chinese will become Russia's largest ethnic minority. A huge difference in this population and the long border, many Russians are both welcome to China Belt and Road Initiative that enhance bilateral economic and trade cooperation, increase personnel exchanges and interconnection policy, and worried. Some Russian security experts estimate that, given that China's population is ten times that of Russia, Russia can not defend the Russian Chinese border with conventional weapons. China's penetration of Central Asia will greatly extend the border and pose a potential threat to Siberia.

Second, vigilance China to encroach on Russia's interests in Central Asia and challenge Russia's position as a great power. Although Russia admitted China "The Belt and Road construction will bring vitality to the Russian economy, but also worried Chinese will overtake Russia as the great Eurasian powers", with the help of Chinese worry about economic influence to exert political influence in Central Asia, gradually crowding status of Russia in central asia. Many Asian countries "The Belt and Road" is the former Soviet countries, Russia has been regarded as the strategic resources and strategic trade etc. The implementation of the "China Belt and Road Initiative" strategy, strengthen cooperation with Central Asian countries in economic and trade, energy and infrastructure and other areas of cooperation, the Russian Central Asian countries to alert, worry about Chinese getting closer, Chinese forces looming in Russia's backyard, Chinese future will replace Russia become the dominant countries in central asia. Especially China Central Asian countries has now become the largest economic partner, plus Ukraine and Crimea crisis after the outbreak, many countries worry about the event will be repeated in its central body, thus deepening to Russia and beware of concerns, no matter from the angle of geopolitics or economic interaction in terms of the size of the Central Asian countries are relatively easy to Chinese future inevitably, Russian concerns and interests China constitute positive conflict in central asia. The Carnegie Moscow Center, entitled Kyrgyzstan independence 25 years pointed out in an article: stagnant real purpose is to seek the China national security in Central Asia, hoping to prevent terrorist infiltration through Central Asia, rather than foreign propaganda to promote economic development along the country. The Russian satellite network quoted the words "foreign policy" said:

"Belt and Road Initiative" is not the economy, but the geopolitical strategic plan, contains a lot of ideas. Russia today also pointed out in its article "national interests: China and Russia-Central Asia's main rival": Moscow has strong military forces in Central Asia, while Beijing has economic strength. Vladimir, a professor at the University of International Relations in Moscow, once said, we may have some big plans in Central Asia, but we don't have enough resources. China has made these countries very much in touch with itself, and they may be willing to let it out of their arms and see Russia as a hedge The Silk Road may become a "Golden hoop" in Russia, says the president of the national economy and a professor at the National School of Administration in Russian Federation. The Golden hoop here may be a deliberate metaphor for containment of russia.

Russia has a strong sense of power and is a creator, not merely a participant. Russia has a strong sense of national power and hopes that Russia will regain its respect and recognition. Russia proposed to Russia as the center of the Eurasian Union, seeking to establish the trade union in the former Soviet Union, the development and growth of economic and trade exchanges, so as to promote the economic development, to get rid of the long-term economic development rely on exports of oil and natural gas predicament. At the same time, ambitious Russia, even hoping to develop a unified monetary plan through the Eurasian Economic Union, can compete with the euro zone as well as the first step towards the reconstruction of the new Eurasian empire. But because Chinese advocate "The Belt and Road" strategy, there is some overlap between the Eurasian Union and conception of Russia, Europe and America suffered sanctions, economic woes of Russia, worried deeply involved in "The Belt and Road", will affect or even delay the construction of new Eurasian Empire plan, but as to reduce "The Belt and Road" the participation, and may involve the Russian economy, the Russian in a dilemma. The director of the Russian Academy of Sciences Far East Institute researcher Vasily Kashin said, "The Belt and Road" is not a manufacturing investment plan, it is superior to the investment on the political superstructure. Hold The Belt and Road international Cooperation Forum in Beijing show that almost all the communique on globalization management issues, including the coordination of macroeconomic policies, ecology and so on, in fact Chinese by trying to build his leadership of the global forum to discuss economic and political aspects.

Third, questioned The Belt and Road initiative problems in coordinating interests, fund management and cooperation mechanism. Russia recognized the "The Belt and Road" initiative is Chinese irresponsible, but to some extent also acknowledged the lack of confidence in the The Belt and Road, don't think Chinese will put Russia construction more funds, and "The Belt and Road" initiative in the coordination of national interests, capital management and cooperation mechanism problems. Moscow State University Institute of Asian and African countries vice president Andre karneyev said in an interview: "Belt and Road Initiative" the first problem is that China and the Eurasian

Economic Union and political situation, national interests are not consistent, it is difficult to do everything Chinese. Second, the question of economics, to what extent is China Building in other countries beneficial? In China, after all, there is the question of whether the tens of billions of dollars spent will pay off The Carnegie Moscow Center scholar Sergei Guliyev in anti globalization in Russia in an article pointed out: for Russia falling oil prices and the devaluation of the ruble and China economic growth rate fell so that collaboration between China reduced, geo economic strategy The Belt and Road needs to be more than a million dollars, to Chinese is not too may again for the new investment projects in russia. "Research Report" also from the Carnegie Moscow center forward and China colleague the silk road fund investment priority is not clear, the project as "The Belt and Road", the silk road fund management personnel lack of experience.

As far as the current situation is concerned, the Sino Russian economic cooperation is not smooth sailing. The following problems are highlighted: first, the Sino Russian bilateral trade service system is not perfect. The direct settlement of banks between the two countries is small, the proportion of settlement under the letter of credit is very low, and there is a lack of just, reasonable and effective arbitration mechanism. Two is China's trade deficit with Russia, a larger surplus. This is mainly due to the apparent trend in China's import of goods from Russia to the transition from manufactured goods to primary products. After more than 20 years of development, the trade structure has improved significantly and the trade quality has improved significantly while the scale of trade has been expanding. It is changing from low value-added labor intensive commodities such as early textile raw materials to capital or technology intensive commodities such as mechanical and electrical equipment. But this change takes a certain amount of time, and it's a gradual process. Three, the scale of mutual investment between the two countries needs to be expanded, and the effect of investment cooperation on trade development is not significant. From the process of China's direct investment in Russia, the overall situation has shown an upward trend, although the total is not large, but growth is relatively fast. Russia's investment in China has declined year by year, which is very inconsistent with the bilateral economic and trade cooperation. Four, the progress of regional cooperation between China and Russia has been slow. There are three main reasons, one is the economic downturn in russia. Since the Ukraine crisis, the impact of Western sanctions has led to a decline in the Russian Ruble's exchange rate, a sharp drop in oil export revenues and a severe fiscal deficit. Two, Russia's demographic structure has changed. Since the disintegration of the Soviet Union, the Russian Far East population has decreased by about 1 million 800 thousand, and it is less than 6 million 300 thousand (about 6 million 200 thousand square kilometers). Although the future with the development of commodity market relations, consumer psychology, consumer attitudes and consumer behavior will have a positive change, but the positive effects of adverse effects of population decline will greatly offset the changes produced by the. Three, Russia faces the dilemma of economic development and national security in the development of the far east. There are many complicated problems in the development of the eastern part of Russia, which affect the rapid development of the area. For example, the economic structure is deformed, and the militarization of the economy tends to be more obvious. In the industrial structure, the middle peasants, the light and the heavy proportion are out of proportion. Russia's political and economic focus in Europe, before its national strength becomes strong, will not have much leisure time to take care of. If we only rely on the western market, the eastern part of Russia, especially the Far East, can not have good prospects for development. If the Russian economy does not improve greatly and the population continues to decline, the gap between the Far East and the West will continue to expand. Even if Russia's economic recovery can last for a long time, it will be hard to keep the balance between East and west. Russia's population is concentrated in its European region, which is close to China, but has a population of less than 6 million 300 thousand. This is an excuse for Russia to avoid a large influx of Chinese in order to ensure the security of the far east. In addition, the "four islands of the north" issue reminds Russia of national territorial security at all times. It is better to invest heavily in defence, nor to invest in infrastructure, nor to attract foreign countries, especially japan. The Russians believe that economic relations should be subject to the international political objectives, namely, the excessive pursuit of traditional security and development issues are relatively ignored, this is an ingrained transcendental conception of Russian history, is able to establish a military Empire, an important reason is unable to build a strong economy in china.

5. "The Belt and Road" under the background of the prospect of Sino Russian Relations

In the future, China and Russia on the The Belt and Road under the framework of cooperation gratifying trend prospect. In recent years, the trade volume between China and Russia is affected by geopolitical and commodity prices may fluctuate, but steadily expanding the scale of trade, trade with China accounted for in Russia's foreign trade in the proportion rose from 10.5% in 2013 to 2017 in early 14.7%, and the rally is not bad. Including cross-border electricity providers, including China and Russia new trade platform is being formed, logistics channels diversified development. According to Russian estimates, China and Russia will be more than 10000 tons of European railway container throughput, after 2020, Binhai 1 Binhai 2 traffic corridor will rapidly increase the volume of cargo. The close economic relations between China and Russia will bring unprecedented opportunities for the development of the Russian far east. Over the past 3 years, Russia has built 17 spanning development zones in the Far East and planned to start 578 international cooperation projects by 2025. Inter governmental cooperation committee in Northeast China and the Russian Far East Chinese and Baikal region has been established and is about to start work. Russian Prime Minister Medvedev pointed out that the Eurasian Economic Union and the The Belt and Road docking can bring overall economic development for russia. Kerr Kobita Sao J, director of the centre for economic studies at the Russian Institute for globalization and social development, believes that economic interdependence between Russia and China is rising. The future of China and Russia will continue to seize The Belt and Road construction period of strategic opportunities, earnestly implement the agreements and consensus reached, docking their development planning, infrastructure construction as a platform to industrial cooperation, and gradually form a large regional cooperation, open up new areas of cooperation, to further strengthen the direct cooperation between the two countries of small and medium-sized enterprises the level of economic and trade cooperation, making a new improvement and fly. China and Russia will eventually achieve the common development and prosperity of both China and Russia as well as the Eurasian continent.

Economic complementarity will continue to provide impetus to the economic and trade relations between the two countries. Russia is an important resource country in the world. For a fairly long time to come, it will continue to be an important country in the world in the export of oil, natural gas, metal materials, timber, chemical fertilizers and other materials. With the development of China's economy, the demand for energy and raw materials will continue to grow. Russia is an important partner in China's cooperation in the field of resources. Russian aerospace, nuclear energy, power plant equipment, metal materials, laser processing, biotechnology and other fields it has remained the leading position in the world, has a relatively stable market demand in china. China's grain, oil, meat, vegetables and fruits and other agricultural products rich, cheap, have strong competitive ability in the Russian market; China's home appliances, light industry, textile and garment industrial manufactured goods also has competitive advantage in the Russian market. China can expand the export of these products to Russia, and in these areas to invest in Russia or to carry out multi-level, multi form economic and technical cooperation.

Western sanctions against Russia have intensified or become a new opportunity for China Russia cooperation. Ukraine crisis led to tensions in Russia and Europe and the United States and Ukraine, western countries headed by the United States sanctions against Russia by means of politics to economy deeply, give a tremendous negative impact on the Russian economy. At the same time, investors have withdrawn large amounts of capital from Russia in order to avoid risk. Under this situation, Russia especially hopes to develop the Far East by China's power and promote the overall economic development. At the same time, Russia will also abolish the export tariffs on nickel and copper, and plan to slash oil export tariffs and increase the output of resources in the Asia Pacific region. Resource products are China's major import commodities from Russia, and the decline in tariffs will produce positive results for future import growth.

The unique geographical advantages will lead to greater development of regional economic and trade cooperation between the two countries. China and Russia are each other's largest neighbors, with a more than 4300 km long border. The trade between China and Russia, which accounts for about 1/3 of bilateral trade, is a major feature of bilateral trade. In addition, the bilateral economic and trade cooperation in this area has not only remain in the border trade, the rapid development of economic and technological cooperation in various forms and small investment projects, which is China's open border and border provinces to implement an important part of "going out" strategy. At present, national efforts to expand domestic demand and promote consumption policy measures, to continue in-depth implementation of the western development, accelerate the development of the Northeast revitalization of the old industrial base and national area strategy, especially the accelerated opening-up and development of the border areas, and strengthen cooperation with Russia on resource development and foreign trade and other aspects of cooperation, for the Sino Russian trade development to create a macro a good environment.

Some suggestions to strengthen the Sino Russian cooperation about the Belt and Road

Sun Zhiguo, President of China Public Diplomacy
Cooperative Innovation Center
Liu Baolai, Ambassador, Former Director of Foreign Affairs
Administration of the Ministry of Foreign Affairs

1. further mobilize the enthusiasm of Russia to participate in The Belt and Road construction

In the development of China Russia strategic partnership today to background level and quality of such condition in the world today is undergoing complex and profound changes and the turbulent situation, Russia is the strategic partner of China "The Belt and Road" concept plays a key role.

To further mobilize the enthusiasm of Russia to participate in "The Belt and Road" construction, to make clear what is Russia's needs and expectations, to formulate a specific plan for long-term, medium-term and short-term. China and Russia should not only economically "dock" (roads, traffic, ports, airlines, etc.), but also "soft docking" (rules, systems, laws, etc.). Specific measures can be set up along the Union mission in the Eurasian Economic Union headquarters, joint cooperation working group; the establishment of a union between the state government of peace and friendship, language and literature, art, architecture and other government awards narrow the psychological distance between each other, and earnestly implement the "three" (to jointly build and share) with the "three" (community of interests and responsibility, the fate of the community). For some specific interests, such as energy prices, customs tariff rates, rail gauge, should be analyzed and solved individually. Energy prices are temporary, customs tariffs are short-term, rail gauge is medium-term, and the long-term goal is to establish China and the Eurasian Economic Union free trade area.

With the "The Belt and Road" initiative to promote more, Russia may doubt more and more deep, China to reassure Russia, increased interest in "The Belt and Road", can be considered to make efforts in the following three aspects.

One is the "The Belt and Road" background, whether China people or enterprises to "go out" to Russia, the Russian government should take action to tell people,

Chinese over investment, business is business, legitimate business, the pursuit of profit, rather than other political purposes, in order to gradually eliminate Russia China area a road initiative misunderstanding.

The two is to allocate interests in Russia as a sphere of influence in Central Asia, Chinese in seeking their own interests at the same time, try to take care of the interests of Russia, avoid a rebound in Russia and even confrontation, in order to maintain the current situation of the relationship between China and russia.

The three is to avoid differences, seek common ground, in the process of promoting the "The Belt and Road", involves the existence of differences, China should try to avoid mentioning, avoid stimulating Russian China nerve, the government is also considering the initiative in the construction of the Eurasian Economic Union and "The Belt and Road" relative to the construction scheme, for China and Russia to achieve a win-win situation.

After the "The Belt and Road" initiative, along the country not only Russia has doubts, other countries have a similar concerns. If you can China with Russia to coordinate the interests of both sides, reduce Russia's concerns, so willing to promote the Belt and Road Initiative policy together with Chinese, so it is possible to create Chinese cooperation with other countries along the example of "The Belt and Road" to promote the smooth implementation of the key power.

"The Belt and Road" is not simply the restoration of the ancient Silk Road, but a Renaissance, carry forward the spirit of the ancient Silk Road to the construction of modern civilization, and three-dimensional sea network. "Belt" and "road" are more than one or two. At present, the focus of Belt and Road Initiative: China-Central Asia-Asia-Europe-Mediterranean; Chinese South-South Asia-India ocean africa. These two lines are more impressive in the public's impression and may be related to the ancient Silk Road opening up and the formation of history. But our proposed building "Silk Road Economic Belt" more than this, should and must include Chinese - Central Asia - Russia-Baltic - Europe, only the Northern Economic Zone along the way after the country had more than 10, Russia is one of the most important hub. In addition, Russia and Mongolia leaders advocating common construction of Russia and Mongolia Economic Corridor, is actually an economic belt, if Russia is planning a high-speed railway across the steppes of Mongolia, it would be a great achievement of the construction of Silk Road Economic Belt.

Maritime Silk Road also has an important relationship with russia. The "maritime Silk Road" in twenty-first Century not only refers to China-Southeast Asia-India ocean-Mediterranean - Africa, and its spirit and principles are also applicable to the construction of sea lanes in Northeast asia. Russian scholars stressed that the development of the Arctic passage, Siberia and the Far East transportation infrastructure, including the improvement and development of the railway, highway, airport, seaport and energy transportation pipeline construction, which can promote the bilateral and multilateral international cooperation in the framework of the "The Belt and Road" in.

In a word, the strategic alliance of "one country, one alliance" is a new bright spot, a growing point and a brilliant point for promoting China Russia strategic partnership of cooperation. Have their own internal logic, power and force the development of Sino Russian relations, to a high degree of mutual trust political advantage into specific achievements in the economic field, market-oriented, with enterprises as the main body, the government plays a role in guiding and promoting.

2. further promote the SCO to play positive role of "The Belt and Road"

The SCO is an important platform for strategic cooperation and pragmatic cooperation between China and russia. As early as the beginning of the organization in 2001, the two countries and other Member States had proposed a revival of the silk road. The "Shanghai spirit" ——mutual trust mutual benefit equality and consultation, respect for cultural diversity and seek common development, is the relationship between the spirit of the ancient Silk Road and China, Russia and other members of the fusion of condensed experience. In more than 10 years, China with Russia and other members for the revival of the silk road has done a lot of very fruitful work, for example, to promote road transport facilitation, customs cooperation, inspection and quarantine, the establishment of the SCO bank etc. In Fourteenth the SCO heads of government (the prime minister) Council, Premier Li Keqiang proposed to build six cooperation platform, namely security, capacity, interoperability, financial innovation, regional trade and social cooperation. This is the embodiment of "The Belt and Road" concept in the member countries of the SCO cooperation between China and Russia, and is the most powerful driving force of the sco.

More than 10 years, China and Russia jointly promote the SCO development, shows that the two countries have no geopolitical conflict in this vast area of Eurasia, safeguard regional security and stability, promoting regional prosperity and development with the common interests of both sides. Some forces in Western China and Russia were clamoring to advocate "The Belt and Road" concept and "Eurasian Economic Union" of different targets, will inevitably collide with each other, even incompatible, resulting in two problems in the SCO and central part company each going his own way. China and Russia have also had some confusion in their respective countries. In May 2015, President Xi Jinping and President Putin "The Belt and Road" and "Eurasian Economic Union" to reach a consensus on the docking. By the end of 2015, President Putin state of the union reiterated Russia's support for "The Belt and Road" initiative. In December 2015, President Xi Jinping to attend the meeting with the heads of SCO government (Prime Minister) Council of the Russian Prime Minister Medvedev, the two sides reaffirmed to strengthen cooperation docking will be "The Belt and Road" and "Eurasian Economic Union". This is another important outcome of political mutual trust between the two major powers in China and russia. This will bring new opportunities and impetus for the further development of the strategic partnership between China and russia.

3. promote pragmatic docking The Belt and Road and the Eurasian Economic Union

At present, the overall level of cooperation, docking The Belt and Road and the Eurasian Economic Union is still slow, even can say difficult. The Eurasian Economic Union has listed more than 100 cooperation projects Belt and Road Initiative framework and Chinese list, only Kyrgyzstan production cooperation project is more than 40, but no one to implement. Chinese has been promoting the establishment of a free trade zone and the Central Asian countries, Kazakhstan, Kyrgyzstan also hoped the two countries or the Eurasian Economic Union and Chinese signed FTA agreements, especially the lack of resources in Kyrgyzstan hopes to restore entrepot trade, boost the economy. But Russia is worried that after the establishment of the FTA, China's high-quality and cheap goods and services, as long as one of the countries into the country, you can quickly expand to other countries, thereby impacting the integration of the Eurasian Economic Union itself. Therefore, Russia would prefer to build a free trade zone with Iran and Vietnam, and also resolutely disagree with the signing of the agreement between the member countries of the Eurasian Economic Union and china.

"Belt and Road Initiative" initiative is Chinese foreign economic cooperation has never been a move. For the first time, once again set the tone The Belt and Road summit is Chinese level, but also to promote the implementation of the best platform. At present, the most important thing is to completely overcome the mutual distrust and political misgivings in the communication phase, which has been basically achieved after the Central Asian countries took the lead in responding to the full support of russia. The most important thing in the future is how to respond and support from other countries' initiatives to China, and to the joint planning and integration between China and the Eurasian Economic union. At present, China's "one to many" is still the most effective mode of cooperation. The "multi to multi" cooperation can only proceed from the simplest, most effective, and least resisted areas, such as developing logistics and infrastructure, simplifying visa system, etc. Only when the economic conditions in Eurasia are ripe, can comprehensive construction be possible.

As for the cooperation between the Silk Road Economic Belt and the Eurasian Economic Union, the cooperation between an empty body initiative and an entity, there is no precedent in the world and needs a lot of innovative thinking. The specific implementation requires both sides to step by step based on mutual understanding and sharing to promote.

Relying on free trade zones and industrial parks. Through the upcoming economic and trade cooperation partnership agreement negotiations, and Eurasian Economic Union to establish trade facilitation system arrangements, and ultimately establish FTA with the latter. China and Russia signed a joint statement to start trade partners in the implementation of large-scale investment and cooperation projects, to jointly build industrial park and cross border economic cooperation zone; strengthen interoperability in logistics, transportation infrastructure, multimodal transport and other areas, the implementation of infrastructure and development projects to expand and optimize the regional production network. Thus, the cross-border economic cooperation zone and Industrial Park represented by the FTA will become the main platform for the Silk Road Economic Belt and docking with the Eurasian Economic union.

China capacity docking Eurasian market. In the moment of great energy demand in China, for the members of the Eurasian Economic Union, the oil and gas based energy is the main project to cooperate with china. In addition to energy supply, the Eurasian Economic Union is also a big market. In China's capacity to seek overseas markets, the Eurasian Economic Union will become China's capacity to go out, there is a new market. China and Russia have reached a consensus on cooperation in the areas of high-speed rail, aerospace, paper making and cement manufacturing. The bilateral trade volume is expected to exceed one hundred billion dollars this year. With the capacity go out, China's financial services are gradually followed up. Premier Li Keqiang stressed that to promote equipment going out and international capacity cooperation, financial services should follow up. This will not only broaden China's channels of foreign exchange reserves, but also remove barriers to business financing and facilitate the internationalization of the rmb.

Under the Eurasian Economic Union Treaty, the objective is to achieve free flow of goods, services, capital and labour within the union by 2025, and to implement a coherent economic policy. This means that, in China's capacity to go out of the current, with the Eurasian Economic Union, a single country to deal with the situation, or will be these countries "group heating" in the form of replacement. Unified economic policies and standards will also save the costs of Chinese products entering these areas.

In 2015 the Eurasian Economic Union and "The Belt and Road cooperation" joint declaration was signed, the Russian presidential adviser said the move is to "unified economic space construction throughout eurasia". In the autumn of 2016, Russian President Putin went further in an interview, hoping to integrate the Shanghai cooperation organization and ASEAN member countries into the establishment of the great Eurasian partnership. The pursuit of Russia is actually a cross the Atlantic and the trans Pacific Economic Community of the new American leadership in the economic integration projects squeeze the essence is to replace the United States and Europe leading the world economic system and order. The difficulty also cannot, as can be imagined, prospects. What needs to be seen is that Russian history has repeatedly proposed various proposals for the construction of a unified space in Eurasia, but they have all been verbal declarations, which have never been implemented and no one has seriously responded. This should be fully estimated and judged. After all, it has not only deviated from the "The Belt and Road" original, and basic concept of different Chinese diplomacy.

4. speed up the economic and trade cooperation between China and Russia

We will improve trade structure and strengthen cooperation in the field of high technology. Although trade between China and Russia is frequent, the scale is relatively small, which is only about 15% of China's trade volume with the United states. The next step is to expand trade areas, improve the structure of trade goods, and promote trade in high value-added products. To strengthen mutual assistance and cooperation between SMEs in the two countries, so as to find more common interests between enterprises, get rid of the two countries worship European and American mindset, and establish a sense of product identity, to create brand effect. While strengthening cooperation in the field of energy, we will increase cooperation in agriculture and high-tech industries, promote the diversification of trade structure, and promote the use of local currencies in bilateral trade, direct investment, credit and other fields. We will strengthen political and cultural exchanges and provide a harmonious and stable environment for economic and trade.

Strengthen the construction of trade service system. Efforts should be made to improve the one-stop service model from production to transportation to export, so as to ensure that trade information is actively shared and bilateral trade is more secure. We will improve the trading system, improve relevant laws and regulations, ensure the smooth flow of trade channels, eliminate trade barriers, and accelerate the development of bilateral trade in the direction of standardization, institutionalization and legalization.

Optimize the supporting measures and strengthen the pertinence of the Russian trade policy. Policy guidance plays an important guiding role in business operation, and the orientation and pertinence of policies and measures are of vital importance. For example, modify and improve the existing incentive and subsidy policy, the implementation of classification of subsidies, to tilt to Russia for export; make full use of the The Belt and Road construction time, breakthrough parts control imports and the right to operate the franchise policy bottlenecks.

Relying on port resources, increasing investment attraction. China and Russia have many border crossings, they have unique port resources, and they are also one of the important advantages in developing trade with russia. To strengthen Russia's port infrastructure construction, build a strong foundation for the port trade; strengthen coordination and optimization of customs clearance, good service for trade development; strengthen cooperation with the inland city, the construction of trade channels; strengthen policy publicity, to attract companies settled in the advantage of port or establish branches, the development of headquarters economy.

Strengthen monitoring and early warning to provide information support for enterprises. Although Russia has formally joined the world trade organization, but the Russian market has been formed for a long time non-standard, unstable and high-risk features, in the short term is still difficult to change completely. Therefore, to open up the Russian market should not be one-sided emphasis on the specification, according to the actual situation, changing to take a variety of ways. We should strengthen the monitoring and early warning of Russian economic and trade policies, understand the trend of policy changes through various channels, establish good communication channels with enterprises, and provide effective information support for enterprises to carry out trade with russia. At the same time, make full use of the Sino Russian high - level meeting mechanism, bilateral talks, visits and bilateral cooperation sub committee of the existing bilateral communication channels, strengthen communication and coordination with Russia efforts, continue to break the Russian policy restrictions, paving the way for enterprises to carry out trade.

5. strengthen cooperation in financial investment The Belt and Road framework

China and Russia on the The Belt and Road under the framework of financial investment cooperation has just started, the future has very broad prospects for development. Russian President Sergei Grazev, a consultant, once said that China's economic development over the past 30 years has not only improved economic efficiency, but also created a diversified financial system. Developed countries, such as Europe, America and Japan, have great advantages in the financial field, and the original international investment system serves the western capital as well. The financial system and economic development of some developing countries are subject to the financial capital of European and American countries. Financial solutions and Chinese proposed are based on mutual benefit, voluntary, on the basis of respect for sovereignty, strongly attracted each participating country, today we need is this new type of international economic relations, rather than by the strong pressure integration process in china. Graetz Jef said that Russia hopes to finance economic cooperation more closely with the Chinese, will each invest together, establish development zone, free trade zone, which accords with the requirements of the times, but also The Belt and Road Chinese initiative is one of the main content.

The Eurasian Economic Union docking with the The Belt and Road initiative currently embodied in the first traffic corridor construction, such as from China West through Kazakhstan to St Petersburg highway construction, Moscow to Kazan high-speed railway construction, Siberia railway expansion project, 1 coastal and 2 coastal railway project. All of these projects will require substantial investment. China initiated the establishment of the Asian infrastructure investment bank, the Silk Road Fund and other financial institutions can help these large projects landing implementation. The Russian Academy of Sciences, deputy director of the Institute of the Far East Ostrovsky pointed out that these financial institutions should also be outside of the project areas of cooperation will play a role, China and Russian investment and projects docking is a very good idea. The two financial institutions should play a greater role in Belt and Road Initiative framework, promote the two countries achieved a major breakthrough in the field of high-tech start-ups, investment and support (SMEs) project implementation.

Russia as The Belt and Road along the country in March this year, successfully issued the first single "The Belt and Road" panda bonds. Rusal will issue its first 1 billion yuan bond at the Shanghai Stock Exchange, which will issue a total of 10 billion yuan of

Panda Bonds in the future. The success of this issue to expand the The Belt and Road along national enterprises financing channels, deepen financial cooperation of countries along the way. Russia's Gazprom bank manager Jiemu Tianjin said: the future is an important measure to promote bilateral financial market development is to reduce investors to enter each other market restrictions, there is an important point is the issue of sovereignty long-term debt, thus promoting the development of private enterprises.

6. to further strengthen infrastructure, energy, high-tech and other key areas of deepening cooperation

For Russia, adding "The Belt and Road" is the most convenient way is to revive the trans Siberia railway. Not only does this need not pass through other countries, it directly arrives in Europe from Russia, but also can drive Russia to complete the overall upgrading, transformation and modernization of the transportation infrastructure, and realize the strategic development of the far east. Such grandiose projects, which were not realized in the Soviet era, were a major opportunity in Russian history.

The trans Siberia railway is a major artery built over 100 years ago. It is the only link between Russia and Eurasia, which is the two largest block. But its speed is only 11.7 kilometers per hour (faster than the bike), the transport capacity is already close to the limit. If modern rebuilding or building new lines, not only faces the long duration, inaccessible and expensive objective difficulties, the Russian Central and local around this century project, conflict for property rights and powers and also can hardly be avoided. At present, China's shipments to Europe by Russia, 94% of the goods by sea, arrived in Europe's first seaport, St Petersburg need 30-40 days, simply can not meet the global electricity supplier era consumer demand.

The focus of China's operations is still in central asia. The successful development is the trans Eurasian railway going through Kazakhstan. From Kazakhstan to Russia, and then to Belarus, and finally to Poland, not only in reality is the only feasible, in theory, but also the most advantages. First, the distance is short, according to the existing capacity for 18 days, the future of high-speed rail completed, can be shortened to 10 days. Two is the whole road transportation without going through the ocean. Three is through the country, political stability, safe and controllable. Russia, Kazakhstan and the United States are Eurasian Economic Union countries, there is no tariff and border policy barriers. White and Kazakhstan are Russia's most important allies. There is no political difference between the three countries. As long as Russia supports this line, it will be unimpeded. As the largest landlocked country in the world, Kazakhstan has benefited a lot from it. In 2016, transit through Kazakhstan exceeded 8 million tons, an increase of 16.6% over 2015, and Kazakhstan hopes to exceed 10 million tons by 2017. China has built high-speed rail to the border between China and Kazakhstan, and is planning to continue its expansion into kazakhstan. Russia also has construction from the west to the state Oren trunk railway to reach an agreement, but because of the limitation of local legislation, has not started construction.

Another direction is to continue to the South China-Kyrgyzstan-Uzbekistan railway. Because it is alternative, the line has been in an armchair state for more than 10 years, and numerous government departments have been consulting and demonstrating, but they have never been able to talk about the results. The two sides had serious differences in railway regulations, distance, line and funds. But these are only technical barriers, and as long as the high-level political decisions are made from strategic considerations, all problems can be easily solved. Uzbekistan has supported the construction of the Sino Kyrgyzstan Ukrainian railway, and has great interest in working with Azerbaijan and Georgia to develop trans Caucasus railways into Eastern European ports. Blocked on the other line, not to start building the railway project across the Eurasian background, Chinese decisive advance-Kyrgyzstan-Uzbekistan Railway Construction at the right time. On the one hand, Russia is an important pressure on the weight, as in the original oil and gas pipeline construction, east line is not the west line flowering. On the other hand, the line retains its line of entry into Europe by Turkey, the most important transportation hub in eurasia. The soil that participate in the bring to their The Belt and Road economic potential will reach trillions of dollars. At present, China is the second largest trading partner of Turkey after the European Union, and many major domestic infrastructure projects are aided by the Chinese side.

Connection between Moscow and Kazan (Tatarstan) high-speed rail project will also be extended to China. China Railway Group obtained the contract for railway construction of the project. The project is expected to cost $21 billion 400 million, and China will provide $5 billion 800 million in head money. China's Jilin province has also proposed the construction of high-speed rail to Vladivostok, Russia's main port city.

In addition, China and Russia have expanded their cooperation in the field of energy through a series of projects. The Russian Hydropower Group signed an agreement with the China Three Gorges Corporation to build a hydropower station in the Russian Far East, with a installed capacity of 320 MW, located at the border between China and russia. The project is a large hydropower project for both countries, and has been put into operation. It is expected to generate 1 trillion and 600 billion Watt per year, with an estimated cost of about $400 billion.